LES
OEVVRES
DE
SAINTE THERESE,
SECONDE PARTIE.

LE CHEMIN
DE
LA PERFECTION

Avant-propos de la Sainte.

ES Sœurs de ce monastere de S. Ioseph d'Avila sçachant que le Pere presenté Dominique Bagnez Religieux de l'Ordre du glorieux S. Dominique, qui est à present mon Confesseur, m'a permis d'écrire de l'oraison, elles ont crû que je le pourrois faire utilement, à cause que j'ay traité sur ce sujet avec plusieurs personnes fort spirituelles & fort saintes, & m'ont tant pressée de leur en dire quelque chose que je me suis resoluë de leur obeir, parce que le grand amour qu'elles me portent leur fera mieux recevoir ce qui leur viendra de moy, quelque imparfait & mal écrit qu'il puisse estre, que des livres dont le stile est excellent, & qui ont été faits par des hommes fort sçavans en cette matiere. Ie mets ma confiance en leurs prieres, qui pourront peut-estre obtenir de Dieu que me donnant dequoy leur donner, je diray quelque chose d'utile touchant la maniere de vivre qui se pratique en cette maison. Que si je rencontre mal, le Pere Bagnez qui sera le premier qui le verra le corrigera ou le brûlera. Ainsi je ne perdray rien pour avoir obeï à ces servantes de Dieu : & elles connoistront ce que je puis de moy-même lors que sa grace ne m'assiste pas.

Mon dessein est d'enseigner des remedes pour de legeres tentations excitées par le demon dont les personnes religieuses ne tiennent compte à cause qu'elles ne les croyent pas considerables ; & de traiter aussi d'autres points selon que N. S. m'en donnera l'intelligence ; & que je pourray m'en souvenir. Car ne sçachant ce que j'ay à dire, je ne sçaurois le dire par ordre : & je croy que c'est le meilleur de n'en point garder, puis que c'est déja un si grand renversement de l'ordre que j'entreprenne d'écrire sur un tel sujet.

J'implore l'assistance de Dieu, afin que je me conforme entierement à sa sainte volonté. C'est à quoy tendent tous mes desirs, encore que mes actions n'y répondent pas. Mais au moins je ne manque pas d'affection & d'ardeur pour aider de tout mon pouvoir mes cheres Sœurs, à s'avancer de plus en plus dans le service de Dieu.

Cét amour que j'ay pour elles étant joint a mon âge & à mon experience de ce qu'il se passe dans quelques maisons Religieuses, fera peut-eftre qu'en de petites choses je rencontreray mieux que les sçavans, à cause qu'ayant d'autres occupations plus importantes, & estant des personnes fortes ils ne tiennent pas grand compte de ces imperfections qui paroissent n'étre rien en elles-mémes, & ne considerent pas que les femmes étant foibles tout est capable de leur nuire. Joint aussi que les artifices dont le demon se sert contre des Religieuses si étroitement renfermées sont en grand nombre, parce qu'il sçait qu'il a besoin de nouvelles armes pour les combatre. Et comme je m'en suis si mal défenduë, étant aussi mauvaise que je suis, je souhaitterois que mes Sœurs profitassent de mes fautes.

Ie ne diray rien que je n'aye reconnu par experience, ou dans moy, ou dans les autres. Et quoy que m'ayant été ordonné depuis peu de jours d'écrire une relation de ma vie, j'y aye aussi mis quelques avis touchant l'oraison ; neanmoins parce que mon Confesseur ne voudra peut-étre pas que vous la voyiez maintenant, j'en rediray icy quelque chose, & y en ajoûteray d'autres, qui me paroistront necessaires. Nostre Seigneur veüille, s'il luy plaît, m'assister, comme je l'en ay déja prié, & faire reüssir à sa plus grande gloire tout ce que j'écris.

LE CHEMIN
DE
LA PERFECTION.

CHAPITRE I.

Des raisons qui ont porté la Sainte à établir une observance si étroite dans le monastere de S. Ioseph d'Avila.

LORS que l'on commença de fonder ce monastere pour les raisons que j'ay écrites dans la relation de ma vie, & ensuite de quelques merveilles par lesquelles Nôtre Seigneur fit connoître qu'il devoit être beaucoup servy en cette maison, mon dessein n'étoit pas que l'on y pratiquat tant d'austerité exterieures, ny qu'elle fust sans revenu: Je desirois au contraire que s'il eût été possible rien n'y manquat de toutes les choses necessaires, agissant en cela comme une personne lâche & imparfaite, quoy que j'y fusse plûtost portée par une bonne intention que par le desir d'une vie plus molle & plus relâchée.

Ayant appris en ce même temps les troubles de France, le ravage qu'y faisoient les heretiques, & combien cette mal-heureuse secte s'y fortifioit de jour en jour, j'en fus si vivement touchée que comme si j'eusse pû quelque chose, ou eusse moy-même été quelque chose, je pleurois en la presence de Dieu, & le priois de remedier à un si grand mal. Il me sembloit que j'aurois donné mille vies pour sauver une seule de ce grand nombre d'ames qui se perdoient dans ce Royaume. Mais voyant que je n'étois qu'une femme, & encore si mauvaise & tres incapable de rendre à mon Dieu le service que je desirois, je crûs, comme je le croy encore, que puis qu'il a tant d'ennemis & si peu d'amis, je devois travailler de tout mon pouvoir à faire que ces derniers fussent bons.

Ainsi je me resolus de faire ce qui dependoit de moy pour pratiquer les conseil Euangeliques avec la plus grande perfection que je pourrois, & tâcher de porter ce petit nombre de Religieuses qui sont icy à faire la même chose. Dans ce dessein je me confiay en la grande bonté de Dieu qui ne manque jamais d'assister ceux qui renoncent à tout pour l'amour de luy, j'esperay que ces bonnes filles estant telles que mon desir se les figuroit, mes defauts seroient couverts par leurs vertus, & je crûs que nous pourrions contenter Dieu en quelque chose en nous occupant toutes à prier pour les predicateurs, pour les defenseurs de l'Eglise, & pour les hommes sçauans qui soûtiennent sa querelle, puis qu'ainsi nous ferions ce qui seroit en nostre puissance pour secourir nostre Maistre, que ces traitres qui luy sont redevables de tant de bien faits traitent avec une telle indignité, qu'il semble qu'ils le voudroint crucifier encore, & ne luy laisser aucun lieu ou il puisse reposer sa teste.

" O mon Redempteur, comment puis-je entrer dans ce discours sans
" me sentir déchirer le cœur? Quels sont maintenant les chrétiens?
" Faut-il que vous n'ayez point de plus grands ennemis que ceux que
" vous choisissez pour vos amis, que vous comblez de plus de faveurs,
" parmy lesquels vous vivez, & à qui vous vous communiquez par les
" sacremens? Et ne se contentent-ils pas de tant de tourmens que vous
" avez soufferts pour l'amour d'eux? Certes mon Dieu, celuy qui quitte
" aujourd'huy le monde ne quitte rien. Car que pouvons-nous atten-
" dre des hommes, puis qu'ils ont si peu de fidelité pour vous même?
" Meritons-nous qu'ils en ayent davantage pour nous que pour vous?
" Et leur avons-nous fait plus de bien que vous ne leur en avez fait,
" pour esperer qu'ils nous aiment plus qu'ils ne vous aiment?

Que pouvons-nous donc attendre du monde, nous qui par la misericorde de Dieu avons été tirées du milieu de cét air si contagieux & si mortel? Car qui peut douter que ces personnes ne soient déja sous la puissance du demon? Elles sont dignes de ce chastiment, puis que leurs œuvres l'ont merité; & il est bien raisonnable que leurs delices & leurs faux plaisirs ayent pour recompense un feu eternel. Qu'ils joüissent donc, puis qu'ils le veulent, de ce fruit mal-heureux de leurs actions. J'avoüe toutefois que je ne puis voir tant d'ames se perdre sans en être outrée de douleur. Je sçay que pour celles qui sont déja perduës il n'y a plus de remede. Mais je souhaiterois qu'au moins il ne s'en perdit pas davantage.

O mes Filles en Iesus-Christ, aidez-moy à prier Nostre Seigneur de vouloir remedier à un si grand mal. C'est pour ce sujet que nous sommes icy assemblées: c'est l'objet de nostre vocation: c'est le juste sujet de nos larmes: c'est à quoy nous devons nous occuper: c'est où doivent tendre tous nos desirs: c'est-ce que nous devons sans cesse demander à Dieu, & non pas nous employer à ce

qui

qui regarde les affaires seculieres. Car je confesse que je me ris, ou plûtost que je m'afflige de voir ce que quelques personnes viennent recommander avec tant d'instance à nos prieres, jusques à desirer même que nous demandions pour eux à Dieu de l'argent & des revenus: au lieu que je voudrois au contraire le prier de leur faire la grace de fouler aux pieds toutes ces choses. Ie veux croire que leur intention n'est pas mauvaise, & on se laisse aller à ce qu'ils souhaitent: mais je tiens pour certain que Dieu ne m'exauce jamais en de semblables occasions, toute la Chrestienté est en feu: ces malheureux heretiques veulent, pour le dire ainsi, condamner une seconde fois Iesus-Christ puis qu'ils suscitent contre luy mille faux témoins, & trauaillent à renverser son Eglise : Et nous perdrons le tems en des demandes qui, si Dieu nous les accordoit, ne seruiroient peut-estre qu'à fermer à une ame la porte du ciel? Non certes, mes Sœurs, ce n'est pas icy le temps de traiter avec Dieu pour des affaires si peu importantes : & s'il ne faloit avoir quelque égard à la foiblesse des hommes qui cherchent en tout de la consolation qu'il seroit bon de leur donner si nous le pouvions, je serois fort aise que chacun sceût que ce n'est pas pour de semblables interests que l'on doit prier Dieu avec tant d'ardeur dans le monastere de S. Ioseph d'Avila.

CHAPITRE II.

Que les Religieuses ne doivent point se mettre en peine de leurs besoins temporels. Des avantages qui se rencontrent dans la pauvreté. Contre les grands bastimens.

NE vous imaginez pas, mes Sœurs, que pour manquer à contenter les gens du monde, il vous manque dequoy vivre. Ne pretendez jamais de faire subsister vostre maison par des inventions & des adresses humaines, autrement vous mourrez de faim; & avec raison. Iettez seulement les yeux sur vostre divin Epoux, puis que c'est luy qui vous doit nourrir. Pourvû que vous le contentiez, ceux même qui vous sont le moins affectionnez vous donneront dequoy vivre encore qu'ils ne le voulussent pas, ainsi que vous l'avez reconnu par experience. Mais quand vous mourriez de faim en vous conduisant de la sorte; ô que bien-heureuses seroient les Religieuses de saint Ioseph! Ie vous conjure au nom de Dieu de graver ces paroles dans vostre memoire: & puis que vous avez renoncé à avoir du revenu, renoncez aussi au soin de ce qui regarde vostre nourriture. Si vous ne le faites, vous étes perduës.

Que ceux à qui Nostre Seigneur permet d'avoir du revenu prennent ces sortes de soins, à la bone-heure, puis qu'ils le peuvent sans contrevenir à leur vocation. Quand à nous, mes Filles, il y auroit de la folie. Car ne seroit-ce pas porter ses pensées sur ce qui appartient aux autres, que de penser à ces revenus ? Et vos soins inspireroient-ils aux personnes une volonté qu'ils n'ont point pour les engager à vous faire des charitez ? Remettez-vous de ce soin à celuy qui domine sur le cœur, & qui n'est pas moins le maître des richesses que des riches. C'est pas son ordre que nous sommes venuës icy. Ses paroles sont veritables, sont infaillibles, & le ciel & la terre passeront plûtost qu'elles manquent de s'accomplir.

Prenons garde seulement de ne pas manquer à ce que nous luy devons, & ne craignez point qu'il manque à ce qu'il nous a promis. Mais quand cela arriveroit, se seroit sans doute pour nostre avantage ; de même que la gloire des Saints s'est augmentée par le martyre. O que ce seroit un heureux échange de mourir bien-tost faute d'avoir dequoy vivre, pour joüir d'autant plûtost d'une vie & d'un bonheur qui ne finiront jamais!

Pesez bien, je vous prie, mes Sœurs, l'importance de cet avis que je vous laisse par écrit, afin que vous vous en souveniez après ma mort : car tandis que je seray au monde je ne manqueray pas de vous en renouveller souvent la memoire, à cause que je sçay par experience l'avantage qu'il y a de la pratiquer. Moins nous avons, moins j'ay de soin : & Nostre Seigneur sçait qu'il est tres-vray que la necessité ne me donne pas tant de peine que l'abondance, si je puis dire avoir éprouvé de la necessité, veu la promtitude avec laquelle il a toûjours plû à Dieu de nous secourir.

Que si nous en usions autrement, ne seroit-ce pas tromper le monde ; puisque voulant passer pour pauvres, il se trouveroit que nous ne le serions pas d'affection ; mais seulement en apparence ? J'avoüe que j'en aurois du scrupule, parce qu'il me semble que nous serions comme des riches qui demanderoient l'aumône : & Dieu nous garde que cela soit. Aprés s'être laissé aller une & deux fois à ces soins excessifs de recevoir des charitez, ils se tourneroient enfin en coûtume : & il pourroit arriver que nous demanderions ce qui ne nous seroit pas necessaire à des personnes qui en auroient plus de besoin que nous. Il est vray qu'elles pourroient gagner en nous les donnant : mais nous y perdrions sans doute beaucoup.

Desavantages de la pauvreté.

Dieu ne permette pas, s'il luy plaît, mes Filles, que vous tombiez dans cette faute : & si cela devoit être, j'aimerois encore mieux que vous eussiez du revenu. Je vous demande en aumône & pour l'amour de Nostre Seigneur, qu'une pensée si dangereuse n'entre jamais dans vostre esprit. Mais si ce malheur arrivoit en cette maison, celle là mesme qui seroit la moindre de toutes les Sœurs devroit pousser des cris vers le ciel, & representer auec humilité à sa Superieure, que cette faute est si importante qu'elle ruineroit peu à peu la veritable pauvreté. J'espere avec la grace de Dieu que cela ne sera point : qu'il n'abandonnera pas ses servantes ; que quand ce que j'écris pour satisfaire à vostre desir ne seroit utile à autre chose, il servira au moins à vous reveiller si vous tombiez en ceci dans la negligence. Croyez, je vous prie, mes Filles, que Dieu a permis pour vostre bien que j'eusse quelque intelligence des avantages qui se rencontrent dans la sainte pauvreté. Ceux qui la pratiqueront les comprendront ; mais non pas peut-estre autant que moy, parce qu'au lieu d'estre pauvre d'esprit, comme j'avois fait vœu de l'estre, j'ay esté long-temps folle d'esprit : & ainsi plus j'ay esté privée d'un si grand bien, plus j'ay reconnu par experience que c'est une extrême bonheur à une ame de le posseder.

Cette heureuse pauvreté est un si grand bien qu'il enferme tous les biens du monde. Ouy, je le redis encore, il enferme tous les biens du monde, puis que mépriser le monde c'est estre le maître du monde. Car que me souciay-je d'avoir la faveur des grands & des Princes si je ne voudrois ni avoir leurs bien, ni jouir de leurs délices, & que je serois tres faschée de rien faire pour leur plaire qui peust déplaire à Dieu en la moindre chose. Comment pourrois-je desirer aussi leurs vains honneurs, sçachant que le plus grand honneur d'un pauvre consiste à estre pauvre veritablement ? Je tiens que les honneurs & les richesses vont presque toujours de compagnie : celuy qui aime l'honneur ne sçauroit haïr les richesses : Et celuy qui méprise les richesses ne se soucie guere de l'honneur.

Comprenez bien cecy, ie vous prie, pour moy il me semble que l'honneur est toujours suiuy de quelque interest de bien. Car il arrive tres-rarement qu'une personne pauvre soit honorée dans le monde, quoy que sa vertu la rende digne de l'être, & l'on en tient au contraire fort peu de compte. Mais quant à la veritable pauvreté, elle est accompagnée d'un certain honneur, qui fait qu'elle n'est à charge à personne. J'entens par cette pauvreté celle que l'on souffre seulement pour l'amour de Dieu, laquelle ne se met en peine de contenter que luy seul; & l'on ne manque jamais d'avoir beaucoup d'amis lors que l'on n'a besoin de personne. Je le sçay par experience. Mais comme l'on a déja écrit de cette vertu tant de choses excellentes que je n'ay garde de pouvoir exprimer par mes paroles puis que je n'ay pas assez de lumiere pour les bien comprendre, outre que je craindrois d'en diminuer le prix en entreprenant de la loüer je me contenteray de ce que j'ay dit en avoir éprouvé : & j'avoüe que jusques icy je me suis trouvée de telle sorte comme hors de moy que je ne me suis pas entenduë moy-méme. Mais que ce que j'ay dit demeure dit pour l'amour de Nostre Seigneur.

Puis donc, mes Filles, que nos armes sont la sainte pauvreté, & que ceux qui le doivent bien sçavoir m'ont appris que les Saints Peres, qui ont été les fondateurs de nostre Ordre, l'ont dés le commencement tant estimée & si exactement pratiquée qu'ils ne gardoient rien d'un jour à l'autre : si nous ne les pouvons imiter dans l'exterieur en la pratiquant avec la même perfection, tâchons au moins de les imiter en l'interieur. Nous n'avons que deux heures à vivre : la recompense qui nous attend est tres grande : & quand il n'y en auroit point d'autre que de faire ce que Nostre Seigneur nous conseille, ne serions-nous pas assez bien recompensées par le bonheur d'avoir imité en quelque chose nostre divin Maître ?

Ie le dis encore : ce sont là les armes qui doivent paroître dans nos enseignes ; & il n'y a rien en quoy nous ne devions témoigner nôtre amour pour la pauvreté, dans nos logemens, dans nos habits, dans nos paroles, & par dessus tout, dans nos pensées. Tandis que vous tiendrez cette conduite, ne craignez point qu'avec la grace de Dieu l'observance soit bannie de cette maison. Car comme disoit sainte Claire, la pauvreté est un grand mur : & elle ajoustoit, qu'elle vouloit s'en servir, & de celuy de l'humilité, pour enfermer ses monasteres. Il est certain que si on pratique veritablement cette sainte pauvreté, la continence & toutes les autres vertus se trouveront beaucoup mieux soustenuës & plus fortifiées par elle que par de somptueux edifices.

Contre les bastimens magnifiques.

Ie conjure au nom de Iesus-Christ & de son précieux sang celles qui viendront aprés nous de se bien garder de faire de ces bastimens superbes, & si c'est une priere que je puisse faire en conscience, je prie Dieu que si elles se laissent emporter à un tel excez, ces bastimens tombent sur leur teste, & qu'ils les écrasent toutes. Car mes Filles, quelle apparence y auroit-il de bâtir de grandes maisons du bien des pauvres ? Mais Dieu ne permette pas, s'il luy plaît, que nous ayons rien que de vil & de pauvre. Imitons en quelque chose nostre Roy, il n'a eu pour maison que la grote de Bethléem où il est né, & la croix où il est mort. Estoient-ce là des demeure fort agreables ? Quant à ceux qui font de grands bastimens ils en sçavent les raisons ; & ils peuvent avoir des intentions saintes que je ne sçay pas : mais le moindre petit coin peut suffire à treize pauvres Religieuses.

Que si à cause de l'étroite closture on a besoin de quelque enclos pour y faire des hermitages afin d'y prier separement, cela pouvant sans doute aider à l'oraison & à la devotion, j'y consens à la bonne heure. Mais quant à des grands bastimens, & à avoir rien de curieux, Dieu nous en garde par sa grace. Ayez continuellement devant les yeux que tous les édifices du monde tomberont au iour du iugement, & que nous ignorons si ce iour est proche. Or quelle apparence y auroit-il que la maison de treize pauvres filles ne pust tomber sans faire un grand bruit? Les vrais pauvres doivent-ils en faire? Et auroit-on compassion d'eux s'ils en faisoient?

Quelle ioye vous seroit-ce, mes Sœurs, si vous voyiez quelqu'un être délivré de l'enfer par l'aumône qu'il vous auroit faite, car cela n'est pas impossible? Vous êtes donc obligées de beaucoup prier pour ceux qui vous donnent dequoy vivre; puis qu'encore que l'aumône vous vienne de la part de Dieu, il veut que vous en sçachiez gré à ceux par qui il vous la donne: & vous ne devez iamais y manquer.

Ie ne sçay ce que j'avois commencé de dire, parce que i'ay fait une grande digression. Mais ie croy que Nostre Seigneur l'a permis, puis que ie n'avois iamais pensé à écrire ce que ie viens de vous dire. Ie prie sa divine Maiesté de nous tenir tousiours par la main, afin que nous ne l'abandonnions iamais.

CHAPITRE III.

La Sainte exhorte ses Religieuses à prier continuellement Dieu pour ceux qui travaillent pour l'Eglise. Combien ils doivent être parfaits. Priere de la Sainte à Dieu pour eux.

POur retourner au principal suiet qui nous a assemblées en cette maison, & pour lequel ie souhaiterois que nous pussions faire quelque chose qui fust agreable à Dieu, ie dis, que voyant que l'heresie qui s'est élevée en ce siecle est comme un feu devorant qui fait tousiours de nouveaux progrez, & que le pouvoir des hommes n'est pas capable de l'arrester, il me semble que nous devons agir comme feroit un Prince, qui voyant que ses ennemis ravageroient tout son pays, & qu'il ne seroit pas assez fort pour leur resister en campagne, se retireroit avec quelques troupes choisies dans une place qu'il feroit extrémement fortifier, d'où il feroit avec ce petit nombre, des sorties sur eux, qui les incommoderoient beaucoup plus que ne pourroient faire de grandes troupes mal aguerries. Car il arrive souvent que par ce moyen on demeure victorieux: & au pis aller on ne sçauroit perir que par la famine, puis qu'il n'y a point de traistres parmy ces gens-là. Or icy, mes Sœurs, la famine peut bien nous presser

Prier pour ceux qui travaillent pour l'Eglise.

mais non pas nous contraindre de nous rendre. Elle peut bien nous faire mourir, mais non pas nous vaincre.

Or pourquoy vous dis je cecy ? C'est pour vous faire connoître que ce que nous devons demander à Dieu est qu'il ne permette pas que dans cette place où les bons Chrêtiens se sont retirez, il s'en trouve qui s'aillent ietter du côté des ennemis; mais qu'il fortifie la vertu & le courage des Predicateurs & des Theologiens qui sont comme les chefs de ces troupes, & fasse que les Religieux qui composent le plus grand nombre de ces soldats, s'avancent de iour en iour dans la perfection que demande une vocation si sainte. Car cela importe de tout, parce que c'est des forces Ecclesiastiques & non pas des seculieres que nous devons attendre nostre secours.

Puis que nous sommes incapables de rendre dans cette occasion du service à nostre Roy, efforçons-nous au moins d'étre telles que nos prieres puissent aider ceux de ses serviteurs, qui n'ayant pas moins de doctrine que de vertu, travaillent avec tant de courage pour son service. Que si vous me demandez pourquoy i'insiste tant sur ce suiet, & vous exhorte d'assister ceux qui sont beaucoup meilleurs que nous. Ie réponds que c'est parce que ie croy que vous ne comprenez pas encore assez quelle est l'obligation que vous avez à Dieu de vous avoir conduites en un lieu où vous estes affranchies des affaires, des engagemens, & des conversations du monde. Cette faveur est plus grande que vous ne le sçauriez croire; & ceux dont ie vous parle sont bien éloignez d'en iouïr. Il ne seroit pas mesme à propos qu'ils en iouïssent, principalement en ce temps, puis que c'est à eux de fortifier les foibles, & d'encourager les timides. Car à quoy seroient bons des soldats qui manqueroient de Capitaine ? Il faut donc qu'ils vivent parmy les hommes; qu'ils conversent avec les hommes, & qu'entrant dans le palais des grands & des Rois, ils y paroissent quelquefois pour ce qui est de l'exterieur semblables aux autres hommes.

Qu'il n'appartient qu'aux parfaits de servir l'Eglise.

Or pensez-vous, mes Filles, qu'il faille peu de vertu pour vivre dans le monde, pour traiter avec le monde, & pour s'engager dans les affaires du monde ? Pensez-vous qu'il faille peu de vertu pour converser avec le monde, & pour estre en mesme-temps dans son cœur non seulement éloigné du monde, mais aussi ennemy du monde : pour vivre sur la terre comme dans un lieu de bannissement ; & enfin pour être des Anges & non pas des hommes ? Car s'il ne sont tels ils ne meritent pas de porter le nom de Capitaines; & ie prie Nostre Seigneur de ne pas permettre qu'ils sortent de leurs cellules. Ils feroient beaucoup plus de mal que de bien, puis que ce n'est pas

CHAPITRE III.

maintenant le temps de voir des défauts en ceux qui doivent enseigner les autres, & que s'ils ne sont bien affermis dans la pieté, & fortement persuadez combien il importe de fouler aux pieds tous les interests de la terre, & de se détâcher de toutes les choses perissables pour s'attacher seulement aux eternelles, ils ne sçauroient empécher que l'on ne découvre leurs defauts, quelque soin qu'ils prennent de les cacher. Comme c'est avec le monde qu'ils traitent-ils pouvent s'assurer qu'il ne leur pardonnera pas; mais qu'il remarquera jusques à leurs moindres imperfections, sans s'arrester à ce qu'ils auront de bon; ni peut-estre mesme sans le croire.

J'admire qui peut apprendre à ces personnes du monde ce que c'est que la perfection. Car ils la connoissent, non pour la suivre, puis qu'ils ne s'y croyent point obligez, & s'imaginent que c'est assez d'obseruer les simples commandemens; mais pour employer cette connoissance à examiner, & à condamner jusques aux moindres defauts des autres. Quelquefois mesme ils raffinent de telle sorte qu'ils prennent pour une imperfection, & pour un relâchement ce qui est en effet une vertu. Vous imaginez vous donc que les seruiteurs de Dieu n'ayent pas besoin qu'il les favorise d'une assistance toute extraordinaire pour s'engager dans un si grand & si perilleux combat

Taschez, je vous prie, mes Sœurs, de vous rendre telle que vous meritiez d'obtenir ces deux choses de sa divine Majesté. La premiere, que parmy tant de personnes sçavantes & tant de Religieux il s'en trouve plusieurs qui ayent les conditions que j'ay dit estre necessaires pour travailler à ce grand ouvrage, & qu'il luy plaise d'en rendre capables ceux qui ne le sont pas encore assez, puis qu'un seul homme parfait rendra plus de service qu'vn grand nombre d'imparfaits. La seconde, que lors qu'ils seront engagez dans vne guerre si importante, Nostre Seigneur les soustienne par sa main toute-puissante, afin qu'ils ne succombent pas dans les perils continuels où l'on est exposé dans le monde; mais qu'ils bouchent leurs oreilles aux chants des Sirenes, qui se rencontrent sur une mer si dangereuse. Que si dans l'étroite closture où nous sommes nous pouvons par nos prieres contribuer quelque chose à ce grand dessein, nous aurons aussi combatu pour Dieu, & je m'estimeray avoir tres-bien employé les travaux que j'ay soufferts pour établir cette petite maison, où je pretens que l'on garde la regle de la sainte Vierge nostre Reine avec la même perfection qu'elle se pratiquoit au commencement.

Ne croyez pas, mes Filles, qu'il soit inutile de faire sans cesse cette priere, quoy que plusieurs pensent que c'est une chose bien rude de ne prier pas beaucoup pour soy même. Croyez moy nulle priere n'est meilleure & plus utile. Que si vous craignez qu'elle ne serve pas à diminuer les peines que vous devez souffrir dans le purgatoire; je vous répons qu'elle est trop sainte pour n'y pas servir. Mais quand vous y perdriez quelque chose en vostre particulier : à la bonne heure. Et que m'importe quand je demeurerois jusqu'au jour du jugement en purgatoire si je pouvois par mes oraisons être cause du salut d'une ame : & à plus forte raison si je pouvois servir à plusieurs & à la gloire de Nostre Seigneur ? Méprisez, mes Sœurs, des peines qui ne sont que passageres lors qu'il s'agit de rendre un service beaucoup plus considerable à celuy qui a tant souffert pour l'amour de nous.

Tâchez à vous instruire sans cesse de ce qui est le plus parfait, puis que pour les raisons que je vous diray ensuite j'ay à vous prier instamment de traiter toûjours de ce qui regarde vostre salut avec des personnes doctes & capables. Ie vous conjure au nom de Dieu de luy demander qu'il nous accorde cette grace, ainsi que je luy demande toute miserable que je suis, parce qu'il y va de sa gloire & du bien de son Eglise, qui sont le but de tous mes desirs.

*** ***

Boicte à Dieu. I'avouë que ce seroit une grande temerité à moy de croire que je
,, pûsse contribuer quelque chose pour obtenir une telle grace. Mais
,, je me confie, mon Dieu, aux prieres de vos servantes avec qui je
,, suis, parce que je sçay qu'elles n'ont autre dessein ny autre préten-
,, tion que de vous plaire. Elles ont quitté pour l'amour de vous le peu
,, qu'elles possedoient, & auroient voulu quitter davantage pour vous
,, servir. Comment pourrois-je donc croire, ô mon Createur, qu'étant
,, aussi reconnoissant que vous êtes, vous rejettassiez leurs demandes?
,, Ie sçay que lors que vous étiez sur la terre non seulement vous n'a-
,, vez point eu de mépris pour nostre sexe, mais vous avez même
,, répandu vos faveurs sur plusieurs femmes avec une bonté admira-
,, ble. Quand nous vous demanderons de l'honneur ou de l'argent,
,, ou du revenu, ou quelqu'une de ces autres choses que l'on recher-
,, che dans le monde : alors ne nous écoutez point. Mais pourquoy
,, n'écouteriez-vous pas, ô Pere Eternel, celles qui ne vous deman-
,, dent que ce qui regarde la gloire de vostre Fils, qui mettent toute
,, la leur à vous servir, & qui donneroient pour vous mille vies ? Ie ne
,, prétens pas neanmoins, Seigneur, que vous accordiez cette grace
,, pour l'amour de nous : je sçay que nous ne la meritons pas. Mais
,, j'espere de l'obtenir en consideration du sang & des merites de vostre
,, Fils. Pourriez-vous, bien, ô Dieu tout puissant, oublier tant d'in-
,, jures, tant d'outrages, & tant de tourmens qu'il a soufferts ? & vos en-
,, trailles paternelles toutes brûlantes d'amour, pourroient elles bien
,, permettre que ce que son amour a fait pour vous plaire en nous

aimant

CHAPITRE IV.

" aimant comme vous le luy aviez ordonné, soit aussi méprisé qu'il
" l'est auiourd'huy dans le tres saint Sacrement de l'Eucharistie par
" ces mal-heureux heretiques qui le chassent de chez luy en abattant
" les Eglises ou on l'adore ; Que s'il avoit manqué à quelque chose
" de ce qui estoit le plus capable de vous contenter. Mais n'a-t'il pas
" accomply parfaitement tout ce qui pouvoit vous estre agreable ? Ne
" suffit-il pas, mon Dieu, que durant qu'il a esté dans le monde il
" n'ait pas eu ou pouvoir reposer sa teste, & qu'il ait esté accablé par
" tant de souffrances, sans qu'on luy ravisse maintenant les maisons ou
" il reçoit ses amis, & ou connoissant leur foiblesse il les nourrit & les
" fortifie par cette viande toute divine pour les rendre capables de
" soutenir les travaux ou il se trouvent engagez pour vostre service
" N'a-t-il pas suffisamment satisfait par sa mort au peché d'Adam ; Et
" faut-il donc que toutes les fois que nous pechons, ce tres doux &
" tres-charitable Agneau satisfasse encore pour nos offenses ; Ne le
" permettez pas, ô souverain Monarque de l'univers : appaisez vostre
" colere : détournez vos yeux de nos crimes : considerez le sang que
" vostre divin Fils a répendu pour nous rachater : ayez seulement égard
" à ses merites, & à ceux de la glorieuse Vierge sa mere, des Mar-
" tyrs, & de tous les Saints qui ont donné leur vie pour vostre servi-
" ce. Mais helas ! mon Seigeur, qui suis-ie pour oser au nom de tous
" vous presenter cette requeste ; Ha, mes Filles, quelle mauvaise me-
" diatrice pour faire une telle demande pour vous, & pour l'obtenir.
" Ma temerité ne servira-t-elle pas plutôt d'un sujet tres-juste pour aug-
" menter l'indignation de ce redoutable & souverain Iuge dont j'im-
" plore la clemence ; Mais Seigneur puis que vous estes un Dieu de
" misericorde ayez pitié de cette pauvre pecheresse, de ce ver de ter-
" re, & pardonnez à ma hardiesse. Ne considerez pas mes pechez
" considerez plutôt mes desirs & les larmes que je répans en vous
" faisant cette priere. Ie vous en conjure par vous-même. Ayez pitié
" de tant d'ames qui se perdent : Secourez, Seigneur, vostre Eglise : ar-
" restez le cours de tant de maux qui affligent la chrestienté, & faites
" luire vostre lumiere parmy ces tenebres.

Ie vous demande, mes Sœurs, pour l'amour de IESUS-CHRIST
& comme une chose à quoy vous estes obligées, de prier sa divine
Majesté pour cette pauvre & trop hardie pecheresse qui vous parle,
afin qu'il luy plaise de me donner l'humilité qui m'est necessaire.
Quant au Roy & aux Prelats de l'Eglise, & particulierement nostre
Evesque, je ne vous le recommande point parce que je vous voy
si soigneuses de prier pour eux, que je ne croy pas qu'il en soit
besoin. Mais puis qu'on peut dire que celles qui viendront après

nous feront saintes si elles ont un saint Evêque : comme cette grace est si importante, demandez-la sans cesse à Nostre Seigneur. Que si vos desirs, vos oraisons, vos disciplines, & vos jeûnes ne s'employent pour de tels sujets, & les autres dont je vous ay parlé, sçachez que vous ne tendez point à la fin pour laquelle Dieu nous a icy assemblées.

CHAPITRE IV.

La Sainte exhorte ses Religieuses à l'observation de leur regle. Que les Religieuses doivent extrêmement s'entr'aimer. Eviter avec grand soin toutes singularitez & partialitez. De quelle sorte on se doit aimer. Des Confesseurs. Et qu'il en faut changer lors qu'on remarque en eux de la vanité.

De l'observation de la regle.

VOus venez de voir, mes Filles, combien grande est l'entreprise que nous pretendons d'executer. Car quelles devons-nous être pour ne point passer pour temeraires au jugement de Dieu & des hommes? Il est évident qu'il faut pour cela beaucoup travailler, & qu'il est besoin pour y reüssir d'elever fort haut nos pensées, afin de faire de si grands efforts que nos œuvres y répondent. Car il y a sujet d'esperer que Nostre Seigneur exaucera nos prieres, pourvû que nous n'oublions rien de ce qui peut dépendre de nous pour observer exactement nos constitutions & nostre regle. Ie ne vous impose rien de nouveau, mes Filles. Ie vous demande seulement d'observer les choses à quoy vostre vocation & vostre profession vous obligent, quoy qu'il y ait grande difference entre les diverses manieres dont on s'en acquite.

La premiere regle nous ordonne de prier sans cesse : & comme ce precepte enferme le plus important de nos devoirs, si nous l'observons exactement nous ne manquerons ny aux jeûnes, ny aux disciplines, ny au silence, ausquels nostre institut nous oblige, puis que vous sçavez que toutes ces choses contribuent à la perfection de l'oraison, & que les delicatesses & la priere ne s'accordent point ensemble.

Vous avez desiré que je vous parle de l'oraison : & moy je vous demande pour recompense de ce que je vay vous en dire, non seulement de le lire fort souvent avec beaucoup d'attention, mais aussi de pratiquer ce que je vous ay déja dit.

Avant que d'en venir à l'interieur qui est l'oraison, je vous diray certaines choses si necessaires à ceux qui pretendent de marcher dans ce chemin, que pourvû qu'ils les pratiquent ils pourront s'avancer beaucoup dans le service de Dieu, quoy qu'ils ne soient pas fort contemplatifs : au lieu que sans cela, non seulement il est impossible qu'ils le deviennent, mais ils se trouveront trompez s'ils

CHAPITRE IV.

croyent l'être. Ie prie Noſtre Seigneur de me donner l'aſſiſtance dont j'ay beſoin, & de m'enſeigner ce que j'ay à dire afin qu'il reüſſiſſe à ſa gloire.

Ne croyez pas mes cheres Sœurs, que les choſes auſquelles je pretens de vous engager ſoient en grand nombre. Nous ſerons trop heureuſes ſi nous accompliſſons celles que nos Saints Peres ont ordonnées & pratiquées, puis qu'en marchant par ce chemin ils ont merité le nom de Saints, & que ce ſeroit s'égarer de tenir une autre route, ou de chercher d'autres guides pour nous conduire. Ie m'étendray ſeulement ſur trois choſes portées par nos conſtitutions parce qu'il nous importe extrêmement de comprendre combien il nous eſt avantageux de les garder pour joüir de cette paix exterieure & interieure que IESUS-CHRIST, nous a tant recommandée. La premiere eſt un amour ſincere des unes envers les autres. La ſeconde un entier détachement de toutes les choſes crées. Et la troiſiéme une veritable humilité, qui bien que je la nomme la derniere eſt la principale de toutes & embraſſe les deux autres.

Quant à la premiere qui eſt de nous entr'aimer beaucoup, elle eſt d'une grande conſequence, parce qu'il n'y a rien de ſi difficile à ſupporter qui ne paroiſſe facile à ceux qui s'aiment, & qu'il faudroit qu'une choſe fuſt merveilleuſement rude pour leur pouvoir donner de la peine. Que ſi ce commandement s'obſervoit avec grand ſoin dans le monde, je croy qu'il ſerviroit beaucoup pour faire garder les autres : Mais comme nous y manquons toujours en aimant trop ce qui doit eſtre moins aimé, ou trop peu ce qui doit l'eſtre davantage nous ne l'accompliſſons jamais parfaitement. *De quelle ſorte les Religieuſes ſe doivent aimer.*

Il y en a qui s'imaginent que parmy nous l'excez ne peut en cela eſtre dangereux. Il eſt neanmoins ſi prejudiciable & tire tant d'imperfections apres ſoy, que j'eſtime qu'il n'y a que ceux qui l'on remarqué de leurs propres yeux qui le puiſſent croire. Car le demon s'en ſert comme d'un piege ſi imperceptible à ceux qui ſe contentent de ſervir Dieu imparfaitement, que cette affection demeſurée paſſe dans leurs eſprit pour une vertu. Mais ceux qui aſpirent à la perfection en connoiſſent bien le danger, & ſçavent que cette affection mal reglée affoiblit peu à peu la volonté, & l'empéche de s'employer entierement à aimer Dieu. Ce défaut ſe rencontre encore pluſtoſt à mon avis entre les femmes qu'entre les hommes, aporte un dommage viſible à toute la communauté, parce qu'il arrive de là que l'on n'aime pas également toutes les Sœurs : que l'on ſent le déplaiſir qui eſt fait à ſon amie : que l'on déſire d'avoir quelque choſe pour luy donner : que l'on cherche l'occaſion de luy parler fans avoir le plus fouvent rien à luy dire, finon qu'on l'aime, & autres chofes impertinentes, plûtoft que de luy parler de l'amour que l'on doit avoir pour Dieu. Il arrive même fi peu fouvent que ces grandes amitiez ayent pour fin de s'entr'aider à l'aimer, que ie croy que le demon les fait naiftre pour former des ligues & des factions dans les monafteres. Car quand on ne s'aime que pour fervir fa divine Maiefté, les effets le font bien-toft connoiftre, en ce qu'au lieu que les autres s'entr'aiment pour fatisfaire leur paffion, celles-cy cherchent au contraire dans l'affection qu'elles fe portent, un remede pour vaincre leurs paffions.

Quant à cette derniere forte d'amitié, ie fouhaitterois que dans les grands monafteres il s'y en trouvat beaucoup. Car pour celuy-cy où nous ne fommes & ne pouvons être que treize, toutes les Sœurs doivent être amies : toutes fe doivent cherir : toutes fe doivent aimer : toutes fe doivent affifter ; & quelque faintes qu'elles foient ie les conjure pour l'amour de Noftre Seigneur de fe bien garder de ces fingularitez où ie voy fi peu de profit, puis qu'entre les freres même c'eft un poifon d'autant plus dangereux pour eux qu'ils font plus proches.

Croyez-moy, mes Sœurs, quoy que ce que ie vous dis vous femble un peu rude il conduit à une grande perfection : il produit dans l'ame une grande paix, & fait éviter plufieurs occafions d'offenfer Dieu à celles qui ne font pas tout-à-fait fortes. Que fi noftre inclination nous porte à aimer plûtoft une Sœur que non pas une autre, ce qui ne fçauroit pas ne point arriver, puis que c'eft un mouvement naturel qui fouvent même nous fait aimer davantage les perfonnes les plus imparfaites quand il fe rencontre que la nature les a favorifées de plus de graces, nous devons alors nous tenir extrémement fur nos gardes, afin de ne nous laiffer point dominer par cette affection naiffante. Aimons les vertus, mes Filles, & les biens interieurs : ne negligeons aucun foin pour nous def-accoûtumer de faire cas de ces biens exterieurs ; & ne fouffrons point que noftre volonté foit efclave, fi ce n'eft de celuy qui l'a rachetée de fon propre fang.

Que celles qui ne profiteront pas de cét avis prennent garde de fe trouver fans y penfer dans des liens dont elles ne pourront fe dégager. Helas ! mon Dieu mon Sauveur, qui pourroit nombrer combien de fottifes & de niaiferies tirent leur origine de cette fource? Mais comme il n'eft pas befoin de parler icy de ces foibleffes qui fe trouvent parmy les femmes, ny de les faire connoiftre aux perfonnes qui les ignorent, ie ne veux pas les rapporter par le menu. J'avoüe que j'ay quelquefois été épouvantée de les voir : je dis de les voir : car par la mifericorde de Dieu ie n'y fuis jamais gueres tombée. Ie les ay remarquées fouvent, & je crains bien qu'elles ne se rencontrent dans la plus part des monasteres, ainsi que je l'ay vû en plusieurs, parce que je sçay que rien n'est plus capable d'empécher les Religieuses d'arriver à une grande perfection, & que dans les Superieures, comme ie l'ay déia dit, c'est une peste.

Il faut apporter un extrême soin à couper la racine de ces partialitez & de ces amitiez dangereuses aussi tost qu'elles commencent à naistre. Mais il le faut faire avec adresse & avec plus d'amour que de rigueur. C'est un excellent remede pour cela de n'être ensemble qu'aux heures ordonnées, & de ne se point parler, ainsi que nous le pratiquons maintenant; mais de demeurer separées comme la regle le commande, & nous retirer chacune dans nostre cellule. Ainsi quoy que ce soit une coûtume louable d'avoir une chambre commune où l'on travaille, je vous exhorte à n'en point avoir dans ce monastere, parce qu'il est beaucoup plus facile de garder le silence lors que l'on est seule : outre qu'il importe extrêmement de s'accoûtumer à la solitude pour pouvoir bien faire l'oraison, qui devant être le fondement de la conduite de cette maison puis que c'est principalement pour ce sujet que nous sommes icy assemblées, nous ne sçaurions trop nous affectionner à ce qui peut le plus contribuer à nous l'acquerir.

Pour revenir, mes Filles, à ce que je disois de nous entr'aimer, il me semble qu'il seroit ridicule de vous le recommander, puis qu'il n'y a point de personnes si brutales qui demeurant & communiquant toûjours ensemble, n'ayant ni ne devant point avoir de conversations, d'entretiens & de divertissemens avec les personnes de dehors, & ayant sujet de croire que Dieu aime les sœurs & qu'elles l'aiment puis qu'elles ont tout quitté pour l'amour de luy, puissent manquer de s'aimer les unes les autres : outre que c'est le propre de la vertu de se faire aimer, & que j'espere avec la grace de Dieu qu'elle n'abandonnera jamais ce monastere.

Ie n'estime donc pas qu'il soit besoin de vous recommander beaucoup de vous entr'aimer en la maniere que je viens de dire. Mais je veux vous representer quel est cét amour si louable que je desire qui soit parmy nous, & par quelles marques nous pourrons connoistre que nous aurons acquis cette vertu, qui doit être bien grande puis que Nostre Seigneur l'a recommandée si expressément à ses Apostres. C'est dequoy je vay maintenant vous entretenir un peu selon mon peu de capacité. Que si vous le trouvez mieux expliqué en d'autres livres ne vous arrestez pas à ce que j'en écriray. Car peut-être ne sçay-je ce que je dis.

Il y a de deux sortes d'amour dont je vay parler. L'un est purement *De l'Affection pour les Confesseurs.* spirituel, ne paroissant rien en luy qui ternisse sa pureté, parce qu'il n'a rien qui tienne de la sensualité & de la tendresse de nostre nature. L'autre est aussi spirituel : mais nostre sensualité & nostre foiblesse s'y mélent. C'est toutefois un bon amour, & qui semble legitime : tel est celuy qui se voit entre les parens & les amis. J'ay déja dit quelque chose de ce dernier, & je veux maintenant parler de l'autre qui est purement spirituel & sans aucun mélange de passion. Car s'il s'y en rencontroit, toute la spiritualité qui y paroîtroit s'évanoüiroit & deviendroit sensuelle : au lieu que si nous nous conduisons dans cét autre amour, quoy que moins parfait, avec moderation & avec prudence, tout y sera meritoire, & ce qui paroissoit sensualité se changera en vertu. Mais cette sensualité s'y méle quelquefois si subtilement qu'il est difficile de le discerner, principalement s'il se rencontre que ce soit avec un Confesseur, parce que les personnes qui s'adonnent à l'oraison s'affectionnent extrêmement à celuy qui gouverne leur conscience quand elles reconnoissent en luy beaucoup de vertu & de capacité pour les conduire. C'est icy que le demon les assiege d'un grand nombre de scrupules dans le dessein de les inquieter & de les troubler : & sur tout s'il voit que le Confesseur les porte à une plus grande perfection : car alors il les presse d'une telle sorte qu'il les fait resoudre à quiter leur Confesseur, & ne les laisse point en repos après même qu'elles en ont choisi un autre.

Ce que ces personnes peuvent faire en cét état est de ne s'appliquer point à discerner si elles aiment ou n'aiment pas. Que si elles aiment, qu'elles aiment. Car si nous aimons ceux de qui nous recevons des biens qui ne regardent que le corps, pourquoy n'aimerons-nous pas ceux qui travaillent sans cesse à nous procurer les biens de l'ame ? j'estime au contraire que c'est une marque que l'on commence à faire un progrés notable lors que l'on aime son Confesseur quand il est saint & spirituel, & que l'on voit qu'il travaille pour nous faire avancer dans la vertu ; & nostre foiblesse étant telle que nous ne pourrions souvent sans son aide entreprendre de grandes choses pour le service de Dieu.

Que si le Confesseur n'est pas tel que je viens de dire, c'est alors qu'il y a beaucoup de peril, & qu'il peut arriver un tres grand mal de ce qu'il voit qu'on l'affectionne, principalement dans les maisons où la closture est la plus étroite. Or d'autant qu'il est difficile de connoître si le Confesseur à toutes les bonnes qualitez qu'il doit avoir, on doit luy parler avec une grande retenuë & une grande circonspection. Le meilleur seroit sans doute de faire qu'il ne s'apperçût point qu'on l'aime beaucoup, & de ne luy en jamais parler. Mais le demon use d'un si grand artifice pour l'empêcher que l'on ne sçait comment s'en défendre. Car il fait croire à ces personnes

CHAPITRE. IV.

que c'est à quoy toute leur confession se reduit principalement ; & qu'ainsi elles sont obligées de s'en accuser. C'est pourquoy je voudrois qu'elles crussent que cela n'est rien, & n'en tinsent aucun compte. C'est un avis qu'elles doivent suivre si elles connoissent que tous les discours de leur Confesseur ne tendent qu'à leur salut ; qu'il craint beaucoup Dieu, & n'a point de vanité : ce qui est tres facile à remarquer, a moins de se vouloir aveugler soy-même. Car en ce cas, quelques tentations que leur donne la crainte de le trop aimer au lieu de s'en inquieter il faut qu'elles les méprisent & en détournent leur vûë, puis que c'est le vray moyen de faire que le demon se lasse de les persecuter, & se retire.

Mais si elles remarquent que le Confesseur les conduise en quelque chose par un esprit de vanité, tout le reste doit alors leur être suspect : & quoy qu'il n'y ait rien que de bon dans ses entretiens il faut qu'elles se gardent bien d'entrer en discours avec luy : mais qu'elles se retirent aprés s'être confessées en peu de paroles. Le plus sur dans ces rencontres sera de dire à la Prieure que l'on ne se trouve pas bien de luy, & de le changer comme étant le remede le plus certain si l'on en peut user sans blesser sa reputation.

Dans ces occasions & autres semblables qui sont comme autant de pieges qui nous sont tendus par le demon & où l'on ne sçait quel conseil prendre, le meilleur sera d'en parler à quelque homme sçavant & habile (ce que l'on ne refuse point en cas de necessité,) de se confesser à luy & de suivre ses avis ; puis que si on ne cherchoit point de remede à un si grand mal on pourroit tomber dans de grandes fautes. Car combien en commet-on dans le monde que l'on ne commettroit pas si l'on agissoit avec conseil ; principalement en ce qui regarde la maniere de se conduire envers le prochain pour ne luy point faire de tort ? Il faut donc necessairement dans ces rencontres travailler à trouver quelque remede, puis que quand le demon commence à nous attaquer de ce costé-là il fait en peu de temps de grands progrés si l'on ne se haste de luy fermer le passage. Ainsi cét avis de parler à un autre Confesseur est sans doute le meilleur, en cas qu'il se trouve quelque commodité pour le faire, & si comme je l'espere de la misericorde de Nostre Seigneur, ces ames sont disposées à ne rien negliger de tout ce qui est en leur pouvoir, pour ne plus traiter avec le premier, quand elles devroient pour ce sujet s'exposer à perdre la vie.

Considerez, mes Filles, de quelle importance vous est cét avis, puis que ce n'est pas seulement une chose perilleuse, mais une peste pour toute la communauté, mais un enfer. N'attendez donc pas que le mal soit grand, & travaillez de bonne heure à le déraciner par tous les moyens dont vous pourrez user en conscience. J'espere que Noſtre Seigneur ne permettra pas que des perſonnes qui font profeſſion d'oraiſon puiſſent affectionner que de grands ſerviteurs de Dieu. Car autrement elles ne ſeroient ni des ames d'oraiſon, ni des ames qui tendiſſent à une perfection telle que je pretens que ſoit la voſtre; puis que ſi elles voyoient qu'un Confeſſeur n'entendit pas leur langage, & qu'il ne ſe portat pas avec affection à parler de Dieu, il leur ſeroit impoſſible de l'aimer, parce qu'il leur ſeroit entierement diſſemblable. Que s'il étoit comme elles dans la pieté, il faudroit qu'il fuſt bien ſimple & peu éclairé pour croire qu'un ſi grand mal pût entrer facilement dans une maiſon ſi reſſerrée, & ſi peu expoſée aux occaſions qui l'auroient pû faire naître, & pour vouloir enſuite s'inquieter ſoy-même, & inquiter des ſervantes de Dieu.

C'eſt donc là comme je l'ay dit, tout le mal, ou au moins le plus grand mal que le demon puiſſe faire gliſſer dans les maiſons les plus reſſerrées. C'eſt celuy qui s'y découvre le plus tard, & qui eſt capable d'en ruïner la perfection ſans que l'on en ſçache la cauſe, parce que ſi le Confeſſeur luy même étant vain, donne quelque entrée à la vanité dans le monaſtere : comme il ſe trouve engagé dans ce defaut, il ne ſe met guere en peine de le corriger dans les autres. Je prie Dieu par ſon infinie bonté de nous délivrer d'un tel malheur. Il eſt ſi grand qu'il n'en faut pas davantage pour troubler toutes les Religieuſes lors qu'elles ſentent que leur conſcience leur dicte le contraire de ce que leur dit leur Confeſſeur : & que ſi on leur tient tant de rigueur que de leur refuſer d'aller à un autre, elles ne ſçavent que faire pour calmer le trouble de leur eſprit, parce que celuy qui devroit y remedier eſt celuy-là même qui le cauſe. Il ſe rencontre ſans doute en quelques maiſons tant de peines de cette ſorte, que vous ne devez pas vous étonner que la compaſſion que j'en ay m'ait fait prendre un ſi grand ſoin de vous avertir de ce peril.

CHAPITRE V.

Suite du même ſujet. Combien il importe que les Confeſſeurs ſoient ſçavans. En quels cas on en peut changer. Et de l'authorité des Superieurs.

Du beſoin d'avoir des Confeſſeurs ſçavans.

JE prie Dieu de tout mon cœur de ne permettre qu'aucune de vous éprouve dans un monaſtere d'une ſi étroite cloſture ces troubles d'eſprit & ces inquietudes dont je viens de vous parler. Que ſi la Prieure & le Confeſſeur ſont bien enſemble, & qu'ainſi on n'oſe rien dire ni à elle de ce qui le touche, ni à luy de ce qui la regarde: ce ſera alors que l'on ſe trouvera tenté de taire dans la confeſſion des pechez fort importans, par la crainte de ce trouble & de cette inquietude où l'on s'engageroit en les diſant. O mon Dieu mon

CHAPITRE V.

mon Sauveur, quel ravage le demon ne peut il point faire par ce moyen? & que cette dangereuse retenuë & ce malheureux point d'honneur coûte cher! Car par la fausse creance qu'il y va de la reputation du monastere de n'avoir qu'un Confesseur cet esprit infernal met ses pauvres filles dans une gesne d'esprit où il ne pourroit par d'autres voyes les faire tomber. Ainsi si elles demandent d'aller à un autre Confesseur, on croit que c'est renverser toute la discipline de la maison: & quand celuy qu'elles desirent seroit un saint, s'il se rencontre qu'il ne soit pas du mesme Ordre, on s'imagine ne pouvoir le leur donner sans faire un affront à tout l'Ordre.

Louez extrémement Dieu, mes Filles, de la liberté que vous avez maintenant d'en user d'une autre sorte; puis qu'encore qu'elle ne se doive pas étendre à avoir beaucoup de Confesseur, vous pouvez outre les ordinaires en avoir quelques-uns qui vous éclaircissent de vos doutes. Ie demande au nom de Nostre Seigneur à celle qui sera Superieure de tascher toujours d'obtenir de l'Evesque ou du Provincial pour elle & ses Religieuses cette sainte liberté de communiquer de son interieur avec des personnes doctes, principalement si leurs Confesseurs ne le sont pas, quelques vertueux qu'ils puissent estre. Car Dieu les garde de se laisser conduire en tout par un Confesseur ignorant, quoy qu'il leur paroisse spirituel, & qu'il le soit en effet. La science sert extrémement pour donner lumiere en toutes choses, & il n'est pas impossible de rencontrer des personnes qui soient tout ensemble & sçavantes & spirituelles. Souvenez-vous aussi, mes Sœurs, que plus Nostre Seigneur vous fera des graces dans l'oraison; & plus vous aurez besoin d'établir sur un fondement solide toutes vos affections & vos prieres.

Vous sçavez desja que la premiere pierre de cet édifice spirituel est d'avoir une bonne conscience, de faire tous ses efforts pour éviter même de tomber dans les pechez veniels, & d'embrasser ce qui est le plus parfait. Vous vous imaginez peut-être que tous les Confesseurs le sçavent; mais c'est une erreur. Car il m'est arrivé de traiter des choses de conscience avec un qui avoit fait tout son cours de Theologie, lequel me fit beaucoup de tort en me disant que certaines choses n'étoient point considerables. Il n'avoit point toutefois intention de me tromper, ny sujet de le vouloir, & il n'y a auroit rien gagné; mais il n'en sçavoit pas d'avantage; & la mesme chose m'est arrivée avec deux ou trois autres.

Cette veritable connoissance de ce qu'il faut faire pour observer avec perfection la loy de Dieu nous importe de tout. C'est le fondement solide de l'oraison: & quand il manque on peut dire que

En quels cas on peut changer de Confesseur.

tout l'edifice porte à faux. Vous devez donc prendre conseil de ceux en qui l'esprit se trouve joint avec la doctrine, & si vôtre Confesseur n'a ces qualitez, taschez de temps en temps d'aller à un autre. Que si l'on fait difficulté de vous le permettre, communiquez au moins hors de la confession, de l'état de vôtre conscience avec des personnes telles que je viens de dire.

J'ose même passer plus avant, en vous conseillant de pratiquer quelquefois cet avis quand bien vôtre Confesseur auroit de l'esprit & seroit sçavant, parce qu'il se pourroit faire qu'il se tromperoit, & qu'il seroit tres-fâcheux que vous fussiez toutes trompées par luy. Tâchez toûjours neanmoins à ne rien faire qui contrevienne à l'obeïssance: car à toutes choses il y a remede. Et puis qu'une ame est de si grand prix qu'il n'y a rien qu'on ne doive faire pour son avancement dans la vertu: que ne doit-on point faire lors qu'il s'agit de l'avancement de plusieurs ames?

Tout ce que je viens de dire regarde principalement la Superieure. Ie la conjure encore une fois, que puis qu'on ne cherche autre consolation en cette maison que celle qui regarde l'ame, elle tâche de la luy procurer dans un point si important. Car comme il y a differens chemins par lesquels Dieu conduit les personnes pour les attirer à luy, il n'y a pas sujet de s'étonner que le Confesseur en ignore quelques-uns. Et pourvû, mes Filles, que vous soyez telles que vous devez être, quelque pauvres que vous soyez vous ne manquerez pas de personnes qui veüillent par charité vous assister de leur conseil. Ce même Pere celeste qui vous donne la nourriture necessaire pour le corps, inspirera sans doute à quelqu'un la volonté d'éclairer vôtre ame pour remedier à ce mal, qui est celuy de tous que je crains le plus. Et quant il arriveroit que le demon tenteroit le Confesseur pour le faire tomber dans quelque erreur, lors que ce Confesseur verroit que d'autres vous parleroient, il prendroit garde de plus prés à luy, & seroit plus circonspect dans toutes ses actions.

J'espere en la misericorde de Dieu, que si l'on ferme cette porte au diable il n'en trouvera point d'autre pour entrer dans ce monastere: & ainsi je demande au nom de N. Seigneur à l'Evesque ou au Superieur sous la conduite duquel vous serez, qu'il laisse aux Sœurs cette liberté, & que s'il se rencontre dans cette ville des personnes sçavantes & vertueuses, ce qui est facile à sçavoir dans un lieu aussi petit qu'est celuy-cy, il ne leur refuse pas la permission de se Confesser quelquefois à eux; quoy qu'elles ne manquent pas d'un Confesseur ordinaire. Ie sçay que cela est à propos pour plusieurs raisons, & que le mal qui en peut arriver ne doit pas entrer en comparaison avec un mal aussi grand & aussi remediable que seroit celuy d'être cause en leur refusant cette grace, qu'elles retinssent sur leurs con-

CHAPITRE V.

science des pechez qu'elles ne pourroient se resoudre de découvrir. Car les maisons Religieuses ont cela de propre que le bien s'y perd promtement si on ne le conserve avec grand soin; au lieu que quand le mal s'y glisse une fois il est tres-difficile d'y remedier; la coûtume dans tout ce qui va au relaschement se tournant bien-tost en habitude. Ie ne vous dis riens en cecy que je ne n'aye vû, que je n'aye remarqué & dont je n'aye conferé avec des personnes doctes & saintes qui ont fort consideré ce qui estoit le plus propre pour l'avancement de la perfection de cette maison.

Entre les inconveniens qui peuvent arriver, comme il s'en rencontre toûjours par tout durant cette vie, il me semble que le moindre est qu'il n'y ait point de Vicaire ni de Confesseur qui ait le pouvoir d'entrer, de commander, & de sortir, mais seulement de veiller & de prendre garde à ce que la maison soit dans le recueillement; que toutes choses s'y fassent avec bien-seance, & que l'on y avance interieurement & exterieurement dans la pratique de la vertu; afin que s'il trouve que l'on y manque il en informe l'Evesque; mais qu'il ne soit pas Superieur. C'est ce qui s'observe maintenant icy non par mon seul avis, mais par celuy de Monseigneur Dom Alvarez de Mendoce, maintenant nostre Evesque & sous la conduite duquel nous sommes, personne de tres grande naissance, grand serviteurs de Dieu tres-affectionné à toutes les Religieuses & à toutes les choses de pieté, & qui se porte avec une inclination tres-particuliere à favoriser cette maison, qui pour plusieurs raisons n'est point encore soûmise à l'Ordre, ayant fait assembler sur ce sujet des hommes sçavans, spirituels & de grande experience. Ils resolurent ce que j'ay dit ensuite de beaucoup de prieres de plusieurs personnes ausquelles toute miserable que je suis je joignis les miennes. Ainsi il est juste qu'à l'avenir les Superieures se conforment à cet avis, puis que c'est celuy auquel tant de gens de bien se sont portez aprés avoir demandé à Dieu de leur donner la lumiere necessaire pour connoistre ce qui seroit meilleur, comme il l'est sans doute selon ce qui a paru jusques icy: & je le prie de faire que cela continuë toûjours, pourvû que ce soit pour sa gloire. Ainsi soit-il.

De l'autorité des Superieurs.

CHAPITRE VI.

De l'amour spirituel que l'on doit avoir pour Dieu, & pour ceux qui peuvent contribuer à nostre salut.

De l'amour de Dieu qui est tout spirituel.

QVoy que j'aye fait une grande digression : ce que j'ay dit est si important que ceux qui en comprendront bien la consequence ne m'en blasmeront pas je m'assure.

Ie reviens maintenant à cet amour qu'il ne nous est pas seulement permis d'avoir, mais qu'il est utile que nous ayons. Ie dis qu'il est purement spirituel ; & en le nommant ainsi je ne sçay si je sçay bien ce que je dis : Il me semble qu'il n'est pas necessaire d'en parler beaucoup, dans la crainte que j'ay que peu d'entre vous le possedent & s'il y en a quelqu'une que Nostre Seigneur favorise d'une telle grace, elle l'en doit beaucoup loüer, parce qu'un si grand don sera sans doute accompagné d'une tres grande perfection. Ie veux neanmoins vous en dire quelque chose qui pourra peut être servir ; à cause que ceux qui desirent d'acquerir la vertu s'y affectionnent lors qu'on l'expose devant les yeux. I'avouë que je ne sçay comment je m'engage à parler de ce sujet dans la creance que j'ay de ne discerner pas bien ny ce qui est spirituel, ny quand la sensualité s'y mesle. Dieu veuille s'il luy plaît me le faire connoître, & me rende capable de l'expliquer. Ie ressemble à ces personnes qui entendent parler de loin sans sçavoir ce que l'on dit : car quelquefois je n'entens pas moy-même ce que je dis ; & Dieu fait pourtant qu'il est bien dit. D'autres fois ce que je dis est impertinent : & c'est-ce qui m'est le plus ordinaire.

Il me semble que lors que Dieu fait connoître clairement à une personne ce que c'est que ce monde : qu'il y a un autre monde : la difference qui se trouve entre-eux : que l'un passe comme un songe, & que l'autre est eternel : ce que c'est que le Createur, ce que c'est que la creature : quel bonheur c'est d'aimer l'un, & quel mal-heur c'est que d'aimer l'autre. Il me semble, dis je, que lors que cette personne connoît toutes ces veritez & plusieurs autres que Dieu enseigne avec certitude à ceux qui se laissent conduire par luy dans l'oraison, & qu'elle le connoît par experience & par un vray sentiment du cœur, ce qui est bien different de le croire seulement & de le penser, cette personne l'aime sans doute d'une maniere toute autre que nous qui ne sommes pas encore arrivées à cet état.

Il vous paroîtra peut-être, mes Sœurs, que c'est inutilement que je vous parle de la sorte, & que je ne dis rien que vous ne sçachiez. Ie prie Dieu de tout mon cœur que cela se trouve veritable

CHAPITRE VI.

& que le sçachant aussi bien que je souhaite vous le graviez profondement dans vostre cœur. Que si vous le sçavez en effet, vous sçavez donc que je ne mens pas lors que je dis que ceux à qui Dieu fait cette grace, & à qui il donne cet amour sont des ames genereuses & toutes royales. Ainsi quelque belles que soient les creatures, de quelques graces qu'elles soient ornées : quoy qu'elles plaisent à nos yeux, & nous donnent sujet de loüer celuy qui en les creant les a renduës si agreables, ces personnes favorisées de Dieu ne s'y arrestent pas de telle sorte que cela passe jusques à y attacher leur affection ; parce qu'il leur semble que ce seroit aimer une chose de neant, & comme embrasser une ombre : ce qui leur donneroit une si grande confusion qu'elles ne pourroient sans rougir de honte dire apres cela à Dieu qu'elles l'aiment.

***

Vous me direz peut-être que ces personnes ne sçavent ce que c'est que d'aïmer & de répondre à l'amitié qu'on leur porte. Je répons qu'au moins se soucient elles peu d'être aimées : & quoy que d'abord la nature les fasse quelquefois se réjouir de voir qu'on les aime, elles ne rentrent pas plûtost en elles-mêmes qu'elles connoissent que ce n'est qu'une folie, excepté au regard de ceux qui peuvent contribuer à leur salut par leur prieres ou par leur doctrine. Toutes les autres affections les lassent & les ennuyent, parce qu'elles sçavent qu'elles ne leur peuuent profiter de rien, & qu'elles seroient capables de leur nuire. Elles ne laissent pas d'en sçavoir gré, & de payer cet amour en recommandant à Dieu ceux qui les aiment. Car elles considerent l'affection de ces personnes comme une dette dont Nostre Seigneur est chargé : parce que ne voyant rien en elles même qui merite d'être aimé, elles croyent qu'on ne les aime qu'à cause que Dieu les aime. Ainsi elles luy laissent le soin de payer cet amour qu'on a pour elles, & en l'en priant de tout leur cœur elles s'en croyent déchargées, & demeurent aussi tranquilles que si cette affection ne les touchoit point.

N'aimer que ceux qui sçavent contribuer à nostre salut.

Ces considerations me font penser quelquefois qu'il y a beaucoup d'aveuglement dans ce desir d'être aimé, si ce n'est comme je l'ay dit, de ceux qui nous peuvent aider à acquerir les biens eternels. Surquoy il faut remarquer qu'au lieu que dans l'amour du monde nous n'aimons jamais sans qu'il y entre quelque interest d'utilité ou de plaisir : au contraire ces personnes si parfaites foulent aux pieds tout le bien qu'on leur pourroit faire & toute la satisfaction qu'on leur pourroit donner dans le monde, leur ame étant disposée de telle sorte, que quand pour parler ainsi, elles le voudroient, elles n'en sçauroient trouver qu'en Dieu & dans les entretiens donc luy seul est tout le sujet. Comme elles ne comprennent point quel avantage elles pourroient tirer d'êtres aimées, elles se soucient peu de l'être; & sont si persuadées de cette verité, qu'elles se rient en elles-mêmes de la peine où elles étoient autrefois de sçavoir si l'on récompensoit leur affection par un égale affection. Ce n'est pas qu'il ne soit fort naturel, même dans l'amour honneste & permis, de vouloir quand nous aimons qu'on nous aime. Mais lors qu'on nous a payées de cette monnoye qui nous paroissoit si precieuse, nous découvrons qu'on ne nous a donné que des pailles que le vent emporte. Car quoy que l'on nous aime beaucoup, qu'est-ce qu'à la fin il nous en reste ? C'est-ce qui me fait dire que ces grandes ames ne se soucient non plus de n'être pas aimées que de l'être, si ce n'est de ceux qui peuvent contribuer à leur salut; dont encore elles ne sont bien aises d'être aimées qu'a cause qu'elles sçavent que le naturel de l'homme est de se lasser bien-tost de tout s'il n'est soûtenu par l'amour.

Que s'il vous semble que ces personnes n'aiment donc rien sinon Dieu, je vous répons qu'elles aiment aussi leur prochain, & d'un amour plus veritable, plus utile, & mésme plus grand que ne font les autres, parce qu'elles aiment toûjours beaucoup mieux, même à l'égard de Dieu, donner que de recevoir. C'est à cet amour qu'il est juste de donner le nom d'amour; & non pas à ces basses affections de la terre qui l'usurpent si injustement.

Que si vous me demandez; A quoy ces personnes peuvent-elles donc s'affectionner si elles n'aiment pas ce qu'elles voyent ? Je répons qu'elles aiment ce qu'elles voyent, & s'affectionnent à ce qu'elles entendent. Mais les choses qu'elles voyent & qu'elles entendent sont permanantes & non passageres. Ainsi sans s'arrester au corps elles attachent leurs yeux sur les ames pour connoître, s'il y a quelque chose en elles qui merite d'être aimé. Et quand elles n'y remarqueroient que quelque disposition au bien, qui leur donne sujet de croire que pourvû qu'elles approfondissent cette mine elles y trouveront de l'or, elles s'y affectionnent, & il n'y a ny peines, ny difficultez qui les empécent de travailler de tout leur pouvoir à procurer leur bonheur, parce qu'elles desirent de continuer à les aimer ce qui leur seroit impossible si elles n'avoient de la vertu & n'aimoient beaucoup Dieu. Je dis impossible; car encore que ces personnes ayent un ardent amour pour elles; qu'elles les comblent de bienfaits; qu'elles leur rendent tous les offices imaginables, & que même elles soient ornées de toutes les graces de la nature: ces ames saintes ne sçauroient se resoudre par ces seules considerations à les aimer d'un amour ferme & durable. Elles connoissent trop le peu de valeur de toutes les choses d'icy-bas pour pouvoir être trompées. Elles sçavent que ces personnes ont des sentimens differens des leurs, & qu'ainsi cette amitié ne sçauroit durer, parce que n'étant pas également fondée sur l'amour de Dieu & de ses commandemens, il faut de necessité qu'elle se termine avec la vie; & qu'en se separant par la mort l'un aille d'un costé & l'autre de l'autre.

Ainsi l'ame à qui Dieu a donné une veritable sagesse, au lieu de trop estimer cette amitié qui finit avec la vie, l'estime moins qu'elle ne merite. Elle ne peut être desirée que par ceux qui étant enchantez des plaisirs, des honneurs & des richesses passageres sont bien aises de trouver des personnes riches qui les satisfassent dans leurs malheureux divertissemens. Si donc ces ames parfaites ont quelque amitié pour une personne, ce n'est que pour la porter à aimer Dieu, afin de pouvoir ensuite l'aimer; sçachant, comme je l'ay dit, que si elles les aimoient d'une autre sorte cette amitié ne dureroit pas & leur seroit préjudiciable. C'est pourquoy elles n'oublient rien pour tâcher à leur être utiles; & elles donneroient mille vies pour leur procurer un peu de vertu. O amour sans prix que vous imitez heureusement l'amour de Iesus, qui est tout ensemble nostre bien & l'exemple du parfait amour.

CHAPITRE VII.

Des qualitez admirables de l'amour spirituel que les personnes saintes ont pour les ames à qui Dieu les lie. Quel bonheur c'est que d'avoir part à leur amitié. De la compassion que mesme les ames les plus parfaites doivent avoir pour les foiblesses d'autruy. Divers avis touchant la maniere dont les Religieuses se doivent conduire. Et avec quelle promtitude & severité il faut reprimer les desirs d'honneur & de preference.

C'EST une chose incroyable que la vehemence de cet amour qu'on a pour une ame. Que de larmes il fait répandre! que de penitences il produit! que d'oraisons il fait adresser à Dieu! que de soins il fait prendre de la recommander aux prieres des gens de bien! Quel desir n'a-t-on point de la voir avancer dans la vertu! quelle douleur ne ressent-on point lors qu'elle n'avance pas? Que si après s'être avancée elle recule, il semble qu'on ne puisse plus goûter aucun plaisir dans la vie: on perd l'appetit & le sommeil: on est dans une peine continuelle; & on tremble par l'apprehension que cette ame ne se perde & ne se separe de nous pour jamais. Car quant à la mort du corps ces personnes embrasées de charité ne la considerant point, tant elles sont éloignées de s'attacher à une chose qui échape des mains comme une feüille que le moindre vent emporte. C'est-là ce qu'on peut nommer, comme je l'ay dit, un amour entierement desinteressé puis qu'il ne pretend, & ne desire que de voir cette ame devenir riche des bien du ciel.

C'est là ce qui merite de porter le nom d'amour : & non pas ces infortunez amours du monde, par lesquels je n'entens point ces amours criminels & impudiques dont le seul nom nous doit faire horreur. Car pourquoy me tourmenterois je à déclamer contre une chose qui peut passer pour un enfer, & dont le moindre mal est si grand que l'on ne sçauroit trop l'exagerer ? Nous ne devons jamais, mes Sœurs, proferer seulement le nom de ce malheureux amour, ni penser qu'il y en ait dans le monde, ni en entendre parler, soit serieusement ou en rien ? ni souffrir que l'on s'entretienne de semblables folies en nostre presence ? cela ne pouvant jamais nous servir, & nous pouvant beaucoup nuire. Mais j'entens parler de cet autre amour qui est permis, de l'amour que nous nous portons les unes aux autres, & de celuy que nous avons pour nos parens & pour nos amis.

Ce dernier amour nous met dans une apprehension continuelle de perdre la personne que nous aimons. Elle ne peut avoir seulement mal à la teste que nostre ame n'en soit touchée de douleurs : Elle ne peut souffrir la moindre peine sans que nous ne perdions presque patience, & ainsi de tout le reste. Mais il n'en va pas de même de cet autre amour qui est tout de charité. Car encore que nostre infirmité nous rende sensibles aux maux de la personne que nous aimons; nostre raison vient aussi-tost à nostre secours & nous fait considerer s'ils sont utile pour son salut, s'il la fortifient dans la vertu, & de quelle maniere elle les supporte. On prie Dieu ensuite de luy donner la patience dont elle a besoin : afin que ses souffrances la fassent meriter & luy profitent. Que si on voit qu'il la luy donne, la peine que l'on avoit se change en consolation & en joye, quoy que l'affection qu'on luy porte fasse que l'on aimeroit mieux souffrir que de la voir souffrir, si on pouvoit en souffrant pour elle luy acquerir le merite qui se rencontre dans la souffrance. Mais cela se passe sans en ressentir ni trouble ni inquietude.

Ie redis encore, qu'il semble que l'amour de ces saintes ames imite celuy que IESUS le parfait modelle du parfait amour nous a porté, puis qu'elles voudroient pouvoir prendre pour elles toutes ces peines & que ces personnes en profitassent sans le souffrir. Ce qui rend leur amitié si avantageuse que ceux qui ont le bonheur d'y avoir part ont sujet de croire, ou qu'elles cesseront de les aimer de la sorte, ou qu'elles obtiendront de Nostre Seigneur qu'ils les suivent dans le chemin qui les meine au ciel ? Ainsi que sainte Monique obtint de luy cette grace pour saint Augustin son fils.

Ces ames parfaites ne peuvent user d'aucun artifice avec les personnes

sonnes qu'elles aiment, ny dissimuler leurs fautes si elles jugent qu'il soit utile de les en reprendre. Ainsi elles n'y manquent jamais ; tant elles desirent de les voir devenir riches en vertus. Combien de tours & de retours font-elles pour ce sujet, quoy qu'elles soient si des-occupées du soin de toutes les choses du monde ? Et elles ne sçauroient faire autrement. Elles ne sçavent ny déguiser ny flater ; il faut ou que ces personnes se corrigent, ou qu'elles se separent de leur amitié, parce qu'elles ne peuvent ny ne doivent souffrir la continuation de leurs defauts.

Ainsi cette affection produit entr'eux une guerre continuelle. Car bien que ces ames vraiment charitables & détachées de toutes les choses de la terre ne prennent pas garde si les autres servent Dieu, mais veillent seulement sur elles-mêmes, elles ne peuvent vivre dans cette indifference pour ces personnes à qui Dieu les a liées. Elles voyent en elles jusques aux moindres atomes ; elles ne laissent rien passer sans le leur dire ; & portent ainsi pour l'amour d'elle une croix merveilleusement pesante. Qu'heureux sont ceux qui sont aimez de ces ames saintes, & qu'ils ont sujet de benir le jour que Dieu leur a donné leur connoissance !

O mon Seigneur & mon Dieu, voudriez-vous bien me faire tant de faveur que plusieurs m'aimassent de la sorte ? Je prefererois ce bon-heur à l'amitié de tous les Rois & de tous les Monarques de la terre, & certes avec raison, puis que ces amis incomparables n'oublient aucun de tous les moyens qu'on se peut imaginer pour nous rendre les maîtres du monde, en nous assujettissant tout ce qui est dans le monde.

Lors que vous rencontrerez, mes Sœurs, quelques unes de ces ames, il n'y a point de soin que la Superieure ne doive apporter pour faire qu'elles traitent avec vous : & ne craignez point de les trop aimer si elles sont telles que je dis. Mais il y en a peu de la sorte : & quand il s'en trouve quelques-unes, la bonté de Dieu est si grande qu'il permet qu'on les connoisse.

Je prevoy que l'on vous dira que cela n'est point necessaire, & que Dieu nous doit suffire. Je vous assure au contraire que c'est un excellent moyen de posseder Dieu que de traiter avec ses amis. Je sçay par experience l'avantage que l'on en reçoit ; & je dois après Dieu à de semblables personnes la grace qu'il m'a faite de ne tomber pas dans l'enfer. Car je n'ay jamais été sans un extrême desir qu'ils me recommandassent à N. S. & je les en priois toûjours avec instance.

Mais il faut revenir à mon sujet. Cette maniere d'aimer est celle que je souhaite que nous pratiquions. Et quoy que d'abord elle ne

Compassion que l'on doit avoir des foibles.

soit pas si parfaite, Noſtre Seigneur fera qu'elle le deviendra de plus en plus. Commençons par ce qui eſt proportionné à nos forces. Bien qu'il ſi rencontre un peu de tendreſſe elle ne ſçauroit faire de mauvais effet, pourvû qu'elle ne ſoit qu'en general. Il eſt même quelquefois neceſſaire d'en témoigner & d'en avoir, en compatiſſant aux peines & aux infirmitez des Sœurs quoy que petites, parce qu'il arrive aſſez ſouvent qu'une occaſion fort legere donne autant de peine à une perſonne qu'une fort conſiderable en donne à une autre. Peu de choſe eſt capable de tourmenter ceux qui ſont foibles; & ſi vous vous rencontrez être plus fortes vous ne devez pas laiſſer d'avoir pitié de leurs peines, ny même vous en étonner, puis que le diable à peut-être fait de plus grands efforts contre elles que ceux dont il s'eſt ſervy pour vous faire ſouffrir des peines plus grandes. Que ſçavez-vous auſſi ſi Noſtre Seigneur ne vous en reſerve point de ſemblables en d'autres rencontres, & ſi celles qui vous ſemblent fort rudes, & qui le ſont en effet, ne paroiſſent pas legeres à d'autres?

Ainſi nous ne devons point juger des autres par l'état où nous nous trouvons; ny nous conſiderer ſelon le temps preſent auquel Dieu par ſa grace, & peut être ſans que nous y ayons travaillé, nous aura renduës plus fortes; mais ſelon le temps où nous avons été les plus lâches & les plus foibles. Cét avis eſt fort utile pour apprendre à compatir aux travaux de noſtre prochain quelques petits & legers qu'ils ſoient: & il eſt encore plus neceſſaire pour ces ames fortes dont j'ay parlé, parce que le deſir qu'elles ont de ſouffrir leur fait eſtimer les ſouffrances peu conſiderables: au lieu qu'elles doivent ſe ſouvenir du temps qu'elles étoient encore foibles, & reconnoître que leur force vient de Dieu ſeul, & non d'elles mêmes; puis qu'autrement le demon pourroit refroidir en elles la charité envers le prochain, & leur faire prendre pour perfection ce qui en effet ſeroit une faute.

Vous voyez par là, mes Filles, qu'il faut continuellement veiller & ſe tenir ſur ſes gardes, puis que cét ennemy de noſtre ſalut ne s'endort jamais. Et celles qui aſpirent à une plus grande perfection y ſont encore plus obligées que les autres, parce que n'oſant pas les tenter groſſierement il employe contre elles tant d'artifices, qu'à moins d'être dans un ſoin continuel de s'en garantir elles ne découvrent le peril qu'après y être tombées. Ie leur dis donc encore une fois qu'il faut toûjours veiller & prier, puis que l'oraiſon eſt le meilleur de tous les moyens pour découvrir les embuſches de cét eſprit de tenebres, & le mettre en fuite.

Lors que dans le beſoin de faire la recreation les Sœurs ſont aſſemblées pour ce ſujet, demeurez-y gayement durant tout le temps qu'elle doit durer quoy que vous n'y preniez pas grand plaiſir, vous

CHAPITRE VIII. 531

souvenant que pourveu que vous vous conduisiez sagement & avec une bonne intention, tout deviendra un amour parfait. Ie voulois traiter de celuy qui ne l'est pas ; mais il n'est pas à propos que nous l'ayons dans cette maison, puis que si c'est pour en faire un bon usage il faut comme ie l'ay dit le ramener à son principe qui est cét amour parfait. Ainsi quoy que i'eusse dessein d'en beaucoup parler il me semble après y avoir bien pensé, que veu la maniere dont nous vivons il doit étre banny d'entre nous. Ie n'en diray donc pas davantage ; & i'espere avec la grace de Nostre Seigneur que nous ne nous porterons dans ce monastere à ne nous aimer qu'en cette maniere, puis que c'est sans doute la plus pure, quoy que nous ne le fassions pas peut estre avec toute la perfection que l'on pourroit desirer.

I'approuve fort que vous ayez compassion des infirmitez les unes des autres. Mais prenez garde que ce soit avec la discretion necessaire, & sans manquer à l'obeïssance.

❦

Quoy que ce que la Superieure vous commendera de faire vous semble rude, n'en témoignez rien, si ce n'est à elle-même, & avec humilité ; puis que si vous en usiez autrement vous nuiriez beaucoup à toutes vos Sœurs. *Divers excellens avis.*

Il importe de sçavoir quelles sont les choses que l'on doit sentir, & en quoy l'on doit avoir compassion de ses Sœurs. Il faut tousiours étre fort touché des moindres fautes qu'on leur voit faire si elles sont manifestes ; & l'on ne sçauroit mieux leur témoigner l'amour qu'on leur porte qu'en les souffrant & ne s'en étonnant pas : ce qui fera qu'elles supporteront aussi les vostres, qui bien que vous ne vous en aperceviez point, sont sans doute en plus grand nombre. Vous devez aussi fort recommander ces personnes à Dieu, & tâcher de pratiquer avec grande perfection les vertus contraires aux défauts que vous remarquez en elles, parce que vous devez beaucoup plustost vous efforcer de les instruire par vos actions que par vos paroles. Elles ne les comprendroient peut-étre pas bien, ou elles ne leur profiteroient pas, non plus que d'autres chastimens dont on pourroit se servir pour les corriger ? au lieu que cette imitation des vertus que l'on voit reluire dans les autres fait une si forte impression dans l'esprit qu'il est difficile qu'elle s'en efface. Cét avis est si utile que l'on ne sçauroit trop s'en souvenir.

O que l'amitié d'une Religieuse qui profite à toutes ses Sœurs en preferant leurs interests aux siens propres, en s'avançant sans cesse dans la vertu, & en observant sa regle avec une grande perfection, est une amitié veritable & avantageuse ! Elle vaut mille fois mieux que celle que l'on témoigne par ces paroles de tendresse dont on

XXx ij

use & dont on ne doit jamais ufer en cette maifon: ma vie, mon ame, mon bien; & autres femblables. Il faut les referver pour voftre divin Epoux. Vous avez tant de temps à paffer feules avec luy feul qu'elles vous feront neceffaires, & il ne les aura pas defagreables, au lieu que fi vous vous en ferviez entre vous, elles ne vous attendriroient pas tant le cœur quand vous vous en fervirez avec luy ; & qu'ainfi c'eft le feul ufage que vous en devez faire. Ie fçay que c'eft un langage fort ordinaire entre les femmes : mais je ne puis fouffrir que vous paffiez pour des femmes en quoy que ce foit. Ie vous fouhaite auffi fortes que les hommes les plus forts ; & fi vous faites ce qui eft en vous, je vous affure que Noftre Seigneur vous rendra fi fortes que les hommes s'en étonneront. Car cela n'eft il pas facile à celuy qui nous a tous tirez du neant ?

C'eft auffi une excellente marque d'une veritable amitié de s'efforcer de décharger les autres de leur travail dans les office du monaftere, en s'en chargeant au lieu d'elles, & de loüer beaucoup Dieu de leur avancement dans la vertu.

Que la divifion eft une pefte dans les monafteres. Ces pratiques outre le grand bien qu'elles produifent, contribuënt beaucoup à la paix & à la conformité qui doit eftre entre les Sœurs, ainfi que par la mifericorde de Dieu nous le connoiffons par experience. Ie prie fa divine Majefté que cela aille toûjours croiffant. Ce feroit une chofe bien terrible fi le contraire arrivoit. Car qu'y auroit-il de plus déplorable qu'eftant en fi petit nombre nous ne fuffions pas tres-unies ? Ne le permettez pas, mon Dieu: & comment un fi grand mal-heur pourroit il nous arriver fans aneantir tout le bien que vous avez fait dans cette maifon ?

S'il s'échapoit quelque petite parole qui fuft contraire à la charité, ou qu'on vit quelque party fe former ou quelque defir de preference, ou quelque pointille d'honneur, il faut y remedier à l'heure même, & faire beaucoup de prieres. I'avouë que je ne fçaurois écrire cecy fans que la penfée que cela pourroit arriver un jour me touche fi fenfiblement que je fens ce me femble mon fang fe glacer, parce que c'eft l'un des plus grands maux qui puiffe fe gliffer dans les monafteres.

Que fi vous tombez jamais dans un tel mal-heur, tenez-vous mes Sœurs, pour perduës. Croyez que vous avez chaffé voftre divin Epoux de fa maifon, & qu'ainfi vous le contraignez en quelque forte d'en aller chercher une autre: Implorez fon fecours par vos cris & par vos gemiffemens; Travailles de tout voftre pouvoir pour trouver quelque remede à un fi grand mal: Et fi vos confeffions & vos communions frequentes n'y en peuvent apporter, craignez qu'il n'y ait parmy vous quelque Iudas. Ie conjure au nom de Dieu la Prieure de prendre extrêmement garde à n'y point donner de lieu, & de travailler avec grand soin à arrester dés le commencement ce desordre; car si on n'y remedie d'abord il deviendra sans remede.

Quant à celle qui sera cause de ce trouble il faut la renvoyer en un autre monastere; & Dieu sans doute vous donnera le moyen de la doter. Il faut chasser bien loin cette peste; il faut couper les rameaux de cette plante venimeuse: & si cela ne suffit pas; il faut en arracher la racine. Que si tout ce que je viens de dire est inutile, il faut l'enfermer dans une prison d'où elle ne sorte jamais, puis qu'il vaut beaucoup mieux la traiter avec cette juste severité, que de souffrir qu'elle empoisonne toutes les autres. O que ce mal est effroyable! Dieu nous garde, s'il luy plaist, d'estre jamais dans un monastere où il ait pû se glisser. I'aimerois beaucoup mieux voir le feu reduire en cendres celuy-cy, & nous y consumer toutes.

Mais parce que je fais estat de parler de cela plus au long ailleurs, je n'en diray pas davantage maintenant, & me contenteray d'ajoûter, qu'encore que cette amitié accompagnée de tendresse ne soit pas si parfaite que l'amour dont j'ay parlé, j'ayme mieux que vous l'ayez pourvû que ce ne soit qu'en commun, que d'y avoir entre vous la moindre division. Ie prie Nostre Seigneur par sont extrême bonté de ne le permettre jamais: & vous luy devez extrêmement demander, mes Sœurs, qu'il nous délivre d'une telle peine puis que luy seul nous peut faire cette grace.

CHAPITRE VIII.

Qu'il importe de tout de se détacher de tout pour ne s'attacher qu'à Dieu. De l'extrême bon-heur de la vocation religieuse. Humilité de la Sainte sur ce sujet. Qu'une Religieuse ne doit point être attachée à ses parens.

JE viens maintenant au détachement dans lequel nous devons être, & qui importe de tout s'il est parfait. Ouy je le redis encore, il importe de tout s'il est parfait. Car lors que nous ne nous attachons qu'à nostre seul Createur, & ne considerons que comme un neant toutes les choses creées, sa souveraine Majesté remplit nostre ame de tant de vertus, que pourvû qu'en travaillant de tout nostre pouvoir nous nous avancions peu à peu, nous n'aurions pas ensuite beaucoup à combatre, parce que Nostre Seigneur s'armera pour nostre defense contre les demons & contre le monde.

Croyez-vous mes filles que ce soit un bien peu considerable que de nous en procurer un aussi grand qu'est celuy de nous donner entierement à Dieu sans division & sans partage; puis que tous les biens

Du besoin de ne s'attacher qu'à Dieu.

sont en luy comme dans leur source? Rendons-luy mille graces, mes Sœurs, de ce qu'il luy a plû nous rassembler & nous unir en un lieu où l'on ne s'entretient d'autre chose. Mais pourquoy vous dire cecy, puis qu'il n'y a pas une de vous qui ne soit capable de m'instruire, & qu'étant si important d'être détachées de tout, je me voy si éloignée de l'estre autant que je le souhaiterois, & que je comprens qu'on le doit être? le pourrois dire le même de toutes les vertus dont je parle dans ce discours, puis qu'il est plus difficile de les pratiquer que d'en écrire, & que même je m'acquite mal de ce dernier, parce qu'il n'y a quelquefois que l'experience qui puisse en faire bien parler. Ainsi s'il arrive que je ne rencontre pas mal en quelque chose, c'est que les contraires se connoissant par leurs contraires, j'ay appris à connoître ces vertus en tombant dans les vices qui leur sont contraires.

Du bon-heur de la vocatió religieuse.

Quant à ce qui est de l'exterieur, on voit assez combien nous sommes separées de toutes choses dans cette retraite: & il semble que Nostre Seigneur en nous y amenant nous ait voulu separer de tout en cette maniere pour lever les obstacles qui pourroient nous empécher de nous approcher de luy. O mon Seigneur & mon maître, ,, comment ay-je pû en mon particulier, & comment avons-nous pû ,, toutes meriter une aussi grande faveur que celle que vous nous avez ,, faite de daigner nous chercher & nous choisir parmy tant d'autres ,, pour vous communiquer si particulierement à nous? Plaise à vostre ,, divine bonté que nous ne nous rendions pas indignes par nostre fau- ,, te d'une telle grace: Ie vous conjure, mes Filles, au nom du Dieu ,, tout-puissant de songer à l'extrême obligation que nous luy avons de nous avoir amenées en cette maison. Que chacune de vous rentre en elle-même pour la bien considerer, & se mette devant les yeux que de douze seulement qu'il a plû à sa haute Majesté d'assembler icy, elle a le bonheur d'en être l'une. Helas! combien y en a-t-il de meilleures que moy qui auroient reçeu avec une incroyable joye la place qu'il luy a plû de m'y donner quoy que j'en fusse si indigne? Beny soyez-vous, mon Sauveur, & que les Anges & toutes les creatures vous loüent de cette faveur que je ne puis assez reconnoistre, non plus que tant d'autres que vous m'avez faites, entre lesquelles celle de m'avoir appellée à la religion est si grande. Mais comme i'ay tres-mal répondu à une vocation si sainte, vous n'avez pas voulu, Seigneur, me laisser plus long-temps sur ma foy dans un monastere où entre ce grand nombre de Religieuses qu'il y avoit il s'en trouvoit tant de vertueuses parmy lesquelles on n'auroit peu connoistre le déreglement de ma vie, que i'aurois cachée moy-même com-

CHAPITRE VI.

me j'ay fait durant tant d'années. Ainsi vous m'avez amenée, mon Dieu, dans cette maison, ou n'y ayant qu'un si petit nombre de personnes il est comme impossible que mes defauts ne soient pas connus; & pour m'engager à veiller davantage sur moy méme vous m'ostez toutes les occasions qui seroient capables de m'en empecher. Ie confesse donc, ô mon Createur, qu'il ne me reste maintenant aucune excuse, & que j'ay plus besoin que jamais de vostre misericorde pour obtenir le pardon de mes offenses.

Ie conjure celles qui jugeront ne pouvoir observer ce qui se pratique parmy nous de le declarer avant que de faire profession. Il y a d'autres monasteres où Dieu est servy, & ou elles peuvent aller sans troubler ce petit nombre qu'il luy a plû de rassembler en cette maison. On permet ailleurs aux Religieuses de se consoler avec leurs parens : mais icy on ne parle point à ses parens si ce n'est pour les consoler eux mémes. Toute Religieuse qui desire de voir ses proches pour sa propre consolation, & qui la seconde fois qu'elle leur parle ne se lasse pas de les voir, à moins qu'ils soient dans la pieté, doit se reputer imparfaite, & croire qu'elle n'est point détachée. Son ame est malade : elle ne joüira point de la liberté de l'esprit : elle n'aura point de paix veritable; & elle a besoin d'un medecin. Que si elle ne renonce à cette attache & ne se gueri de cette imperfection, je luy declare qu'elle n'est pas propre pour demeurer dans ce monastere. Le meilleur remede à ce mal est a mon avis de ne point voir ses parens jusques à ce qu'elle se sente délivrée de l'affection de les voir; & qu'elle ait obtenu de Dieu cette grace aprés l'en avoir beaucoup prié. Que si ce luy est une peine, & comme une croix que de les voir, qu'elle les voye quelquefois à la bonne heure pour leur profiter en quelque chose, ainsi qu'elle leur profitera sans doute sans se nuire à elle méme. Mais si elle les aime; si elle s'afflige beaucoup de leurs peines; & si elle écoute volontiers ce qui se passe sur leur sujet dans le monde, elle doit croire qu'elle leur sera inutile, & se fera beaucoup de tort à elle méme.

Du détachement des pasteurs.

CHAPITRE IX.

Combien il est utile de se détacher de la trop grande affection de ses proches. Et que l'on reçoit plus d'assistance des amis que Dieu donne que l'on n'en reçoit de ses parens.

SI nous qui sommes Religieuses sçavions quel est le preiudice que nous recevons de converser beaucoup avec nos proches, de

Du détachement des bourgeois.

quelle forte ne les fuïrons-nous pas ? l'avoüe que je ne comprens point, laissant même à part ce qui est de Dieu, quel avantage nous pouvons recevoir d'eux pour nostre consolation & nostre repos puis que ne pouvant ny ne nous étant pas permis de prendre part à leurs plaisirs, nous ne sçaurions que sentir leurs deplaisirs & répandre des larmes dans leurs peines plus quelquefois qu'ils n'en répandent eux-mêmes. Ainsi je puis dire hardiment à ces Religieuses, que si elles en reçoivent quelque satisfaction dans leurs sens, cette satisfaction coûtera cher à leur esprit.

Vous estes, mes Sœurs, bien délivrées de cette crainte dans ce monastere, puis que vous n'avez rien qu'en commun, & qu'ainsi ne pouvant recevoir d'aumône qui ne soit pour toute la communauté, nulle de vous n'est obligée pour ce sujet d'avoir de la complaisance pour ses parens, & ne peut douter que Dieu ne vous assiste toutes en general, & ne pourvoye à tous vos besoins.

Je ne sçaurois penser sans étonnement au dommage que l'on reçoit de converser avec ses proches. Il est tel que je doute qu'on le puisse croire si on ne l'a experimenté. Et je ne suis pas moins étonnée de ce que la perfection de nostre état qui nous oblige de nous en separer, paroît aujourd'huy si effacée dans la pluspart des maisons Religieuses qu'il n'y en reste presque plus aucune trace. Je ne sçay pas ce que nous quitons en quitant le monde, nous qui disons que nous quitons tout pour Dieu, si nous ne quitons le principal, qui est nos parens. Cela est venu jusques à un tel point, que l'on pretend faire passer pour un défaut de vertu en des personnes Religieuses de ne pas aimer beaucoup leurs proches; & l'on veut même prouver par des raisons que c'est un défaut de ne converser pas souvent avec eux. Mais, mes Filles, ce que nous devons faire en cette maison après nous être acquittées des devoirs dont je vous ay parlé & qui regardent l'Eglise, c'est de recommander beaucoup nos parens à Dieu, & d'effacer ensuite le plus que nous pourrons de nostre memoire ce qui les regarde, parce que c'est une chose naturelle que d'y attacher nostre affection plutost qu'aux autres personnes. Mes parens m'ont extrêmement aimée à ce qu'ils disoient & je les aimois d'une maniere qui ne leur permettoit pas de m'oublier. Mais j'ay éprouvé en moy-même & en d'autres, qu'excepté les peres & les meres que l'on voit rarement abandonner leurs enfans, & dont ainsi que de nos freres & de nos sœurs il n'est pas juste de nous éloigner lors qu'ils ont besoin de consolation, & que nous pouvons la leur donner en demeurant toûjours dans un parfait détachement; j'ay éprouvé dis je lorsque je me suis veuë dans de grands besoins, que tous mes autres proches ont esté ceux dont j'ay receu le moins d'assistance, & n'ay eu du secours que des personnes qui faisoint profession

d'être

CHAPITRE IX.

d'eſtre à Dieu. Croyez, mes Sœurs, que ſi vous le ſervez fidelement vous ne trouverez point de meilleurs parens. Ie le ſçay par experience: & pourveu que vous demeuriez fermes dans cette reſolution, dont vous ne pourriez vous départir ſans manquer à voſtre celeſte Epoux qui eſt voſtre amy le plus veritable, vous vous trouverez bien-toſt delivrées de cette attache à vos parens.

Aſſurez-vous auſſi que vous pouvez beaucoup plus vous confier en ceux qui ne vous aimeront que pour l'amour de Noſtre Seigneur, que non pas en tous vos parens. Ils ne vous manqueront jamais; & lors que vous y penſerez le moins vous trouverez en eux & des peres & des freres. Comme ils eſperent d'en recevoir de Dieu la recompenſe, ils nous aſſiſtent de tout leur pouvoir pour l'amour de luy : au lieu que ceux qui pretendent tirer de nous leur recompenſe, nous voyant incapables par noſtre pauvreté de la leur donner & que nous leur ſommes entierement inutiles, ſe laſſent bien-toſt de nous aſſiſter. Ie ſçay que cela n'eſt pas general; mais qu'il arrive d'ordinaire, parce que le monde eſt toûjours le monde.

Si on vous dit le contraire & qu'on veüille le faire paſſer pour une vertu, ne le croyez pas. Il vous en arriveroit tant de maux qu'il faudroit m'engager dans un grand diſcours pour vous les repreſenter. Mais puis que de plus habiles que moy en ont écrit je me contenteray de ce que je vous en ay dit. Que ſi toute imparfaite que je ſuis j'ay vû ſi clairement le prejudice que cela apporte, jugez ce que pourront faire ceux qui ſont beaucoup plus intelligens & plus vertueux que moy.

Les Saints nous conſeillent de fuïr le monde : & qui doute que tout ce qu'ils nous diſent ſur ce ſujet ne nous ſoit tres-utile? Croyez-moy, comme je vous l'ay déja dit, rien ne nous y attache tant que nos parens, & rien n'eſt ſi difficile que de nous en détacher.

I'eſtime pour cette raiſon que celles qui abandonnent leur pays, font bien pourvû que cet éloignement les détache de l'affection de leurs proches. Car le veritable détachement ne conſiſte pas à s'éloigner d'eux d'une preſence corporelle, mais à s'unir de tout ſon cœur & de toute ſon ame à IESUS-CHRIST, parce que trouvant tout en luy, on n'a pas peine à tout oublier pour l'amour de luy; quoy que la ſeparation de nos proches ſoit toûjours fort avantageuſe juſques à ce que nous connoiſſions cette verité. Mais alors Noſtre Seigneur pour nous faire trouver de la peine à ce qui nous donnoit auparavant du plaiſir, permettra peut-eſtre que nous ſerons obligées de converſer avec nos parens.

CHAPITRE X.

Qu'il ne suffit pas de se détacher de ses proches si on ne se détache de soy-mesme par la mortification. Que cette vertu est iointe à celle de l'humilité Qu'il ne faut pas preferer les penitences que l'on choisit à celles qui sont d'obligation, ni se flater dans celles que l'on doit faire.

Du détachement de soy-mesme.

LORS que nous serons ainsi détachées du monde & de nos parens, & que nous vivrons renfermées dans un monastere en la maniere que nous avons dit, il semblera peut-estre que tout sera fait & qu'il ne nous restera plus d'ennemis à combattre. O mes Sœurs, n'ayez pas cette opinion, & gardez-vous bien de vous endormir. Vous feriez comme celuy qui se va coucher sans crainte aprés avoir bien fermé sa porte de peur des voleurs, & qui les auroit dans sa maison. Il n'y en a point de plus dangereux que les domestiques : & comme nous sommes nous-mesmes ces voleurs interieurs & secrets, & que nous demeurons toûjours avec nous mesmes, si nous ne prenons un soin tout particulier de combattre sans cesse nostre volonté, plusieurs choses seront capables de nous faire perdre cette sainte liberté d'esprit, qui nous d'égageant du poids de toutes les choses terrestres peut nous faire prendre nostre vol vers nostre celeste Createur.

Il sera fort utile pour ce sujet d'avoir toûjours dans l'esprit que tout n'est que vanité & finit en un moment, afin de détacher nostre affection de ces choses passageres, pour l'attacher à ce qui subsistera eternellement. Car bié que ce moyen semble foible il ne laisse pas de fortifier beaucoup nostre ame, en faisant dans les moindres choses, que lors que nous nous appercevons que nostre inclination nous y porte, nous preniós un extrême soin d'en retirer nostre pensée pour la tourner toute vers Dieu; en quoy sa Majesté nous assiste. Que nous luy sommes obligées en cette maison, de ce qu'en renonçant à nos propres affections nous avons fait le plus difficile, puis qu'il est certain, que ce grand & intime amour que nous nous portons fait que rien ne nous paroist si rude que cette separation de nous-mesmes, & cette guerre que nous nous faisons par une mortification continuelle.

De l'Humilité iointe à la mortification, & au détachement de soy-mesme.

C'est icy que la veritable humilité peut trouver sa place: car il me semble que cette vertu, & celle du renoncement à nous-mesmes se tiennent toûjours compagnie. Ce sont deux sœurs que nous ne devons jamais separer : & au lieu que je vous conseille de vous éloigner de vos autres parens, je vous exhorte d'embrasser ceux-cy, de les aimer, & de ne les perdre jamais de vûe.

CHAPITRE X.

O souveraines vertus, Reines du monde, & cheres amies de nôtre Seigneur; vous qui dominez sur toutes les choses creées & nous délivrez de toutes les embusches du demon: celuy qui vous possede peut combattre hardiment contre tout l'enfer uny ensemble, contre le monde tout entier & tous ses attraits, sans avoir peur de quoy que ce soit, parce que le royaume du ciel luy appartient. Que pourroit il craindre, puis qu'il compte pour rien de tout perdre, & ne compte pas même cette perte pour une perte? Son unique apprehension est de déplaire à son Dieu: & il le prie sans cesse de le fortifier dans ces deux vertus, afin qu'il ne les perde point par sa faute. Elles ont cela de propre de se cacher de telle sorte à celuy qu'elles enrichissent, qu'il ne les apperçoit point, ny ne peut croire de les avoir, quoy qu'on luy dise pour le luy persuader. Et il les estime tant qu'il ne se lasse iamais de travailler pour les acquerir, & s'y perfectionne ainsi de plus en plus. Or quoy que ceux qui possedent ces vertus ne veulent pas être estimez tels qu'ils sont en effet, ils se font connoître contre leur intention, & l'on ne sçauroit traiter avec eux sans s'en appercevoir aussi-tost.

Mais quelle folie me fait entreprendre de loüer l'humilité & la mortification, aprés qu'elles ont receu de si hautes loüanges de celuy-même qui est le Roy de la gloire: & qu'il a fait voir par ses souffrances iusques à quel point il les estime? C'est donc icy, mes Filles, qu'il faut faire tous vos efforts pour sortir hors de l'Egypte, puis qu'en possedant ces deux vertus elles seront comme une manne celeste qui vous fera trouver de la douceur & des délices dans les choses qui sont les plus aspres & les plus ameres au goust du monde.

Ce que nous devons premierement faire pour ce suiet est de renoncer à l'amour de nôtre corps: en quoy il n'y a pas peu à travailler, parce que quelques-unes de nous aimét tant leurs aises & leur santé, qu'il n'est pas croyable cõbien ces deux choses font une rude guerre aussi bien aux Religieuses qu'aux personnes du monde. Il semble que quelques unes n'ayent embrassé la Religion que pour travailler à ne point mourir, tant elles prennent soin de vivre. Ie demeure d'accord qu'en cette maison cela ne se remarque gueres dans les actions; mais ie voudrois que l'on n'en eût pas même le desir. Faites état, mes Sœurs, que vous venez icy à dessein d'y mourir pour IESUS-CHRIST; & non pas d'y vivre à vôtre aise pour pouvoir servir IESUS-CHRIST, comme le diable s'efforce de le persuader, en insinuant que cela est necessaire pour bien observer la regle. Ainsi l'on a tant de soin de conserver sa santé pour garder la regle, qu'on ne la garde iamais en effet, & qu'on meurt sans l'avoir accomplie entierement durant un seul mois, ny même peut-être durant un seul iour.

I'avoüe ne comprendre pas pourquoy nous sommes donc venuës

icy. Et en verité il n'y a pas sujet d'apprehender que la discretion nous manque en ce point. Ce seroit une grande merveille si cela arrivoit. Car nos Confesseurs craignent aussi-tost que nous ne nous fassions mourir par des penitences excessives; & nous avons par nous-mêmes une telle repugnance à ce manquement de discretion, que plût à Dieu que nous fussions aussi exactes en tout le reste. Ie sçay que celles qui pratiquent fidelement ces penitences austeres n'en demeureront pas d'accord, & répondront peut-être que je iuge des autres par moy-même. Ie confesse qu'il est vray : mais il y en a plus si ie ne me trompe qui me ressemblent dans ma foiblesse, qu'il n'y en aura qui se trouveront offensées de ce que ie croy les autres aussi foibles que ie la suis. C'est pour cette raison à mon avis que Nôtre Seigneur permet que nous soyons si mal-saines ; & je considere comme une grande misericorde qu'il m'a faite, de l'estre. Comme il voit que je prendrois tant de soin de me conserver, il a voulu qu'il y en eust au moins quelque sujet.

※

Des penitences indiscretes. C'est une chose plaisante de voir les tourmens que quelques-unes se donnent sans que personne les y oblige. Il leur vient quelquefois un caprice de faire des penitences déreglées & indiscretes, qui durent environ deux jours ; & le diable leur met ensuite dans l'esprit qu'elles font tort à leur santé, & qu'aprés avoir éprouvé combien elles leur sont prejudiciables, elles ne doivent jamais plus en faire, non pas même celles qui sont d'obligation dans nôtre Ordre. Nous n'observons pas seulement les moindres choses de la regle comme le silence, quoy qu'il ne puisse nuire à nôtre santé. Nous ne nous imaginons pas plutost d'avoir mal à la teste, que nous cessons d'aller au chœur, quoy qu'en y allant nous n'en fussions pas plus malades. Ainsi nous manquons un jour d'y aller, parce que nous avons mal à la teste : un autre jour parce que nous y avons eu mal ; & deux ou trois autres jours, de crainte d'y avoir mal. Et nous voulons aprés cela inventer selon nostre fantaisie, des penitences qui ne servent le plus souvent qu'à nous rendre incapables de nous acquiter de celles qui sont d'obligation. Quelquefois même l'incommodité qu'elles nous causent étant fort petite, nous croyons devoir être déchargées de tout, & satisfaire à nostre devoir pourvû que nous demandions permission.

Vous me demanderez sans doute pourquoy la Prieure vous donne donc cette permission. Ie réponds, que si elle pouvoit voir le fond de vostre cœur, elle ne vous la donneroit peut-estre pas. Mais comme vous luy representez qu'il y a de la necessité, & ne manquez ny d'un Medecin qui confirme ce que vous dites, ny d'une amie ou d'une parente qui vient plurer auprés d'elle : quoy que la pauvre mere juge qu'il y a de l'abus : que peut-elle faire? La crainte de manquer à la charité la met en scrupule. Elle aime mieux que la faute tombe sur vous que non pas sur elle; & elle apprehende de faire un mauvais jugement de vous. O mon Dieu pardonnez moy si je dis que ie crains fort que ces sortes de plaintes ne soient désia passées en coûtume parmy les Religieuses. Comme elles sont du nombre des choses qui peuvent arriver quelquefois, j'ay crû, mes Filles, en devoir parler icy, afin que vous y preniez garde. Car si le demon commence à nous effrayer par l'apprehension de la ruine de nostre santé, nous ne ferons iamais rien de bon. Dieu veuille nous donner par sa grace la lumiere dont nous avons besoin pour nous bien conduire en toutes choses.

CHAPITRE XI.

Ne se plaindre pour de legeres indispositions. Souffrir les grands maux avec patience. Ne point apprehender la mort : & quel bonheur c'est que d'assujettir le corps à l'esprit.

IL me semble, mes Sœurs, que c'est une tres grande imperfection que de se plaindre sans cesse pour de petits maux. Si vous le pouvez souffrir souffrez les. S'ils sont grands ils se plaindront assez d'eux-mêmes par une autre maniere de plainte, & ne pourront pas long-temps être cachez. Considerez qu'étant icy en petit nombre, si vous avez de la charité, & que l'une de vous prenne cette mauvaise coûtume, elle donnera beaucoup de peine à toutes les autres. Quant à celles qui seront veritablement malades, elles doivent le dire & souffrir qu'on les assiste de ce qui leur sera necessaire. Que si vous estes une fois délivrées de l'amour propre, vous ressentirez de telle sorte jusqu'au moindre des bons traitemens qu'on vous fera, qu'il ne faudra pas craindre que vous en preniez aucun sans necessité, ny que vous vous plaigniez sans sujet. Mais quand vous en aurez un legitime, il sera aussi à propos de le dire, qu'il seroit mal de prendre du soulagement sans besoin. On auroit même grand tort si l'on manquoit alors de soin à vous assister. Et vous ne sçauriez douter qu'on ne le fasse dans une maison d'oraison & de charité, comme celle-cy où le nombre des personnes qui y demeurent est si petit, qu'il est facile d'y remarquer les besoins les unes des autres. Desaccoûtumez-vous donc de vous plaindre de certaines foiblesses & indispositions de femmes qui ne sont pas de longue durée, & dont le Diable remplit quelquefois l'imagination. Contentez-vous d'en parler seulement à Dieu. Autrement vous courez fortune de n'en être jamais délivrées.

J'insiste beaucoup sur ce point parce que je l'estime fort important, & croy que c'est l'une des choses qui causent le plus de relaschement dans les monasteres. Car plus on flate le corps, plus il s'affoiblit & demande qu'on le caresse. C'est une chose étrange que les pretextes que cette inclination luy fait trouver pour se soûlager dans ses maux quelques legers qu'ils puissent être, il trompe ainsi l'ame & l'empéche de s'avancer dans la vertu. Songez je vous prie combien il y a de pauvres malades qui non pas seulement à qui se plaindre, puis que ces deux choses ne s'accordent point ensemble, d'être pauvre, & bien traité. Representez vous ausi combien il y a de femmes mariées (car je sçay qu'il y en a beaucoup & de bonne condition) qui bien qu'elles souffrent de grandes peines n'osent s'en plaindre, de peur de fâcher leurs maris. Helas! pecheresse que je suis, sommes-nous donc venuës en religion pour être plus à nôtre aise qu'elles n'y sont? Puis que vous estes exemtes de tant de travaux que l'on souffre dans le monde, apprenez au moins à souffrir quelque chose pour l'amour de Dieu sans que tout le monde le sçache. Vne femme mal mariée n'ouvre pas la bouche pour se plaindre, mais souffre son affliction sans s'en consoler avec personne de crainte que son mary ne sçache qu'elle se plaint: & nous ne souffrirons pas entre Dieu & nous quelques-unes des peines que meritent nos pechez, principalement lors que nos plaintes seroient inutiles pour les soulager?

Je ne pretens point en cecy parler des grands maux, tels que sont une fiévre violente, quoy que je desire qu'on les supporte toûjours avec moderation & patience : mais j'entens parler de ses legeres indispositions que l'on peut souffrir sans se mettre au lit, & sans donner de la peine à tout le monde. Que si ce que j'écris étoit vû hors de cette maison, que diroient de moy toutes les Religieuses? Mais que de bon cœur je le souffrirois si cela pouvoit servir à quelqu'une. Car lors qu'il s'en trouve une seulement dans un monastere qui se plaint ainsi sans sujet des moindres maux, il arrive que le plus souvent on ne veut plus croire les autres, quelque grands que soient les maux dont elles se plaignent.

Souffrir patiemment les grands maux. Remettons-nous devant les yeux les saints Hermites dés siecles passez que nous considerons comme nos peres & dont nous pretendons imiter la vie. Combien de travaux & de douleurs souffroient-ils dans leur solitude par l'extrême rigueur du froid, par l'excessive ardeur du soleil, par la faim & par tant d'autres incommoditez sans avoir à qui s'en plaindre sinon à Dieu seul? Croyez-vous donc qu'ils fussent de fer, & non pas de chair & d'os comme nous? Tenez pour certain, mes Filles, que lors que nous commençons à vaincre &à

nous aſſuietir nos corps, il ne nous tourmentent plus tant. Aſſez d'autres prendront ſoin de ce qui vous eſt neceſſaire: & ne craignez point de vous oublier vous-meſmes, à moins qu'une évidente neceſſité ne vous oblige de vous en ſouvenir.

Si nous ne nous reſolüons de fouler aux pieds, l'apprehenſion de la mort & de la perte de noſtre ſanté, nous ne ferons iamais rien de bon. Efforcez vous donc pour en venir là, de vous abandonner entierement à Dieu, quoy qu'il puiſſe vous en arriver. Car que nous importe de mourir? Ce miſerable corps s'eſtant tant de fois mocqué de nous, n'aurons nous pas le courage de nous mocquer au moins une fois de luy? Croyez-moy, mes Sœurs, cette reſolution eſt d'une plus grande conſequence que nous ne ſçaurions nous l'imaginer, puis que ſi nous nous accouſtumons à traiter noſtre corps avec cette fermeté, nous nous l'aſſuiettirons peu à peu & en deviendrons enfin les maiſtreſſes. Or c'eſt un grand point pour demeurer victorieux dans les combats de cette vie, que d'avoir vaincu un tel ennemy. Ie prie Dieu qui ſeul en a le pouvoir de nous en faire la grace. Ie croy qu'il n'y a que ceux qui ioüiſſent déia du plaiſir de cette victoire qui ſoient capables de comprendre l'avantage qu'elle nous apporte. Il eſt ſi grand que ie me perſuade que ſi quelqu'un le pouvoit connoiſtre avant que de le poſſeder, il ſouffriroit tout ſans peine pour ioüir de ce repos & de cet empire ſur ſoy-meſme.

CHAPITRE XII.

De la neceſſité de la mortification interieure. Qu'il faut mépriſer la vie; & aſſuietir noſtre volonté. Quelle imperfection c'eſt que d'affecter les prééminences & remede pour n'y pas tomber.

IL faut paſſer à d'autres choſes, qui bien qu'elles ſemblent peu importantes le ſont beaucoup. Tout paroiſt penible dans la vie que nous menons, & avec raiſon, vû que c'eſt une guerre continuelle que nous nous faiſons à nous meſmes. Mais lors que nous commençons à combattre, Dieu agit dans nos ames, & nous favoriſe de tant de graces, que tout ce que nous pouvons faire & ſouffrir nous paroiſt leger. Or puis qu'en nous rendant Religieuſes nous avons fait le plus difficile, qui eſt d'engager pour l'amour de Dieu noſtre liberté en l'aſſujettiſſant au pouvoir d'autruy, & de nous obliger à jeuſner, à garder le ſilence, à demeurer en cloſture, à aſſiſter au chœur & à l'office, & à tant d'autres travaux, ſans que quelque deſir que nous euſſions de nous ſoulager nous le puiſſions que tres-rarement, ayant peut-eſtre eſté la ſeule à qui cela ſoit arrivé dans tant de monaſteres où j'ay eſté: pourquoy ne travaillerons nous pas

De la mortification

à mortifier aussi nostre interieur : puis qu'estant bien reglé l'exterieur le sera aussi, & qu'il n'y aura rien que nous ne fassions non seulement avec plus de perfection & de merite, mais avec beaucoup de douceur & de repos?

Cela s'acquiert peu à peu comme je l'ay dit, en resistant mesme dans les moindres choses à nostre propre volonté, jusques à ce que nostre corps soit entierement assujetty à nostre esprit. Ie le redis encore. Tout, ou presque tout consiste à renoncer au soin de nous-mesmes & à ce qui regarde nostre satisfaction. Et le moins que puisse faire celuy qui commence à servir Dieu veritablement, c'est de luy offrir sa vie aprés luy avoir donné sa volonté. Que peut-on craindre en la luy offrant, puis que toutes les personnes veritablement religieuses ou unies à Dieu par la priere, & qui pretendent recevoir de luy des faveurs, ne sçauroient ne vouloir point mourir pour luy, & porter leur croix pour le suivre sans tourner jamais la teste en arriere? Ne sçavez-vous pas, mes Sœurs, que la vie d'un bon Religieux & de celuy qui aspire à estre du nombre des plus chers amis de Dieu, est un long martyre? Ie dis long en comparaison de ceux à qui l'on tranche la teste, quoy qu'on le puisse nommer court eu égard à la breveté de cette vie, qui ne pouvant jamais estre longue se trouve quelquefois estre tres-courte. Et que sçavons nous si la nostre ne finira point une heure, ou mesme un moment aprés que nous aurons pris la resolution de servir Dieu? Car cela ne pourroit-il pas arriver, puis qu'on ne sçauroit faire de fondement certain sur une chose qui doit finir, & moins encore sur cette vie qui n'a pas seulement un iour d'asseuré? Ainsi en pensant qu'il n'y a point d'heure qui ne puisse estre nostre derniere heure, qui sera celuy qui ne voudra pas la bien employer?

Croyez-moy, mes Sœurs, le plus sûr est d'avoir toûjours ces pensées devant les yeux. Apprenons donc à contredire en toutes choses nôtre volonté. Car encore que vous n'en veniez pas si-tost à bout; neanmoins si vous y travaillez avec soin & par le moyen de l'oraison, vous arriverez insensiblement & sans y penser au comble de cette vertu. Il est vray qu'il paroist bien rude de dire que nous ne devons faire nostre volonté en rien: mais c'est lors qu'on ne dit pas en même temps combien de plaisirs & de consolations accompagnent cette mortification, & les avantages qu'on en tire mesme durant cette vie. Ainsi come vous la pratiquez toutes, n'ay-ie pas raison de dire que le plus difficile est déia fait? Vous vous entr'excitez: vous vous entr'aidez, & chacune de vous s'efforce en cela de surpasser sa compagne.

❧❧❧

Contre les de- Il faut apporter un extrême soin à reprimer nos mouvemens interieurs,

CHAPITRE XII.

rieurs, principalement en ce qui concerne la preference. Dieu nous garde par sa sainte passion d'avoir jamais volontairement ces pensées dans nostre esprit, ou ces paroles dans nostre bouche : Il y a plus long-temps que je suis dans l'Ordre que non pas cette autre : je suis plus âgée que celle-cy : j'ay plus travaillé que celle-là : on traite une telle mieux que moy. Il faut rejetter ces pensées à l'instant qu'elles se presentent. Car si vous vous y arrestiez ou vous entreteniez avec d'autres, elles deviendroient comme un poison & comme une peste qui produiroit de grands maux dans le monastere. Que s'il arrive que vostre Superieure y consente & le souffre pour peu que ce soit, croyez que Dieu a permis pour vos pechez qu'elle ait esté établie dans cette charge, afin d'estre le commencement de vostre perte. Implorez de tout vostre cœur le secours du Ciel, & que toutes vos oraisons tendent à obtenir le remede qui vous est necessaire dans un tel besoin puis que vous estes sans doute en peril.

Il y en aura peut-estre qui demanderont pourquoy j'insiste tant sur ce point, & croiront que ce que je dis est trop severe, puis que Dieu ne laisse pas de répandre ses faveurs sur ceux qui ne sont pas dans un si parfait détachement. Ie croy que lors que cela arrive, c'est parce qu'il connoist par sa sagesse infinie que ces ames en ont besoin pour se pouvoir resoudre d'abandonner toutes choses pour l'amour de luy. Mais je n'appelle pas abondonner toutes choses d'entrer en religion, puis qu'on peut trouver encore des attaches & des liens dans la religion méme, & qu'au contraire il n'y a point de lieu où une ame parfaire ne puisse estre dans le détachement & l'humilité. Il est vray neanmoins qu'il faut plus travailler pour cela en certains lieux que non pas en d'autres, & que l'on trouve un grand secours dans la retraite. Mais croyez moy, pour peu qu'il reste d'affection pour l'honneur ou pour le bien, ce qui peut arriver comme ailleurs dans les monasteres encore qu'il y en ait moins d'occasions & que la faute seroit bien plus considerable, celle-là méme qui auroient passé beaucoup d'années dans l'exercice de l'oraison, ou pour mieux dire de la speculation, car la parfaite oraison corrige enfin ces mauvaises inclinations, ne s'avanceront jamais gueres, & ne gousteront point le veritable fruit de l'oraison.

Quoy que ces choses semblent n'estre que des bagatelles, considerez, mes Sœurs, combien il vous importe de vous y bien conduire, puis que vous n'estes venuës icy que pour ce sujet. Que si vous en usez autrement vous ne serez pas plus honorées pour avoir recherché un faux honneur, & vous perdrez au lieu de gagner : ou pour mieux dire, la honte sera jointe à vostre perte. Que chacune de vous considere combien elle avance dans l'humilité, & elle connoistra combien elle aura avancé dans la pieté.

Il me semble que pour ce qui regarde les prééminences le demon n'oseroit tenter, non pas même d'un premier mouvement une personne qui est veritablement humble, parce qu'il est trop clair voyant pour ne pas craindre que l'affront luy en demeure. Il sçait que s'il attaque par cét endroit une ame qui a de l'humilité, il est impossible qu'elle ne se fortifie encore davantage dans cette vertu, en faisant une reflexion serieuse sur toute sa vie. Car alors elle verra le peu de service qu'elle a rendu à Dieu, les extrêmes obligations dont elle luy est redevable : ce merveilleux abaissement qui l'a fait décendre jusques à elle pour luy donner exemple d'humilité ; la multitude de ses pechez ; & le lieu où ils luy avoient fait meriter d'estre precipitée. Ce qui luy donnera une confusion qui luy sera si avantageuse, que cet ennemy de nostre salut n'aura pas, comme je l'ay dit, la hardiesse de recommencer à la tenter, sçachant bien que tous ses efforts luy seroient également honteux & inutiles.

J'ay sur cela un avis à vous donner que je vous prie de graver pour jamais dans vostre memoire. C'est que si vous desirez de vous vanger du demon & d'estre bien tost délivrées de ces sortes de tentations, il ne faut pas seulement en tirer de l'avantage dans vostre interieur, puis que ce seroit une grande imperfection d'y manquer ; mais tâcher de faire que les Sœurs en profitent aussi par la maniere dont vous vous conduirez en l'exterieur. Ainsi découvrez aussi-tost à la Prieure cette tentation que vous aurez euë. Suppliez-la instamment de vous ordonner de faire quelque chose de vil & de bas ou bien faites-le de vous mêmes le mieux que vous pourrez. Travaillez à surmonter vostre volonté dans les choses où elle aura de la repugnance, que Nôtre Seigneur ne manquera pas de vous découvrir. Et pratiquez les mortifications publiques qui sont en usage dans cette maison. Par ce moyen vôtre tentation ne durera gueres : & il n'y a rien que vous ne soyez obligées de faire pour empécher qu'elle ne dure long temps.

Dieu nous garde de ces personnes qui veulent allier l'honneur ou la crainte du deshonneur avec son service. Jugez je vous prie combien mal-heureux seroit l'avantage que vous pourriez en esperer, puis que, comme je l'ay déja dit, l'honneur se perd en le cherchant, principalement en ce qui regarde la preference dans les charges ; n'y ayant point de poison qui tuë si promtement le corps que cette dangereuse inclination tuë, si l'on peut parler ainsi, la perfection dans une ame.

Vous direz peut-estre que comme ce sont de petites choses & naturelles à tout le monde, on ne doit pas s'en mettre beaucoup en peine : ne vous y trompez pas, je vous prie, & gardez vous bien de les negliger, puis qu'elles s'augmentent peu à peu dans les monasteres comme on voit peu à peu s'élever l'écume. Il n'y a rien de petit quand le peril est aussi grand qu'il l'est dans ces points d'honneur où l'on s'arreste à faire des reflexions sur le tort que l'on peut nous avoir fait. Voulez-vous en sçavoir une raison entre plusieurs autres ? C'est que le diable ayant possible commencé à vous tenter par une chose tres peu considerable, il la fera paroistre à l'une de vos Sœurs si importante qu'elle croira faire une action de charité en vous disant, qu'elle ne comprend pas comment vous pouvez endurer un tel affront; qu'elle prie Dieu de vous donner de la patience; que vous luy devez offrir cette injure, & qu'un Saint ne pourroit pas souffrir davantage.

Enfin cét esprit infernal envenime de telle sorte la langue de cette Religieuse, qu'encore que vous soyez resoluë de souffrir ce déplaisir il vous reste une tentation de complaisance & de vaine gloire de l'avoir souffert, quoy que ce n'ait pas été avec la perfection que vous voudriez. Car nôtre nature est si foible, que lors même que nous retranchons les sujets de vanité en disant que cela ne merite pas de passer pour une souffrance, nous ne laissons pas de croire que nous avons fait quelque action de vertu & de le sentir. A combien plus forte raison donc le sentirons-nous quand nous verrons que les autres en sont touchez pour l'amour de nous ? Ainsi nostre peine s'augmente nous nous imaginons d'avoir raison : nous perdons les occasions de meriter : nostre ame demeure foible & abatuë; & nous ouvrons la porte au demon pour revenir encore plus dangereusement nous attaquer. Il pourra même arriver que lors que vous serez dans la resolution de souffrir avec patience, quelques-unes vous viendront demander si vous estes donc une stupide & une beste, & s'il n'est pas juste d'avoir quelque sentiment des injures que l'on nous fait. Au nom de Dieu, mes cheres Filles, que nulle de vous ne se laisse aller à cette indiscrete charité de témoigner de la compassion en ce qui regarde ces injures & ces torts imaginaires, puis que ce seroit imiter les amis & la femme du bien-heureux Iob.

CHAPITRE XIII.

Suite du discours de la mortification. Combien il importe de déraciner promtement une mauvaise coûtume, & fuir le desir d'être estimé. Qu'il ne faut pas se haster de recevoir les Religieuses à faire profession.

JE ne me contente pas de vous l'avoir souvent dit, mes Sœurs, je veux encore vous le laisser par écrit, afin que vous ne l'oubliyez jamais. Non seulement toutes celles qui seront en cette maison; mais toutes les personnes qui desirent d'être parfaites doivent fuyr de mille lieuës de tels & semblables discours. J'avois raison : on m'a fait tort, & il n'y auroit nulle apparence de me traiter de la sorte. Dieu nous garde, s'il luy plaît, de ces mauvaises raisons. Y avoit-il donc à vôtre avis quelque raison pour faire souffrir tant d'injures à Jesus-Christ Nôtre Sauveur qui étoit la même bonté; & pour le traiter auec des injustices & des cruautez si opposées à toute sorte de raison? J'avoüe que je ne conçois pas ce que peut faire une religieuse dans un monastere lors qu'elle ne veut point porter d'autre croix que celles qui sont fondées en raison. Elle feroit beaucoup mieux de retourner dans le monde où toutes ces belles raisons ne l'empêcheroient pas de souffrir mille déplaisirs. Pouvez vous donc endurer des choses si rudes que vous ne meritiez pas de souffrir encore davantage? Et quelle raison pouvez vous avoir de vous plaindre? Pour moy je confesse que je ne sçaurois le comprendre.

Lors qu'on nous rend de l'honneur, que l'on nous caresse, & que l'on nous traite favorablement, c'est alors que nous devrions nous servir de ces raisons, puis que c'est sans doute contre toute sorte de raison que nous sommes bien traitées durant cette vie. Mais quand on nous fait quelque tort (car c'est le nom que l'on donne a des choses qui ne le meritent pas) sans en effet nous faire tort, je ne voy pas quel sujet nous pouvons avoir de nous en plaindre. Nous sommes les épouses d'un Roy eternel, ou nous ne le sommes pas. Si nous le sommes, y a-t-il quelque honneste femme qui soit qu'elle le veüille ou qu'elle ne le veüille pas ne participe point aux outrages que l'on fait à son mary, vû que tous les biens & les maux leur sont commun? Et puis qu'en qualité d'épouses nous pretendons de regner avec nôtre Epoux dans le comble de son bon-heur & de sa gloire : n'y auroit-il pas de la folie à ne vouloir point participer à ses injures & à ses travaux? Dieu nous preserve, s'il luy plaît, d'un desir si extravagant. Mais au contraire que celle d'entre-nous qui passera pour la moins consideree se croye la plus heureuse, ainsi que veritablement elle le sera, puis que supportant ce mépris comme elle doit, elle ne sçauroit manquer d'étre honorée dans cette vie & dans l'autre.

Croyez-moy donc en cela, mes Filles. Mais quelle folie à moy de dire que l'on me croye en une chose que la sagesse increée dit elle-même? Tâchons d'imiter en quelque sorte l'extrême humilité de la Sainte Vierge dont nous avons l'honneur de porter l'habit. Etant ses Religieuses ce seul nom nous doit remplir de confusion, puis que quelque grande que nous paroisse nôtre humilité elle est si éloignée de celle que nous devrions avoir pour étre les veritables filles d'une telle mere, & les dignes épouses d'un tel Epoux.

CHAPITRE XIII.

Que si l'on ne travaille promtement à deraciner ces imperfections dont j'ay parlé, ce qui paroît aujourd'huy n'être rien deviendra peut-être demain un peché veniel, & si dangereux que si on le neglige il sera suivy de beaucoup d'autres. Ainsi vous voyez combien cela est à craindre dans une Congregation, & combien celles qui sont sujettes à ces défauts sont obligées d'y prendre garde, afin de ne nuire pas aux autres qui travaillent pour nôtre bien par le bon exemple qu'elles nous donnent. Contre les mauvaises coûtumes, & la vanité.

Si nous sçavions quel malheur c'est de laisser introduire une mauvaise coûtume, nous aimerions mieux mourir que d'en être cause. Car la mort du corps est peu considerable ; au lieu que les maux qui peuvent tirer aprés eux la perte des ames sont si grands qu'ils me paroissent sans fin, à cause que de nouvelles Religieuses remplissant la place des anciennes à mesure qu'elles meurent, il arrivera peut-être qu'elles imiteront plûtost un seul mauvais exemple qu'elles auront remarqué que plusieurs vertus qu'elles auront vûës, parce que le demon nous renouvelle continuellement le souvenir de l'un & que nôtre infirmité nous fait oublier les autres si nous n'y prenons extrêmement garde, & n'implorons sans cesse le secours de Dieu.

O qu'une Religieuse qui se sent incapable d'observer les regles établies dans cette maison feroit une grande charité & rendroit un service agreable à Dieu si elle se retiroit avant que de faire profession, & laissoit ainsi les autres en paix ! Pour moy si j'en étois crûë il n'y a point de monastere où avant que de recevoir une telle personne à faire profession on n'éprouvat durant plusieurs années si elle ne se corrigeroit point. Je ne parle pas maintenant des fautes qui regardent la penitence & les jeûnes, parce qu'encore que ce soient des fautes, elles ne sont pas si dangereuses que les autres : Mais j'entens parler de ces imperfections qui consistent à prendre plaisir d'être estimées, à remarquer les fautes d'autruy, & ne remarquer jamais les siennes, & autres semblables qui procedent sans doute d'un defaut d'humilité. Car s'il y en a quelqu'une en qui ces defauts se rencontrent, & à qui Dieu ne donne pas aprés plusieurs années la lumiere necessaire pour les connoître & s'en corriger, gardez-vous bien de la retenir davantage parmy vous, puis qu'elle n'y auroit jamais de repos, ny ne vous permettroit jamais d'en avoir. Ne se pas hâter de faire des professions.

Je ne puis penser sans douleur qu'il arrive souvent que des monasteres pour ne pas rendre l'argent que des filles y ont apporté, ou par la crainte de faire quelque deshonneurs à leurs parens, enferment dans leurs maison le larron qui leur vole leur tresor. Mais n'avons-nous pas en celle-cy renoncé à l'honneur du monde, puis que des pauvres tels que nous sommes ne peuvent pretendre d'être honorez? Et quelle seroit donc nôtre folie de vouloir que les autres le fussent à nos dépens? Nôtre honneur consiste, mes Sœurs, à bien servir Dieu & ainsi celle qui se sentira capable de vous détourner d'un si grand bien doit se retirer & demeurer chez-elle avec cét honneur qui luy est si cher. C'est pour ce sujet que nos saints Peres ont ordonné une année de noviciat : & je souheiterois qu'on ne reçût icy les Religieuses à profession qu'au bout de dix ans. Car si elles sont humbles, ce retardement ne leur fera point de peine, sçachant que pourvû qu'elles soient bonnes on ne les renvoyera pas. Et si elles ne sont pas humbles, pourquoy veulent-elles nuire à cette assemblée de saintes ames qui se sont consacrées à Iesus-Christ.

Quand je parle de celles qui ne sont pas bonnes je n'entens pas dire par là qu'elles soient vaines, puis que j'espere avec la grace de Dieu qu'il n'y en aura point de telles dans cette maison. Mais j'appelle n'être pas bonnes, de n'être pas mortifiées, & d'avoir au contraire de l'attache au monde & à elles-mêmes dans les choses que j'ay dites. Que celle qui sçait en sa conscience qu'elle n'est pas fort mortifiée me croye donc, & ne fasse point profession si elle ne veut dés ce monde trouver un enfert. Dieu veuille qu'elle ne le trouve pas aussi en l'autre, puis qu'elle a beaucoup de choses qui l'y conduisent: que ny elle même ny les autres ne comprennent pas peut-être si bien que je fais. Que si elle n'ajoûte foy à mes paroles le temps luy fera connoître que je dis vray. Car nous ne pretendons pas seulement icy de vivre comme des Religieuses; mais de vivre comme des hermites à l'imitation de nos saints Peres des siecles passez ; & par consequent à nous détacher de l'affection de toutes les choses creées. Aussi voyons-nous que Nôtre Seigneur fait cette faveur à celles qu'il a particulierement choisies pour le servir dans ce monastere; & qu'encore que ce ne soit pas avec toute la perfection qui seroit à souhaiter, il paroit visiblement qu'elles y tendent par la joye qu'elles ont de considerer qu'elles n'auront jamais plus de commerce avec les choses qui regardent cette miserable vie, & par le plaisir qu'elles prennent à tous les exercices de là sainte Religion.

Ie le dis encore, que celle qui sent avoir quelque inclination pour les choses de la terre, & ne s'avance pas dans la vertu n'est point propre pour ce monastere ; mais elle peut aller dans un autre si elle veut être Religieuse. Que si elle ne le fait pas, elle verra ce qui luy en arrivera. Au moins elle n'aura pas sujet de se plaindre de moy qui ay commencé d'établir cette maison, ny de m'accuser comme si je ne l'avois pas avertie de la maniere dont on y doit vivre. S'il peut y avoir un Ciel sur la terre, ce lieu cy en est un sans doute pour les ames qui n'ayant autre desir que de plaire à Dieu méprisent leur satisfaction particuliere, & la vie qui s'y pratique est tres sainte. Que si quelqu'une de vous desire autre chose que de contenter Dieu, elle ne sçauroit y être contente, parce qu'elle ne l'y trouvera pas; & une ame mécontente est comme une personne dégoûtée à qui les meilleures viandes, que les personnes saines mangeroient avec le plus d'appetit font mal au cœur. Ainsi elle fera mieux son salut en quelque autre lieu; & il pourra arriver que peu à peu elle y acquerra la perfection qu'elle ne pouvoit souffrir icy à cause qu'on l'y embrasse tout d'un coup. Car bien qu'en ce qui regarde l'interieur on y donne du temps pour se détacher entierement de l'affection de toutes choses & pour pratiquer la mortification, il est vray que pour ce qui est de l'exterieur on y en donne fort peu, à cause du dommage qu'en pourroient recevoir les autres Sœurs. Que si marchant en si bonne compagnie, & voyant que toutes les autres pratiquent ce que j'ay dit, l'on ne s'avance pas en un an, je croy que l'on ne s'avancera pas en plusieurs années. Ce n'est pas que ie pretende que cette personne s'en acquite aussi parfaitement que les autres: mais au moins doit-elle faire connoistre que la santé de son ame se fortifie peu à peu: & qu'ainsi sa maladie n'est pas mortelle.

CHAPITRE XIV.

Bien examiner la vocation des filles qui se presentent pour estre Religieuses. Se rendre plus facile à recevoir celles qui ont de l'esprit. Et renvoyer celles qui ne sont pas propres à la religion sans s'arrester à ce que le monde peut dire.

JE ne doute point que Dieu ne favorise beaucoup celles qui se presentent avec bonne intention pour estre reçuës. C'est pourquoy il faut bien examiner quel est leur dessein, & si elles ne sont point seulement poussées par l'esperance d'y estre plus commodément que dans le monde, ainsi qu'on le voit aujourd'huy arriver à plusieurs. Ce n'est pas que quand elles auroient même cette pensée Nostre Seigneur ne puisse la corriger, pourvû que ce soient des personnes de bon sens. Car si elles en manquent il ne faut point les recevoir, parce qu'elles ne seroient pas capables de comprendre les bons avis qu'on leur donneroit pour leur découvrir ce qu'il y auroit eu de defectueux en leur entrée, & leur montrer ce qu'elles devroient faire pour le reparer, à cause que la plusparts de celles qui ont peu d'esprit croyent toûjours sçavoir mieux que les plus sages ce qui leur est propre: & ce mal me semble incurable, parce qu'il

Bien examiner la vocation des Religieuses.

arrive tres-rarement qu'il ne soit point accompagné de malice. Or quoy qu'on le puſt tolerer dans une maiſon où il y auroit quantité de Religieuſes, on ne le ſçauroit ſouffrir dans le petit nombre que nous ſommes. Mais lors qu'une perſonne de bon ſens commence à s'affectionner au bien elle s'y attache fortement, à cauſe qu'elle connoiſt que c'eſt le meilleur & le plus ſeur: & encore qu'elle ne s'avance pas beaucoup dans la vertu, elle pourra ſervir aux autres en pluſieurs choſes, particulierement par ſes bons conſeils, ſans donner de la peine à perſonne: au lieu que quand l'eſprit manque je ne voy pas en quoy elle pourroit eſtre utile à une communauté, mais je voy bien qu'elle luy pourroit eſtre fort nuiſible.

Ce defaut d'eſprit ne ſe peut pas ſi-toſt reconnoiſtre, parce qu'il y en a pluſieurs qui parlent bien, & qui comprennent mal ce qu'on leur a dit: & d'autres qui encore qu'elles parlent peu & aſſez mal, raiſonnent bien en pluſieurs choſes. Il y en a d'autres qui eſtant dans une ſainte ſimplicité ſont tres ignorantes en ce qui regarde les affaires & la maniere d'agir du monde, & fort ſçavantes en ce qui ſe doit traiter avec Dieu. C'eſt pourquoy il faut beaucoup les obſerver avant que de les recevoir, & extrêmement les éprouver avant que de les faire profeſſes. Que le monde ſçache donc une fois pour toutes, que vous avez la liberté de les renvoyer parce que dans un monaſtere où il y a autant d'auſteritez que dans celuy-cy, vous pouvez avoir pluſieurs raiſons qui vous y obligent. Et lors que l'on ſçaura que nous en uſons ordinairement de la ſorte, on ne le tiendra plus à injure.

Ie dis cecy, parce que le ſiecle où nous vivons eſt ſi mal-heureux, & noſtre foibleſſe ſi grande, qu'encore que nos ſaints predeceſſeurs nous ayent expreſſément recommandé de n'avoir point d'égard à ce que le monde conſidere comme un des-honneur, neanmoins la crainte de fâcher des parens, & afin d'éviter quelques diſcours peu conſiderables qui s'en feroient dans le monde, nous manquons à pratiquer cette ancienne & ſi loüable couſtume. Dieu veüille que celles qui les recevront ainſi n'en ſoient point chaſtiées en l'autre vie; quoy qu'elles ne manquent jamais de pretextes pour faire croire que cela ſe peut legitimement.

Cecy vous eſt à toutes ſi important que chacune doit le conſiderer en particulier, le fort recommander à Noſtre Seigneur, & encourager la Superieure d'y prendre ſoigneuſement garde. Ie prie Dieu de tout mô cœur qu'il vous donne la lumiere qui vous eſt neceſſaire pour ce ſujet. Ie ſuis perſuadée que lors que la Superieure examine ſans intereſt & ſans paſſion ce qui eſt le plus utile pour le bien du monaſtere, Dieu ne permet jamais qu'elle ſe trompe; & qu'au contraire elle ne peut ſans faillir ſe laiſſer aller à ces fauſſes compaſſions & ces impertinentes maximes d'une prudence toute ſeculiere & toute humaine.

CHAPITRE

CHAPITRE XV.
Du grand bien que c'est de ne se point excuser encore que l'on soit repris sans sujet.

AYANT dessein de vous exhorter maintenant à pratiquer une vertu d'un tel merite qu'est celle de ne s'excuser iamais, i'avoüe que c'est avec une grande confusion d'avoir si mal pratiqué moy-mesme ce que ie me trouve obligée d'enseigner aux autres: parce qu'il est vray que ie m'imagine toûjours d'avoir quelque raison de croire que ie fais mieux de m'excuser. Ce n'est pas que cela ne soit permis en des certaines rencontres, & que ce ne fust mesme une faute d'y manquer. Mais ie n'ay pas la discretion, ou pour mieux dire l'humilité qui me seroit necessaire pour faire ce discernement. Car c'est sans doute une action de fort grande humilité, & imiter Nostre Seigneur de se voir condamner sans avoir tort & de se taire. Ie vous prie donc de tout mon cœur de vous y appliquer avec soin, puis que vous en pouvez tirer un grand avantage ; & qu'au contraire ie n'en voy point a vous excuser si ce n'est comme ie l'ay dit en certaines occasions qui pourroient causer de la peine si on ne disoit pas la verité.

De l'avantage qu'il y a de ne se point excuser.

Celuy qui aura le plus de discretion que je n'en ay comprendra aisément cecy : & je croy qu'il importe beaucoup de s'exercer à cette vertu, ou de tascher d'obtenir de Nostre Seigneur une veritable humilité qui en est comme la source. Car celuy qui est veritablement humble desire d'estre mesestimé, persecuté, & condamné, quoy qu'il n'en ait point donné de sujet. Que si vous voulez imiter Nostre Seigneur, en quoy le pouvez-vous mieux, puis qu'on n'a besoin pour cela, ni de forces corporelles, ni de secours que de Dieu seul ?

Ie souhaiterois, mes Sœurs, que nous nous efforçassions de mettre nostre devotion à pratiquer ces grandes vertus plûtost qu'à faire des penitences excessives, dans lesquelles vous sçavez que je vous conseille d'estre retenuës, parce qu'elles peuvent nuire à la santé si elles ne sont accompagnées de discretion : au lieu que quelque grandes que soient les vertus interieures il n'y a rien du tout à craindre, puis qu'en fortifiant l'ame, elles ne diminuent point les forces necessaires au corps pour pouvoir servir la communauté, & que comme je vous l'ay dit autrefois, on peut dans la pratique des petites choses se rendre capables de remporter la victoire dans les grandes.

Mais que cela est aisé à dire, & que je le pratique mal ! Il est vray que je n'ay jamais peu l'éprouver en des choses de consequence, puis que je n'ay jamais entendu dire de mal de moy que je n'aye veu clairement qu'il y avoit sujet d'en dire beaucoup davantage; parce qu'en-

AAaa

core que ce qu'on en difoit ne fuft pas du tout comme on le difoit, j'avois en plufieurs autres chofes offenfé Dieu, & qu'ainfi on m'épargnoit en n'en parlant point : joint que je fuis toûjours plus aife que l'on me blafme de ce que je n'ay pas fait, que non pas de ce que j'ay fait.

Il fert beaucoup pour acquerir cette vertu de confiderer qu'on ne peut rien perdre, & qu'on gagne en diverfes manieres en la pratiquant, dont la principale eft qu'elle nous fait imiter en quelque forte noftre Seigneur. Ie dis en quelque forte, parce que tout bien confideré on ne nous accufe jamais d'avoir failli que nous ne foyons tombez dans quelque faute, puis que nous y tombons fans ceffe ; que les plus juftes pechent fept fois le jour, & que nous ne fçaurions fans faire un menfonge, dire que nous fommes exemts de peché. Ainfi quoy que nous n'ayons pas fait la faute dont on nous accufe, nous ne fommes jamais entierement innocens comme l'eftoit noftre bon JESUS.

,, Mon Dieu : quand je confidere en combien de maniere vous
,, avez fouffert fans l'avoir merité en nulle maniere, je ne fçay que
,, dire ni où j'ay l'efprit lors que je ne defire pas de fouffrir ; & je fçay
,, auffi peu ce que je fais lors que ie m'excufe. Vous n'ignorez pas, ô
,, mon tout & mon bien unique, que s'il y a quelque chofe de bon
,, en moy ie le tiens de voftre pure liberalité. Et qui vous empefche,
,, Seigneur, de me donner auffi-toft beaucoup que peu, puis que fi
,, vous vous reteniez de me donner parce que ie ne le merite pas, ie
,, meriterois auffi peu les faveurs que vous m'avez déja faites ? Seroit-
,, il poffible que ie vouluffe qu'on dit du bien d'une creature auffi
,, mauuaife que ie fuis, fçachant combien de mal on a dit de vous qui
,, eftes le bien fuprême ? Ne le fouffrez pas, ô mon Dieu, ne le fouffrez
,, pas. Ie ne voudrois pour rien du monde que vous permiffiez qu'il y
,, euft la moindre chofe dans voftre fervante qui fuft defagreable à vos
,, yeux. Confiderez, Seigneur, que les miens font pleins de tenebres,
,, & qu'ainfi le moindre obiet les arrefte. Illuminez-les, & faites que
,, ie defire fincerement que tout le monde m'ait en horreur, puis-que
,, i'ay ceffé tant de fois de vous aimer, quoy que vous m'aimiez fi fide-
,, lement. Quelle folie, mon Dieu, eft la noftre ? quel avantage pré-
,, tendons-nous de fatisfaire les creatures ; & que nous importe qu'el-
,, les nous accufent de mille fautes pourvû que nous n'en commet-
,, tions point en voftre prefence ?

O mes Filles, qu'il eft vray que nous ne comprenons point cette verité, & qu'ainfi nous n'arrivons iamais au comble de la perfection religieufe ! Car pour y arriver il faut confiderer & pefer beaucoup ce qui eft en effet, & ce qui n'eft qu'en apparence ; c'eft à dire ce qui eft defectueux au iugement du Createur, & ce qui ne l'eft qu'au iugement des creatures. Quand il n'y auroit en cecy autre avantage que la honte que recevra la personne qui vous aura accusée de voir que vous vous laissez condamner injustement : ne seroit-il pas tres-considerable ? Vne de ses actions instruit & édifie quelquefois davantage une ame que dix predications ne le pourroient faire : & la défense de l'Apôtre iointe à nôtre insufisance nous rendant incapables de precher par des paroles, nous devons toutes nous efforcer de precher par nos actions. Quelque renfermées que vous soyez, ne vous imaginez pas que le mal ou le bien que vous ferez puisse être caché : & quoy que vous ne vous excusiez point, croyez vous qu'il ne se trouve pas des personnes qui prennent vôtre défense, & qui vous excusent ? Considerez de quelle sorte Nôtre Seigneur répondit en faveur de la Magdeleine dans la maison du Pharisien, & lors que Marthe sa sœur l'accusoit devant luy-même. Il n'usera pas envers vous de la rigueur qu'il a exercée envers soy-même, en ne permettant que le bon larron prit sa défense que lors qu'il étoit désia attaché à la croix : Mais il suscitera quelqu'un qui vous défendra : & si cela n'arrive pas, ce sera pour vostre avantage.

Ce que ie vous dis est tres-veritable, & je l'ay moy-même vû arriver. Ie ne desirerois pas neanmoins que ce fust ce motif qui vous touchat ; & ie serois bien aise que vous vous réiouïssiez de n'être point iustifiées. Que si vous pratiquez ce conseil, le temps vous en fera connoître l'utilité. Car on commence par la d'acquerir la liberté de l'esprit, & l'on se soucie aussi peu que l'on dise de nous du mal que du bien, parce qu'on n'y prend non plus de part que s'il regardoit un autre. De même que lors que deux personnes s'entretiennent nous ne pensons point à leur répondre, parce que ce n'est pas à nous à qui elles parlent : ainsi nous étant accoûtumées dans ces rencontres où l'on parle contre nous à ne rien répondre pour nôtre défense, il nous semble qu'on ne parle point à nous. Comme nous sommes fort sensibles & fort peu mortifiées, cecy vous pourra paroître impossible ; & j'avoüe que d'abord il est difficile de le pratiquer : mais ie sçay pourtant qu'avec l'assistance de Nôtre Seigneur nous pouvons acquerir ce détachement de nous-mêmes.

CHAPITRE XVI.

De l'humilité. De la contemplation. Que Dieu en donne tout d'un coup à certaines ames une connoissance passagere. De l'application continuelle que l'on doit avoir à Dieu. Qu'il faut aspirer à ce qui est le plus parfait.

NE vous imaginez pas, mes Filles, que ie sois desja entrée fort avant dans ce discours, puis que je ne fais encore comme l'on dit d'ordinaire que de preparer le jeu. Vous m'avez priée de vous

De l'humi-lité.

instruire du commencement de l'oraison : & j'avouë que je n'en sçay point d'autre que la pratique de ces vertus, quoy que Dieu ne m'ait pas conduite par celuy cy, puis que je n'ay pas même le commencement des dispositions saintes dont j'ay parlé. Ainsi vous avez sujet de croire, pour continuer à me servir de la comparaison du jeu des échets, que celle qui ne sçait pas seulement arranger les pieces n'a garde de bien joüer ny de pouvoir gagner la partie. Que si vous trouvez étrange que je vous parle d'un jeu que l'on ignore, & que l'on doit ignorer en cette maison, jugez par là quelle personne Dieu vous a donnée pour mere, puis que j'ay même sçeu autrefois une chose si vaine & si inutile. On dit neanmoins que ce jeu est permis en quelques rencontres. Et combien nous seroit il non seulement permis, mais avantageux de l'imiter en quelque sorte, en pratiquant les vertus avec tant d'ardeur que ce divin Roy pût être reduit en peu de temps à ne pouvoir ny à ne vouloir plus s'échaper d'entre nos mains? La Dame est celle de toutes les pieces qui luy fait le plus la guerre, les autres ne faisant que la soûtenir : & dans la guerre sainte dont je veux parler, l'humilité est cette Dame qui le presse le plus de se rendre. C'est elle qui l'a tiré du ciel pour le faire descendre dans le sein de la sainte Vierge : & c'est par elle que nous pouvons avec un seul de nos cheveux, comme dit l'époux dans le Cantique le tirer à nous pour le faire venir dans nos ames. Ainsi ne doutez point, mes Filles, qu'à proportion de vôtre humilité vous ne possediez plus ou moins cette Majesté infinie. Car j'avoüe ne pouvoir comprendre qu'il y ait de l'humilité sans amour, non plus que de l'amour sans humilité; ny que l'on arrive à la perfection de ces deux vertus sans entrer dans un grand détachement de toutes les choses creées.

Que si vous me demandez pourquoy je vous parle des vertus puis que vous avez tant de livres qui en traitent, & que vous ne desirez d'apprendre de moy que ce qui regarde la contemplation, je répons que si vous eussiez voulu que je vous parlasse de la meditation je l'aurois pû faire, & vous conseiller à toutes de la pratiquer, quand même vous n'auriez pas les vertus, parce que c'est par là qu'il faut commencer afin de les acquerir, parce que cela est important à la vie de l'ame, & parce qu'il n'y a point de chrétien quelque grand pecheur qu'il puisse être, qui manque d'en user de la sorte lors que Dieu luy ouvre les yeux pour le rendre capable d'un si grand bonheur. Ie l'ay désja écrit ailleurs après plusieurs autres qui sçavent aussi bien ce qu'il disent côme il est certain que je l'ignore; mais il suffit que Dieu le sçache.

De la contemplation. La contemplation, mes Filles, est une chose différente de ce que je viens de dire, & c'est en quoy l'on se trompe. Car lors qu'une

CHAPITRE XVI.

personne donne quelque temps chaque jour à penser à ses pechez, ce qu'il n'y a point de Chrestien qui ne doive faire à moins que de ne l'être que de nom, on dit aussi-tost que c'est un grand contemplatif, & l'on veut qu'il ait toutes les vertus que doivent avoir ceux qui le sont veritablement ; luy-même plus que nul autre le pretend aussi. Mais c'est errer dans les principes : c'est ne sçavoir pas seulement arranger son jeu ; & c'est croire qu'il suffit de connoître les pieces pour pouvoir donner échec & mat : Cela, mes Filles, ne va pas ainsi : car ce Roy de gloire ne se rend & ne se donne qu'à celuy qui se donne tout entier à luy.

Ainsi si vous desirez que je vous montre le chemin qui mene à la contemplation, souffrez que je m'étende un peu sur ce sujet quoyque les choses que je vous diray ne vous paroissent pas d'abord fort importantes, puis qu'à mon avis elles le sont. Que si vous ne le voulez pas entendre ny les pratiquer, demeurez donc durant toute vôtre vie avec vostre oraison mentale : car je vous assure & tous ceux qui aspirent à ce bonheur, que vous n'arriverez jamais à la veritable contemplation. Il se peut faire neanmoins que je me trompe, parce que je juge des autres par moy même qui ay travaillé durant vingt ans pour l'acquerir.

Comme quelques-unes de vous ne sçavent ce que c'est qu'oraison mentale je veux maintenant vous en parler : & Dieu veuïlle que nous la pratiquions aussi bien qu'elle doit-être. Mais je crains que nous n'ayons beaucoup de peine d'en venir à bout si nous ne travaillons pour acquerir les vertus, quoy que non pas à un si haut degré qu'il est besoin de les avoir pour arriver jusques à la contemplation.

Ie dis donc que le Roy de gloire ne viendra jamais dans nos ames jusques à s'unir a elles, si nous ne nous efforçons d'acquerir les grandes vertus. Surquoy je m'explique, parce que si vous me surpreniez à vous dire quelque chose qui ne fust pas veritable vous ne me croiriez plus en rien, & auriez raison si je le faisois à dessein : mais Dieu me garde de tomber dans une si grande faute. Si cela m'arrive ce ne sera que manque d'intelligence. Ce que je veux dire est donc que Dieu fait quelquefois une grande faveur à des personnes qui sont en mauvais etat, qu'il les éleve jusques à la contemplation, afin de les retirer par ce moyen d'entre les mains du demon.

O mon Seigneur, combien de fois vous engageons-nous d'en venir aux prises avec luy : & ne vous suffit-il pas que pour nous apprendre à le vaincre, vous ayez bien voulu souffrir qu'il vous ait pris entre ses bras quand il vous porta sur le haut du temple : quel spectacle fut-ce alors, mes Filles, de voir le Soleil de justice enfermé par les tenebres : & quelle dût être la terreur de cet esprit malheureux, quoy qu'il ignorat qu'il étoit celuy qu'il portoit, parce que

AAa iij

Dieu ne luy permit pas de le connoître ? Pouvons nous trop admirer une si grande bonté & une si grande misericorde; & quelle honte ne doivent point avoir les Chrestiens de l'engager tous les jours à lutter encore avec un monstre si horrible ?

"Certes, mon Dieu, vous aviez besoin pour le vaincre d'une aussi grande force qu'est la vôtre : Mais comment n'avez vous point été affoibly par tant de tourmens que vous avez soufferts à la croix ? O qu'il est bien vray que l'amour repare tout ce qu'il fait souffrir ! Et ainsi je croy, mon Sauveur, que si vous eussiez voulu survivre a vos tourmens & à vos douleurs, le même amour qui vous le fit endurer auroit sans nul autre remede refermé vos playes. O mon Dieu, si je pouvois avoir ce mesme amour dans toutes les choses qui me causent de la peine & de la douleur, que je souhaiterois de bon cœur toutes les souffrances, étant assurée d'être guerie de mes maux par un remede si divin & si salutaire.

Mais pour revenir à ce que je disois, il y a certaines ames que Dieu connoissant qu'il peut ramener par ces moyens quoy qu'elles soient entierement abandonnées au peché, il ne veut pas qu'il tienne à luy de leur faire cette grace. Ainsi bien qu'elles soient en mauvais état & destituées de toute vertu, il leur fait sentir des douceurs, des consolations & des tendresses qui commencent à émouvoir leurs desirs. Et quelquefois même, mais rarement, il les fait entrer dans une contemplation qui dure peu, afin d'éprouver, comme j'ay dit, si ses faveurs les diposeront à s'approcher souvent de luy. Que si elles ne les portent pas à le desirer, elles me pardonneront, ou pour mieux dire, vous me pardonnerez, s'il vous plaît mon Dieu, si j'ose croire qu'il n'y a gueres de plus grand malheur, que lors qu'aprés que vous avez fait l'honneur à une ame de vous approcher ainsi d'elle, elle vous quitte pour se raprocher des choses de la tetre & s'y attacher.

Ie croy qu'il y a plusieurs personnes que Dieu éprouve en cétte sorte, & que peu se disposent à joüir d'une si grande faveur. Mais pourvû qu'il ne tienne pas à nous que nous n'en tirions de l'avantage, je tiens pour certain qu'il ne cesse point de nous assister jusques à ce que nous arrivions à une plus grande perfection : au lieu que quand nous ne nous donnons pas à luy aussi pleinement qu'il se donne à nous, c'est beaucoup qu'il nous laisse dans l'oraison mentale, & nous visite de temps en temps ainsi que des serviteurs qui travaillent à sa vigne. Car quant aux autres, ce sont ses enfans bien aimez qu'il ne perd & ne veut jamais perdre de veü, non plus qu'eux s'éloigner de luy. Il les fait asseoir à sa table, & les nourrit des mêmes viandes dont il se nourrit luy-même.

CHAPITRE XVI.

Quel bon-heur, mes Filles, de n'avoir point d'autre soin que de se rendre dignes d'une si grande faveur! O bien-heureux abandonnement de toutes les choses basses & méprisables qui nous éleve si haut. Quand tout le monde ensemble parleroit à nostre desavantage, quel mal nous en pourroit-il arriver estant en la protection, & comme entre les bras de Dieu? Puis qu'il est tout puissant, il n'y a point de maux dont il ne soit capable de nous délivrer. Vne seule de ses paroles a creé le monde: & vouloir & faire ne sont en luy qu'une mesme chose. Ne craignez donc point si vous l'aimez, qu'il permette que l'on parle contre vous, que pour vôtre plus grande utilité. Il aime trop ceux qui l'aiment pour en user d'une autre sorte. Et pourquoy donc ne luy témoignerons nous pas tout l'amour qui sera en nostre pouvoir? Considerez, ie vous prie, quel heureux échange ce nous est de luy donner nostre cœur pour avoir le sien, luy qui peut tout, & nous qui ne pouvons rien sinon ce qu'il nous fait pouvoir. Qu'est-ce donc que nous faisons pour vous, ô mon Dieu, qui faites que nous sommes tout ce que nous sommes, puis que nous ne devons considerer que comme un neant cette foible resolution que nous avons prise de vous servir? Que si toutefois, mes Sœurs, sa souveraine Maiesté veut que nous achetions tout de luy en luy donnant le rien que nous sommes ne soyons pas si folles que de refuser une si grande faveur.

Tout nostre mal vient, mon Dieu, de n'avoir pas tousiours les yeux arrestez sur vous. Car nous arriverions bien-tost où nous prétendons d'aller si nous ne détournions point nos yeux de dessus vous qui estes la voye & le chemin comme vous nous l'avez dit. Mais parce que nous n'avons pas cette attention, nous bronchons, nous tombons, nous retombons, & enfin nous nous égarons: parce, je le repete encore, que nous n'avons pas soin d'arrester sans cesse nostre vûë sur ce chemin veritable par lequel nous devons marcher. En verité c'est une chose déplorable que la maniere dont cela se passe quelquefois. Il semble que nous ne soyons pas chrestiens & que nous n'ayons jamais lû la passion de nostre Seigneur. Car si l'on nous méprise en la moindre chose, on ne peut le souffrir, on le trouve insupportable, & on dit aussi tost : Nous ne sommes pas des Saints. Dieu nous garde, mes Filles, lors que nous tombons dans quelque imperfection de dire: Nous ne sommes pas des Saintes: nous ne sommes pas des Anges. Considerez qu'encore qu'il soit vray que nous ne soyons pas des Saintes, il nous est utile de penser que nous pouvons le devenir, pourveu que nous fassions tous nos efforts, & que Dieu veüille nous tendre les bras. Surquoy nous ne devons point craindre qu'il tienne a luy, s'il voit qu'il ne tient pas à nous.

Puis donc que nous ne sommes venuës icy à autre dessein, mettons courageusement la main à l'œuvre, & croyons qu'il n'y a rien de si parfait dans son service que nous ne devions nous promettre d'accomplir par son assistance. Ie voudrois de tout mon cœur que cette sorte de presomption se trouvast dans ce monastere, parce qu'elle fait croistre l'humilité, & donne une sainte hardiesse, qui ne peut estre que tres utile, à cause que Dieu qui ne fait acception de personne, assiste toûjours ceux qui sont courageux dans son service.

I'ay fait une grande digression; & il faut revenir où i'en estois. Il s'agit de sçavoir ce que c'est qu'oraison mentale, & ce que c'est que contemplation. Surquoy i'avoüe qu'il paroist impertinent que i'entreprenne d'en parler: Mais vous recevez si bien tout ce qui vient de moy, qu'il pourra arriver que vous le comprendrez mieux dans mon stile simple & grossier que dans des livres fort éloquens. Dieu me fasse s'il luy plaist la grace de m'en pouvoir acquiter. Ainsi soit-il.

CHAPITRE XVII.

Que toutes les ames ne sont pas propres pour la contemplation. Que quelques-unes y arrivent tard, & que d'autres ne peuvent prier que vocalement. Mais que celles qui sont veritablement humbles se doivent contenter de marcher dans le chemin par lequel il plaist à Dieu de les conduire.

De la contemplation.

IL semble que i'entre déia dans la matiere de l'oraison. Mais i'ay auparavant une chose importante à dire touchant l'humilité si necessaire en cette maison, puis qu'on doit s'y exercer particulierement à la priere, & que l'humilité en est l'une des principales parties. Or comment celuy qui est veritablement humble pourra t'il iamais s'imaginer d'estre aussi bon que ceux qui arrivent iusques à estre contemplatifs? Dieu peut neanmoins faire par sa grace qu'il soit de ce nombre. Mais s'il me croit il se mettra toûjours au plus bas lieu comme Nostre Seigneur nous l'a ordonné & enseigné par son exemple. Que l'ame se dispose donc à marcher dans le chemin de la contemplation si c'est la volonté de Dieu qu'elle y entre. Et si ce ne l'est pas, que l'humilité la porte à se tenir heureuse de servir les servantes du Seigneur, & à benir sa Maiesté de ce qu'il a daigné la faire entrer en leur sainte compagnie, elle qui meritoit d'estre la compagne & l'esclave des demons.

Ie ne dis pas cela sans grande raison, puis qu'il importe tant de sçavoir que Dieu ne conduit pas toutes les personnes d'une mesme sorte, & que celuy qui paroist le plus rabaissé aux yeux des hommes est peut-estre le plus élevé devant ses yeux. Ainsi quoy que les Religieuses de ce monastere s'exercent toutes à l'oraison, il ne s'ensûit

pas

CHAPITRE XVII.

pas qu'elles soient toutes contemplatives. Cela est impossible; & ce doit estre une grande consolation pour celles qui n'ont pas receu ce don de sçavoir qu'il vient purement de Dieu. Comme c'est une chose qui n'est point necessaire pour nostre salut, & qu'il ne l'exige point de nous pour nous recompenser de sa gloire, elles ne doivent pas non plus se persuader qu'on l'exige d'elles en cette maison. Pourvû qu'elles fassent ce que j'ay dit elles pourront, quoy qu'elles ne soient pas contemplatives, devenir tres-parfaites, & méme surpasser les autres en merite parce qu'elles auront plus à souffrir, & que Dieu les traitant comme des ames fortes & courageuses, il joindra aux felicités qu'il leur reserve en l'autre vie les consolations dont elles n'auront pas joüy en celle-cy.

Qu'elles ne perdent donc point courage: qu'elles n'abandonnent point l'oraison; & qu'elles continuent de faire comme les autres. Car il arrive quelquefois qu'encore que N. Seigneur differe à leur départir ses faveurs, il leur donne tout à la fois ce qu'il a donné aux autres en plusieurs années. J'ay passé plus de quatorze ans sans pouvoir du tout mediter, si ce n'estoit en lisant. Il y en a plusieurs de cette classe, & il s'en trouve quelques unes qui ne sçauroient mediter méme en lisant, ni prier que vocalement, parce que cela les arreste un peu davantage. D'autres ont l'esprit si leger qu'une seule chose n'est pas capable de les occuper, & elles sont si inquietes que lors qu'elles veulent se contraindre pour arrester leurs pensées en Dieu, elles tombent dans mille resveries, mille scrupules, & mille doutes.

Je connois une personne fort âgée, fort vertueuse, fort penitente, grande servante de Dieu, & enfin telle que je m'estimerois heureuse de luy ressembler, qui employe les jours & les années en des oraisons vocales, sans pouvoir jamais faire l'oraison mentale. Le plus qu'elle puisse faire est de s'occuper dans ces oraisons vocales en n'en prononçant que peu à la fois. Il s'en rencontre plusieurs autres qui sont de méme: mais pourvû qu'elles soient humbles je croy qu'à la fin elles trouveront aussi bien leur compte que celles qui ont de grands sentimens & de grandes consolations dans l'oraison, & peut-estre méme avec plus d'assurance en quelque sorte, parce qu'il y a sujet de douter si ces consolations viennent de Dieu, ou procedent du demon; & que si elles ne sont pas de Dieu elles sont fort perilleuses à cause que le demon s'en sert pour nous donner de la vanité: au lieu que si elles viennent de Dieu il n'y a rien du tout à craindre, puis qu'elles seront toujours accompagnées d'humilité ainsi que je l'ay écrit fort amplement dans un autre traité.

Que l'on peut estre parfait sans estre contemplatif.

Comme celles qui ne goûtent point ces consolations craignent que ce soit par leur faute elles demeurent dans l'humilité, & prennent un soin continuel de s'avancer. Elles ne voyent jetter aux autres une seule larme sans s'imaginer que ce qu'elles n'en répandent pas aussi vient de ce qu'elles ne les suivent que de fort loin dans le service de Dieu. Mais peut-être elles les precedent, puis que les larmes bien que bonnes ne sont pas toutes parfaites, & qu'il se rencontre toûjour plus de seureté dans l'humilité, la mortification, le détachement, & l'exercice des autres vertus. Pourvû donc que vous les pratiquiez n'apprehendez point de n'arriver pas à la perfection aussi-bien que les plus contemplatives.

Marthe n'étoit-elle pas une Sainte quoy que l'on ne dise point qu'elle fût comtemplative? Et que souhaittez-vous d'avantage que de pouvoir ressembler à cette bien heureuse fille qui merita de recevoir tant de fois Nôtre Seigneur IESVS CHRIST dans sa maison de luy donner à manger, de le servir, & de s'asseoir à sa table. Que si elle eût toûjour été, ainsi que sa sœur dans des transports, & comme hors d'elle même qui auroit prit soin de ce divin hoste? Considerez que cette maison est la maison de sainte Marthe, & qu'il doit y avoir quelque chose aussi-bien de Marthe que de Madelaine. Que celles que Dieu conduit par le chemin de la vie active se gardent donc bien de murmurer d'en voir d'autres toutes plongées dans la vie contemplative, puis qu'elles ne doivent point douter que Nôtre Seigneur ne prenne leur defence contre ceux qui les accusent. Mais quand bien il ne parleroit point pour elles, elles devroient demeurer en paix comme ayant reçeu de luy la grace de s'oublier elles mêmes, & toutes les choses crées. Qu'elles se souviennent qu'il est besoin que quelqu'un ait soin de luy apprêter à manger, & s'estiment heureuses de le servir avec sainte Marthe. Qu'elles considerent que la veritable humilité consiste principalement à se soumettre sans peine à tout ce que Nôtre Seigneur ordonne de nous, & à nous estimer indignes de porter le nom de ses servantes.

Ainsi soit que l'on s'applique à la contemplation : soit que l'on fasse l'oraison mentale ou vocale : soit que l'on assiste les malades : ou soit que l'on s'employe aux offices de la maison, & même dans les plus bas & les plus vils ; puis que tout cela est rendre du service à ce divin hoste qui vient loger manger, & se reposer chez nous, que nous importe de nous acquiter de nos devoirs envers luy plûtôt d'une maniere que d'une autre ?

Je ne dis pas neanmoins qu'il doive tenir à vous que vous n'arriviez à la contemplation. Je dis au contraire que vous devez faire tous vos efforts pour y arriver ; mais en reconnoissant que cela dépend de la seule volonté de Dieu, non pas de vôtre choix. Car si après que vous aurez servy durant plusieurs années dans un même office il veut que vous y demeuriez encore ; ne seroit ce pas une plaisante humilité de vouloir passer à un autre ? Laissez le maistre de la maison ordonner de tout comme il luy plaist, il est tout sage : il est tout-puissant : il sçait ce qui vous est le plus propre, & ce qui luy est le plus agreable. Assurez-vous que si vous faites tout ce qui est en vostre pouvoir, & vous preparez à la contemplation d'une maniere aussi parfaite qu'est celle que je vous ay proposée, c'est à dire, avec un entier détachement & une veritable humilité, ou Nostre Seigneur vous la donnera, comme je le croy, ou s'il ne vous la donne pas, c'est parce qu'il se reserve à vous la donner dans le Ciel avec toutes les autres vertus, & qu'il vous traite comme des ames fortes & genereuses, en vous faisant porter la croix icy-bas ainsi que luy-méme l'a toûjours portée lors qu'il a esté dans le monde.

Cela estant, quelle plus grande marque peut-il vous donner de son amour que de vouloir ainsi pour vous ce qu'il a voulu pour luy-méme ? & ne se pourroit-il pas bien faire que la contemplation ne vous seroit pas si avantageuse que de demeurer comme vous estes ? Ce sont des jugemens qu'il se reserve, & qu'il ne nous appartient pas de penetrer. Il nous est même utile que cela ne dépende point de nostre choix, puis que nous voudrions aussi-tost estre de grandes contemplatives, parce que nous nous imaginons qu'il s'y rencontre plus de douceur & plus de repos. Quel avantage pour nous de ne pas rechercher nos auantages, puis que nous ne sçaurions craindre de perdre ce que nous n'avons point desiré ? Et Nostre Seigneur ne permet jamais que celuy qui a veritablement mortifié son esprit pour l'assujettir au sien perde rien que pour gagner davantage.

CHAPITRE XVIII.

Des souffrances des contemplatifs. Qu'il faut toûiours se tenir prest à executer les ordres de Dieu. Et du merite de l'obeissance.

JE diray donc, mes Filles, à celles de vous que Dieu ne conduit pas par le chemin de la contemplation, que selon que je l'ay vû & appris de ceux qui marchent dans cette voye, ils ne portent pas des croix moins pesantes que sont les vostres, & vous seriez épouventées si vous voyez la maniere dont Dieu les traite. Ie puis parler de ces deux estats. Et je sçay tres-asseurément que les travaux dont Dieu exerce les contemplatifs sont si rudes, qu'il leur seroit impossible de les supporter sans les consolations qu'il y mesle.

Car estant visible que Dieu conduit par le chemin des travaux ceux qu'il aime, & qu'il les fait d'autant plus souffrir qu'il les aime davantage, je sçay tres certainement que comme il loüe de sa propre bouche les contemplatifs & qu'il les tient pour ses amis, il les fait aussi plus souffrir que non pas les autres. Ce seroit une folie de s'imaginer qu'il honorast d'une amitié particuliere des personnes qui vivroient dans le relâchement sans souffrir aucune peine. Ainsi comme il mene les contemplatifs par un chemin si aspre & si rude qu'ils croyent quelquefois d'estre égarez & obligez de recommencer ils ont besoin de recevoir de sa bonté quelque rafraischissement pour les soûtenir. Or ce rafraischissement ne doit pas estre seulement de l'eau mais un vin fort & puissant, afin qu'en estant divinement enyvrez ils souffrent courageusement, & sans penser méme à ce qu'ils souffrent.

Ainsi je voy peu de veritables contemplatifs qui ne soient fort courageux & fort resolus à souffrir ; parce que la premiere chose que Nostre Seigneur fait en eux lors qu'il les voit foibles est de leur donner du courage, & de leur oster l'apprehension des travaux. Je m'imagine que pour peu que ceux qui sont dans la vie active les voyent favorisez de Dieu, ils se persuadent qu'il n'y a dans cét estat de contemplation que toute sorte de douceur & de delices. Et moy je vous assure au contraire que peut-estre ne pourroient-ils souffrir durant un seul jour quelques-unes des peines qu'ils endurent. Mais comme Dieu voit le fond des cœurs, il donne à chacun ce qu'il sçait estre le plus capable de le faire avancer dans son service, dans le chemin de son salut, & dans la charité du prochain. Ainsi pourvû que vous ne manquiez point de vostre costé à vous y disposer, vous n'avez nul sujet de craindre que vostre travail soit inutile.

Qu'il faut toûjours estre prest d'obeïr à Dieu.

Pesez bien, mes Sœurs, ce que je dis que nous devons toutes travailler à nous y disposer, puis que nous ne sommes icy assemblées que pour ce sujet ; & non seulement y travailler durant un an ou durant dix ans : mais durant toute nostre vie, pour faire voir à N. Seigneur que nous ne sommes pas si lâches que de l'abandonner, & que nous imitons ces braves soldats qui bien qu'ayant long-temps servy sont neanmoins toûjours prests d'executer les commandemens de leur capitaine, sçachant qu'il ne les laissera pas sans recompense. Or qu'est-ce, mes Filles, que la solde que donnent les Rois de la terre en comparaison de celle que nous devons attendre de ce Roy du Ciel que nous avons le bon-heur d'avoir pour maistre? C'est un Capitaine incomparable qui estant luy-méme témoin des actions genereuses de ses soldats connoist le merite de chacun d'eux, & leur donne des charges & des emplois selon qu'il les en juge dignes.

Ainsi, mes Sœurs, il faut que celles d'entre vous qui ne peuvent faire l'oraison mentale fassent la vocale, ou quelque lecture, ou s'en-

CHAPITRE XVIII.

tretiennent avec Dieu en la maniere que je le diray manquer aux heures de l'oraison, puis que vous ne sçavez pas quand vostre divin Epoux vous employera, & qu'autrement vous meriteriez d'estre traitées comme ces Vierges foles dont il est parlé dans l'Evangile. Que sçavez-vous aussi s'il ne voudra point vous engager dans un grand travail pour son service, en vous le faisant trouver doux par les consolations qu'il y meslera? Que s'il ne le fait vous devez croire qu'il ne vous y appelle pas, & qu'un autre vous est plus propre.

En se conduisant de la sorte on acquiert du merite par le moyen de l'humilité, & l'on croit sincerement n'estre pas méme propre à ce que l'on fait, sans que cela empéche comme je l'ay dit d'obeïr avec joye à ce que l'on nous commande. Que si cette humilité est veritable, ô que de telles servantes de la vie active seront heureuses, puis qu'elles ne trouveront à redire à rien qu'à ce qu'elles font. Qu'elles laissent donc les autres dans la guerre où elles se trouvent engagées, & qui ne sçauroit estre que tres rude. Car encore que dans les batailles les Enseignes ne combattent point, ils ne laissent pas d'estre en tres grand peril, & plus grand méme que tous les autres, à cause que portant toûjours leur drapeau, & devant plutost souffrir d'estre mis en pieces que de l'abandonner jamais, ils ne sçauroient se défendre. Or les contemplatifs doivent de méme porter tous les jours l'étendart de l'humilité, & demeurer exposez à tous les coups qu'on leur donne, sans en rendre aucun, parce que leur devoir est de souffrir à l'imitation de Jesus-Christ, & de tenir toûjours la Croix élevée sans que les dangers où ils se trouvent quelque grands qu'ils puissent estre la leur fassent abandonner, témoignant ainsi par leur courage qu'ils sont dignes d'un employ aussi honorable qu'est celuy où Dieu les appelle.

Qu'ils prennent donc bien garde à ce qu'ils feront, puis que comme il ne s'agit de rien moins que de la perte d'une bataille lors que les Enseignes abandonnent leurs drapeaux, à cause que cela fait perdre cœur aux soldats, je croy de méme que les personnes qui ne sont pas encore fort avancées dans la vertu se découragét, quand elles voyent, que ceux qu'elles consideroient comme estant les amis de Dieu, & comme leur devant ouvrir le chemin à la victoire, ne font pas des actions conformes au rang qu'ils tiennent. Les simples soldats s'échapent le mieux qu'ils peuvent, & lâchent quelquefois le pied par l'apprehension de la grandeur du peril sans que personne y prenne garde, ni qu'ils en soient deshonorez. Mais quant aux officiers, chacun ayant les yeux arrestez sur eux, ils ne sçauroient faire un pas en arriere qu'on ne le remarque. Plus leurs charges sont considerables, plus l'honneur qu'ils y peuvent acquerir est grand, & plus ils sont obligez au Roy de la faveur qu'il leur a faite de les leur donner;

d'autant plus grande est leur obligation de s'en acquiter dignement.

Puis donc, mes Sœurs, que nostre ignorance est telle que nous ne sçavons si ce que nous demandons nous est utile, laissons faire Dieu qui nous connoist beaucoup mieux que nous ne nous connoissons nous-méme. L'humilité consiste à se contenter de ce qu'il nous donne : & c'est une assez plaisante maniere de la pratiquer que de luy demander des faveurs, ainsi que font certaines personnes, comme s'il estoit obligé par justice de ne les leur pas refuser. Mais parce qu'il penetre le fond des cœurs, il leur accorde rarement ces graces, à cause qu'il ne les voit point disposées à vouloir boire son Calice. C'est pourquoy, mes Filles, la marque de vostre avancement dans la vertu sera si chacune de vous se croit tellement la plus mauvaise de toutes, que ses actions fassent connoistre aux autres pour leur bien & pour leur édification qu'elle a vrayment ce sentiment dans le cœur, & non pas si elle a plus de douceur dans l'oraison, plus de ravissemens, plus de visions, & autres faveurs de cette nature que Dieu fait aux ames quand il luy plaist. Car nous ne connoistrons la valeur de ces biens qu'en l'autre monde. Mais l'humilité est une monnoye qui a toûjours cours, un revenu asseuré, & une rente non rachetable : au lieu que le reste est comme de l'argent que l'on nous preste pour quelque temps & que l'on peut nous redemander. Est-ce une humilité solide, une veritable mortification, & une grande obeïssance que de manquer en quoy que ce soit à ce que vostre Superieur vous ordonne, puis que vous sçavez certainement que tenant comme il fait à vostre égard la place de Dieu, c'est Dieu méme qui vous commande ce qu'il vous commande ?

Du merite de l'obeïssance. C'est de cette vertu de l'obeïssance que j'aurois le plus à vous entretenir. Mais parce qu'il me semble que ne l'avoir pas, c'est n'être pas Religieuse ; & que je parle à des Religieuses qui à mon avis sont bonnes, ou au moins desirent de l'estre, je me contenteray de vous dire un mot d'une vertu si connuë & si importante, afin de la graver encore davantage dans vostre memoire. Ie dis donc que celle qui se trouve soûmise par un vœu à l'obeïssance, & qui y manque faute d'apporter tout le soin qui dépend d'elle pour l'accomplir le plus parfaitement, qu'elle peut demeure en vain dans cette maison. Ie l'assure hardiment que tant qu'elle y manquera elle n'arrivera jamais ni à estre contemplative, ni même à se bien acquiter des devoirs de la vie active. Cela me paroist indubitable. Et quand méme ce seroit une personne qui n'auroit point fait de vœu, si elle pretend d'arriver à la contemplation, elle doit se resoudre fortement à soûmettre sa volonté à la conduite d'un Confesseur qui soit

CHAPITRE XIX.

luy méme contemplatif puis qu'il eſt certain que l'on avance plus de cette ſorte en un an que l'on ne feroit autrement en pluſieurs années. Mais comme c'eſt un avis qui ne vous regarde point, il ſeroit inutile de vous en parler davantage.

Ce ſont donc là, mes Filles, les vertus que je vous ſouhaite, que vous devez tâcher d'acquerir, & pour leſquelles vous pouvez concevoir une ſainte envie. Quant à ces autres devotions, ſi vous ne les avez pas, ne vous en mettez point en peine, puis qu'elles ſont incertaines, & qu'il pourroit arriver que venant de Dieu en d'autres perſonnes, il permettroit qu'elles ne ſeroient en vous que des illuſions du demon, qui vous tromperoit ainſi qu'il en a trompé beaucoup d'autres. Pourquoy vous mettre tant en peine de ſervir Dieu dans une choſe douteuſe, puis que vous le pouvez ſervir en tant d'autres qui ſont aſſurées. Et qui vous oblige à vous engager dans ce peril?

Ie me ſuis beaucoup étenduë ſur ce ſujet & l'ay jugé neceſſaire parce que je connois la foibleſſe de noſtre nature. Mais Dieu la fortifie lors qu'il luy plaiſt d'élever une ame à la contemplation. Quant à ceux à qui il ne veut pas faire cette grace j'ay crû leur devoir donner ces avis, dans leſquels méme les contemplatifs pourront trouver ſujet de s'humilier. Ie prie Noſtre Seigneur de nous accorder par ſon infinie bonté la lumiere qui nous eſt neceſſaire pour accomplir en tout ſes volontez: & ainſi nous n'aurons ſujet de rien craindre.

CHAPITRE XIX.

De d'oraiſon qui ſe fait en meditant. De ceux dont l'eſprit s'égare dans l'oraiſon. La contemplation eſt comme une ſource d'eau vive. Trois proprietez de l'eau comparées aux effets de l'union de l'ame avec Dieu dans la contemplation. Que cette union eſt quelquefois telle qu'elle cauſe la mort du corps. Ce qu'il faut tâcher de faire en ces rencontres.

IL s'eſt paſſé tant de jours depuis ce que j'ay dit cy-deſſus ſans que j'aye pû trouver le temps de continuër, qu'à moins que de le relire, je ne ſçaurois dire où j'en eſtois. Mais pour ne perdre point de temps à cela il ira comme il pourra ſans ordre & ſans ſuite. Il y a tant de bons livres faits par des perſonnes ſçavantes & propres pour des eſprits non diſtraits ni diſſipez, & pour des ames exercées dans la meditation & qui peuvent ſe recuëillir au dedans d'elles mémes, que vous n'avez pas ſujet de faire cas de ce que je pourray vous dire touchant l'oraiſon. Vous trouverez excellemment écrit dans ces livres de quelle ſorte il faut mediter durant chaque jour de la ſemaine ſur quelque myſtere de la vie & de la paſſion de Noſtre Sauveur, ſur le dernier jugement, ſur l'enfer, ſur noſtre neant, ſur les obligations infinies dont nous sommes redevables à Dieu, & sur la maniere dont on doit agir dans le commencement & dans la fin de l'oraison.

Ceux qui sont accoustumez à cette sorte d'oraison n'ont rien à desirer davantage, puis que Nostre Seigneur ne manquera pas de les conduire par ce chemin à sa divine lumiere, & que la fin répondra sans doute à un si bon commencement. Ils n'ont donc qu'à y marcher sans crainte lors qu'ils verront que leur entendement est attaché à des meditations si utiles. Mais mon dessein est de donner quelque remede aux ames qui ne sont pas dans cette disposition, si Dieu me fait la grace d'y reüssir, ou au moins de vous faire voir qu'il y a plusieurs personnes en cette peine, afin que vous ne vous affligiez point si vous vous trouviez estre de ce nombre.

Il y a certains esprits si déreglez qu'ils sont comme ces chevaux qui ont la bouche égarée. Ils vont tantost d'un costé, tantost d'un autre, & toûjours avec inquietude sans qu'on puisse les arrester, soit que cela procede de leur naturel, ou que Dieu le permette de la sorte. J'avoüe qu'ils me font grande pitié. Ils ressemblent à mon avis à une personne qui ayant une extrême soif & voulant aller boire à une fontaine qu'il voit de loin, trouve des gens qui luy en disputent le passage à l'entrée, au milieu, & à la fin du chemin. Car aprés avoir avec beaucoup de peine surmonté les premiers de ces ennemis, ils se laissent surmonter par les seconds, aimant mieux mourir de soif que de combattre plus long-temps pour boire d'une eau qui leur doit coûter si cher. La force leur manque: ils perdent courage; & ceux méme qui en ont assez pour vaincre les seconds de ces ennemis, se laissent vaincre par les troisiémes, quoy qu'ils ne fussent peut-estre alors qu'à deux pas de cette source d'eau vive dont Nostre Seigneur dit à la Samaritaine, que ceux qui seront si heureux que d'en boire n'auront plus jamais de soif.

De la contemplation ou oraison d'union.

O qu'il est bien vray comme l'a dit celuy qui est la verité méme, que ceux qui boivent de l'eau de cette divine fontaine ne sont plus alterez des choses de cette vie; mais seulement de celles de l'autre, dont leur soif est incomparablement plus grande que nostre soif naturelle ne sçauroit nous le faire imaginer! Car rien n'approche de la soif qu'ils ont d'avoir cette soif, parce qu'ils en connoissent le prix; & que quelque grande que soit la peine qu'elle cause, elle porte avec elle le remede qui la fait cesser. Tellement que c'est une soif qui en étouffant le desir des choses de la terre rassasie l'ame au regard de celles du ciel. Ainsi quand Dieu luy fait cette grace, l'une des plus grandes faveurs dont il puisse l'accompagner est de la laisser toûjours dans le méme besoin & encore plus grand de recommencer

à

CHAPITRE XIX.

à boire de cette eau merveilleuse & incomparable.

Entre les proprietez de l'eau je me souviens qu'elle en a trois qui reviennent à mon sujet. La premiere est de rafraichir : car il n'y a point de si grande chaleur qu'elle n'amortisse : & elle éteint mesme les plus grands feux, si ce ne sont des feux d'artifice, qu'elle ne fait au contraire qu'accroistre. O quelle merveille, mon Dieu, de voir qu'un feu qui n'est point assujetty aux loix ordinaires de la nature ait une force si prodigieuse, que son contraire voulant l'éteindre ne fait que l'augmenter davantage! J'aurois icy grand besoin de sçavoir la Philosophie pour me pouvoir bien expliquer par la connoissance qu'elle me donneroit de la proprieté des choses, & j'y prendrois un grand plaisir; mais je ne sçay comment le dire, & ne sçay peut-estre pas mesme ce que je veux dire.

Celles d'entre vous, mes Sœurs, qui beuvez dés à present de cette eau, & celles à qui Dieu fera aussi la grace d'en boire entreront sans peine dans ces sentimens, & comprendront comme le veritable amour de Dieu, lors qu'il est en sa force & dans une sainte liberté qui l'éleve au dessus de toutes les choses de la terre, devient le maistre des elemens. Ainsi ne craignez point que l'eau qui ne tire son origine que d'icy bas puisse éteindre ce feu de l'amour de Dieu. Car bien qu'ils soient opposez, cette eau n'a pas le pouvoir d'éteindre ce feu. Il demeure toûjours absolu & independant sans luy être assujetty: & par consequent vous ne devez pas vous étonner que j'aye un si grand desir de vous porter à acquerir cette sainte & heureuse liberté.

N'est-ce pas une chose admirable qu'une pauvre Religieuse du monastere de S. Ioseph puisse arriver jusques à dominer les elemens & tout ce qui est dans le monde? Et quel sujet y a-t-il donc de s'étonner que les Saints avec l'assistance de Dieu leur ayent imposé telles loix qu'il leur a plû? C'est ainsi que l'eau & le feu obeyssent à S. Martin ; les poissons & les oiseaux à S. François; & de même d'autres creatures à d'autres Saints que l'on a vû manifestement s'estre rendus maistres de toutes les choses de la terre en les méprisant, & en se soûmettant entierement à celuy de qui toutes les creatures tiennent leur estre. Ainsi comme je l'ay dit, l'eau d'icy bas ne peut rien contre ce feu. Ses flammes sont si élevées qu'elle ne sçauroit y atteindre : & comme il est tout celeste il n'a garde de tirer sa naissance de la terre.

Il y a d'autres feux qui n'ayant pour principe qu'un assez foible amour de Dieu sont étouffez par les moindres obstacles qu'ils rencontrent. Mais quand mille tentations viendroient en foule ainsi qu'une grande mer pour éteindre celuy dont je parle, non seulement il ne diminueroit rien de sa chaleur; mais il les dissipperoit toutes & en demeureroit pleinement victorieux. Que si cet une eau qui tombe du Ciel au lieu de luy nuire, elle ne fait que redoubler encore son

CCcc

ardeur. Car tant s'en faut que cette eau celeste & ce feu divin soient opposés, ils n'ont qu'une mesme origine. C'est pourquoy n'apprehendez point que ces deux élemens surnaturels se combattent. Ils se donneront plutost l'un à l'autre de nouvelles forces. L'eau des veritables larmes qui sont celles que la veritable oraison produit, est un don du Roy du Ciel qui augmente la chaleur & la durée de ce feu celeste; ainsi que ce même feu augmête la fraischeur de ces precieuses larmes.

O mon Seigneur & mon Dieu, n'est-ce pas une chose agreable & merveilleuse tout ensemble de voir un feu qui ne refroidit pas seulement: mais qui glace toutes les affections du monde lors qu'il est joint avec cette eau vive qui vient du Ciel, où est la source de ces larmes qui nous sont données, & qu'il n'est pas en nostre puissance d'acquerir? Car il est certain que cette eau celeste ne laisse en nous nulle chaleur pour nous attacher d'affection à aucune chose de la terre. Son naturel est d'allumer toûjours de plus en plus ce feu divin, & de le répandre s'il estoit possible dans tout le monde.

La seconde proprieté de l'eau est de netoyer ce qui est impur; & si l'on manquoit d'eau pour cet usage, en quel estat seroit le monde? Or sçavez vous bien que cette eau vive, cette eau celeste, cette eau claire dont je parle nettoye de telle sorte les ames lors que sans estre troublée ni meslée de quelque fange elle tombe toute pure du Ciel, que je tiens pour certain qu'une ame n'en sçauroit boire une seule fois sans estre purifiée de toutes ses taches. Car comme je l'ay dit ailleurs, cette eau qui n'est autre chose que nostre union avec Dieu estant toute surnaturelle & ne dépendant point de nous, il ne permet à quelques ames d'en boire que pour les purifier des soüilleures de leurs pechez, & les affranchir des miseres qui en estoient une suite malheureuse.

Quant à ces autres douceurs que l'on reçoit par l'entremise de l'entendement, quelque grandes qu'elles soient elles sont comme une eau qui n'estant pas puisée dans la source; mais courant sur la terre, trouve toûjours quelque limon qui l'arreste & qui l'empesche d'estre si claire & si pure.

C'est pourquoy je ne donne point le nom d'eau vive à cette oraison à laquelle l'entendement a tant de part, parce que j'estime que passant par l'esprit qui est impur par luy-même & par l'infection naturelle de ce corps vil & terrestre, elle côtracte toûjours quelque impureté, sans qu'il nous soit possible de l'éviter. Ou pour m'expliquer plus clairement, je dis que lors que pour mépriser le monde nous considerons ce que c'est, & comme tout y finit, nous arrestons sans nous en appercevoir nostre pensée sur des choses qui nous y plaisent. Et encore que nous desirions de les fuïr, nous ne laissons pas de tomber dans quelques distractions, en songeant ce que ce monde a esté: ce qu'il

CHAPITRE XVIII.

fera : ce qui s'y eſt fait : ce qui s'y fera. Quelquefois même en voulant penſer à ce que nous devons faire pour ſortir de ces embarras, nous nous y engageons encore davantage. Ce n'eſt pas que je veüille que pour cela on quitte le ſujet de ſon oraiſon : mais il y a lieu de craindre de s'égarer, & il faut toûjours eſtre ſur ſes gardes.

Au contraire dans l'oraiſon d'vnion Dieu nous déliure de cette peine, Il ne veut pas ſe fier à nous : mais prend luy-même le ſoin de nous-mêmes. Il aime tellement nôtre ame qu'il ne veut pas luy permettre de s'engager en des choſes qui luy peuvent nuire dans le temps où il a deſſein de la favoriſer davantage. Ainſi il l'approche de luy tout d'un coup, il la tient vnie à luy, & luy fait voir en un inſtant plus de veritez, & luy donne une plus claire connoiſſance de toutes les choſes du monde qu'elle n'auroit pû en acquerir en pluſieurs années par cette autre oraiſon qui eſt moins parfaite. Car au lieu que dans le chemin que nous tenons d'ordinaire la pouſſiere nous aveugle & nous empêche d'avancer : icy nôtre Seigneur nous fait arriver ſans retardement à la fin où nous tendons, & ſans que nous puiſſions comprendre de quelle ſorte cela s'eſt fait.

La troiſiéme proprieté de l'eau eſt d'éteindre nôtre ſoif. Or la ſoif à mon avis n'eſt que le deſir d'une choſe dont nous avons un ſi grand beſoin que nous ne ſçaurions ſans mourir en être privez entierement. Et certes il eſt étrange que l'eau ſoit d'une telle nature que ſon manquement nous donne la mort, & ſa trop grande abondance nous ôte la vie, comme on le voit en ceux qui ſe noyent.

O mon Sauveur, qui ſeroit ſi heureux que de ſe voir ſumergé dans cette eau vive juſques à y perdre la vie ? Cela n'eſt pas impoſſible, parce que nôtre amour pour Dieu & le deſir de poſſeder peuvent croiſtre juſques à un tel point, que nôtre corps ne pourra le ſupporter : & ainſi il y a eu des perſonnes qui en ſont mortes. I'en connois une à qui nôtre Seigneur donnoit une ſi grande abondance de cette eau, que s'il ne l'euſt bien-tôt ſecouruë, les raviſſement où elle entroit l'auroient preſque fait ſortir d'elle même. Ie dis qu'elle ſeroit preſque ſortie d'elle-même, parce que l'extrême peine qu'elle avoit de ſouffrir le monde la faiſant preſque mourir, il ſembloit qu'au même temps elle reſſuſcitoit en Dieu avec un admirable repos, & que ſa divine Majeſté en la raviſſant en luy la rendoit capable d'un bon-heur dont elle n'auroit pû joüir ſans perdre la vie ſi elle fuſt demeurée en elle même.

On peut connoître par ce que je viens de dire, que comme il ne ſçauroit rien y avoir en Dieu qui eſt noſtre ſouverain, bien qui ne ſoit parfait, il ne nous dône jamais rien auſſi qui ne nous ſoit avantageux. Ainſi quelque abondâte que ſoit cette eau elle ne peut être exceſſive, parce qu'il ne ſçauroit y avoir d'excez en ce qui procede de luy. C'eſt pourquoy lors qu'il donne de cette eau vive à une ame en fort grande quantité il la rend capable d'en beaucoup boire: de mesme que celuy qui fait un vase le rend capable de recevoir ce qu'il y veut mettre.

Lors que le desir de joüir de ces faveurs vient de nous il ne faut pas trouver étrange qu'il soit tousiours accompagné de quelques defauts: & s'il y rencontre quelque chose de bon, nous le devons à l'assistance de Nostre Seigneur. Car nos affections sont si dereglées qu'à cause que cette peine est fort agreable, nous croyôs ne nous en pouvoir rassasier: ce qui fait qu'au lieu de moderer nostre desir, nous nous y laissons emporter de telle sorte que quelquefois il nous tuë. O qu'une telle mort est heureuse quoy que peut estre ceux qui la souffrent eussent peu en continüant de vivre aider les autres à mourir du desir de mourir ainsi.

Pour moy je croy que c'est le demon qui voyant combien la vie de ces personnes luy peut apporter de dômages les tente de ruïner ainsi entierement leur santé par des penitences indiscretes. C'est pourquoy j'estime qu'une ame qui est arrivée jusques à se sentir embrasée d'une soif si violête doit fort se tenir sur ses gardes, parce qu'elle a sujet de croire qu'elle tombera dans cette tentation, & que quand bien cette soif ne la tüeroit pas, elle ruineroit entierement sa santé, dont la défaillance contre son dessein, paroistroit en son exterieur, ce qu'il n'y a rien qu'il ne faille faire pour éviter. Il arrivera méme quelquefois que tous nos soins n'empescheront pas que l'on ne s'en apperçoive. Au moins sommes nous obligées lors que nous s'entans l'impetuosité de ce desir s'accroistre avec tant de violence, de ne le pas augmenter encore par une application indiscrete. Au contraire nous devons tâcher de l'arrester doucement en nous attachant à mediter quelqu'autre sujet, parce qu'il se peut faire que nostre naturel y contribuë autant que nostre amour pour Dieu. Car il y a de personnes qui desirent avec ardeur tout ce qu'elles desirent, quand mesme il seroit mauvais: & celles-là à mon avis ne sont pas des plus mortifiées, puis que la mortification qui sert à tout, les devroit moderer dans ce desir.

Il paroistra peut-estre qu'il y a de la réverie à dire qu'il faut se détacher d'une chose qui est si bonne: mais je vous assure qu'il n'y en a point. Car je ne pretens pas conseiller d'effacer ce desir de son esprit, mais seulement de le moderer par un autre qui pourra estre encore meilleur. Il faut que je m'explique plus clairement. Il nous vient un grand desir de nous voir détachez de la prison de ce corps pour estre avec Dieu, qui est le desir dont S. Paul estoit si fortement possedé. Et comme ce desir nous donne une peine qui étant née d'une telle cause est tres agreable, il n'est pas besoin d'une petite mortification pour l'arrester, & on ne le peut pas même entierement. Elle passe quelquefois dans un tel excez qu'elle va presque jusques à troubler le jugement, ainsi que ie l'ay veu arriver, il n'y a pas encore long-temps à

CHAPITRE XIX.

une personne qui bien que violente de son naturel est si accoustumée à renoncer à sa volonté comme elle le témoigne en d'autres occasiõs, qu'il semble qu'elle n'en ait plus. On auroit crû que durant ce moment elle auroit perdu l'esprit, tant la peine qu'elle souffroit estoit excessive, & tant l'effort qu'elle se faisoit pour la dissimuler estoit grand.

Surquoy j'estime que dans ces rencontres si extraordinaires, quoy que cela procede de l'esprit de Dieu, c'est une humilité fort loüable que de craindre, parce que nous ne devons pas nous persuader d'avoir un si grand amour pour luy qu'il soit capable de nous reduire à un tel estat. Ie dis donc encore que i'estimerois utile si cette personne le peut (car peut-estre ne le pourra t elle pas toûjours) qu'elle renonçast à ce desir qu'elle a de mourir, en considerant le peu de service qu'elle a iusques alors rendu à Dieu ; qu'elle pourra davantage luy plaire en conservant sa vie qu'en la perdant, & qu'il veut peut estre se servir d'elle pour ouvrir les yeux de quelque ame qui s'alloit perdre. Car se rendant ainsi plus agreable à sa divine Maiesté elle aura suiet d'esperer de la posseder un iour plus pleinement qu'elle n'auroit fait si elle estoit morte à l'heure mesme.

Ce remede me semble bon pour adoucir une peine si pressante, & on en tirera sans doute un grand avantage, puis que pour servir Dieu fidelement il faut icy-bas porter sa croix. C'est comme si pour consoler une personne fort affligée on luy disoit. Prenez patience, abandonnez-vous à la conduite de Dieu : priez le d'accomplir en vous sa volonté, & croyez que le plus seur est d'en user ainsi en toutes choses.

Il se peut faire aussi que le demon contribuë fort à augmenter la violence de ce desir de mourir, ainsi qu'il me semble que Cassien en rapporte l'exemple d'un hermite dont la vie estoit tres-austere, à qui cet esprit mal-heureux persuada de se ietter dans un puits, disant qu'il en verroit plûtost Dieu. Surquoy i'estime que la vie de ce solitaire n'avoit pas esté sainte ni son humilité veritable, puis qu'autrement Nostre Seigneur estant aussi bon qu'il est & si fidelle en ses promesses, il n'auroit iamais permis qu'il se fust aveuglé de telle sorte dans une chose qui est si claire. Car il est évident qu'il n'auroit pas commis un tel crime si ce desir fust venu de Dieu qui ne nous inspire aucuns mouvemens qui ne soient accompagnez de lumiere, de discretion, & de sagesse. Mais il n'y a point d'artifice dont cét ennemy de nostre salut ne se serve pour nous nuire. Et comme il veille toûjours pour nous attaquer, tenons nous aussi toûjours sur nos gardes pour nous défendre. Cet avis est utile en plusieurs rencontres, & particulierement pour abreger le temps de l'oraison, quelque consolation que l'on y reçoive, lors que l'on sent les forces du corps commencer à defaillir, ou que l'on a mal à la teste : car la discretion est necessaire en toutes choses.

LE CHEMIN DE LA PERFECTION

Or pourquoy penſez vous, mes Filles, que j'aye voulu vous faire voir avant le combat quel en eſt le prix & la recompenſe, en vous parlant des avantages qui ſe trouvét à boire de l'eau ſi vive & ſi pure de cette fontaine celeſte? C'eſt afin que vous ne vous découragiez point par les travaux & les contradictiõs qui ſe rencontrent dans le chemin qui vous y conduit, mais que vous marchiez avec courage & ſans craindre la laſſitude, parce qu'il pourroit arriver, comme je l'ay dit, qu'eſtant venuës juſques au bord de la fontaine & ne reſtant plus qu'à vous baiſſer pour y boire, vous vous priveriez d'un ſi grand bien, & abandonneriez voſtre entrepriſe en vous imaginant de n'avoir pas aſſez de force pour l'executer. Conſiderez que Noſtre Seigneur nous y convie tous. Et puis qu'il eſt la verité meſme, pouvons nous douter de la verité de ces paroles? Si ce banquet n'eſtoit general il ne nous y appelleroit pas tous. Et quant meſme il nous y appelleroit, il ne diroit pas: Ie vous donneray à boire. Il pouvoit ſe contenter de dire: Venez tous: vous ne perdrez rien à me ſervir, & je donneray à boire de cette eau à ceux qu'il me plaira d'en donner. Mais comme il a uſé du mot de tous ſans y mettre cette condition, je tiens pour certain que cette eau vive ſera pour tous ceux qui ne ſe laſſeront pas de marcher dans ce chemin. Ie prie Noſtre Seigneur de vouloir par ſon extreme bonté donner aux perſonnes à qui il la promet la grace de la chercher en la maniere qu'elle la doit eſtre.

CHAPITRE XX.

Qu'il y a divers chemins pour arriver à cette divine ſource de l'oraiſon: & qu'il ne faut iamais ſe décourager d'y marcher. Du zele que l'on doit avoir pour le ſalut des ames. En quel cas une Religieuſe peut témoigner de la tendreſſe dans l'amitié: & quels doivent eſtre ſes entretiens.

Divers chemins pour arriver à l'oraiſon.

IL ſemble que dans ce dernier chapitre j'ay avancé quelque choſe de contraire à ce que j'avois dit auparavant, lors que pour conſoler celles qui n'arrivent que juſques à cette ſorte d'oraiſon j'ay ajoûté qu'ainſi qu'il y a diverſes demeures dans la maiſon de Dieu il y a auſſi divers chemins pour aller à luy. Mais ie ne crains point d'aſſurer encore que connoiſſant comme il faut noſtre foibleſſe il nous aſſiſte par ſa bonté. Il n'a pas neanmoins dit aux uns d'aller par un chemin, & aux autres d'aller par un autre: au contraire ſa miſericorde qui doit eſtre loüée eternellement eſt ſi grande, qu'il n'empeſche perſonne d'aller boire dans cette fontaine de vie. Autrement avec combien de raiſon m'en auroit-il empeſchée? Et puis qu'il a bien voulu me permettre de puiſer juſques au fond de cette divine ſource, on peut aſſurer qu'il n'empeſche perſonne d'y arriver: mais que plûtoſt il nous appelle à haute voix pour y aller, quoy que ſa bonté ſoit ſi grande qu'il ne nous y force point. Il ſe contente de donner à boire de cette eau en diverſes manieres à ceux qui luy en demandent, afin que nul ne perde l'eſperance & ne ſe trouve en eſtat de mourir de ſoif. Cette ſource eſt ſi abondante qu'il en ſort divers ruiſſeaux, les uns grands, les autres moindres, d'autres ſi petits qu'il n'y a qu'un filet d'eau pour deſalterer ceux qui commencent, qui eſtant comme des enfans n'en ont pas beſoin de davantage, & s'effrayeroient d'en voir en trop grande quantité.

Ne craignez donc point, mes Sœurs, de mourir de ſoif. L'eau des conſolations ne manque jamais en telle ſorte dans ce chemin que l'on ſoit reduit à l'extremité. Ainſi marchez toûjours: combattez avec courage, & mourez plûtoſt que d'abandonner voſtre entrepriſe, puis que vous n'avez embraſſé une profeſſion ſi ſainte que pour avoir continuellement les armes à la main & pour combattre. Que ſi vous demeurez fermes dans cette reſolution, quoy que Noſtre Seigneur permette que vous ſouffriez quelquefois durant cette vie, aſſurez vous qu'il vous raſſaſiera pleinement en l'autre de cette eau divine, ſans pouvoir apprehender qu'elle vous manque jamais. Ie le prie de tout mon cœur que ce ne ſoit pas plutoſt nous qui luy manquions.

Pour commencer donc à marcher de telle ſorte dans ce chemin que l'on ne s'égare pas dés l'entrée je veux parler de la maniere dont nous devons commencer noſtre voyage, parce que cela eſt ſi important qu'il y va de tout. Ie ne dis pas que celuy qui n'aura point la reſolution dont je vay parler doive abandonner le deſſein de s'y engager, parce que Noſtre Seigneur le fortifiera: & quand il ne s'avanceroit que d'un pas, ce pas eſt d'une telle conſequence qu'il peut s'aſſurer d'en eſtre fort bien recompenſé. C'eſt comme un homme qui auroit un chapelet ſur lequel on auroit appliqué des indulgences. S'il le dit une fois, il en profite: s'il le dit pluſieurs fois, il en profite encore davantage; mais s'il ne le dit jamais & ſe contente de le tenir dans une boëte, il vaudroit mieux pour luy qu'il ne l'euſt point. Ainſi quoy que cette perſonne ne continuë pas de marcher dans ce chemin, le peu qu'elle y aura marché luy donnera lumiere pour ſe mieux conduire dans les autres; & de meſme à proportion ſi elle y marche d'avantage. Ainſi elle ſe peut aſſurer qu'elle ne ſe trouvera jamais mal d'avoir commencé d'y entrer, encore qu'elle le quitte, parce que jamais le bien ne produit de mal.

*** ***

Taſchez donc, mes Filles, d'oſter la crainte de s'engager dans une ſi ſainte entrepriſe à toutes les perſonnes avec qui vous communiquerez ſi elles y ont de la diſpoſition & quelque confiance en

<small>Du zele pour le ſalut des ames.</small>

vous. Ie vous demande au nom de Dieu que voſtre converſation ſoit telle qu'elle ait touſiours pour but le bien ſpirituel de ceux à qui vous parlez. Car puis que l'objet de voſtre oraiſon doit eſtre l'avancement des ames dans la vertu, & que vous le devez ſans ceſſe demander à Dieu, quelle apparence que vous ne taſchaſſiez pas de le procurer en toutes manieres? Si vous voulez paſſer pour bonnes parentes: c'eſt là le moyen de témoigner combien voſtre affection eſt veritable. Si vous voulez paſſer pour bonnes amies: vous ne ſçauriez auſſi que par là le faire connoiſtre. Et ſi vous avez la verité dans le cœur ainſi que voſtre meditation l'y doit mettre, vous n'aurez pas peine à connoiſtre comme nous ſommes obligez d'avoir de la charité pour noſtre prochain.

Langage que doivent tenir les Religieuſes.

Ce n'eſt plus le temps, mes Sœurs de s'amuſer à des jeux d'enfans tels que ſont ce me ſemble ces amitiez que l'on voit d'ordinaire dans le monde, quoy qu'en elles-meſmes elles ſoient bonnes. Ainſi vous ne devez jamais uſer de ces paroles: m'aimez-vous donc bien? me m'aimez-vous point? ni avec vos parens ni avec nuls autres, ſi ce n'eſt pour quelque fin importāte, ou pour le bien ſpirituel de quelque perſonne. Car il ſe pourra faire que pour diſpoſer quelqu'un de vos freres ou de vos proches ou quelque autre perſōne ſemblable à écouter une verité & a en faire ſon profit, il ſera beſoin d'uſer de ces témoignages d'amitié ſi agreables aux ſens: & meſme qu'une de ces paroles obligeantes (car c'eſt ainſi qu'on les nomme dans le monde) fera un plus grand effet dans leur eſprit que pluſieurs autres qui ſeroient purement ſelon le langage de Dieu, & qu'enſuite de cette diſpoſition, elles les toucheront beaucoup plus qu'elles n'auroient fait ſans cela. Ainſi pourvû que l'on n'en uſe que dans cette veuë & dans ce deſſein je ne le deſaprouve pas: mais autrement elles n'apporteroient aucun profit, & pourroiēt nuire ſans que vous y priſſiez garde.

Les gens du monde ne ſçavent-ils pas qu'eſtant Religieuſes voſtre occupation eſt l'oraiſon? Surquoy gardez-vous bien de dire, je ne veux pas paſſer pour bonne dans leur eſprit, puis que faiſant, comme vous faites partie de la communauté tout le bien ou tout le mal qu'ils remarqueront en vous retombera auſſi ſur elle. C'eſt ſans doute un grand mal que des perſonnes qui eſtant religieuſes ſont ſi particulierement obligées à ne parler que de Dieu, s'imaginent de pouvoir avec raiſon diſſimuler en de ſemblables occaſions, à moins que ce ne fuſt pour quelque grand bien: ce qui n'arrive que tres rarement. Ce doit eſtre là voſtre maniere d'agir: ce doit eſtre voſtre lengage. Que ceux qui voudront traiter avec vous l'apprennent donc ſi bon leur ſemble: & s'ils ne le font, gardez-vous bien d'apprendre

le

CHAPITRE XXI.

le leur, qui seroit pour vous le chemin d'enfer. Que s'ils vous tiennent pour grossieres & pour inciviles, que vous importe, qu'ils ayent cette creance? Si pour hypocrites, encore moins. Vous y gagnerez de n'estre visitées que de ceux qui seront accoûtumées à vostre langage. Car comment celuy qui n'entendroit point l'arabe pourroit-il prendre plaisir de parler beaucoup à un homme qui ne sçauroit nulle autre langue? Ainsi ils ne vous importuneront plus ni ne vous causeront aucun prejudice: au lieu que vous en recevriez un fort grand de commencer à parler un autre langage. Tout vostre temps se consumeroit à cela ; & vous ne sçauriez sçavoir comme moy qui l'ay experimenté quel est le mal qu'en reçoit un ame. En voulant apprendre cette langue on oublie l'autre, & on tombe dans une inquietude continuelle qu'il faut fuïr sur toutes choses, parce que rien n'est plus necessaire que la paix & la tranquillité de l'esprit pour entrer & pour marcher dans ce chemin dont je commence à vous parler.

Si ceux qui communiqueront avec vous veulent apprendre vostre langue : comme ce n'est pas à vous à les en instruire, vous vous contenterez de leur representer les grands avantages qu'ils pourront en recevoir, & ne vous lasserez point de les leur dire ; mais avec pieté, avec charité, & en y joignant vos oraisons afin qu'ils en fassent profit, & que connoissant combien cela leur peut estre utile ils cherchent des maistres capables de les en instruire. Ce ne seroit pas sans doute, mes Filles, une petite faveur que vous recevriez de Dieu si vous pouviez faire ouvrir à quelqu'un les yeux de l'ame pour le porter à desirer un si grand bien. Mais lors que l'on veut commencer à parler de ce chemin : que de choses se presentent à l'esprit, particulierement quand c'est une personne qui a comme moy si mal fait son devoir d'y marcher. Dieu veüille, mes Sœurs, me faire la grace que mes paroles ne ressemblent pas à mes actions.

CHAPITRE XXI.

Que dans le chemin de l'oraison rien ne doit empescher de marcher toûjours. Mépriser toutes les craintes qu'on veut donner des difficultez & des perils qui s'y rencontrent. Que quelquefois une ou deux personnes suscitées de Dieu pour faire connoistre la verité prévalent pardessus plusieurs autres unies ensemble pour l'obscurcir & pour la combattre.

QVE la quantité des choses ausquelles il faut penser pour entreprendre ce divin voyage, & entrer dans ce chemin royal qui conduit au Ciel ne vous étonne point, mes Filles. Est il estrange que s'agissant d'acquerir un si grand tresor il semble d'abord nous devoir couster bien cher ? Vn temps viendra que nous connoistrons

_{Qu'il faut marcher sans crainte dans le chemin de l'oraison.}

que tout le monde ensemble ne suffiroit pas pour le payer.

Pour revenir donc à la maniere dont doivent commencer ceux qui veulent entrer dans ce chemin, & marcher toûjours jusques à ce qu'ils arrivent à la source de cette eau de vie pour en boire & pour s'en raffasier, je dis qu'il importe de tout d'avoir une ferme resolution de ne se point arrester qu'on ne soit à la fontaine, quelque difficulté qui arrive, quelque obstacle que l'on rencontre, quelque murmure que l'on entende, quelque peine que l'on souffre, quelque fortune que l'on coure, quelque apparence qu'il y ait de ne pouvoir resister à tant de travaux, & enfin quand on croiroit en devoir mourir & que tout le monde devroit abîmer. Car ce sont là les discours que l'on nous tient d'ordinaire: cette voye est toute pleine de perils une telle s'est perduë dans ce voyage: celle-cy se trouva trompée: & cette autre qui prioit tant n'a pas laissé de tomber: c'est rendre la vertu méprisable: ce n'est pas une entreprise de femmes sujettes à des illusions: il faut qu'elles se contentent de filer sans s'amuser à chercher tant de délicateces dans leur oraison ; & le *Pater noster* & l'*Ave Maria*, leur doivent suffire. Je demeure d'accord, mes Sœurs, qu'ils leur doivent suffire: & pourquoy ne leur suffiroient ils pas, puis qu'on ne sçauroit faillir en établissant son oraison sur celle qui est sortie de la bouche de IESVS-CHRITS même;ils ont sans doute raison: & si nostre foiblesse n'étoit point si grande, & nostre devotion si froide nous n'aurions besoin ni d'autres oraisons,ni d'aucuns livres pour nous instruire dans la priere.

C'est pourquoy puis que je parle à des personnes qui ne peuvent se recueillir en s'appliquant à mediter d'autres mysteres qui leur semblent trop subtils & trop rafinez, & qu'il y a des esprits si delicats que rien n'est capable de les contenter, j'estime à propos d'établir icy certains principes, certains moyens, & certaines intentions d'oraison sans m'arrester à des choses trop élevées. Ainsi on ne pourra pas vous ôter vos livres, puis que pourvû que vous vous affectionniez à cela,& soyez humbles vous n'aurez pas besoin de davantege. Je m'y suis toûjours fort attachée ; & les paroles de l'Evangile me font entrer dans un plus grand recueillement que les ouvrages les plus sçavans & les mieux écrits, principalement lors que les auteurs ne sont pas fort approuvez. Car alors il ne me prend jamais envie de les lire.

Il faut donc que je m'approche de ce maître de la sagesse, & il m'enseignera peut estre quelques considerations dont vous aurez sujet d'estre satisfaites. Ce n'est pas que je pretende vous donner l'explication de ces oraisons divines. Assez d'autres l'ont fait : & quand cela ne seroit point je ne serois pas si hardie que de l'entreprendre sçachant bien qu'il y auroit de la folie. Mais je vous proposeray

CHAPITRE XXI.

seulement quelques considerations sur les paroles du *Pater noster*; la quantité de liures ne seruant ce me semble qu'à faire perdre la devotion dont nous avons besoin dans cette divine priere. Car ainsi qu'un maître qui affectionne son disciple tâche de faire que ce qu'il luy montre luy plaise, afin qu'il apprenne plus facilement : qui doute que ce divin maître n'agisse de même envers nous?

Mocques-vous donc de toutes ces craintes que l'on tâchera de vous donner, & de tous ces perils dont on voudra vous faire peur. Car le chemin qui conduit à la possession d'un si grand tresor étant tout plein de voleurs quelle apparence de pretendre de le pouvoir passer sans perils? Les gens du monde souffriroient ils sans s'y opposer qu'on leur enlevât leurs tresors, eux qui pour un interest de neant passent sans dormir les nuits entieres, & se tuent le corps & l'ame?

Si donc lors que vous allez pour acquerir, ou pour mieux dire pour enlever ce tresor de force, suivant cette parole de Nôtre Seigneur, que les violens le ravissent. Si lors que vous y allez par ce chemin qui est un chemin royal puis qu'il nous a esté tracé par nôtre Roy, & un chemin tres-asseuré, puisque c'est celuy qu'ont tenu tous les élûs & tous les Saints, on vous dit qu'il y a tant de perils à courir, & l'on vous donne tant de craintes ; quels doivent être les perils de ceux qui pretendent gagner ce tresor sans sçavoir le chemin qu'il faut tenir pour y arriver? O mes Filles, qu'il est vray qu'ils sont incomparablement plus grands que les autres ! mais il ne les connoîtront que lors qu'y estant tombez ils ne trouveront personne qui leur donne la main pour se relever, & perdront ainsi toute esperance non seulement de desalterer leur soif dans cette source d'eau vive, mais d'en pouvoir boire la moindre goutte ou dans quelque ruisseau qui en sorte, ou dans quelque fossé ou quelque mare. Comment pourroient-ils donc continuër à marcher dans ce chemin, où il se rencontre tant d'ennemis à combattre, sans avoir bû une seule goutte de cette eau divine? Et n'est-il pas certain qu'ils ne sçauroient éviter de mourir de soif? Ainsi, mes Filles, puis que soit que nous le voulions ou ne le voulions pas, nous marchons toutes vers cette fontaine, quoy qu'en differentes manieres ; croyez-moy ne vous laissez point tromper par ceux qui voudroient vous enseigner un autre chemin pour y aller que celuy de l'oraison.

Il ne s'agit pas maintenant de sçavoir si cette oraison doit être mentale pour les uns, & vocale pour les autres, je dis seulement que vous avez besoin de toutes les deux. C'est là l'exercice des personnes religieuses : & quiconque vous dira qu'il y a du peril, considerez-le comme étant luy même par ce mauvais conseil qu'il vous donne un si perillieux écueil pour vous, que si vous ne l'évitez en le fuyant il vous fera faire naufrage. Gravez je vous prie cét avis dans voſtre memoire puis que vous pourrez en avoir beſoin. Le peril ſeroit de manquer d'humilité & de n'avoir pas les autres vertus Mais à Dieu ne plaiſe que l'on puiſſe jamais dire qu'il y ait du peril dans le chemin de l'oraiſon. Il y a grand ſujet de croire que ces frayeurs ſont une invention du diable qui ſe ſert de cét artifice pour faire tomber quelques ames qui s'adonnent à l'oraiſon.

Admirez, je vous prie, l'aveuglement des gens du monde. Ils ne conſiderent point cette foule incroyable de perſonnes qui ne faiſant jamais d'oraiſon, & ne ſçachant pas méme ce que c'eſt que de prier, ſont tombez dans l'hereſie & dans tant d'autres horribles pechez. Et ſi le demon par ſes tromperies & par un mal-heur déplorable, mais qui eſt tres-rare, fait tomber quelqu'un de ceux qui s'employent à un ſi ſaint exercice, ils en prennent ſujet de remplir de crainte l'eſprit des autres touchant la pratique de la vertu. En verité c'eſt une belle imagination à ceux qui ſe laiſſent ainſi abuſer, de croire que pour ſe garantir du mal il faut éviter de faire le bien : & je ne croy pas que jamais le diable ſe ſoit aviſé d'un meilleur moyen pour nuire aux hommes.

„ O mon Dieu, vous voyez comme on explique vos paroles à con-
„ tre-ſens. Defendez voſtre propre cauſe, & ne ſouffrez pas de telles
„ foibleſſes en des perſonnes conſacrées à voſtre ſervice. Vous aurez toûjours au moins cét avantage, mes Sœurs, que voſtre divin Epoux ne permettra jamais que vous manquiez de quelqu'un qui vous aſſiſte dans une entrepriſe ſi ſainte. Et lors qu'on le ſert fidellement & qu'il donne la lumiere qui peut conduire dans le veritable chemin, non ſeulement on n'eſt point arreſté par ces craintes que le demon tâche d'inſpirer ; mais on ſent de plus en plus croiſtre le deſir de continuër à marcher avec courage : on voit venir le coup que cét eſprit infernal nous veut porter ; & on luy en porte un à luy-même qui luy fait ſentir plus de douleur que la perte de ceux qu'il ſurmonte ne luy donne de plaiſir & de joye.

❧

Lors que dans un temps de trouble cét ennemy de noſtre ſalut, ayant ſemé ſa zizanie, ſemble entraîner tout le monde aprés luy comme autant d'aveugles éblouïs par l'apparence d'un bon zele ; s'il arrive que Dieu ſuſcite quelqu'un qui leur faſſe ouvrir les yeux, & leur montre ces tenebres infernales qui offuſquant leur eſprit les empêchent d'appercevoir le chemin : n'eſt-ce pas une choſe digne de ſon infinie bonté de faire que quelquefois un homme qui enſeigne la verité prévaut ſur pluſieurs qui ne la connoiſſent pas ? Ce fidelle ſerviteur commence peu à peu à leur découvrir le chemin de la verité, & Dieu leur donne du courage pour la ſuivre. S'ils s'imaginent qu'il y a du peril dans l'oraison, il tâche de leur faire connoître, sinon par ses paroles, au moins par ses œuvres, combien l'oraison est avantageuse. S'ils disent qu'il n'est pas bon de communier souvent, il communie luy-même plus souvent qu'il n'avoit accoûtumé pour leur faire voir le contraire. Ainsi pourvû qu'il y ait un ou deux qui suivent sans crainte le bon chemin, N. Seigneur recouvrera peu à peu par leur moyen les ames qui estoient dans l'égarement.

Renoncez donc, mes Sœurs, à toutes ces craintes: méprisez ces opinions vulgaires: considerez que nous ne sommes pas dans un temps où il faille ajoûter foy à toutes sortes de personnes; mais seulement à ceux qui conforment leur vie à la vie de Iesus-Christ: tâchez de conserver toûjours vostre conscience pure: fortifiez-vous dans l'humilité: foulez aux pieds toutes les choses de la terre: demeurez inébranlables dans la foy de la sainte Eglise; & ne doutez point aprés cela que vous ne soyez dans le bon chemin. Ie le repete encore: renoncez à toutes ces craintes dans les choses où il n'y a nul sujet de craindre: & si quelques-uns tâchent de vous en donner, faites leur connoistre avec humilité quel est le chemin que vous tenez: dites leur, comme il est vray que vostre regle vous ordonne de prier sans cesse, que vous estes obligées de la garder. Que s'ils vous répondent que cela s'entend de prier vocalement, demandez-leur s'il faut que l'esprit & le cœur soient attentifs aussi bien dans les prieres vocales que dans les autres: & s'ils repartent qu'oüy, comme ils ne sçauroient ne le point faire, vous connoistrez qu'ils sont contraints d'avoüer qu'en faisant bien l'oraison vocale, vous ne sçauriez ne pas faire la mentale, & que vous pourrez passer même jusques à la contemplation, s'il plaist à Dieu de vous la donner. Qu'il soit beny eternellement.

CHAPITRE XXII.

De l'Oraison mentale. Qu'elle doit toûjours estre iointe à la vocale. Des perfections infinies de Dieu. Comparaison du mariage avec l'union de l'ame avec Dieu.

SÇACHEZ, mes Filles, que la différence de l'oraison ne se doit pas prendre de nostre voix & de nos paroles, en sorte que lors que nous parlons elle soit vocale, & lors que nous nous taisons elle soit mentale. Car si en priant vocalement je m'occupe toute à considerer que je parle à Dieu: si je me tiens en sa presence; & si je suis plus attentive à cette consideratiõ qu'aux paroles même que je prononce, c'est alors que l'oraison mentale & la vocale se trouvent jointes. Si ce n'est qu'on voulust nous faire croire que l'on parle à Dieu

De l'oraison mentale.

D D d d iij

quand en prononçant le *Pater* on pense au monde, auquel cas je n'ay rien à dire. Mais si en parlant à un si grand Seigneur vous voulez luy parler avec le respect qui luy est dû, ne devez-vous pas considerer quel il est, & quelles vous estes? Car comment pourrez-vous parler à un Roy, & luy donner le titre de majesté : ou comment pourrez-vous garder les ceremonies qui s'observent en parlant aux grands, si vous ignorez combien leur qualité est élevée au dessus de la vostre , puis que ces ceremonies dépendent ou de la difference des qualitez, ou de la coûtume & de l'usage ? Il est donc necessaire que vous en sçachiez quelque chose : autrement vous serez renvoyées comme des personnes rustiques, & ne pourrez traiter avec eux d'aucune affaire.

„ Quelle ridicule ignorance seroit-ce ô mon Seigneur, que celle-là ?
„ Quelle sotte simplicité seroit-ce , ô mon souverain Monarque , &
„ comment pourroit-elle se souffrir? Vous estes Roy, ô mon Dieu : mais
„ un Roy tout-puissant & eternel, parce que vous ne tenez de personne
„ le Royaume que vous possedez : & je n'entens presque jamais dire
„ dans le *Credo* que vostre Royaume n'aura point de fin, sans en ressen-
„ tir une joye particuliere. Ie vous loue, mon Dieu, & je vous benis toû-
„ jours, parce que vostre Royaume durera toûjours. Mais ne permet-
„ tez pas, mon Sauveur, que ceux-là puissent passer pour bons, qui lors
„ qu'ils parlent à vous vous parlent seulement avec les lévres.

Que pensez-vous dire, Chrestiens, quand vous dites qu'il n'est pas besoin de faire l'Oraison mentale ? Vous entendez-vous bien vous-mémes? Certes je pense que non. Et ainsi il semble que vous vouliez nous faire tous entrer dans vos resveries, puis que vous ne sçavez ce que c'est ni que de contemplation, ni que d'oraison mentale, ni comment on doit faire la vocale. Car si vous le sçaviez vous ne condamneriez pas en cecy ce que vous approuveriez ailleurs.

C'est pourquoy , mes Filles, je joindray toûjours autant que je m'en souviendray, l'Oraison mentale avec la vocale afin que ces personnes ne vous épouventent pas par leurs vains discours. Ie sçay où vous peuvent mener ces pensées : & comme j'en ay moy-méme esté assez inquietée, je souhaiterois que personne ne vous en inquietast , parce qu'il est tres-dangereux de marcher dans ce chemin avec une défiance pleine de crainte. Il vous importe extrémement au contraire d'estre assurées que celuy que vous tenez est fort bon , puis qu'autrement il vous arriveroit comme au voyageur à qui l'on dit qu'il s'est égaré. Il tourne de tous costez pour retrouver son chemin, & ne gagne à ce travail que de se lasser, de perdre du temps & d'arriver beaucoup plus tard.

Quelqu'un oseroit-il soûtenir que ce fust mal fait avant que de commencer à dire ses heures ou à reciter le Rosaire, de penser à celuy à qui nous allons parler , & de nous remettre devant les yeux

CHAPITRE XXII.

quel il eſt, & quels nous ſommes, afin de conſiderer de quelle ſorte nous devons traiter avec luy? Cependant, mes Sœurs, il eſt vray que ſi l'on s'aquite bien de ces deux choſes, il ſe trouvera qu'avant que de commencer l'Oraiſon vocale vous aurez employé quelque temps à la mentale.

N'eſt-il pas certain que quand nous abordons un Prince pour luy parler, ce doit eſtre avec plus de preparation que pour parler à un païſan ou à quelque pauvre tel que nous ſommes, puis que pour ceux-là il n'importe de quelle ſorte nous leur parlions. Ie ſçay que l'humilité de ce Roy eſt telle que quoy que je ſois ſi ruſtique & que j'ignore comment il luy faut parler, il ne laiſſe pas de m'écouter & de me permettre d'approcher de luy. Ie ſçay que les Anges qui ſont comme ſes gardes, ne me repouſſent point pour m'en empécher, parce que connoiſſant la bonté de leur Souverain ils n'ignorent pas qu'il aime mieux la ſimplicité d'un petit berger, lors qu'il la voit accompagnée d'humilité & connoiſt que s'il en ſçavoit davantage il en diroit davantage, que non pas la ſublimité & l'élegance du raiſonnement des plus habiles lors que cette vertu leur manque. Mais faut-il, parce qu'il eſt ſi bon que nous ſoyons incivils? Et quand il ne nous feroit point d'autre faveur que de ſouffrir que nous nous approchions de luy, quoy qu'eſtant ſi imparfaites, pourrions nous trop tâcher de connoiſtre quelle eſt ſa grandeur & ſon adorable pureté? Il eſt vray qu'il ſuffit de l'approcher pour ſçavoir combien il eſt grand, comme il ſuffit de ſçavoir la naiſſance, le bien & les dignitez des Princes du monde pour apprendre quel eſt l'honneur qui leur eſt dû, parce que ce ſont ces conditions qui le reglent, & non pas le merite de leurs perſonnes.

O miſerable & mal heureux monde! Vous ne ſçauriez, mes Filles, trop loüer Dieu de la grace qu'il vous a faite de l'abandonner. Car quelle plus grande marque peut-il y avoir de ſon extrême corruption que ce qu'au lieu de conſiderer les perſonnes par leur merite, on ne les y conſidere que par les ſeuls avantages de la fortune, qui ne ceſſent pas pluſtoſt, que tous ces honneurs s'évanouïſſent. Cela me ſemble ſi ridicule que lors que vous vous aſſemblerez pour prendre quelque recreation, ce vous en pourra eſtre un ſujet aſſez utile que de conſiderer de quelle ſorte les gens du monde, ainſi que de pauvres aveugles paſſent leur vie.

O mon ſouverain Monarque, puiſſance infinie, immenſé bonté, ſuprême ſageſſe principe ſans principe, abyſme de merveilles, beauté ſource de toute beauté, force qui eſt la force même! Grand Dieu dont les perfections ſont également indeterminées & incomprehen-

Des perfections infinies de Dieu.

,, fibles, quand toute l'éloquence humaine & toute la connoiſſance d'icy
,, bas, qui ne ſont en effet qu'ignorance, ſeroient jointes enſemble,
,, commét pourroient-elles nous faire comprendre la moindre de tant
,, de perfections qu'il faudroit connoiſtre pour ſçavoir en quelque ma-
,, niere quel eſt ce Roy par excellence qui fait ſeul tout noſtre bon-
,, heur & toute noſtre felicité, & qui n'eſt autre que vous méme?

Lors que vous vous approchez, mes Filles, de cette eternelle Majeſté ſi vous conſiderez attentivement à qui vous allez parler, & aprés à qui vous parlez, le temps de milles vies telle qu'eſt la noſtre ne ſuffiroit pas pour vous faire concevoir de quelle ſorte il merite d'eſtre traité: luy devant lequel les Anges tremblent, luy qui commande par tout, qui peut tout, & en qui le vouloir & l'effet ne ſont qu'une même choſe. N'eſt-il donc pas raiſonnable, mes Filles, que nous nous réjoüiſſions des grandeurs de noſtre Epoux, & que conſiderant combien nous ſommes heureuſes d'eſtre ſes épouſes, nous menions une vie conforme à une condition ſi relevée?

Mariage de l'ame avec Dieu.

Helas! mon Dieu, puis que dans le monde lors que quelqu'un recherche une fille on commence par s'informer de ſa qualité & de ſon bien, pourquoy nous qui vous ſommes déja fiancées ne nous informerons-nous pas de la condition de noſtre Epoux avant que le mariage s'accompliſſe & que nous quittions tout pour le ſuivre? Si on le permet aux filles qui doivent épouſer un homme mortel: nous refuſera-t-on la liberté de nous enquerir qui eſt cét homme immortel que nous pretendons d'avoir pour Epoux: quel eſt ſon Pere: quel eſt ſon païs où il veut nous emmener avec luy: quelle eſt ſa qualité, quels ſont les avantages qu'il nous promet, & ſur tout quelle eſt ſon humeur, afin d'y conformer la noſtre & nous efforcer de luy plaire en faiſant tout ce que nous ſçaurons luy eſtre le plus agreable? On ne dit autre choſe à une fille ſinon que pour eſtre heureuſe dans ſon mariage il faut qu'elle s'accommode à l'humeur de ſon mary, quand méme il ſeroit d'une condition beaucoup inferieure à la ſienne. Et l'on veut, ô mon divin Epoux, que nous faſſions moins pour vous contenter, & vous traitions avec un moindre reſpect que l'on ne traite les hommes. Mais quel droit ont ils de ſe meſler de ce qui regarde vos épouſes? Ce n'eſt pas à eux, c'eſt à vous ſeul qu'elles doivent ſe rendre agreables, puis que c'eſt avec vous ſeul qu'elles doivent paſſer leur vie. Quand un mary vit ſi bien avec ſa femme & a tant d'affection qu'il deſire qu'elle luy tienne toûjours compagnie, n'auroit elle pas bonne grace de ne daigner pas pour luy plaire entrer dans un ſentiment ſi obligeant, elle qui doit mettre toute ſa ſatisfaction dans l'amitié qu'il luy porte & qu'elle luy porte?

C'eſt

CHAPITRE XXIII.

C'est faire oraison mentale, mes Filles, de comprendre bien ces veritez. Que si vous voulez y ajoûter aussi l'oraison vocale, à la bonne heure vous le pouvez faire. Mais lors que vous parlez à Dieu ne pensez point à d'autres choses? car en user ainsi n'est pas sçavoir ce que c'est qu'oraison mentale. Ie croy vous l'avoir assez expliquée, & je prie Nostre Seigneur qu'il nous fasse la grace de le mettre bien en pratique.

CHAPITRE XXIII.

Trois raisons pour montrer que quand on commence à s'adonner à l'oraison il faut avoir un ferme dessein de continuër. Des assistances que Dieu donne à ceux qui sont dans ce dessein.

QVAND nous commençons à faire oraison il importe tellement d'avoir un ferme dessein de continuer, que pour ne m'étendre pas trop sur ce sujet je me contenteray d'en rapporter deux ou trois raisons. La premiere est, que Dieu nous estant si liberal & nous comblant sans cesse de ses faveurs, quelle apparence y auroit-il que lors que nous luy donnons ce petit soin de le prier qui nous est si avantageux, nous ne luy donnions pas avec une pleine & entiere volonté, mais seulement comme une chose que l'on preste avec intention de la retirer? Cela ne pourroit ce me semble se nommer un don. Car si un amy redemande à son amy une chose qu'il luy a prestée, ne l'attristera-t-il pas, principalement s'il en a besoin, & s'il la consideroit déja comme sienne? Que s'il se rencontre que celuy qui a receu ce prest ait luy-mesme fort obligé auparavant son amy, & d'une maniere tres-desinteressée, n'aura-t-il pas sujet de croire qu'il n'a ni generosité ni affection pour luy, puis qu'il ne veut pas luy laisser ce qu'il luy avoit presté pour luy servir comme d'un gage de son amitié:

De la perseverāce necessaire dans l'oraison.

Qui est l'épouse qui en recevant de son époux quantité de pierreries de tres-grand prix, ne luy veüille pas au moins donner une bague, non pour sa valeur, puis qu'elle n'a rien qui ne soit à luy, mais comme une marque qu'elle mesme jusques à la mort sera toute à luy? Dieu merite t'il moins qu'un homme d'estre respecté, pour oser ainsi nous mocquer de luy, en luy donnant & en retirant à l'heure-mesme ce peu qu'on luy a donné? Si nous consumons tant de temps avec d'autres qui ne nous en sçavent point de gré, donnons au moins de bon cœur à nostre immortel Epoux, ce peu de temps que nous nous resolüons de luy donner: donnons le luy avec un esprit libre & dégagé de toutes autres pensées; & donnons-le luy avec une ferme resolution de ne vouloir jamais le reprendre, quelques contraditiōs, quelques peines & quelques secheresses qui nous arrivent. Considerons ce temps-la comme une chose qui n'est plus à nous, & qu'on nous pourroit demander avec justice si nous ne voulions pas le donner tout entier à Dieu. Ie dis tout entier, parce que discontinuer durant un jour, ou mesme durant quelques jours pour des occupations necessaires, ou pour quelque indisposition particuliere, n'est pas vouloir reprendre ce que nous avons donné. Il suffit que nostre intention demeure ferme: nostre Seigneur n'est point pointilleux; il ne s'arreste point aux petites choses; & ainsi il ne manquera pas de reconnoistre vostre bonne volonté, puis que vous luy donnez en la luy donnant, tout ce qui est en vostre pouvoir.

L'autre maniere d'agir, quoy que moins parfaite, est bonne pour ceux qui ne sont pas naturellement liberaux. Car c'est beaucoup que n'ayant pas l'ame assez noble pour donner, ils se resoluent au moins de prester. Enfin il faut faire quelque chose. Dieu est si bon qu'il prend tout en payement: il s'accomode à nostre foiblesse: il ne nous traite point avec rigueur dans le compte que nous avons à luy rendre. Quelque grande que soit nostre dette il se resout sans peine à nous la remettre pour nous gaigner à luy, & il remarque si exactement nos moindres services, que quand vous ne feriez que lever les yeux au ciel en vous souvenant de luy, vous ne devez point apprehender qu'il laisse cette action sans recompense.

La seconde raison est, que quant le diable nous trouve dans cette ferme resolution, il luy est beaucoup plus difficile de nous tenter. Car il ne craint rien tant que les ames fortes & resoluës, sçachant par experience le dommage qu'elles luy causent, & que ce qu'il fait pour leur nuire tournant à leur profit & à l'avantage de beaucoup d'autres, il ne sort qu'avec perte de ce combat. Nous ne devons pas neanmoins nous y confier de telle sorte que nous tombions dans la negligence. Nous avons à faire à des ennemis tres-artificieux & fort traitres: & comme d'un costé leur lascheté les empesche d'attaquer ceux qui se tiennent sur leurs gardes, leur malice leur donne de l'autre un tres grand avantage sur les negligens. Ainsi quand ils remarquent de l'inconstance dans un ame, & voyent qu'elle n'a pas une volonté déterminée de perseverer dans le bien, ils ne la laissent jamais en repos: ils l'agitent de mille craintes & luy representent des difficultez sans nombre. I'en puis parler trop assurement, parce que je ne l'ay que trop éprouvé: & j'ajoûte qu'à peine sçait-on de quelle importance est cet avis.

La troisiéme raison qui rend cette ferme resolution tres avantageuse, c'est que l'on combat avec beaucoup plus de courage lors que l'on s'est mis dans l'esprit que quoy qui puisse arriver on ne doit jamais tourner le dos. C'est comme un homme, qui dans une bataille seroit asseuré qu'estant vaincu il ne pourroit esperer aucune grace du victorieux, & qu'ainsi ou durant ou aprés le combat il se faudroit resoudre à mourir; il combattroit sans doute avec beaucoup plus d'opiniastreté, & vendroit cherement sa vie, parce qu'il se representeroit toûjours, qu'il ne la peut conserver que par la victoire. Il est de mesme necessaire que nous entrions dans ce combat avec cette ferme creance qu'à moins de nous laisser vaincre, nostre entreprise nous reüssira heureusement, & que pour peu que nous gaignions en cette occasion nous en sortirons tres riches.

Ne craignez donc point que Nostre Seigneur vous laisse mourir de soif en vous refusant de l'eau de cette sacrée fontaine de l'oraison : au contraire il vous invite à en boire. Ie l'ay déja dit, & je ne me puis lasser de le dire, parce que rien ne décourage tant les ames que de ne connoistre pas aussi pleinement par leur propre experience quelle est la bonté de Dieu, comme elles le connoissent par la foy. Car c'est une chose merveilleuse que d'éprouver quelles sont les faveurs qu'il fait à ceux qui marchent par ce chemin, & de quelle sorte luy seul pourvoit presque à tout ce qu'il leur est necessaire. Mais je ne m'étonne pas de voir que les personnes qui ne l'ont point éprouvé veulent avoir quelque assurance que Dieu leur rendra avec usure ce qu'ils luy donnent. Vous sçavez bien neanmoins que IESUS-CHRIST promet le centuple dés cette vie : & qu'il dit ; *Demandez & vous recevrez.* Que si vous n'ajoûtez pas foy à ce qu'il dit luy-mesme dans son Evangile, dequoy me peut servir, mes Sœurs, de me rompre la teste à vous le dire? Ie ne laisse pas d'avertir celles qui en doutent qu'il ne leur coustera gueres de l'éprouver, puis qu'il y a cet avantage dans ce voyage, qu'on nous y donne plus que nous ne sçaurions ni demander ni desirer. Ie sçay qu'il n'y a rien de plus veritabe : & je puis produire pour témoins qui l'asseureront aussi bien que moy, celles d'entre vous à qui Dieu a fait la grace de le connoistre par experience.

CHAPITRE XXIV.

De quelle sorte il faut faire l'oraison vocale pour la faire parfaitement. Et comment la mentale s'y rencontre jointe : Surquoy la Sainte commence à parler du Pater noster.

IE commenceray icy d'adresser mon discours à ces ames qui ne peuvent se recüeillir, ni attacher leur esprit à une oraison mentale pour s'appliquer à la meditation, ni se servir pour cela de certaines considerations : & je ne veux pas nommer seulement en ce lieu les noms d'oraison mentale & de contemplation, parce que je sçay

De l'oraison vocale, & du Pater noster.

certainement qu'il y a plusieurs personnes que ces seuls noms épouventent, & qu'il se pourroit faire qu'il en viendroit quelqu'une en cette maison, à cause, comme je l'ay déja dit, que toutes ne marchent pas par un mesme chemin.

Ce que je veux donc maintenant vous conseiller, & je puis mesme dire vous enseigner, puis que cela m'est permis, mes Filles, comme vous tenant lieu de mere par ma charge de Prieure, c'est la maniere dont vous devez prier vocalement. Car il est juste que vous entendiez ce que vous dites. Et parce qu'il peut arriver que celles qui ne sçauroient appliquer leur esprit à Dieu se lassent aussi des oraisons qui sont longues, je ne parleray point de celles là, mais seulement de celles ausquelles en qualité de Chrestiennes nous sommes necessairement obligées, qui sont le *Pater-noster* & l'*Ave Maria*, afin que l'on ne puisse pas dire que nous parlons sans sçavoir ce que nous disons : si ce n'est que l'on croye qu'il suffit de prier ainsi par coustume, & qu'on se doit contenter de prononcer des paroles sans les entendre. Ie laisse cela à décider aux sçavans sans me mesler d'en juger ; & je desire seulement, mes Sœurs, que nous ne nous en contentions pas. Car il me semble que lors que je dis le *Credo*, il est juste que je sçache ce que je croy : & que quand je dis *Nostre Pere*, je sçache qui est ce Pere, & qui est aussi ce maistre qui nous enseigne à faire cette oraison. Si vous dites le bien sçavoir, & qu'ainsi il n'est pas besoin de vous en faire souvenir, cette réponse n'est pas bonne, puis qu'il y a grande difference entre maistre & maistre. Que si c'e seroit une extrême ingratitude & que de bons disciples ne peuvent avoir de ne se pas souvenir de ceux qui nous instruisent icy-bas, principalement si ce sont des personnes de sainte vie, & que ce qu'ils nous enseignent regarde nostre salut ; je prie Dieu de tout mon cœur de ne pas permettre que recitant une priere si sainte, nous manquions à nous souvenir du divin maistre qui nous l'a enseignée avec tant d'amour, & tant de desir qu'elle nous soit profitable.

Premierement vous sçavez que nostre Seigneur nous apprend que pour bien prier on doit se retirer en particulier ainsi qu'il l'a toûjours pratiqué luy-méme, non qu'il eust besoin de cette retraite, mais pour nostre instruction, & pour nous en donner l'exemple. Or comme je vous l'ay desja dit, l'on ne peut parler en mesme temps à Dieu & au monde, ainsi que font ceux qui en priant d'un côté écoutent de l'autre ceux qui parlent, ou s'arrestent à tout ce qui leur vient dans l'esprit, sans tascher d'en retirer leur pensée.

Il faut en excepter certaines indispositions & certains temps, principalement quant se sont des personnes melancoliques ou sujettes à des maux de teste, puis que quelques efforts qu'elles fassent elles ne s'en peuvent empescher : ou bien lors que Dieu permet pour

CHAPITRE XXIV.

l'avantage de ceux qui le servent, que ces nuages se forment dans leur esprit, & que quelques peines qu'ils leur donnent & quelque soin qu'ils prennent de les dissiper, ils ne le sçauroient, ni avoir attention à ce qu'ils disent, ni arrester leur pensée à quoy que ce soit, mais l'ont si errante & si vagabonde, que si l'on voyoit ce qui se passe en eux on les prendroit pour des frenetiques.

Lors dis-je que Dieu permet que cela arrive, le déplaisir qu'ils en auront leur fera connoistre qu'il n'y a point de leur faute. Et il ne faut pas qu'ils se tourmentent & qu'ils se lassent en s'efforçant de ranger leur entendement à la raison dans un temps où il n'en est pas capable, parce que ce seroit encore pis. Mais ils doivent prier comme ils pourront, & mesme ne point prier dans ce temps où leur ame est comme un malade à qui il faut donner un peu de repos, & il faut qu'ils se contentent de s'employer à d'autres actions de vertu. C'est la maniere dont en doivent user ceux qui ont soin de leur salut, & qui sçavent qu'il ne faut pas parler tout ensemble à Dieu & au monde.

Ce qui dépend de nous est de tascher à demeurer seules avec Dieu & je le prie que cela suffise pour nous faire comprendre avec qui nous sommes alors, & ce qu'il daigne répondre à nos demandes. Car croyez-vous qu'il se taise encore que nous ne l'entendions pas? Non certes; mais il parle à nostre cœur toutes les fois que nous luy parlons du cœur: & il est bon que chacune de nous considere que c'est à elle en particulier que le Seigneur apprend à faire cette divine priere. Or comme le maistre se tient proche de son disciple, & ne s'éloigne jamais tant qu'il ait besoin de crier à haute voix pour se faire entendre de luy: je desire de mesme que vous sçachiez que pour bien dire le *Pater noster* il ne faut pas que vous vous éloigniez de ce divin maistre qui vous a appris a le dire.

Vous me répondrez peut-estre, qu'en user ainsi c'est mediter, & que vous ne pouvez ni ne desirez faire autre chose que de prier vocalement. Car il y a des personnes si impatientes & qui aiment tant leur repos, que n'estant pas accoûtumées à se recueillir dans le commencement de la priere, & ne voulant pas se donner la moindre peine, elles disent qu'elles ne sçavent ni ne peuvent faire davantage que de prier vocalement. Ie demeure d'accord que ce que je viens de proposer se peut appeller oraison mentale. Mais j'avoüe ne comprendre pas comment on la peut separer de la vocale si on a dessein de la bien faire, & de considerer à qui l'on parle: car ne devons nous pas tascher d'avoir de l'attention en priant? Dieu veüille qu'avec tous ses soins nous puissions bien dire le *Pater* sans que nostre esprit se laisse aller à quelque pensée extravagante. Le meilleur remede que j'y trouve apres l'avoir éprouvé diverses fois, est de tascher d'arrester nostre esprit sur celuy qui nous a prescrit cette priere. Ne vous laissez donc point aller à l'impatience; mais essayez de vous accoûtumer à une chose qui vous est si necessaire.

CHAPITRE XXV.

Qu'on peut passer en un instant de l'oraison vocale à la contemplation parfaite. Difference entre la contemplation & l'oraison qui n'est que mentale. Et en quoy cette derniere consiste. Dieu seul dans la contemplation opere en nous.

<small>Qu'on peut passer de l'oraison vocale à la contemplation parfaite.</small>

OR afin que vous ne vous imaginiez pas, mes Filles, que l'on tire peu de profit de la priere vocale faite avec la perfection que j'ay dit, je vous assure qu'il se pourra faire qu'en recitant le *Pater* ou quelque autre oraison vocale Dieu nous fera passer tout d'un coup dans une parfaite contemplation. C'est ainsi qu'il nous fait connoistre qu'il écoute celuy qui luy parle, & abaisse sa grandeur jusques à daigner luy parler aussi, en tenant son esprit comme en suspens, en arrestant ses pensées, & en luy liant la langue de telle sorte, que quand il le voudroit il ne pourroit proferer une seule parole qu'avec une extréme peine. Nous connoissons alors certainement que ce divin maistre nous instruit sans nous faire entendre le son de sa voix, mais en tenant les puissances de nostre ame comme suspenduës, parce qu'au lieu de nous aider en agissant, elles ne pourroient agir sans nous nuire.

<small>De la contemplation parfaite.</small>

Les personnes que Nostre Seigneur favorise d'une telle grace se trouvent dans la joüissance de ce bon-heur sans sçavoir comment elles en joüissent. Elles se trouvent embrazées d'amour sans sçavoir comment elles aiment. Et elles trouvent qu'elles possedent ce qu'elles aiment sans sçavoir, comment elles le possedent. Tout ce qu'elles peuvent faire est de connoistre que l'entendement ne sçauroit aller jusques à s'imaginer, ni le desir jusques à souhaiter un aussi grand bien qu'est celuy dont elles joüissent. Leur volonté l'embrasse sans sçavoir de quelle sorte elle l'embrasse: & selon le peu que ces ames sont capables de comprendre, elles voyent que ce bien est d'un tel prix que tous les travaux de la terre joints ensemble ne sçauroient iamais le meriter. C'est un don de celuy qui a créé le Ciel & la terre, & qu'il tire des tresors de sa sagesse & de sa toute puissance pour en gratifier qui il luy plaist.

Voilà, mes Filles, ce que c'est que la contemplation parfaite: & vous pouvez connoistre maintenant en quoy elle differe de l'oraison

CHAPITRE XXV.

mentale, qui ne consiste, comme je l'ay dit, qu'à penser & à entendre ce que nous disons ; à qui nous le disons ; & qui nous sommes, nous qui avons la hardiesse d'entretenir un si grand Seigneur. Avoir ces pensées & autres semblables telles que sont celles du peu de service que nous avons rendu à un tel maistre, & de la grandeur de nostre obligation à le servir, c'est proprement l'oraison mentale. Ne vous imaginez pas qu'il y ait autre difference : & que le nom ne vous fasse point de peur comme s'il enfermoit quelque mystere incomprehensible. Dire le *Pater noster* & l'*Ave Maria*, ou quelque autre priere, c'est une oraison vocale : Mais si elle n'est accompagnée de la mentale, jugez je vous prie quel beau concert ce seroit, puisque quelquefois les paroles ne se suivroient seulement pas.

Nous pouvons quelque chose de nous mesmes avec l'assistance de Dieu dans ces deux sortes d'oraison, la mentale & la vocale. Mais quant à la contemplation dont je viens de vous parler, nous n'y pouvons rien du tout. Nostre Seigneur y opere seul : c'est son ouvrage : & comme cet ouvrage est au dessus de la nature, la nature n'y a nulle part. Or d'autant que j'en ay parlé fort au long & le plus clairement que j'ay pû dans la relation que j'ay écrite de ma vie par l'ordre de mes Superieurs, je ne le repeteray point icy, & me contenteray d'en dire seulement un mot en passant. Que si celles qui seront si heureuses que d'arriver à cet estat de contemplation peuvent avoir l'écrit dont je parle, elles y trouveront quelques points & quelque avis dans lesquels Nostre Seigneur a voulu que je reüssisse assez bien. Ces avis pourront beaucoup les consoler & leur estre utiles selon mon opinion & celles de quelques personnes qui les ont vûs, & qui les gardent par l'estime qu'ils en font : ce que je ne vous dirois pas sans cela, puis que j'aurois honte de vous porter à faire quelque cas d'une chose qui vient de moy, & que Nostre Seigneur sçait combien grande est la confusion avec laquelle j'écris la plusparr de ce que j'écris. Mais qu'il soit beny à jamais de me souffrir toute imparfaite que je suis.

Que celles donc comme je l'ay dit, que Dieu favorisera de cette oraison surnaturelle taschent aprés ma mort d'avoir cet écrit où j'en parle si particulierement. Et quant aux autres qu'elles se contentent de s'efforcer de pratiquer ce que je dis dans celuy-cy, afin que nostre Seigneur la leur donne, en faisant pour cela de leur costé, tant par leurs actions que par leur prieres, tous les efforts qui seront en leur pouvoir, & qu'aprés ils le laissent faire. Car luy seul la peut donner : & il ne vous la refusera pas pourvû que vous ne demeuriez point à moitié chemin : mais marchiez toûjours courageusement pour arriver à la fin de cette carriere sainte.

CHAPITRE XXVI.

Des moyens de recueillir ses pensées pour tascher de ioindre l'oraison mentale à la vocale.

De la manière de joindre l'oraison mentale à la vocale.

IL faut revenir maintenant à nostre oraison vocale, afin d'apprendre à prier de telle sorte en cette maniere, qu'encore que nous ne nous en appercevions pas, Dieu y joigne aussi l'oraison mentale. Vous sçavez qu'il faut la commencer par l'examen de conscience; puis dire le *Confiteor*, & faire le signe de la croix. Mais estant seules lors que vous vous employez à une si sainte occupation, taschez, mes Filles d'avoir compagnie. Et quelle meilleure compagnie pourrez-vous avoir que celuy là mesme qui vous a enseigné l'oraison que vous allez dire? Imaginez-vous donc, més Sœurs, que vous estes avec nostre Seigneur IESUS CHRIST: Considerez avec combien d'amour & d'humilité il vous a appris à faire cette priere, & croyez-moy ne vous éloignez jamais si vous pouvez d'un amy si parfait & si veritable. Que si vous vous accoustumez à demeurer avec luy, & qu'il connoisse que vous desirez de tout vostre cœur non seulement de ne le perdre point de vûë; mais de faire tout ce qui sera en vostre puissance pour essayer de luy plaire, vous ne pourrez comme l'on dit d'ordinaire, le chasser d'auprez de vous: jamais il ne vous abandonnera: il vous assistera dans tous vos besoins; & quelque part que vous alliez il vous tiendra toûjours compagnie. Or croyez-vous que ce soit un bonheur & un secours peu considerable que d'avoir sans cesse à ses costez un tel amy?

O mes Sœurs, vous qui ne sçauriez beaucoup discourir avec l'entendement, ni porter vos pensées à mediter sans vous trouver aussi-tost distraites, accoûtumez-vous, je vous en prie à ce que je viens de dire: Ie sçay par ma propre experience que vous le pouvez: car j'ay passé plusieurs années dans cette peine de ne pouvoir arrester mon esprit durant l'oraison, & j'avoüe qu'elle est tres-grande. Mais si nous demandons à Dieu avec humilité qu'il nous en soulage, il est si bon qu'assurement il ne nous laissera pas ainsi seules, & nous viendra tenir compagnie. Que si nous ne pouvons acquerir ce bonheur en un an, acquerons-le en plusieurs années. Car doit-on plaindre le temps à une occupation où il est si utilement employé; & qui nous empesche de l'y employer: Ie vous dis encore, que l'on peut s'y accoûtumer en travaillant à s'approcher toûjours d'un si bon maistre.

Ie ne vous demande pas neanmoins de penser continuellement à luy, de former plusieurs raisonnemens, & d'appliquer vostre esprit à faire de grandes & de subtiles considerations: mais je vous demande

seule-

CHAPITRE XXVI.

seulement de le regarder. Car si vous ne pouvez faire davantage, qui vous empêche de tenir au moins durant un peu de temps les yeux de vostre ame attachez sur cét adorable Epoux de vos ames: Quoy? vous pouvez bien regarder des choses difformes, & vous ne pourriez pas regarder le plus beau de tous les objets imaginables? Que si apres l'avoir consideré vous ne le trouvez pas beau, je vous permets de ne le plus regarder, quoy que cét Epoux celeste ne cesse iamais de tenir ses yeux arrestez sur vous. Helas! encore qu'il ait souffert de vous mille indignitez il ne laisse pas de vous regarder:& vous croiriez faire un grand effort si vous détourniez vos regards, des choses exterieures pour les ietter quelquefois sur luy? Considerez, comme le dit l'Epouse dans le Cantique, qu'il ne desire autre chose sinon que nous le regardions. Ainsi pourvû que vous le cherchiez vous le trouvez tel que vous le desirerez. Car il prend tant de plaisir à voir que nous attachions nostre vûë sur luy, qu'il n'y a rien qu'il ne fasse pour nous y porter.

On dit que les femmes pour bien vivre avec leurs maris doivent suivre tous leurs sentimens, témoigner de la tristesse lors qu'ils sont tristes,&de la joye quand ils sont gais, quoy qu'elles n'en ayêt point dans le cœur: (ce qui en passant vous doit faire remarquer, mes Sœurs, de quelle sujetion il a plû à Dieu de nous délivrer.) C'est là veritablemét & sans rien exagerer de quelle sorte N. Seigneur traite avec nous: car il veut que nous soyons les maistresses: il s'assujetit à nos desirs, & se conforme à nos sentimens. Ainsi si vous étes dans la joye considerez-le ressuscité: & alors quel contentement sera le vôtre de le voir sortir du tombeau tout éclatant de perfections, tout brillant de majesté, tout résplandissant de lumiere, & tout comblé du plaisir que done à un victorieux le gain d'une sanglante bataille qui le rend maître d'un si grand royaume qu'il a conquis seulemét pour vous le donner. Pourrez-vous apres cela croire que c'est beaucoup faire de jetter quelquefois les yeux sur celuy qui veut ainsi vous mettre le sceptre à la main & la couronne sur la teste?

Que si vous étes triste ou dans la souffrance, considerez-le allant au jardin, & jugez quelles doivent estre les peines dont son ame étoit accablée, puis qu'encore qu'il fût non seulement patient, mais la patience mesme, il ne laissa pas de faire cônoître sa tristesse & de s'en plaindre. Considerez le attaché à la colomne par l'excez de l'amour qu'il a pour nous, accablé de douleurs, déchiré à coup de foüet, persecuté des uns, outragé des autres, transy de froid, renoncé & abandonné par ses amies, & dans une si grande solitude qu'il vous sera facile de vous côsoler avec luy seul,à seul. Ou bien côsiderez-le chargé de sa croix sans que même en cét etat on luy dône le temps de respirer. Car pourvû que vous tâchiez de vous consoler avec ce divin Sauveur, & que vous tourniez la teste de son costé pour le regarder il oubliera ses douleurs pour faire cesser les vôtres: & quoy que ces yeux soient tout trempez de ses larmes, sa compassion les luy fera arrester sur vous auec une douceur inconceuable.

Si vous sentés, mes Filles, que vostre cœur soit attendry en voyant vôtre Epoux en cet estat: Si ne vous contentant pas de le regarder vous prenés plaisir de vous entretenir auec luy, non par des discours étudiez, mais auec des paroles simples qui luy témoignent combien ce qu'il souffre vous est sensible: ce sera alors que vous pourrez luy dire: O Seigneur du monde & vray Epoux de mon ame, est-il possible que vous vous trouuiez reduit à une telle extremité? ô mon Sauueur & mon Dieu, est-il possible que vous ne dédaigniez pas la compagnie d'une aussi vile creature que je suis? Car il me semble que je remarque à vostre visage que vous tirez quelque consolation de moy. Comment se peut-il faire, que les Anges vous laissent seul, & que vôtre Pere vous abandonne sans vous consoler? Puis donc que cela est ainsi, & que vous voulés bien tant souffrir pour l'amour de moy; qu'est-ce que ce peu que je souffre pour l'amour de vous, & dequoy me puis je plaindre? Ie suis tellement confuse de vous auoir vû en ce déplorable estat, que je suis resoluë de souffrir tous les maux qui me peurront arriuer, & de les considerer comme des biés, afin de vous imiter en quelque chose. Marchons donc ensemble, mon Sauueur, ie suis resoluë de vous suiure en quelque part que vous alliez, & je passeray par tout où vous passerez.

Embrassez ainsi, mes Filles, la croix de vôtre diuin Redempteur: & pourvû que vous le soulagiez en luy aidant à la porter, souffrez sans peine que les Iuifs vous foulent aux pieds, méprisez tout ce qu'ils vous diront: fermés les oreilles à leurs insolences; & quoy que vous trébuchiez & que vous tombiés auec vôtre S. Epoux n'abandonnez point cette croix. Considerés l'excez inconceuable de ses souffrances: & quelque grandes que vous vous imaginiez que soient les vostres, & quelque sensibles qu'elles vous soient, elles vous sembleront si legeres en comparaison des siennes que vous vous trouuerez toutes consolées.

Vous me demanderez peut estre, mes Sœurs, comment cela se peut pratiquer, & me dirés que si vous auiez pû voir des yeux du corps Nostre Sauueur lors qu'il estoit dans le monde, vous auriez auec joye suiuy ce conseil sans les détourner jamais de dessus luy. N'ayez point ie vous prie cette creance. Quicõque ne veut pas maintenant faire un peu d'effort pour se recueillir & le regarder au dedás de soy, ce qui se peut sans aucun peril & en y apportant seulement un peu de soin, auroit beaucoup moins pû se resoudre à demeurer auec la Magdeleine au pied de la croix lors qu'il auroit eu deuát ses

CHAPITRE XXVI.

yeux l'objet de la mort. Car quelles ont été à voſtre avis les ſouffrances de la glorieuſe Vierge & de cette bien-heureuſe Sainte? Que de menaces! que de paroles injurieuſes! que de rebuts & que de mauvais traitemens ces miniſtres du demon ne leur firent-ils point éprouver? Ce qu'elles endurerent devoit ſans doute être bien terrible: mais comme elles étoient plus touchées de ces ſouffrances du Fils de Dieu que de leurs propres, une plus grande douleur en étouffoit une moindre. Ainſi, mes Sœurs, vous ne devez pas vous perſuader que vous auriez pû ſupporter de ſi grands maux, puis que vous ne ſçauriés maintenant en ſouffrir de ſi petits. Mais en vous y exerçant vous pourrés paſſer des uns aux autres.

Pour vous y aider choiſiſſés entre les images de N. S. celle qui vous donnera le plus de devotion, non pour la porter ſeulement ſur vous ſans la regarder jamais; mais pour vous faire ſouvenir de parler ſouvent à luy; & il ne manquera pas de vous mettre dans le cœur & dans la bouche ce que vous aurez à luy dire. Puis que vous parlez bien à d'autres perſonnes, comment les paroles vous pourroient elles manquer pour vous entretenir avec Dieu? Ne le croyez pas, mes Sœurs. Et pour moy je ne ſçaurois croire que cela puiſſe arriver pourvû que vous vous y exerciez. Car ſi vous ne le faites, qui doute que les paroles ne vous manquent, puis qu'en ceſſant de converſer avec une perſonne elle nous devient comme étrangere, quand même elle nous ſeroit conjointe de parenté, & nous ne ſçavons que luy dire, parce que la parenté & l'amitié s'évanouiſſent lors que la communication ceſſe.

C'eſt auſſi un autre fort bon moyen pour s'entretenir avec Dieu que de prendre un livre en langage vulgaire, afin de recueillir l'entendement pour pouvoir bien faire enſuite l'Oraiſon vocale, & pour y accoûtumer l'ame peu à peu par des ſaints artifices & de ſaints attraits ſans la dégouter ny l'intimider. Repreſentez-vous que depuis pluſieurs années vous êtes comme une femme qui a quitté ſon mary, & que l'on ne ſçauroit porter à retourner avec luy ſans uſer de beaucoup d'adreſſe. Voila l'état où le peché nous a reduits. Nôtre ame eſt ſi accoûtumée à ſe laiſſer emporter à tous ſes plaiſirs, ou pour mieux dire à toutes ſes peines, qu'elle ne ſe connoiſt plus elle-même. Ainſi pour faire qu'elle veüille retourner en ſa maiſon, il faut uſer de mille artifices: car autrement, & ſi nous n'y travaillons peu à peu, nous ne pourrons jamais en venir à bout. Mais je vous aſſure encore que pourveu que vous pratiquiés avec grand ſoin ce que je viens de vous dire, le profit que vous en ferés ſera tel que nulles paroles ne ſont capables de l'exprimer.

Tenés-vous donc toujours auprés de ce divin Maiſtre avec un tres-grand deſir d'apprendre ce qu'il vous enſeignera. Il vous ren-

LE CHEMIN DE LA PERFECTION.

dra sans doute de bonnes disciples, & ne vous abandonnera point, à moins que vous ne l'abandonniez vous-mêmes. Considerez attentivement toutes ses paroles. Les premieres qu'il prononcera vous feront connoistre l'extrême amour qu'il vous porte. Et que peut-il y avoir de plus doux & de plus agreable à un bon disciple que de voir que son maistre l'aime?

CHAPITRE XXVII.

Sur ces paroles du Pater: Nostre Pere qui estes dans les cieux. *Et combien il importe à celles qui veulent estre les veritables filles de Dieu de ne point faire cas de leur noblesse.*

Sur ces paroles: Nôtre pere qui estes dans les cieux.

Nostre Pere qui estes dans les cieux. O Seigneur mon Dieu, qu'il paroist bien que vous estes le Pere d'un tel Fils: & que vostre Fils fait bien connoistre qu'il est le Fils d'un tel Pere! Soyez beny eternellement. N'auroit-il donc pas suffy de nous accorder à la fin de nôtre oraison une faveur si excessive? Mais nous ne l'avons pas plûtost commencée que vous nous comblez de tant de bien-faits; qu'il seroit à desirer que l'étonnement que nostre esprit en auroit le rendant incapable de proferer la moindre parole, nostre seule volonté fut toute occupée de vous? O mes Filles, que ce seroit bien icy le lieu de parler de la contemplation parfaite, & de faire que l'ame rentrast dans soy-même pour pouvoir mieux s'élever au dessus d'elle, afin d'apprendre de ce saint Fils quel est ce lieu où il dit que son Pere qui est dans les cieux fait sa demeure. Quittons la terre, mes Filles. Car quelle apparence qu'aprés avoir compris quel est l'excez d'une si grande faveur, nous en tinssions si peu de compte que de demeurer encore sur la terre?

O vray Fils de Dieu & mon vray Seigneur, comment dés la premiere parole que nous vous disons nous donnez-vous tant tout à la fois? Comment vous humiliez-vous jusques à un tel excez d'abaissement que de vous unir à nous dans nos demandes, en voulant & en faisant que des creatures aussi viles & aussi miserables que nous sommes vous ayent pour frere? Et comment nous donnez-vous au nom de vostre Pere eternel tout ce qui se peut donner, en l'obligeant à nous reconnoistre pour ses enfans? Car vos paroles ne sçauroient manquer d'avoir leur effet. Ainsi vous l'obligez à les accomplir: ce qui l'engage à d'étranges suites, puis qu'estant nostre Pere il doit oublier toutes nos offenses, pourvû que nous retourniós à luy comme fit l'Enfant prodigue. Il doit nous consoler dans nos peines: Il doit nous nourrir comme estant incomparablement le meilleur de tous les peres, puis qu'il est infiniment parfait en tout:

CHAPITRE XXVII.

Et enfin il nous doit rendre heritiers avec vous de son royaume.

« Considerez, ô mon Sauveur, que pour ce qui est de vous, l'amour que vous nous portés est si extrême, que vous n'avez nul égard à vos interests. Vous avez esté sur la terre semblable à nous lors que vous vous estes revestu de chair en vous revestant de nostre nature; & ainsi vous avez quelque raison de vous interesser dans nos avantages. Mais cósiderez d'un autre costé que vôtre Pere eternel est dans le ciel. C'est vous méme qui le dites: & il est juste que vous preniés soin de ce qui regarde son hôneur. N'est-ce pas assez que vous ayés bien voulu étre déshonoré pour l'amour de nous? Ne touchés point à l'honneur de vôtre Pere, & ne l'engagez pas d'accorder des graces si excessives à des creatures aussi méchantes que nous sommes, & qui en seront si méconnoissantes. Certes vous avez bien montré, ô mon doux Iesus, que vôtre Pere & vous n'estes qu'une méme chose, que vôtre volonté est toûjours la sienne, & que la sienne est toûjours la vostre. Car comment pouvez vous, mon Seigneur, faire voir plus clairement jusques où va l'amour que vous nous portez, qu'en ce qu'ayant caché au demon avec tant de soin que vous étiez le Fils de Dieu, rien n'a pû vous empêcher de nous accorder une aussi grande faueur que celle de nous le faire connoistre? Et quel autre que vous étoit capable de nous donner cette heureuse connoissance? Ainsi je voy bien, mon Sauueur, que vous auez parlé pour vous & pour nous comme un fils qui est tres-cher à son pere, & que vous étes si puissant que l'on accomplit dás le ciel tout ce que vous dites sur la terre. Soyez à jamais beny, Seigneur, vous qui prenés un si grand plaisir à donner, que rien ne vous peut empêcher de donner sans cesse. »

Que vous en semble, mes Filles, trouvez-vous que ce maistre qui commence par nous combler de tant de faueurs, afin que nous affectionnant à luy nous soyons capables d'apprendre ce qu'il nous enseigne, soit un bon maistre? Et croyez-vous que nous deuions nous contenter de proferer seulement des lévres cette parole Pere, sans en conceuoir le sens pour étre touchées jusques dans le fond de l'ame de l'excez d'un si grand amour? Car y a-t-il quelque enfant qui estant persuadé de la bonté, de la grandeur & de la puissance de son pere ne desirast pas de le connoistre? Que si toutes ces qualités ne se rencontroient pas dans un pere, je ne m'étonnerois pas qu'on ne voulût point étre reconnu pour son fils, puis que le móde est aujourd'huy si corrompu que quand le fils se voit dans une condition plus releuée que n'est celle de son pere, il tiét à dés-honeur de l'auoir pour pere. Cét étrange abus ne s'étend pas graces à Dieu jusques à nous, & il ne permettra jamais, s'il luy plaist que l'on ait en cette maison la moindre pensée qui en approche. Nous serions dans un enfer & non pas dans un monastere, si celle dont la naissance est la plus noble ne parloit moins de ses parens que ne font les autres, puis qu'il doit y avoir entre nous toutes une égalité parfaite.

O sacré college des Apôtres! S. Pierre qui n'étoit qu'un pauvre pescheur y fut preferé à S. Barthelemy, quoy qu'il fut à ce que quelques uns disent fils d'un Roy. Et N. S. le voulut ainsi, parce qu'il sçavoit ce qui se devoit passer dans le monde touchant ces avantages de la naissance. Etant tous comme nous sommes formés de terre, les contestations qui arrivent sur ce sujet sont côme si l'on disputoit laquelle des deux diverses sortes de terre seroit la plus propre à faire de briques ou du mortier. O mon Sauveur, quelle belle question! Dieu nous garde, mes Sœurs, de côtester jamais sur des sujets si frivoles, quand ce ne seroit qu'en riant: i'espere que sa divine Majesté nous accordera cette grace. Que si l'on apperçoit en quelqu'une de vous la moindre chose qui en approche, il faut aussitost y remedier: Il faut que cette personne apprehende d'estre un Iudas entre les Apostres: Et il faut qu'on luy donne de penitences jusques à ce qu'elle comprenne qu'elle ne meritoit pas seulement d'estre considerée comme une fort mauvaise terre.

O que vous avés un bon pere, mes Filles, en celuy que vous donne nôtre bon Iesus! Que l'on n'en cônoisse donc point icy d'autre de qui l'on parle, & travaillés à vous rendre telles que vous soyés dignes de recevoir des faveurs de luy, & de vous abandonner entierement à sa conduite. Vous pouvés vous assurer qu'il ne vous reiettera pas pourveu que vous luy soyés bien obeïssantes. Et qui seroient celles qui refuseroient de faire tous les efforts pour ne point perdre un tel pere? Helas: que vous avés en cela de grands sujets de consolation! Ie vous les laisse à mediter afin de ne m'étendre pas davantage, Quelque vagabondes que soient vos pensées vous ne sçauriés en considerant un tel Fils & un tel Pere ne point trouver auec eux le S. Esprit, ie le prie de tout mon cœur d'enflamer votre volonté, & de l'attacher par les liens de son ardent & puissant amour, si l'extrême interet que vous avez de l'y attacher vous-mêmes n'est pas capable de vous y porter.

CHAPITRE XXVIII.

La Sainte continuë à expliquer ces paroles de l'Oraison Dominicale:
Nostre Pere qui estes dans les cieux. *Et traite de l'Oraison de recueillement.*

Sur ces paroles: *Qui estes dans les cieux.*

VOYONS maintenāt ce qu'entend vostre maistre par ces paroles: *Qui estes dans les cieux.* Car croyez-vous qu'il importe peu de sçavoir ce que c'est que le ciel, & où il faut aller chercher vôtre

CHAPITRE XXVIII.

tres-saint & diuin Pere, elle vous asseure que tous les esprits distraits ont un tres-grand besoin non seulemēt de le croire, mais de tâcher de le connoître par experience, parce que c'est l'une des choses qui arreste le plus l'entendement, & fait que l'ame se recueille davātage en elle-méme. Vous sçavez bien déia que Dieu est par tout. Or comme par tout où est le Roy, là est la Cour: ainsi par tout où est Dieu, là est le Ciel. Et vous n'avrez pas sans doute de la peine à croire que toute la gloire se rencontre où son eternelle maiesté se trouve.

Considerez ce que dit S. Augustin, qu'aprés auoir cherché Dieu de tous costez il le trouua dans luy-méme. Pensez vous qu'il soit peu utile à une ame qui est distraite de comprendre cette verité, & de connoistre qu'elle n'a point besoin d'aller au ciel afin de parler à son diuin Pere pour trouver en luy toute sa ioye, ni de crier de toute sa force pour s'entretenir avec luy? Il est si proche de nous, qu'encore que nous ne parlions que tout bas il ne laisse pas de nous entendre, & nous n'auons point besoin d'aisles pour nous éleuer vers luy. Il suffit de nous tenir dans la solitude, de le regarder dans nous-mêmes, & de ne nous éloigner iamais de la compagnie d'un si diuin hoste. Nous n'auons qu'à luy parler avec grande humilité comme à nostre Pere; à luy demander nos besoins auec grande confiance: à luy faire entendre toutes nos peines: à le supplier d'y apporter le remede; & à reconnoistre en méme temps que nous ne sommes pas dignes de porter le nom de ses enfans.

Gardez-vous bien, mes Filles, de ces fausses retenuës que pratiquent certaines persōnes qui croyent faire en cela des actions d'humilité. Car si le Roy vous gratifioit de quelque faueur: y auroit il de l'humilité à la refuser? nullement: Mais il y en auroit au contraire à l'accepter & à vous réioüir de la receuoir, pourvû que vous reconnussiez en méme temps que vous en etes indignes. Certes ce seroit une plaisante humilité si le Roy du ciel & de la terre venoit dans mō ame pour m'honorer de ses faueurs & s'entretenir auec moy, de ne daigner par humilité ni luy parler, ni demeurer auec luy, ni receuoir ce qu'il luy plairoit de me donner; mais de le quitter & le laisser seul: & que quoy qu'il me pressast & me priast même de luy demander quelque chose, ie voulusse par humilité demeurer dās mon indigence & dans ma misere; & qu'ainsi ie l'obligeasse de s'en aller parce qu'il verroit que ie ne pourrois me resoudre à profiter de ses graces.

Laissez-là, mes Sœurs, ie vous prie ces belles humilitez. Traitez auec Iesus-Christ comme auec vôtre pere, comme auec vostre frere, comme auec vôtre Seigneur, & comme auec vôtre époux, tantost d'une maniere, & tantost d'une autre. Car il vous apprendra luy-même de quelle sorte vous deuez agir pour le contenter & pour luy plaire. Ne soyez pas si simples & si stupides que d'y māquer.

LE CHEMIN DE LA PERFECTION.

Au contraire priez le de vous tenir la parole qu'il vous a donnée, & demandez luy que puis qu'il veut bien estre vostre epoux, il vous traite comme ses epouses. Enfin vous ne sçauriez trop considerer combien il vous importe de bien comprendre cette verité que Nostre Seigneur est au dedans de nous-mêmes, & que nous devons nous efforcer d'y demeurer avec luy.

De l'Oraison de recueillement.

Cette maniere d'oraison quoy que vocale, fait qu'on se recueille beaucoup plutost, & on en tire de grands avantages. On la nomme Oraison de recueillement, parce que l'ame y recueille toutes ses puissances, & entre dans elle-même avec son Dieu, qui l'instruit & luy donne l'Oraison de quietude beaucoup plus promptement par ce moyen que par nul autre. Car estant là avec luy elle peut penser à sa passion, & l'ayant present devant ses yeux l'offrir à son pere sans que son esprit se lasse en l'allant chercher ou au jardin, ou à la colomne, ou sur le calvaire.

Celles qui pourront s'enfermer comme je viens de le dire dans ce petit ciel de nostre ame où elles trouvent celuy qui en est le Createur aussi bien que de la terre, & qui s'accoûtumeront à ne rien regarder hors de là, & à ne se mettre point en un lieu où leurs sens exterieurs se puissent distraire, doivent croire qu'elles marchent dans un excellent chemin, & qu'avançant beaucoup en peu de temps elles boiront bien-tost de l'eau de la celeste fontaine. C'est comme celuy qui voyageant sur la mer avec un vent favorable arrive dans peu de jours où il veut aller: au lieu que ceux qui vont par terre en employent beaucoup davantage. Car quoy qu'étant en cét estat nous ne puissions pas dire que nous sommes déja en pleine mer, vû que nous n'avons pas encore tout-à-fait quitté la terre, nous y sommes neanmoins en quelque sorte, puis qu'en recueillant nos sens & nos pensées nous faisons, pour la quitter tout ce qui est en nostre pouvoir.

Que si ce recueillement est veritable on n'a pas peine à le connoître, parce qu'il opere un certain effet que celuy qui l'a éprouvé côprend mieux que je ne sçaurois vous le faire entendre. C'est que l'ame dans ces momens favorables que Dieu luy donne se trouvant libre & victorieuse, penetre le neant des choses du môde, s'éleve vers le ciel & a l'imitation de ceux qui se retranchent dans un fort pour se mettre à couvert des attaques de leurs ennemis; elle retire ses sens de ce qui est exterieur & s'en eloigne de telle sorte, que sans y faire reflexion les yeux du corps se ferment d'eux mêmes aux choses visibles, & ceux de l'esprit s'ouvrent & deviennent plus clair, voyans pour les invisibles. Aussi ceux qui marchent par ce chemin ont presque toûjours les yeux fermez durant la priere: ce qui est une

CHAPITRE XXVIII.

une coûtume excellente & utile pour plusieurs choses. Car encore qu'il se faille faire d'abord quelque violence pour ne point regarder des objets sensibles, cela n'arrive qu'au commencement, parce que quand on y est accoûtumé il se faudroit faire une plus grande violence pour les ouvrir qu'on n'en faisoit auparavant pour les fermer. Il semble alors que l'ame comprend qu'elle se fortifie de plus en plus aux dépens du corps ; & que le laissant seul & affoibly, elle aquiert une nouvelle vigueur pour le combattre.

Or quoy que d'abord on ne s'apperçoive pas de ce que je viens de dire, à cause que ce recueillement de l'ame a plusieurs degrez differens, & que celuy-cy ne produit pas cet effet; toutefois si ensuite des peines que le corps souffre au commencement en voulant resister à l'esprit sans comprendre qu'il se ruine luy-mesme en ne s'y assujetissant pas, nous nous faisons violence durant quelque jours & nous y accoûtumons, nous connoistrons clairement le profit que nous y aurons fait, puis qu'aussi tost que nous commencerons à prier, nous verrons que sans y rien contribuer de nostre part, les abeilles viendront d'elle-mesmes à la ruche pour travailler à faire le miel, parce que Nostre Seigneur veut que pour recompense de nostre travail nostre volonté devienne de telle sorte la maistresse de nos sens, qu'aussi tost qu'elle leur fait le moindre signe de se vouloir recueillir, ils luy obeïssent & se recueillent avec elle. Que si après ils s'échapent, c'est toûjours beaucoup qu'ils luy ayent esté soûmis, puis qu'ils ne s'en vont alors que comme des esclaves qui sortent de la maison de leur maistre sans faire le mal qu'ils auroient pû faire & que quand la volonté les rappelle ils reviennent plus viste qu'ils ne s'en estoient allez. Il arrive mesme que cela s'estant passé diverses fois de la sorte, Nostre Seigneur fait qu'ils s'arrestent entierement sans plus empescher l'ame d'entrer dans une contemplation parfaite. Taschez, mes Filles, de bien concevoir ce que j'ay dit : & bien qu'il paroisse assez obscur, ceux qui le pratiqueront le comprendront aisément. Ces ames vont donc comme si elles voyageoient sur la mer: & puis qu'il nous importe tant de n'aller pas lentement, parlons un peu des moyens de nous accoûtumer à bien marcher.

Ceux qui travaillent à se recueillir courent moins de fortune de tomber, & le feu du divin amour s'attache plus promptement à leur ame, parce qu'elle en est si proche que pour peu que leur entendement le souffle, la moindre étincelle qui en rejallit est capable de l'embraser entierement, à cause qu'estant dégagée de toutes les choses exterieures & se trouvant seule avec son Dieu, elle est toute preparée à s'allumer. Representez vous qu'il y a dans nous un palais si magnifique que toute la matiere en est d'or & de pierres precieuses, puis que pour tout dire en un mot il est digne de ce grand

Monarque qui l'habite. Songez que vous faites une partie de la beauté de ce palais : car cela est vray, puis que rien n'égale la beauté d'une ame enrichie de plusieurs vertus, qui de mesme que des pierres precieuses éclatent d'autant plus qu'elles sont plus grandes. Et enfin imaginez-vous que le Roy des Rois est dans ce Palais; qu'il daigne vous y recevoir; qu'il est assis sur un superbe trône, & que ce trône est vostre cœur.

Il vous semblera peut-estre d'abord que cette comparaison dont je me sers pour vous faire comprendre cecy est extravagante. Mais elle vous pourra neanmoins estre fort utile, parce que les femmes étant ignorantes, c'est un moyen propre à vous faire voir qu'il y a au dedans de nous quelque chose d'incomparablemēt plus estimable que ce qui nous paroist au dehors. Car ne vous imaginez pas qu'il n'y ait rien au dedans de nous. Et pluft à Dieu qu'il n'y eust que les femmes qui manquassent à considerer ce qui y est, puis que si l'on avoit soin de rappeller en sa memoire le souvenir de ce divin hoste qui habite au milieu de nous, il seroit impossible à mon avis de se tant appliquer aux choses du monde qui frappent nos sens, voyant combien elles sont indignes d'estre comparées à celles qui sont dans nous-mesmes. Que pourroit faire davantage une beste brute que de suivre l'impetuosité de ses sens, & se jetter sur la proye qui luy agrée afin de s'en rassasier ? Et n'y a-t-il donc point de difference entre les bestes & nous ?

Quelques uns se mocqueront peut-estre de moy, & diront qu'il n'y a rien de plus évident : Et je veux bien qu'ils ayent raison, quoy que j'avouë qu'il m'a paru fort obscur durant quelque temps. Je comprenois assez que j'avois une ame. Mais les choses de la terre qui ne sont que vanité me bouchant les yeux, je ne comprenois ni la dignité de cette ame, ni l'honneur que Dieu luy fait d'estre au milieu d'elle. Car si j'eusse connu alors comme je fais maintenant qu'un si grand Monarque habitoit dans ce petit palais de mon ame il me semble que je ne l'aurois pas si souvent laissé tout seul, & que quelquefois au moins je serois demeurée avec luy, & aurois pris plus de soin de nettoyer ce palais qui estoit remply de tant d'ordures. Y a-t-il rien si admirable que de penser que celuy dont la grandeur pourroit remplir mille mondes ne dédaigne pas de se retirer dans un si petit espace ? & que c'est ainsi qu'il voulut bien s'enfermer dans le sein de la tres-sainte Vierge sa mere ? Comme il est le maistre absolu & le souverain Seigneur de l'univers, il porte avec luy la liberté : & comme il nous aime uniquement il se proportionne à nous. Ainsi lors qu'une ame cōmence d'entrer dans ces saintes voyes il ne le fait pas connoistre à elle, de crainte qu'elle ne se trouble de voir qu'estant si petite elle doit contenir une chose qui est si grande : mais il l'étend

CHAPITRE XXIX.

& l'agrandit peu à peu selon qu'il le juge necessaire pour la rendre capable de recevoir toutes les graces dont il veut la favoriser. C'est ce qui me fait dire qu'il porte avec luy la liberté ; & par ce mot de liberté j'entens le pouvoir qu'il a d'accroistre & d'agrandir ce palais. Mais l'importance est de le luy donner avec une volonté pleine, déterminée, & sans reserve, afin qu'il puisse y mettre & en oster tout ce qu'il lui plaira comme lui appartenant absolument.

C'est là ce que sa divine Majesté desire de nous, & puis qu'il n'y a rien de plus raisonnable, pourrions-nous le lui refuser ? Il ne veut point forcer nostre volonté ; il reçoit ce qu'elle lui donne ; mais il ne se donne entierement à nous que lors que nous nous donnons entierement à luy. Cela est certain & si important que je ne sçaurois trop le repeter. Ce Roy eternel n'agit pleinement dans nostre ame que quand il la voit libre de tout & toute à luy. Pourroit-il en user autrement puis qu'il aime parfaitement l'ordre ; & qu'ainsi si nous remplissions ce palais de petites gens tirées de la lie du peuple, & de toutes sortes de bagatelles, comment un si grand Prince pourroit-il avec toute sa cour y venir loger ? Ne seroit-ce pas beaucoup qu'il voulust seulement demeurer quelques momens au milieu de tant d'embarras ? Car pensez-vous, mes Filles, que ce Roy de gloire vienne seul? N'entendez-vous pas que son Fils aprés avoir dit *Nostre Pere*, ajoûte aussi-tost, *qui estes dans le Cieux* ? Or ceux qui composent la cour d'un tel Prince n'ont garde de le laisser seul : Ils l'accompagnent tousiours, & le prient sans cesse en nostre faveur, parce qu'ils sont pleins de charité. Ne vous imaginez pas que ce soit comme icy-bas, où lors qu'un Seigneur ou un Prelat honore quelqu'un de sa bien-veillance, soit qu'il en ait des raisons particulieres, ou que son inclination seule l'y porte, on commence aussi-tost d'enuier & de haïr cette personne, quoy qu'elle n'en donne point de sujet; & ainsi sa faveur luy couste cher.

CHAPITRE XXIX.

La Sainte continuë dans ce chapitre à traiter de l'oraison de recueillement.

AV nom de Dieu, mes Filles, ne vous souciez point de ces faveurs. Que chacune s'efforce de faire ce qu'elle doit. Et quand bien le Superieur ne luy témoigneroit pas estre satisfait d'elle; qu'elle s'assure que nostre Seigneur non seulement l'agréera, mais l'en recompensera. Car sommes-nous venuës icy pour chercher des recompenses temporelles : & ne devons nous pas élever sans cesse nostre esprit vers des objets permanens & eternels, sans nous arrester à ceux d'icy-bas qui sont si fragiles & si perissables qu'ils ne durent

De l'oraison de recueillement. Suite.

pas mefme tant que noftre vie ? Que s'il arrive que voftre Superieur foit plus fatisfait aujourd'huy d'une de vos Sœurs que non pas de vous, il pourra l'eftre demain davantage de vous que non pas d'elle s'il connoift que vous avez plus de vertu. Et quand cela n'arriveroit pas : que vous importe ? Ne donnez donc point de lieu à ces penfées, qui commençant quelquefois par peu de chofe vous peuvent beaucoup inquieter. Au contraire repouffez les en confiderant que voftre royaume n'eft pas de ce monde, & combien promtement toutes chofes paffent.

Mais ce remede eft affez foible & ne marque pas une grande perfection. Le meilleur pour vous eft que l'on continuë à vous humilier, & que vous foyez bien aifes de l'eftre pour l'amour de voftre Sauveur qui eft avec vous. Faites reflexion fur vous-mefme, & vous le trouverez comme je l'ay dit dans le fond de voftre cœur où il ne manquera pas de vous donner des confolations interieures d'autant plus grandes que vous en aurez moins d'exterieures, il eft fi plein de compaffion qu'il ne manque jamais d'affifter les perfonnes affligées, & injuftement traitées, pourvû qu'elles mettent en luy feul leur confiance. C'eft ce qui a fait dire à David, qu'il n'abandonne point les affligez. Le croyez-vous ou ne le croyez vous pas ? Si vous le croyez dequoy donc vous tourmentez vous ?

„ O mon Seigneur & mon maiftre, fi nous vous connoiffions ve-
„ ritablement, qu'y auroit-il qui fuft capable de nous donner de la
„ peine, puis que vous eftes fi liberal envers ceux qui mettent en
„ vous leur confiance ? Croyez-moy, mes cheres Amies, il importe
„ extrêmement de bien comprendre cette verité, parce que c'eft le moyen de connoiftre que toutes les confolations d'icy-bas ne font que des menfonges & des chimeres, lors que pour peu que ce foit elles empefchent noftre ame de fe recueillir & de rentrer dans elle-mefme. Helas ! mes Filles, qui fera capable de vous le bien faire entendre ? Certes ce ne fera pas moy, puis qu'encore que perfonne ne foit plus obligée que je le fuis a tafcher de les comprendre, ie voy que ie ne le conçois que fort imparfaitement.

Pour revenir à ce que j'ay dit dans le chapitre precedent, je voudrois pouvoir expliquer de quelle forte l'ame fe trouve en la compagnie du Roy des Rois & du Saint des faints, & ne laiffe pas de iouïr d'une parfaite folitude lors qu'elle entre avec luy dans ce paradis qui eft au dedans d'elle-mefme, & ferme la porte aprés elle à toutes les chofes du monde. Ie dis lors qu'elle le veut, parce que vous devez fçavoir, mes Filles, que ce n'eft pas une chofe entierement furnaturelle, mais qu'elle dépend de noftre volonté, & qu'ainfi nous le pouvons avec l'affiftance de Dieu, fans laquelle nous ne pouvons du tout rien, ni former feulement une bonne penfée par nous-

CHAPITRE XXIX.

mesmes. Car ce n'est pas un silence des puissances de nostre ame, mais un recueillement de ces puissances dans elle-mesme. Il y a divers moyens d'y parvenir comme il est écrit en plusieurs livres, qui disent qu'il se faut desoccuper de toutes choses, afin de nous approcher interieurement de Dieu ; & que mesme dans nos occupations nous devons nous retirer au dedans de nous, quand ce ne seroit que pour un moment ; le souvenir d'avoir chez soy une telle compagnie estant d'une tres-grande utilité.

Ce que je pretens donc que nous devons faire est seulement de considerer quel est celuy à qui nous parlons, & de demeurer en sa presence sans tourner la testé d'un autre costé, ainsi qu'il me semble que ce seroit faire que de penser à mille choses vaines & inutiles dans le mesme temps qu'on parle à Dieu. Tout le mal vient, mon Seigneur, de ce que nous ne comprenons pas assez combien dans la verité vous estes proche de nous. Nous agissons comme si vous en estiez fort éloigné. Et combien grand seroit cet éloignement s'il faloit que nous vous allassions chercher jusques dans le ciel ? Vostre visage ô mon Sauveur, ne merite-t-il donc pas d'arrester nos yeux pour le considerer lors qu'il nous est si facile de le faire ? Il ne nous semble pas que les hommes nous entendent quand nous leur parlons, s'ils manquent de nous regarder : & nous fermons les yeux de peur de vous voir lors que vous nous regardez : Ainsi comment sçaurons-nous si vous aurez entendu ce que nous avons pris la hardiesse de vous dire ?

Je voudrois donc seulement, mes Filles, vous faire comprendre que pour nous accoûtumer par un moyen tres-facile à arrester nostre esprit afin qu'il sçache ce qu'il dit & à qui il le dit, il est besoin de recueillir dans nous-mesmes ces sens exterieurs & de leur donner dequoy s'occuper n'y ayant point de doute que le ciel ne se trouve au dedans de nous puis que le Createur du Ciel y habite. Ainsi nous nous accoûtumerons à concevoir qu'il n'est pas besoin pour luy parler de crier à haute voix, & il nous fera assez connoistre qu'il est veritablement dans nostre ame.

En nous conduisant de la sorte nous prierons vocalement sans peine & dans un tres-grand repos, & aprés nous estre contraintes durant quelques temps à nous tenir proches de nostre Seigneur il nous entendra par signes comme l'on dit d'ordinaire, & au lieu de reciter comme auparavant diverses fois le *Pater* il nous faira connoistre dés la premiere qu'il nous a oüis. Car il prend tant de plaisir à nous soulager, que quoy que durant toute une heure nous ne disions qu'une fois cette sainte & toute divine priere, pourvû qu'il voye que nous n'ignorons pas que nous sommes avec luy ; combien il se plaist d'estre avec nous ; ce que c'est que nous luy deman-

G.Ggg iij

dons; & la joye qu'il a de nous l'accorder : il ne se soucie nullement que nous nous rompions la teste en luy faisant de longs discours. Ie le prie de tout mon cœur de vouloir donner cette instruction à celles de vous qui ne l'ont pas. Et je confesse n'avoir jamais sçû ce que c'est que de prier avec satisfaction jusques à ce qu'il m'ait appris d'en user en cette maniere. Ie me suis toûjours si bien trouvée de me recueillir ainsi en moy-mesme, que c'est ce qui m'a fait étendre beaucoup sur ce sujet.

Pour conclusion je dis, que celuy qui desire de former cette habitude; car c'en est une qui depend de nous, ne doit point se lasser de s'accoûtumer à se rendre peu à peu maistre de soy-mesme, en rappellant ses sens au dedans de luy: ce qui n'est pas une perte pour son ame mais un grand gain, puis qu'en retranchant l'usage exterieur de ses sens elle les fait servir à son recueillement interieur, en sorte que si nous parlons nous taschions de nous souvenir que nous avons dans le fond de nostre cœur avec qui parler: si nous entendons parler quelqu'un, nous nous souvenions que nous devons écouter parler celuy qui nous parle de plus prés : & qu'enfin nous considerions toûjours que nous pouvons si nous voulons ne nous separer jamais de cette divine compagnie, & estre faschez d'avoir laissé seul durant si long-temps ce Pere celeste dont nous pouvôs attendre tout nostre secours.

Que l'ame s'il se peut pratique cecy plusieurs fois le jours, sinon qu'elle le pratique au moins quelquefois ; & en s'y accoûtumant elle en retirera tost ou tard un grand avantage. Dieu ne luy aura pas plûtost fait cette grace qu'elle ne voudroit pas la changer contre tous les tresors de la terre. Au nom de Dieu, mes Filles, puis que rien ne s'acquiert sans peine, ne plaignez pas le temps & l'application que vous y employerez : & je vous assure qu'avec l'assistance de nostre Seigneur vous en viendrez à bout dans un an, & peut-estre dans six mois. Voyez combien peu considerable est ce travail en comparaison de l'avantage d'établir ce solide fondement, afin que si Dieu vous veut élever à des grandes choses il vous y trouve disposées en vous trouvant si proches de lui. Ie prie sa toute-puissante Majesté de ne permettre jamais que vous vous éloignez de sa presence.

CHAPITRE XXX.

Comme il importe de sçavoir ce que l'on demande par ces paroles du Pater Que vostre nom soit sanctifié. *Application de ces paroles à l'oraison de quietude que la Sainte commence d'expliquer, & montre que l'on passe quelquefois tout d'un coup de l'oraison vocale à cette oraison de quietude.*

CONSIDERONS maintenant, mes Filles, comme nostre divin Maistre passe plus outre : comme il commence à demander quelque chose pour nous à son Pere : & qu'est-ce qu'il luy demande? Car il est à propos que nous le sçachions. Qui est celuy pour mal habile qu'il soit, qui ayant quelque chose à demander à une personne considerable ne pense point auparavant à ce qu'il doit luy demander : au besoin qu'il en a ; & à la maniere dont il devra luy parler afin de ne le pas importuner & ne luy estre point desagreable ; principalement s'il s'agit d'une chose de consequence telle qu'est celle de nostre Sauveur nous apprend à demander ? & cecy me semble tres considerable. *Sur ces paroles: Que vostre Nom soit sanctifié.*

Ne pouviez-vous pas, ô mon Dieu, commencer & finir vostre oraison par une seule parole en disant: Donnez-nous, mon Pere, ce qui nous est necessaire, puis qu'il semble qu'il n'estoit pas besoin d'en dire davantage à celuy qui comprend si parfaitement toutes choses. O sagesse eternelle, il est vray que cela auroit esté suffisant en vostre Pere & vous : & c'est ainsi que vous le priastes dans le jardin, en luy faisant voir d'abord vostre crainte & vostre desir, & vous soûmettans aussi-tost aprés à sa volonté. Mais comme vous sçavez, mon Dieu, que nous ne sommes pas si soûmis à vostre Pere Eternel que vous l'estiez, il estoit besoin de marquer en particulier ce que vous luy demandiez pour nous : afin que nous puissions juger s'il nous est avantageux ou non de le demander. Car nostre libre arbitre ne se portant qu'à ce qui luy est le plus agreable, nous ne voudrions point recevoir ce que Dieu nous donne s'il n'estoit conforme à nostre desir ; parce qu'encore qu'il fust le meilleur, neanmoins ne voyant pas le bien qui nous en peut revenir, & comme on dit, n'ayant pas nostre argent dans nos mains, nous ne nous croirions jamais riches.

O mon Dieu, mon Dieu, d'où vient que nostre foy est si endormie pour croire une eternité de biens & de maux, & que nous comprenons si peu cette infaillible certitude ou de recompense ou de supplices ? Il est bon, mes Filles, pour vous en éclaircir que vous entendiez ce que c'est que vous demandez dans l'oraison Dominicale, afin que si le Pere Eternel vous l'accorde vous ne le refusiez pas : & vous devez toûjours fort considerer si ce que vous luy deman-

dez vous est utile, parce que s'il ne l'estoit pas, vous vous de
bien garder de le desirer. Mais ne craigniez point de demander c
nuellement à son adorable Majesté la lumiere qui vous est nece
puis que nous sommes aveugles, & avons un tel dégoust de c
peut nous donner la vie, que nous n'aimons que ce qui peut
doner la mort, & une mort non seulement redoutable, mais eter

Or pour demander à Dieu qu'il luy plaise d'établir en nou
Royaume, Nostre Seigneur nous ordonne de dire ces paroles
vostre nom soit sanctifié, & que vostre regne nous arrive. Voyez, mes
les, quelle est la sagesse infinie de nostre Maistre. C'est icy q
considere & qu'il importe de considerer ce que nous demandor
demandant ce Royaume. Comme nostre Sauveur connoist que
nôtre extrême impuissance nous sommes incapables de sanctifier
loüer, & de glorifier dignement ce nom adorable du Pere Eter
si sa supréme Majesté ne nous en donne le moyen en nous don
icy son Royaume, il a voulu dans les demandes qu'il luy a faites,
nous, joindre ensemble ces deux choses.

Or pour vous faire entendre ce que c'est que nous demando
combien il nous importe de presser pour l'obtenir; & qu'il n'y a
que nous ne devions nous efforcer de faire pour contenter ce
qui peut seul nous le donner, je veux vous dire ce que je pense.
si vous n'en estes satisfaites, vous pourrez entrer vous-mesmes d
d'autres considerations: Car nostre bon Maistre vous le permett
pourveu que vous vous soûmettiez entierement à la creance de
glise, ainsi que je le fais tousjours, & que pour cette raison je ne v
donneray point cecy à lire qu'aprés qu'il aura esté veu par des p
sonnes qui soient capables d'en juger.

Mon opinion est donc, que le grand bon-heur entre tant d'aut
dont on jouït dans le Royaume du Ciel, est qu'on n'y tient plus auc
compte de toutes les choses de la terre; mais que trouvant dans so
mesme le repos & la gloire; on y est dás la joye de voir tous les aut
comblez de joye, dans une paix perpetuelle de voir que tous loue
benissent, & sanctifient le nom de Dieu: de voir que tous l'aiment;
de ce que personne ne l'offense. Ainsi les ames ne sont occupées q
de son amour, & ne peuvent cesser de l'aimer, parce qu'elles le co
noissent parfaitement. Que si nous ne le connoissions mieux icy b
que nous ne le connoissons, nous l'aimerions beaucoup plus que no
ne l'aimons; & l'aimerions de la sorte que je viens de dire, quoy q
non pas en un si haut degré de perfection, ni si constamment.

De l'oraison de quietude. Ne vous semble-t-il point, mes Sœurs, que je veuille dire que pou
faire cette demande & pour bien prier vocalement nous devio
est

CHAPITRE XXX.

estre des Anges? Certes nostre divin Maistre le voudroit, puis qu'il nous ordonne de faire une demande si élevée,& qu'asseurément il ne nous oblige pas à demander des choses qui soient impossibles. Car pourquoy seroit-il impossible que méme dans l'exil de cette vie une ame puft, avec l'assistance de Dieu, arriver jusques à ce point, quoy que ce ne puisse estre si parfaitement que lors qu'elle sera délivrée de la prison de ce corps, parce que nous voguons encore sur la mer du monde, & n'avons pas achevé nostre voyage. Mais il y a des intervalles dans lesquels les ames estant lassées de marcher Nostre Seigneur met leurs puissances dans un calme & dans une quietûde où il leur fait comprendre clairement,& gouster comme par avance ce qu'il donne à ceux qu'il a rendus participans de son Royaume eternel, & à ceux à qui il le donne dés cette vie en la maniere qu'on le voit dans la priere qu'il nous a enseignée. Ainsi les faveurs qu'il leur fait sont comme des gages de son amour qui les fortifient dans l'esperance qu'ils ont d'estre un jour eternellement rassasiez de ce qu'ils ne goustent icy-bas que durant quelques momens.

Que si je n'apprehendois de vous donner sujet de croire que je veux vous parler icy de la contemplation, cette demande me fourniroit une occasion fort propre de vous dire quelque chose du commencement de cette pure contemplation, que ceux qui y sont habituez nomment oraison de quietude. Mais comme j'ay entrepris de traiter en ce lieu de l'oraison vocale, vous vous imagineriez peut-estre que je ne dois pas icy les joindre ensemble, quoy que je n'en demeure pas d'accord, parce que je sçay le contraire. Car je connois plusieurs personnes que Dieu fait passer de l'oraison vocale telle que je vous l'ay représentée, à une contemplation fort sublime, sans qu'elles puissent comprendre de quelle sorte cela se fait. Et c'est pour cette raison, mes Filles, que j'insiste tant à ce que vous fassiez bien l'oraison vocale.

Ie sçay une personne qui n'ayant jamais pû faire d'autre oraison que la vocale, possedoit toutes les autres: & quand elle vouloit prier d'une autre maniere, son esprit s'égaroit de telle sorte qu'elle ne se pouvoit souffrir elle-mème. Mais plût à Dieu que nos oraisons mentales fussent semblables à l'oraison vocale qu'elle faisoit. Elle recitoit quelques *Pater*, en l'honneur du sang que Nostre Seigneur a répandu dans les divers mysteres de sa passion: & elle s'y occupoit de telle sorte qu'elle y passoit quelquefois deux ou trois heures. Elle me vint trouver un jour fort affligée de ce que ne pouvant faire l'oraison mentale ni s'appliquer à la contemplation, elle se trouvoit reduite à faire seulement quelques oraisons vocales. Ie luy demanday quelles elles estoient : & je trouvay qu'en disant continuellement le *Pater*, elle entroit dans une si haute contemplation que Nostre Seigneur l'éleyoit jufques à l'union diuine, & fes actions le faifoient bien voir : car elle viuoit fort faintement. Ainfi je loüay Noftre Seigneur, & portay enuie à une telle oraifon vocale. Cela eftant tres-veritable, ne croyez pas, vous qui eftes ennemis des contemplatifs, que vous ne puiffiez vous mêmes le devenir, pourvû que vous recitiez vos oraifons vocales auec l'attention & la pureté de confcience que vous devez.

CHAPITRE XXXI.

De l'oraifon de Quietude qui eft la pure contemplation. Avis fur ce fujet. Difference qui fe trouve entre cette oraifon & l'oraifon d'union, laquelle la Sainte explique. Puis revient à l'oraifon de Quietude.

De l'Oraifon de Quietude, qui eft la pure contemplation.

JE veux donc, mes Filles, vous dire ce que c'eft que cette oraifon de Quietude felon ce que j'en ay entendu parler, & que Noftre Seigneur me l'a fait comprendre afin peut-eftre que je vous en inftruife. C'eft à mon avis dans cette oraifon qu'il commence à nous faire connoiftre que nos demandes luy font agreables, & qu'il veut dés icy-bas nous faire entrer dans la poffeffion de fon Royaume, afin que nous le loüions, que nous le fanctifions, & que nous travaillions de tout noftre pouvoir à faire que les autres le loüent & le fanctifient. Comme cette oraifon eft une chofe furnaturelle, nous ne fçaurions pas nous mémes l'acquerir quelque foin que nous y apportions. Car c'eft mettre noftre ame dans la paix & dans le calme, ou pour mieux dire, c'eft fentir que Noftre Seigneur l'y met par fa divine prefence, en établiffant dans un plein repos toutes fes facultez & fes puiffances, comme nous voyons dans l'Evangile qu'il en ufa de la forte à l'égard de Simeon le Iufte.

Lors que l'ame eft en cét eftat elle comprend par une maniere fort differente de celle qui fe fait par l'entremife de nos fens exterieurs, qu'elle eft déja proche de fon Dieu, & que pour peu qu'elle s'en approche davantage elle deviendra par le moyen de l'union une mefme chofe avec luy. Ce n'eft pas qu'elle voye cela ni avec les yeux du corps, ny avec les yeux de l'ame, non plus que faint Simeon ne voyoit le divin Iesus que fous les apparences d'un fimple enfant; & qu'à en juger par la maniere dont il eftoit couvert & enveloppé, & par le petit nombre de perfonnes qui le fuivoient, il n'euft dû plutôt le prendre pour le fils de quelque pauvre homme que pour le fils du Pere Eternel. Mais de mefme que cét adorable Enfant luy fit connoiftre qui il eftoit, l'ame connoift avec qui elle eft, quoy que non pas fi clairement, puis qu'elle ne comprend point encore de quelle forte elle le comprend. Elle voit feulement qu'elle fe trouve dans ce

CHAPITRE XXXI.

Royaume qu'elle y est proche de son Roy; & qu'il a resolu de le luy donner: mais son respect est si grand qu'elle n'ose le luy demander.

C'est comme un évanoüissement interieur & exterieur tout ensemble, durant lequel le corps voudroit demeurer sans se remuer, ainsi que le voyageur qui estant presque arrivé où il veut aller se repose pour y arriver encore plutost par le redoublement que ces forces reçoivent de ce repos. Mais si le corps se trouve comblé de plaisir, celuy dont l'ame joüit n'est pas moindre. Sa joye de se voir proche de cette fontaine celeste est si grande, qu'avant même que d'en boire elle se trouve rassasiée. Il luy semble qu'elle n'a plus rien à desirer: toutes ses puissances sont si satisfaites qu'elles ne voudroient jamais sortir de cette heureuse tranquilité; & tout ce qui s'offre alors à elles ne peut que les importuner, parce qu'il leur semble qu'il les détourne de l'amour qu'elles ont pour Dieu. Car en cét estat la seule volonté est captive, & là rien n'empéche ces deux autres puissances, l'entendement & la memoire de penser auprés de qui elles sont. Mais quant à elle, si elle peut sentir quelque peine, c'est seulement de se voir capable de recouvrer sa liberté.

L'entendement voudroit ne pouvoir jamais envisager que cét objet, ni la memoire s'occuper que de luy seul. Ils connoissent que c'est l'unique chose necessaire, & que toutes les autres ne servent qu'à les troubler. Ils voudroient que leur corps fut immobile, parce qu'il leur semble que son mouvement leur feroit perdre la tranquillité dont ils joüissent, & ainsi ils n'osent se remuer: à peine peuvent-ils parler, & une heure se passe à dire le *Pater* une seule fois. Ils sont si proches de leur Roy, qu'ils comprennent qu'au moindre signe ils l'entendront & seront entendus de luy. Ils voyent qu'ils sont auprés de luy dans son palais, & connoissent qu'il commence à les mettre en possession de son Royaume.

Se trouvant en cét estat ils répandent quelquefois de larmes, non de douleur: mais de joye. Il leur semble qu'ils ne sont plus dans le monde, & voudroient ne le voir jamais, ni en entendre parler; mais voir & entendre seulement leur Dieu. Rien ne les peine ni ne leur paroist capable de les peiner. Et enfin tandis que ce plaisir dure, ces ames sont si plongées & si abysmées en Dieu qu'elles ne peuvent comprendre qu'il y ait rien de plus à desirer: & diroient volontiers avec S. Pierre: *Seigneur faisons icy trois tabernacles.*

Dieu fait quelquefois dans cette oraison de Quietude une autre faveur fort difficile à comprendre, à moins que d'en avoir souvent fait l'experience. Mais ceux qui auront passé par là la comprendront bien & n'auront pas peu de consolation de sçavoir quelle elle est. Pour moy je croy que Dieu joint mesme souvent une telle faveur à cette autre. Voicy ce que c'est. Lors que cette quietude est grande

& qu'elle dure long-temps, il me semble que si la volonté n'estoit attachée & comme liée, elle ne pourroit conserver la paix dont elle jouït, ainsi qu'elle la conserve lors que l'on se trouve durant un jour ou deux en cet estat ; sans comprendre de quelle sorte cela se fait. Ces personnes voyent clairement qu'elles ne sont pas occupées toutes entieres à ce qu'elles font ; mais que le principal leur manque, qui est la volonté, laquelle à mon avis est alors unie à Dieu, & laisse les autres puissances libres pour s'employer à ce qui regarde son service, auquel elles sont beaucoup plus propres qu'en un autre temps. Mais quant aux choses du monde, elles en sont si incapables, qu'elles paroissent comme engourdies, & quelquefois toutes interdites. C'est une grande faveur que Dieu fait à ceux à qui il luy plaist de l'accorder, parce que la vie active & contemplative se trouvent jointes, & que dans cét heureux temps Nostre Seigneur met tout en œuvre. Car la volonté s'occupe à son ouvrage, c'est à dire, à la contemplation, sans sçavoir de quelle sorte elle s'y occupe : & l'entendement & la memoire travaillent à leur ouvrage, c'est à dire à l'action, à l'imitation de Marthe, qui dans une rencontre si favorable se trouve jointe à Magdeleine.

Ie sçay une personne que Nostre Seigneur mettoit souvent en cét estat ; & parce qu'elle ne comprenoit point comment cela se pouvoit faire, elle le demanda à un grand contemplatif. Il luy répondit qu'elle ne devoit point s'en étonner, & qu'il luy en arrivoit autant : ce qui me donne sujet de croire, que puis que l'ame est si pleinement satisfaite dans cette Oraison de Quietude, il y a grande apparence que le plus souvent sa volonté s'y trouve unie à celuy qui est seul capable de la combler de bon-heur. Et parce qu'il y en a quelques unes d'entre vous que Nostre Seigneur par sa seule bonté a favorisée de cette grace, il me semble qu'il ne sera pas mal à propos que je leur donne quelque avis sur ce sujet.

Le premier est que lors qu'elles joüissent de cette consolation sans sçavoir de quelle sorte elle leur est arrivée ; mais connoissant seulement qu'elles n'y ont rien ni contribué ni peu contribuer, elles tombent dans la tentation de croire qu'il est en leur pouvoir de se maintenir en cét estat : ce qui fait qu'à peine osent-elles respirer. Mais c'est une resuerie. Car comme nous ne sçaurions ni faire venir le jour, ni empêcher la nuit de venir, nous ne sçaurions non plus ni nous procurer une si grande faveur qu'est cette oraison, ni empêcher qu'elle ne se passe. C'est une chose entierement surnaturelle : nous n'y avons aucune part, & nous sommes si incapables de l'acquerir par nos propres forces, que le moyen d'en joüir plus long-temps est de reconnoistre qu'estant tres indignes de la meriter, nous ne sçaurions ni l'auancer ni la reculer, mais seulement la receuoir auec

CHAPITRE XXXI. 613

de grandes actions de graces. Et ces actions de graces ne consistent pas en la quantité de paroles, mais à imiter le Publicain en n'osant pas seulement lever les yeux vers le Ciel.

La retraite peut alors estre fort utile pour laisser la place entierement libre à N. Seigneur, afin que sa souueraine Majesté dispose en la maniere qu'il luy plaira d'une creature qui est toute à luy. Et le plus qu'on doive faire alors est de proferer de temps en temps quelques paroles de tendresse, qui excitent nostre amour ainsi qu'on souffle doucement pour rallumer une bougie qui est éteinte, & que ce même souffle éteindroit si elle estoit allumée. Ie dis doucement, parce qu'il me semble que ce souffle doit estre doux pour empêcher que la quantité de paroles que fourniront l'entendement n'occupe la volonté.

Voicy un second auis, mes Filles, que je vous prie de bien remarquer; c'est que durant cette oraison de quietude vous vous trouverez souuent en estat de ne pouuoir vous seruir ni de l'entendement ni de la memoire. Et il arriue qu'au même temps que la volonté est dans une tres grande tranquillité, l'entendement au contraire est dans un tel trouble & si fort effarouché, que ne sçachant où il est & se croyant estre dans une maison étrangere, il va comme d'un lieu en un autre pour en trouver quelqu'un qui le contente, parce qu'il ne peut durer où il est. Mais peut estre qu'il n'y a que moy qui ait l'esprit fait de la sorte. C'est donc à moy que je parle : & cela me tourmente si fort, que je voudrois quelquefois donner ma vie pour remedier à cette inconstance & varieté de pensées.

En d'autres temps il me semble que mon entendement s'arreste, & que comme estant dans sa maison, & s'y trouuant bien il accompagne la volonté. Que si la memoire s'y joint encore, & qu'ainsi toutes ces trois puissances agissent avec concert; c'est un bon-heur inconcevable, & comme un triomphe qui remplit l'ame de contentement & de gloire : de même que dans le mariage quand le mary & la femme sont si parfaitement unis que l'un ne veut que ce que l'autre desire ; au lieu que l'un des deux ne sçauroit estre de mauuaise humeur sans que l'autre soit dans une souffrance perpetuelle.

Lors donc que la volonté se trouue dans cette tranquillité & dans cette quietude, elle ne doit non plus faire de cas de l'entendement ou de la pensée, ou de l'imagination ; car je ne sçay lequel de ces trois noms est le plus propre, qu'elle feroit d'un fou & d'un insensé, parce qu'elle ne pourroit s'amuser à le vouloir tirer par force après elle sans se détourner & l'inquieter ; d'où il arriueroit que non seulement elle ne tireroit pas par ce moyen un plus grand profit de son oraison ; mais que tous ses efforts ne seruiroient qu'à luy faire perdre ce que Dieu luy auroit donné sans qu'elle y eust rien contribué.

Voicy une comparaison que Nostre Seigneur me mit un jour dans l'esprit durant l'oraison, qui à mon avis explique cela fort clairement: c'est pourquoy je vous prie de la bien considerer. L'ame en cét estat ressemble à un enfant qui tette encore, à qui sa mere pour le caresser lors qu'il est entre ses bras fait distiller le lait dans sa bouche sans qu'il remuë seulement les lévres. Car il arrive de même dans cette oraison, que la volonté aime sans que l'entendement y contribuë rien par son travail, parce que Nostre Seigneur veut que sans y avoir pensé elle connoisse qu'elle est avec luy; qu'elle se contente de succer le lait dont il luy remplit la bouche; qu'elle gouste cette douceur sans se mettre en peine de sçavoir que c'est à luy à qui elle en est obligée; qu'elle se réjoüisse d'en joüir sans vouloir connoistre ni en quelle maniere elle en joüit, ni quelle est cette chose dont elle joüit, & qu'elle entre ainsi dans un heureux oubly de soy même par la confiance que celuy auprés duquel elle est si heureuse de se trouver, pourvoira à tous ses besoins. Au lieu que si elle s'arrestoit à contester avec l'entendement pour le rendre malgré luy participant de son bon-heur en le tirant par force aprés elle, il arriveroit de necessité que ne pouvant avoir en même temps une forte attention à diverses choses, elle laisseroit répandre ce lait, & se trouveroit ainsi privée de cette divine nourriture.

✲✲✲

Difference de l'oraison de Quietude & de celle d'union. Or il y a cette difference entre l'oraison de Quietude & celle où l'ame est entierement unie à Dieu qu'en cette derniere l'ame ne reçoit pas cette divine nourriture, comme une viande qui entre dans la bouche avant qu'elle passe dans l'estomac: mais elle la trouve tout d'un coup dans elle-même sans sçavoir de quelle sorte Nostre Seigneur l'y a mise: au lieu que dans la premiere il semble que Dieu veut que l'ame travaille un peu, quoy qu'elle le fasse avec tant de douceur qu'elle s'apperçoit a peine de son travail. Le trouble qu'elle peut avoir alors vient de son entendement ou de son imagination: ce qui n'arrive pas dans cette autre oraison plus parfaite où toutes les trois puissances se trouvent unies, parce que celuy qui les a créés les suspend alors, & que le plaisir dont il les fait joüir est si grand qu'elles en sont toutes occupées, sans pouvoir comprendre de quelle sorte cela se fait.

Quand l'ame se trouve dans cette oraison d'union elle sent bien que la volonté joüit d'un contentement également grand & tranquille: mais elle ne sçauroit dire proprement en quoy il consiste. Ce qu'elle sçait de certitude est qu'il est different de tous ceux qui se rencontrent icy-bas, & que la joye de dominer tout le monde, jointe à tous les plaisirs de la terre n'en sçauroient produire un sem-

CHAPITRE XXXI. 615

blable. La raison selon ce que j'en puis juger, est que tous ces autres plaisirs ne sont que dans l'exterieur & comme dans l'écorce de la volonté, au lieu que celuy cy est dans l'interieur & dans le centre même de la volonté.

❦

Lors donc qu'une ame est dans un estat si sublime d'oraison, ce qui est, comme je l'ay dit, entierement surnaturel : s'il arrive que son entendement s'emporte à des pensées extravagantes, sa volonté ne doit point s'en mettre en peine, mais le traiter comme un insensé en se mocquant de ses folies, & demeurer dans son repos, puis qu'aprés qu'il aura couru de tous costez elle le fera revenir à elle, comme en estant la maistresse & l'ayant sous sa puissance, sans que pour cela elle perde son recueillement. Au lieu que si elle vouloit l'arrester par force, elle même se priveroit de la force que luy donne cette divine nourriture ; & ainsi tous deux y perdroient au lieu d'y gagner. *De l'Oraison de Quietude.*

Comme l'on dit d'ordinaire que pour vouloir trop embrasser on n'embrasse rien, il me semble que la même chose arrive icy, & ceux qui l'auront éprouvé n'auront pas peine à le comprendre. Quant aux autres je ne m'étonne pas que cecy leur paroisse obscur, & qu'ils tiennent cét avis inutile. Mais pour peu qu'ils en ayent d'experience je suis asseurée qu'ils le comprendront, qu'ils en tireront de l'utilité, & qu'ils rendront graces à Nostre Seigneur de la lumiere qu'il luy a plû de me donner pour le leur faire connoistre. Pour conclusion j'estime que lors que l'ame est arrivée à cette sorte d'oraison si élevée & si parfaite, elle a sujet de croire que le Pere eternel luy a accordé sa demande en luy donnant icy bas son royaume.

O heureuse demande qui nous fait demander un si grand bien sans comprendre ce que c'est que nous demandons! ô heureuse maniere de demander! Cela me fait desirer, mes Sœurs, que nous prenions bien garde de quelle sorte nous disons ces paroles toutes celestes du *Pater noster*, & les autres oraisons vocales. Car aprés que Dieu nous aura fait cette faveur nous oublierons tout ce qui est sur la terre, parce que lorsque le Createur de toutes choses entre dans une ame il en bannit l'amour de toutes les creatures. Ie ne pretens pas toutefois dire que tous ceux qui prieront ainsi se trouveront entierement dégagez de tout ce qu'il y a dans le monde. Mais je souhaitte qu'ils reconnoissent au moins ce qui leur manque pour l'estre, qu'ils s'humilient, & qu'ils s'efforcent d'en venir là, puis qu'autrement ils ne s'avanceront jamais.

Lors que Dieu donne à une ame ces gages, si precieux de son amour c'est une marque qu'il la veut employer à de grandes choses, & qu'il ne tiendra qu'à elle qu'elle ne s'avance beaucoup dans son

service. Que s'il voit qu'après l'avoir mise en possession de sor
me elle tourne encore ses pensées & ses affections vers la te
seulemét il ne luy declarera point les secrets & ne luy montre
les merveilles de ce Royaume, mais il ne la gratifiera pas so
cette faveur ; & quand il la luy accordera ce ne sera que pou
temps. Il se peut faire que ie me trompe. Ie croy voir tout
pense sçavoir que cela se passe de la sorte: & c'est à mon avis p
te raison qu'il se trouve si peu de gens qui soient fort spiritue
que les services qu'ils rendent à Dieu ne répondent pas à une si
faveur ; & qu'au lieu de se preparer à la recevoir encore, ils
leur volonté d'entre les mains de Dieu qui la consideroit dé
me estant à luy, pour l'attacher à des choses basses. Ainsi il s
obligé à chercher d'autres personnes qui l'aiment veritablem
de leur faire de plus grandes graces qu'il n'en avoit accordé
cy, quoy qu'il ne retire pas entierement tout ce qu'il leur av
né, pourueu qu'elles viuent toûiours auec pureté de conscien

Mais il y a des personnes, du nombre desquelles i'ay esté
Nostre Seigneur attendrit le cœur, leur inspire de saintes reso
leur fait connoistre la vanité de toutes les choses du monde
fin leur donne son Royaume en les mettant dans cette Ora
quietude, lesquelles se rendent sourdes à sa voix, parce qu'
ment tant à dire fort à la haste, comme pour achever leur
quantité d'Oraisons vocales qu'elles ont resolu de reciter
iour, qu'encore que Nostre Seigneur, comme ie viens de
mettre son Royaume entre leurs mains, elles ne veulent pas
uoir ; mais s'imaginant de mieux faire en priant de cette aut
niere, elles perdent l'attention qu'elles deuroient auoir
grande faueur.

Au nom de Dieu, mes Filles, ne vous conduisez pas de la
mais veillez sur vous lors qu'il luy plaira de vous accorder u
grace. Considerez que ce seroit perdre par vostre faute u
grand tresor, & que c'est beaucoup plus faire de dire de te
temps quelque parole du *Pater*, que de le dire plusieurs fois, &
me en courant sans entendre ce que vous dites. Celuy à qu
addressez vos demandes est proche de vous : il ne manquera
vous écouter ; & vous deuez croire que c'est par cette oraison
cueillement que vous loüerez & que vous sanctifierez veritabl
son nom, parce qu'estant alors dans sa familiarité, & comme l
ses domestiques, vous le loüerez & le glorifierez auec plus
ction & d'ardeur ; & ayant une fois éprouué combien le Seign
doux, vous vous efforcerez de le connoistre toûiours de plus
Cét auis est si important que ie ne puis trop vous exhorte
beaucoup considerer.

CHA

CHAPITRE XXXII.

Sur ces paroles du pater : Voſtre volonté ſoit faite en la terre comme au ciel. *La Sainte reparle ſur ce ſujet de la contemplation parfaite qui eſt l'oraiſon d'union. Ce qui ſe nomme auſſi raviſſement.*

APRés que noſtre bon Maiſtre a demandé pour nous à ſon Pere, & nous a appris à demander des choſes de ſi grand prix qu'elles enferment tout ce que nous ſçaurions deſirer en cette vie : & aprés nous avoir honorez d'une ſi extrême faveur que de nous tenir pour ſes freres ; voyons ce qu'il veut que nous donnions à ſon Pere : ce qu'il luy offre pour nous; & ce qu'il demande de nous: puis qu'il eſt bien juſte que nous reconnoiſſions par quelques ſervices des bien-faits ſi extraordinaires.

Sur ces paroles du Patere Voſtre, volonté ſoit faite, &c.

" O mon doux Iᴇsus, qu'il eſt vray que ce que vous offrez à voſtre " Pere de noſtre part, auſſi bien que ce que vous luy demandez pour " nous eſt grand, quoy que ſi nous conſiderons la choſe en elle même " elle n'eſt rien en comparaiſon de ce que nous devons à un ſi grand " Roy. Mais il eſt certain, mon Dieu, que puis que vous nous avez " donné voſtre royaume, vous ne nous laiſſez pas denüez de tout lors " que nous donnons tout ce qui eſt en noſtre pouvoir en vous diſant " auſſi-bien de cœur que de bouche : *Que voſtre volonté ſoit faite en la ter-* " *re comme au ciel.*

Pour nous donner moyen, mon Sauveur, d'accomplir ce que vous offrez pour nous vous avez agy ſelon voſtre divine ſageſſe, en faiſant auparavant en noſtre nom la demande precedente: car ſans cela comment nous ſeroit-il poſſible de ſatisfaire à noſtre promeſſe? Mais voſtre Pere eternel nous donnant icy-bas le royaume que vous luy demandez pour nous, nous pourrons tenir la parole que vous luy donnez en noſtre nom, puis qu'en convertiſſant la terre de mon cœur en un ciel, il ne ſera pas impoſſible que ſa volonté s'y accompliſſe. Au lieu qu'autrement, mon Dieu, je ne voy pas de quelle ſorte cela ſe pourroit, veu que ce que je vous offre eſt ſi grand, & que la terre de mon cœur eſt ſi ſeche & ſi ſterile.

Ie ne ſçaurois penſer en cecy ſans avoir quelque envie de rire de certaines perſonnes qui ne peuvent ſe reſoudre à demander à Dieu de leur envoyer des travaux, de peur qu'il ne les exauce à l'heure-même. En quoy je n'entens point parler de ceux qui n'oſent par humilité luy faire cette priere à cauſe qu'ils ne croyent pas avoir aſſez de vertu pour bien ſouffrir. I'eſtime neanmoins que quand il leur inſpire un amour pour luy capable de les porter à deſirer de le luy témoigner par des épreuves ſi difficiles, il leur donne auſſi la force

de supporter ces travaux qu'ils luy demandent. Mais je voudr[ois]
bien sçavoir de ceux qui n'osent luy faire cette priere, tant ils a[p]
prehendent qu'il la leur accorde, ce qu'ils luy demandent do[nc]
quand ils luy demandent que sa volonté s'accomplisse en eux. Ne l[e]
disent ils ces paroles que parce que tout le monde les dit, sans avo[ir]
dessein d'executer ce qu'ils disent ? Que cela seroit mal, mes Fill[es]
Car considerez qu'alors IESUS-CHRIST est nostre Ambassade[ur]
envers son Pere, puis qu'il a voulu se rendre entremetteur ent[re]
luy & nous, & que cette intercession luy coûtast si cher. Ainsi quel[le]
apparence que nous ne voulussions pas tenir ce qu'il promettroit [en]
nostre nom ? Et ne vaudroit il pas mieux ne le point promettre ?

Mais, mes Filles, voicy encore une autre raison qui n'est pa[s]
moins forte. C'est que quoy que nous le voulions ou ne le voulion[s]
pas, sa volonté ne peut manquer de s'accomplir dans le Ciel & su[r]
la terre. Suivez donc mon avis & me croyez, en faisant comme l'o[n]
dit d'ordinaire de necessité vertu.

„ O mon Seigneur & mon Maistre, quelle consolation pour moy d[e]
„ ce que vous n'avez pas voulu que l'accomplissement de vostre sain[te]
„ volonté dépendist d'une volonté aussi déreglée & aussi corrompu[e]
„ qu'est la mienne ? Car de quelle sorte en aurois je usé ? Maintenan[t]
„ je vous donne de tout mon cœur ma volonté : mais je n'ose dire que
„ ce soit sans que mon interest s'y rencontre, puis que j'ay reconnu pa[r]
„ tant de diverses experiences l'avantage que je reçois de la soûmettre
„ entierement à la vostre. O mes cheres Filles, que d'un costé le profit est grand lors que nous accomplissons ce que nous disons à Dieu
dans ces paroles du *Pater*: & que de l'autre le dommage est grand
lors que nous manquons de l'accomplir !

Auparavant que de vous expliquer quel est ce profit, je veux
vous dire jusques où s'étend ce que vous offrez & ce que vous promettez à Dieu par ces paroles, afin qu'il ne vous reste plus de lieu,
de vous excuser en disant que vous avez esté trompées, & que vous
n'avez pas bien entendu ce que vous avez promis. Gardez vous
d'imiter certaines religieuses qui se contentent de promettre, &
qui n'accomplissant pas ce qu'elles promettent croyent en estre
quittes en disant, qu'elles ne sçavoient pas bien ce qu'elles avoient
promis. J'avouë que cela pourroit estre, puis qu'autant qu'il est
facile de promettre d'abandonner sa volonté à celle d'autruy, autant quand il en faut venir à l'effet, on trouve qu'il est difficile d'accomplir comme l'on doit cette promesse: car il est aisé de parler, mais
il n'est pas aisé d'executer. Ainsi si elles ont crû qu'il n'y avoit point
de difference entre l'un & l'autre, il paroist qu'elles n'entendoient
pas ce qu'elles disoient. Faites-le donc comprendre, mes Sœurs, par
de longues épreuves à celles qui feront profession dans cette mai-

CHAPITRE XXXII.

fon, afin qu'elles ne s'imaginent pas qu'il fuffife de promettre fans eftre obligé d'accomplir ce que l'on promet. Mais fouvent nos Superieurs ne nous traitent pas avec rigueur, parce qu'ils connoiffent noftre foibleffe. Quelquefois même ils traitent les forts & les foibles d'une même forte: Mais il n'en eft pas icy de même ; Car noftre Seigneur connoiffant ce que chacune de nous eft capable de fouffrir, il accomplit fa volonté en celles qui ont la force de l'executer.

Ie veux maintenant vous declarer quelle eft fa fainte volonté, ou au moins vous en faire fouvenir. Ne croyez pas que ce foit de vous donner de richeffes, des plaifirs & des honneurs, ny toutes ces autres chofes qui font la felicité de la terre. Il vous aime trop, & eftime trop le prefent que vous luy faites pour vous en fi mal recompenfer. Mais il vous veut donner fon royaume, & vous le donner même dés cette vie. Or voulez-vous voir de quelle forte il fe conduit envers ceux qui le prient du fond du cœur que fa volonté foit faite en la terre comme au ciel ? demandez-le à fon divin Fils : car il luy fit cette même priere dans le jardin: & comme il la luy faifoit de toute la plenitude de fa volonté, voyez s'il ne la luy accorda pas en permettant qu'il fuft comblé de travaux, de perfecutions, d'outrages & de douleurs, jufques à perdre la vie en fouffrant la mort fur une croix.

Comment pouvez-vous donc mieux, mes Filles, connoiftre quelle eft fa volonté qu'en voyant de quelle forte il a traité celuy qu'il aimoit le mieux? Ce font là les prefens & les faveurs qu'il fait en ce monde, & il les difpenfe à proportion de l'amour qu'il a pour nous. A ceux qu'il aime le plus il en donne plus: & à ceux qu'il aime moins, il en donne moins, reglant cela felon le courage qu'il connoit être en chacun de nous, & felon l'amour qu'il voit que nous luy portons. Il fçait que celuy qui l'aime beaucoup eft capable de fouffrir beaucoup pour l'amour de luy: & que celuy qui l'aime peu n'eft capable de fouffrir que peu. Car je tiens pour certain que noftre amour étant la mefure de nos fouffrances, il peut porter de grandes ou de petites croix felon qu'il eft grand ou petit.

Ainfi, mes Sœurs, fi vous aimez Dieu veritablement, il faut que les affurances que vous luy en donnez foient veritables; & non pas de fimples paroles de civilité & de compliment. C'eft pourquoy efforcez vous de fouffrir avec patience ce qu'il plaira à fa divine Majefté que vous enduriez. Car fi vous en ufiez d'une autre forte, ce feroit comme offrir un diamant, & en priant inftamment de le recevoir le retirer lors qu'on avanceroit la main pour le prendre. Ce n'eft pas ainfi qu'il fe faut mocquer de celuy qui a tant efté mocqué pour l'amour de nous : & quand il n'y auroit que ces moqueries qu'il a fouffertes, feroit-il jufte qu'il en reçût de nous de nouvelles autant de fois que nous difons ces paroles du *Pater*, c'eft à dire tressouvent? Donnons luy donc enfin ce diamant que nous luy avons si souuent offert, qui est nostre volonté; puis qu'il est certain que c'est luy-même qui nous l'a donné afin que nous la luy donnions.

C'est beaucoup pour les personnes du monde que d'auoir un veritable desir d'accomplir ce qu'elles promettent. Mais quant à nous mes Filles, il ne doit point y avoir de difference entre promettre & tenir, entre les paroles & les actions, puis que c'est en cela que nous témoignons que nous sommes veritablement Religieuses. Que s'il arrive quelquefois qu'aprés avoir non seulement offert ce diamant, mais l'avoir même mis au doigt de celuy à qui nous l'offrons, nous venions à le retirer, ce seroit être si avares aprés auoir été si liberales, qu'il vaudroit mieux en quelque sorte que nous eussions été plus retenuës à le donner, puis que tous mes avis dans ce livre, ne tendent qu'à ce seul point de nous abandonner entierement à nostre Createur; de n'avoir autre volonté que sa volonté, & de nous détacher des creatures: qui sont toutes choses dont vous sçavez assez qu'elle est l'importance.

I'ajoûteray que ce qui porte nostre divin Maistre à se servir icy de ces paroles, c'est qu'il sçait l'avantage que ce nous est de rendre cette soûmission à son Pere, puis qu'en les accomplissant elles nous mennent par un chemin tres-facile à sa diuine fontaine dont j'ay parlé qui est la contemplation parfaite, & nous fait boire de cette eau viue qui en découle: ce que nous ne sçaurions jamais esperer si nous ne donnons entierement à nostre Seigneur nostre volonté pour en disposer comme il luy plaira.

C'est là cette parfaite contemplation dont vous auez desiré que je vous parlasse, & à laquelle, comme je l'ay dit, nous ne contribuons rien. Nous n'y travaillons point, nous n'y agissons point: & tout autre chose ne pouuant que nous détourner & nous troubler, nous n'a-
,, vons seulement qu'à dire: *Vostre volonté soit faite* : accomplissez la en
,, moy Seigneur selon vostre bonplaisir. Si vous voulez que ce soit par
,, des trauaux, donnez-moy la force de les supporter, & je les attendray
,, auec confiance: Et si vous voulez que ce soit par des persecutions, par
,, des maladies, par des affrons, & par les miseres que cause la pauureté
,, me voicy en vostre presence, mon Dieu & mon Pere, & je ne tourne-
,, ray point la teste en arriere. Car comment le pourrois je, puis que
,, vostre diuin Fils vous offrant ma volonté dans cette sainte priere où
,, il vous offre celle de tous les hommes, il est bien juste que je tienne
,, la parole qu'il vous a donnée en mon nom, pourvû que de vostre
,, costé vous me fassiez la grace de me donner ce royaume qu'il vous
,, a demandé pour moy : afin que je sois capable de tenir cette parole.
,, Enfin, mon Seigneur, disposez de vostre servante selon vostre sain-
,, té volonté comme d'une chose qui est toute à vous.

CHAPITRE XXXII.

De l'oraison de raviſſement.

O mes Filles, combien eſt grand l'avantage que nous recevons d'avoir fait ce don! Il eſt tel que pourvû que nous l'offrions de tout noſtre cœur, il peut faire que le Tres haut s'uniſſe à noſtre baſſeſſe, nous transforme en luy, & rende ainſi le Createur & la creature une même choſe. Voyez donc je vous prie ſi vous ſerez bien recompenſées ; & quelle eſt la bonté de ce divin Maiſtre, qui ſçachant par quel moyen l'on peut ſe rendre agreable à ſon Pere, nous apprend ce que nous avons à faire pour luy plaire & pour gagner ſon affection. Plus nous nous portons auec une pleine volonté à luy rendre nos devoirs, & faiſons connoiſtre par nos actions que les aſſurances que nous luy en donnons ne ſont pas feintes ; plus il nous approche de luy & nous détache de toutes les choſes de la terre & de nous mêmes afin de nous rendre capables de recevoir de ſi grandes & de ſi cheres faveurs. Car cette preuve de l'amour que nous luy portons luy eſt ſi agreable, qu'il ne ceſſe point de nous recompenſer en cette vie, & nous reduit à ne ſçavoir plus que luy demander, ſans que neanmoins il ſe laſſe jamais de nous donner. Ainſi ne ſe contentant pas de nous avoir rendus une même choſe avec luy en nous uniſſant à luy, il commence à prendre en nous ſes delices, à nous découurir ſes ſecrets, à ſe réjoüir de ce que nous connoiſſons noſtre bon-heur, de ce que nous voyons, quoy qu'obſcurement, quelles ſont les felicitez qu'il nous reſerve en l'autre vie. Enfin il fait que tous nos ſentimens exterieurs s'évanoüiſſent de telle ſorte qu'il n'y a plus rien que luy ſeul qui nous occupe.

C'eſt-là ce que l'on appelle raviſſement : & c'eſt alors que Dieu commence de témoigner tant d'amitié à cette ame, & de traſter ſi familierement auec elle, que non ſeulement il luy rend ſa volonté, mais il luy donne la ſienne ; & paſſe juſques à prendre plaiſir qu'elle commande à ſon tour, ainſi que l'on dit d'ordinaire, en faiſant luy-même ce qu'elle deſire, comme elle accomplit ce qu'il luy ordonne, & en le faiſant d'une maniere beaucoup plus parfaite, parce qu'il eſt tout-puiſſant, parce qu'il fait tout ce qu'il luy plaiſt, & parce que ſa volonté eſt immuable.

Quant à la pauure ame, quoy qu'elle veüille, elle ne peut pas ce qu'elle veut : Elle ne peut pas même vouloir, ſans que Dieu luy donne cette volonté : Et ſa plus grande richeſſe conſiſte en ce que plus elle le ſert, & plus elle luy eſt redeuable. Il arrive même ſouvent que voulant payer quelque choſe de ce qu'elle doit, elle ſe tourmente & s'afflige de ſe voir ſujette à tant d'engagemens, d'embarras & des liens que la priſon de ce corps traiſne avec elle. Mais elle eſt bien folle de s'en tourmenter, puis qu'encore que nous faſſions

tout ce qui dépend de nous, comment seroit-il possible que no
pûssions payer quelques chose de ce que nous luy devons? Car no
n'avons comme je l'ay dit, rien à donner à Dieu que ce que no
avons reçû de luy : ainsi aprés avoir reconnu avec humilité l'impu
sance où nous nous trouvons par nous-mêmes, nous ne devons pe
ser qu'à accomplir parfaitement ce que nous pouvons par sa grac
qui est de luy consacrer toute nostre volonté. Tout le reste ne fa
qu'embarasser une ame qu'il a mise en cet estat, & luy nuire pluto
que de luy servir.

Comprenez bien je vous prie, mes Sœurs, que je ne dis cecy qu
pour les ames que Nostre Seigneur a voulu unir à luy par une unic
& une contemplation parfaite. Car alors c'est la seule humilité qu
peut quelque chose: non pas une humilité acquise par l'entendemen
mais une humilité procedente de la claire lumiere de la verité, qu
nous donne en un moment cette connoissance de nostre neant, & d
la grandeur infinie de Dieu que nostre imagination ne pourroit ave
beaucoup de travail acquerir en beaucoup de temps.

J'ajoûte icy un avis, qui est que vous ne devez pas vous imagine
de pouvoir arriver à ce bonheur par vos soins & par vos efforts. Vou
y travailleriez en vain ; & la devotion que vous pourriez avoir au
paravant se refroidiroit: N'employez donc pour ce sujet que la sim
plicité & l'humilité, qui peuvent seules vous y servir en disant : *Vo
stre volonté soit faite,*

CHAPITRE XXXIII.

Du besoin que nous avons que Nostre Seigneur nous accorde ce que nous luy demandons par ces paroles : Donnez nous aujourd'huy le pain dont nous avons besoin en chaque jour

Sur ces paroles: *Donnez-nous aujourd'huy le pain, &c.*

NOSTRE Seigneur, comme je l'ay dit, sçachant combien il
nous est difficile d'accomplir ce qu'il promet en nostre nom,
parce que nostre lâcheté est si grande que nous feignons souvent de
ne pas comprendre quelle est la volonté de Dieu, sa bonté vient au
secours de nostre foiblesse. Ainsi il demande pour nous à son Pere
ce pain celeste, afin que l'ayant reçû nous ne manquions pas de luy
donner nostre volonté, parce qu'il sçait qu'autrement nous aurions
grande peine à nous y resoudre, bien qu'il nous soit si avantageux
de la luy donner qu'en ce point consiste tout nostre bon-heur. Car
si on dit à un riche voluptueux, que la volonté de Dieu est qu'il
retranche l'excez de sa table pour pourvoir aux besoins des pauvres
& les empécher de mourir de faim, il alleguera mille raisons pour
interpreter cette obligation à sa fantaisie. Si on dit à un médisant

CHAPITRE XXXIII.

que la volonté de Dieu est qu'il aime son prochain comme luy mesme, il n'en demeurera jamais d'accord. Et si l'on represente à un Religieux qui aime la liberté & la bonne chere, qu'il est obligé de donner un bon exemple puis que ce n'est pas par des simples paroles qu'il doit accomplir ce qu'il a promis à Dieu en disant que sa volonté soit faite ; mais qu'il le luy a promis & l'a juré, & que la volonté de Dieu est qu'il observe sa regle, laquelle il transgresseroit en donnant du scandale quoy qu'il ne la violast pas entierement, joint qu'ayant fait vœu de pauvreté il doit sincerement la pratiquer, puis qu'il est sans doute que Dieu demande cela de luy ; non seulement ce Religieux ne changera pas ; mais à peine s'en trouvera-t-il qui en conçoivent le desir. Que seroit-ce donc si nostre Seigneur ne nous en avoit pas luy mesme montré l'exemple en se conformant parfaitement à la volonté de son Pere ? Certes il y en auroit tres-peu qui accomplissent cette parole qu'il luy a dite pour nous : *Vostre volonté soit faite*. Mais connoissant nostre besoin son extrême amour luy fit faire en son nom & au nom de tous ses freres cette demande à son Pere : *Donnez nous auiourd'huy le pain dont nous avons besoin en chaque iour*.

Au nom de Dieu, mes Sœurs, considerons attentivement ce que nostre saint & bon Maistre demande par ces paroles, puis qu'il ne nous importe pas moins que de la vie de nostre ame de ne les dire pas en courant, & de croire que ce que nous donnons n'est presque rien en comparaison de ce que nous devons esperer de recevoir, si nous le donnons de tout nostre cœur. Il me semble maintenant, autant que je le puis comprendre, que Iesus-Christ connoissant ce qu'il donnoit en nostre nom ? combien il nous importe de le donner ; & la peine que nous avons a nous y resoudre, parce que l'inclination qui nous pousse sans cesse vers les choses basses & passageres fait que nous avons si peu d'amour pour luy, qu'il faut que l'exemple du sien nous réveille presque à toute heure, il crût devoir en cela se joindre à nous. Mais comme c'estoit une faveur si extraordinaire & si importante, il voulut que ce fust son Pere qui nous l'accordast. Car bien qu'ils ne soient tous deux qu'une mesme chose, & que n'ayant qu'une mesme volonté il ne peut douter que son Pere n'agreast & ne ratifiast dans le Ciel tout ce qu'il feroit sur la terre : neanmoins son humilité entant qu'homme fust si grande, qu'il daigna se rabaisser jusques à luy demander la permission de se donner à nous, quoy qu'il sçust qu'il l'aimoit tant qu'il prenoit en luy ses delices. Il n'ignoroit pas qu'en luy faisant cette demande il luy demandoit plus qu'il n'avoit fait en toutes les autres, parce qu'il sçavoit que les hommes non seulement luy feroient souffrir la mort ; mais que cette mort seroit accompagnée de mille affronts & de mille outrages.

O mon Seigneur & mon Maistre, quel autre Pere nous ayant

,, donné son Fils, & un tel Fils pourroit aprés avoir vû que nous l'a
,, rions si mal traité, se resoudre à consentir qu'il demeure encore pa
,, my nous pour y receuoir de nouueaux mépris & de nouvelles ind
,, gnitez? Certes, mon Sauveur, le vostre seul en estoit capable:
,, ainsi il paroit que vous sçaviez bien à qui vous faisiez cette dema
,, de. O mon Dieu, mon Dieu, quel est cet excez de l'amour du Fils:
,, quel est cet excez de l'amour du Pere?

Ie ne m'étonne pas tant neanmoins de ce que fait Iesus-Christ
nostre cher Maistre, puis qu'estant aussi fidelle qu'il est, & ayant d
à son Pere: *Que vostre volonté soit faite*, il n'auoit garde de manquer
l'accomplir. Ie sçay qu'estant tout parfait il est exemt de nos defauts
& que connoissant qu'il accomplissoit cette volonté en nous aiman
autant que luy-même, il ne vouloit rien oublier pour l'accompli
dans toute sa plenitude, quoy qu'il luy en dût coûter la vie.

,, Mais quant à vous, ô Pere eternel, comment est-il possible qu
,, vous y ayez consenty? Comment est-il possible qu'aprés avoir per-
,, mis une fois que vostre Fils fust exposé à la fureur de ces ames bar-
,, bares & denaturées, vous souffriez qu'il le soit encore? Comment
,, est-il possible qu'aprés avoir vû de quelle sorte ces miserables l'ont
,, traité vous permettiez qu'il reçoive à tous momens des injures tou-
,, tes nouuelles? Car qu'y a-t-il de comparable à celles que les hereti-
,, ques luy font aujourd'huy dans ce tres saint & tres-auguste Sacre-
,, ment? Ne voyez vous pas de quelle sorte ces sacrileges le profannent?
,, Pouvez-vous souffrir leurs irreverences & tous les outrages qu'il luy
,, font? Grand Dieu, comment écoutez-vous donc cette demande de
,, vostre Fils, & comment pouuez-vous la luy accorder? Ne vous ar-
,, restez pas à ce que luy inspire la violence de son amour, puis que dans
,, le dessein qu'il a d'accomplir vostre volonté & de nous procurer une
,, faueur si signalée, il s'exposera tous les jours à souffrir mille outrages
,, & mille injures. C'est à vous, mon Createur, d'y prendre garde. Car
,, quant à luy il ferme les yeux à tout, pour pouvoir être nostre tout
,, par ses souffrances. Il est muet dans ce qui regarde ses interests, &
,, n'ouure la bouche qu'en nostre faueur. Ne se trouuera-t-il donc per-
,, sonne qui entreprenne de parler pour cet innocent Agneau que l'on
,, ne sçauroit assez aimer? Ie remarque qu'il n'y a que dans cette seule
,, demande qu'il repete les mêmes paroles. Car aprés vous avoir prié
,, de nous donner ce pain de chaque jour, il ajoûte: *Donnez-le nous au-*
,, *jourd'huy, Seigneur*, qui est comme s'il disoit, qu'aprés nous l'avoir
,, donné une fois vous continuiez durant chaque jour à nous le don-
,, ner jusques à la fin du monde.

,, Qu'un si grand excez d'amour vous attendrisse le cœur, mes Filles,
& redouble vostre amour pour vostre divin Epoux. Car qui est l'esclave qui prenne plaisir à dire qu'il est esclave? & ne voyez-vous
pas

pas au contraire que la bonté de IESUS est telle qu'il semble qu'il se glorifie de l'estre?

O Pere eternel, qui peut conceuoir quel est le merite d'une si profonde humilité, & quel tresor peut estre assez grand pour acheter vostre diuin Fils? Quant à ce qui est de le vendre, nous n'en ignorons pas le prix, puis qu'il a esté vendu pour trente deniers. Mais pour ce qui est de l'acheter, peut-il y auoir quelque prix qui soit assez grand? Comme participant de nostre nature il témoigne en cette occasion qu'il ne met nulle difference entre luy & nous : & comme maistre de sa volonté il vous represente, que puis qu'il peut faire ce qu'il veut, il peut se donner a nous. C'est pourquoy il vous demande & nous permet de vous demander avec luy nostre pain, qui n'est autre que luy-même, pour témoigner par là qu'il nous considere comme n'estant qu'une même chose auec luy, afin que joignant ainsi chaque jour son oraison à nostre oraison, la nostre obtienne de vous les demandes que nous vous ferons.

CHAPITRE XXXIV.

Suite de l'explication de ces paroles du Pater : Donnez-nous aujourd'huy le pain dont nous avons besoin en chaque jour. *Des effets que la sainte Eucharistie qui est le veritable pain des ames, opere en ceux qui la reçoiuent dignement.*

OR d'autant que ces mots de chaque jour dont IESUS-CHRIST se sert dans cette demande qu'il fait à son Pere, montrent ce me semble qu'il la luy fait pour toûjours, i'ay consideré en moy-même, d'où vient qu'après les auoir dit, il ajoûte en parlant de ce pain; *Donnez-le nous aujourd'huy*, & je veux vous dire ce qui m'est venu en l'esprit. Que si vous trouuez que ce n'est qu'une sottise je n'auray point de peine à en demeurer d'accord, puis que c'en est toûjours une assez grande de me mêler de dire mes sentimens sur un tel sujet. Il me semble donc qu'il parle ainsi pour nous faire connoistre que nous ne le possederons pas seulement en la terre ; mais que nous le possederons aussi dans le Ciel, si nous sçauons profiter du bon heur d'estre icy-bas en sa compagnie, puis qu'il ne demeure auec nous que pour nous soustenir, nous aider & nous animer, afin, comme je l'ay dit, que la volonté de son Pere s'accomplisse en nous.

Cette parole *aujourd'huy*, montre à mon avis la durée du monde, qui à parler veritablement ne doit estre consideréée que comme un seul jour principalement pour ces mal-heureux qui se damnent, puis qu'il n'y aura plus de jour pour eux dans l'autre vie : mais seulement des tenebres eternelles. Or ce n'est pas la faute de nostre

Sur ces mêmes paroles du Pater : Donnez-nous aujourd'huy le pain, &c.

Seigneur s'ils se laisse vaincre. Car il les encourage sans cesse
ques à la fin du combat, sans qu'ils puissent ni s'excuser ni se pl[ain]
dre du Pere Eternel de leur avoir ravy ce pain celeste lors qu'ils
avoient le plus de besoin. C'est ce qui fait dire par IESUS CHR[ist]
à son Pere, que puis qu'il ne doit estre avec les hommes que du[rant]
un jour, il le prie de luy permettre de le passer avec ceux qui so[nt à]
luy, quoy que cela l'expose au mépris & aux irreverences des [mé]
chans; & que puis qu'il a bien voulu par son infinie bonté l'envo[yer]
pour les hommes dans le monde, la sienne ne luy peut permettre [de]
les abandonner; mais l'oblige à demeurer avec eux pour augmen[ter]
la gloire de ses amis, & la peine de ses ennemis. Ainsi il ne luy [de]
mande icy ce pain sacré que pour un jour, parce que nous l'ay[ant]
une fois donné il nous l'a donné pour toûjours.

Le Pere eternel, comme je l'ay dit, en nous donnant pour nou[rri]
ture la sainte humanité de son Fils, il nous l'a donnée comme [une]
manne où tout ce que nous sçaurions desirer se trouve, sans que n[o]
stre ame puisse craindre de mourir de faim, si ce n'est par sa seule fa[u]
te, puis que quelque goust & quelque consolation qu'elle cherc[he]
dans ce tres saint Sacrement elle l'y trouvera sans doute, & qu'il [n'y]
aura plus ni peines ni persecutions qu'il ne luy soit facile de su[p]
porter si elle commence une fois à prendre plaisir de participer à c[el]
les que son Sauveur a souffertes.

Ioignez, mes Filles, vos prieres à celles que vostre S. Epoux fa[it]
à son Pere, afin qu'il vous le laisse durant ce jour, & que vous [ne]
soyez pas si malheureuses que de demeurer au monde sans lui. Repr[e]
sentez-lui que c'est bien assez que pour temperer vostre joye il veü[ille]
le demeurer caché sous les accidens du pain & du vin, ce qui n'est p[as]
un petit tourment pour les ames qui n'aimant que luy dans le mo[n]
de ne peuvent trouver qu'en luy seul leur consolation. Mais priez
sur tout qu'il ne vous abandonne jamais, & vous mette dans la disp[o]
sition dont vous auez besoin pour le recevoir dignement.

Quant au pain materiel & terrestre, vous estant abandonnée[s]
sincerement & sans reserve ainsi que vous avez fait, à la volonté [de]
Dieu, ne vous en mettez point du tout en peine. I'entens durant l'o[rai]
raison puis que vous y estes occupées à des choses plus importante[s]
& qu'il y a d'autres temps dans lesquels vous pourrez travailler afi[n]
de gagner dequoy vivre. Mais alors même ce doit estre sans vous e[n]
trop soucier, & sans y attacher jamais vos pensées. Car quoy que c[e]
soit bien fait de vous procurer par vostre travail ce qui vous est n[e]
cessaire, il suffit que le corps travaille, & il faut que l'ame se repos[e.]
Laissez ce soin à vostre divin Epoux: il veille sans cesse sur vos be[s]
soins; & vous ne devez pas craindre qu'il vous manque si vous n[e]
vous manquez à vous-mémes, en ne vous abandonnant pas com[me]

CHAPITRE XXXIV.

me vous l'avez promis à la volonté de Dieu. Certes, mes Filles, si je tombois maintenant dans cette faute par malice, comme cela ne m'est autrefois que trop souvent arrivé, je ne le prierois point de me donner du pain ou quelque autre chose capable de me nourrir & de soûtenir ma vie; mais je le prierois plûtost de me laisser mourir de faim. Car pourquoy vouloir prolonger nostre vie si nous ne l'employons qu'à nous avancer chaque jour vers une mort eternelle? Asseurez vous donc que si vous vous donnez veritablement à Dieu comme vous le dites, il ne manquera pas d'avoir soin de vous.

Vous estes à son égard comme un serviteur qui s'engageant à servir un maistre se resout de le contenter en tout; & il est à vostre égard comme un maistre qui est obligé de nourrir son serviteur tandis qu'il demeure à son service : toutefois avec cette difference, que l'obligation de ce maistre cesse lors qu'il devient si pauvre qu'il n'a pas dequoy se nourrir & nourrir son serviteur: Au lieu qu'icy cela ne peut jamais arriver puis qu'en prenant Dieu pour vostre maistre vous avez un maistre qui est infiniment riche. Or quelle apparence y auroit-il qu'un serviteur demandât tous les jours à son maistre la nourriture dont il a besoin, puis qu'il sçait qu'étant obligé de la luy donner il n'a garde d'y manquer? Son maistre ne pourroit-il pas avec raison luy dire, que s'y au lieu de s'occuper à le contenter & à le servir il employoit tout son soin en une chose aussi superfluë que de luy demander dequoy vivre, il ne luy seroit pas possible de se bien acquiter de son devoir? Ainsi, mes Sœurs, demande qui voudra ce pain terrestre : Mais quant à nous prions le Pere eternel de nous rendre dignes de luy demander nostre pain celeste. Demandons-luy, que puis que les yeux de nostre corps ne peuvent recevoir la consolation de le voir en cette vie où tant de voiles nous le couvrent, il se découvre aux yeux de nostre ame, & luy fasse connoistre qu'il est la nourriture qui soûtient sa vie, & la nourriture de toutes la plus delicieuse.

Mais doutez-vous, mes Sœurs, que cette divine nourriture ne soûtienne pas aussi nostre corps? Non seulement elle le nourrit, mais elle sert de remede à ses maladies. Ie sçay que cela est veritable. Car je connois une personne sujette à de grandes infirmitez, qui estant souvent travaillée de douleurs pressantes, lors qu'elle alloit à la sainte table s'en trouvoit si entierement délivrée aprés avoir communié, qu'il sembloit qu'on les luy eust arrachées avec la main. Cela luy arrivoit d'ordinaire: & ces maux n'estoient point des maux cachez mais fort évidens, & qui à mon avis ne se pouvoient feindre. Or parce que les merveilles que ce pain sacré opere en ceux qui le reçoivent dignement sont assez connuës, je ne veux pas

Des effets de l'Eucharistie, qui est le pain des ames.

LE CHEMIN DE LA PERFECTION.

en rapporter plusieurs autres de cette même personne, que je n'ay pû ignorer, & que je sçay être fort veritables. Nôtre Seigneur luy avoit donné une foy si vive, que lors qu'elle entédoit dire à quelqu'un qu'i auroit souhaité d'être venu au monde dans le temps que Jesus-Christ Nôtre Sauveur & tout nôtre bien conversoit avec les hommes, elle en rioit en elle même, parce que croyant joüir aussi veritablement de sa presence dans la tres-sainte Eucharistie qu'elle auroit pû faire alors, elle ne comprenoit pas qu'on pût desirer davantage.

Ie sçay aussi de cette personne, que durant plusieurs années, quoy qu'elle ne fût pas fort parfaite, elle croyoit aussi certainement lors qu'elle communioit que Nostre Seigneur entroit chez elle, comme si elle l'eust veu de ses propres yeux, & s'efforçoit d'exciter sa foy, afin qu'étant tres persuadée que ce Roy de gloire venoit dans son ame, quoy qu'elle fust indigne de l'y recevoir, elle se desocupat de toutes les choses exterieures autant qu'il luy étoit possible pour y entrer aussi avec luy. Elle tâchoit de recueillir en elle-même tous ses sens pour leur faire connoistre en quelque sorte le bien qu'elle possedoit, ou pour mieux dire afin qu'ils ne luy servissent point d'obstacle pour le connoître. Ainsi elle se consideroit comme étant aux pieds de I. C. où elle pleuroit avec la Magdeleine de même que si elle l'eût vû des yeux du corps dans la maison du Pharisien : & quoy qu'elle ne sentit pas une grande devotion, sa foy luy disant dans son cœur qu'elle étoit tres heureuse d'être là, elle s'y entretenoit avec son Epoux. Car si nous ne voulons nous-mêmes nous aveugler & renoncer à la lumiere de la foy, nous ne pouvons pas douter que Dieu ne soit alors au dedans de nous parce que ce n'est pas une simple representation de nostre pensée, comme quand nous considerons N. S. en la croix & en d'autres mysteres de sa passion où nous nous representós ce qui s'est passé ; mais c'est une chose presente, & une verité indubitable, qui fait que nous n'avons point besoin de sortir de nous pour aller bien loin chercher I. C. puis que nous sçavons qu'il demeure en nous jusques à ce que les accidens du pain soient consumez par la chaleur naturelle. Ne serions-nous donc pas bien imprudentes, si nous perdions par nostre negligence une occasion si favorable de nous approcher de luy ?

Que si lors qu'il étoit dans le monde le seul attouchement de ses habits guerissoit les maladies, pouvons-nous douter que pourvû que nous ayós une foy vive il fera des miracles en nôtre faveur lors qu'il sera au milieu de nous & qu'étant dans nostre maison il ne nous refusera pas nos demádes? Cette suprême Majesté est trop liberale pour ne payer pas ses hostes liberalement quand ils le reçoivent avec l'honneur & le respect qui luy est dû. Si vous avez peine, mes Filles, de ne le pas voir des yeux du corps, considerez que ce n'est pas

CHAPITRE XXXIV.

une chose que nous devions desirer, parce qu'il y a bien de la difference entre le voir tel qu'il étoit autrefois sur la terre revestu d'un corps mortel, ou le voir tel qu'il est aujourd'huy dans le ciel tout résplandissant de gloire. Car qui seroit celle de nous qui dans une aussi grande foiblesse qu'est la nostre seroit capable de soûtenir ses regards: & comment pourrions-nous demeurer encore dans le monde, voyant que toutes les choses dont nous faisons icy tant de cas ne sont que mensonge & qu'un neant en comparaison de cette verité éternelle? Vne pecheresse telle que je suis envisageant une si grande Majesté auroit elle la hardiesse de s'en approcher aprés l'avoir tant offensée? Mais sous les accidens du pain il se rabaisse & fait que j'ose traiter avec luy. De même que quand un Roy se deguise il semble que nous ayons droit de vivre avec luy avec moins de ceremonie & de respect qu'auparavant, & qu'il soit obligé de le souffrir puisqu'il a voulu se déguiser. Autrement qui oseroit avec tant d'indignité, de tiedeur & de defauts s'approcher de I. C. O qu'il paroist bien que nous ne sçavons ce que nous demandons quand nous demandons de le voir, & que sa sagesse y a beaucoup mieux pourveu que nous ne sçaurions le desirer; ce voile qui le cache n'empêchant pas qu'il ne se découvre à ceux qu'il connoist en devoir faire un bon usage. Car encore qu'ils ne le voyent pas des yeux du corps, ils ne laissent pas de le voir, puis qu'il se montre à leur ame par de grands sentimens interieurs, & en d'autres manieres differentes.

Demeurez de bon cœur avec luy, mes Filles, & pour vous enrichir de ses graces ne perdez pas un temps si favorable qu'est celuy qui suit la sainte communion. Considerez qu'il n'y en a point où vous puissiez faire un si grand progrez dans la pieté, & où vostre divin Sauveur ait plus agreable que vous luy teniez compagnie. Prenez donc grand soin de vous recueillir alors, & de vous tenir prés de luy: Et à moins que l'obeïssance ne vous appelle ailleurs, faites que vostre ame demeure toute entiere en la presence de son Seigneur, parce qu'estant son veritable maistre il ne manquera pas de l'instruire, quoy qu'il le fasse d'une maniere qu'elle même ne comprend pas. Mais si en détournant aussi-tost vos pensées de luy, vous manquez au respect que vous devez à ce Roy de gloire qui est au dedans de vous, ne vous plaignez que de vous-mêmes.

N'oubliez jamais, mes Sœurs, combien ce temps d'aprés la sainte communion nous est favorable pour estre instruites par nostre Maistre: pour entendre dans le fond de nostre cœur ses paroles interieures: pour baiser ses pieds sacrez en reconnoissance de ce qu'il a daigné nous donner ses saintes instructions; & pour le prier de ne se point éloigner de nous. Que si pour luy demander en un autre temps la même chose nous nous presentons devant une de ses images,

KKKK iij

il me semble que lors que nous l'avons luy-même present en nous, ce seroit une folie de le quitter pour s'adresser à son tableau, comme c'en seroit une sans doute, si ayant le portrait d'une personne que nous aimerions extrêmement, & cette personne nous venant voir, nous la quittiõs sans luy rien dire pour aller nous entretenir avec ce portrait. Mais sçavez-vous en quel temps cela n'est pas moins utile que saint, & que j'y prens un tres-grands plaisir ? c'est quand N. Seigneur s'éloigne de nous, & nous fait connoistre son absence par les secheresses où il nous laisse. Alors ce m'est une telle consolation de considerer le portrait de celuy que j'ay tant de sujet d'aimer ; que je desirerois de ne pouvoir jamais tourner les yeux sans le voir. Car sur quel objet plus saint & plus agreable pouvons-nous arrester nostre vûë que sur celuy qui a tant d'amour pour nous, & qui est le principe & la source de tous les biens ? O que malheureux sont ces heretiques qui ont perdu par leur faute cette consolation & tant d'autres !

Puis donc qu'aprés avoir reçû la tres-sainte Eucharistie vous avez au dedans de vous I.C. même; fermez les yeux du corps pour ouvrir les yeux de l'ame, afin de le regarder dans le milieu de vostre cœur. Car je vous ay déja dit, je vous le redis encore, & je voudrois le dire sans cesse, que si vous vous y accoustumez toutes les fois que vous aurez communié, & vous efforcez d'avoir la conscience si pure qu'il vous soit permis de jouir souvent d'un si grand bon-heur, ce divin Epoux ne se déguisera point de telle sorte qu'il ne se fasse en diverses manieres connoistre à vous à proportion du desir que vous aurez de le connoistre : & ce desir pourra être tel qu'il se decouvrira entierement à vostre ame.

Mais si aussi-tost aprés l'avoir reçû, au lieu de luy témoigner nostre respect nous sortons d'auprés de luy pour nous aller occuper à des choses basses, que doit-il faire ? Faut-il qu'il nous en retire par force afin de nous obliger à le regarder, & qu'il se fasse ensuite connoistre à nous? Non certes puis que lors qu'il se fit voir aux hommes à decouvert & leur dit clairement qui il estoit, ils le traiterent si mal, & un si petit nombre crût en luy. C'est bien assez de la faveur qu'il nous fait à tous, de vouloir que nous sçachions que c'est luy-même qui est present dans cét adorable Sacrement. Mais il ne se découvre & il ne fait part de sa grandeur & de ses tresors qu'à ceux qu'il sçait le desirer avec ardeur, parce qu'il n'y a qu'eux qui soient ses veritables amis. Ainsi celuy-là l'importune en vain de se faire connoistre à luy qui n'est pas si heureux que d'estre son amy, & de s'approcher de luy pour le recevoir aprés avoir fait tout ce qui est en son pouvoir pour s'en rendre digne. Ces sortes de personnes lors qu'elles vont à la sainte table une fois l'année ont tant d'impatience d'avoir satisfait au commandement de l'Eglise, qu'ils chassent Iesus-Christ hors d'eux-mêmes auffi-toft qu'il y eft entré ; ou pour mieux dire, les affaires, les occupations, & les embarras du fiecle poffedent leur efprit de telle forte qu'il femble que Noftre Seigneur ne fortira jamais affez-toft à leur gré de la maifon de leur ame.

CHAPITRE XXXV.

La Sainte continuë à parler de l'Oraifon de recueillement. Et puis adreffe fa parole au Pere Eternel.

QVoy qu'en traitant de l'Oraifon de recueillement i'aye déja fait voir comme nous devons nous retirer au dedans de nous pour y eftre feules avec Dieu, je n'ay pas laiffé de m'étendre encore beaucoup fur ce fujet, parce que c'eft une chofe de grande importance. C'eft ce qui me fait aioufter, mes Filles, que lors que vous entendrez la meffe fans y communier, vous pourrez y communier fpirituellemét, parce que cette pratique fainte eft extrêmemét utile. Vous devez alors vous recueillir au dedans de vous tout de mefme que fi vous aviez reçeu le corps du Seigneur. Son amour s'imprime ainfi merveilleufement dans l'ame, parce que nous preparant de la forte à recevoir fes graces, il ne manque jamais de nous les donner & de fe communiquer à nous en diverfes manieres qui nous font incomprehenfibles. Car comme fi durant l'hyver entrant dans une chambre où il y auroit un grand feu, au lieu de nous en approcher nous nous en tenions éloignées, nous ne pourrions nous bien chauffer, cela n'empécheroit pas que nous ne fentiffions moins de froid que s'il n'y avoit point de feu. Il en arrive ainfi dans la maniere dont nous nous approchons de IESUS-CHRIST en la fainte Communion. Mais avec cette difference, qu'il ne fuffit pas de vouloir s'approcher du feu pour en reffentir fa chaleur : au lieu que fi l'ame eft bien difpofée, c'eft à dire, fi elle a un veritable defir de perdre fa froideur, & de s'unir à IESUS CHRIST comme à un feu qui doit répandre dans elle une ardeur divine, & qu'elle demeure ainfi quelque temps recueillie auprés de luy, elle fe fentira toute échauffée durant plufieurs heures : & une feule étincelle qui fortira de ce feu fera capable de l'embrazer toute. Or il nous importe tant, mes Filles, d'entrer dans cette difpofition que vous ne devez pas vous eftonner fi je le repete plufieurs fois.

De l'Oraifon de recueillemens.

Que s'il arrive que dans les commencemens cela ne vous reüffiffe pas ne vous en mettez point en peine. Car il fe pourra faire que le demon fçachant quel eft le dommage qu'il en recevroit, vous reprefentera qu'il y a beaucoup plus de devotion à pratiquer d'autres exercices de pieté, & vous mettra dans un tel ferrement de cœur que

vous ne sçaurez de quel costé vous tourner. Mais gardez-vous
si vous me croyez de discontinuër, puis que rien ne peut mieux
connoistre à Nostre Seigneur que vous l'aimez veritablement.

Souvenez-vous qu'il y a peu d'ames qui l'accompagnent, &
suivent dans les travaux ; & que si nous en souffrons quelque
pour luy il nous en sçaura bien recompenser. Considerez aussi
y en a qui non seulement ne veulent pas demeurer avec luy ; ma
chassent de chez eux. N'est il pas juste que nous souffrions que
chose afin qu'il connoisse que nous desirons de le voir ? Et puis
n'y a rien qu'il ne souffre & qu'il ne veüille souffrir pour trouver
ame qui le reçoive & le retienne chez elle avec joye, faites que ce
la vostre. Car s'il ne s'en trouvoit aucune qui se tinst honorée
presence, son Pere eternel n'auroit-il pas raison de ne point per
tre qu'il demeurast avec nous? Mais il a tant d'affection pour c
qui l'aiment, & tant de bonté pour ceux qui le servent, que conn
sant les sentimens de son cher Fils il ne veut pas l'empécher d'acc
plir un ouvrage si digne de sa bonté, & dans lequel il témoign
parfaitement quelle est la grandeur de son amour.

» Dieu tout-puissant qui estes dedans les Cieux, il est sans do
» que ne pouvant refuser à vostre Fils une chose qui nous est si av
» tageuse vous luy accordez sa demande. Mais après qu'il a voulu a
» tant d'affection vous parler pour nous, ne se trouvera t-il po
» comme je l'ay dit, quelques personnes qui veulent aussi vous par
» pour luy ? Soyons ces personnes, mes Filles : & quoy qu'estan
» miserables ce seroit estre bien hardies de l'entreprendre, ne laiss
» pas pour obeïr à nostre Sauveur qui nous commande de nous ad
» ser à son Pere de luy demander que puis que son Fils n'a rien oub
» de ce qu'il pouvoit faire pour les hommes, en nous donnant son
» vin corps dans cét auguste sacrifice afin que nous puissions le l
» offrir non pas une seule fois ; mais plusieurs, il empéche qu'il n'y s
» plus traitté si indignement, & qu'il areste le cours d'un mal si étra
» ge, en faisant cesser les crimes de ces mal-heureux heretiques q
» abattent les Eglises où cette adorable hostie repose, massacrent
» Prestres, & abolissent les Sacremens. C'est-il jamais, mon Dieu, ri
» veu de semblable ? Faites donc finir le monde, ou remediez à c
» sacrileges. Il n'y a point de cœur qui les puisse supporter, non p
„ méme le nostre, quelque mauvaises & quelque imparfaites q
„ nous soyons. Ie vous conjure donc, ô Pere eternel, de ne point sou
„ frir ces desordres. Arrestez ce feu qui croist tousiours puis que
„ vous le voulez vous le pouvez. Considerez que vostre divin Fils e
„ encore au monde, & qu'il est bien juste que le respect qu'on lu
„ doit fasse cesser des actions si abominables. Car comment son incon
„ parable pureté peut elle souffrir qu'on les commette dans l'Eglise

qui est la maison toute pure & toute sainte qu'il a choisie pour sa demeure ? Que si vous ne voulez, ô mon Dieu, faire cela pour l'amour de nous qui ne le meritons pas, faites-le pour l'amour de luy. Car nous n'oserions vous supplier qu'il cesse d'être avec nous, puis qu'il a obtenu de vous que vous l'y laisseriez durant tout ce jour, c'est à dire durant toute la durée du monde, sans quoy que seroit ce de nous ? Tout ne periroit-il pas, puis que ce precieux gage est la seule chose qui soit capable de vous appaiser ? Remediez donc Seigneur à un si grand mal. Il ne peut estre arresté que par un puissant remede : & ce remede ne peut venir que de vous, Seigneur, qui ne manquez jamais de reconnoître ce que l'on fait pour l'amour de vous. Que je serois heureuse si je vous avois rendu tant de services qu'ayant quelque droit de vous importuner, je pusse vous demander pour recompense une si grande faveur ! Mais helas ! je suis bien éloignée d'estre en cet estat, puis que ce sont peut-être mes pechez qui vous ayant irrité ont attiré sur nous tous ces maux. Que dois-je donc faire, mon Createur, sinon de vous presenter ce tres-sacré pain : vous le donner aprés l'avoir reçeu de vous; & vous conjurer par les merites de vôtre Fils de m'accorder cette grace qu'il a meritée en tant de manieres ? Ne differez pas davantage, ô Dieu tout-puissant, à calmer cette tempeste : ne souffrez pas que le vaisseau de vôstre Eglise soit toûjours agité de tant d'orages; & sauvez-nous ; car nous perissons.

CHAPITRE XXXVI.

Sur ces paroles du Pater : Et pardonnez-nous nos offenses comme nous pardonnons à ceux qui nous ont offensé. *Sur quoy la Sainte s'étend fort à faire voir quelle folie c'est que de s'arrester à des pointilles d'honneur dans les monasteres.*

NOSTRE divin Maître voyant que cette viande celeste nous rend toutes choses si faciles, que pourveu que nos pechez n'y apportent point d'obstacle nous pouvons executer ce que nous avons dit à son Pere que sa volonté s'accomplisse en nous, il ajouste : *& pardonnez-nous nos offenses comme nous pardonnons à ceux qui nous ont offensé.* Surquoy considerez je vous prie, mes Sœurs, qu'il ne dit pas comme nous pardonnerons ; afin de nous faire entendre que celuy qui vient de demander au Pere Eternel un don aussi precieux qu'est le pain sacré du corps de son Fils, & qui a soûmis parfaitement sa volonté à celle de Dieu, doit avoir désja pardonné aux autres tout ce qu'ils auroient pû commettre contre luy. C'est pourquoy il dit : *Comme nous pardonnons*, pour faire voir que celuy qui a une fois proferé cette parole : *que vostre volonté soit faite*, doit avoir desja pardonné toutes les injures qu'il a receües ; ou au moins en avoir fait une ferme resolution dans son cœur.

Considerez comme les Saints se réjoüissoient de souffrir des persecutions & des injures, parce qu'elles leur donnoient moyen d'offrir quelque chose à Dieu en même temps qu'ils luy demandoient tant de choses. Mais que fera une pauvre pecheresse telle que je suis ayant eu si peu de sujets de pardonner, & ayant tant de besoin, qu'on luy pardonne ? S'il se rencontre des personnes qui me ressemblent en cela, & qui ne comprennent pas de quelle consequence est cet avis, je le conjure, mon Sauveur, en vôtre nom d'y faire une reflexion, serieuse, & de mépriser ces bagatelles à qui l'on donne le nom d'affrons, puis qu'en verité toutes ces pointilles d'honneur ressemblent proprement aux maisonnettes que les enfans font avec de la paille.

O mon Dieu, mon Dieu, si nous sçavions bien ce que c'est que le point d'honneur, & en quoy en consiste la perte ! Je ne parle pas à vous, mes Sœurs, en disant cecy, puis que vous seriez bien malheureuses si vous ne compreniez pas encore cette verité : Mais je parle à moy-même du temps que je faisois cas de l'honneur sans sçavoir ce que c'estoit, & que je me laissois ainsi emporter au torrent de la coustume. Helas ! quelles étoient les choses qui me donnoient alors de la peine ? Que j'en ay de honte maintenant, quoy que je ne fusse pas du nombre de celles qui s'arrestoient le plus à ces point d'honneur. Il paroît bien que je ne considerois pas quel est l'honneur veritable, puis que je ne tenois compte de l'honneur qui étant avantageux à nostre ame merite seul d'être recherché. O que celuy qui disoit que l'honneur & le profit ne se rencontrent point ensemble avoit grande raison de parler ainsi ! Car bien que peut-être il ne l'entendit pas de la sorte qu'il se doit entendre, il est vray neanmoins, au pied de la lettre, que ce qui est utile à nostre ame ne peut jamais se rencontrer avec ce que le monde appelle honneur.

C'est une chose étonnante de voir le renversement qui est dans le siecle. Beny soyez vous, mon Seigneur, de nous en avoir retirées ; & faites-nous s'il vous plaît la grace d'en être toûjours aussi éloignées que nous le sommes maintenant. Car Dieu nous garde de ces monasteres où se rencontrent ces points d'honneur qui font que l'on rend à Dieu si peu d'honneur. Mais considerez, mes Sœurs, que le demon ne nous a point oubliées, quelque retirées que nous soyons, puis que même dans les monasteres il invente des points d'honneur, & y établit des loix selon lesquelles on monte ou on descend par les differens degrez des charges ainsi que les gens du monde, & où l'on met son honneur dans des choses si basses & si frivoles que je n'y sçaurois penser sans étonnement. Que les sçavans se conduisent si bon leur semble selon les regles établies entre eux, car ce n'est pas à moy

CHAPITRE XXXVI.

de juger s'ils ont raison. Celuy qui a enseigné la Theologie croiroit sans doute se rabaisser en montrant la Philosophie, parce que ce point d'honneur veut que l'on monte, & non pas que l'on descende. Et quand même on luy ordonneroit de le faire par obeïssance, il ne laisseroit pas d'estimer qu'on luy feroit tort, & ne seroit pas seul de cet avis : D'autres soustiendroient aussi que ce seroit luy faire injure : En quoy le demon se joignant à eux, il leur inspireroit des raisons pour montrer que cela est fondé dans la loy de Dieu.

Pour ce qui regarde les Religieuses, celle qui a été Prieure ne doit plus à ce que l'on pretend être employée à des offices moins considerables. On prend garde aussi à celle qui est la plus ancienne : car on est exact à se souvenir de toutes ces choses : & on s'imagine même qu'il y a du merite à le faire sous pretexte que nos constitutions nous ordonnent d'y avoir égard. N'est-ce pas un juste sujet de rire, ou pour mieux dire de pleurer ? Je sçay que nos Constitutions ne nous ordonnent point de ne pas garder l'humilité. Que si elles prescrivent quelque chose touchant l'égard qu'on doit avoir à celles qui sont plus anciennes, ce n'est qu'afin que tout soit dans l'ordre & bien reglé. Mais devons-nous être plus soigneuses & plus exactes à observer nos Constitutions en ce qui regarde nostre propre estime, que nous ne les sommes à les pratiquer en tant d'autres choses que nous ne gardons peut-être qu'assez imparfaitement ? Ne mettons donc pas je vous prie nostre perfection à les observer en cecy. C'est aux autres à y prendre garde, & non pas à nous : mais le mal est que quoy qu'on ne monte pas au ciel par ce chemin, nostre inclination nous porte si fort à monter, que nous ne pensons point à descendre.

O mon Sauveur, n'estes-vous pas tout ensemble & nostre maître & nostre modèle ? Ouy sans doute. Or en quoy donc, mon divin Maître, avez vous étably vostre honneur : L'avez-vous perdu en vous humiliant jusques à la mort ? non certes : mais au contraire cet abaissement a été la cause & la source de l'honneur de tous les hommes Helas ! mes Filles, je vous demande au nom de Dieu de considerer que si nous prenons ce chemin nous n'arriverons jamais où nous prétendons d'aller, puis que nous nous égarerons dés l'entrée : & je prie de tout mon cœur Nostre Seigneur que nulle ame ne se perde par ce detestable point d'honneur sans sçavoir en quoy il consiste. Quoy ! pour avoir pardonné des choses qui n'étoient en effet ny une injure, ny un affront, ny rien du tout, nous croirons avoir fait quelque chose de considerable, & nous nous imaginerons que Dieu nous doit pardonner, parce que nous avons pardonné ? Portez la lumiere, Seigneur, dans les tenebres de nostre ignorance : faites-nous connoitre que nous ne nous connoissons pas nous-mesmes ; que nous nous presentons à vous les mains vuides, & pardonnez-nous nos fautes par vostre bonté & par vostre misericorde

Il faut que IESUS-CHRIST ait merveilleusement estimé cet amour que nous nous devons porter les unes aux autres, puis que pour obliger son Pere à nous pardonner il auroit peu luy representer d'autres considerations que celle-là. Il auroit peu luy dire : Pardonnez-nous Seigneur, parce que nous faisons de fort grandes penitences : ou parce que nous prions beaucoup : ou parce que nous jeunons tres exactement : ou parce que nous avons tout abandonné pour l'amour de vous : ou parce que nous vous aimons de tout nôtre cœur : ou parce que nous sommes prests de perdre la vie pour vostre service, & d'autres choses semblables. Mais il se contente de dire, parce que nous pardonnons Dont la raison est peut estre, que sçachant combien nous sommes attachez à ce miserable honneur, & qu'il n'y a rien à quoy nous ayons plus de peine à nous resoudre qu'à le méprifer, il croit ne pouvoir rien offrir de nostre part à Dieu son Pere qui luy soit plus agreable.

Prenez donc garde, mes Sœurs, que ces paroles, *nous pardonnons* font voir, ainsi que je l'ai dit, que Nostre Seigneur parle comme d'une chose desja faite ; & remarquez bien aussi que lors que dans quelqu'une des occasions dont j'ay parlé, une ame au sortir de cette oraison qui est la plus parfaite contemplation ne se trouve pas dans une ferme resolution de pardonner, je ne dis pas ces bagatelles à qui on donne faussement le nom d'injures, mais de veritables injures, quelque grandes qu'elles puissent estre ; elle ne doit pas beaucoup se fier en son oraison, parce qu'une ame que Dieu a élevée jusques à luy par une oraison si sublime regarde toutes ces injures comme estant au dessous d'elle, se soucie aussi peu d'estre estimée que mesestimée : ou pour mieux dire, l'honneur luy cause plus de peine que le deshonneur ; & elle trouve plus de plaisir dans les travaux que dans toutes les consolations de cette vie. Car comme Dieu l'a fait entrer dés icy-bas dans une veritable possession de son royaume, elle ne cherche aucune satisfaction dans le monde, parce que connoissant par sa propre experience l'avantage que ce luy est de souffrir pour luy, elle sçait que c'est par ce chemin qu'il faut marcher pour pouvoir regner avec plus de gloire : Et il n'arrive gueres que Dieu fasse des graces si extraordinaires à ceux qui n'ont point enduré avec joye des grands travaux pour l'amour de luy. C'est pourquoy, comme je l'ay dit, ceux des contemplatifs sont fort grands, à cause que Nostre Seigneur veut qu'ils soient proportionnez aux graces dont il les favorise.

Sçachez donc, mes Filles que comme ces ames ont une parfaite connoissance du neant du monde, elles ne s'arrestent gueres dans ce qu'elles sçavent devoir passer en un moment. Et s'il arrive que d'a-

CHAPITRE XXXVI.

bord quelque grande injure ou quelque déplaisir extraordinaire leur frape l'esprit, elles ne commencent pas plutost à le sentir, que la raison vient à leur secours, & dissipe leur peine par la joye de voir que Dieu leur offre cette occasion d'obtenir de luy en un jour plus de graces & de faveurs qu'elles n'auroient peu en esperer en dix ans par les travaux qu'elles auroient soufferts par leur propre choix.

Ie sçay que cela est fort ordinaire : car j'ay communiqué avec beaucoup de contemplatifs, qui n'estiment pas moins ces peines que d'autres estiment l'or & les pierreries, parce qu'ils sçavent que c'est le vray moyen de s'enrichir. Ces personnes sont si éloignées d'avoir en quoy que ce soit bonne opinion d'elles-mesmes, qu'elles sont bien aises que l'on sçache leurs pechez, & prennent mesme plaisir à les dire quand elles voyent que l'on fait cas d'elles. Elles ne sont pas aussi moins humbles en ce qui regarde la noblesse de leur race, à cause qu'elles sont tres-persuadées que cette gloire temporelle leur sera fort inutile pour gagner ce Royaume qui est eternel. Que si elles sont bien aises d'être d'une naissance illustre, c'est seulement lors que cela peut servir à la plus grande gloire de Dieu. A moins que de cette consideration elles ont peine à souffrir qu'on les estime davantage qu'elles ne pensent le devoir estre : & elles prennent même plaisir à desabuser ceux qui ont une creance d'elles plus favorable qu'elles ne voudroient. Ce qui procede à mon avis de ce que ceux à qui Dieu fait la grace de donner cette humilité & cette passion de le servir le plus parfaitement qu'il leur est possible, entrent dans un tel oubly d'eux-mêmes qu'ils sont insensibles à ces mauvais traittemens, & ne peuvent se persuader que les autres les prennent pour des iniures, mais cela ne se rencontre que dans les personnes de la plus haute vertu, & à qui Nostre Seigneur fait ordinairement la faveur de les approcher de luy par la contemplation parfaite.

Quand au premier point, qui est de se resoudre à souffrir des mépris & des iniures quoy qu'on en ressente de la peine, i'estime que celuy à qui Dieu fait la grace d'arriver iusques à l'union obtient en peu de temps ce bonheur; & que s'il ne l'obtient pas, & ne se sent pas plus affermy dans la vertu au sortir de l'oraison, il a suiet de croire que ce qu'il prenoit pour union, au lieu d'estre une faveur de Dieu n'est qu'une illusion du diable qui veut luy donner de la vanité. Il peut neanmoins arriver que lors que Dieu ne fait que commencer à donner ces graces à une ame elle ne se trouve pas dans cette force dont i'ay parlé : mais ie dis que s'il continuë à la favoriser de ses dons elle l'acquerra en peu de temps, sinon dans les autres vertus, au moins dans celle de pardonner les offenses.

Pour moy ie ne sçaurois croire que Dieu étant comme il est non seulement misericordieux, mais la misericorde même, une ame qui

LLll iij

s'approche si fort de luy, & connoît par ce moyen son neant & le grand nombre de pechez qu'il luy a remis, puisse avoir la moindre peine de pardonner à l'heure-même, & de se reconcilier avec celuy qui l'a offencé, parce qu'ayant devant les yeux les graces que Dieu luy a faites, & qui sont comme autant de preuves de la grandeur de son amour, elle ne sçauroit manquer ce me semble à se réjoüir de rencontrer des occasions de luy donner quelques marques du sien pour luy.

Ie dis donc encore, que selon la connoissance que j'ay de plusieurs personnes que Dieu par une grace particuliere éleve à des choses surnaturelles en leur accordant cette oraison ou cette contemplation dont j'ay parlé, quoy que l'on puisse remarquer en elles d'autres imperfections & d'autres fautes, toutesfois pour ce qui regarde le pardon des offenses je n'ay jamais vû qu'elles y ayent manqué ny ne croy pas qu'elles le puissent si ces faveurs viennent veritablement de Dieu. C'est pourquoy plus elles sont grandes, & plus ceux qui les reçoivent doivent prendre garde si elles produisent ces bons effets : & si elles n'en produisent aucun, beaucoup apprehender & croire qu'elle ne viennent pas de Dieu, puis qu'il ne s'approche jamais d'une ame sans l'enrichir en l'établissant dans la vertu. Car il est certain qu'encore que ces faveurs passent promtement, on le connoît avec le temps par les avantages & les bons effets qui en demeurent dans l'ame : Et ainsi comme nostre divin Sauveur sçait que l'effet de ces faveurs est le pardon des offenses, il ne craint point de nous faire dire en termes exprès à son Pere : *ainsi que nous pardonnons à ceux qui nous ont offensé.*

CHAPITRE XXXVII.

De l'excellence de l'oraison du Pater, *& des avantages qui se rencontrent dans cette sainte priere.*

De l'excellence de l'oraison du *Pater*

ON ne sçauroit trop rendre graces à Dieu de la sublime perfection qui se rencontre dans cette priere Evangelique qui nous a été enseignée par un maistre si sçavant & si admirable. Ainsi, mes Filles, il n'y en a pas une de nous qui ne puisse s'en servir pour ses besoins particuliers. Ie ne sçaurois voir sans étonnement que ce peu de paroles enferme de telle sorte toute la contemplation & toute la perfection, qu'il semble que sans avoir besoin d'aucun livre il nous suffit de bien étudier cette priere si sainte, puis que Nostre Seigneur nous y a enseigné dans les quatre premieres demandes tous les differens degrez de l'oraison & de la contemplation depuis les commencemens jusqu'à l'oraison mentale, à l'oraison de quietude, & à celle

CHAPITRE XXXVII.

d'union. Tellement que si j'en étois capable je pourrois en bastissant sur un fondement si solide faire tout un grand traité de l'oraison. Mais dans la cinquiéme demande Nostre Seigneur commence à nous faire connoître quels sont les effets que produisent ces faveurs en nous lors qu'elles procedent veritablement de luy ainsi que je l'ay desja dit.

Considerant d'où pouvoit venir ce que Jesus Christ n'a pas expliqué plus particulierement des choses si obscures & si élevées pour les faire entendre à tout le monde, il me semble que c'est parce que cette priere devant étre generale pour pouvoir servir à tous, il n'a pas voulu d'avantage l'éclaircir, afin que tous se persuadent de la bien entendre, chacun pûst en la disant demander ce qui seroit necessaire pour sa consolation & pour ses besoins : & qu'ainsi les contemplatifs & ceux qui se donnent a Dieu sans reserve méprisant les choses perissables, luy demandent seulement les faveurs du ciel que son extrême bonté veut bien donner icy-bas. Et que ceux qui sont encore dans les engagemens du monde luy demandent le pain & les autres choses conformes à leur estat qu'ils peuvent justement luy demander pour eux, & pour leurs familles. Mais quant à ce qui est de donner nostre volonté à Dieu, & pardonner les offenses qui nous sont faites, ce sont deux choses à quoy tout le monde est obligé. Je demeure toutefois d'acord qu'il s'y rencontre du plus & du moins. Les parfaits donnent parfaitement leur volonté, & pardonnent parfaitement : au lieu que nous autres, mes Sœurs, satisfaisons comme nous pouvons à ces devoirs. Car Nostre Seigneur est si bon qu'il reçoit tout en payement : & il semble qu'il ait fait en nostre nom comme un pact avec son Pere en luy disant : Seigneur, faites s'il vous plaist cela : & mes freres feront cecy.

Or nous sommes bien assurées que Dieu ne manquera point de son costé. Car y eut il jamais un si bon payeur, & si liberal ? Il pourroit mesme arriver que disant une seule fois cette oraison avec une intention tres sincere de tenir ce que nous luy promettons, elle suffiroit pour le porter à nous combler de ses graces, parce qu'il aime tant la verité, & prend tant de plaisir que l'on traite avec luy sincerement, que lors que nous agissons de la sorte il nous accorde tonjours plus que nous luy demandons.

Mais comme ce Maistre admirable sçait que ceux qui demandent avec la perfection dont j'ay parlé reçoivent de son Pere eternel des faveurs qui les élevent à un tres-haut degré de bonheur : comme il sçait que ceux, ou qui sont parfaits, ou en chemin de le devenir tiennent le monde sous leurs pieds, & ne craignent rien, parce que les bons effets que Dieu opere dans leurs ames les assurent qu'il est satisfait d'eux; Et enfin comme il sçait qu'estant saintement enyvrez de ces faveurs si extraordinaires qu'il leur fait dans l'oraison, ils oublieroient aisément qu'il y a un autre monde & qu'ils ont des ennemis à combattre, il a soin de les avertir des perils qui les environnent.

O eternelle sagesse! ô incomparable Maître! Quel bonheur, croyez-vous, mes Filles, que ce vous est de ce qu'il n'est pas seulement tres-sage, mais qu'il apprehende tant pour nous qu'il détourne tous les perils qui nous menacent? c'est le plus grand bien qu'une ame sainte puisse desirer dans le monde, & je ne sçaurois assez l'exprimer par mes paroles, puis que cette protection de Dieu est la plus grande assurance que nous puissions avoir sur la terre.

Nostre Seigneur ayant donc vû combien il importe à ces ames de les réveiller pour les faire souvenir qu'elles ont des ennemis qui les obligent à se tenir toûjours sur leurs gardes; & que plus elles sont élevées, plus elles ont besoin du secours de son Pere eternel, puis qu'en tombant elles tomberoient de plus haut: Et voulant d'ailleurs les délivrer des pieges où elles s'engageroient sans y penser, il luy fait pour elles ces deux dernieres demandes si necessaires à tous ceux qui vivent encore dans l'exil de cette vie: *Et ne nous laissez pas succomber à la tentation, mais délivrez-nous du mal.*

CHAPITRE XXXVIII.

Sur ces paroles du Pater: Et ne nous laissez pas succomber à la tentation; mais délivrez-nous du mal. Et que les parfaits ne demandent point à Dieu d'estre delivrez de leurs peines. Divers moyens dont le demon se sert pour tenter les personnes Religieuses. Et de l'humilité, de la patience, & de la pauvreté.

Derniere demande du Pater. Que les parfaits ne desirent point d'estre délivrez de leurs peines.

PVis que nous faisons ces demandes nous avons sujet de croire qu'elles nous sont fort importantes. Pour moy, mes Sœurs, je tiens que les parfaits ne demandent point à Dieu d'estre délivrez de leurs peines de leurs tentations & de leurs combats, parce que ce leur sont des preuves indubitables que leur contemplation & les faveurs qu'ils y reçoivent procedent de son esprit, & qu'ainsi au lieu d'apprehender ces travaux, ils les desirent, ils les demandent, & ils les aiment. En quoy ils ressemblent aux soldats qui ne souhaitent rien tant que la guerre; parce qu'ils esperent d'y faire fortune, & que dans la paix n'ayant que leur solde ils ne sçauroient s'enrichir.

Croyez-moy, mes Filles, les soldats de IESUS-CHRIST qui sont les contemplatifs, ne voyent jamais trop tost à leur gré venir l'heure du combat. Ils craignent peu leurs ennemis visibles & découverts & n'ont garde de s'enfuir devant eux, parce qu'ils sçavent que leurs forces étant impuissantes contre celles de Dieu qui les soustient, ils

en

CHAPITRE XXXVIII. 641

en demeureront toûjours victorieux. Les seuls ennemis qu'ils apprehendent avec raison, & dont ils demandent à Dieu qu'ils les delivre, sont ces ennemis cachez, ces demons qui combattent en trahison & avec finesse, qui se transforment en des Anges de lumiere, qui nous font tomber dans leurs embuches, sans que nous nous en appercevions, & qui ne se laissent connoître qu'aprés avoir beu le sang de nostre ame & ravy ce que nous avons de vertu.

Artifices du demon pour tenter les Religieuses.

Nous devons souvent, mes Filles, demander à Dieu dans cette sainte priere qu'il nous délivre de ces ennemis secrets, & qu'il ne permette pas qu'étant trompées par leurs artifices nous succombions à la tentation ; nous devons le prier qu'il nous découvre le venin dont ils veulent nous empoisonner, & qu'il dissipe les tenebres dont ils nous offusquent pour nous empécher de voir sa lumiere. Ce n'est donc pas sans raison que cét adorable Maistre nous apprend à faire cette demande qu'il adresse pour nous à son Pere ; & vous devez remarquer, que ces mal-heureux esprits nous nuisent en plusieurs manieres. Car ne vous imaginez pas que le seul mal qu'ils nous procurent soit de nous persuader que ces douceurs & ces consolations qu'ils nous font malicieusement ressentir durant l'oraison viennent de Dieu. Au contraire c'est en quelque sorte à mon avis le moindre mal qu'ils nous puissent faire : & il pourra même arriver que ce nous sera un sujet de nous avancer, parce que dans l'ignorance que cela procede du demon, & dans la creance qu'il vient de Dieu, ce plaisir que l'on reçoit dans l'oraison fait que l'on s'y occupe davantage ; que se reconnoissant indigne de ces graces on en remercie sans cesse Dieu ; qu'on s'estime plus obligé de le servir, & qu'on s'efforce de l'engager par une humble reconnoissance à ajoûter de nouvelles faveurs aux premieres.

De l'humilité.

Travaillez continuellement, mes Sœurs, pour acquerir l'humilité : Reconnoissez que vous n'estes pas dignes de ces faveurs, & ne les recherchez point. Par ce moyen le diable au lieu de gagner des ames en perd beaucoup à mon avis de celles dont il croit pouvoir procurer la perte, & Dieu tire nostre bien du mal qu'il nous vouloit faire. Car le Seigneur est fidelle en ses promesses ; & voyant que nostre intention dans l'oraison est de le contenter & de le servir, il demeure satisfait de nous. Mais nous devons être sur nos gardes, de peur que nostre ennemy n'affoiblisse nostre humilité par quelques pensées de vaine gloire, dont il faut bien prier Dieu qu'il nous délivre : & ne craignez pas, mes Filles, qu'il permette que vous receviez

MMmm

long-temps des consolations qui viennent d'un autre que de luy.

Le plus grand preiudice que le demon nous pourroit faire sans que nous nous apperçûssions seroit de nous persuader que nous aurions des vertus que nous n'avons pas. Car au lieu que dans les douceurs & les consolations dont j'ay parlé, nous ne pouvons avoir d'autres pensées sinon que ces faveurs que nous croyons recevoir de Dieu nous obligent à le servir avec encore plus d'ardeur : icy il nous semble au contraire que c'est nous qui luy donnons & qui le servons, & qu'il est de sa bonté de nous en recompenser. Cette creance fait peu à peu un extrême tort, parce qu'elle diminuë l'humilité, & porte à negliger d'acquerir les vertus que l'on croit déja posseder. Ainsi s'estimant être en assurance on tombe sans s'en appercevoir dans un piege d'où l'on ne sçauroit se retirer. Car encore que ce ne soit pas un visible peché mortel capable de precipiter l'ame dans l'enfer, il l'affoiblit de telle sorte qu'elle ne peut plus marcher dans ce chemin dont j'ay commencé à vous parler.

Ie vous assure que cette tentation est tres perilleuse:& j'en ay tant d'experience que je puis hardiment vous en parler, quoy que ce ne soit pas si bien que ie le voudrois. Quel remede donc y a-t-il, mes Sœurs ? Ie n'en trouve point de meilleur que celuy que nostre divin maistre nous enseigne, qui est de prier dans cette oraison son Pere eternel de ne permettre pas que nous succombions à la tentation. I'y en aioûteray un autre : C'est que s'il nous semble que N. Seigneur nous a donné quelque vertu, nous devons la considerer comme un bien que nous avons receu de luy & qu'il peut à toute heure nous oster ainsi qu'il arrive souvent par l'ordre de la providence. Ne l'avez vous iamais éprouvé, mes Filles ? Si vous dites que non, ie n'en diray pas de même. Car quelquefois il me semble que ie suis fort détachée ; & lors que i'en viens à l'épreuve ie trouve en effet que ie la suis. D'autrefois ie me trouve si attachée, & à des choses dont ie me serois peut-être mocquée le iour precedent, que ie ne me connois plus moy-même. Quelquefois ie me sens avoir tant de cœur qu'il me semble que s'il s'offroit des occasions de servir Dieu rien ne seroit capable de m'étonner:& en effet ie trouve que cela est veritable dans quelques-unes. Mais le lendemain ie me voy dans une telle lâcheté que ie n'aurois pas le courage de tuer une formy pour l'amour de luy si i'y rencontrois la moindre contradiction. Quelquefois ie m'imagine que quoy que l'on pût dire à mon preiudice & quelque murmure qui s'élevat contre moy, ie le souffrirois sans aucune peine ; & i'ay reconnu en diverses rencontres que ie ne m'étois pas trompée, puis que i'en avois même de la ioye. Et en d'autres temps les moindres paroles m'affligent si fort que ie voudrois être hors du monde, tant tout ce que i'y voy me déplaît. En tout cela ie ne suis pas seule ; car j'ay remarqué les mêmes choses en plusieurs personnes meilleures que moy, & je sçay qu'en effet elles se passent de la sorte.

Que s'il est ainsi, mes Sœurs, qui sera celuy qui pourra dire que son ame est enrichie des vertus, puis que dans le temps où l'on en a le plus de besoin on trouve que l'on n'en a point? Gardons-nous donc bien de concevoir de telles pensées. Reconnoissons au contraire que nous sommes pauvres, & ne nous endettons pas sans avoir dequoy payer en nous attribuant des vertus qui ne nous appartiennent point. Le tresor de nostre ame est dans les mains de Dieu & non dans les nostres; & nous ne sçavons pas quand il luy plaira de nous laisser dans la prison de nostre pauvreté & de nostre misere sans nous rien donner. Que sçavons-nous si lors que les autres nous tiennent pour bonnes & que nous croyons l'estre, il continuera à nous faire part de ses graces : ou s'il ne voudra pas le retirer comme étant un bien que nous ne possedons que par emprunt ; ce qui nous rendroit dignes d'estre mocquées de tout le monde, & particulierement de ceux qui nous auroient eu en quelque estime? Il est vray que pourvû que nous le servions avec humilité il nous secourt enfin dans nos besoins : Mais si cette vertu ne nous accompagne & ne nous suit pas à pas il nous abandonnera, & nous fera en cela même une grande misericorde, puis que ce chastiment nous apprendra que nous ne sçaurions trop estimer cette vertu, & que nous n'avons quoy que ce soit que ce qu'il nous donne par sa grace.

※

Voicy un autre avis que je vous donne. Le demon nous persuade quelquefois que nous avons une vertu ; comme par exemple la patience, parce que nous nous resolvons de la pratiquer ; parce que nous faisons souvent des actes du desir que nous avons de souffrir beaucoup pour Dieu, & parce qu'il nous semble que ce desir est veritable. Ainsi nous demeurons fort satisfaites à cause que le demon nous aide à nous confirmer dans cette creance. Mais gardez-vous bien je vous prie de faire cas de ces sortes de vertus, de penser les connoistre, si ce n'est de nom ; & de vous persuader que Dieu vous les a données jusques à ce que vous le sçachiez par experience. Car il pourra arriver qu'à la moindre parole que l'on vous dira & qui ne vous plaira pas, toute cette patience pretenduë s'évanoüira. Quand vous aurez beaucoup souffert, rendez alors graces à Dieu de ce qu'il commence à vous instruire dans cette vertu, & efforcez vous de continuer à souffrir avec grand courage, puis que ces souffrances font voir qu'il veut que vous luy payiez la patience qu'il vous a donnée par l'exercice de cette même patience, en ne la considerant que comme un dépost qu'il vous a mis entre les mains.

De la patience.

De la pau- vreté.

Voicy un autre artifice du demon. Il vous represente que vous estes pauvre, & il a en cela quelque raison ; soit parce que vous avez fait vœu de pauvreté comme tous les religieux, ou parce que vous desirez dans vostre cœur de la pratiquer, ainsi qu'il arrive aux personnes qui s'adonnent à l'oraison. Ces deux choses étant supposées, l'une que le Religieux s'estime pauvre comme ayant fait vœu de l'étre; & l'autre que le seculier qui est dans la pieté se croit pauvre aussi, parce qu'il desire de l'estre : voicy ce que tous deux disent : Ie ne desire rien: & si je possede quelque chose, c'est parce que je ne sçaurois m'en passer;car je dois vivre pour servir Dieu qui veut que nous ayons soin de la santé de nôtre corps, & mille choses semblables que cét ange de tenebres transformé en ange de lumiere inspire, & qui en apparence sont bonnes. Ainsi il persuade que l'on est veritablement pauvre, que l'on a veritablement la vertu de pauvreté, & que par ce moyen tout est fait. Mais cela ne se pouvant connoistre que par les effets il faut venir à l'épreuve. On jugera par les œuvres si le seculier est vraiment pauvre, car s'il a trop d'inquietude pour le bien il le fera bien-tost voir;soit en desirant plus de revenu que la necessité n'en demande; soit en prenant plus de serviteurs qu'il n'en a besoin;soit dans l'occasion d'un procez pour quelque chose de temporel, ou soit qu'un pauvre fermier manque à le payer. Car il n'en aura pas moins d'inquietude que si autrement il n'avoit pas dequoy vivre. Comme on ne manque jamais de s'excuser, je ne doute point que cette personne ne réponde que ce qu'il fait en ces rencontres, n'est que pour empécher que faute de soin son bien ne se perde Mais ie ne pretens pas qu'il l'abandonne; je dis seulement qu'il en doit prendre soin sans empressement. Que si cela reüssit, à la bonne heure. Sinon, qu'il prenne patience; Car celuy qui est veritablement pauvre fait si peu de cas de toutes ces choses, qu'encore qu'il y ait des raisons qui l'obligent d'en prendre soin il ne s'en inquiete point, parce qu'il croit ne pouvoir jamais manquer du necessaire; & que quand même il luy manqueroit il ne s'en soucieroit pas beaucoup. Il considere cela comme l'accessoire, & non pas comme le principal; & ses pensées s'élevant plus haut il ne s'occupe à des choses si basses que par contrainte.

Pour ce qui est des Religieux ou des Religieuses qui sont pauvres, ou qui au moins le doivent être puis qu'ils en ont fait le vœu, il est vray qu'ils ne possedent rien en propre ; mais c'est souvent parce qu'ils n'ont rien. Que s'il se rencontre qu'une personne leur veüille donner, ce sera une grande merveille s'ils iugent que ce don leur soit superflu. Ils sont bien aises de mettre en reserve quelque chose

CHAPITRE XXXVIII.

S'ils peuvent avoir des habits d'une fine étoffe ils ne pensent point à en demander d'une plus grossiere ; & ils veulent toûjours avoir quelque petite chose qu'ils puissent vendre ou engager, quand ce ne seroit que des livres, afin que s'il leur arrive une maladie ils ayent dequoy se faire mieux traiter qu'à l'ordinaire.

Helas pecheresse que je suis! Est-ce donc là ce que nous avons promis à Dieu lors que nous luy avons promis de renoncer à tous les soins de nous-mêmes pour nous abandonner entierement á sa conduite, quoy qui puisse nous en arriver? Si nous avions tant de prevoyance pour l'avenir, n'auroit-il pas mieux valu nous assurer quelque revenu que nous aurions pû posseder sans distraction & sans trouble? Or quoy que cela se puisse faire sans peché, il est bon de remarquer nos imperfections, afin que voyant qu'il y a beaucoup à dire que nous ne possedions cette vertu de la sainte pauvreté, nous la demandions à Dieu & nous efforcions de l'acquerir: au lieu que nous ne nous en mettrions pas beaucoup en peine si nous nous imaginions de l'avoir déja, & demeurerions dans cette fausse persuasion : ce qui seroit encore pis.

※

Il en est de même de l'humilité. Il nous semble que nous ne nous soucions point de l'honorer, ny dequoy que ce puisse étre : Mais s'il arrive qu'on nous blesse en la moindre chose, on voit aussi-tost & par nos sentimens & par nos actions que nous ne sommes point du tout humbles. Que si au contraire il s'offre quelque chose qui soit honorable & avantageux, on ne le rejette non plus que ces pauvres imparfaits dont j'ay parle ne rejettent point ce qui leur est profitable : Et Dieu veuille que l'on ne travaille pas même a le procurer. On a si souvent ces mots en la bouche : Ie ne desire rien : Ie ne me soucie de rien ; comme en effet on le pense ainsi; qu'à force de le dire on se confirme de telle sorte dans cette creance qu'on ne le met pas en doute.

De l'humilité.

Il importe donc extrémement de veiller sans cesse sur soy-même pour découvrir cette tentation, tant dans les choses dont je viens de vous parler qu'en plusieurs autres, puis que chacun sçait que lors que Noftre Seigneur nous donne veritablement une seule de ces vertus il semble qu'elle attire aprés elle toutes les autres. A quoy j'ajoûte, qu'encore que vous croyiez les avoir vous devez craindre de vous tromper, parce que celuy qui est vrayment humble doute toûjours de ses vertus propres, & croit celles des autres incomparablement plus grandes & plus veritables que les siennes.

MMmm iij

CHAPITRE XXXIX.

Avis pour resister à diverses tentations du demon, & particulierement aux fausses humilitez, aux penitences indiscretes, & à la confiance de nous mesmes qu'il nous inspire.

De la fausse humilité.

GARDEZ-vous aussi, mes Filles, de certaines humilitez accompagnées d'inquietude que le demon nous met dans l'esprit en nous representant la grandeur de nos pechez, car il trouble par là les ames en plusieurs manieres, jusques à faire qu'elles se retirent de la communion, & discontinuent de faire oraison en particulier comme s'en jugeant indignes : & ainsi lors qu'elles s'approchent de la sainte Eucharistie elles employent à considerer si elles y sont bien ou mal preparées, le temps qu'elles devroient employer pour recevoir des faveurs de Dieu. Cela passe même jusques à une si grande extremité, qu'il leur semble qu'à cause qu'elles sont si imparfaites Dieu les a tellement abandonnées qu'elles ne peuvent presque plus se confier en sa misericorde. Toutes leurs actions quelque bonnes qu'elles soient leur paroissent pleines de peril: tous leurs services passent dans leur esprit pour inutiles ; & elles tombent dans une telle defiance qu'elles perdent entierement le courage de faire aucun bien, parce qu'elles condamnent en elles comme mauvaises les mêmes choses qu'elles loüent dans les autres comme bonnes.

Remarquez ie vous prie, mes Filles, mais avec grand soin, ce que ie vay maintenant vous dire & que ie sçay par experience. Il pourra arriver que cette opinion d'être si imparfaites & si mauvaises pourra dans un temps estre une humilité & une vertu, & dans un autre temps une tres forte tentation. L'humilité quelque grande quelle soit n'inquiete point l'ame, ne l'agite point, ne la trouble point ; mais au contraire elle est accompagnée de paix, de plaisir, & de douceur. Car quoy que l'on se voye être une grande pecheresse ; que l'on connoisse clairement qu'on est digne de l'enfer; que l'on avoüe de meriter d'être en horreur à tout le monde, que l'on s'en afflige, & que l'on n'ose presque implorer la misericorde de Dieu : neanmoins si cette humilité est veritable, cette peine est accompagnée de tant de douceur & de satisfaction que l'on ne voudroit pas ne l'avoir point. Non seulement comme ie l'ay dit elle n'inquiete ni ne trouble pas l'ame, mais elle luy donne une plus grande liberté & une plus grande paix, & la rend plus capable de servir Dieu: au lieu que cette autre peine la presse ; l'agite, la tourmente & luy est presque insupportable. Ie croy que le demon pretend par là nous persuader que nous avons de l'humilité, & en même temps

CHAPITRE XXXIX. 647

nous faire, s'il luy étoit possible perdre la confiance que nous devons avoir en Dieu.

Lors que vous serez en cet état, détournez le plus que vous pourrez vostre pensée de la veuë de vostre misere, & portez la à considerer combien grande est la misericorde de Dieu; quel est l'amour qu'il nous porte, & ce qu'il luy a plû de souffrir pour nous. Il est vray que si c'est une tentation, vous ne pourrez faire ce que ie dis, parce qu'elle ne vous laissera point en repos, & ne vous permettra de penser qu'à ce qui vous donnera de la peine. Encore sera-ce beaucoup si vous pouvez vous appercevoir que c'est une tentation.

Le demon se sert du même artifice lors que pour nous donner suiet de croire que nous faisons plus que les autres, il nous porte à embrasser des penitences indiscretes. Que si quand cela arrive vous manquez à le découvrir à vostre Confesseur ou à vostre Superieure: ou si lors qu'ils vous disent de cesser de faire ces penitences vous les continuez encore, c'est une tentation manifeste. Efforcez-vous donc de leur obeïr quelque peine que cela vous donne, puis que c'est en quoy consiste la plus grande perfection. *Des penitences indiscretes.*

Ce dangereux ennemy nous attaque par une autre tentation tres-perilleuse, en nous mettant dans une certaine assurance qui nous fait croire que nous ne retournerons jamais plus à nos fautes precedentes ni à aimer les plaisirs du monde. Ainsi nous disons alors que nous le connoissons trop pour en faire cas : que nous sçavons que tout passe ; & que nous trouvons beaucoup plus de satisfaction à servir Dieu. Si cela arrive dans les commencemens c'est un fort grand mal, parce que cette assurance porte les ames à ne point craindre de se rengager dans les occasions de pecher, & est cause qu'elles tombent: Et Dieu veüille que cette seconde chûte ne soit pas pire que la premiere. Car le demon voyant que ces personnes sont capables de servir aux autres, & par consequent de luy nuire, il fait tous ses efforts pour les empécher de se relever. C'est pourquoy quelques faveurs que vous receviez de Nostre Seigneur, & quelques gages qu'il vous donne de son amour, ne vous tenez jamais si assurées que vous ne soyez toûjours dans la crainte, puis que vous pouvez retomber encore ; & fuyes avec soin les occasions qui seroient capables de vous engager dans ce malheur. *Qu'il faut toûjours se défier de soy même.*

Communiquez toûjours autant qu'il vous sera possible ces graces & ces faveurs à quelque personne dont vous puissiez recevoir lumiere & conduite, sans luy rien cacher de tout ce qui vous arrive. Et quelque élevée que vostre contemplation puisse étre, ayez toûjours soin de la commencer & de la finir par la connoissance de vous méme. Que si cette oraison vient de Dieu, vous vous conduirez presque toûjours de la sorte quand bien vous ne le voudriez pas & que je ne vous donnerois point cét avis, parce qu'elle est toûjours accompagnée d'humilité & augmente nostre lumiere pour nous faire connoître le peu que nous sommes. Ie n'en diray pas icy davantage : vous trouverez assez de livres qui pourront vous en instruire, & je ne vous en ay parlé qu'à cause de l'experience que j'en ay, & des peines ou quelquefois ie me suis vûë. Car enfin quoy que l'on puisse vous dire pour vous assurer vous ne pouvez jamais vous mettre dans une entiere assurance.

" Que pouvons-nous donc faire, ô mon Dieu, sinon de recourir à
" vous, & vous prier de ne pas permettre que ces ennemis de nostre
" salut nous fassent tomber dans les pieges qu'ils nous dressent ? Lors
" que leurs efforts nous sont connus nous pouvons avec vostre assi-
" stance les repousser : Mais quant à leurs trahisons, qui pourra les dé-
" couvrir si vous ne les luy faites connoître ? Nous avons, mon Dieu,
" sans cesse besoin de vous appeller à nostre aide : Dites-nous donc
" quelque chose, Seigneur, pour nous rasseurer & pour nous instruire.
" Vous sçavez qu'il y en a peu qui marchent par ce chemin : & il y en
" aura encore moins si l'on ne peut y marcher sans étre dans des ap-
" prehensions continuelles.

C'est une chose étrange que les hommes ne considerant pas que le demon tente & trompe encore plus les ames qui ne sont point dans l'exercice de l'oraison que non pas celles qui y sont, ils s'étonnent davantage de voir un seul de ceux qui marchoient par ce chemin & dont la vie avoit paru sainte tomber dans l'illusion, que d'en voir cent mille qui étant hors de ce chemin sont trompez par cét esprit malheureux, & vivent dans des pechez & des desordres publics, en marchant dans une voye que l'on ne sçauroit douter qui ne soit tres mauvaise. Mais ils ont raison, puis qu'entre ceux qui recitent le *Pater noster* en la maniere que j'ay dit il y en a si peu qui soient trompez par l'artifice du malin esprit, qu'il y a sujet de s'en étonner comme d'une chose extrémement rare. Car il est ordinaire aux hommes de ne remarquer point ce qu'ils voyent à tout moment, & de s'étonner au contraire de ce qu'ils ne voyent presque jamais : joint que les demons ont tant d'interest d'imprimer cét étonnement dans leur esprit, parce qu'ils sçavent qu'une seule ame arrivée à la perfection sera capable de leur en faire perdre beaucoup d'autres en les délivrant de leur servitude. Cela dis-ie est si étonnant que je ne m'étonne pas qu'on s'en étonne, puis que si ce n'est par leur faute, ceux qui marchent dans ce chemin de l'oroison n'ont pas

moins

moins davantage fur les autres, que ceux qui regardent le combat des Taureaux de deſſus un échaffaut en ont ſur ceux qui eſtant au milieu de la place ſont expoſez aux coups de leurs cornes. C'eſt une comparaiſon qu'il me ſouvient d'avoir oüi faire ſur ce ſujet, & qui me ſemble fort juſte.

Ne craignez donc point, mes Sœurs, de marcher par ce chemin, ou pour mieux dire, par l'un de ces chemins de l'oraiſon: Car il y en a pluſieurs; les uns ſe trouvant bien d'aller par l'un, & les autres par un autre. Croyez-moy, c'eſt une voye extrémement ſeure: & vous ferez beaucoup pluſtoſt délivrées des tentations lors que vous vous approcherez de noſtre Seigneur par l'oraiſon, que quand vous ſerez éloignées de luy. Priez le donc de vous la donner, & demandez-la luy en diſant comme vous faites tant de fois le jour le *Pater noſter*.

CHAPITRE XL.

Que l'amour & la crainte de Dieu ioints enſemble ſont un puiſſant remede pour reſiſter aux tentations du demon. Quel ſera à la mort, le malheur de ceux qui n'auront pas aimé Dieu, & le bonheur de ceux qui l'auront aimé

O Mon cher Maiſtre, donnez-nous quelque moyen de nous garentir des embuſches de nos ennemis dans une guerre ſi perilleuſe. Celuy que ſa divine Majeſté nous donne, mes Filles, & dont nous pouvons uſer hardiment, eſt de conſerver toûjours l'amour & la crainte. L'amour nous preſſera de marcher: & la crainte nous fera prendre garde où nous marcherons, afin de ne tomber pas dans un chemin où tant de choſes nous peuvent faire broncher, ainſi que font preſque tous ceux où l'on marche dans cette vie: Ce ſera là le vray moyen de ne pouvoir eſtre trompées.

Vous me demanderez peut eſtre à quoy vous pourrez connoiſtre que vous poſſedez ces grandes vertus, & vous aurez raiſon de le demander, puis qu'il eſt certain que vous ne ſçauriez en eſtre entierement aſſurées. Car ſi vous l'eſtiez d'avoir un veritable amour de Dieu vous le ſeriez auſſi d'eſtre en grace. Il y en a neanmoins, mes Filles, des marques ſi evidentes qu'il ſemble que les aveugles meſmes les peuvent voir: Elles ne ſont ni ſecretes ni cachées; mais font tant de bruit, que quant vous ne le voudriez pas, vous ne ſçauriez ne les point entendre. Le nombre de ceux qui poſſedent en perfection ces deux qualitez eſt ſi petit qu'ils ſe font aiſément remarquer par leur rareté, & d'autant plus connoiſtre, que plus ils demeurent dans le ſilence & dans le ſecret. Cet amour & cette crainte de Dieu ſont comme deux places fortes d'où on fait la guerre au monde & au demon. Ceux qui aiment Dieu veritablement aiment tout ce qui

Reſiſter aux tentations du demon par l'amour & par la crainte de Dieu.

est bon, veulent tout ce qui est bon, favorisent tout ce qui est bon, loüent tout ce qui est bon, se ioignent toûjours avec les bons, les soustiennent, les défendent, & n'aiment que la verité & les choses dignes d'estre aimées.

Car croyes-vous que ceux qui aiment Dieu veritablement puissent aimer ny les vanitez, ny les plaisirs, ny les richesses, ny les honneurs, ny toutes les autres choses du monde? Croyez-vous qu'ils puissent avoir de contestations, des disputes, de la jalousie, & de l'envie? Helas comment cela se pourroit il faire, puis que toute leur passion est de contenter celuy qu'ils aiment: puis qu'ils brûlent de desir de se rédre dignes d'être aimez de luy; & puis qu'ils donneroiét leur vie avec ioye s'ils croyoient par ce moyen luy pouvoir plaire davantage? Lors que l'amour que l'on a pour Dieu est veritable, il est impossible de le cacher. Voyez-en des exemples dans S. Paul & dans sainte Magdeleine. L'un parut visiblement blessé de l'amour de Dieu dés le troisiéme jour; & l'autre dés le premier jour. Car l'amour a des degrez differens, & se fait connoistre plus ou moins selon qu'il est plus ou moins fort. S'il est petit: il ne se fait connoistre que peu. S'il est grand; il se fait beaucoup connoistre. Mais par tout où il y a de l'amour de Dieu, soit qu'il soit grand ou qu'il soit petit, il se fait tousiours connoistre. S'il est grand, par de grands effets; s'il est petit, par de petits.

Pour revenir à ce que je disois touchant la marque à laquelle on peut juger si les contemplatifs sont trompez par les illusions du demon, il est certain qu'il n'y a jamais en eux peu d'amour. Ou ils ne sont point de vrais contemplatifs, ou leur amour est tres-grand; & ainsi se fait connoistre en un infinité de manieres. C'est un grand feu qui ne sçauroit manquer à jetter beaucoup de lumiere: & à moins que cela ces contemplatifs doivent marcher avec une grande défiance d'eux-mêmes: croire qu'ils ont sujet de craindre: travailler à en découvrir la cause: recourir à l'oraison: pratiquer l'humilité; & prier Dieu de ne permettre pas qu'ils succombent à la tentation. Car je voy beaucoup de sujet d'apprehender que nous ne soyons tentez lors que nous ne sentons pas en nous cet amour de Dieu qui est la marque de la veritable pieté. Mais pourveu que vous marchiez toûjours dans l'humilité; que vous vous efforciez de connoistre la verité de ce qui se passe dans vous; que vous vous teniez soûmises à vostre Confesseur; & que vous luy ouvriez vostre cœur avec une entiere sincerité, vous devez croire que le Seigneur est fidelle, qu'il ne vous manquera point, & que vostre esprit étant éloigné de toute malice & de tout orgueil, quelques frayeurs que le demon vous puisse causer, & quelques pieges qu'il vous puisse tendre, il vous donnera la vie par les mêmes moyens qu'il vouloit vous donner la mort:

CHAPITRE XL.

Que si vous sentez en vous cet amour de Dieu dont j'ay parlé, & qu'il soit accompagné de la crainte dont je vay parler, rejoüissez-vous & soyez tranquilles nonobstant toutes ces fausses terreurs par lesquelles le demon s'efforcera de vous troubler, & qu'il fera que les autres vous donneront afin de vous empêcher de joüir d'un si grand bien. Car voyant qu'il ne peut plus esperer de vous gagner, il tachera au moins de vous nuire en quelque sorte, & à ceux qui auroient pû tirer beaucoup d'avantage de la creance qu'ils auroient que Dieu par son infiny pouvoir fait ces faveurs si extraordinaires à une miserable creature. Ce que je dis parce que l'oubly où nous sommes quelquefois de ses anciennes misericordes nous persuade que cela est impossible.

Or pensez-vous qu'il importe peu au demon de nous jetter dans ces craintes? Il fait ainsi deux maux tout ensemble; L'un que ceux qui en entendent parler n'osent s'exercer à l'oraison de peur d'être aussi trompez; L'autre qu'il y en auroit sans cela beaucoup dauantage qui s'approcheroient de Dieu par le desir d'être tout à luy, voyant comme je l'ay dit, qu'il est si bon qu'il ne dédaigne pas de se communiquer à des pecheurs. Cecy est si veritable que je connois quelques ames qui étant encouragées par cette consideration ont commencé de s'occuper à l'oraison, & ont receu en peu de temps de si grandes faueurs de Dieu qu'elles sont deuenuës veritablement contemplatiues. Ainsi, mes Sœurs, lors que vous en verrez quelqu'une entre vous à qui nôtre Seigneur fera de semblables graces remerciez-l'en extrêmement; mais ne vous imaginez pas neanmoins qu'elle soit en assurance. Au contraire assistez-la encore dauantage par vos prieres, puis que nul ne peut-estre assuré durant qu'il est encore engagé dans les perils d'une mer agitée d'autant de tempestes que cette vie.

Vous n'aurez donc pas peine à connoître cet amour lors qui sera veritable; & je ne comprens pas comment il pourroit demeurer caché. Car si l'on dit qu'il est impossible de dissimuler celuy que l'on porte aux creatures, & qu'il se découure d'autant plus qu'on s'efforce dauantage de le couurir (quoy que j'aye honte d'user de cette comparaison puis que l'amour que l'on a pour elles n'étant fondé que sur un neant il ne merite pas de porter le nom d'amour) comment pourroit-on cacher un amour aussi violent qu'est celuy que l'on a pour Dieu, un amour si juste, un amour qui croit toûjours parce qu'il découure incessamment mille nouueaux sujets d'aimer sans pouuoir jamais en découurir aucun de ne pas aimer, & enfin un amour dont le fondement & la recompense est l'amour d'un Dieu, qui pour faire que nous ne puissions douter qu'il ne nous aime nous l'a témoigné par tant de trauaux & de douleurs, par l'épanchement de tant de sang, & par la perte même de sa propre vie.

Helas mon Sauveur ! Que celuy qui a éprouvé ces deux amours en discerne bien la difference ! Ie supplie vostre divine Majesté de nous la faire connoistre avant que nous sortions de cette vie. Car quelle consolation ne nous sera ce point à l'heure de nostre mort de voir que nous allons être jugées par celuy que nous aurons aimé sur toutes choses? Nous luy porterons alors sans crainde la cedule où ce que nous luy devons sera écrit : & nous ne considererons pas le ciel comme une terre étrangere, mais comme nostre veritable patrie, puis qu'elle a pour Roy celuy que nous avons tant aimé, & qui nous a tant aimées ; cet amour ayant cet avantage sur tous les amours du monde, que pourveu que nous aimions nous ne pouvons douter que l'on ne nous aime.

Quel sera à la mort le malheur de ceux qui n'auront pas aimé Dieu.

Considerez, mes Filles, combien grand est le bonheur d'avoir cet amour, & quel malheur c'est de ne l'avoir pas, puis que ne l'ayant point on tombe entre les mains de ce tentateur, entre ces mains si cruelles, entre ces mains si ennemies de toute sorte de bien & si amies de toute sorte de mal. Où en sera donc reduite cette pauvre ame lors qu'au sortir des travaux & des douleurs de la mort elle se trouvera entre ces mains barbares & impitoyables ; & qu'au lieu de joüir de quelque repos aprés tant de peines, elle sera précipitée dans l'abysme de l'enfer, où une horrible multitude de serpens l'environneront de toutes parts ? Quel terrible & épouvantable lieu! Quel déplorable & infortuné sejour ! Que si les personnes qui aiment leurs aises, & qui sont celles qui courent le plus de fortune de tomber dans ce malheur, ont peine à souffrir icy-bas durant une seule nuit une mauvaise hostellerie ; quelle sera à vostre avis la peine qu'elles souffriront à passer toute une éternité dans cette affreuse demeure? Ne desirons donc point, mes Filles, de vivre à nostre aise : nous sommes fort bien comme nous sommes : les incommoditez de la vie presente se peuvent comparer à une nuit qui se passe dans un mauvais giste. Loüons Dieu de ce que nous souffrons ; & efforçons-nous de faire penitence tandis que nous sommes en ce monde.

O combien douce sera la mort de celuy qui aura fait penitence de tous ses pechez, puis qu'il se pourra faire que n'allant point en purgatoire il commencera presque dés cette vie à entrer dans la gloire des bienheureux, & qu'ainsi étant affranchy de toutes sortes de craintes il jovira d'une entiere paix. Ne seroit-ce pas, mes Sœurs, une grande lâcheté, de n'aspirer point à ce bon-heur, puis qu'il n'est pas impossible de l'acquerir ? Au moins demandons à Dieu que si nostre ame en quittant ce corps doit être dans la souffrance, ce soit en un lieu où nous l'endurions volontiers, où nous esperions qu'elle finira, & où nous ne craignions point, que nostre divin Epoux cesse de nous aimer, ni qu'il nous prive de sa grace. Prions le donc de nous la donner en cette vie, afin de ne point tomber en tentation sans nous en appercevoir & sans le connoître.

CHAPITRE XLI.

Continuation du discours de la crainte de Dieu. Qu'il faut éviter avec soin les pechez veniels dont il y a de deux sortes. Que lors qu'on est affermy dans la crainte de Dieu on doit agir avec une sainte liberté, & se rendre agreable à ceux avec qui l'on a à vivre: ce qui est utile en plusieurs manieres.

QVE je me suis étenduë sur ce sujet! Mais non pas tant neanmoins que je l'aurois desiré. Car qu'y a-t-il de plus agreable que de parler d'un tel amour; & que sera-ce donc que de l'avoir? O Seigneur, mon Dieu donnez-le moy s'il vous plaît: faites moy la grace de ne point sortir de cette vie jusques à ce que je n'y desire plus quoy que ce soit; & qu'hormis vous je sois incapable de rien aimer. Faites même, s'il vous plaît, que je n'use jamais de ce terme d'aimer sinon pour vous seul, puis qu'excepté vous rien n'étant solide, on ne pourroit rien bâtir sur un tel fondement qui ne tombat aussi-tost par terre.

Ie ne sçay pourquoy nous nous étonnons d'entendre dire: Celuylà me paye mal du plaisir que je luy ay fait; ou: Cet autre ne m'aime point. En verité je ne sçaurois m'empécher d'en rire: Car qu'est-ce donc qu'il vous doit pour vous le payer? Et surquoy vous fondez-vous pour pretendre qu'il vous aime? Cela doit au contraire vous faire connoître quel est le monde, puis que cet amour même que vous luy portez deviendra le sujet de vostre tourment & de vostre inquietude, lors que Dieu vous ayant touché le cœur vous aurez un regret sensible d'avoir ainsi été possedé de ces basses affections qui ne sont que des jeux de petits enfans.

<hr>

Ie viens maintenant à ce qui regarde la crainte de Dieu, quoy que j'aye un peu de peine de ne point dire quelque chose de cet amour du monde dont j'ay tant de connoissance, & que je voudrois vous faire connoistre pour vous en délivrer entierement. Mais il faut que je le laisse parce qu'il me feroit sortir de mon sujet.

Celuy qui a la crainte de Dieu s'en apperçoit facilement; & ceux qui traitent avec luy n'ont pas peine à le remarquer. Vous devez sçavoir neanmoins que cette crainte n'est pas si parfaite au commen-

De la crainte de Dieu

cement, si ce n'est en quelques personnes à qui Nostre Seigneur, comme je l'ay dit, fait de tres-grandes graces en fort peu de temps, & qu'il éleue à une oraison si sublime qu'on voit sans peine qu'ils sont remplis de cette diuine crainte. Mais à moins de cette effusion de graces qui enrichit d'abord une ame de tant de vertus, cette crainte ne croit que peu à peu, & s'augmente chaque jour. On ne laisse pas neanmoins de la remarquer bien-tost par les signes qu'en donnent ces ames, soit en renonçant au peché, soit en éuitant les occasions d'y tomber, soit en fuyant les mauuaises compagnies, & autres choses semblables. Mais quand une personne est arriuée jusques à la contemplation, qui est le principal sujet dōt je traite icy, cōme elle ne sçauroit dissimuler son amour pour Dieu, elle ne sçauroit non plus cacher sa crainte, non pas même en l'exterieur. Ainsi quelque soin qu'on apporte à l'obseruer, on la trouue toûjours veillante sur ses actions, & nostre Seigneur la conduit de telle sorte par la main, pour parler ainsi, qu'il n'y a point d'occasion où elle voulut pourquoy que ce fust commettre seulement un peché veniel de propos délibéré : car quant aux mortels elle les apprehende comme le feu.

Ce sont là, mes Sœurs, les illusions que je desire que nous apprehendions beaucoup. Prions Dieu continuellement qu'il ne permette pas que les tentations soint si violentes qu'elles nous portent à l'offenser, mais proportionnées aux forces qu'il nous donne pour les surmonter, puis que pourvû que nostre conscience soit pure, elles ne sçauroient nous nuire que fort peu, ou point du tout. Voilà donc quelle est cette crainte que je desire qui ne vous abandonne jamais, comme étant la seule qui nous est utile.

O quel avantage c'est, mes Filles, que de n'avoir point offensé Dieu ! Les demons qui sont esclaves, demeurent par ce moyen enchaînez à nostre égard. Car il faut que toutes ses creatures luy obeïssent de gré ou de force, mais avec cette difference que ce que les demons font par contrainte nous le faisons d'une pleine volonté. Tellement que pourvû qu'il soit satisfait de nous, il y aura toûjours une barriere entre eux & nous qui malgré toutes leurs tentations & tous leurs pieges les empéchera de nous nuire.

❋

Des pechez veniels.

Cet avis est si important que je vous prie de le graver dans vostre cœur: & vous en souvenir toujours jusques à ce que vous vous sentiez être dans une si ferme resolution de ne point offenser Dieu que vous perdiez plutost mille vies que de faire un peché mortel, & que vous apportiez un extrême soin de n'en point commettre de veniels lors que vous vous en appercevrez. Car quant à ceux qui se commettent par inavertance, qui peut être capable de s'en garantir? Or il y a deux

CHAPITRE XLI.

sorte d'avertance si l'on peut user de ce terme : l'une accompagnée de reflexions ; & l'autre qui est si soudaine que le peché veniel est presque plutost commis que l'on ne s'en est apperçû. Dieu nous garde des fautes qui se commettent avec cette premiere avertence quelques legeres qu'elles paroissent. I'avoüe ne comprendre pas comment nous pouvons être assez hardies pour offenser un si grand Seigneur quoy qu'en des choses legeres, & sçachant comme nous le sçavons que rien n'est petit de ce qui peut-être desagreable à une si haute Majesté qui a sans cesse les yeux arrestez sur nous. Car ce peché ne peut ce me semble être qu'un peché premedité, puis que c'est comme qui diroit : Seigneur bien que cela vous déplaise je ne laisseray pas de le faire. Ie sçay que vous le voyez, & ne puis douter que vous ne le voules pas ; mais j'aime mieux suivre mon desir que non pas vostre volonté. Quoy ! l'on osera faire passer cela pour une chose de neant ? Ie suis d'un sentiment bien contraire : car je trouve que c'est non seulement une faute ; mais une tres-grande faute.

Ie vous conjure donc, mes Sœurs, si vous desirez d'acquerir cette heureuse crainte de Dieu dont je parle, & qui vous importe de tout, de repasser souvent dans vostre esprit pour l'enraciner dans vos ames quel peché c'est de l'offenser. Mais jusques à ce que vous l'ayez acquise marchez toûjours avec une extrême circonspection : évitez toutes les occasions & toutes les compagnies qui ne peuvent vous aider à vous approcher plus prés de Dieu : prenez garde en tout ce que vous faites de renoncer à vostre propre volonté : ne dites rien qui ne puisse édifier ceux qui vous écoutent ; & fuyez tous les entretiens dont Dieu ne sera pas le sujet.

Il faut beaucoup travailler pour imprimer de telle sorte cette crainte dans nostre ame qu'elle y soit comme gravée, & si nous avons un veritable amour de Dieu nous pourrons bien-tost l'acquerir. Que si nous reconnoissons en nous une ferme resolution de ne vouloir pour rien du monde offenser un si grand Maître : encore que nous tombions quelquefois nous ne devons pas nous décourager ; mais tâcher d'en demander aussi-tost, pardon à Dieu, & reconnoistre que nous sommes si foibles & avons si peu de sujet de nous fier à nous-mêmes, que lors que nous sommes les plus resolus à faire le bien c'est alors que nous devons avoir moins de confiance en nos propres forces & ne l'établir qu'en Dieu seul.

Ainsi quand nous avons sujet de croire que nous sommes dans ces dispositions, nous n'avons pas besoin de marcher avec tant d'apprehension & de contrainte, parce que Nostre Seigneur nous assistera, & que nous, nous accoûtumerons à ne le point offenser. Il faut au contraire agir avec une sainte liberté lors qu'on traite auec les personnes à qui l'on sera obligé de parler, bien qu'elles fussent distraites, parce que ceux-là mesme qui auparauant que vous eussiez acquis cette veritable crainte de Dieu auroient esté pour vous un poison qui auroit contribué à tuer vostre ame, pourrõt souvent vous aider à aimer Dieu davantage, & à le remercier de vous auoir déliurées d'un peril qui vous est si visible. Tellement qu'au lieu d'augmenter leur foiblesse, vous la ferez diminuer peu à peu par la retenuë que leur donnera vostre presence, & leur respect pour vostre vertu.

Ie ne sçaurois me lasser de rendre graces à nostre Seigneur, en considerant d'où peut venir qu'il arriue souvent que sans qu'un serviteur de Dieu dise une seule parole, il empesche qu'on ne parle contre sa divine Majesté. Ie m'imagine que c'est de mesme que lors que nous avons un amy on n'ose quoy qu'il soit absent rien dire à son prejudice en nostre presence, parce que l'on sçait qu'il est nostre amy. Ainsi lors que l'on connoist qu'une personne pour basse & pour vile qu'elle soit en elle-mesme est en grace, & par consequent aimée de Dieu, on la respecte & l'on a peine à se resoudre de luy donner un déplaisir aussi sésible que celui qu'elle receuroit de voir offenser son Seigneur. Ie n'en sçay point d'autre raisõ, mais cela arrive ordinairement.

Ie vous exhorte, mes Filles, a fuir la gesne & la contrainte, parce que l'ame qui s'y laisse aller se trouve par là indisposée à toute sorte de bien, & tombe quelquefois dans des scrupules qui la rendent inutile à elle & aux autres. Que si demeurant gesnée de la sorte elle ne tombe pas dans ces scrupules, quoy qu'elle soit bonne pour elle-mesme, elle sera incapable de seruir à d'autres pour les faire auancer dans la pieté, parce que cette contrainte est si ennemie de nostre nature qu'elle nous intimide & nous effraye. Ainsi quoy que ses personnes soient persuadées que le chemin que vous tenez est meilleur que celuy où elles marchent, l'apprehension de tomber dans ces gesnes & ces contraintes où elles vous voyent leur fera perdre l'envie qu'elles auoient d'y entrer.

Cette contrainte où vous seriez produiroit aussi un autre mal, c'est que voyant les autres marcher par un different chemin en traitant librement auec le prochain pour cõtribuer à son salut: quoy que cette maniere d'agir soit plus parfaite, vous vous imagineriez qu'il y auroit de l'imperfection, & condamneriez cõme un défaut & un excez la joye toute sainte que ses personnes feroient paroistre dãs ces rencontres : ce qui est tres-perilleux, principalement en nous qui n'avons nulle science, & qui par consequent ne sçavons pas discerner ce qui se peut faire sans peché : Outre que c'est estre dans une tentation continuelle & fort dangereuse parce qu'elle va au préjudice du prochain Et joint aussi que c'est tres-mal fait de s'imaginer que tous

ceux

CHAPITRE XLI.

ceux qui ne marchent pas comme vous dans ce chemin de contrainte ne sont pas dans la bonne voye. A quoy l'on peut ajouter un autre inconvenient, qui est que dans certaines occasions où vostre devoir vous obligeroit de parler, cette crainte scrupuleuse d'exceder en quelque chose vous en retiendroit, ou vous feroit peut estre dire du bien de ce dont vous devriez témoigner avoir de l'horreur.

Tâchez donc, mes Filles, autant que vous le pourrez sans offenser Dieu, de vous conduire de telle sorte envers toutes les personnes avec qui vous aurez à vivre qu'elles demeurent satisfaites de vostre conversation; qu'elles desirent de pouvoir imiter vostre maniere d'agir, & que la vertu leur paroisse si belle & si aimable dans vos entretiens, qu'au lieu de leur faire peur elle leur donne du respect & de l'amour.

Cét avis est tres important aux Religieuses. Plus elles sont saintes, & plus elles doivent s'efforcer de témoigner de la douceur, & de la bonté envers leurs Sœurs. C'est pourquoy lors que leurs discours ne sont pas tels que vous le desireriez quoy que cela vous donne beaucoup de peine, gardez-vous bien de le témoigner, & de vous éloigner d'elles. Par ce moyen elles vous aimeront, & vous leur serez utiles : ce qui nous oblige à prendre un extréme soin de plaire à tous ceux avec qui nous avons à traiter, mais principalement à nos Sœurs.

※

Tâchez, mes Filles, de bien comprendre cette importante verité, que Dieu ne s'arreste pas tant à de petites choses que vous vous l'imaginez : & qu'ainsi vous ne devez point vous gesner l'esprit, parce que cela pourroit vous empêcher de faire beaucoup de bien. Ayez seulement, comme je l'ay dit, l'intention droite, & une volonté determinée de ne point offenser Dieu, sans laisser accabler vostre ame par des scrupules ; puis qu'au lieu de devenir saintes par ce moyen vous tomberiez en beaucoup d'imperfections où le demon vous pousseroit insensiblement, sans, je le repete encore, que vous fussiez utiles, ny aux autres ni à vous mêmes, ainsi qu'autrement vous l'auriez pû estre.

Vous voyez donc comme par le moyen de ces deux choses l'amour & la crainte de Dieu, nous pouvons marcher sans inquietude dans ce chemin ; mais non pas sans prendre garde à nous, puis que la crainte doit toûjours nous preceder. Car il est impossible d'estre en cette vie dans une entiere assurance : & cette assurance nous seroit même tres-dangereuse, ainsi que nostre divin Maistre nous l'enseigne, puis qu'il finit son oraison à son Pere par ces paroles qu'il sçavoit nous devoir estre tres utiles, *mais délivrez nous du mal.*

Contre les scrupules.

CHAPITRE XLII.

Sur ces dernieres paroles du Pater : Mais délivrez-nous du mal.

CE fut ce me semble avec beaucoup de raison que le Seigneur de nos ames fit cette priere à son Pere : *Et délivrez-nous du mal*; c'est à dire délivrez-nous des perils & des travaux de cette vie, puis que nous courons sans cesse fortune de tomber. Et que pour luy il fit assez voir combien il estoit las de vivre lors qu'il dit dans la Cene à ses Apostres : *l'ay desiré de tout mon cœur de faire cette Cene avec vous.* Car cette Cene estant la derniere qu'il deuoit faire, il paroist assez par là combien la mort qu'il alloit souffrir luy estoit agreable. Et maintenãt ceux qui sont âgez de cent ans, non seulement ne se lassent point de vivre; mais voudroient bien ne mourir jamais. Il est vray, je l'avoüe, que nous ne passons pas nostre vie dans une si grande pauvreté, de si grands travaux, & de si grandes souffrances que nostre divin Redempteur a passé la sienne. Car qu'est-ce que toute sa vie a esté sinon une mort continuelle, puis que le cruel supplice que les Iuifs devoient luy faire souffrir, & qu'il avoit toûjours devant les yeux, estoit le moindre de ses tourmens? Sa grande douleur estoit de voir son Pere offensé en tant de manieres, & tant d'ames se perdre mal-heureusement. Que si ce seroit un tres-grand sujet d'affliction à une personne qui auroit de la charité: de quelle sorte la charité sans bornes de Nostre Seigneur n'en estoit-elle point touchée? Ainsi n'avoit-il pas grande raison de prier son Pere de le délivrer de tant de peines pour le faire joüir d'un repos eternel dans son Royaume dont il estoit le veritable heritier? C'est pourquoy il ajoûte ces paroles: *Ainsi soit-il*. Ce qui estant un terme dont on se sert quand on finit un discours, il me semble qu'il veut signifier par là que son intentiõ est de demãder pour nous à son Pere de nous déliurer pour jamais de toute sorte de mal. Ainsi je prie Dieu d'exaucer cette priere en ma faveur, puis que je ne m'acquite point de ce que je luy dois, & que peut-estre je m'endette chaque jour de plus en plus. Mais ce qui m'est insupportable, Seigneur, est de ne pouvoir sçavoir asseurément si je vous aime, & si mes desirs vous sont agreables. O mon Createur & mon Maistre, delivrez-moy donc de tout mal: ayez la bonté de me conduire en ce bien-heureux sejour où toutes sortes de biens abondent. Car que peuvent attendre icy-bas ceux à qui vous avez donné quelque connoissance du neant du monde, & qui ont une foy vive de la felicité que le Pere Eternel leur reserve dans le Ciel?

Cette demande faite avec une pleine volonté, & un desir ardent de joüir de Dieu sert d'une grande marque aux contemplatifs pour

CHAPITRE XLII.

s'affurer que les faveurs qu'ils reçoivent dans l'oraifon viennent de Dieu. Ainfi ceux qui poffedent un fi grand bien ne fçauroient prendre trop de foin de le conferver. Il eft vray que je defire comme eux de mourir ; mais non pas pour la même raifon qu'eux : & je le dis afin qu'on connoiffe la difference qu'il y a entr'eux & moy. Car ayant fi mal vêcu jufques à cette heure je crains de vivre plus long-temps, & fuis laffe de tant de travaux.

Il ne faut pas s'étonner que ceux qui gouftent les faveurs de Dieu fouhaitent d'en iouir pleinement ; & que s'ennuyant de demeurer dans une vie où tant d'embarras les empéchent de poffeder un fi grand bien, ils defirent de fe voir dans cette bien-heureufe patrie où le Soleil de Iuftice les éclairera eternellement. Cette penfée leur fait paroiftre tout ce qui eft icy bas comme couvert de tenebres ; & je m'étonne qu'ils y puiffent vivre. Car comment peut-eftre content celuy à qui Dieu a commencé de faire goufter quelque chofe de la felicité de fon royaume, où l'on ne vit plus par fa propre volonté; mais par celle de ce grand & de ce fouverain Monarque?

O combien excellente doit eftre cette autre vie, puis qu'on n'y peut jamais defirer la mort par l'efperance d'eftre plus heureux ! & combien eft differente la foûmiffion que nous avons en ce monde à la volonté de Dieu, & celle que les Saints y ont en l'autre ! Il veut que nous aimions la verité : & nous aimons le menfonge. Il veut que nous aimions ce qui eft eternel : & nous aimons ce qui eft fragile & periffable. Il veut que nous aimions les chofes grandes & élevées : & nous aimons les chofes petites & baffes. Il veut que nous aimions ce qui eft certain : & nous aimons ce qui eft douteux & incertain.

Certes, mes Filles, tout n'eft que folie & que vanité, excepté de prier Dieu qu'il nous délivre pour jamais de toute forte de mal : Et quoy que noftre defir ne foit pas accompagné d'une grande perfection, ne laiffons pas de nous efforcer de faire une demande fi importante. Car pourquoy craindre de demander beaucoup, puis que celuy à qui nous demandôs eft tout-puiffant ? Et n'y auroit-il pas de la honte à ne demander qu'un denier à un Empereur ? Afin donc de ne nous point tromper dans les demandes que nous faifons à Dieu, foûmettons-nous entierement à fa volonté, aprés luy avoir donné la noftre: & attendons avec patience tout ce qu'il luy plaira de nous donner. Ie le prie que fa volonté foit toûjours accomplie en moy, & que fon nom foit à jamais fanctifié dans le Ciel & fur la terre. Ainfi foit-il.

Voyez, mes Sœurs, de quelle forte Noftre Seigneur m'a tirée de peine en vous enfeignant & à moy le chemin dont j'avois cômencé à vous parler, & en me faifant cônoiftre quelle eft la grandeur & l'excellence de ce que nous demandôs lors que nous faifons cette fainte & admirable priere. Qu'il foit beny eternellement, puis qu'il eft vray

OOo ij

qu'il ne m'estoit jamais venu dans l'esprit que cette divine oraison enfermast d'aussi grands secrets que ceux que vous avez remarquez, & qu'elle enseignast tout le chemin que l'ame doit faire depuis son premier commencement jusques à s'abysmer en Dieu même, & boire tant qu'elle veut dans cette source d'eau vive, qui se rencontre à la fin de ce chemin. Aussi est-il vray que lors que i'acheve de dire cette oraison ie ne sçaurois passer plus avant. Et je pense, mes Sœurs, que Dieu a voulu par là nous faire comprendre combien grande est la consolation qu'elle enferme. Elle est telle que les personnes même qui ne sçavent pas lire pourroient s'ils l'entendoient bien y trouver tant d'avantage, qu'ils en tireroient tout ensemble & beaucoup d'instruction, & un grand soulagement dans leurs peines.

Apprenons donc, mes Filles, à nous humilier en considerant avec qu'elle humilité nostre bon Maistre nous enseigne ; & priez-le de me pardonner la hardiesse que j'ay prise de parler de choses si relevées, puis que la seule obeïssance me l'a fait faire. Sa divine Majesté sçait que i'en estois incapable si elle ne m'eût appris ce que j'avois à vous dire. Remerciez-la, mes Sœurs, de cette grace qu'il ne m'a sans doute accordée qu'en consideration de l'humilité avec laquelle vous avez desiré cela de moy, & voulu estre instruites par une personne aussi miserable que je suis. Si le Pere Presenté Dominique Bagnez mon Confesseur, à qui ie donneray cét écrit avant que le voyïez, juge qu'il vous puisse estre utile & qu'il vous le mette entre les mains, je n'auray pas peu de consolation de celle que vous en recevrez. Mais s'il trouve qu'il ne soit pas digne d'estre vû, vous vous contenterez, s'il vous plaist, de ma bonne volonté, puis que i'ay obey à ce que vous m'avez ordonné : & je me tiendray tres-bien payée de la peine que i'ay prise de l'écrire : je dis de l'écrire, n'en ayant certainement eu aucune pour penser à ce que je devois dire. Benissons & loüons à jamais nostre Seigneur de qui seul procede tout le bien que nous pensons, que nous disons, & que nous faisons. Ainsi soit-il.

FIN.

MEDITATIONS SVR LE PATER.

POVR S'EN SERVIR DVRANT LES SEPT jours de la semaine.

Avant-propos de la Sainte.

CELUY qui nous a donné l'estre connoissant parfaitement ses creatures, sçait que la capacité de nostre ame estant infinie elle desire toûjours de s'entretenir de nouvelles pensées, parce qu'une seule n'est pas capable de la contenter. Ainsi nous voyons dans le sixiéme chapitre du Levitique, que pour empêcher que le feu de l'Autel ne s'éteignist, Dieu commande aux Prestres d'y mettre tous les jours de nouveau bois: comme s'il eust voulu signifier par cette figure, qu'afin que le feu de la devotion ne se refroidisse & ne s'éteigne point en nous, nous devons chaque jour l'entretenir & l'animer par de nouvelles & de vives considerations. Et quoy qu'il puisse sembler d'abord qu'il y ait en cela quelque imperfection, c'est neanmoins une conduite de la Providence divine, qui fait que nostre ame suivant son inclination naturelle s'occupe sans cesse à la recherche des perfections infinies de Dieu, sans se pouvoir contenter à moins que de cét objet qui n'a point de bornes, parce que luy seul est capable de la remplir.

Comme donc l'amour de Dieu est le feu divin que nous pretendons d'enttretenir dans nos ames, il a besoin de beaucoup de bois, & il faut tous les jours y en mettre de nouveau; parce que la chaleur de nostre volonté est si agissante qu'elle le consume entierement, & que quelque quantité qu'il y en ait elle trouve toûjours que c'est peu, jusques à ce qu'entrant dans la parfaite possession de ce bien infiny qui est seul capable de la satisfaire pleinement, ce même feu

AVANT-PROPOS.

d'amour qu'elle aura entretenu dans elle icy bas, devienne dans le Ciel sa divine & son eternelle nourriture.

Or puis qu'on peut dire que l'Oraison du Seigneur est le bois le plus propre pour entretenir ce feu du divin amour, il m'a semblé que pour empêcher que l'ame ne s'attiedisse par la repetition si frequente de cette sainte priere, il ne seroit pas mal à propos de chercher quelques moyens pour faire qu'en la redisant chaque jour, nous concevions de nouvelles pensées pour entretenir nostre esprit, & nostre volonté dans une vigueur toûjours nouvelle. On le pourra sans peine en partageant les sept demandes qui y sont contenuës selon les sept jours de la semaine, afin que chaque iour ait la sienne; & en donnant en chacun de ces iours à Dieu un nom particulier qui comprenne tout ce que nous desirons, & esperons d'obtenir de luy par cette demande.

On sçait assez quelles sont ces demandes. Et quant aux noms que l'on peut donner à Dieu, nous prendrons ceux de Pere, Roy, Epoux, Pasteur, Redempteur, Medecin, & Iuge. Ainsi chacun réveillera son attention, & s'excitera de plus en plus à l'aimer en disant. Le Lundy; *Nostre Pere qui estes dans les Cieux, que vostre nom soit sanctifié.* Le Mardy; *Nostre Roy, que vostre regne arrive.* Le Mecredy; *Epoux de mon ame, que vostre volonté soit faite.* Le Ieudy; *Nostre Pasteur, donnez-nous auiourd'huy le pain dont nous avons besoin en chaque iour.* Le Vendredy; *Nostre Redempteur, pardonnez-nous nos offenses comme nous pardonnons à ceux qui nous ont offensé.* Le Samedy; *Nostre Medecin, ne nous laissez pas succomber à la tentation.* Et le Dimanche; *Nostre Iuge, délivrez-nous du mal.*

PREMIERE DEMANDE.

Pour le LUNDY.

Nostre Pere qui estes dans les Cieux.

QVoy que le nom de Pere soit celuy qui convient le mieux à toutes ces demandes, & qui nous donne le plus de confiance d'obtenir ce que nous demandons à Dieu, à cause que c'est par ce nom qu'il a voulu s'obliger à nous l'accorder: ce n'est pas neanmoins contrevenir à son ordre & à sa sainte volonté que d'y ajouster les autres, puis qu'outre qu'ils luy appartiennent tous si justement ils servent à exciter nostre devotion, à mettre comme de nouveau bois pour accroistre le feu qui brule sur l'autel de nostre cœur, & à fortifier nostre confiance, en considerant qu'il possede tant de titres si glorieux à sa Maiesté, & si avantageus à nostre bassesse.

Afin donc que ce feu ait dequoy s'entretenir durant tout le jour du Lundy par la meditation de ce seul nom de Pere & par cette premiere demande : considerez que vous avez pour pere un Dieu en trois personnes, unique en essence, auteur de toutes les creatures, le seul estre sans principe, & le principe de tous les estres, par qui nous nous mouvons, en qui nous vivons, par qui nous subsistons, & qui soustient & conserve toutes choses.

Considerons ensuite que vous estes fils de ce pere, qui est si puissant qu'il peut créer un nombre infiny d'autres mondes : Qui est si sage, qui les pourroit gouverner tous comme il gouverne celuy-cy, sans que sa providence manque à aucune creature depuis le plus grand des Seraphins jusques au plus petit ver de terre : Et qui est si bon qu'il ne cesse iamais de repandre sur elles les influences de sa bonté selon qu'elles sont capables de les recevoir, quoy qu'elles luy soient toutes également inutiles.

Considerez-vous vous même particulièrement en qualité d'homme, & dites : Quelle obligation n'ay-ie point à l'extrême bonté de ce Pere, qui a voulu non seulement me donner l'estre ; mais m'honorer de la qualité de son fils, en me creant plutost que d'autres hommes qui auroient esté meilleurs que moy? Pesez ensuite iusques à quel point ce Pere merite d'estre aimé & d'estre servy, luy qui par sa seule bonté a voulu créer pour l'amour de vous tout ce qui est dans le monde, & vous créer vous-même pour le servir & le posseder eternellement.

Alors vous demanderez à Dieu pour tous les hommes la lumiere qui leur est necessaire pour le connoistre, l'amour dont ils ont besoin pour l'aimer, la reconnoissance qu'ils doivent avoir de tant de bienfaits qu'ils en ont reçeus, & qu'il les rende tous si vertueux & si saints, que l'on voye reluire en eux sa divine image; & qu'ainsi le nom de Pere que nous luy donnons soit sanctifié & glorifié sur la terre, par des enfans qui fassent voir qu'ils sont dignes d'avoir pour Pere ce Dieu eternel qui les a créez.

Vous representant ensuite le grand nombre des pechez des hommes, vous concevrez une sensible douleur de voir un si bon Pere si indignement traité par ses enfans: & serez en même temps touché de joye qu'il y en ait d'autres en qui reluit la sainteté de leur Pere. Vous ne verrez aucun peché ni aucun mauvais exemple qui ne vous attriste. Vous ne verrez ny apprendrez aucune action de vertu qui ne vous console: Et vous rendrez graces à Dieu d'avoir creé tant de saints martyrs, de saints Confesseurs, de saintes Vierges, qui ont fait connoistre par des marques si illustres qu'ils estoient enfans de cet adorable Pere.

Aprés rentrant dans vous-même, vous ressentirez de la confusion d'avoir commis en particulier tant d'offenses contre luy d'avoir si mal reconnu les extrêmes obligations que vous luy avez, & d'auoir porté si indignement le titre auguste d'enfans de Dieu, qui devroit seul inspirer dans le cœur de tous les hommes une magnanimité vrayment Royale & toute divine. C'est icy où vous considererez le sentiment naturel des peres qui aiment leur enfans, quoy qu'ils soient difformes; qui prennent soin d'eux, quoy qu'ils soient ingrats: qui les souffrent, quoy qu'ils soient vicieux: qui leur pardonnent aussi tost qu'ils rentrent dans leur devoir; & qui travaillent avec tant de peine pour les élever dans le monde & pour accroistre leur bien, pendant qu'ils ne se meslent point de leurs affaires, & ne pensent qu'à se divertir.

Ces sentimens & ces inclinations des peres qui se trouvent en Dieu d'une maniere infiniment plus parfaite & plus avantageuse pour nous, attendrissent l'ame, nous donnent une nouvelle confiance d'obtenir pardon pour nous & pour les autres, & nous apprennent à ne mépriser personne, lors que nous voyons que chacun a pour Pere le pere de tous les hommes & de tous les Anges.

Le jour que vous ferez cette premiere demande vous y rapporterez toutes choses. Ainsi lors que vous verrez des images de Jesus-Christ, vous direz: celuy-cy est mon Pere. Lors que vous regarderez le Ciel, vous direz: c'est là la maison de mon Pere. Lors que vous entendrez la lecture, vous direz: c'est là une lettre que m'écrit mon Pere. Vous direz aussi de vos habits, de vostre manger, & de toutes les choses dont vous recevrez quelque satisfaction: tout
cecy

cecy vient de la main de mon Pere. Vous direz de ce qui vous donne peine, de ce qui vous attriste, & des tentations qui vous arrivent: tout cela vient de la main de mon Pere qui veut m'exercer par ce moyen, & me faire acquerir une plus riche couronne. Et enfin vous direz de toutes choses avec grande affection: *Vostre S. Nom soit sanctifié*.

Par ces considerations & cette presence de Dieu l'ame s'efforce de paroistre fille de celuy qui l'honore de cette qualité. Elle luy rend graces de tant de bien faits qu'elle en a reçûs: Elle ressent une singuliere joye de se voir fille de Dieu, heritiere de son royaume, sœur de Iesus-Christ, & sa coheritiere dans l'heritage eternel, Et lors qu'elle considere que ce royaume luy appartient elle desire que tous les hommes soient saints, afin d'augmenter encore sa felicité puis qu'elle sera d'autant plus grande que le nombre de ceux qui y participeront sera plus grand. Sur quoy il sera fort à propos de considerer & de bien peser cette parole de Iesus-Christ en la croix: *Mon Pere pardonnez-leur: car ils ne sçavent ce qu'ils font*, parce qu'elle marque excellemment jusques à quel point va la tendresse des entrailles paternelles de Dieu. Il faut faire ensuite des actes d'amour en vers ceux qui nous ont offensé, & nous disposer à souffrir avec patience les plus grandes injures. Il sera aussi fort utile de repasser dans nôtre esprit l'histoire de l'Enfant prodigue, parce qu'elle exprime mieux que nulle autre l'excez de la bonté paternelle envers un fils, qui aprés s'estre perdu est retrouvé & rétably dans son rang & sa dignité premiere.

SECONDE DEMANDE.

Pour le MARDY.

Vostre regne nous arrive.

APRE's avoir fait l'examen à quelque heure de la nuit en la même sorte que celuy du Lundy, l'ame parlera à Dieu comme à son Pere: & aprés luy avoir demandé pardon de sa negligence & de sa tiedeur à procurer sa gloire & la sanctification de son nom, elle se preparera pour le lendemain qui est le Mardy, à traiter comme son Roy celuy qu'elle avoit traité le jour precedent comme son Pere. Ainsi lors qu'elle s'éveillera elle le saluera avec ces paroles: *Nostre Roy, reignez dans nous*.

Cette demande s'accorde tres-bien avec la precedente, puis que les enfans doivent posseder le royaume de leur pere. Ainsi l'ame doit dire à Dieu: Comme le demon, le monde, & la chair regnent sur la terre, mon Roy, regnez dans nous, & détruisez en nous le royaume de l'avarice, de l'orgueil, & de la volupté. Cette demande se peut entendre en deux manieres. L'une de demander à noſtre Seigneur qu'il nous donne le royaume du ciel dont la poſſeſſion nous appartient puis que nous avons l'honneur d'eſtre ſes enfans : Et l'autre de luy demander qu'il regne en nous, & que nous ſoyons ſon royaume.

D'habiles Theologiens m'ont appris, que ces deux explications ſont catholiques & conformes à l'Ecriture ſainte : puis qu'au regard de la premiere, IESUS CHRIST a dit : *Venez vous que mon Pere a beniss; & poſſedez le royaume qui vous a été preparé dés le commencement du monde.* Et quand à la ſeconde, ſaint Iean écrit, que les ſaints diront dans le paradis ; *Seigneur, vous nous avez rachetez par voſtre ſang, & nous avez rendus le royaume de voſtre Pere & de noſtre Dieu.* Il ſe rencontre une choſe admirable dans ces diverſes expoſitions, c'eſt que lors que Dieu nous parle, il dit qu'il eſt noſtre royaume ; & lors que nous parlons à luy nous le beniſſons en luy diſant que nous ſommes ſon royaume ; comme ſi Dieu & l'homme ſe rendoient des temoignages reciproques d'une déference, & ſi je l'oſe dire, d'une civilité toute ſpirituelle & toute divine.

Ie ne ſçay lequel des deux nous eſt le plus honorable ; ou que Dieu ſe glorifie de nous avoir pour ſon royaume, & qu'étant ce qu'il eſt, ſa ſupréme Majeſté trouve de la ſatisfaction à nous poſſeder ; ou de ce qu'il veut bien eſtre luy-meſme noſtre royaume, & ſe voir poſſedé par nous. I'aime toutefois mieux pour cet heure que nous ſoyons ſon royaume, puis qu'il s'enſuit de là qu'il eſt noſtre Roy. Il dit à ſainte Catherine de Sienne ; *Penſez ſeulement à moy; & je penſeray à vous.* Et à une certaine Mere ; *N'ayez ſoin que de ce qui me regarde ; j'auray ſoin de ce qui vous touche.*

Ne penſons donc qu'à nous rendre tels, que Dieu prenne plaiſir de regner en nous; & il aura ſoin de faire que nous regnerons en luy. Ce royaume eſt celuy dont Nôtre Seigneur a dit en ſon Evangile ; *Cherchez premierement & avant toutes choſes le royaume de Dieu ; & ne vous mettez point en peine du reſte. Voſtre Pere celeſte en prendra le ſoin.* Et c'eſt de ce même royaume que S. Paul a dit, qu'il eſt la joye & la paix dans le S. Eſprit.

Conſiderons enſuite quels doivent être ceux dont Dieu ſe glorifie d'être le Roy & qui ſe glorifient d'être ſon royaume ; combien ils doivent eſtre parez des vertus, retenus dans leurs paroles, genereux dans leurs entrepriſes, humbles dans leurs actions, doux dans leur converſation, patiens dans leurs travaux, ſinceres dans leur cœur, purs dans leurs penſées, charitables les uns envers les autres, tranquilles dans tous leurs mouvemens, éloignez de contention, exemts d'envie, & portez à deſirer le bien de tout le monde.

Conſiderons auſſi comment les bons ſujets ſe conduiſent envers leur Roy ; & élevons nos penſées vers le Roy du ciel pour connoître de quelle sorte nous devons nous conduire envers le nostre, & ce que nous disons quand nous luy demandons que son royaume nous arrive. Nous vivons tous icy-bas sous certaines loix que nous sommes tenus de garder; nous devons tous travailler pour le bien commun du royaume chacun communiquant reciproquement à l'autre ce qui luy manque; & nous sommes tous obligez d'employer nos biens & nos vies pour nostre Roy, avec un desir sincere de luy plaire. Quand on nous fait tort nous recourons à luy pour luy demander justice; & dans nos necessitez nous cherchons du remede en son assistance. Tous le servent selon qu'ils en sont capables & sans jalousie, le soldat dans la guerre, l'officier dans sa charge, & le laboureur dans son travail. Le gentil-homme, le docteur, & le matelot, & ceux-même qui ne l'ont jamais vû s'efforcent de le servir & desirent de le voir. Et quand durant l'excessive chaleur de l'Aoust le moissonneur est tout trempé de sueur, il se rejoüit de ce que son Roy est alors dans le repos & se delasse l'esprit avec ceux qu'il honore le plus particulierement de sa bien-veillance. Nous voyons aussi qu'un homme n'est pas plûtost favorisé du Roy qu'on le respecte, & que chacun desire de contribuer à la paix & au repos de l'estat & à ce que sa Majesté soit bien servie de tous ses sujets.

Que si en raisonnant sur les conditions qui se rencontrent dans un royaume bien gouverné nous les rapportons à nostre sujet, nous trouverons que ce que nous demandons à Dieu est que ses saintes loix soient bien observées; que tous ses sujets le servent fidelement & qu'ils joüissent d'une heureuse paix & d'une agreable tranquillité. Nous trouverons que nous luy demandons, que nos ames dans lesquelles il luy plait d'établir icy bas son royaume, se maintiennent dans un ordre si parfait qu'il y regne veritablement; Que toutes nos puissances luy soient soûmises; Que nostre entendement demeure ferme dans la foy: Que nôtre volonté se determine immuablement à garder ses divines loix, quand il nous en devroit coûter la vie. Que nos affections soient si conformes à ses saintes volontez qu'elles ne luy resistent jamais: Que nos passions & nos desirs soient si tranquilles qu'ils accomplissent sans murmure tous les commandemens de la charité: Que nous soyons si éloignez de concevoir de l'envie du bien d'autruy, qu'au lieu de ressentir quelque peine de ce que Dieu se communique davantage à d'autres qu'à nous, nous nous réjouïssions de voir qu'il regne dans la terre & dans le ciel; Que nous nous contentions de le servir en qualité de moissonneurs, ou dans les ministeres les plus bas & les plus communs; que nous nous tenions trop heureux & trop bien recompensez, pourvû qu'il nous employe à quoy que ce soit dans son royaume. Et enfin que nous ne souhaitions autre chose ni pour nous ni pour les autres, sinon qu'il soit servy

& obey de tous comme le maître & le souverain Seigneur de tous.

Tout ce qu'on fera, & tout ce que l'on entendra en ce jour se doit rapporter à Dieu comme à nôtre Roy, ainsi que le jour precedent nous luy avions tout rapporté comme à nôtre Pere. Sur quoy il sera fort à propos de se representer de quelle sorte Pilate ensuite des accusations faites contre nôtre Redempteur l'exposa aux yeux du peuple n'ayant pour couronne qu'une courône d'épines, pour sceptre qu'un roseau, & pour manteau royal qu'une vieille robe d'écarlate, & leur dit ; *Voicy le Roy des Iuifs.* Alors au lieu des blasphêmes & des affronts dont il fut outragé par les soldats & par les Iuifs lors qu'ils le virent en cet état, adorons le avec un profond respect, & faisons des actes d'humilité accompagnez d'un ardent desir que les honneurs & toutes les loüanges du monde ne nous soient desormais qu'un sujet d'affliction, & une couronne d'épines.

TROISIE'ME DEMANDE.

Pour le MERCREDY.

Que vostre volonté soit faite.

PAr ces paroles de la troisiéme demande ; *Que vostre volonté soit faite*, nous témoignons le desir que nous avons que la volonté de Dieu soit accomplie en toutes choses. Mais nous passons encore plus avant ; car nous ajoûtons ; *qu'elle soit accomplie en la terre comme au ciel*, c'est à dire avec amour & charité. Cette demande s'accorde tres bien avec les deux precedentes, puis qu'il n'y a rien de plus juste que de voir les enfans accomplir parfaitement la volonté de leur Pere ; & les sujets celle de leur Roy, qui se rencontre estre aussi le tres-doux & le tres-aimable Epoux de nos ames. Car considerant ce nom avec attention & les effets de tendresse & d'amitié qui l'accompagnent, on ne sçauroit manquer à sentir des desirs incroyables d'accomplir la volonté de ce Souverain qui estant le Roy de gloire, la splendeur du Pere, un abysme de richesses eternelles, un ocean de perfections & de beautez, tres-puissant, tres-sage, & parfaitement aimable, desire neanmoins d'être aimé de nous, & de nous aimer d'un amour aussi passionné & aussi tendre qu'il le témoigne luy-même par la douceur de ce nom d'Epoux.

Sa divine Majesté aime tant ce nom, que lors qu'elle convie Ierusalem à faire penitence de ce qu'en l'abandonnant elle avoit commis un adultere spirituel, il la prie de retourner à luy, & de l'appeller son Pere & son Epoux, afin que ces deux noms qui luy sont si favorables luy donnent de la confiance, & l'assurent qu'il la recevra avec joye.

Or comme ce nom d'Epoux marque tous les gages que l'on peut desirer, & toutes les preuves que l'on peut donner d'un amour si parfait que de deux volontez il ne s'en fait qu'une, il demande aussi tous les soins, toutes les affections, & tout le cœur. C'est pourquoy lors que Dieu eut fait dans le desert comme un traité & des articles de mariage avec le peuple d'Israël, il luy demanda & luy ordonna de l'aimer de tout son cœur, de toute son ame, de tout son entendement, de toute sa volonté, & de toute sa force. Or voyez je vous prie qu'elle doit étre la sagesse & la modestie tant interieure qu'exterieure d'une épouse qui a l'honneur d'étre aimée d'un si grand Roy.

Considerez combien doivent étre precieuses les pierreries, & combien riches les ornemens dont cet Epoux immortel pare cette épouse. Tâchez de rendre vostre ame digne de les meriter : & assurez-vous qu'il ne la laissera point pauvre & sans ornemens, pourvû qu'elle ait soin de luy demander ceux qui luy sont les plus agreables. Qu'elle se jette donc avec humilité aux pieds de cette Majesté souveraine : & elle éprouvera, que par un effet de sa bonté infinie, elle luy faira quelquefois l'honneur de la relever & de la recevoir entre ses bras, ainsi que fit autrefois le Roy Assuere à la Reine Esther.

Vous pourrez aussi considerer le peu que l'ame apporte pour sa dot à JESUS-CHRIST dans ce mariage spirituel : & au contraire la grandeur des biens que luy apporte ce divin Epoux, qui lors que nos ames étoient esclaves du diable les a achetées de son Pere eternel au prix de son sang pour les rendre ses épouses. C'est pourquoy on peut avec tres grande raison le nommer selon la parole de l'Ecriture, *un Epoux de sang*. Ce grand mariage se fait dans le baptême, où JESUS-CHRIST nous donne la foy, les autres vertus, & les autres graces, qui sont les riches ornemens qu'il employe pour parer nos ames. Et comme par cet heureux mariage tous les biens de cet incomparable Epoux deviennent les nostres, tous nos travaux & tous nos tourmens deviennent les siens; la grandeur de son amour ayant voulu par un échange qui nous est si avantageux, nous donner tous ses biens & prendre sur luy tous nos maux. Qui sera donc celuy qui considerant cela attentivement pourra sans un extréme déplaisir voir les offenses qui luy sont faites, & ne point sentir une extréme joye des services qui luy son rendus ? Qui pourra voir un tel Epoux attaché à la colomne, cloüé sur la croix, & mis au sepulchre, sans que la compassion & la douleur luy déchirent les entrailles ? Et au contraire, qui pourra le voir ressuscité, glorieux, & triomphant, sans en ressentir une extréme joye ?

Il sera fort utile en ce jour de le considerer dans le jardin arrosant la terre de son sang, se prosternant devant son Pere eternel, & luy disant avec une entiere resignation : *Que vostre volonté soit faite*,

& *non pas la mienne*. Il faut faire en ce même jour des actions de grande mortification en resistant à sa propre volonté, & renouveller les trois vœux de religion avec une tres grande joye de les avoir faits & d'avoir confirmé en les faisant ce mariage spirituel & divin qu'on avoit contracté avec cét adorable Epoux dans le sacrement du baptesme. Et quant aux personnes seculieres, ils renouvelleront aussi les bonnes resolutions qu'ils ont tant de fois faites, & les paroles qu'ils ont tant de fois données à ce souverain Epoux de leurs ames de luy étre pour jamais fideles.

QVATRIE'ME DEMANDE

Pour le JEUDY.

Donnez-nous auiourd'huy le pain dont nous avons besoin en chaque iour.

LA quatriéme demande est : *Donnez-nous auiourd'huy le pain dont nous avons besoin en chaque iour.* Cette demande faite le Ieudy convient fort bien avec ce nom de Pasteur, puis qu'il est du devoir d'un pasteur de paistre son troupeau en luy donnant en chaque jour la nourriture dont il a besoin. Et les noms de Pere, de Roy, & d'Epoux s'accordent aussi fort bien avec celuy de Pasteur, puis qu'étant comme nous sommes ses enfans, ses sujets, & ses épouses, nous avons droit de luy demander qu'il nous donne une nourriture conforme à sa haute Majesté, & la grandeur du rang que nous avons l'honneur de tenir en qualité de ses enfans. C'est pourquoy nous ne disons pas qu'il nous preste ce pain : mais nous disons qu'il nous le donne. Nous ne le luy demandons pas comme un pain etranger; mais nous le luy demandons comme le nostre, parce qu'étant nostre pere, & nous ses enfans, les biens de nostre pere sont les nôtres.

Ie ne sçaurois me persuader que ce que nous demandons à Dieu par ces paroles soit une chose temporelle pour conserver la vie de nôtre corps. l'estime au contraire que c'est une chose spirituelle pour soûtenir la vie de nostre ame, puis que des sept demandes contenuës dans cette sainte priere, les trois premieres qui sont la sanctification du nom de Dieu, son royaume, & sa volonté, le regardent; & qu'entre les dernieres qui nous regardent il n'y a que celle-cy par laquelle nous le prions de nous donner quelque chose. Car dans les trois autres nous luy demandons de nous pardonner nos pechez, de nous empécher de succomber à la tentation, & de nous délivrer du mal. Or quelle apparence y auroit-il que ne le priant de nous donner qu'une seule chose, ce ne fust qu'une chose temporelle, & qui concerne seulement le corps ? Ioint que les enfans d'un tel pere auroient mauvaise grace de ne luy demander que des choses si basses & si communes qu'il les donne à tous les hommes & aux moindres des creatures sans qu'elles les luy demandent : vû même qu'il nous a avertis de demander & de rechercher avant toutes choses ce qui regarde son royaume & l'interest de nos ames, en nous assurant que quant au reste il en prendroit soin. C'est aussi pour cette raison qu'il dit dans S. Matthieu : *Donnez-nous auiourd'huy nostre pain substantiel*. Nous le prions donc par cette demande de nous donner le pain de la doctrine evangelique, les vertus, la tres-sainte Eucharistie ; & enfin tout ce qui peut entretenir & fortifier la vie spirituelle de nos ames.

Ainsi aprés avoir consideré Dieu en qualité de Pere, de Roy, & d'Epoux par excellence, considerons le comme un Pasteur, qui outre les conditions des autres pasteurs en a de beaucoup plus avantageuses, qui sont celles qu'il marque luy-même dans l'Evangile lors qu'il dit : *Ie suis le bon Pasteur qui expose ma vie pour mes brebis*. Aussi voyons-nous par éminence en IESUS CHRIST toutes les conditions de ces illustres Pasteurs Iacob & David dont parle l'Ecriture sainte, qui dit de ce dernier, qu'étant encore jeune il luttoit contre les ours & les lions, & les mettoit en pieces pour arracher un agneau d'entre leurs dents. Et qui dit de Iacob, que jamais ses brebis ni ses chevres n'étoient steriles; Que jamais il ne mangea aucun agneau ni aucun mouton de sa bergerie : Qu'il payoit à son maître tous ceux qui étoient devorez par les loups, ou dérobez par les larrons : Qu'il souffroit la chaleur du jour, & la froideur de la nuit; & qu'il ne se reposoit point durant l'un, ni ne dormoit point durant l'autre, afin de pouvoir rendre à Laban son maître un fidelle compte de ses troupeaux.

Il ne sera pas difficile de tirer de là des sujets de meditation, en appliquant ces conditions à nostre divin Pasteur, qui n'a pas craint d'exposer sa vie pour terrasser le lion de l'enfer & l'a contraint de rendre la proye qu'il étoit prest de devorer. Entre les brebis qu'il conduit s'en est-il jamais vû de steriles? Quel soin n'a-t-il point de les garder? Et comment auroit-il pû refuser de souffrir pour elles tous les travaux imaginables, puis qu'il a bien voulu pour les sauver sacrifier sa propre vie? Il a payé de son sang celles que le loup infernal avoit ravies. Loin de tirer d'elles aucun avantage, il employe pour elles tout ce qu'il tire d'elles. Il leur rend tout ce qu'elles luy doivent : il leur donne même ses propres biens : Et il les aime d'un amour si tendre, que voulant sauver celle qui étoit morte, il s'est revestu de sa peau pour ne pas épouvanter les autres par l'éclat de sa Majesté & de sa gloire.

Qui pourroit exprimer l'excellence des pasturages de la doctrine celeste dont il les nourrit, l'efficace des vertus avec lesquelles il les fortifie, & la force des sacremens par lesquels il les soûtient. Si une brebis s'écarte des autres, il tâche de la ramener comme par le son & par le doux souffle de ses saintes inspirations; & si elle ne veut pas revenir, il luy envoye quelque disgrace, qui est comme un coup de houlette qu'il luy donne pour luy faire peur, sans toutefois la blesser. Il conserve dans leur vigueur & fait marcher celles qui sont fortes & courageuses: il attend celles qui sont foibles; il pense celles qui sont malades; & porte sur ses épaules celles qui ne sçauroient du tout marcher, tant il a de compassion de leur infirmité & de leur foiblesse. Lors que ses brebis saintes & spirituelles apres avoir mangé se reposent & ruminent ce qu'elles ont retenu de la doctrine Evangelique, il se sied au milieu d'elles & les empêche de s'endormir, en faisant par la douceur de ses consolations comme une musique qui charme leurs ames, de même que le pasteur avec le son de son flageolet réjoüit & réveille ses brebis. Durant l'hyver il leur cherche de favorables abris où elle puissent se délasser de leurs travaux; il a soin de les preserver des herbes mauvaises & venimeuses en leur faisant voir le danger qu'il y a de s'engager dans les occasions pleines de peril; il les meine par ses bons avis dans les forests & dans les prairies où elles n'ont rien à craindre; & quoy qu'elles marchent tantost dans de sablons mouvans où le vent éleve des tourbillons de poussiere, & tantost dans des lieux aspres & raboteux, toutefois pour ce qui est de l'eau, il les meine toûjours à celle qui est la plus pure & la plus douce, parce que cette eau signifie la doctrine de l'Evangile, qui doit toûjours être claire & veritable.

Saint Jean vit ce divin Pasteur comme un agneau, qui étant au milieu de ses brebis & les menant, les conduisoit à travers les jardins les plus frais & les plus délicieux à des fontaines d'eau vive. O que c'est une chose agreable & pleine de consolation que de voir en la personne de IESUS-CHRIST le Pasteur devenu agneau! il est Pasteur, parce qu'il nous nourrit: & il est agneau, parce qu'il est nostre nourriture. Il est le Pasteur, parce qu'il nous conserve; & il est agneau, parce qu'il se donne luy-même pour nous conserver. Il est Pasteur, parce qu'il donne sa vie à ses brebis; & il est agneau, parce qu'il l'a reçûë de l'une d'entre-elles. Ainsi quand nous luy demandons qu'il nous donne le pain dont nous avons besoin en chaque jour, & un pain supersubstantiel, c'est comme si nous luy demandions que luy qui est nostre Pasteur devienne luy-même nôtre nourriture.

Ce souverain Roy prend plaisir qu'on le considere en l'état qu'il se presenta un jour à l'une de ses servantes. Il étoit habillé en Pasteur avec une contenance douce & agreable, & s'appuyoit sur sa croix comme sur une houlette, appellant quelques-unes des ses brebis avec la voix, & charmant les autres par un son doux & harmonieux. Mais je trouve qu'il y a encore plus de plaisir à considerer ce Sauveur

attaché

attaché sur une croix comme un agneau exposé au feu de ses souffrances pour devenir par ce moyen nostre nourriture, nostre consolation & nos delices. Car qu'y a-t-il de plus agreable que de le considerer dans ces differens états ? Comme Pasteur il porte sur ses épaules la brebis perduë: Comme agneau il porte sa croix : Comme Pasteur, il nous reçoit dans ses entrailles, où il nous laisse entrer par les portes de ses playes ; & comme agneau il entre & s'enferme luy-même au dedans de nous.

Considerons combien les brebis qui sont toûjours proches de leur pasteur sont grasses & belles, & comme sa presence les tient assurées. Tâchons de même de ne nous éloigner jamais du nôtre, puis que les brebis qui ne le perdent point de vûë sont beaucoup mieux traitées que les autres, & qu'il leur donne toûjours quelque morceau du même pain dont il mange. Considerons que si le Pasteur se cache ou s'endort, elles ne bougent de leur place jusques à ce qu'il se montre ou qu'il s'éveille : & que s'il arrive qu'elles mêmes l'éveillent par leurs beellemens continuels, il leur témoigne par de nouvelles caresses combien il les aime.

Que l'ame s'imagine d'étre dans une solitude pleine d'obscurité & de tenebres où il ne se rencontre point de chemins, & qu'elle y est environnée de loups, d'ours & de lions, sans pouvoir esperer aucune assistance ni du ciel ni de la terre pour la défendre, sinon celle de son pasteur. Nous nous trouvons souvent ainsi dans les tenebres environnez d'ambition, d'amour propre, & de tant d'ennemis visibles & invisibles, qu'il ne nous reste autre remede que de recourir à ce divin Pasteur qui est seul capable de nous garantir de tant de perils.

Il faut considerer en ce jour le mystere du tres-S. Sacrement, & l'excellence de cette nourriture celeste, qui est la substance même du Pere. C'est pourquoy David pour relever cette incomparable faveur dit, que *le Seigneur nous nourrit de la moüelle des os de Dieu même*.

Aussi nous pouvons dire, que cette faveur est plus grande que celle de s'être fait homme pour l'amour de nous, parce que dans le mystere de l'Incarnation il a seulement deïfié son ame & son corps en les unissant à sa personne. Mais en cét admirable Sacrement il veut deïfier tous les hommes. Or comme nulle nourriture n'est si propre pour nous entretenir dans la vigueur que celle à laquelle nous sommes accoustumez dés nostre enfance, il a voulu qu'ayant été dans le baptéme engendrez de Dieu, nous fussions aussi nourris de Dieu même, afin que cette nourriture toute celeste fust proportionnée à la qualité si sublime qu'il nous a donnée de ses enfans.

Il faut considerer aussi qu'il se donne avec tant d'amour dans ce Sacrement, qu'il commande à tous de l'y recevoir & de l'y manger, sous peine de mort si l'on ne l'y reçoit pas. Et quoy qu'il sceut que plusieurs l'y recevroient & l'y mangeroient en état de peché mortel, sa charité pour nous est si forte, que surmontant tous obstacles pour pouvoir joüir de l'amour avec lequel ses amis se nourrissent de luy-même, il ne craint pas de s'exposer à tous les outrages qu'il peut recevoir de ses ennemis. Il a voulu aussi pour nous donner une preuve encore plus grande de son amour instituer cét adorable Sacrement, & consacrer cette viande toute divine dans le temps qu'il s'abandonnoit à la mort pour nous. Et quoy que sa chair & son sang soient dans chacune des especes sacramentales, il a voulu qu'on les consacrat separément, afin de faire voir par cette division qu'il est encore prest de mourir pour nous autant de fois qu'on les consacre & qu'on offre ce divin sacrifice dans toute l'Eglise.

L'amour avec lequel ce Dieu d'amour se donne à nous, & l'artifice dont il se sert pour se pouvoir donner en cette maniere est inconcevable. Car sçachant que deux choses ne peuvent s'unir sans un milieu qui participe de l'une & de l'autre, qu'a-t-il fait pour s'unir à l'homme? il a pris nostre cher mortelle, & l'a jointe à soy & à sa personne divine, afin que la même chair qu'il a prise de nous pour l'unir à luy, luy serve encore pour s'unir à nous.

C'est cét amour ineffable que Nostre Seigneur veut que nous ayons devant les yeux, & que nous considerions lors que nous communions. C'est a quoy doivent s'occuper toutes nos pensées: c'est à quoy il desire que nous tendions; & c'est la reconnoissance qu'il demande de nous quand il nous ordonne en communiant de nous souvenir qu'il est mort pour nous. Or il est facile de voir avec quelle plenitude de cœur il se donne à nous, puis qu'il nomme cette sainte viande le pain de chaque journée, & veut que nous le luy demandions en chaque jour.

Mais il faut bien prendre garde à la pureté du cœur & aux vertus que doivent avoir ceux qui le reçoivent & le mangent de cette sorte. Vne grande servante de Dieu desirant de communier tous les jours, Nostre Seigneur luy montra un globe de crystal parfaitement beau, & luy dit: *Lors que vous serez comme ce crystal vous pourrez communier tous les iours.* Il le luy permit toutefois à l'heure-même. On peut considerer ce jour du Ieudy cette parole qu'il dit en la croix : *I'ay soif*, & le breuvage si amer qu'on luy presenta, & comparer la douceur avec laquelle il rassasie nostre faim & nostre soif à l'amertume que nous luy presentons dans la soif & l'ardent desir qu'il a de nostre salut.

CINQVIE'ME DEMANDE.
Pour le VENDREDY.

Pardonnez-nous nos offenses, comme nous pardonnons à ceux qui nous ont offensé.

LA cinquiéme demande qui porte : *Pardonnez-nous nos offenses comme nous pardonnons à ceux qui nous ont offensé*, étant jointe au titre de Redempteur, convient fort bien au Vendredy, puis que selon la parole de S. Paul, le Fils de Dieu en répandant pour nous son sang sur la croix devint nostre Redempteur, & fut la redemption de nos pechez. C'est luy qui nous délivre de la tyrannie du diable auquel nous étions assujettis. C'est luy qui nous a acquis le royaume que nous devons esperer en qualité d'enfans de Dieu. C'est luy qui nous fait étre son royaume. Et enfin c'est luy par qui nous avons été rachetez, c'est à dire, par qui nous avons obtenu le pardon de nos pechez, puis qu'il est le prix de nostre rançon.

Tous les biens que nous pouvons souhaiter sont compris dans la demande precedente: & tous les maux dont nous pouvons être délivrez le sont dans les trois demandes qui suivent dont voicy la premiere : Pardonnez-nous, Seigneur, les fautes que nous avons commises contre vous, soit en ne vous rendant pas ce que nous vous devons comme étant nostre Dieu ; soit par nostre ingratitude des bienfaits dont vous nous comblez, soit en violant vostre loy divine. Remettez-nous, Seigneur, toutes ces dettes ainsi que nous les remettons à ceux qui nous doivent lors que nous leurs pardonnons les offenses qu'ils nous ont faites.

Mais parce qu'il pourroit sembler que ce pardon que nous demandons à Dieu seroit fort limité s'il estoit conforme à celuy que nous accordons à ceux qui nous ont offensé, il faut sçavoir que cela se peut entendre en deux manieres. La premiere, que toutes les fois que nous faisons cette priere, c'est en la compagne de Iesus CHRIST, qui est toûjours auprés de nous quand nous prions & que c'est en son nom que nous demandons & que nous disons, *Nostre Pere*. Or cela étant, le pardon que nous demandons à Dieu sera bien entier, puis qu'il ne se peut rien ajoûter à celuy que son Fils nous a accordé. L'autre maniere dont cela se peut entendre à la lettre & à la rigueur est, en demandant à Dieu de nous pardonner en la même sorte que nous pardonnons. Car on doit croire que tout homme qui prie a pardonné dans son cœur à ceux qui l'ont offensé ?

Ainsi nous nous declarons à nous mêmes par cette demande, de quelle sorte nous devons approcher de Dieu ; & que si nous n'avons point pardonné, c'est prononcer la sentence contre nous, & avoüer que nous ne meritons pas qu'on nous pardonne. Le Sage dit : *Comment est-il possible, que l'homme demande pardon à Dieu, & qu'il refuse en même-temps de pardonner à son frere ?* Dieu ne remettra point les pechez : mais au contraire se vengera de celuy qui desire de se vanger. La matiere de cette demande s'étend tres loin & embrasse une infinité de choses, parce que les dettes, c'est à dire les offenses que commettent les hommes sont innombrables, la redemption est tresabondante, & le prix du pardon est infiny, puis que ce prix est la mort & la passion de Jesus Christ.

Alors on doit rappeller en sa memoire ses propres pechez & ceux de tout le reste des hommes : se representer quel est le poids d'un peché mortel, puis qu'étant commis contre un Dieu il ne sçauroit être racheté ni payé que par un Dieu ; & combien il est difficile de satisfaire à Dieu pour des offenses qui sont si grandes, soit que l'on considere ou sa bonté envers nous qui est inconcevable ou sa majesté qui est infinie.

Dieu étant ce qu'il est nous devons l'aimer, le craindre, & le respecter souverainement. Mais au lieu de satisfaire à ce devoir nous nous sommes encore rendus redevables à sa justice par tant de pechez que nous avons commis contre luy. Ainsi lors que nous luy demandons qu'il nous pardonne nos pechez, nous luy demandons qu'il nous acquitte de toutes ces dettes. Et c'est dans cette remise qu'il nous en fait que consiste tout nostre bon-heur, & qu'il déploye toutes les richesses de sa misericorde, en ce qu'étant luy-même l'offensé, il est luy-même nostre Redempteur & nostre rançon.

Je ne marqueray rien en particulier durant ce jour de la passion de Nostre Seigneur, puis qu'elle est toute entiere l'ouvrage de nostre redemption laquelle personne n'ignore, & dont toutes les circonstances sont rapportées dans d'excellens livres que nous avons. Je diray seulement une chose qui me semble fort à propos, & qui est fort agreable à sa divine Majesté, ainsi qu'elle le declara à l'une de ses servantes. Il luy apparut crucifié, & luy dit : Arrachez ces trois clous
" avec lesquels tous les hommes me tiennent icy attaché, qui sont
" leur manquement d'amour pour mon infinie bonté & pour ma beau-
" té souveraine, l'ingratitude qui leur fait oublier tous mes bien-faits
" & la dureté de leur cœur à recevoir mes inspirations. Et quand vous
" aurez arraché ces trois clous, je ne laisseray pas d'être encore atta-
" ché sur cette croix avec trois autres, qui sont, mon amour infiny
" pour vous ma reconnoissance envers mon Pere des biens qu'il vous
" fait pour l'amour de moy, & la tendresse de cœur avec laquelle je
" suis toûjours prest de vous pardonner.

SVR LE PATER.

On doit durant ce jour demeurer dans un grand silence, pratiquer quelques austeritez & quelques mortifications extraordinaires, & prier les Saints pour qui nous avons une particuliere devotion, afin qu'ils nous aident par leurs prieres à obtenir de Dieu le pardon que nous demandons. Nous devons aussi prier en ce jour pour ceux qui sont en peché mortel, pour ceux qui nous veulent ou nous ont voulu du mal, & pour ceux qui nous ont fait quelque déplaisir.

SIXIE'ME DEMANDE.

Pour le SAMEDY.

Ne nous laissez pas succomber à la tentation.

COMME nos ennemis sont si forts & si opiniastres qu'il nous pressent & nous persecutét toûjours. Et comme nostre foiblesse est si grande que nous sommes à toute heure prests de tomber si le Tout puissant ne nous soûtient, nous avons necessairement besoin d'implorer sans cesse son secours, afin qu'il ne permette pas que nous soyons vaincus par les tentations presentes, ou que nous retombions dans nos offenses passées.

Nous luy demandons, non qu'il ne permette pas que nous ne soyons point tentez mais que l'étant, nous ne soyons pas vaincus ; parce que c'est dans les tentations que se rencontre sa gloire & nostre couronne lors que nôtre volonté les surmonte par son assistance. C'est pourquoy il nous ordonne de nous addresser à luy, en luy disant : *Ne permettez pas que nous succombions à la tentation*, afin de nous apprendre par ces paroles, que c'est par sa permission qu'elle arrive: Que c'est par nostre foiblesse que nous y succombons ; & que c'est par son seul secours que nous en demeurons victorieux.

Considerons icy, qu'il n'est que trop veritable que nous sommes tous foibles, malades, & pleins d'ulceres ; tant parce que nous avons herité tous ces maux de ceux qui nous ont donné la vie, que parce que nous les avons encore augmentez par nos propres fautes & par nos mauvaises habitudes, qui nous ont couverts de playes depuis les pieds jusques à la teste selon l'expression d'un Prophete. Presentons nous en cét état devant ce Medecin celeste pour luy demander de ne nous laisser pas succomber à la tentation ; mais de nous soûtenir par sa main toute puissante.

Ce nom de Medecin est tres agreable à sa divine majesté : & c'est l'une des fonctions qu'il a la plus exercée lors qu'il est venu dans le monde guerissant les maladies corporelles les plus incurables, & les maladies spirituelles les plus enviellies, luy-même aussi s'est donné

QQqq iij

ce nom quand il a dit : *Ce ne font pas les fains, mais les malades qui ont befoin du medecin.* Et il a bien fait voir qu'il a agy comme medecin envers les hommes lors qu'il s'eft comparé au Samaritain, qui appliqua de l'huile & du vin fur les playes de celuy que les voleurs avoient bleffé, dépoüillé, & laiffé à demy-mort. Les qualitez de Medecin & de Redempteur fôt en fa divine Majefté une même chofe : Mais avec cette difference, que la qualité de Redempteur, comme dit S. Paul confifte à nous délivrer de tous nos pechez paffez: & celle de Medecin confifte á guerir nos playes & nos maladies prefentes, & à nous preferver des pechez où noftre foibleffe pourroit nous faire tomber à l'avenir.

Confiderons quelle eft la maniere d'agir des medecins de la terre. Ils ne vont voir que ceux qui les envoyent querir : Et ce ne font pas les plus malades qu'ils vifitent le plus fouvent, mais ceux qui les payent le mieux. Ils reprefentent la maladie plus grande qu'elle n'eft & l'entretiennent même quelquefois afin de gagner davantage. Ils traittent les pauvres fur le rapport d'autruy, & les riches en perfonne. Et ils ne font ny pour les uns ny pour les autres les remedes qu'ils ordonnent; mais il les faut avoir d'ailleurs & fouvent fort cherement, quoy que la guerifon foit tres-incertaine.

O celefte Medecin, vous ne reffemblez que de nom à ces medecins de la terre. Vous vifitez les malades fans qu'ils vous en prient : & vifitez encore plus volontiers les pauvres que non pas les riches. Il n'y en a un feul que vous ne traitiez vous-même, fans defirer autre chofe d'eux finon qu'ils recônoiffent qu'ils font malades, & qu'ils ne fçauroient fe paffer de vous. Non feulement vous n'exagerez pas la grandeur du mal & la difficulté de la guerifon : mais quelque dangereufes que foient leurs maladies vous la leur faites voir facile, & leur promettez la fanté, pour peu qu'ils gemiffent pour l'obtenir. Vous n'avez du dégouft d'aucun malade, quelque fujet que leur maladie foit capable d'en donner. Vous allez chercher dans les hofpitaux les plus incurables & les plus pauvres. Vous vous payez vous-même de ce que vous faites pour eux : & vous prenez dans vous-même tous les remedes que vous leur donnez. Mais quels remedes, ô mon Dieu ! des remedes côpofez du fang & de l'eau qui font fortis de voftre cofté : du fang pour guerir toutes nos playes : de l'eau pour laver toutes nos foüillures, fans qu'il nous refte plus ni aucun reffentiment de toutes nos maladies, ni aucunes marques de toutes nos taches.

Il y avoit dans le Paradis terreftre une fource fi abondante qu'elle formoit en fe divifant quatre grans fleuves qui arrofoient toute la terre. Et nous voyôs de la fource de l'amour qui brûloit dans le cœur divin de noftre Sauveur fortir par fes pieds facrez, par fes mains

& par son côté, cinq ruisseau de sang capables de fermer toutes nos playes, & de nous guerir de toutes nos maladies.

Combien voit-on de malades mourir pour n'avoir point eu de medecin, ou pour n'avoir pas eu moyen d'acheter les remedes necessaires à leurs maux? icy cela n'est point à craindre puis que le Medecin s'invite luy-même à les venir voir; qu'il porte avec soy des remedes pour toutes sortes de maladies, & que quelque cher qu'ils luy coûtent, non seulement il les donne gratuitement à tous ceux qui les luy demandent; mais il prie qu'on les luy demande. Que si ces remedes luy ont tant coûté, & luy ont esté si penibles, ç'a esté pour nous les rendre d'autant plus faciles. Car pour ce qui est de luy il les a achetez de son propre sang: au lieu que nous n'avons qu'à le considerer mort pour trouver la vie en le regardant: comme autrefois en figure de ce grand mystere Moyse ayant mis sur un bois élevé le Serpent d'airain, ceux qui avoient été mordus par les serpens vivans étoient gueris par le serpent mort. Enfin c'est tout dire, que de dire qu'un si grand Medecin nous veut guerir. Et puis que nous sômes tres-assurez que ces remedes nous gueriront facilement, il ne nous reste que de luy ouvrir nos cœurs, & de les répandre en quelque sorte en sa presence, en luy découvrant toutes nos playes & toutes nos maladies. Nous devons avoir particulierement cette confiance en ce jour auquel ce divin Sauveur se presente à nous comme le Medecin supréme qui desire passionnement de nous guerir.

C'est icy le lieu de remarquer l'aveuglement de nostre esprit, la corruption de nostre volonté si remplie de la bonne opinion d'elle-même, l'oubly des bien-faits de Dieu, la facilité de nostre langue à dire des impertinences, l'inconstance de nostre cœur, la legereté qui nous porte à tant de pensées égarées; nostre peu de perseverance dans le bien, nostre presomption dans l'estime de nous-mêmes, & nos distractions continuelles. Enfin il ne doit point y avoir en nous ni de vieilles ni de nouvelles playes que nous ne découvrions à ce souverain Medecin, en le priant d'y apporter le remede.

Quand le malade ne veut pas prendre ce qu'on luy ordonne ou s'abstenir de ce qu'on luy defend, le medecin l'abandonne, si ce n'est qu'il soit frenetique. Mais nostre celeste Medecin n'abandonne point ceux qui luy desobeïssent. Il les assiste comme s'ils étoient frenetiques, & employe toute sorte de moyens pour les faire rentrer en eux-mêmes.

Il sera fort à propos en ce jour de se souvenir de la sepulture de Nostre Seigneur, & de considerer ces cinq ruisseaux coulans de ses playes qui demeureront ouvertes jusques au jour de la Resurrection generale, afin de guerir toutes les nostres. Et puis que c'est de ces playes divines que nous attendons nostre guerison, servons-nous de la mortification, de l'humilité, de la patience, & de la douceur, comme d'un onguent precieux que nous appliquerons en quelque sorte à luy-même, en l'appliquant à nos freres par l'amour & la charité que nous leur témoignerons. Car ne l'ayant plus present parmy nous en une forme visible, & ne pouvant le servir en sa propre personne, nous sommes asseurez par sa parole, qu'il tiendra comme fait à luy-même tout le bien que nous aurons fait à nos freres pour l'amour de luy.

SEPTIE'ME DEMANDE.

Pour le jour du DIMANCHE.

Délivrez-nous du mal.

LORS que par cette septiéme & derniere demande nous prions Dieu de nous délivrer du mal, nous ne specifions point de quel mal nous luy demandons qu'il nous délivre. Mais nous le prions seulement de nous délivrer de tout ce qui est proprement & veritablement mal; c'est à dire, de tout ce qui peut faire perdre les biens de la grace ou de la gloire.

Entre ces maux il y en a qui sont proprement des peines & des chastimens, comme les tentations, les maladies, les afflictions, les déplaisirs qui touchent l'honneur, & autres semblables. Mais cela ne se peut pas proprement appeller des maux, sinon entant qu'ils servent d'occasion pour tomber dans le peché: & par cette même raison, les richesses, les honneurs, & tous les biens temporels se peuvent avec sujet appeller des maux, parce que souvent ils nous sont une occasion d'offenser Dieu. Ainsi nous demandons d'être délivrez non seulement de tous ces maux, mais aussi de tous ces biens qui pourroient nous faire tomber dans une condamnation eternelle. Et parce qu'il appartient proprement au souverain juge de nous affranchir de ces peines, le titre de Iuge convient fort bien à Dieu dans cette rencontre.

La matiere de cette demande est tres-étenduë, parce qu'elle comprend les quatres dernieres fins de l'homme sur le sujet desquelles on a tant écrit, sçavoir la mort, le jugement general, les peines de l'enfer, & la gloire du paradis.

Alors on peut renouveller les considerations precedentes; parce que tous les bien-faits que nous avons receus de Dieu, & qui sont particulierement exprimez dans les six titres glorieux dont j'ay parlé estant ramassez ensemble, nous nous trouverons chargez &

comme

comme accablez du poids de ses graces & de ses faveurs. C'est pourquoy nous devons nous les representer, tant pour confondre nostre ingratitude, que pour fortifier nostre confiance. Car quelle doit estre nostre confusion de voir qu'ayant un si bon Pere, un Roy si puissant, un Epoux si affectionné, un Pasteur si vigilant, un Redempteur si misericordieux; & un Medecin si habile & si charitable, nous sommes neanmoins, si ingrats, & tirons si peu de fruit de tant d'avantage? quelle crainte ne doit point donner d'un costé cette multitude de bienfaits dont il plaist à Dieu de nous combler, & de l'autre cette extrême ingratitude & cette dureté de cœur avec laquelle nous y répondons? Mais ce nous doit estre une grande & incomparable confiance d'avoir à paroistre en jugement devant celuy qui étant nostre Iuge est en même temps nostre Pere, nostre Roy, nostre Epoux, & tout le reste.

On peut finir ce jour, & conclure cette oraison par l'action de graces que David rend à Dieu dans ces cinq versets que l'Eglise à mis dans l'office de la ferie à Prime, & qui commencent ainsi : *Benedic anima mea Domino, & omnia quæ intra me sunt* : Et ceux qui suivent jusques à ces paroles : *renovabitur ut aquilæ iuventus tua*, lesquelles signifient.

1. O mon ame benissez le Seigneur, & vous mon cœur & tout ce qui est en moy benissez son saint nom.

2. O mon ame benissez le Seigneur, & n'oubliez iamais les graces & les biens qu'il vous a faits.

3. Luy qui vous pardonne tous vos pechez, & vous guerit de toutes vos maladies.

4. Luy qui vous délivre de la mort, & qui vous couronne dans sa bonté & dans ses misericordes.

5. Luy qui comble vos desirs par une abondance de tous ses biens, & vous rétablit dans une nouvelle ieunesse aussi vigoureuse que celle de l'aigle.

Ainsi ce Seigneur infiniment bon & tout misericordieux nous trouvant morts nous ressuscite; nous trouvant criminels nous fait grace : nous trouvant malade nous rend la santé : nous trouvant miserables nous assiste : nous trouvant pleins d'imperfections nous en délivre & nous attire enfin avec luy dans la felicité d'une vie nouvelle & toute divine.

Il est facile de voir en considerant attentivement ces paroles, qu'elles comprennent tous les noms & tous les titres que nous avons donnez à Dieu. Mais quoy qu'il soit vray que cette oraison du *Pater noster*, tienne le premier lieu entre les oraisons vocales, il ne faut pas neanmoins negliger les autres, parce que l'on pourroit entrer dans quelque dégoût si on ne disoit toûjours que celle-là seule. C'est pourquoy il sera bon d'y en mesler d'autres, & particulierement quelques-unes si devotes qui se trouvent dans l'Ecriture, & qui ont esté inspirées par le S. Esprit à des personnes de pieté, comme celle du Publicain dans l'Evangile, d'Anne mere de Samuël, d'Ester, de Iudith, du Roy Manassés, de Daniel, & de Iudas Machabée par lesquelles ils representoient à Dieu leurs besoins avec des paroles qui naissant de leur disposition presente exprimoient excellemment les plus vives affections de leur ame. Cette sorte de priere faite par des personnes pressées de douleur est tres puissante, parce qu'elle éleve l'esprit à Dieu, enflâme la volonté, & tire des larmes des yeux quand on pense, qu'estant formée des mesmes mots que ces saintes ames ont proferez dans ces rencontres, on ne sçauroit douter qu'ils ne soient partis du fond de leur cœur.

Vne telle maniere de prier est aussi tres agreable à nostre Sauveur, parce que de mesme que les grands Seigneurs prennent plaisir d'entendre les personnes rustiques leur demander quelque chose avec des termes simples & grossiers, il se plaist de voir que nous le prions avec tant d'ardeur, que sans nous arrester à chercher des paroles elegantes & étudiées, nous nous servons des premieres qui s'offrent à nous pour luy faire connoistre en peu de mots le besoin que nous avons de son assistance: ainsi que S. Pierre & ses Apostres dans la crainte d'estre noyez luy disoient, *Seigneur, Sauvez-nous: nous perissons.* Ou comme la Cananée, lors qu'elle luy demandoit misericorde: Ou comme l'Enfant prodigue quand il disoit: *Mon pere i'ay peché contre le Ciel & contre vous.* Ou comme la mere de Samuël lors qu'elle adressoit ces paroles à Dieu: *O Dieu des batailles, si vous daignez ietter les yeux sur moy pour voir l'affliction de vostre servante: si vous daignez vous souvenir de vostre esclave; & si vous daignez establir mon ame dans une parfaite vertu, ie l'employeray toute pour vostre service.*

La sainte Ecriture est pleine de ces oraisons vocales qui ont obtenu de Dieu ce qu'elles luy ont demandé: Et les nostres obtiendront de mesme de sa bonté le remede dont nous avons besoin dans nos afflictions & nos souffrances. Or quoy que des personnes de grande pieté estiment que cela se fait mieux par la seule pensée de l'esprit, toutefois l'exemple de plusieurs Saints & nostre propre experience nous apprennent, que ces oraisons vocales bannissent nostre tiedeur, échauffent nostre volonté, nous disposent pour mieux faire l'oraison mentale & spirituelle.

FIN.

LE
CHASTEAV
DE L'AME

AV LECTEVR.

Il faut, s'il vous plait, avant que de lire ce qui suit voir dans l'Avertissement qui est à la teste de ce Volume, ce qu'il en dit & de l'Oraison, afin de vous détromper l'opinion si generale que ce Traité est intelligible : Cette pensée a iusques icy presque empéché tout le monde de le lire. On s'imagine que ce ne sont que des speculations si élevées que l'on n'y peut rien comprendre. Cependant ie suis persuadé que quelques sublimes qu'elles soient on ne laissera pas de les entendre : & elles se trouvent meslées de tant d'instructions si excellentes pour ce qui regarde la prattique des vertus qu'elles ne sçauroient estre que tres-utiles.

Avant propos de la Sainte.

E toutes les choses que l'obeyssance m'oblige de faire il y en a peu qui m'ayent paru si difficiles que d'écrire de l'oraison tant parce que Nostre Seigneur ne m'a pas donné assez d'esprit pour m'en bien acquiter, & que je n'avois pas dessein de l'entreprendre, qu'à cause que je sens depuis trois mois un bruit continuel dans la teste, & une si grande foiblesse que je ne sçaurois sans beaucoup de peine écrire pour les affaires les plus importantes & les plus pressées. Mais comme je sçay que l'obeyssance peut rendre possible ce qui paroist impossible, je m'y engage avec joye malgré la resistance de la nature que j'avouë s'y opposer, parce que je n'ay pas assez de vertu pour souffrir sans peine des maladies continuelles, & me trouver en même-temps accablée de mille diverses occupations. Ainsi c'est de la seule bonté de Dieu que j'attens la même assistance qu'il me donne en d'autres occasions encore plus difficiles

RRrr ij

AVANT-PROPOS.

Ie ne voy pas ce que je pourray ajoûter à ce que j'ay desja écrit touchant l'oraison pour satisfaire au commandement que j'en avois receu, & je crains que ce que j'en diray ne soit presque que ce que j'ay dit. Ie suis comme ces oiseaux a qui l'on apprend à parler, & qui ne sçachant que ce qu'on leur montre redisent toûjours les mêmes mots, Que si Nostre Seigneur veut que j'y ajoûte quelque chose il me l'inspirera s'il luy plaît, ou rappellera dans ma memoire ce que j'en ay écrit. Ce ne sera pas peu pour moy; parce que je l'ay si mauvaise que je m'estimerois heureuse de me souvenir de certains endroits que l'on disoit n'être pas mal, en cas qu'il ne s'en trouve plus de copie. Mais quand ie ne recevrois point cette grace : & qu'après m'être tourmentée inutilement à écrire des choses qui ne pourroient profiter à personne je n'aurois fait qu'augmenter mon mal de teste, je ne laisserois pas d'en tirer un grand avantage puis que j'aurois satisfait à l'obeyssance.

Ie vay donc commencer en ce iour de la tres-sainte Trinité de l'année 1577, dans le monastere de S. Ioseph de Tolede où je me trouve maintenant. Ie soûmets tout ce que je diray au iugement de ceux qui m'ont commandé d'écrire, qui sont des personnes tres-éclairées. Et si j'avance quelque chose qui ne soit pas conforme à la creance de l'Eglise Romaine ce ne sera pas à dessein, mais par ignorance, puis que i'ay toûiours été & seray toûjours avec la grace de Dieu entierement soûmise à cette sainte Epouse de IESUS-CHRIST. Qu'il soit loüé & glorifié à jamais. Ainsi soit-il.

Parce que ceux qui m'ont commandé d'écrire cecy m'ont dit que les Religieuses de nostre Ordre ayant besoin d'être éclaircies de quelques doutes touchant l'oraison, ils croyent qu'elles entendront mieux le langage d'une femme, & que l'affection qu'elles ont pour moy leur en fera tirer plus de profit, je leur adresse ce discours qui ne pourroit passer que pour extravagant dans l'esprit des autres personnes. Dieu me faira une grande grace s'il sert à quelqu'une d'elles pour le mieux loüer : & il sçait que c'est tout ce que je desire. Que si je rencontre bien en quelques endroits elles ne doivent point me l'attribuer, puis que je suis par moy-même si incapable de parler des sujets si élevez que je n'en ay d'intelligence qu'autant qu'il plaît à Dieu de m'en donner par un effet de sa bonté dont je suis indigne.

PREMIERE DEMEVRE.

CHAPITRE PREMIER.

La Sainte compare l'ame à un superbe Chasteau dont l'oraison est la porte & qui a diverses demeures dans la principale desquelles Dieu habite. Et dit qu'il faut pour entrer dans ce Chasteau commencer par rentrer dans nous-mesmes afin de connoistre nostre égarement, & en se détachant des creatures implorer le secours de Dieu.

LOrs que je priois Nôtre Seigneur de m'inspirer ce que je devois écrire, parce que je ne sçavois par où commencer pour obeyr au commandement que j'en ay receu, il m'est venu dans l'esprit que ce que je vay dire doit être le fondement de ce discours. C'est de considerer nostre ame ainsi qu'un Chasteau basty d'un seul diamant ou d'un cristal admirable, dans lequel il y a comme dans le ciel diverses demeures. Car si nous y prenons bien garde, mes Sœurs, l'ame juste est un veritable paradis où Dieu qui y regne trouve ses délices. Quelle doit donc être la beauté de cette ame qu'un Monarque si puissant, si sage, si riche, & si magnifique veut choisir pour sa demeure ? Je ne voy rien icy-bas à quoy je puisse la comparer. Et comment l'esprit le plus élevé seroit-il capable de comprendre toutes ses perfections, puisque Dieu qui est incomprehensible a dit de sa propre bouche qu'il l'a creée à son image, & imprimé en elle sa ressemblance ?

L'ame comparée à un superbe palais où il y a diverses demeures & où Dieu habite.

Ainsi j'entreprendrois inutilement de representer toutes les merveilles de cet admirable Chasteau, puis qu'encore qu'il y ait une difference infinie entre Dieu & luy, l'un étant le Createur, & l'autre la creature, il suffit de sçavoir qu'il est l'ouvrage de cette suprême Majesté, pour ne pouvoir douter de l'excellence des ornemens dont il luy plaît d'enrichir l'ame qui est ce Chasteau. Quelle douleur & quelle confusion ne devons nous donc point avoir de ce que par nostre faute nous ne nous connoissons pas nous-même ? Et quelle honte seroit-ce, mes Filles, à une personne à qui on demanderoit qui elle est si elle ne le sçavoit pas, ny ne pouvoit dire qui est son pere, qui est sa mere, ny de quel pays elle a tiré sa naissance ? Et nostre ignorance n'est-elle pas sans comparaison plus grande de renfermer toute la connoissance que nous avons de nous-mêmes dans ce qui regarde nostre corps sans sçavoir qu'en general parce qu'on nous l'a dit & que la foy nous l'apprend, que nous avons une ame, ny sans passer plus avant pour nous instruire de ses qualitez, de son prix, de sa valeur, ny même y penser que rarement ? Ainsi au lieu de travailler à conserver la beauté de nostre ame, nous nous contentons de prendre soin de ce corps qui n'est que comme la closture & l'enceinte de ce magnifique Chasteau.

Nous devons donc considerer qu'il enferme diverses demeures : les unes en haut, les autres en bas, les autres aux costez, & une dans le milieu, qui est comme le centre & la principale de toutes dans laquelle se passe ce qu'il y a de plus secret entre Dieu & l'ame. Prenez bien garde je vous prie, mes Filles, à cette comparaison. Nostre Seigneur aura peut-être agreable qu'elle vous serve à comprendre quelles sont les graces qu'il luy plaît de faire aux ames, & la difference qui s'y rencontre, j'entens autant que j'en seray capable, étant impossible principalement à une personne aussi ignorante que je suis de les connoistre toutes, tant elles sont en grand nombre. Ce ne sera pas une petite consolation à celles à qui Dieu donnera lumiere sur ce sujet : Et celles qui ne l'auront pas se contenteront d'admirer dans les autres les effets de sa bonté. Car comme au lieu de recevoir du préjudice d'élever nos esprits à la consideration des choses celestes & à la felicité des Saints, nous en recevons de la joye & travaillons à nous rendre dignes de participer à leur bonheur, nous recevons de même du contentement de voir qu'il n'est pas impossible que dans l'exil où nous vivons un si grand Dieu se communique à des vers de terre si méprisables, & que son infinie bonté ne se porte jusqu'à les aimer.

Ie suis persuadée que l'on ne sçauroit que par un défaut d'humilité & d'amour pour le prochain voir avec peine que Dieu fasse dés icy-bas une si grande faveur à certaines ames. Car autrement comment pourroit on ne se pas réjoüir de ce qu'il accorde à quelques-unes des graces qui ne nous ostent pas l'esperance d'en recevoir de semblables, & trouver étrange que cette eternelle Majesté manifeste sa grandeur à qui il luy plaît ? En quoy elle n'a souvent autre dessein que de la faire paroistre en la maniere que IESUS-CHRIST nous l'apprend dans l'exemple de l'aveugle-nay, lors que ses Apostres luy demanderent si ce qu'il avoit été privé de la veuë en venant au monde étoit à cause de ses pechez, ou des pechez de ses parens. Il arrive même quelquefois que ceux à qui il fait ces graces ne sont pas plus saints que ceux à qui il ne les accorde pas, comme il paroît par S. Paul & par la Magdeleine ; mais c'est pour faire connoitre sa grandeur, & nous donner sujet de le loüer dans ses creatures.

Quelqu'un pourra dire que ces choses paroissent impossibles, & qu'il est bon de ne point scandaliser les foibles. A quoy je répons qu'il vaut mieux que ces personnes n'y ajoûtent point de foy, que de manquer à exhorter ceux à qui Dieu fait de semblables graces d'en profiter, & les autres de s'en réjoüir & de s'avancer de plus en plus dans l'amour de cette adorable Majesté, qui fait éclater sa bonté & sa puissance par de si grandes misericordes. A combien plus forte raison devez-vous donc, mes Sœurs, en faire vostre profit, sçachant comme vous le sçavez que Dieu donne encore de plus grandes marques de son amour pour ceux qui l'aiment? Mais je puis vous asseurer que ceux qui manquent en cela de foy ne recevront jamais de telles faveurs, parce qu'il ne prend plaisir à les répandre que sur ceux qui ne mettent point de bornes à sa puissance. Qu'il ne vous arrive donc jamais, mes Filles, de tomber dans ce doute encore que Nostre Seigneur ne vous conduise pas par ce chemin.

Pour revenir à ce Chasteau si magnifique & si agreable il faut voir de quelle sorte nous pourrons nous en procurer l'entrée. Il semble d'abord que cecy soit une extravagance, parce que si l'ame est elle-même ce Chasteau il est évident qu'elle ne sçauroit y entrer, puis que l'on n'entre point dans un lieu où l'on est desja. Mais vous devez sçavoir qu'il y a diverses manieres d'estre de ce Chasteau. Plusieurs ames font seulement comme des gardes la ronde tout à l'entour sans se mettre en peine de ce qui se passe au dedans, ni de sçavoir qui y est, ni quelles en sont les diverses demeures : Et vous avez pû voir dans quelques livres qui traitent de l'oraison qu'un des avis que l'on y donne est, que l'ame pour entrer dans ce Chasteau doit entrer en elle-même, ce qui n'est autre chose que ce que je viens de dire.

Vn tres-sçavant homme me dit autrefois qu'une ame qui ne fait point oraison ressemble à ces paralytiques, qui encore qu'ils ayent des pieds & des mains ne sçauroient les remuer, & qu'il y en a de si malades & si accoustumez a ne s'occuper que des choses exterieures qu'il est impossible de les faire entrer au dedans d'elles-mêmes, parce qu'elles ont formé une si grande habitude de vivre avec les reptiles & les bestes, qui sont audehors du Chasteau qu'elles leur sont devenuës semblables. Tellement qu'encore qu'elles soient d'une nature si noble & si élevée qu'elle les rend capables de converser avec Dieu même, on ne sçauroit les guerir de cette déplorable maladie. Elles ne veulent ni connoistre leur misere ni tâcher à s'en délivrer, & deviennent ainsi que la femme de Lot, comme des statuës de sel ; parce qu'au lieu de tourner la teste vers Dieu elles la tournent vers ces creatures immondes de même qu'elle la tourna vers Sodome.

※※※

Selon ce que je le puis comprendre la porte pour entrer dans ce Chasteau est l'oraison tant vocale que mentale accompagnée d'at- *Que l'Oraison est la porte de ce Chasteau.*

tention, fans quoy ce ne peut-être une veritable oraifon, puis que pour faire que c'en foit une il faut confiderer à qui l'on parle : ce que l'on eft : ce que l'on demande ; & à qui on le demande. Autrement on ne prie guere quoy que l'on remuë beaucoup les lévres Ce peut neanmoins eftre une oraifon encore que l'on ne faffe point de reflexion à caufe qu'on en a fait d'autres-fois. Mais fi l'on faifoit coûtume de parler à Dieu comme on parleroit à l'un de fes domeftiques en difant fans y prendre garde tout ce qui vient en la penfée, & que l'on fçait par cœur, je ne fçaurois croire que cela puiffe paffer pour oraifon ; & je prie Dieu que nul Chreftien n'en ufe de cette forte. I'ay une ferme confiance, mes Sœurs, que cela ne vous arrivera point puis que vous étes accouftumées à prier interieurement & du fond du cœur ; ce qui eft un excellent moyen pour s'empécher de tomber dans une telle ftupidité.

Ie ne parle point à ces ames perclufes & paralytiques qui font tant à plaindre, & dans un fi grand peril fi Noftre Seigneur ne vient luy-même leur commander de fe lever, comme il fit à ce paralytique, qui avoit paffé trente huit ans fur le bord de la pifcine ; mais je parle aux ames qui entrent enfin dans ce Chafteau, parce qu'encore qu'elles foient fi engagées dans les occupations du fiecle qu'elles en font toutes remplies à caufe que le cœur s'attache où eft fon trefor, neanmoins comme elles ont de bons defirs elles travaillent quelquefois à s'en détacher, font reflexion fur l'état où elles font, ont recours à Dieu, & quand ce ne feroit que de mois en mois luy reprefentent leurs befoins. Et cette connoiffance d'elles même & de leur égarement leur eft fi utile qu'elle les fait enfin entrer dans le Chafteau, mais feulement dans la plus baffe demeure, parce que ce grand nombre d'imperfections qui leur reftent font comme autant de reptiles qui y entrent avec elles, & les rend encore incapables de remarquer les beautez de ce fuperbe édifice, & d'y joüir d'une entiere fatisfaction.

Vous ferez peut être furprifes, mes Filles, de ce difcours à caufe que par la mifericorde de Dieu vous n'eftes pas du nombre de ces perfonnes : mais vous devez fouffrir que je m'en explique comme je puis fe rencontrant dans l'oraifon des chofes interieures, & fi élevées que je ne fçaurois faire entendre d'une autre forte la maniere dont je les comprens. Dieu veuille même que j'aye bien réüffi en quelques-unes dans un fujet qu'il eft fort difficile que vous entendiez fi vous n'en avez l'experience, mais fi vous l'avez vous connoiftrez que je ne pouvois agir autrement. Ie prie Noftre Seigneur de faire par fa bonté que je ne m'en acquite pas trop mal.

CHAPITRE

CHAPITRE II.

Estat deplorable d'une ame qui est en peché mortel. Qu'il faut commencer pour tâcher d'entrer dans la connoissance de soy-même qui est la premiere demeure de ce chasteau interieur & spirituel. Qu'il faut passer de cette connoissance à celle de Dieu. Efforts que font les demons pour empêcher les ames d'entrer dans cette premiere demeure & ensuite dans les autres; & avis de la Sainte pour resister à leurs artifices.

AVANT que de passer outre je vous prie, mes Sœurs, de considerer quel malheur c'est à une ame qui est comme un superbe chasteau tout resplendissant de lumiere, comme une perle orientale sans prix, comme un arbre de vie planté dans le milieu des eaux vives de la vie qui est Dieu même, lors qu'elle commet un peché mortel & se trouve par cette chûte dans les tenebres les plus épaisses & l'obscurité la plus noire que l'on se puisse imaginer, parce qu'encore que ce même soleil qui la remplissoit de sa lumiere & la rendoit toute éclatante de beauté demeure toûjours au milieu d'elle, & qu'elle soit de sa nature comme un cristal capable d'être penetré & éclairé de ses rayons, ce soleil se trouve alors éclipsé pour elle. Ainsi toutes les bonnes œuvres qu'elle peut faire étant en cét état luy sont inutiles pour le salut, à cause qu'elles n'ont pas Dieu pour principe, sans quoy nos vertus apparentes ne sont que de fausses vertus parce que nous ne sçaurions luy être agreables lors que nous nous éloignons de luy, & que celuy qui commet un peché mortel, au lieu d'avoir intention de le contenter ne pense qu'à plaire au demon, qui n'étant que tenebres rend son ame tenebreuse comme luy.

Je sçay une personne à qui Nostre Seigneur avoit fait voir en quel état est une ame lors qu'elle a commis un peché mortel. Et cette personne me disoit qu'elle ne croyoit pas que si on le connoissoit il se trouvât quelqu'un qui se pust resoudre à tomber dans ce malheur quelque peine qu'il falut prendre pour en éviter les occasions; ce qui luy donnoit un desir extrême que chacun le sçust & en fut bien persuadé. Je vous conjure, mes Filles, d'imiter ce zele, & de prier beaucoup Dieu pour ceux qui se trouvent en cét état. Il est si déplorable que comme ces personnes ne sont que tenebres, ces tenebres se répandent dans toutes leurs actions. Car de même que les ruisseaux qui partent d'une source vive & tres-claire en retiennent les qualitez, toutes les actions d'une ame qui est en grace sont agreables aux yeux de Dieu & des hommes, parce qu'étant, ainsi que je l'ay dit, semblables à un arbre planté dans la source de la vie, la fraicheur & la nourriture qu'elle en reçoit luy fait produire sans cesse des

Etat d'une ame qui est en peché mortel.

fruits admirables. Mais lors qu'au contraire l'ame va par sa faute comme se transplanter dans un marais puant & infect, tous les fruits qu'elle produit ne sont que corruption & pourriture.

Il faut donc remarquer que Dieu étant ce divin soleil qui est & qui demeure toûjours dans le centre de l'ame, rien n'est capable de ternir l'éclat de sa beauté & d'obscurcir sa lumiere. Mais l'ame ne laisse pas de devenir toute tenebreuse par le peché ; de même qu'un voile noir dont on couvriroit un cristal opposé au soleil l'empêcheroit d'être éclairé de ses rayons.

O ames rachetées par le sang d'un Dieu, je vous conjure en son nom de faire attention à une verité si importante & d'avoir compassion de vous-mêmes. Car cela étant pourriez-vous ne point faire tous vos efforts pour arracher ce voile funeste qui vous cache la splendeur de cette divine & eternelle lumiere que vous ne sçauriez esperer de revoir jamais si vous mouriez avant que de sortir du malheureux état où vous êtes.

Iesus, mon Sauveur, qui peut assez deplorer le malheur de ces ames? Quel trouble ne voit-on point à l'entrée de ce chasteau? quelle émotion dans les sens & les puissances qui en sont comme les officiers? & enfin quel fruit peut-on attendre d'un arbre qui ne tire sa nourriture que du demon?

Vn homme fort spirituel m'a dit autrefois qu'il ne s'étonnoit pas du mal que font ceux qui sont en peché mortel ; mais qu'il ne pouvoit assez s'étonner de ce qu'ils n'en font pas beaucoup davantage. Dieu veüille, s'il luy plaît, nous délivrer d'une misere si étrange que nulle autre ne peut tant meriter ce nom, puis qu'elle attire aprés elle des maux eternels. C'est là, mes Filles, la seule chose que nous devons craindre & dont nous devons demander à Dieu dans nos prieres de nous garantir, puis que nous sommes par nous-mêmes si foibles & si infirmes que nous travaillerions en vain sans son assistance à conserver, selon l'expression de ce grand Roy & ce grand Prophete, la place qu'il a commise à nostre charge.

Cette même personne me disoit qu'elle avoit tiré deux grands avantages de la faveur que Dieu luy avoit faite de luy donner cette connoissance. L'un d'avoir par l'horreur de ces terribles chûtes une si extrême apprehension de l'offenser qu'il luy demandoit sans cesse de ne l'abandonner point Et l'autre que celuy étoit comme un miroir qui l'instruisoit dans l'humilité en voyant que tout le bien que nous faisons ne procede que de cette source dans laquelle nostre ame telle qu'un arbre abondant en fruits se trouve plantée, & de ce soleil dont la chaleur douce & vivifiante luy fait produire de bonnes œuvres. A quoy cette personne ajoustoit, qu'il en étoit si persuadé que lors qu'il faisoit ou voyoit faire à un autre quelque bonne action il la rapportoit aussi tost à Dieu comme à son principe, & luy en rendoit graces, parce qu'il connoissoit clairement que nous ne pouvons rien sans son secours: ce qui faisoit même que d'ordinaire il ne se souvenoit point d'avoir eu part à ses bonnes œuvres.

Vous ne devez pas, mes Sœurs, plaindre le temps que vous donnerez à lire cecy, ni moy regreter celuy que i'ay employé à l'écrire si nous gravons bien ces choses dans nostre memoire. Les sçavans ne les ignorent pas: mais l'esprit des femmes n'allant pas si loin, elles ont besoin de tout ce qui peut les instruire : & c'est peut-estre pour cette raison que Nostre Seigneur a permis que de semblables choses soient venuës à ma connoissance. Ie le prie de tout mon cœur de m'assister à fin que je puisse vous en faire part. Car ces matieres interieures sont si obscures qu'estant aussi ignorante que je suis il m'arrivera souvent de ne pouvoir éviter de dire plusieurs choses superfluës & même extravagantes parmy quelques-unes qui seront utiles. Mais si l'on a besoin de patience pour lire ce que i'écris, on doit considerer que ie n'en ay pas moins eu pour écrire ce que ie ne sçavois pas, estant tres-veritable que j'ay quelquefois pris la plume sans sçavoir ni ce que i'avois à dire, ni par où ie devois commencer.

Ie sçay, mes Filles, combien il vous importe que ie vous explique le mieux que ie povrray certaines choses interieures, puis que l'on nous parle continuellement de l'utilité de l'oraison, & qu'encore que nos constitutions nous obligent d'y employer diverses heures on ne nous dit point ce que nous pouvons y contribuër, ni on ne nous explique que fort peu les moyens dont Dieu se sert pour nous y faire avancer d'une maniere surnaturelle. Ainsi i'ay sujet d'esperer que ce vous sera une grande consolation que ie vous en donne quelque lumiere en vous faisant voir la beauté de cét édifice celeste & interieur si peu connu des hommes, bien que plusieurs pretendent d'y avoir part. Or quoy que Nostre Seigneur m'eust donné quelque intelligence des autres choses dont i'ay écrit, i'ay connu ensuite qu'elle n'estoit pas telle que je l'ay euë depuis, principalement en celles qui sont les plus difficiles : & ce qui me met en peine est que pour les faire entendre ie seray contrainte d'user de termes bas & vulgaires, parce que mon esprit rude & grossier n'en sçauroit trouver de plus propres.

※

Pour revenir donc à ce chasteau dans lequel il y a diverses demeures, vous ne devez pas les concevoir comme estant toutes engagées les unes dans les autres, mais porter vos yeux vers le centre qui est le palais où habite ce grand Roy, & le considerer comme un palmier qui couvre de diverses écorces le fruit delicieux qu'il produit

De la connoissance de soy-mesme qui est la premiere demeure de ce chasteau.

Car il y a au dessus & à l'entour de ce palais diverses demeures ; & toutes les choses qui regardent l'ame allant au delà de ce que nous pouvons nous imaginer, nous ne sçaurions nous les representer dans une trop grande étenduë. A quoy il faut ajoûter qu'il n'y a une seule de ces demeures qui ne soit éclairée par ce soleil dont la lumiere remplit tout ce magnifique chasteau.

Soit qu'une ame s'exerce beaucoup ou peu à l'oraison il importe extrêmement de ne la pas trop craindre. Mais puis que Dieu luy fait la grace de la recevoir dans ce chasteau il faut la laisser aller dans ces diverses demeures sans l'obliger à s'arrester long-temps dans une seule quand ce seroit celle de la connoissance d'elle mesme, parce qu'encore que rien ne soit plus necessaire, remarquez bien ces paroles, même pour les ames à qui Dieu fait tant de grace que de leur donner entrée dans le centre de ce chasteau qui est le palais où il habite, elles ne pourroient quand elle le voudroient perdre jamais cette connoissance d'elles mêmes; à cause que leur humilité comme une abeille qui travaille sans cesse à faire le miel, leur represente toûjours leur neant, sans quoy elles seroient perduës. Mais ainsi que le travail de l'abeille ne l'empêche pas de sortir de sa ruche pour aller chercher sur diverses fleurs la matiere de son ouvrage, cette connoissance de nous-mêmes n'empêche pas aussi l'ame de prendre quelquefois son vol pour considerer la grandeur & la majesté de Dieu dans ses ineffables perfections : & elle connoistra encore beaucoup mieux par ce moyen que par elle-même quelle est sa bassesse, & se trouvera plus délivrée de ses propres imperfections que j'ay dit estre comme des reptiles qui estoient entrez avec elle dans cette premiere demeure qui est cette connoissance d'elle-même. On doit donc regarder ce que je viens de dire comme une grace singuliere que l'on reçoit de Dieu dans ces occupations de l'ame qui n'ont rien que de grand & d'utile. Et ne doutez point, mes Sœurs, que nous n'avancions beaucoup davantage par la consideration des grandeurs & des merveilles de ce souverain estre donc nous sommes l'ouvrage & les creatures que si nous demeurions toûjours attachées à celle de nôtre neant & de nostre bassesse.

※※

Passer de la connoissance de soy-mesme à celle de Dieu.

Ie ne sçay si je me suis bien expliquée ; & ce point est d'une extrême consequence, parce que quelques élevées que soient vos pensées vers le Ciel : je ne voudrois pour rien du monde que cela diminuast vostre humilité ; n'ayant point de vertu qui nous soit plus necessaire tandis que nous sommes encore sur la terre. C'est ce qui m'oblige à vous repeter que nous ne sçaurions mieux faire que de commencer par nous efforcer d'entrer dans cette premiere

I. DEMEVRE CHAPITRE II.

demeure où l'on s'occupe à la connoissance de soy même, sans vouloir d'abord monter plus haut. Car quel besoin a-t-on de voler lors que l'on peut aller par un chemin facile & tres-seur ? Tâchons donc plutost, mes Sœurs, d'y marcher à grands pas. Et le seul moyen à mon avis de nous bien connoistre est de nous appliquer à bien connoistre Dieu. Sa grandeur nous fera voir nostre bassesse, sa pureté, nostre impureté; & son humilité nostre defaut d'humilité.

Nous tirons de cela deux avantages: l'un de comprendre beaucoup mieux quel est nostre neant en considerant cette suprême Majesté; de même que l'on connoist beaucoup mieux qu'une chose est fort noire quand elle est coparée à une fort blanche. L'autre que nostre entendement & nostre volonté s'ennoblissent & deviennent plus capables de pratiquer les grandes vertus lors qu'outre la cōnoissance de nousmême, nous travaillons à acquerir celle de Dieu. Car comme je l'ay dit de ceux qui sont en peché mortel que leurs actions ressemblent à ces ruisseaux dont les eaux venant d'une source corrompuë sont toûjours noires & puantes, (ce qui n'est qu'une comparaison puis que Dieu nous garde d'estre en cèt estat). de même si nous demeurons dans la consideration de nôtre misere nous serons comme un ruisseau dont l'eau sera toûjours trouble par tant d'apprehensions & de craintes qui nous rendront lâches & timides, en nous faisant penser sans cesse si l'on n'a point les yeux iettez sur nous pour observer nos actions; si nous ne nous égarons point en marchant par ce chemin; s'il n'y aura point de presomption d'oser entreprendre ce bon œuvre; si estant si imparfaites nous devons nous appliquer à une chose aussi élevée qu'est l'oraison; s'il ne vaudroit pas mieux se contenter de marcher dans la voye commune & ordinaire puis que les extremitez sont vicieuses même en ce qui regarde la vertu; si estant de si grandes pecheresses ce ne seroit point en voulant s'élever davantage se mettre en hazard de tomber de plus haut, & ainsi au lieu de servir aux autres leur nuire en affectant mal à propos ces singularitez.

Helas, mes Filles de combien d'ames le demon a-t-il causé la perte en leur faisant prendre pour humilité ce que je viens de dire & tant d'autres choses semblables que je pourrois y ajoûter, abusant ainsi de la connoissance que ces personnes ont d'elles-mêmes afin de les empêcher d'en sortir pour passer à celle de Dieu, ce qui au lieu de diminuër leur humilité l'augmenteroit. Ce n'est pas que nous n'ayons ces sujets de craindre & même encore davantage. Mais je soûtiens que pour acquerir la veritable humilité nous devons ietter & arrêter les yeux sur Iesus-Christ nostre Sauveur & sur ses Saints, puis que c'est un excellent moyen pour élever nostre esprit & pour empêcher que la connoissance de nous-mêmes ne nous décourage. Car encore que cette premiere demeure soit la moindre de toutes elle ne laisse pas d'estre si avantageuse & si riche, que pourvû que l'on se defasse de ces reptiles qui y entrent avec nous on peut de là passer aux autres.

Efforts que fait le demon pour empescher les ames d'entrer dans cette premiere demeure.

Mais il n'est pas croyable de combien d'adresse & d'artifices le demon se sert pour empêcher les ames de se bien connoistre elles-mêmes & le chemin qu'elles doivent suivre. Entre plusieurs choses que je sçay par experience de cette premiere demeure je vous diray, mes Filles, qu'elle contient une infinité de logemens à cause du grand nombre d'ames qui y entrent en diverses manieres, & toutes avec bonne intention. Or comme tout l'enfer veille sans cesse pour leur nuire, ces logemens sont pleins de demôs qui leur tendent mille pieges pour les empêcher de passer d'une demeure dans une autre. Ils ont peine d'y reüssir contre les ames qui sont les plus proches de la demeure où habite ce grand Roy, mais ils surmontent facilement celles qui estant encore plongées dans les plaisirs du monde & passionnées pour de vains honneurs & de vaines pretentions n'ont pas le courage de se servir pour leur resister des sens & de ces puissances, l'entendement, la memoire & la volonté que Dieu leur a donnez pour se defendre de leurs attaques. Or bien que les ames qui sont en cét estat desirent de ne point offenser Dieu & fassent de bonnes œuvres, elles doivent recourir à luy avec grand soin, à la sainte Vierge & aux Saints pour les proteger & les défendre : & il n'y a point d'état si parfait où l'on n'ait besoin de faire la même chose puis que le secours de Dieu nous est toûjours necessaire, & je le prie de tout mon cœur de ne nous le pas refuser.

Que nostre vie sur la terre est miserable ! Mais à cause, mes Filles, que j'ay beaucoup parlé ailleurs du grand préjudice que nous recevons de n'estre pas bien instruites dans l'humilité & la connoissance de nous-mêmes je n'en diray pas icy davantage, quoy que rien ne nous importe tant que de tirer quelque profit de ce que j'en ay dit.

Vous devez remarquer que ces premieres demeures sont peu éclairées de la lumiere qui sort du palais de ce grand Roy. Non qu'elles soient aussi obscurcies que lors que l'ame est en peché mortel, mais à cause qu'elles le sont en quelque sorte parce que ces couleuvres, ces viperes & ces autres reptiles venimeux qui s'y sont glissez avec l'ame l'empêchent d'en considerer la lumiere ; de même que si une personne qui auroit les yeux si couverts de boüe qu'elle pourroit à peine les ouvrir entroit dans une sale fort éclairée des rayons du soleil. Ces demeures sont donc fort claires ; mais ces malheureux animaux qui obscurcissent les yeux de l'ame pour ne les attacher que sur eux-mêmes l'empêchent d'en voir la clarté. C'est la disposition dans la quelle me pâroît étre une ame qui bien qu'elle ne foit pas en mauvais état eſt ſi occupée, comme je l'ay dit, du ſoin des affaires du monde, & de ce qui regarde les biens & les honeurs, qu'encore qu'elle voulut faire reflexion ſur elle-même & poſſeder le bonheur dont elle ſeroit capable de joüir, elle en eſt empêchée par ces deplorables attachemens dont il ſemble qu'elle ne puiſſe ſe dégager.

Il faut donc pour entrer dans la ſeconde demeure que chacun ſelon ſa condition s'efforce de renoncer à toutes les occupations non neceſſaires, puis que ſans cela je croy impoſſible que l'on arrive jamais à cette principale demeure qui eſt le comble de la felicité, ny que l'on ſoit même en aſſurance dans les premieres demeures au milieu de tant de beſtes ſi dangereuſes dont il ne ſe peut faire que quelqu'une enfin ne nous pique & ne nous infecte de ſon poiſon.

Quel malheur ſeroit donc le noſtre, mes Filles, ſi aprés avoir évité tant de pieges, & étre paſſées dans les autres demeures plus honorables de ce chaſteau nous retombions par noſtre faute dans nos premieres imperfections; ainſi qu'il eſt arrivé à pluſieurs qui avoient receu comme nous des faveurs de Dieu ? Noſtre condition nous garantit des perils exterieurs; & Dieu veüille qu'elle nous délivre auſſi des interieurs. Mais prenez garde, mes Sœurs, à ne vous meſler jamais des choſes qui ne vous regardent point; & ſongez qu'il y a peu de demeures de ce celeſte chaſteau où nous ne ſoyons obligées de combattre contre les demons. Il eſt vray que dans quelques-unes, nos puiſſances qui ſont comme les gardes de noſtre ame ſont plus capables de leur reſiſter: mais nous avons toûjours beſoin de veiller pour découvrir leurs artifices, puis qu'ils ſont ſi grands que ſe transformant comme ils font en anges de lumiere ils pourroient autrement nous avoir fait beaucoup de mal avant que nous nous en apperçûſſions.

※

Je vous ay dit autrefois que la malice du diable eſt comme une lime ſourde dont il faut ſe défier de bonne heure & je veux maintenant vous l'expliquer davantage. Cét eſprit malheureux inſpirera à une Sœur un ſi violent deſir de faire penitence qu'elle croira ne pouvoir trouver du repos que dans d'extrémes mortifications. Mais ſi la Superieure luy défend de rien faire en cela ſans ſa permiſſion, & qu'au lieu de luy obeïr elle s'imagine de les pouvoir continuer ſecretement & ruïne ainſi ſa ſanté en contrevenát à l'obeïſſance, vous voyez à quoy ſe termine cette devotion dereglée. Ce même ennemy de noſtre ſalut mettra dans l'eſprit d'une autre qu'elle doit aſpirer à une tres grande perfection. Cela eſt tres bon en ſoy: mais il pourra arriver de la que les moindres petites fautes de ſes Sœurs luy paroiſtrôt

Moyen d'empêcher les tromperies du demon.

de si grands pechez qu'elle se rendra attentive à les observer pour en avertir la Prieure sans que souvent elle voye les siens propres, & que les autres remarquant qu'elle les observe de la sorte & ne sçachant quelle est en cela son intention pourront en être scandalisées,

L'avantage que le demon pretend tirer de là est tres grand, puis qu'il va à refroidir la charité & à relâche ce lien d'amour qui doit unir si étroitement ensemble celles qui servent un même Seigneur & un même maître ; ce qui seroit l'un des plus grands mal-heurs qui leur pourroit arriver. Car ne sçavez vous pas, mes Filles, que la veritable perfection consiste en l'amour de Dieu & du prochain, & qu'ainsi nous serons d'autant plus parfaites que nous garderons plus parfaitement ces deux importens commandemens? Toute nostre Regle & toutes nos constitutions ne tendent qu'à cela seul. Renonçons donc à ce zele indiscret qui ne peut que nous beaucoup nuire, & que chacune de nous considere ses propres defauts sans examiner avec tant de soin ceux des autres. Comme i'en ay assez parlé ailleurs ie n'en diray pas icy davantage, & me contenteray d'aioûter que cét amour qui vous doit lier toutes ensemble est si important que ie souhaiterois que vous l'eussiez continuellement devant les yeux; au lieu de vous amuser à considerer des bagatelles, qui bien que n'étant pas en elle-mêmes des imperfections ne laisseroient pas d'être capables, faute de discernement, de nous faire perdre cette paix interieure qui nous doit être si chere & de la faire perdre aux autres : ce qui seroit acheter bien cher cette pretenduë perfection qui seroit encore beaucoup plus dangereuse si le diable l'inspiroit à l'égard de la Prieure.

Il faut neanmoins y agir avec une grande discretion puis que si c'estoient des choses contraires à la regle & aux constitutions, au lieu de le dissimuler, la charité obligeroit d'en avertir la Prieure : & si elle ne s'en corrigeoit d'en informer le Superieur. De même si on remarquoit dans les Sœurs quelques fautes importantes, on seroit aussi obligé de se conduire de la sorte sans se laisser aller à une vaine crainte qu'il y eust de la tentation. Mais pour empêcher les tromperies du diable il faut bien se garder de s'entretenir de ces suiets les unes avec les autres, parce qu'il s'en serviroit pour commencer à exciter du murmure & l'on doit seulement en parler aux personnes qui peuvent y apporter du redémede. Comme nous sommes dans un silence continuel cét avis ne nous est pas, graces à Dieu, si necessaire qu'à d'autres : neanmoins il est toûjours bon de se tenir sur ses gardes.

SECONDE

II. DEMEVRE. CHAPITRE I.

SECONDE DEMEVRE.

CHAPITRE PREMIER.

Comparaison des ames qui sont dans la premiere demeure à des sourds & muets, & de celles qui sont dans la seconde à des muets qui ne sont pas sourds. Que l'ame se doit preparer alors à soûtenir de grands combats contre le demon.

J'AY maintenant à dire quelles sont les ames qui entrent dans la seconde demeure & ce qu'elles y font. Ie voudrois le pouvoir faire en peu de mots, parce que j'en ay parlé ailleurs fort amplement, & qu'il me sera impossible de ne pas repeter une grande partie de ce que j'en ay écrit, à cause que je ne m'en souviens point. Que si je pouvois varier la maniere d'en traiter peut-être ne vous ennuyrois-je pas, de même que nous ne nous lassons point de lire les livres qui en parlent, quoy qu'ils soient en grand nombre. *Difference de l'état des ames qui sont dans la premiere & la seconde demeure.*

Il s'agit icy de ceux qui ont commencé de s'appliquer à l'Oraison & qui connoissent l'importance de ne se pas arrester dans la premiere demeure, mais qui ne sont pas encore absolument resolus d'en sortir puis qu'ils ne se separent point des occasions qui les mettent en si grand peril. C'est neanmoins une grande grace que Dieu leur fait de connoistre combien ces bestes venimeuses sont à craindre, & de ce qu'ils tâchent par intervalles de les fuir. Quoy qu'ils ne courent pas tant de fortune que les premiers dont nous avons parlé ils souffrent toutefois davantage ; parce qu'ils connoissent le danger où ils sont, & il y a sujet d'esperer qu'ils entreront plus avant dans le chasteau. Ie dis qu'ils souffrent davantage, à cause que les premiers sont comme des sourds & muets qui n'entendant ny ne parlant point endurent plus patiemment la peine de ne point parler, au lieu que ceux-cy ressemblent à des personnes qui ont l'oüye bonne mais qui sont muettes & sentent ainsi beaucoup plus le déplaisir de ne pouvoir parler. L'estat de ces premiers n'est pas neanmoins le plus desirable, puis que c'est toûjours un grand avantage d'entendre ce que l'on nous dit & que ces derniers étant plus proches de Dieu entendent sa voix lors qu'il les appelle. Car bien qu'ils s'occupent encore des affaires, des plaisirs, & des divertissemens du monde, & qu'ils retombent dans le peché après s'en être relevez, parce qu'il est comme impossible que ces bestes venimeuses en la compagnie desquelles ils continuent d'être ne les fassent pas broncher, la bonté & la misericorde de Dieu sont

TTtt

si grandes & il defire tant qu'ils l'aiment & s'efforcent de s'approcher de luy, qu'il continuë de les appeller pour leur en donner la hardieffe : & cela d'une maniere fi douce que ce leur eft une peine infupportable de ne pouvoir executer à l'heure même ce qu'il leur commande. Ainfi n'ay je pas raifon de dire que ces ames fouffrent davantage que fi elles étoient fourdes à fa voix ?

Ce n'eft pas que cette voix par laquelle Dieu les appelle foit auffi forte que celle dont je parleray dans la fuite. Il fe fert feulement pour fe faire entendre des difcours des gens de bien, de la lecture des bons livres, des maladies, des afflictions, & des veritez dont il nous donne quelquefois la connoiffance dans l'oraifon qu'il confidere toûjours beaucoup quoy que peu fervente. Ne laiffez donc pas, mes Sœurs, de faire une grande eftime de cette grace de Noftre Seigneur : & que ce que vous n'y répondez pas à l'heure même ne vous faffe point perdre courage. Sa patience eft fi grande qu'elle ne s'eftend pas feulement à plufieurs jours, mais à plufieurs années lors qu'il voit que nous perfeverons dans nos bons defirs : & il nous importe tellement d'y perfeverer qu'il eft impoffible que nous n'en tirions de grands avantages. Mais c'eft une chofe terrible de voir les efforts que le demon fait alors en mille manieres pour attaquer l'ame, & qui la font beaucoup plus fouffrir que lors qu'elle n'étoit encore que dans la premiere demeure, parce qu'y étant fourde & muette, ou au moins entendant tres peu, elle étoit comme ceux qui ayant prefque perdu l'efperance de vaincre fe relantiffent dans leur refiftance : au lieu qu'icy, l'entendement eft plus vif, les puiffances plus éclairées, & le combat fi échauffé qu'il eft impoffible que l'ame n'en entende pas le bruit. Le diable fe fert alors de ces ferpens & de ces couleuvres dont j'ay parlé pour empoifonner ces ames de leur venin en leur reprefentant les plaifirs du monde comme s'ils devoient toûjours durer, l'eftime que l'on y avoit pour elles, leurs parens, leurs amis, la perte de leur fanté par les aufteritez de la penitence que l'on ne peut manquer de vouloir faire, lors que l'on eft arrivé dans cette feconde demeure, & mille chofes femblables.

Jesvs mon Sauveur, dans quel trouble & quelles peines ces efprits des tenebres ne jettent-ils point ces pauvres ames par de fi dangereux artifices ? Elles ne fçavent fi elles doivent paffer outre ou retourner dans la premiere de mere. Car d'un côté la raifon leur reprefente l'artifice dont le demon fe fert pour les tromper, & que tout ce qu'il y a dans le monde doit eftre confideré comme un neant en comparaifon du bon-heur où elles afpirent : La foy leur apprend que ce bon-heur doit eftre l'objet de tous leurs defirs : La memoire leur fait voir à quoy fe terminent toutes les chofes d'icy bas, ceux qui sont tombez d'une tres grande prosperité dans une extrême misere, tant de morts subites de ceux qui estoient plongez dans les delices, & que ces corps qu'ils nourrissoient avec tant de delicatesse sont maintenant la pasture des vers dans le tombeau & autres choses semblables. La volonté les porte à aimer celuy dont elles n'ont pas seulement reçû l'estre & la vie; mais qui leur a donné tant d'autres preuves de son amour qu'elles souhaiteroient ne pouvoir par des effets luy en témoigner leur reconnoissance. L'entendement leur fait connoistre que quand elles vivroient des siecles entiers elles ne sçauroient acquerir un amy si fidelle & si veritable; que le monde n'est que vanité & que mensonge; que les plaisirs que le demon leur promet & les peines dont il les veut effrayer ne sont que des illusions; qu'en quelque lieu qu'elles puissent aller elles ne sçauroient trouver hors de ce chasteau de sureté & de paix; qu'il y auroit de l'imprudence d'aller chercher hors de sa maison ce dont on abonde chez soy & où l'on a pour hoste le Seigneur & le maistre de tout ce qu'il y a de richesses dans le Ciel & sur la terre, pour se trouver reduit comme l'Enfant prodigue à manger du gland avec les pourceaux après avoir dissipé tout son bien. Et ces raisons sont si fortes qu'elles devroient suffire à ces ames pour leur faire vaincre les demons. Mais, mon Seigneur & mon Dieu, la coûtume que la vanité à établie a tant de force & est si generalement reçûë qu'elle renverse tout, parce que la foy estant comme morte nous preferons ce que nous voyons à ce qu'elle nous enseigne. Ainsi il n'y a qu'imperfection & que misere en ceux qui ont encore l'esprit remply des choses visibles, & l'on doit en attribuer la cause à ces bestes venimeuses dont elles ne sont pas délivrées. Car de mesme qu'une personne morduë par une vipere & empoisonnée de son venin devient toute enflée & mourroit si on ne luy faisoit beaucoup de remedes, l'ame se trouve en cet estat & à besoin pour en sortir d'une grace particuliere. Il ne faut donc pas s'estonner qu'elle ait tant à souffrir, principalement si le diable voit qu'elle veut faire tous ses efforts pour s'avancer dans le service de Dieu, puis qu'il employe alors toutes les forces de l'enfer pour tascher à la faire tourner en arriere.

Quel besoin, mon divin Sauveur, l'ame n'a-t-elle point en cet estat de vostre assistance, puis que sans elle elle ne peut rien ? Ne souffrez donc pas, s'il vous plaist, que se laissant surprendre elle abandonne son entreprise. Faites-luy connoistre que tout son bonheur en dépend: combien il luy importe de se separer des mauvaises compagnies pour ne converser non seulement qu'avec ceux qui ayant de bons sentimens se trouvent dans la mesme demeure; mais aussi avec ceux qui sont passez plus avant: afin qu'ils l'aident à y aller, & qu'elle se tienne toûjours sur ses gardes pour ne se point laisser vaincre. Car si le diable la voit absolument resoluë à tout souffrir & à mourir plutost que de retourner dans les premieres demeures il la laissera bien-tost en repos.

C'est icy où il faut que l'ame témoigne sa generosité & ne ressemble pas à ces lâches soldats que Gedeon renvoya alors qu'il alloit au combat; mais considere qu'elle entreprend d'en soûtenir un contre les demon quand mesmes ils se joindroient tous ensemble pour l'attaquer, & qu'étant armée de la croix de son Sauveur elle n'a rien à apprehender. Je l'ay déja dit & je le repete encore. Elle ne doit point en cet estat se proposer des contentemens & des plaisirs. Ce seroit une maniere bien basse de commencer à travailler à un si grand edifice, & bâtir sur le sable une maison qui tomberoit aussi-tost par terre. Il faut au contraire se preparer à souffrir des peines & des tentations; parce que ce n'est pas dans ces premieres demeures que tombe la manne. Il est besoin de passer plus avant pour la ramasser à pleines mains dans ces autres demeures où il n'y a rien que de delicieux, & l'ame joüit de tout le bonheur qu'elle sçauroit souhaiter, n'ayant point alors d'autre volonté que celle de Dieu.

N'est-ce pas une chose plaisante que nos vertus ne faisant que de naistre & estant encore meslées de mille imperfections nous osions pretendre de trouver des douceurs dans l'oraison & nous plaindre de nos secheresses? Qu'il ne vous arrive jamais, mes Sœurs, d'en user ainsi. Embrassez la croix que vostre Epoux à portée: n'oubliez jamais que c'est à quoy vous vous estes si solemnellement engagées, & que celles qui pourront souffrir davantage pour l'amour de luy s'estiment les plus heureuses. C'est là le capital: & vous ne devez considerer tout le reste que comme un accessoire dont vous luy rendrez de grandes actions de graces s'il vous en favorise.

Il vous semblera peut-estre, mes Sœurs, que pourveu que vous receviez de Dieu des faveurs interieures il n'y a point de peines exterieures que vous ne soyez resoluës de souffrir. Mais il connoist mieux que nous ce qui nous est propre: il ne nous appartient pas de luy donner conseil; & il ne peut dire avec raison que nous ne sçavons ce que nous demandons. N'oubliez jamais je vous prie, puis qu'il vous importe tant de vous en souvenir, que ceux qui commencent à faire oraison se doivent resoudre à travailler continuellement de tout leur pouvoir pour conformer leur volonté à celle de Dieu, & croire fermement que c'est en quoy consiste la plus grande perfection que l'on puisse acquerir dans cet exercice spirituel & ce chemin qui conduit au Ciel. Ceux qui s'en acquiteront avec plus de soin recevront de plus grandes recompenses, & s'avanceront davantage dans cette divine voye. En quoy je n'exagere point puis qu'il est tres veritable que c'est en cela que consiste tout

II. DEMEVRE CHAPITRE III.

noftre bonheur. Car fi d'abord nous nous égarons en veulant que Dieu faffe noftre volonté & non pas la fienne, & qu'il nous mene par le chemin qui nous eft le plus agreable; quelle fermeté peut avoir le fondement de cet édifice fpirituel? Penfons donc feulement à faire ce qui dépend de nous, & tafchons de nous défendre de ces beftes venimeufes qui nous donnent tant de peine par des mauvaifes penfées dont nous ne pouvons nous garentir, par des fechereffes, & mefme quelquefois par leurs morfures; Dieu le permettant ainfi afin de nous rendre plus vigilantes, & éprouver fi nous fommes vivement touchées du regret de l'avoir offenfé. Que vos chûtes ne vous empefchent donc point, mes Filles, de vous efforcer de paffer outre. Dieu en tirera mefme du bien, ainfi que pour éprouver la bonté du teriaque on prend auparavant du poifon.

Quand nous n'aurions point d'autres preuves de noftre foibleffe & du prejudice que nous recevons de ces diftractions, celle-là feule devroit fuffire pour nous porter à nous recueillir. Car peut-il y avoir un plus grand mal que de fe voir hors de chez foy. Et comment efperer de rencontrer ailleurs du repos lors que l'on n'en trouve pas dans fa maifon propre? Rien ne nous eft fi proche que nos puiffances puis que nous en fommes infeparables: & ces puiffances nous font la guerre comme fi elles vouloient fe vanger de celle que leur font nos imperfections & nos pechez. Noftre Seigneur n'a, mes Sœurs, rien tant recommandé à fes Apoftres que la paix: & croyez-moy fi nous ne la trouvons en nous, nous travaillerons en vain à la chercher en nous.

Ie conjure par le fang que ce divin Sauveur a répandu fur la Croix pour noftre falut, tant ceux qui n'ont point encore commencé de rentrer dans eux mefmes, que ceux qui y font desja rentrez; de fe bien garder de rien faire qui les porte à retourner en arriere: Qu'ils confiderent que les rechûtes eftant plus dangereufes que les chûtes leur perte feroit inévitable; qu'ils fe defient d'eux-mefmes: qu'ils mettent toute leur confiance en la mifericorde de Dieu: & il les fera paffer d'une demeure à une autre, ou non feulement ils n'auront plus fujet d'apprehender de ces beftes venimeufes; mais fe moqueront de leurs efforts, les verront foûmifes à eux, & joüiront de tout le bonheur que l'on fçauroit fouhaiter en cette vie.

Comme i'ay fait voir dés le commencement de quelle forte on fe doit conduire dans ces tentations que le diable fufcite pour nous troubler, & que ce n'eft pas avec violence; mais avec douceur qu'il faut travailler à fe recueillir afin de pouvoir côtinuer, je ne le repeteray point icy. Ie me contenteray de dire qu'il eft tres avantageux d'en cômuniquer avec des perfonnes qui en ayent l'experience. Que fi vous vous imaginez qu'il puiffe arriver un fort grand mal de munquer à certaines choses qui ne sont pas essentielles, je vous assure que pourvû que vous ne quittiez point l'exercice de l'oraison Dieu les fera reüssir à vostre avantage, quoy que vous ne trouviez personne qui vous en instruise. Mais si vous aviez abandonné l'oraison il n'y auroit autre remede pour empescher que peu à peu vos chûtes ne se multipliassent, que de rentrer dans l'exercice de l'oraison : & Dieu veuïlle vous bien faire comprendre une verité si importante.

Si l'on dit, que puis qu'il est si dangereux de retourner en arriere il vaut donc mieux ne pas commencer & demeurer hors de ce chasteau, je répons & nostre Seigneur l'a dit luy mesme. *Que celuy qui cherche le peril y rencontrera sa perte*, & qu'il n'y a point d'autre porte que l'oraison pour entrer dans ce chasteau. Car n'y a-t-il pas de la folie à s'imaginer de pouvoir entrer dans le Ciel sans entrer auparavant dans nous mesmes par la connoissance de nostre misere & de ce que nous devons à Dieu, & sans implorer souvent sa misericorde ? Ne nous a-t-il pas dit aussi de sa propre bouche : *Que nul n'ira à son Pere que par luy ?* Ce sont ce me semble ses mesmes paroles, & *Qui me voit voit mon Pere*. Or je ne comprens pas comment nous pouvons le connoistre & travailler pour son service si nous ne considerons les obligations que nous luy avons & la mort qu'il a soufferte pour l'amour de nous. Car la foy sans les œuvres est une foy morte ; & à quoy nous peut elle servir si nous ignorons le prix des souffrances de Jesus-Christ d'où procede tout nostre bonheur, & si nous ne nous excitons pas par cette consideration a l'aimer ? le prie de nous faire connoistre combien cher luy a cousté l'amour qu'il nous porté : *Que le serviteur n'est pas pardessus le maistre* : *Que l'on ne peut sans travail arriver à la gloire* : *Et que l'on ne sçauroit que par la priere éviter de tomber à toute heure dans la tentation.*

TROISIÈME DEMEURE.

CHAPITRE I.

Dans quelles saintes dispositions sont les ames à qui Dieu a fait la grace d'entrer dans cette troisiéme demeure. Qu'en quelque estat que nous soyons il y a toûjours sujet de craindre tandis que nous sommes en cette vie.

Estat des ames dans cette troisiéme demeure.

QVE dirons nous de ceux qui par la perseverance qu'il a pleu à Dieu de leur donner sont demeurez victorieux dans ces combats & arrivez jusques à la troisiéme demeure, sinon. *Que bien-heureux est l'homme qui craint le Seigneur*, qui est un verset dont ayant l'esprit aussi grossier que je l'ay je n'avois pû jusques icy bien comprendre le sens, & je ne sçaurois trop remercier sa divine Majesté de m'en avoir donné l'intelligence. Comment celuy qui se trouve en cét êtat ne seroit-il pas heureux, puis que pourvû qu'il ne retourne point en arriere il y a sujet de croire qu'il est dans le veritable chemin du salut? Vous voyez par là, mes Sœurs, combien il importe de remporter la victoire dans les combats dont j'ay parlé, puis que je ne sçaurois douter que Dieu ne nous mette ensuite en seureté de conscience. Mais je me reprens. Car peut-il y en avoir en ce monde? Et c'est cette incertitude qui m'a fait ajoûter ces mots: pourvû que l'on ne retourne point en arriere. Que cette vie est miserable d'étre ainsi obligez comme ceux qui ont toûjours les ennemis à leurs portes d'avoir sans cesse les armes a la main pour se garentir de surprise!

Mon Dieu & mon tout; comment voulez vous que nous aimions une vie pleine de tant de miseres, & que nous ne desirions & ne vous demandions pas que vous nous fassiez la grace de nous en tirer, si ce n'est que nous puissions esperer de la perdre pour vous, ou de l'employer toute entiere pour vostre service: & sur tout d'étre assurez que nous accomplissons vostre volonté? Car à moins que cela ne devons-nous pas dire avec S. Thomas: *Mourons avec luy?* Et n'est-ce pas mourir plusieurs fois au lieu d'une seule que de vivre dans cette aprehension de pouvoir étre pour jamais separez de vous? C'est-ce qui me fait vous dire, mes Filles, que la grande grace que nous devons demander à Dieu est de nous mettre en assurance avec les bien heureux. Car au milieu de tant de craintes quel contentement peut avoir celuy qui n'en connoit point d'autre que d'étre agreable à son Dieu, puis que l'on a vû tomber dans tant de grands pechez des personnes qui menant une vie sainte étoient dans ces craintes & de plus grandes encore? Et qui nous assure que si nous tombons Dieu nous donnera la main pour nous relever & pour nous faire faire penitence? J'entens par un secours particulier.

Cette pensée ne se presente jamais à mon esprit que je ne me trouve dans une extréme frayeur: Et elle s'y presente si souvent que je tremble en écrivant cecy. Je ne sçay ny comment je le puis écrire, ny comment je puis vivre. Je vous conjure, mes Filles, de demander à Nostre Seigneur de me faire la grace qu'il vive toûjours en moy. Car quelle assurance puis-je trouver dans une vie aussi mal employée qu'a esté la mienne? Que cecy ne vous attriste point, je vous prie, comme je remarque quelquefois que cela vous arrive par le desir que vous auriez que je fusse une grande sainte: en quoy certes vous avez raison, & je le souhaiterois bien aussi, mais que puis-je faire & à qui me prendre qu'à moy-méme des fautes que j'ay commises, puis que Dieu m'a favorisée de tant de graces que si j'en avois fait un bon usage elles auroient pû suffire pour m'obtenir l'accomplissement de vostre desir.

Ie ne sçaurois sans une grande confusion & sans répandre des larmes penser que j'écris cecy pour des personnes qui seroient capables de m'instruire : & il paroît bien en cela quel est le pouvoir de l'obeïssance qui m'y contraint. Dieu veüille que vous en tiriez quelque utilité; & je vous conjure de luy en demander pardon pour cette miserable creature qui a osé l'entreprendre. Il sçait que je n'attens rien que de sa bonté : que je ne puis sans elle cesser d'être ce que je suis ; & que c'est à elle que j'ay recours & aux merites de son Fils & de sa tres-sainte Mere dont toute indigne que ie suis j'ay l'honneur comme vous de porter l'habit. Loüez Dieu, mes Filles, de ce que mes imperfections ne doivent point vous faire de honte puis qu'elles ne vous empêchent pas d'étre les veritables filles de cette Reine des Anges. Efforcez-vous d'imiter ses actions : admirez sa grandeur, & considerez quel est le bonheur de l'avoir pour protectrice, puis que mes pechez & ma malice n'ont point terny l'éclat de ce saint Ordre. J'ay neanmoins un avis important à vous donner. C'est de ne vous tenir pas en asseurance quoy que vous ayez une telle mere & soyez aussi bonnes que vous estes. Remettez vous devant les yeux l'exemple de David & de Salomon : ne vous fiez point en vostre retraite, en vostre penitence, en vos communications avec Dieu, en vos continuels exercices d'oraison, en vostre separation des choses du monde, & en ce qui paroit même que vous en ayez de l'horreur. Tout cela est bon : mais il ne suffit pas, comme ie l'ay dit, pour vous oster tout ce sujet de craindre ; & vous devez graver ce verset dans vostre memoire & le mediter souvent : *Heureux celuy qui craint le Seigneur.*

J'ay fait une grande digression, parce que le souvenir de mes imperfections & de mes pechez me donne tant de confusion lorsqu'ils se presentent à mon esprit que ie m'égare & me trouble. Mais il me faut revenir à ce que j'avois commencé à dire des ames à qui Dieu a fait une aussi grande faveur que celle d'avoir surmonté les difficultez qui se rencontrent à passer des deux premieres demeures dans la troisiéme : & ie croy que par sa misericorde il y a plusieurs de celles-là dans le monde. Leur apprehension de l'offenser fait qu'elles évitent autant qu'elles peuvent de tomber même dans les pechez veniels. Elles aiment la penitence : elles ont des heures de recueillement : elles employent bien leur temps : elles exercent la charité envers le prochain : elles sont reglées dans toutes leurs actions, & gouvernent sagement leurs familles. Cet état est sans doute fort desirable ; & il y a sujet de croire que Dieu ne leur refusera pas la grace de passer dans les dernieres demeures si elles en ont un grand desir, puis que

la

III. DEMEVRE. CHAPITRE I.

la difposition où elles font eft fi loüable qu'elles peuuent obtenir de fa bonté des faueurs encore plus grandes que celles qu'elles ont déia receuës.

IESVS mon Sauueur, fe trouuera-t-il quelqu'un qui ofe dire qu'il ne fouhaite pas un fi grand bien, principalement aprés auoir furmonté les plus grandes difficultez? Perfonne fans doute ne le dira; chacun affure qu'il le veut. Mais comme il faut plus que des paroles pour porter l'ame à s'abandonner entierement à Dieu & le faire regner dans elle auec une fouueraine puiffance, il ne fuffit pas de le proferer de bouche on doit l'auoir dans le cœur, comme nous l'apprenons par l'exemple de ce ieûne homme de l'Euangile a qui Noftre Seigneur dit : *Que s'il vouloit eftre parfait il quittaft tout pour le fuiure.* Dés que i'ay commencé à parler de ces demeures i'ay toûiours eu dans l'Efprit que cela fe paffe de la forte, & que ces grandes fechereffes qui arriuent dans l'oraifon en procedent d'ordinaire. Il y en a neanmoins encore d'autres caufes, comme auffi de ces peines interieures qui font tant fouffrir plufieurs perfonnes fans qu'il y ait de leur faute; & dont Noftre Seigneur ne manque point de les déliurer auec beaucoup d'auantage pour elles. A quoy l'on peut aioûter les effets que la melancolie & d'autres infirmitez produifent, fans parler en cela non plus que dans tout le refte des fecrets jugemens de Dieu & qui font impenetrables. Mais ie crois que ce que j'ay dit eft ce qui arriue le plus ordinairement. Car comme ces perfonnes voyent qu'elles ne voudroient pour rien du monde commettre un peché mortel, ni la plufpart d'elles un veniel de propos deliberé, & qu'il n'y a rien à reprendre en la maniere dont elles employent leur temps & leur bien, elles ont peine à fouffrir, qu'eftant de fidelles fujets de leur Roy on leur refufe l'entrée du lieu où il habite dans fa gloire, fans confiderer que peu entrent iufques dans la chambre de la plufpart des Rois de la terre.

Entrez, mes Filles, entrez dans vous mémes : paffez Iufques dans le fond de voftre cœur, & vous trouuerez le peu de compte que vous deuez faire de ces petites actions de vertu aufquelles étes obligées comme chrêtiennes, & même à beaucoup davantage. Contentez vous d'eftre fuiettes de Dieu; & pour vouloir trop pretendre ne vous mettez pas en hazard de tout perdre. Confiderez les Saints qui font entrez dans la chambre de ce Roy, & vous verrez la difference qu'il y a entr'eux & nous. Ne demandez point ce que vous n'auez point merité; & quelques feruices que nous ayons rendus à Dieu gardons nous bien de croire qu'aprés l'auoir d'ailleurs tant offenfé il nous doi ve quelque chofe.

O humilité, humilité, ie fuis tentée de croire que ceux là n'en ont pas beaucoup qui s'inquietent de ces fechereffes. Mais ce n'eft

VVuu

pas de même de ces grands traveaux interieurs dont j'ay parlé : il y entre bien davantage que le manque de deuotion. Eprouvons-nous nous-mêmes, mes Sœurs, ou souffrons que Noftre Seigneur nous éprouue : & il le sçait bien faire encore que nous ne le voulions pas. Confiderons ce que font pour fon feruice ceux qui luy font fi fidelles, & nous verrons fi nous auons fujet de nous plaindre de fa diuine Majefté. Car que voulons-nous qu'il faffe fi nous nous éloignons de luy, & nous retirons tout triftes ainfi que ce jeûne homme de l'Evangile, lors qu'il nous enfeigne ce que nous devons faire pour eftre parfaits, & qu'il veut nous donner des recompenfes proportionnées à l'amour que nous luy portons? Mais cét amour, mes Filles, doit eftre acompagné des œuvres & non pas imaginaire, parce qu'encore que Dieu n'ait point de befoin de nos œuvres, il les confidere comme des effets de la refolution que nous auons faite de luy foûmettre entierement noftre volonté. Que fi nous nous perfuadons qu'il ne nous refte plus rien à faire, parce qu'en nous rendant Religieufes nous auons de noftre plein gré renoncé pour l'amour de luy à l'affection de toutes les chofes du monde en general, & à ce que nous poffedions en particulier, qui encore qu'il fuft pas de plus grande valeur qu'eftoient les filets de S. Pierre, doit eftre confideré comme beaucoup à l'égard de celuy qui donne tout ce qu'il a : je dis que cette difpofition eft fort bonne pourvû que l'on y perfeuere, & que l'on ne fe rengage point dans les imperfections où l'on fe trouuoit encore dans les premieres demeures que i'ay comparées à des animaux immondes; eftant certain qu'en continuant dans cét abandonement de toutes chofes pour ne s'attacher qu'à Dieu on obtient ce que l'on fouhaite lorfque l'on ne ceffe point de pratiquer (remarquez bien ces paroles, mes Filles) ce precepte de IESUS CHRIST, *De nous confiderer toûjours comme des ferviteurs inutiles*, qui n'ont rien fait pour meriter de femblables graces, & que plus on a receu de luy, plus on luy eft redevable. Car que pouvons-nous faire pour un Dieu qui eft tout puiffant, qui nous a creez, qui nous conferue l'eftre, & qui eft mort pour nous? Ne deuons-nous pas au lieu de luy demander de nouvelles graces & de nouvelles faueurs nous tenir heureufes de pouvoir nous acquiter de quelque petite partie de l'obligation que nous luy auons à caufe du feruice qu'il nous a rendu? Ce qui eft une parole que je ne fçaurois proferer fans une tres-grande confufion, quoy qu'il foit vray qu'il n'a employé qu'à nous feruir toute la vie qu'il a paffé dans le monde.

Ie vous prie, mes Filles, de bien confiderer quelques avis que i'ay à vous donner fur ce fujet. Vous pourrez y trouver de l'obfcurité, parce que je ne fçaurois les expliquer plus clairement. Mais je ne puis douter que Noftre Seigneur ne vous en donne l'intelligence afin

III. DEMEVRE. CHAPITRE II. 707

d'augmenter vostre humilité par ces secheresses ; au lieu que le demon voudroit s'en seruir pour vous ietter dans l'inquietude. Car lors que des ames sont veritablement humbles, quoy qu'elles ne reçoiuent pas ces faueurs de Nostre Seigneur il leur donne une conformité à sa volonté, & une paix qui les rend plus contentes que celles qu'il en gratifie, qui souuent estant les plus foibles ne voudroient pas apparemment changer ces faueurs contre les secheresses de ces autres, qui ayant plus de force qu'elles les supportent auec tant de vertu, parce que naturellement nous aimons dauantage les contentemens que les croix. Seigneur à qui nulle verité n'est cachée, éprouuez-nous afin de nous donner par cette épreuve la connoissance de nous-mêmes.

CHAPITRE II.

Divers avis de la Sainte sur la conduite que doivent tenir ceux qui son arrivez iusques à cette troisiéme demeure, & particulierement touchant l'obeissance que l'on doit pratiquer, & la retenuë avec laquelle on doit agir.

I'Ay connu quelques personnes & même beaucoup, qui après estre arrivées à l'estat dont je viens de parler, & auoir passé plusieurs années d'une maniere qui paroissoit si parfaite qu'il y auoit sujet de croire qu'elles voyoient le monde sous leurs pieds, ou qu'au moins elles en estoient entierement desabusées, lors que Dieu a commencé de les éprouver en des choses assez legeres, elles sont tombées dans de si grandes inquietudes & un tel abatement que i'en estois étonée, & ne pouvois m'empescher de craindre pour elles parce qu'y ayant si long-temps qu'elles faisoient profession de vertu qu'elles se croyent capables d'enseigner les autres, les conseils qu'on pourroit leur donner seroient inutiles. Ie ne voy point d'autre remede pour les consoler que de leur témoigner une grande compassion de leurs peines, comme en effet elles en sont dignes, & de ne point contredire leurs sentimens, parce qu'estant persuadées qu'elles endurent pour l'amour de Dieu elles ne peuuent s'imaginer qu'il y ait de l'imperfection : ce qui en est une autre bien grande pour des personnes si avancées. Il n'y a pas sujet de s'étonner qu'elles y tombent; mais il y en a ce me semble de voir qu'elles y demeurent si long-temps. Il arrive souuent que Dieu pour faire connoistre à ces ames choisies qu'elle est leur misere, retire d'elles ses faueurs pour un peu de temps, & qu'elles n'ont pas besoin d'auantage pour connoistre clairement qu'elles ne sont rien par elles mêmes. Il arriue aussi quelquefois que leur déplaisir de voir qu'elles ne peuuent s'empescher

LE CHASTEAV DE L'AME.

d'estre touchées des choses de la terre leur est un surcroit de peine. Ainsi quoy qu'il y ait de l'imperfection, c'est une grande misericorde que Dieu leur fait parce qu'il les humilie.

Ces autres personnes dont ie parlois auparauant, sont tres-éloignées d'estre en cét estat. Elles admirent leurs sentimens, & voudroient que les autres les admirassent. I'en veux rapporter quelques exemples afin de nous exciter à nous connoistre & à nous éprouuer nous mémes, puis qu'il nous est auantageux d'auoir cette connoissance auant que Dieu nous éprouue. Si une personne riche qui n'a ni enfans ni heritiers vient à souffrir quelque perte qui n'empéche pas qu'il ne luy reste encore plus de bien qu'il n'en a besoin pour entretenir honestement sa famille, & que cela ne l'inquiete pas moins que si elle n'auoit pas seulement du pain, Nostre Seigneur pourra-t-il croire qu'elle veüille tout quitter pour l'amour de luy ? Elle dira peut estre que l'affliction qu'elle a de cette perte vient de ce qu'elle voudroit pouuoir faire du bien aux pauures. Mais ie suis persuadée que Dieu ne desire rien de nous que ce qui est conforme à l'estat où il nous met;& qu'il ne peut y auoir de veritable charité dans ce qui trouble la paix & le repos de nos ames. Que si cette personne ne se conduit pas de la sorte en cette rencontre, parce que Dieu ne l'a pas encore renduë assez parfaite, & patiente;mais qu'elle reconnoisse au moins qu'elle n'est pas arriuée iusques à cette liberté d'esprit qui la maintient dans le calme; qu'elle la luy demande, & qu'elle se dispose par ce moyen à la receuoir de sa bonté.

Vne autre personne aura plus de bien qu'il ne luy en faut pour sa subsistance, & il s'offre une occasion de l'augmenter; si c'est par un don qu'on luy veut faire, à la bonne heure : mais de trauailler pour cela, & apres l'auoir, s'efforcer d'en acquerir encore dauantage; quelque bonne ietention qu'elle ait (car parlant comme ie fais de personnes d'oraison & de vertu on doit croire qu'elle l'a bonne) elle ne doit point pretendre d'arriuer par ce chemein iusques au palais d'un si grand Roy.

Il en est de même pour peu que l'on méprise ces personnes, & que l'on touche à leur honneur, parce qu'encore que Dieu qui est un si bon maistre leur fasse quelquefois la grace en consideration des seruices qu'elles luy ont rendus,de le souffrir assez patiemment,afin de ne point diminuër l'estime que l'on a de leur vertu, il leur reste une inquietude dont elles ont peine à reuenir.

Mais ces personnes ne sont elles pas du nombre de celles qui meditent depuis si long temps sur les auantages qui se rencontrent dans la souffrance, & qui desirent même de souffrir ? Ne sont-elles pas si satisfaites de leur maniere de vie qu'elles voudroient que toutes les autres les imitassent ? Et Dieu veüille toutefois qu'elles ne reiettent pas fur d'autres la caufe de la peine qu'elles fouffrent, & ne s'en attribuent que le merite.

Il vous femblera peut eftre, mes Sœurs, que cecy eft hors de propos, puis que rien de femblable ne fe paffe parmy nous. Nous n'auons point de bien : nous n'en defirons point & nous n'en recherchons point: perfonne ne nous offenfe, & ainfi ces comparaifons n'ont point de rapport à noftre eftat. I'en demeure d'accord: mais cela n'empéche pas que l'on n'en puiffe tirer plufieurs confequences utiles, qu'il n'eft pas befoin de marquer icy en particulier, & qui vous donneront lumiere pour connoiftre fi vous eftes entierement détachées de l'affection des chofes aufquelles vous auez renoncé en quittant le monde, puis qu'il s'offre affez de petites occafions de l'éprouuer, & de vous faire voir fi vous eftes maiftreffes de vos paffions. Car croyez-moy la perfection ne confifte pas à porter un habit de Religieufe, mais à pratiquer les vertus, à affujettir en toutes chofes noftre volonté à celle de Dieu, & à la prendre pour regle de la conduite de noftre vie. Puis que nous ne fommes point encore arriuées jufques à ce degré de vertu humilions-nous, mes Filles. L'humilité eft un remede infaillible pour guerir nos playes : & quoy que Noftre Seigneur qui eft noftre diuin Medecin tarde à venir, ne doutez point qu'il ne vienne & ne nous guerifle.

Les penitences que font ces perfonnes dont ie viens de parler, font auffi reglées & auffi compaffées que leur vie, qu'elles defirent fort de conferuer pour feruir Noftre Seigneur. Ainfi elles pratiquent les mortifications auec grande difcretion de peur de nuire à leur fanté: & l'on ne doit point craindre qu'elles tuent, tant leur raifon eft toufiours la maiftreffe fans que leur amour pour Dieu les faffe paffer par deffus les confiderations qu'elle leur reprefente pour ne fe point laiffer emporter à des aufteritez exceffives. Mais ie voudrois au contraire que nous nous feruiffions de noftre raifon pour ne nous pas contenter de feruir Dieu en cette maniere, & pour ne pas demeurer toufiours ainfi en méme eftat, fans iamais arriuer où ce chemin nous doit conduire, quoy que nous nous imaginions de marcher toufiours auec peine: & Dieu veüille qu'eftant fi difficile à tenir nous ne nous égarions point. Vous fembleroit il, mes Filles, que ce fuft agir fagement, fi entreprenant un voyage qui fe peut faire en huit jours on y employoit un an en fouffrant continuellement durant ce temps les mémes incommoditez des mauvais giftes, des mauvais chemins, de la pluye, & de la nege, outre le peril d'eftre mordu des ferpens qui s'y rencontrent?

Ie ne pourrois en rapporter que trop de preuves & ie crains bien de n'auoir pas moy-méme paffé par deffus ces fauffes raifons que noftre raifon nous reprefente pour nous empécher de nous avancer.

ainsi qu'il me semble que je m'y suis quelquefois arretée. Cette dangereuse discretion nous fait tout apprehender, nous fait tout craindre. Nous nous arrestons sans oser passer plus auant comme si nous pouuions arriuer a ces bien-heureuses demeures, & que d'autres en fissent le chemin pour nous. Mais puis que cela est impossible, je vous conjure, mes sœurs, par vôtre amour pour Nostre Seigneur, de remettre entre ses mains vôtre raison & vos craintes, de vous éleuer au dessus de la foiblesse de la nature, d'abandonner le soin de ce miserable corps à ceux que Dieu a établis pour veiller sur nôtre conduite, & de ne penser qu'à marcher sans cesse auec courage pour joüir enfin du bonheur de uoir nostre Sauueur & nostre Dieu. Car encore que dans une vie aussi austere qu'est la nostre tous les soins que vous pourriez prendre de flater le corps pour conseruer vostre santé vous seroient assez inutiles, ils ne laisseroient pas de nuire à la santé de vos ames. Le corps est ce qu'on doit le moins considerer: tout consiste, comme je l'ay dit, à marcher auec grande humilité ; & sans cela il est impossible de passer outre ; Nous devons toûjours croire que nous n'avons encore fait que peu de chemin, que nos Sœurs au contraire en ont beaucoup fait, & non seulement desirer d'estre considerées comme les plus imparfaites, mais faire tout ce qui peut dependre de nous afin que l'on en soit persuadé. Cette disposition est tres-excellente : & à moins que de l'auoir nous demeurerons en même estat & dans de continuelles peines sans jamais nous auancer, parce que ne nous estant pas encore dépoüillées de nous-mêmes, nous serons sans cesse chargées du poids de nôtre misere: au lieu que ces ames parfaites qui s'en sont dégagées en renonçant à elles-mêmes, prennent leur vol pour s'élever jusques à ces suprêmes demeures qui les peuuent combler de felicité.

Dieu ne laissa pas neanmoins comme juste & encore plus comme misericordieux, de recompenser ces personnes : & il nous donne toûjours plus que nous ne meritons en nous faisant éprouver des contentemens qui surpassent de beaucoup tous ceux dont on joüit dans cette vie. Mais ie ne croy pas qu'ils soient accompagnez de beaucoup de goûts extraordinaires, si ce n'est quelquefois pour nous exciter par la connoissance du bonheur qui se rencontre dans ces demeures superieures à souhaitter auec ardeur d'y arriuer.

Il vous semblera peut-estre, mes Filles, qu'il n'y a point de difference entre les contentemens & les goûts, & qu'ainsi je ne devrois pas y en mettre, mais ie suis trompée s'il ne s'y en trouve une fort grande. Ie m'en expliqueray dans la quatriéme demeure où il sera plus à propos d'en parler, a cause que ie seray obligée de dire quelque chose des goûts que N. Seigneur fait que l'on y trouve : & quoy que cela paroisse assez inutile il pourra en vous faisant connoiftre plus diſtinctement les choſes vous porter à embraſſer avec plus d'ardeur ce qui eſt de plus parfait : outre que ce ſera une grande conſolation pour les ames que Dieu conduit par ce chemin, & un ſujet de confuſion pour celles qui ſe croyent déja parfaites.

Que ſi elles ſont humbles, elles ſeront excitées par ce moyen à rendre des actions de grace à Dieu : & ſi elles ne le ſont pas, elles ſentiront un dégouſt interieur qu'elles ont bien merité, puis que la perfection & la recompenſe ne conſiſtent pas aux gouſts, mais dans le plus grand amour de Dieu, & à agir en toutes choſes avec plus de juſtice & de verité.

Vous me demanderez peut-eſtre à quoy ſert de traiter de ces faveurs interieures, & d'en donner l'intelligence ſi ce que ie dis eſt veritable, comme il l'eſt en effet. Ie ne ſçay que vous répondre : vous pouvez vous en enquerir de ceux qui m'ont ordonné d'en écrire. Il ne m'appartient pas de diſputer auec mes Superieurs. Ie ſuis obligée de leur obeïr ; & ie ne ſerois pas excuſable ſi i'y manquois.

Tout ce que ie vous puis dire eſt, que lors que ie n'en avois encore aucune experience ni ne croyois pas la pouvoir iamais acquerir, ce m'auroit eſté une grande conſolation d'avoir ſujet de croire que i'agreois à Dieu en quelque choſe; & i'en reſſentois une ſi grande en liſant les faveurs qu'il fait aux ames qui luy ſont fidelles que ie luy en donnois de grandes loüanges.

Que ſi eſtant auſſi imparfaite que ie ſuis ie ne laiſſois pas d'agir de la ſorte; quelles actions de grace ne luy doivent point rendre celles qui ſont vertueuſes & humbles ? Ce nous doit eſtre une telle ſatisfaction de donner à ſa divine Maieſté les loüanges qui luy ſont deuës, qu'il nous importe de connoiſtre de qu'elle conſolation & de quels contentemens nous nous privrions ſi nous y manquions par noſtre faute. A combien plus forte raiſon donc ces conſolations venant de Dieu & eſtant ainſi accompagnées d'amour & de force peuvent elles nous faire marcher ſans peine dans ce chemin, & pratiquer de plus en plus les bonnes œuvres! Sur quoy ne vous imaginez pas qu'il ne ſoit point neceſſaire que nous agiſſions. Car pour-veu que nous faſſions tout ce qui depend de nous, Dieu dont les ſecrets ſont impenetrables eſt ſi iuſte, qu'il nous donnera par d'autres voyes ce qui nous manquera dans celle-cy ; & qu'il ſçait nous eſtre le plus utile.

Il me paroiſt tres important pour ceux à qui Noſtre Seigneur fait la grace d'eſtre dans cette diſpoſition qui les met en eſtat de s'élever encore plus haut, de travailler extrêmement à obeïr avec promptitude : & encore qu'ils ne ſoient ni Religieux ni Religieuſes il leur ſera tres avantageux d'avoir comme font pluſieurs quelqu'un à qui ils ſe ſoûmettent, afin de ne faire en quoy que ce ſoit leur volonté propre, qui est-ce qui nous cause d'ordinaire le plus de dommage; ni de ne chercher point de personnes de leur humeur qui les flatent au lieu de tâcher à les détromper de la vanité des choses du monde, dont il nous importe tant d'estre instruits par ceux qui la connoissent. Comme aussi parce que lors que nous voyons faire à d'autres des actions de vertu qui nous paroissent impossibles, leur sainteté nous anime à les imiter; de même que les petits oiseaux s'enhardissent à voler en voyant voler leurs peres; & qu'encore que d'abord ils ne puissent aller guere loin, ils apprennent peu à peu à les suiure. I'ay donc raison de dire que cela leur est utile en toutes manieres: & ie le sçay par experience. Mais quelque resoluës que soient ces personnes de ne point offencer Dieu, elles feront tres-bien, d'en éuiter les occasions, parce qu'estant encore proches des plus basses demeures elles courroient fortune d'y retourner aisément, à cause qu'elles ne sont pas encore fondées sur la terre ferme telle qu'est celle des personnes qui sont accoustumées à souffrir; qui connoissent sans les craindre les tempestes qui s'élevent dans le monde, & qui ne recherchent point leurs contentemens. Ainsi il pourroit arriuer qu'une grande persecution que le diable exciteroit pour les perdre seroit capable de renuerser tous leurs bons desseins, & que voulant par un veritable zele retirer les autres du peché, elles tomberoient elles-mêmes dans les filets de cét esprit de mensonge.

Considerons seulement nos fautes sans examiner celles d'autruy comme font plusieurs de ces personnes si reglées & si circonspectes qui trouuent en toutes choses des suiets de craindre, & peut-estre même dans les actions de ceux qui seroient capables de les instruire en ce qui est du capital. Si nous auons quelque auantage sur elles dans la maniere exterieure d'agir, ce n'est pas, quoy que cela soit bon, ce qui importe le plus, ni un suiet de pretendre que chacun doive marcher par la même voye que nous tenons, ni de nous mêler d'enseigner celle qui est la plus spirituelle, & que peut-estre nous ignorons.

Puis que dans ces bon desirs que Dieu nous donne pour le bien des ames nous pouuons commettre de grandes fautes, le meilleur est d'obseruer ce que nous ordonne nostre regle, qui est de demeurer toûjours dans l'esperance & dans le silence. Laissons à N. Seigneur le soin des ames qu'il a crées. Il ne les abandonnera pas: & croyons assez faire lors que nous veillons sur nous-mesmes, & que nous auons recours à son assistance. Qu'il soit beny aux siecles des siecles.

❊

QVATRIE'ME

QVATRIEME DEMEVRE.

CHAPITRE PREMIER.

De la differance qu'il y a entre les contentemens & les gousts que l'on a dans l'oraison. Et de celle qui se rencontre entre l'entendement & l'imagination. Qu'il ne faut point se troubler de ces importunes distractions que les égaremens de l'imagination & tant d'autres causes differantes donnent dans l'oraison.

POVR commencer à écrire de cette quatrieme demeure, j'ay grand besoin d'implorer l'assistance du S. Esprit afin qu'il parle par ma bouche, & m'inspire desormais ce que j'ay à dire pour donner quelque connoissance de ces dernieres demeures, parce que ce sont des choses surnaturelles & si difficiles à concevoir qu'il n'y a que Dieu qui puisse nous le faire comprendre, ainsi que je l'ay dit dans un autre traité que j'écrivis il y a quatorze ans. Il me semble neanmoins que j'ay maintenant un peu plus d'inteligence que je n'avois alors de ces faveurs que nostre Seigneur fait à quelques ames. Mais il y a vne grande difference entre les éprouver & les exprimer. Ie prie sa divine Majesté de me faire la grace de les bien faire entendre si vous en pouvez recevoir quelque vtilité. Sinon, je ne la luy demande point.

Comme ces dernieres demeures sont Plus proches du palais de ce grand Roy, leur beauté est aussi plus merveilleuse. Il y a tant de choses si rares & si exellentes que l'entendement ne les peut representer qu'obscuremenr à ceux qui n'en ont point d'experience: mais ceux qui l'ont n'auront pas peine a les comprendre principalement si cette experience est grande,

On croira peut estre que pour parvenir à ces demeures il faut avoir esté long temps dans les autres. Mais quoy que pour l'ordinaire cela se trouve veritable au regard de celles dont ie viens de parler il n'y a pas neanmoins de regle certaine, parce que Dieu distribuë ses faveurs quand il luy plaist, en la manjere qu'il luy plaist, & à qui il luy plaist, & que procedant toutes purement de luy il ne fait tort à personne.

Ces betes venimeuses dont i'ay parlé entrent rarement dans ces dernieres demeures: & s'il arrive qu'elles s'y glissent l'ame en reçoit plus de bien que de dommage. Cest pourquoy je croy qu'il est avantageux qu'elles y entrent & qu'elles nous fassent la guerre en cet estat d'oraison, puis que s'il n'y avoit point de tentation le diable pourroit meler de faüsses douceurs aux consolations que nous recevons de Dieu, ou au moins nous divertir de ce qui nous peut faire meriter, & nous laisser ainsi continuellement dans une mesme assiete & un mesme transport d'esprit que je ne sçaurois croire estre sûrs lorsqu'ils sont toûjours les mesmes, parce que ce n'est pas la maniere dont Dieu agit envers nous durant nostre exil sur la terre.

De la difference qu'il y a entre les contentemens & les gousts. Pour revenir à ce que je disois de la difference qu'il y a entre les contentemens & les gousts qui se trouvent dans l'oraison il me semble que l'on peut donner le nom de contentemens aux sentimens dans lesquels nous entrons par nostre meditation & nos prieres. Car encore que nous ne puissions rien sans l'assistance de Dieu (ce que l'on doit toûjours presuposer) ce sont des fruits de nos bonnes œuvres : nous les acquerons en quelque sorte par nostre travail, & avons sujet de nous rejoüir de l'avoir si bien employé. Mais si nous y prenons garde nous sommes en plusieurs rencontres touchez de ces mesmes contentemens dans des choses purement temporelles : comme par exemple, s'il nous arrive une grande succession à quoy nous ne nous attendions pas : si nous revoyons une personne que nous aimons dans le temps que nous l'esperions le moins : si on nous loüé pour avoir reüssi dans une affaire importante : ou si nous apprenons qu'un mary ou un fils ou un frere que nous croyons mort est plain de vie. J'ay veu pour des semblables sujets repandre quantité de larmes, & j'en ay quelque fois repandu moy-mesme. Or on ne peut douter que ces contentemens que je ne sçaurois blasmer ne soient naturels : & il me semble que ceux que j'ay dit que l'on reçoit dans l'oraison le sont aussi quelquefois : mais plus nobles, parce qu'encore qu'ils ayent commencé par nous ils se terminent à Dieu : au lieu que les gousts tirent leur principe de Dieu mesme, & se font ensuite sentir à nostre ame, qui en est beaucoup plus touchée qu'elle ne l'estoit des autres.

,, LES V-S mon divin Sauveur que je souhaiterois de pouvoir en
,, cecy me bien expliquer. Ie le comprens tres clairement ce me sem-
,, ble ; mais je ne sçay comment le bien faire entendre. Faites, s'il vous
,, plaift Seigneur que je le puisse. Ie me souviens sur ce sujet de ces mots d'un verset de prime : *Cum dilatasti cor meum.* Ceux qui auront souvent eprouvé ces contentemens & ces gousts n'auront pas peine d'en comprendre la difference : mais les autres ont besoin qu'on les aide à les connoistre. Ces contentemens au lieu d'ouvrir le cœur le resserrent d'ordinaire un peu, quoy que l'on soit bien aise de voir que l'on ne regarde en cela que Dieu & que les larmes de douleur que l'on répand paroissent proceder en quelque maniere de l'amour qu'on a pour luy. Si j'estois plus intelligente que je ne suis dans ces

passions de l'ame & ces mouvemens qui ne sont que naturels je pourrois peut-estre me mieux expliquer. Mais i'ay l'esprit si grossier qu'encore que ie le comprenne par l'experience que i'en ay ie ne sçaurois le faire comprendre aux autres : ce qui montre combien la science est utile à tout.

Ce que l'experience m'a appris de ces contentemens que l'on reçoit dans les meditations, c'est que les pensées de la passion de nostre Seigneur me faisoient répandre des larmes iusques à me donner un extrême mal de teste : & le sentiment de mes pechez produisoit en moy le mesme effet. Ie ne veux point examiner laquelle de ces faveurs de Dieu estoit la plus grande : mais ie desirerois seulement de pouvoir bien faire entendre la difference qui se rencontre entre l'une & l'autre. Ces larmes & ces desirs procedent donc quelquefois des sentimens que ie viens de dire, & sont encore fortifiez par la pente de nostre nature & par la disposition ou nous nous trouvons. Cela n'empesche pas neanmoins que puis qu'elles ont Dieu pour obiet on ne les doive beaucoup estimer, pourvû que nous recognoissions avec humilité que nous n'en sommes pas meilleures, & que quand ce seroit des effets de nostre amour pour sa divine Maiesté, ce que nous ne sçaurions asseurer, nous ne voudrions pas moins luy en rendre graces puis que nous n'avons rien de bon que nous ne tenions de luy.

Voilà quelle est pour l'ordinaire la devotion des ames dans les trois premieres demeures dont i'ay parlé. Elles ne s'occupent presque sans cesse qu'à agir par l'entendement & à mediter : & comme elles n'ont pas encore receu de plus grandes graces elles font bien ; mais elles feroient encore mieux si elles pouvoient produire quelques actes à la loüange de Dieu pour luy témoigner leur admiration de sa bonté, la joye qu'elles ont de ce que sa grandeur & sa puissance n'ont point de bornes, & combien elles souhaitent l'augmentation de son honneur & de sa gloire. Car cela excite & échauffe la volonté : & lors qu'il plaist à nostre Seigneur de leur donner ces sentimens elles feroient une grande faute de ne s'y pas arrester par la crainte d'interrompre leur meditation. Comme i'ay traité amplement ce point en d'autres écrits ie me contenteray d'aiouster que pour avancer dans ce chemin & arriver à ces demeures si souhaitables il ne s'agit pas de beaucoup penser, mais de beaucoup aimer. Ainsi, mes Filles, appliquez-vous à ce qui peut davantage vous exciter à aimer Dieu. Que si vous ignorez en quoy consiste cet amour, sçachez que ce n'est pas en des grands gousts & des grandes consolations, mais en une grande & ferme resolution de contenter en toutes choses ce souverain Maistre de l'Vnivers, d'employer tous nos efforts pour nous empescher de l'offenser, &

de le prier avec ardeur pour ce qui regarde la gloire de son fils & l'augmentation de la foy catholique. Ce sont là les veritables marques de l'amour que nous avons pour Dieu : & quelque grand que soit le profit que nous en tirons, ne vous imaginez pas qu'il soit necessaire de ne penser jamais a autre chose & que tout soit perdu pour peu que l'on cesse de s'en occuper.

De la difference qu'il y a entre l'entendement & l'imagination.
Les égaremens de l'imagination m'ont donné quelquefois de grandes peines, & il n'y a pas plus de quatre ans que je connus par experience que l'imagination & l'entendement ne sont pas la mesme chose. Je le dis à un fort sçavant homme, & il me confirma dans cette opinion. J'en eus une grande joye, parce que croyant auparavant que l'entendement n'estoit que la mesme chose que l'imagination, je ne pouvois voir sans douleur qu'il fust si inconstant & si volage que de passer d'ordinaire d'une pensée à une autre avec autant de vitesse que volé un oiseau, n'y ayant que Dieu qui soit capable d'arrester l'imagination lors mesme qu'il luy plaist de lier de telle sorte nos puissances qu'on peut dire en quelque maniere qu'elles ne sont plus attachées à nostre corps : & quelquefois il m'est arrivé que toutes mes puissances me paroissant ocupées de Dieu & recueillies en luy je voyois en mesme temps mon imagination estre si troublée & si egarée que je ne pouvois assez m'en estonner Seigneur mon Dieu, ,, comptez, s'il vous plaist pour quelque chose ce que le manque de ,, connoissance nous fait souffrir lorsque nous nous trouvons en c'est ,, estat. Le mal vient de ce que nous nous persuadons que tout con- ,, siste à penser en vous, & croyons n'avoir pas besoin de nous infor- ,, mer sur cella de ceux qui pourroient nous en instruire : d'où il arrive ,, que ce qui est un bien nous paroist un mal, & que nous considerons ,, comme des fautes des choses qui ne le sont point.

C'est de la que procedent aussi les plaintes que tant de personnes d'oraison & particulierement celles qui ne sont pas sçavantes font des peines interieures qu'elles souffrent, & ce qui les fait tomber dans une melancolie qui ruine leur santé & les porte jusques à tout abandonner faute de sçavoir, qu'il y a comme un autre monde qui est tout interieur, & qu'ainsi que le ciel roule avec une vitesse qu'il est impossible d'arrester, nous ne sçaurions aussi arrester nostre imagination. D'où il arrive que nous persuadant qu'il en est de mesme de toutes nos puissances nous croyons estre perdues & mal employer le temps que nous passons en la presence de Dieu lorsque peut-estre nostre ame est unie à luy dans ces membres superieures, & acquiert du merite par la peine qu'elle souffre de ce que l'imagination s'enfuit de la sorte hors du chasteau

IV. DEMEVRE CHAPITRE I.

pour s'aller mefler avec des betes immondes & venimeufes. Il ne faut donc point que cela nous trouble & nous faffe abandonner l'oraifon qui est ce que le demon defireroit : & la plus grande partie de nos inquietudes & de nos peines ne vient que de ce que nous ne nous en appercevons pas.

En écrivant cecy & faifant attention fur ce grand bruit que j'ay dit au commencement que ie fentois dans la tefte & qui m'empefchoit de pouvoir travailler a ce que l'on m'a commandé d'écrire, il me paroift qu'il eft femblable à celuy que feroient plufieurs torrens qui tomberoient du haut des montagnes dans des precipices : ce qui ne fe paffe dans mes oreilles mais dans le haut de ma tefte où l'on dit que refide la partie fuperieure de l'ame. *Des diftractions.*

Ie me fuis long-temps arreftée à confiderer cette extrême promtitude du mouvement de l'efprit, & Dieu veüille qu'il me fouvienne d'en dire la caufe lorsque je traiteray des autres demeures dont il me refte à parler, ce lieu cy n'y eftant pas propre. Peut-eftre même qu'il a plu à Dieu de me donner ce mal de tefte pour me le faire mieux comprandre. Car ni ce bruit ni tout ce que ie viens de rapporter ne me divertit point de mon oraifon & ne diminuë de rien ni la tranquillité de mon ame, ni fon amour ni fes defirs, ni fa claire connoiffance.

Que fi la partie fuperieure de l'ame eft dans la partie fuperieure de la tefte on demandera d'ou vient donc qu'elle n'eft point troublée par ce bruit. Ie n'en fçay pas la raifon : Mais ie fçay bien que ce que j'ay dit eft veritable ; & cela donne de la peine quand l'oraifon n'eft pas accompagnée de fufpenfion : car lors qu'il y en a on ne fent aucun mal tandis qu'elle dure : & c'en feroit un tres grand fi ce bruit ne nous empefchoit de continuer noftre oraifon. Ainfi il fe faut bien garder de fe laiffer troubler par ces penfées ni de s'en mettre en aucune peine. Si c'eft le demon qui nous le donne il nous laiffera bien toft en repos s'il voit que nous ne nous en inquietons point : Et fi elles procedent ainfi que tant d'autres infirmitez de l'eftat deplorable dans lequel le peché de nos premiers parens nous à fait tomber, nous devons le fupporter avec patience dans la vûë de la juftice de Dieu. la neceffité inevitable de manger & de dormir & tant d'autres affujettiffemens de la vie ne doivent-il pas auffi nous faire connoiftre noftre mifere, & nous porter à defirer d'aller en un lieu qui nous en delivre ? Ie me fouviens quelque fois de ce que l'epoufe dit fur ce fujet dans le cantique ? & tous les travaux que l'on peut fouffrir dans la vie ne me paroiffent pas approcher de ces combats interieurs, parce qu'il n'y a point de travaux qui ne

XXxx iiij

soient supportables pourvû que nous ayons la paix en nous-mesmes. Mais de soûpirer aprés le repos ensuite de mille peine que l'on a euës dans le monde, de sçavoir que Dieu nous prepare ce repos, & de connoistre que l'obstacle qui nous empesche d'en joüir est en nous mesmes, c'est un tourment que l'on peut dire estre presque insupportable.

Dieu veüille, s'il luy plaist, nous mettre en ce lieu bien-heureux où nous serons affranchies de ces miseres qui semblent faire quelquefois leur joüet de nostre ame & dont il nous délivre mesme dés cette vie lors qu'il nous fait la grace d'arriver à la derniere demeure comme je le diray avec son assistance.

Toutes les personnes ne ressentent pas également ces peines à qui je donne le nom de miseres. Il y en a sans doute qui n'en sont pas si travaillées que je l'ay esté durant plusieurs années, estant si imparfaite qu'il me sembloit que je n'avois point de plus grand ennemy que moy-mesme. Et comme j'ay sujet, mes Sœurs, de croire que vous ne serez pas peut-estre exemtes de ce tourment, vous voyez que je vous en parle sans cesse, afin que lors que cela arrive vous ne vous en affligiez point; mais laissiez aller ces pensées que l'on peut comparer à ce qu'on nomme un traquet de moulin, sans vous en inquieter, & sans que toutefois vostre entendement & vostre volonté cessent d'agir pour travailler á faire de la farine.

Il se rencontre du plus & du moins dans ces importunes distractions selon le temps & l'estat de nostre santé qu'il y ait de nostre faute, & nous devons les souffrir comme tant d'autres choses dans lesquelles il est bien juste que nous prenions patience. Mais comme nostre ignorance fait que le conseil que l'on vous donne de mépriser ces pensées, & les raisons que les livres vous en representent ne suffisent pas pour mettre vostre esprit en repos, je ne croy pas perdre le temps que j'employe à m'étendre encore sur ce sujet pour vostre consolation. Cela neanmoins vous profitera peu si Dieu ne vous assiste & ne vous éclaire, & si vous n'employez les moyens ordinaires dont il veut que vous vous serviez pour connoistre que l'on ne doit pas attribuer à l'ame ce qui procede de la foiblesse de nostre imagination, de l'infirmité de nostre nature, & de l'artifice du demon.

CHAPITRE II.

Difference qui se rencontre entre les contentemens que l'on reçoit dans l'oraison par le moyen de la meditation, & les consolations surnaturelles que donne l'oraison de quietude, & que la Sainte nomme des gousts. Des effets merveilleux qu'opere cette oraison. Humilité dans laqu'elle elle nous doit mettre & qui doit estre si grande que nous nous reputions indignes de recevoir de semblables graces.

HELAS mon Dieu ! à quoy me suis-je engagée ? I'ay desja oublié le suiet dont je traitois, parce que les affairés & mon peu de santé me contraignent souvent de quitter lors que j'aurois le plus de facilité d'écrire : & j'ay si peu de memoire que n'ayant pas de loisir de relire ce que j'ay fait, ie ne doute point qu'il n'y ait beaucoup de confusion dans tout ce discours.

Ie pense avoir desia dit que nos passions se trouvant quelquefois meslées avec nos consolations spirituelles, elles iettent le trouble dans l'ame : & quelques personnes m'ont assurée que cela va jusques á les empescher de pouvoir respirer jusques à un saignement de nez & autres choses semblables fort penibles.

Ie ne sçaurois rien dire de cecy parce que je n'en ay point d'experience : mais cet estat doit a mon avis estre accompagné de satisfaction parce que tout consiste á desirer de plaire á Dieu & à jouïr du bonheur de sa presence. Ce que j'appelle icy des gousts, & que j'ay nommé ailleurs oraison de Quietude est d'une autre nature ainsi que le sçavent ceux a qui Dieu a fait la grace de l'eprouver.

Pour mieux faire entendre cecy je croy que l'on peut comparer ces contentemens que l'on reçoit dans l'oraison par la meditation & les consolations surnaturelles que donne l'oraison de quietude; á laquelle on donne aussi le nom de goults à deux fontaines qui ont deux bassins d'où il sort de l'eau. Car mon ignorance, & mon peu d'entendement font que je ne trouve rien de plus propre que cet élement pour expliquer les choses spirituelles. Ainsi je le considere avec plus d'attention que les autres ouvrages de Dieu quoy que sa grandeur & sa sagesse infinie n'ayent pas sans doute répandu moins de merveilles & renfermé moins de secrets dans toutes ses autres creatures, ne fust ce qu'une fourmy, dont les personnes capables ne puissent tirer une grande instruction, mais non pas telle toutefois qu'il ne reste encore beaucoup de choses où leur connoissance ne peut atteindre. Ie dis donc que ces deux bassins se remplissent d'eau en differentes manieres. Car l'une qui est celle que nous recevons par la meditation nous vient de fort loin par des aqueducs & l'autre

De la difference qu'il y a entre l'oraison Mentale & celle de Quietude: à laquelle la Sainte donne ailleurs le nõ de gousts.

qui est l'oraison de quietude procede de la source mesme sans faire aucun bruit. Que si la source est fort grande ainsi qu'est celle dont nous parlons, elle fournit tant d'eau à ce bassin qu'il en sort un grand ruisseau qui coule sans cesse sans qu'il soit besoin pour ce sujet d'user d'aucun artifice.

La differance qu'il me paroist donc y auoir entre ces deux eaux est que les contentemens que l'on reçoit dans l'oraison par la meditation se peuvent comparer à la premiere, puis qu'ainsi qu'elle vient par des aqueducs, ces contentemens nous viennent par le moyen des pensées que cette meditation des œuures de Dieu nous donne. Et comme cela ne se peut faire sans que nostre esprit agisse & ttavaille, de la procede ce bruit dont j'ay parlé qui accompagne le profit & l'avantage que l'ame tire de la meditation. Au lieu que cette autre eau qui est l'oraison de quietude procedant de la source mesme qui est Dieu & qui est une grace toute surnaturelle, entre en nostre ame comme dans un bassin, & le remplit d'une paix, d'une tranquillité, & d'une douceur inconcevable sans qu'elle puisse comprendre en quelle maniere cela se fait.

Quoy que nostre cœur ne ressente pas d'abord ce plaisir comme il fait ceux d'icy bas, il en est apres tout penetré : & cette eau celeste ne remplit pas seulement toutes les puissances de nostre ame, mais se repand aussi sur le corps, ce qui m'a fait dire que Dieu en estant la source l'homme tout entier, c'est a dire tant interieur qu'exterieur, & comme un bassin dans lequel elle se décharge par une effusion non moins douce & tranquille qu'inconcevable. ce verset : *Vous avez étandu mon cœur*, me revenant dans l'esprit lors que j'écris cecy il ne me paroist pas que ce soit du cœur que procede cet extrême contentement que nous ressentons, mais d'une cause plus interieure qui est le centre de l'ame comme ie le diray plus particulierement dans la suite. l'avoüe que ce que ie connois de ces secrets cachez au dedans de nous me donne un estrange étonement : & combien doit il y en avoir d'autres qui me sont inconnus ;

,, Seigneur mon Dieu, vostre grandeur infinie est un abysme impe-
,, netrable : & quoy que nous soyons comme des enfans encore imbe-
,, cilles, nous osons nous imaginer d'en connoistre quelque chose, nous
,, qui ne connoissons pas seulement la moindre partie de ce qui se passe
,, dans nous-mesme, & que l'on peut dire estre moins que rien en
,, comparaison des merveilles qui sont en vous. mais cela n'empesche
,, pas que nous ne voyions avec admiration dans vos creatures des
,, effets de vostre puissance infinie.

pour revenir a ce verset dont ie croy pouvoir me servir pour faire comprendre ce que c'est élargissement du cœur il me semble que lors que c'est eau celeste dont i'ay parlé commence à

sortir

sortir du fond de noſtre ame nous ſentons qu'elle la remplit d'une douceur inconcevable, de même que s'il y avoit en elle un braſier dans lequel on jettaſt d'excellens parfums d'où il s'éleveroit une odeur admirable ſans qu'il paruſt neanmoins aucune lumiere; mais ſeulement une chaleur & une fumée qui penetreroient entierement l'ame: & il arrive quelquefois que cela paſſe juſques au corps. Ne vous imaginez pas neanmoins, mes Sœurs, que l'on ſente réellement ni de la chaleur ni de l'odeur: car c'eſt une choſe beaucoup plus ſubtile, & je ne me ſers de ces termes que pour vous en donner quelque intelligence. Ceux qui ne l'ont point eprouvé peuvent croire ſur ma parole que cela ſe paſſe de la ſorte, & que l'ame le connoiſt plus clairement que je ne ſuis capable de l'exprimer. Sur quoy il faut remarquer que ce n'eſt pas une choſe que l'on ſe puiſſe mettre dans l'eſprit quelques efforts que l'on fiſt pour ſe l'imaginer: ce qui montre qu'elle ne peut venir de nous, mais qu'elle procede de cette pure & divine ſource de la ſageſſe eternelle. Il ne me paroiſt pas qu'alors nos puiſſances ſoient unies: il me ſemble ſeulement qu'elles ſont comme enyvrées par l'étonnement que leur donnent les merveilles qu'elles voyent.

Que ſi en parlant de ces faveurs de Dieu ſi interieures je dis quelque choſe qui ne s'accorde pas avec ce que j'ay dit en d'autres traitez, on ne doit point s'en étonner, veu qu'il s'eſt depuis paſſé près de quinze ans & que noſtre Seigneur me donne peut eſtre maintenant en cela plus de lumiere que je n'en avois alors. Il n'y a même point de temps dans lequel je ne ſois capable de me tromper; mais non pas de mentir, puis que par la miſericorde de Dieu j'aimerois mieux mourir mille fois, & que je rapporte ſincerement les choſes en la maniere que je les comprens.

Il me ſemble que dans l'eſtat dont je viens de parler la volonté eſt unie en quelque ſorte à celle de Dieu; mais c'eſt par les effets & par les œuvres que l'on connoiſt la verité de ce qui s'eſt paſſé dans l'oraiſon; & il n'y a point de meilleur creuſet pour éprouver juſques où vont la pureté & le prix de cét or celeſte. Dieu fait une grande grace à une ame qu'il favoriſe de cette oraiſon de luy en donner l'intelligence: & ce n'en eſt pas pour elle une moindre de ne point retourner en arriere.

Ie ne doute nullement, mes Filles, que vous ne ſouhaittiez de vous voir bien-toſt en cét eſtat: & vous avez grande raiſon; parce qu'il eſt vray comme je l'ay dit, que l'ame ne comprenant pas ce que Dieu opere alors en elle & quel eſt cét amour merveilleux par lequel il l'approche de ſa Majeſté, vous deſirez ſans doute d'apprendre comment on arrive à ce bon-heur. Ie vous diray ce que j'en ſçay ſans pretendre neanmoins d'entrer trop avant dans les merveilles

Yyyy

ineffables qu'il plaist à Dieu d'operer alors, ni des raisons pour lesquelles il le fait & qu'il ne nous est pas permis d'aprofondir.

Outre ce que j'ay dit dans les demeures precedentes nous devons alors entrer dans une humilité encore plus profonde, puis que c'est par elle que Dieu se laisse vaincre & nous accorde tout ce que nous luy demandons. La premiere marque pour connoistre si nous avons cette vertu est de nous croire indignes de recevoir de si grandes graces & de pouvoir jamais en estre favorisées. Que si vous me demandez comment nous pouvons donc les esperer, je répons que c'est de faire ce que j'ay dit; & cela pour cinq raisons. La premiere, que nous devons aimer Dieu sans interest. La seconde, que c'est manquer d'humilité d'oser se promettre d'obtenir par des services aussi peu considerables que sont les nostres des choses de si grand prix. La troisiéme; parce que la disposition où nous devons estre pour recevoir de telles faveurs aprés avoir tant offensé Dieu n'est pas de desirer des consolations, mais d'imiter nostre Sauveur en souhaitant de souffrir pour luy comme il a souffert pour nous. La quatriéme, à cause qu'il n'est pas obligé à nous accorder ces graces sans lesquelles nous pouvons estre sauvées, comme il s'est obligé à nous rendre dans le Ciel participantes de sa gloire si nous observons ses commandemens; joint qu'il sçait mieux que nous-mêmes ce qui nous est propre lors que nous l'aimons veritablement, & j'ay connu des personnes qui marchant dans cette voye de l'amour qui n'a pour objet que Iesus-Christ crucifié, non seulement ne desiroient point ni ne luy demandoient point ces consolations & ces gousts; mais le prioient de ne leur en point donner en cette vie. Et la cinquiéme raison, parce que nous travaillerions en vain, à cause que cette eau ne pouvant venir à nous par des aqueducs ainsi que cette autre dont j'ay parlé, nous ne sçaurions la recevoir que de Dieu même qui en est la source. Tous nos desirs, toutes nos meditations, toutes nos larmes, & tous les efforts que nous pouvons faire pour cela sont inutiles. Dieu seul donne cette eau celeste à qui il luy plaist, & ne la donne souvent que lors qu'on y pense le moins. Nous sommes à luy, mes Sœurs: qu'il dispose de nous comme il voudra, & servons-le en la maniere qui luy est la plus agreable. Je suis persuadée qu'il nous accordera ces graces & plusieurs autres que nous n'oserions desirer, pourvû que nous nous humilions, nous détachions veritablement de toutes choses; je dis veritablement & non pas seulement de pensées comme il arrive souvent, & ainsi nous tromper nous-mêmes.

CHAPITRE III.

D'une oraison que l'on appelle de recueillement surnaturel qui precede l'oraison de quietude. Avis important pour les personnes qui dans l'oraison prennent pour des ravissemens ce qui n'est qu'un effet de leur foiblesse.

LEs effets de cette oraison de Quietude sont en grand nombre, & i'en rapporteray quelques uns aprés avoir parlé de cette autre sorte d'oraison qui la precede presque toûjours ; mais en peu de mots, parce que i'en ay écrit ailleurs. I'entens un autre recueillement qui me paroist aussi estre surnaturel : car il ne consiste pas à se retirer dans l'obscurité ni en d'autres choses exterieures, quoy que sans que nous l'affections nous desirions d'estre en solitude, que nous fermions les yeux, & que nous nous trouvions disposées à cette sorte d'oraison dans laquelle les sens perdent l'avantage qu'ils avoient sur l'ame, & l'ame recouvre celuy qu'elle avoit perdu. Ceux qui traitent de cette matiere disent que l'ame rentre dans elle-méme & que quelquefois elle s'éleve au dessus d'elle, qui sont des termes que je ne sçaurois approuver, parce qu'il me semble qu'ils ne signifient rien, & je croy que vous l'entendrez mieux par la maniere dont je vous l'expliqueray : mais peut estre que je me trompe. Supposons donc, mes Sœurs, que ces sens & ces puissances de l'ame qui entrent avec elle dans ce chasteau dont i'ay pris pour sujet la comparaison, en sont sortis pour aller trouver les ennemis & se joindre à eux : mais qu'aprés y avoir passé plusieurs iours & même des années, reconnoissant leur erreur & se repentant de leur trahison ils les quittent pour se rapprocher du chasteau & tâcher d'y estre receus, & qu'alors ce grand Roy qui y regne voyant leur bonne volonté exerce sur eux sa misericorde pour les rappeller à luy comme un admirable pasteur, & leur fait entendre sa voix d'une maniere si douce, si attirante & si forte, qu'aprés leur avoir encore mieux fait connoistre leur égarement & augmenté leur desir de retourner dans leur ancienne demeure, ils renoncent à toutes les choses exterieures dans lesquelles ils s'estoient dissipez, & se rendent dignes d'estre receus dans ce chasteau.

Du recueillement surnaturel qui precede l'oraison de quietude.

Il me semble que ie n'ay iamais si bien expliqué cecy qu'à cette heure. Car lors que Dieu nous fait la grace de le chercher dans nous-mémes nous l'y trouvons plutost sans doute que dans les autres creatures, comme S. Augustin dit l'avoir éprouvé. Et ne vous

De la maniere de chercher Dieu dans nous-mêmes.

imaginez pas, mes Sœurs, que ce soit par l'entendement que cette recherche se fasse en tâchant de penser que Dieu est en nous, ni par l'imagination en nous representant qu'il y est. C'est une excellente maniere de mediter, parce qu'il est vray que Dieu est dans nous, & chacun peut en vser avec son assistance. Mais il y a grande difference entre cela & ce que ie dis, qui est qu'il arrive quelquefois qu'avant que nous pensions à élever nôtre esprit à Dieu nos puissances sont deia dans le chasteau sans que nous sçachions par où elles y sont entrées, ni comment elles ont oüy la voix de ce souverain pasteur, ne l'ayant pû entendre de nos oreilles, puis que nous n'entendons alors aucun son, mais sentons seulement au dedans de nous un grand & agreable recueillement comme ceux qui l'ont éprouvé peuvent le témoigner: & ie ne sçaurois mieux l'expliquer pour tâcher de vous le faire comprendre.

Ie pense avoir lû que c'est comme quand un herisson ou une tortuë se retirent au dedans d'eux; & celuy qui s'est servy de cette comparaison devoit en avoir l'intelligence : mais ces animaux peuvent quand ils le veulent rentrer dans eux-mémes: au lieu que cecy ne dépend pas de nous & que cette grace ne nous peut venir que de Dieu seul. Ie croy qu'il ne la fait qu'à des personnes qui ont renoncé au monde sinon en effet à cause que leur estat ne le leur permet pas, au moins de volonté & d'un desir qui les porte à faire une attention particuliere aux choses interieures. Ainsi je suis persuadée que pourvû que nous laissions agir son adorable bonté elle nous accordera pas seulement cette faveur, mais de plus grandes. Ceux qui connoîtront que cela se passe en eux de la sorte doivent extrêmement estimer cette faveur & en remercier Nôtre Seigneur afin de se rendre dignes d'en recevoir qui les surpassent encore. C'est une disposition pour écouter Dieu comme le conseillent quelques contemplatifs qui veulent que l'on se contente d'être attentif à ce qu'il fait en nous sans s'occuper à discourir par l'entendement. Neanmoins quoy que cette question ait esté fort agitée entre des personnes spirituelles, j'avoüe ne pouvoir comprendre comment on peut retenir la pensée en sorte que cela ne nuise pas plus qu'il ne profite : & je confesse d'avoir en cela si peu d'humité qu'il ne m'a jamais esté possible de me rendre à leurs raisons.

On m'allegueroit peut-être que l'on me dit, & que je croy estre du Saint Pere Pierre d'Alcantara, comme je sçay qu'il avoit une grande experience de ces choses je lus dans la disposition de deferer à ses sentimens, & je trouvay qu'il disoit, si je ne me trompe, quoy qu'en termes differens, la même chose que moy, qui est qu'il doit y avoir deia en nous de l'amour, & les raisons qu'il en rapporte me font croire à la premiere, que dans ces choses purement spirituelles celuy qui se confie le moins en ses propres forces fait davantage ; le mieux que nous puissions faire estant de nous mettre en la presence de ce grand Roy comme des pauvres dont la necessité parle pour eux, & de baisser ensuite les yeux pour attendre avec humilité qu'il luy plaise de nous secourir dans nôtre misere. Que si par des voyes qui ne se peuvent exprimer il nous semble avoir sujet de croire que ce grand Monarque nous a écoutez & ne nous a point rejettez de sa presence, il est bon de demeurer encore dans le silence & de tâcher méme à empêcher nôtre entendement d'agir. Mais si au contraire il ne nous paroît point qu'il nous ait écoutez & jetté les yeux sur nous, nôtre ame n'est déja que trop étonnée & nôtre imagination que trop fatiguée de la violence qu'elle s'est faite pour ne point agir, sans que nous les troublions encore davantage en nous inquietant;& Dieu veut que nous nous contentions de continuër a implorer son secours & à demeurer en sa presence en la maniere que je viens de dire, puis qu'il sçait mieux que nous-mêmes quels sont nos besoins:& j'avouë ne pouvoir me persuader que nous puissions avec tous nos efforts, passer les bornes qu'il semble que sa divine Majesté ait marquées pour nous empêcher de passer plus outre dans les choses dont elle s'est reservé la connoissance:ce qu'elle n'a pas fait en plusieurs autres, telles que sont les penitences, les bonnes œuvres & l'oraison; dans lesquelles nous pouvons avec son secours avoir part & agir autant que nôtre infirmité en est capable. La seconde raison est, que ne devant y avoir rien que de doux & de tranquille dãs ces choses interieures;il nuit plus qu'il ne sert d'y agir avec la moindre contrainte ; mais il faut avec le plus grand détachement de nos interests qu'il nous sera possible nous abandonner entierement à la conduite du Dieu. La troisiéme raison est, que nous pourrions avec le méme effort que nous faisons pour ne penser à rien, penser à des choses fort utiles. Et la quatriéme raison est, que rien n'est si agreable à Dieu que de nous voir ocupez de la pensée de son honneur & de sa gloire dans l'oubly de nos avantages & de nos plaisirs. Or comment peut s'oublier soy-méme celuy qui s'occupe avec tant d'attention & se fait tant de violence pour se contraindre à n'oser seulement se remuer ; & comment peut-il se réjouïr de la gloire de Dieu & en souhaiter l'augmentation lors qu'il ne pense qu'à empêcher son entendement d'agir ? Mais quand il plaît à cette suprême Majesté que nôtre entendement se repose, elle luy donne des connoissances si élevées au dessus de ce que nous pouvons nous imaginer, qu'il demeure comme abîmé dans un saint transport, sans qu'il sçache en quelle maniere cela se passe, & elle luy découvre des secrets que nos foibles esprits qui ne sont qu'obscurité & que tenebres sont incapables de penetrer. Ainsi puis que Dieu en nous donnãt ces puissances, l'entendement, la memoire, & la volonté veut que nous nous en servions en telle sorte que chacune d'elles nous puisse faire meriter quelque recompense, il faut au lieu de les tenir enchaisnées leur laisser faire leur office jusques à ce qu'il plaise à Dieu de les perfectionner encore davantage.

Ie croy que le mieux que puisse faire l'ame qui a eu le bon-heur d'entrer dans cette quatriéme demeure est ce que i'ay dit, de tascher sans se contraindre ni se faire violence à arrester son entendement pour ne se pas laisser répandre dans des pensées inutiles; mais non pas de l'empêcher d'agir parce qu'il est bon qu'il se souvienne qu'il est en la presence de Dieu & quel est ce Dieu qu'il adore. Que s'il se sent alors comme enlevé & tout abysmé en luy, à la bonne-heure, pourvû qu'il ne se mette pas en peine de sçavoir de quelle sorte cela se fait. Puis que c'est une faveur accordée de Dieu à la volonté il doit l'en laisser joüir sans interrompre sa ioye si ce n'est par quelque parole d'amour pour Nostre Seigneur. Car encore que nostre dessein ne soit pas de demeurer en cét estat sans penser a rien, cela nous arrive souvent ; mais ne dure guere.

Cette oraison de recueillement que pratiquent ceux qui entrent dans cette quatriéme demeure est sans doute inferieure à celle de quietude à qui i'ay donné le nom de gousts divins; mais c'est une disposition à y parvenir: & ce qui fait que dans celle de quietude qui est plus élevée l'entendement cesse d'agir, procede comme ie l'ay dit, de ce que cette eau coule de la source même sans venir par des aqueducs; & qu'ainsi l'entendement n'y comprenant rien il se trouve si interdit qu'il va errant de toutes parts sans sçavoir où s'arrester, pendant que la volonté demeure si unie à Dieu qu'elle ne peut voir sans peine cét égarement: mais elle doit le mépriser, parce qu'elle ne pourroit s'y rendre attentive sans perdre une partie du bon-heur dont elle joüit d'estre toute penetrée de l'amour de Dieu qui daigne luy-même luy apprendre alors, qu'en cét estat elle est obligée de se reconnoistre indigne d'une si extréme faveur, & luy en rendre d'infinies actions de graces.

Des effets de l'oraison de quietude, ou des gousts divins.

Ie devois parler des effets que cette oraison de quietude produit dans les ames que Dieu en favorise, & des marques ausquelles on les connoist: mais i'ay interrompu mon discours pour parler de l'oraison de recueillement, & il me faut revenir à ces effets de l'oraison de quietude qui produisent comme une dilatation & un élargissemẽt de l'ame qui entre plusieurs autres effets merveilleux, la rend capable de contenir tant de graces dont Dieu la comble, de même qu'une source d'où il ne couleroit point de ruisseaux étendroit & s'élargiroit à proportion de l'abondance d'eau qu'elle produiroit. Les marques de cette heureuse dilatation de l'ame sont : Qu'au lieu qu'auparavant elle estoit renfermée dans certaines bornes en ce qui regarde le service de Dieu, elle y agit alors avec une beaucoup plus grande étenduë : Qu'elle ne se trouve plus si touchée de l'apprehension des peines de l'enfer, parce qu'encore qu'elle craigne plus que jamais d'offenser Dieu, cette crainte n'estant plus une crainte servile elle entre dans une entiere confiance que Dieu luy fera misericorde : Qu'au lieu qu'elle apprehendoit dans ses penitences de perdre la santé, elle croit qu'il n'y en a point qu'elle ne puisse pratiquer avec l'assistance de Dieu, & desire ainsi d'en faire encore de plus grandes : Que les travaux ne l'étonnent plus, parce que sa foy est plus vive, & qu'elle ne doute point que si elle les entreprend pour plaire à Dieu il ne luy fasse la grace de les souffrir avec patience, ce qui fait même que quelquefois elle les desire, parce que nul bon heur ne luy paroist si grand que de faire quelque chose pour l'amour de luy : Que comme elle augmente dans la connoissance de son infinie grandeur, elle s'aneantit davantage dans la veuë de sa propre misere : Que les douceurs celestes qu'elle a goûtées luy donnent du dégoust pour les vains plaisirs du monde : Qu'elle se dégage peu à peu de l'attachement qu'elle y avoit : Et qu'enfin elle se trouve en toutes choses changée en mieux & croistre de plus en plus en vertu, pourvû qu'elle ne retourne point en arriere. Car si elle estoit si malheureuse que d'offenser Dieu, quelque élevée en grace qu'elle fust auparavant, elle tomberoit tout d'un coup de ce comble de bon-heur dans un estat déplorable.

Je ne pretens pas en parlant de la sorte dire que pour une ou deux fois que Dieu aura fait ces faveurs à une ame elles produisent ces grands effets, puis que tout consiste en la perseverance ; & j'ay un avis important à donner à ceux qui se trouveront en cet estat, c'est d'éviter avec un extrême soin les occasions d'offenser Dieu, parce que l'ame ressemble alors à un enfant qui tette encore, & qui ne sçauroit quitter la mamelle de sa mere sans courir fortune de la vie. Ainsi pour ne pas tomber dans un semblable peril il ne faut point, à moins que d'une necessité tres-pressante, abandonner l'oraison ; & l'on doit y retourner aussi-tost que les occasions de la quitter sont passées ; puis qu'autrement le mal iroit toûjours en augmentant.

Je sçay le sujet qu'il y a en cela de craindre par la connoissance que j'ay de quelques personnes qui me donnent beaucoup de compassion. Car j'en ay vû qui sont tombées de la sorte en se retirant de Dieu qui vouloit avec tant de bonté les honorer de son amitié, & la leur témoigner par ses bienfaits. Il ne faut donc pas trouver étrange que l'on inſiſte tant à les conjurer de subir la necessité, puis qu'il est sans doute que le diable fait beaucoup plus d'efforts pour gagner une seule de ces ames à qui Noſtre Seigneur faits de ſi grande graces, que pour en gagner un grand nombre d'autre, parce qu'il ſçait qu'elles ſont capables de luy en faire perdre pluſieurs qu'elles attireroient aprés elles, & même de rendre de grands ſervices à l'Egliſe. Mais quand il n'y auroit point d'autres raiſon que l'amour particulier que Dieu leur témoigne, elle ſuffiroit pour porter cét ennemy de noſtre ſalut à ne rien oublier pour tâcher à les tromper & à les perdre: ce qui les expoſe à ſoûtenir contre luy de plus grands combats, & rend leurs chûtes beaucoup plus grandes que celles des autres & leurs chaſtimens plus redoutables s'ils ſe laiſſent vaincre.

Avis important touchant les faux raviſſemens & les penitences indiſcretes.

J'ay ſuiet de croire, mes Sœurs, que vous ne courez point cette fortune: mais Dieu vous garde de vous en glorifier & ne permette pas, s'il luy plaiſt, que le demon vous trompe en vous faiſant croire fauſſement que vous avez receu de ſemblables graces. Il eſt facile de le connoiſtre, parce qu'au lieu de produire les effets que je viens de dire elles en feroient de tout contraire. Je veux ſur cela vous donner un avis d'un peril dont j'ay déja parlé ailleurs dans lequel j'ay vû tomber quelques perſonnes d'oraiſon, & particulierement des femmes que la fragilité de noſtre ſexe en rend plus capables. C'eſt que lors que quelques unes qui eſtant déja par leur naturel de foible complexion font de grandes penitences, de grandes veilles, & de longues oraiſons; s'il arrive qu'elles reſſentent quelque contentement interieur joint à quelque défaillance exterieure dont la nature ſe trouve abbatuë, & comme accablée, qu'elles entrent dans ce ſommeil qu'elles nomment ſpirituel & qui va encore un peu au delà de ce que j'ay dit, elles s'imaginent que ce n'eſt qu'une même choſe, & ſe laiſſent comme enyvrer de ces penſées: alors cette ſorte d'yvreſſe s'augmentant encore parce que la nature s'affoiblit de plus en plus, elles la prennent pour un raviſſement & luy donnent ce nom quoy que ce ne ſoit autre choſe qu'un temps purement perdu & la ruine de leur ſanté.

Je ſçay une perſonne à qui il arrivoit de demeurer huit heures en cét eſtat ſans perdre le ſentiment, & ſans en avoir aucun de Dieu. Son Confeſſeur & d'autres y eſtoient trompez, & elle-même l'eſtoit; car je ne croy pas qu'elle euſt deſſein de rien ſuppoſer, & c'eſtoit ſans doute le demon qui tâchoit d'en profiter ainſi qu'il commande faire. Mais une autre perſonne intelligente en ſemblables choſes l'ayant ſçeu, on l'obligea par ſon avis à ceſſer de pratiquer ces penitences indiſcretes, & à dormir & à manger davantage: & enſuite cela ſe paſſa. Sur quoy il faut remarquer que lors que c'eſt veritablement

blement Dieu qui agit, encore que l'on tombe dans une défaillance interieure & exterieure, l'ame n'en est pas moins forte ni n'a pas des sentimens moins vifs du bon-heur que ce luy est de se voir si proche de Dieu ; qu'au lieu de demeurer long-temps en cet estat elle n'y demeure que fort peu, & que bien qu'elle rentre dans cette oraison & s'y trouve au mesme estat qu'auparavant elle ne s'en sent point affoiblie comme je l'ay dit, ni le corps si abattu qu'il en souffre rien dans l'exterieur. Ie serois donc d'avis que celle à qui ces choses arriveront s'y appliquassent le moins qu'elles pourront & en parlassent à la Superieure, qui doit au lieu de tant d'heures d'oraison leur ordonner d'en faire peu, & les faire dormir & manger plus qu'à l'ordinaire jusques à ce que leurs forces soient revenuës si elles estoient affoiblies. Que si elles sont d'une complexion si delicate que cela ne suffise pas, je les prie de croire que Dieu ne se veut servir d'elles que pour la vie active à laquelle il faut dans les monasteres, qu'il y en ait qui s'occupent aussi bien qu'à la contemplative; & ainsi les employer aux offices dont elles seront capables, en prenant toûjours soigneusement garde à ne les pas laisser dans une grande solitude, parce que ce seroit le moyen de ruiner entierement leur santé, & que ce leur sera une assez grande mortification que l'on agisse envers elles de la sorte. Dieu veut peut-estre par la maniere dont elles supporteront ce retranchement du plaisir qu'elles prenoient à l'oraison éprouver l'amour qu'elles luy portent; & si aprés quelque temps il luy plaist de leur rendre leurs premieres forces, elles pourront autant meriter par l'oraison vocale, & par l'obeïssance qu'elles auroient fait en priant d'une maniere plus spirituelle. I'en ay connu dont l'esprit est si foible qu'elles s'imaginent de voir tout ce qu'elles pensent : & cet estat est bien dangereux. I'en parleray peut estre dans la suite : mais ie n'en diray rien icy parce que ie me suis beaucoup étenduë sur cette quatriéme demeure, à cause que c'est celle où ie croy que le plus grand nombre d'ames entrent, & que le spirituel y estant meslé avec ce qui est naturel, on y est plus exposé aux artifices du demon que dans les demeures suivantes, où Dieu ne luy donne pas tant de pouvoir. Que son infinie bonté soit loüée à jamais.

CINQVIE'ME DEMEVRE.

CHAPITRE I.

De l'oraison d'Vnion. De ses marques, & de ses effets.

De l'Oraison d'Vnion.

COmment pourray-je, mes Sœurs, vous representer quelque chose des richesses, des plaisirs, & du bon-heur qui se rencontrent dans cette cinquiéme demeure, & ne voudroit-il pas mieux ne point parler de celles dont il me reste a traiter, puis que le discours ne les sçauroit exprimer, ni l'entendement les concevoir ni les comparaisons les faire comprendre, tant toutes les choses de la terre ,, sont au dessous d'un tel sujet? Mais mon Dieu, puis que par vostre ,, infinie bonté vous faites la grace à vos servantes de gouster souvent ,, quelques unes de ces douceurs ineffables, & quelles n'ont point ,, d'autre desir que de vous servir & de vous plaire, éclairez-moy, s'il ,, vous plaist, de vostre celeste lumiere afin que je puisse leur en don- ,, ner quelque connoissance pour les empescher d'estre surprises par ,, les illusions de cet esprit mal-heureux, qui se transforme pour les ,, tromper en Ange de lumiere.

Il y a peu d'ames qui entrent dans cette cinquiéme demeure donc je vay parler; & bien peu de celles qui y entrent qui voyent tous les tresors qu'elle enferme : mais quand elles n'arriveroient que jusques à la porte ce seroit toûjours une grande faveur que Dieu leur feroit, puis qu'il y a beaucoup d'appellez & peu d'élûs. Ainsi encore que tous tant que nous sommes qui avons l'honneur de porter ce saint habit soyons appellées à l'oraison & à la contemplation en qualité de filles de ces saints Peres du Mont-Carmel, qui foulant aux pieds toutes les choses du monde alloient chercher dans les deserts & les solitudes ce riche tresor & cette perle precieuse dont nous parlons, il y en a peu qui soient en l'estat où l'on doit estre pour meriter que Dieu les leur découvre. Car bien qu'en ce qui regarde l'exterieur il n'y ait rien à reprendre à nostre conduite, cela ne suffit pas pour arriver à un si haut degré de perfection. C'est pourquoy, mes Sœurs, il faut redoubler nos soins pour passer outre, & demander à Dieu avec ferveur, que puis que nous pouvons en quelque maniere joüir dés cette vie du bon-heur qui se trouve dans le Ciel, il nous assiste par sa grace & nous fortifie de telle sorte que nous ne nous lassions point de travailler jusques à ce que nous ayons trouvé ce tresor caché. Car on peut dire avec verité qu'il est au dedans de nous-mesmes; & c'est ce que je pretens vous faire entendre s'il plaist à Dieu m'en rendre capable. J'ay dit qu'il est besoin pour cela qu'il fortifie nostre ame, afin de vous faire connoistre que les forces du corps ne sont pas necessaires à ceux à qui il ne les donne pas. Il ne nous demande point des choses impossibles pour acquerir de si grandes richesses, & se contente de ce qui est en nostre pouvoir. Qu'il soit beny à jamais.

Mais considerez, mes Filles, qu'il est necessaire pour cette preparation de nous donner à Dieu sans reserve, puis qu'il nous fait de plus grandes ou de moindres graces à proportion du plus ou du moins que nous luy donnons. C'est là la meilleure de toutes les marques pour connoistre si nous arrivons jusqu'à l'oraison d'Vnion : & ne vous imaginez pas que cette oraison ressemble comme la precedente à un songe, je dis à un songe ; parce que dans cette autre oraison qui est celle de quietude l'ame paroist y estre assoupie, n'étant ni bien endormie ni bien éveillée : au lieu que dans cette oraison d'union elle est tres éveillée au regard de Dieu & endormie à toutes les choses de la terre, & à elle-mesme, & se trouve tellement privée de tout sentiment tandis que cela dure, que quand elle le voudroit elle ne pourroit penser à rien. Ainsi elle n'a point besoin de se faire violence pour suspendre son entendement, puis qu'il paroist si mort qu'elle ne sçait mesme ni ce qu'elle aime, ni en quelle maniere elle aime, ni ce qu'elle veut ; mais est absolument morte à toutes les choses du monde, & vivante seulement en Dieu. Qu'une telle mort est douce & agreable, mes Sœurs ! Douce ; parce qu'elle détache l'ame de toutes ces puissances qui sont comme autant d'organes dont elle a besoin pour agir durant qu'elle est enfermée dans la prison de ce corps, & agreable ; parce qu'encore qu'en effet elle n'en soit pas separée, il semble qu'elle s'en separe pour se mieux unir à Dieu : & je ne sçay si en cet estat il luy reste assez de vie pour pouvoir seulement respirer. Il me paroist que non : ou qu'au moins si elle respire elle ne sçait ce qu'elle fait. Son entendement voudroit s'employer à comprendre quelque chose de ce qui se passe en elle ; & s'en trouvant incapable il demeure dans un tel étonnement que ne luy restant aucune force il ne peu agir en nulle maniere : de mesme qu'une personne qui tombe dans une si grande défaillance qu'elle est comme morte.

O secrets de mon Dieu ! je ne me lasserois jamais, mes Filles, de tascher à vous le faire entendre pour luy en rendre graces : mais pour une fois que je pourray bien rencontrer je diray sans doute mille impertinences.

Ce qui me fait croire que cette oraison d'union n'est pas un son-

Difference entre l'oraison de Quietude, & marque de celle d'Vnion.

ge; c'est que jusques à ce que l'ame ait une grande experience de ce qui se passe dans la quatriéme demeure elle ne sçait si elle dort ou si elle veille, ni si ce qu'elle sent vient de Dieu ou du demon qui se transforme en un Ange de lumiere, & demeure ainsi en suspens. Or il est bon qu'elle y demeure, à cause qu'elle se peut tromper elle-mesme, parce qu'encore qu'elle n'ait pas tant de sujet qu'auparavant de craindre que ces bestes venimeuses y entrent, il ne laisse pas d'y avoir de petits lezards, c'est à dire, de certaines pensées qui procedent de l'imagination, qui se glissent par tout, & qui bien qu'ils ne fassent point de mal sont neanmoins fort importuns: mais ils ne peuvent entrer dans cette cinquiéme demeure; parce que ni l'imagination, ni la memoire, ni l'entendement, ne sçauroient troubler le bon heur dont on y joüit.

J'ose assurer que si c'est une veritable union avec Dieu, le demon n'y peut trouver place ni nous faire la moindre peine, parce que cette suprême Majesté estant unie à l'essence de nostre ame, il n'oseroit s'en approcher ni rien entendre des secrets qui se passent entre son Seigneur & elle. Et comment pourroit-il penetrer une chose si cachée, puis qu'il est certain qu'il ne connoist pas mesme nos pensées; j'entens en disant cecy parler des actions de l'entendement & de la volonté; car quant aux pensées qui procedent que de nôtre imagination, il est sans doute que le demon les voit, à moins que Dieu luy en oste la connoissance. Qu'heureux est donc un tel estat où cet esprit mal heureux ne nous peut nuire; parce que Dieu nous favorise de tant de graces que ni le demon ni nous-mesmes ne sçaurions y apporter de l'obstacle: & quels effets ne reçoit point alors une ame de la liberalité de ce suprême Monarque qui prend tant de plaisirs à donner, & dont les richesses sont inépuisables?

Je ne doute point, mes Filles, que ces paroles: Si cette union est de Dieu, & il y a encore d'autres unions, ne vous embarassent. Il est certain neanmoins qu'il entre de l'union dans les choses vaines lors qu'on les aime avec passion, & que le demon ne manque pas de s'en servir; mais l'ame ne ressent pas dans cette sorte d'union beaucoup de plaisir & de paix, au lieu que dans son union avec Dieu elle éprouve des joyes infiniment élevées au dessus de celles que l'on peut gouter sur la terre, & qui en sont aussi differentes qu'il y a de difference entre les diverses causes d'où elles tirent leur origine ainsi que le sçavent ceux qui en ont fait l'experience.

J'ay dit autre part que c'est de mesme que si ces contentemens terrestres ne touchoient que nostre peau, au lieu que ceux-cy penetrent jusques dans la moüelle des os. Je ne sçaurois me mieux expliquer, & je crains que vous n'en soyez pas satisfaites, parce qu'il vous semblera que vous pourrez vous tromper dans des choses si interieures & si difficiles à discerner. Ainsi quoy que ce que i'ay dit suffise pour ceux qui ont experimenté l'un & l'autre, la difference qui s'y rencontre estant si grande ie veux vous en donner une marque si manifeste que vous ne puissiez douter si c'est une grace qui vient de Dieu. Il luy a plû par sa bonté de me faire connoistre aujourd'huy cette difference. Ie la trouve tres-certaine : & ces mots : *Il me paroist*, ou : *il me semble*. Sont des termes dont i'use toûjours dans les matieres difficiles, lors mesme que je croy les bien entendre, & parler selon la verité, à cause que je suis preparée, si je ne me trompe, à m'en rapporter à des hommes sçavans ; parce que Dieu les ayant choisis pour estre des lumieres de son Eglise ils ont cet avantage par dessus les autres que quand on leur propose quelque verité il les dispose à la recevoir, & que pourveu qu'ils soient gens de bien rien de tout ce qu'on leur peut dire de ses grandeurs & des merveilles qu'il opere dans les ames ne les étonne, à cause qu'ils sçavent que son pouvoir n'ayant point de bornes il peut aller encore beaucoup au dela, joint que la connoissance que leur science leur donne de quelques autres choses non moins admirables receuës dans l'Eglise, leur fait ajoûter foy à celles-cy, quoy qu'elles ne soint pas encore connuës. I'en puis parler par experience aussi bien que de ces demy-sçavans a qui tout fait peur, dont l'ignorance m'a cousté si cher : & je suis tres-persuadée que ceux qui ne croyent pas que Dieu peut faire beaucoup davantage & qu'il luy plaist quelquefois de se communiquer à ses creatures par des graces & des faveurs extraordinaires, ne sont guere en estat de les recevoir. Gardez-vous donc bien je vous prie, mes Sœurs, de tomber jamais dans cette erreur : mais quoy que l'on vous dise des grandeurs de Dieu croyez qu'elles vont encore infiniment au delà : & ne vous amusez point à examiner si ceux à qui il fait ces graces sont bons ou mauvais. C'est à luy de le connoistre : nous n'avons qu'à le servir avec une entiere pureté & simplicité de cœur, avec une profonde humilité, & à donner les loüanges qui sont deuës aux merveilles de ses œuvres.

Pour revenir donc à cette marque qui me paroist si certaine, je dis qu'aprés que Dieu a tiré cette ame comme hors d'elle-mesme, & l'a privée de toutes ses fonctions pour mieux imprimer en elle la connoissance de son infiny pouvoir, & qu'ainsi elle ne voit, ni n'entend, ni ne comprend rien durant le temps que cela dure, qui est toûjours tres bref, & luy semble l'estre encore davantage qu'il n'est en effet, ce Roy de gloire entre de telle sorte dans le plus interieur de cette ame, & l'honore si pleinement de sa divine presence, que lors qu'elle revient à elle-mesme, *elle est si asseurée d'avoir receu cette faveur qu'encore qu'il se passast plusieurs années sans qu'il luy en accorde une semblable elle luy est toûjours presente, & les effets qu'elle produit ne cessent point de continuer, comme je le diray dans la suite, parce que cela est fort important.

que Dieu fait connoi-stre à l'ame qu'elle a esté verita-blement unie à luy, me reçoit point de difficulté. Mais il ne s'ensuit pas necessaire-ment delà que l'ame soit en gra-ce, parce que Dieu peut s'unir aussi aux ames qui n'y sont pas, afin de les tirer du peché, & les ramener à luy par une si grande faveur, ainsi que la Sainte le dit ailleurs

Vous me demanderez peut-estre, mes Filles, comment il se peut faire que l'ame ait vû ou entendu cela, puis que j'ay dit qu'elle ne voyoit ni n'entendoit rien. Ie répons que lors de cette union elle ne le voyoit pas ; mais qu'elle l'a vû clairement depuis, non par une vision ; mais par une certitude indubitable qui luy est restée, & que Dieu seul luy pouvoit donner. Ie connois une personne qui ne sçachant point encore qu'il est en toutes choses par sa presence, par puissance, & par essence, le connut si parfaitement dans une de ces graces qu'il luy fit, qu'un de ces demy-sçavans à qui elle demanda de quelle sorte il est en nous luy ayant répondu, qu'il n'y estoit que par grace : elle ne le crût point, & fut extrêmement consolée quand après l'avoir demandé depuis à d'autres plus sçavans ils la confirmerent dans la verité dont elle estoit si fortement persuadée.

Ne vous imaginez pas neanmoins que cette certitude vienne d'avoir vû aucune forme corporelle de mesme que le corps de nostre Seigneur Iesus-Christ, est dans le tres saint Sacrement, quoy que nous ne le voyions point. Car il n'y a en cecy que la seule divinité. Mais comment, me dira-t on, pourrons-nous avoir une si grande certitude de ce que nous ne voyons point ? A cela je ne sçay que répondre. Ce sont des secrets de la toute puissance de Dieu qu'il ne m'appartient pas de penetrer. Ie suis neanmoins fort assurée que je dis la verité, & je ne croiray jamais qu'une ame qui n'aura pas cette certitude ait esté entierement unie à Dieu. Elle ne l'aura esté sans doute que par quelqu'une de ses puissances ou par quelque autre de tant de differentes faveurs qu'il fait aux ames. Ne cherchons donc point des raisons pour sçavoir de quelle sorte ces choses se passent ; puis que nostre esprit n'estant pas capable de les comprendre nous nous tourmenterions inutilement, & qu'il nous suffit de considerer que la puissance de celuy qui opere ces merveilles est infinie.

Ie me souviens sur ce sujet de ce que dit l'Epouse dans le Cantique : *Le Roy m'a menée dans ces celliers.* Car vous voyez qu'elle ne dit pas qu'elle y soit entrée d'elle-mesme, & qu'elle dit ailleurs : *Qu'elle alloit cherchant de tous costez son bien aimé.* Or je considere le centre de nostre ame comme un cellier dans lequel Dieu nous fait entrer quand il luy plaist, & comme il luy plaist par cette admirable union, afin de nous y enyvrer saintement de ce vin si delicieux de sa grace sans que nous y puissions rien contribuer que par l'entiere soûmission de nostre volonté à la sienne, nos autres puissances & tous nos sens demeurant à la porte comme endormis lors que Dieu entre dans ce centre de nostre ame, les portes fermées de mesme qu'il apparut à ses disciples en leur disant: *La paix soit avec vous*, & qu'il sortit du sepulchre sans oster la pierre qui en fermoit l'entrée. Vous verrez dans la septiéme demeure que cette suprême Majesté veut que l'ame estant dans luy mesme comme dans son centre y gouste un bon-heur encore plus grand que celuy dont elle joüit en celle-cy. Mais si nous demeurons toûjours, mes Filles, dans nostre bassesse & nostre misere, & ne considerons point que nous ne sommes pas dignes de servir un si grand Seigneur, comment pouvons-nous esperer d'acquerir la connoissance de ces merveilles? Qu'il soit loüé à jamais. Ainsi soit-il.

CHAPITRE II.

Comparaison de l'ame avec un ver à soy pour faire connoistre une partie de ce qui se passe entre Dieu & elle dans l'oraison d'union en cette cinquième demeure.

IL vous semblera peut estre, mes Sœurs, que i'ay parlé de tout ce que l'on voit dans cette cinquiéme demeure. Il m'en reste neanmoins encore beaucoup à rapporter, & vous pouvez vous souvenir que i'ay dit qu'il y a du plus & du moins. Mais ce n'est pas en ce qui regarde l'union; car je n'y puis rien ajoûter.

Quand les ames à qui Dieu fait ces graces se disposent à en recevoir de plus grandes, que n'opere-t-il point en elles? I'en diray quelque chose, comme aussi de la maniere dont cela se passe; & je me serviray pour me faire mieux entendre d'une comparaison qui me paroist y estre fort propre; parce qu'elle fera voir qu'encore que nostre Seigneur fasse tout en cela, nous ne laissons pas de faire beaucoup en nous disposant à recevoir ces faveurs.

Voicy donc qu'elle est la comparaison dont je prétens me servir. Comme vous sçavez par quelle admirable maniere se fait la soye, & dont il n'y a que Dieu qui puisse estre l'auteur, vous n'ignorez pas que cette graine qui ressemble à de petits grains de poivre, & qui paroissoit morte estant animée par la chaleur produit des vers dans le mesme temps que les meuriers poussent des fueilles propres à les nourir; & qu'aprés que ces petits animaux sont devenus assez grands ils tirent la soye de leur propre substance, la filent, en forment une coque s'y enferment, & y trouvent la fin de leur vie: & qu'ensuite au lieu que ces vers estoient assez grands & difformes il sort de chacune de ces coques un petit papillon blanc fort agreable.

Que si nous ne voyions point cela, & qu'on nous le racontast comme estant arrivé en des temps fort éloignez de nous, pourrions-nous le croire? Et quelle raison seroit capable de nous persuader

De l'oraison d'Union. &c comparaison de l'ame avec un ver à soye

qu'un petit animal fans raifon tel qu'eft un ver ou une mouche à miel fuffent fi induftrieux & fi diligens à travailler pour noftre utilité, & qu'il en coûtaft la vie à ce pauvre ver ? Il n'eft pas befoin, mes Sœurs, de m'étendre davantage fur ce fujet. ce peu fuffit pour vous fervir durant quelque temps de matiere de meditation, & vous faire faire des reflexions fur les merveilles de la fageffe de N. Dieu. Que feroit-ce donc fi nous connoiffions les proprietez de toutes les chofes qu'il a creées? Nous pouvons fans doute tirer un grand avantage de nous occuper des penfées de fon infinie grandeur & de nous réjoüir de l'honneur que nous avons d'eftre les époufes d'un fi fage & fi puiffant Roy.

Mais je reviens à ma comparaifon. Quand ce ver myfterieux qui eft noftre ame qui eftoit comme morte par le peché & dans les occafions de continuer à le commettre commence d'eftre animé par la chaleur du S. Efprit, en profitant de ce fecours general que Dieu donne à tous par le moyen des remedes dont il a laiffé la difpenfation à fon Eglife tels que font la frequentation des Sacremens, la lecture des bons livres, & les predications; & que ce ver fe nourrit auffi de faintes meditations jufques à ce qu'il foit devenu grand qui eft ce qui fait mon fujet : alors il travaille à faire la foye, & à former cette coque qui eft comme la maifon où il doit finir fa vie. Or c'eft de cette maifon que j'entens parler, qui n'eft autre chofe que JESUS CHRIT, felon cette parole de faint Paul: *Noftre vie eft cachée en Dieu, & IESUS CHRIST eft noftre vie.*

Vous voyez donc, mes Filles, ce que nous pouvons en cecy avec l'affiftance de Dieu pour faire qu'il foit luy-mefme noftre demeure comme il l'eft dans cette oraifon, qui eft de travailler de noftre cofté à baftir cette demeure ainfi que le ver à foye travaille à faire fa coque. Il vous femblera peut-eftre qu'en parlant de la forte je pretende que nous puiffions ofter ou donner quelque chofe à Dieu, puis que je dis qu'il eft luy-mefme noftre demeure, & que nous pouvons travailler à baftir cette maifon, & nous y loger. Mais je fuis tres-éloignée de croire que nous foyons capables d'ofter ou de donner quelque chofe à Dieu : ce n'eft que de nous mefmes que j'entens que nous pouvons retrancher où ajoûter comme font ces petits animaux, & que nous n'aurons pas plûtoft fait tout ce qui depend de nous, qu'encore que ce travail ne foit prefque rien, noftre Seigneur l'unira à fon infinie grandeur, & en rehauffera tellement le merite qu'il le jugera digne d'en eftre luy-mefme la recompenfe. Et qu'ainfi bien que ce foit luy qui ait prefque tout fait il joindra avec tant de bonté nos petits travaux aux grands travaux qu'il a foufferts qu'ils deviendront une mefme chofe.

Courage donc, mes Filles : ne perdrons pas un moment pour travailler

vailler à un si important ouvrage en renonçant à nostre amour propre, à nostre volonté & à toutes les choses de la terre ; en faisant des œuvres de mortification & de penitences; en nous occupant à l'oraison, & en pratiquant l'obeïssance & toutes les autres vertus, dont vous estes si bien instruites que je n'ay qu'à souhaiter que vos actions soient conformes à vos connoissances. Que ce ver meure, mes Filles, aprés avoir accomply l'ouvrage pour lequel il a esté creé. Sa mort nous fera voir Dieu, & nous nous trouverons comme abysmées dans sa grandeur, de même que ce ver est caché & comme ensevely dans sa coque. Mais remarquez qu'en disant que nous verrons Dieu ie l'entens en la maniere qu'il se donne à connoistre dans cette sorte d'union.

Voyons maintenant ce que fait ce ver lors qu'aprés estre mort au monde dans cette oraison il se convertit en un papillon qui est le sujet auquel se rapporte tout ce que je viens de dire. Qui pourroit exprimer quel est l'estat où se trouve une ame aprés avoir esté unie à cette grandeur incomprehensible de Dieu & comme plongée dans luy-même ; quoy que ce temps n'ait duré qu'une demie heure, ne croyant pas qu'il aille jamais à davantage. Je puis vous dire avec verité que cette ame ne se connoist plus elle-même ; parce qu'il n'y a pas moins de difference entre ce qu'elle estoit auparavant & ce qu'elle est alors, qu'entre un ver laid & difforme & un papillon blanc & tres agreable. Cette ame ne sçait comment elle a pû se rendre digne de posseder un si grand bonheur, ni d'où il a pû luy venir. Elle se trouve dans un continuel desir de loüer Dieu & de souffrir pour son service de grands travaux & mille morts s'il estoit possible: Elle brûle de desir de faire penitence: Elle a un amour incroyable pour la retraite & la solitude, & elle souhaitte avec tant d'ardeur que chacun connoisse & rende à Dieu ce qui luy est dû, qu'elle ne peut sans en ressentir une extrême peine voir qu'on l'offense. Mais je parleray plus particulierement de ces choses dans la demeure suivante, qui a tant de conformité avec celle-cy que c'est presque la même chose excepté en ce qui regarde les effets qui sont fort differens ; parce comme je l'ay dit, que lors qu'une ame à qui Dieu a fait la grace d'arriver à cette cinquiéme demeure s'efforce de passer plus outre, il opere de merveilleux effets en elle.

Quoy que ce petit papillon n'ait jamais esté en si grand repos on ne sçauroit voir sans en donner de grandes loüanges à Dieu, quelle est alors son inquietude. Il ne sçait où aller ni où se reposer, parce qu'aprés avoir joüi d'un si grand bon-heur tout ce qu'il voit sur la terre luy plaist, principalement quand Dieu l'a favorisé diverses fois de semblables graces & comme enyvré de ce vin delicieux qui produit à chaque fois que l'on en boit de si grands effets.

AAAaa

L'ame qui est ce petit papillon ne regarde plus alors que comme méprisable ce qu'elle faisoit pour former peu à peu sa coque lors qu'elle n'estoit encore qu'un ver. Car les aisles luy estant venuës & ainsi pouvant voler, pourroit-elle se contenter de marcher seulement pas à pas; Ses desirs de plaire à Dieu sont si ardens qu'elle ne trouve rien de difficile en ce qui regarde son service. Elle ne s'étonne plus des actions merveilleuses des Saints; parce qu'elle sçait par experience que Dieu assiste & transforme de telle sorte les ames qu'elles ne paroissent plus estre les mêmes, tant leur foiblesse en ce qui regarde la penitence est changeé en force;& elle se trouve tellement délivré de l'attache des parens,des amis, & des autres choses d'icy bas;qu'au lieu qu'auparavant toutes ses resolutions & tous ses efforts lui estoient inutiles pour s'en separer d'affection,& qu'au contraire elle s'y voyoit de plus en plus engagée,elle voudroit maintenant n'y renoncer que pour plaire à Dieu & non pas par obligation: Et enfin tout la lasse & la dégoûte;parce qu'elle a éprouvé que Dieu est capable de la mettre dans ce veritable repos qu'elle ne peut attendre des creatures.

Il pourra sembler que je m'étens trop sur ce sujet:mais je pourrois en dire beaucoup davantage, & ceux à qui Dieu fait de semblables faveurs trouveront que j'en dis trop peu. Faut-il donc s'étonner que ce papilon qui ne trouve rien sur la terre qui luy puisse plaire ne sçache en quel lieu s'arrêter? Car de retourner d'où il est sorty, cela n'est pas en son pouvoir s'il ne plaist à Dieu de luy faire encore la mesme grace. Seigneur que de nouvelles peines commence alors de souffrir cette ame,& qui croiroit qu'elle en dût ressentir après avoir esté favorisée d'une faveur si sublime? Mais c'est une necessité inévitable de porter toûjours nostre croix en ce monde d'une maniere ou d'une autre.

Que si quelqu'un me disoit qu'après estre arrivé dans cette cinquiéme demeure on joüit toûjours d'un plein repos & d'un parfait contentement,je luy répondrois qu'il n'y est jamais entré;mais seulement peut-estre dans la demeure precedente où il a gousté quelque plaisir auquel la foiblesse de son naturel aura contribué, ou par quelque fausse paix dont le demon l'a flatté pour luy faire ensuite une plus cruelle guerre;quoy que je ne veüille pas en parlant de la sorte dire que l'ame ne trouve la paix & mesme une grande paix dans cette cinquiéme demeure;puis que les travaux qu'elle endure,sont d'un tel prix & la cause qui les fait embrasser si excellente qu'ils produisent la paix & la joye.

Ce dégoust que l'on a des choses du monde cause un si grand desir d'en sortir que l'on n'y trouve de soulagement qu'en pensant que Dieu veut que nous vivions dans cét exil; & encore cela ne suffit-il pas ; parce que nonobstant tous ces avantages dont j'ay parlé l'ame n'est pas encore entierement soûmise à la volonté de Dieu comme on le verra dans la suite. Elle ne laisse pas neanmoins de s'y conformer quoy qu'avec peine & sans pouvoir s'empêcher de répandre quantité de larmes toutes les fois qu'elle fait oraison. Je croy que cette peine procede de voir que Dieu au lieu d'estre honoré comme il devroit l'estre est tant offensé, & que tant de Maures, & d'Heretiques se perdent. Mais ce qui à mon avis afflige le plus cette ame, c'est le nombre des Catholiques qui tombent dans le mesme malheur ; parce qu'encore qu'elle sçache que la misericorde de Dieu est grande, & que quelque méchant que l'on soit on peut se convertir & se sauver, elle apprehende la condamnation de plusieurs.

O merveilleux effets de la puissance de Dieu! Il n'y avoit que peu d'années & peut-estre que peu de jours que cette ame ne pensoit qu'à elle mesme : & qui luy a donc donné ces sentimens si grands & si vifs que l'on ne sçauroit acquerir durant plusieurs années de meditation quelque application que l'on y apporte? Car il est vray, mes Filles, que quand nous employerions non seulement plusieurs jours ; mais plusieurs années à considerer quel mal-heur c'est d'offenser Dieu; que ceux qui se damnent de la sorte sont ses enfans & nos freres; le peril dans lequel nous sommes, & l'avantage que ce nous seroit de sortir de cette miserable vie, cela ne suffiroit pas pour nous donner de tels sentimens, estant certain qu'il y a une grande difference entre la peine que souffrent ces ames & celle que nous souffrons; puis qu'encore que nous puissions avec l'assistance de Dieu nous beaucoup occuper de ces pensées, nous n'en sommes pas penetrées de douleur jusques dans le fond du cœur, ainsi que le sont ces ames sans qu'elles y contribuënt rien par elles-mêmes & quelquefois sans le vouloir. Qu'est-ce donc que cela, & quelle en peut estre la cause? La voicy, mes Sœurs, Ne vous souvenez vous pas de ce que je vous ay dit sur un autre sujet que Nostre Seigneur a conduit l'Epouse dans son cellier plein d'un vin si delicieux, & l'a comme saintement enyurée de son amour? Or cecy est une mesme chose. Car cette ame s'estant entierement abandonnée à son adorable conduite, l'amour qu'elle luy porte la rend si soûmise à sa divine volonté qu'elle ne desire ni ne veut autre chose sinon qu'il dispose d'elle comme il luy plaira. Mais c'est une grace que je croy qu'il n'accorde qu'aux ames qu'il regarde comme estant absolument à luy. On peut dire qu'il les scelle alors de son sceau sans qu'elles sçachent de quelle sorte cela se fait. Elles sont comme de la cire sur laquelle on imprime un cachet qu'elles ne sçauroient imprimer ni s'amollir elles-mesme, tout ce qu'elles peuvent estant de recevoir cette impression sans y resister.

* O bonté merveilleuse de mon Dieu de vouloir ainsi tout proh

Lors que la Sainte dit que

dre sur luy, & de se contenter que cette cire qui est nostre volonté n'y apporte point de resistance! Vous voyez donc, mes Filles, de quelle sorte il agit en cecy, lors que pour faire connoistre à l'ame qu'elle est à luy il luy fait cette extréme grace de la traiter comme il a traité son Fils en cette vie. Car qui devoit plus que Iesus-Christ desirer d'en sortir ? & ne le témoigna t-il pas dans la Cene quand il dit : *I'ay desiré avec un extréme desir*, & le reste. Si je vous demande, Seigneur, comme vous ne vous representiez point les extrémes souffrances d'une mort si douloureuse, ie sçay que vous me répondrez que quelques grandes qu'elles fussent vostre desir de sauver les hommes les surpassoit de beaucoup, & que les travaux que vous avez supportez durant tout le cours d'une vie aussi laborieuse qu'a esté la vostre vous la faisoient mépriser.

Considerant sur ce sujet que le tourment qu'une personne que ie connois souffroit de voir offencer Dieu luy estoit si insupportable qu'elle auroit donné sa vie avec joye pour s'en delivrer, ie pensois en moy-même : que si une ame dont l'amour pour Dieu se peut dire n'estre presque rien en comparaison de celuy de Iesus Christ, pour son Pere luy faisoit sentir une si extréme peine, qu'elle devoit estre celle de ce Redempteur du monde, puis que toutes choses lui estant presentes il voyoit tout d'une vuë la multitude infinie de pechez commis contre l'honneur de son Pere ? Certes ie suis persuadée qu'une si vive douleur le touchoit beaucoup davantage que celles qu'il a endurées dans sa passion; parce que le plaisir de nous racheter par sa mort & de témoigner en la souffrant son extréme amour pour son Pere les adoucissoit ; de méme que nous voyons qu'une ame vivement touchée de l'amour de Dieu ne sent presque point la rigueur des plus rudes penitences & voudroit en faire encore de plus grandes. Ainsi quoy que Iesus-Christ eust tant de ioye d'accomplir si parfaitement la volonté de son Pere, sa douleur de le voir tant offencé & tant d'ame se precipiter dans l'enfer estoit si extréme, que ie ne doute point que s'il n'eust esté plus qu'homme, une seule iournée de la peine qu'elle luy faisoit endurer eust esté capable de luy faire perdre non seulement la vie, mais plusieurs vies s'il les avoit eues.

les ames qui sont en cet estat connoissent qu'elles sõt à Dieu par le desir qu'elles ont de mourir afin de iouir de sa presence, elle ne pretend pas dire que cette connoissance est infaillible: mais seulement qu'elle est moralement & probablement certaine.

CHAPITRE III.

De l'oraison d'Vnion. Que l'amour du prochain est une marque de cette Vnion.

De l'oraison d'Vnion.

REVENONS maintenant à cette ame que i'ay comparée aussi à une colombe, & voyons quelles sont les graces que Dieu

V. DEMEVRE, CHAPITRE III. 741

luy fait en cét estat. Il faut toûjours poser pour constant qu'elle doit travailler sans cesse à s'avancer dans son service & dans la connoissance d'elle-même. Car si elle se contente de recevoir des graces, & que les considerant comme ne luy pouvant manquer elle s'égare du chemin du Ciel en n'observant pas les commandemens de Dieu, il lui arrivera comme à ce ver à soye dont i'ay parlé ; qui ne laisse pas de mourir encore qu'il en produise d'autres par le moyen de cette graine qu'il laisse de luy, & ce qui me fait parler de le sorte c'est que ne pouvant croire que Dieu permette qu'une aussi grande grace que celle qu'il a faite à cette ame soit inutile ; je tiens pour certain que si elle ne luy sert pour elle-même elle profite à d'autres, non seulement durant le temps qu'en pratiquant la vertu elle les échauffe par sa chaleur, mais encore depuis l'avoir perduë ; parce qu'il luy reste toûjours un desir de l'avancement des autres, & qu'elle prend plaisir à leur faire connoistre qu'elles sont les graces dont Dieu favorise ceux qui l'aiment & qui le servent.

I'ay connu une personne à qui ce que je dis est arrivé. Car s'estant mal-heureusement éloignée de Dieu elle ne laissoit pas de desirer que les autres profitassent des faveurs qu'il luy avoit faites, & de les beaucoup servir en les instruisant dans l'oraison. Nostre Seigneur répandit depuis dans son ame une nouvelle lumiere ; mais qui ne produisoit pas encore les effets dont i'ay parlé. Et combien y en a-t-il qu'il appelle à l'Apostolat comme Iudas, & qu'il éleve sur le trône comme Saül, qui se perdent aprés par leur faute ? Cela nous doit apprendre, mes Sœurs, que pour ne pas tomber dans un tel malheur, & nous rendre dignes de recevoir encore d'autres graces, le seul moyen est de pratiquer l'obeïssance & de ne nous éloigner jamais de la loy de Dieu, ce qui est une regle generale non seulement pour ceux à qui il fait de semblables graces ; mais pour tout le monde.

Ie crains que ce que i'ay dit de cette cinquiéme demeure ne soit pas encore assez clair : & comme il est si avantageux d'y pouvoir entrer il est bon de n'en pas oster l'esperance à ceux à qui Dieu ne donne pas assez de lumiere pour connoistre ces choses surnaturelles, puis qu'ils peuvent avec son secours arriver à une veritable union, pourvû qu'ils s'efforcent de tout leur pouvoir de soûmettre leur volonté à la sienne.

O combien y en a-t-il qui disent & qui croyent fermement estre dans ces dispositions ! Et moy je vous assure que s'ils y sont ils ont obtenu de Dieu ce qu'ils peuvent souhaitter, & ne doivent plus se mettre en peine de n'estre point arrivez à cette autre union si delicieuse dont i'ay parlé, en considerant que ce qu'elle a de meilleur est qu'elle procede de celle dont je parle maintenant. Que cette union est donc desirable, & qu'heureuse est l'ame qui arrive jusques à obtenir une si grande faveur! Elle se trouvera dans un plein repos même en cette vie; puis qu'excepté l'apprehension de perdre son Dieu ou le déplaisir de voir qu'on l'offense, ni la pauvreté, ni la maladie, ni la mort, si ce n'est des personnes utiles à l'Eglise, ni rien de tout ce qui peut arriver icy-bas ne sera capable de l'affliger, parce qu'elle est assurée qu'il sçait beaucoup mieux ce qu'il fait, qu'elle ne sçait ce qu'elle desire.

Vous devez remarquer, mes Filles, qu'il y a de certaines peines qui sont des effets de la nature & de la charité qui nous font compatir aux maux de nostre prochain, ainsi que nous voyons que Nostre Seigneur fut touché lors qu'il ressuscita le Lazare, & que ces peines n'empêchent pas la volonté de demeurer unie à Dieu ni ne troublent point l'ame par des inquietudes qui luy fassent perdre le repos; mais passent promptement, à cause, comme je l'ay dit en parlant des gousts & des douceurs qui se rencontrent dans l'oraison, qu'elles ne penetrent pas à mon avis jusques à l'interieur de l'ame, & sont seulement impression sur ses sens & ses puissances. Ces peines qui se rencontrent dans les demeures precedentes n'entrent point dans celles dont il me reste à parler, n'estant pas besoin dans cette maniere d'union que les puissances soient suspenduës, puis que Nôtre Seigneur a d'autres voyes que celles que i'ay rapportées pour répandre ses richesses dans les ames & les conduire dans ces demeures. Mais prenez garde, mes Filles, qu'il faut qu'il en couste la vie à ce ver à soye; & sa mort vous coûtera cher: parce que dans cette autre union l'étonnement où estoit l'ame de se voir dans une vie qui luy estoit si nouvelle, diminuoit sa peine de voir mourir ce ver, au lieu que dans cette autre union quoy que l'ame pûst conserver la vie au ver, il faut qu'elle luy donne la mort. J'avouë que ce dernier estat est beaucoup plus penible que le premier; mais la recompense en sera aussi beaucoup plus grande si nous demeurons victorieuses, & nous le serons sans doute pourvû que nostre volonté soit veritablement unie à celle de Dieu.

C'est-là l'union que i'ay toute ma vie desirée & demandée à Nostre Seigneur & qui est la plus facile à connoistre & la plus assurée. Mais que peu de nous y arrivent, quoy que celles qui prennent garde à ne point offenser Dieu & qui sont entrées à ce dessein en religion s'imaginent qu'elles ont par là satisfait à tout! Helas combien y a-t-il de sortes de vers dont on ne s'apperçoit point jusques à ce qu'ils ayent rongé nos vertus par des sentimens d'amour propre par l'estime de nous-mêmes, par des jugemens temeraires de nostre prochain bien qu'en des choses legeres, & par des manquemens de charité en ne l'aimant pas comme nous-mêmes? Car encore que nous tâchions de nous acquiter de nos devoirs pour ne point tomber dans le peché, ce n'est

V. DEMEVRE CHAPITRE. III.

pas estre dans la disposition que nous devons avoir pour estre entierement unies à la volonté de Dieu.

Or quelle est à vostre avis, mes Filles, sa volonté? C'est que nous devrions si parfaites que nous ne soyons qu'une même chose avec luy & avec son Pere, comme il le luy a demandé pour nous. Mais voyez je vous prie combien de choses nous manquent pour arriver à cét estat. Ie vous assure que lors que j'écris cecy ie souffre une grande peine de m'en voir si éloignée; & cela seulement par ma faute, n'étant point necessaire que Dieu nous fasse pour ce sujet de nouvelles graces; puis qu'il suffit qu'il nous ait donné son Fils pour nous enseigner la maniere dont nous devons nous conduire. Ne vous imaginez pas neanmoins que cela s'entende de telle sorte que cette conformité à la volonté de Dieu nous oblige quand nous perdons un pere ou un frere à n'en avoir point de sentiment, & à souffrir avec joye les peines & les maladies qui nous arrivent. Ce seroit passer trop avant: & si l'on examine bien de quels mouvemens sont poussez ceux qui semblent en user ainsi, on trouvera que la pluspart ne font que par necessité ce qu'ils paroissent faire par vertu: & il n'en faut point de meilleur preuve que tant d'actions semblables des Philosophes payens dont une sagesse humaine qui n'est que folie devant Dieu estoit la seule cause. Il ne nous demande que deux choses dans ces rencontres: l'une de l'aimer; & l'autre d'aimer nostre prochain. C'est donc à cela que nous devons travailler, puis que pourvû que nous les accomplissions fidellement nous ferons sa volonté & serons unies à luy. Mais il paroist assez comme je l'ay dit, que nous sommes fort éloignées de nous en acquiter en la maniere que nous le devrions pour contenter pleinement un si grand maistre. Ie le prie de nous faire la grace d'entrer dans une si sainte disposition: & nous y entrerons sans doute si nous le voulons d'une volonté pleine & determinée.

※

La marque la plus assurée pour sçavoir si nous pratiquons fidellement ces deux choses est à mon avis d'avoir un amour sincere & veritable pour nostre prochain. Car nous ne pouvons connoistre certainement jusques où va nostre amour pour Dieu, quoy qu'il y ait de grandes marques pour en juger: mais nous voyons beaucoup plus clair en ce qui regarde l'amour du prochain: & plus vous y avancerez, mes Sœurs, plus vous vous devrez tenir asseurées que vous avancez dans l'amour de Dieu; parce que celuy qu'il nous porte est si grand qu'il recompense par l'augmentation de cét amour celuy qu'il voit que nous avons pour nostre prochain: & cela par diverses voyes qui me paroissent si visibles que ie ne puis en douter. Nous ne sçaurions donc trop faire de reflexion sur la maniere

L'amour du prochain est une marque de l'union avec Dieu.

dont nous agissons, puis que c'est avec perfection nous pouvons croire estre en asseurance, à cause que la nature humaine a esté si corrompuë par le peché que nous n'arriverons jamais à cét amour parfait de nostre prochain que par nostre amour pour Dieu qui en est comme la racine & la source.

Puis donc, mes Filles, que cecy nous est d'une telle consequence, prenons y garde jusques dans les moindres choses, sans nous arrester à ces grandes pensées qui nous viennent en foule dans l'oraison de ce que nous voudrions faire pour le prochain & pour le salut d'une seule ame ; à quoy si nos actions ne répondent pas nous devons considerer ces pensées comme de belles imaginations. I'en dis de même de l'humilité & de toutes les autres vertus. Il n'est pas croyable de combien d'artifices le diable se sert pour nous persuader que nous sommes vertueux. Il met tout en œuvre ; & il a raison, puis que rien ne nous peut tant nuire, à cause que ces fausses vertus sont toûjours accompagnées d'un orgueil secret; au lieu qu'il ne s'en rencontre jamais dans celles que Dieu nous fait la grace de nous donner.

N'est-ce pas une chose admirable de voir des personnes qui après s'estre imaginé dans l'oraison qu'elles seroiét ravies d'être humiliées & de recevoir publiquement des affronts pour l'amour de Dieu, font au sortir de là tout ce qu'elles peuvent pour cacher jusques à la moindre faute, soit qu'elles l'ayent commise ou qu'on les en accuse sans sujet ? Dieu nous preserve d'une telle erreur. Ceux qui y tombent doivent bien se garder de faire quelque fondement sur ces vaines resolutions que les effets font connoistre ne proceder pas de leur volonté ; mais de la malice du demon qui trompe aisément les femmes & les ignorans manque de sçavoir la difference qu'il y a entre l'imagination & les puissances, & tant d'autres choses qui se passent dans nostre interieur. Helas ! mes Sœurs, qu'il est facile de voir qui sont celles d'entre vous qui aiment veritablement le prochain, & celles qui ne l'aiment pas avec tant de perfection ! Que si vous connoissiez bien l'importance de cette vertu, avec qu'elle application & quelle ardeur ne vous porteriez vous pas à la pratiquer ?

Lors que je voy d'autres personnes si attachées à leur oraison qu'elles n'oseroient se remuër ni tant soit peu en détourner leurs pensées de crainte de perdre quelque chose du plaisir qu'elles y prennent, & de la devotion qu'elles y ont, je n'ay pas peine à juger que puis qu'elles croyent que tout consiste en cela, elles ne sçavent gueres par quelle voye on arrive à l'union. Non non, mes Sœurs, ce n'en est pas là le chemin. Dieu ne se contente pas des paroles & des pensées, il veut des effets & des actions. Si donc vous voyez une malade que vous puissiez soulager en quelque chose, quittez hardiment cette devotion pour l'assister, compatissez à ce qu'elle souffre :

V. DEMEVRE. CHAPITRE IV.

fre: que sa douleur soit aussi la vostre: & si pour la faire manger il vous faut jeusner, jeusnez avec joye non seulement pour l'amour d'elle, mais pour l'amour de Dieu qui vous le commande. C'est là la veritable union, puis que c'est n'avoir point d'autre volonté que la sienne. Si vous entendez donner de grandes loüanges à quelques-uns soyez-en plus aises que si on vous loüoit vous mesme. Cela vous sera bien facile si vous estes humbles;& vous ne pourriez au contraire voir sans peine qu'on vous loüâ. Que s'il y a du merite à se réjoüir d'entendre publier les vertus de ses Sœurs, il n'y en a pas moins à ressentir autant de déplaisir de leurs fautes que des vostres propres & à faire tout ce que vous pourrez pour les couvrir. Ie me suis beaucoup étenduë ailleurs sur ce sujet, parce que je sçay que nous ne pouvons sans nous perdre dont Dieu veuille nous preserver, manquer à ce que je viens de dire. Mais pourveu que vous le pratiquiez vous devez toûjours esperer d'obtenir de Dieu la grace d'arriver à cette union dont j'ay parlé; au lieu que si vous n'avez point cet amour du prochain, quoy que vous ayez de la devotion & sentiez des douceurs qui vous feront paroître que vous serez arrivées jusques à avoir quelque petite suspension dans l'oraison de quietude ainsi que quelques unes se l'imaginent aisement & se persuadent qu'alors tout est fait, croyez-moy vous n'étes point arrivées à cette union. Demandez donc à Dieu du fond du cœur qu'il vous donne avec plenitude cet amour pour le prochain, & aprés laissez-le faire. Sa bonté est si grande qu'il vous accordera plus que vous ne sçauriez desirer pourvû que vous vous fassiez violence pour assujetir en toutes choses vôtre volonté à la sienne; que vous oubliez vos interest pour ne penser qu'à luy plaire malgré la repugnance de la nature, & que vous n'aprehendiez aucun travail lors que vous rencontrerez des occasions de soulager vôtre prochain. Que si cela vous semble penible considerez, mes Sœur, ce que l'amour que nôtre divin Epoux nous porte luy a fait souffrir lors que pour nous delivrer de la mort & d'une mort eternelle, il en a souffert sur la croix une si terrible

CHAPITRE IV.

La sainte compare l'oraison d'union à un mariage spirituel de l'ame avec Dieu; dit que c'est dans cette cinquième demeure que se fait comme la premiere entreveuë de l'Epoux & de l'Epouse, & qu'il n'y a point de soin qu'on ne doive prendre pour rendre inutiles les efforts que fait le demon afin de tascher à porter l'ame à retourner en arriere. Preparation à l'intelligence de la sixième demeure.

IL me semble, mes Filles, que je vous ay laissées dans le desir de sçavoir ce que devient cette colombe, & où elle s'arreste pour se reposer lors que j'ay dit que ce n'est pas en des contentements terrestres ni en des goust spirituels qu'elles trouve son repos. Son vol la porte sans doute beaucoup plus haut : & je ne puis vous satisfaire sur ce sujet que dans la derniere demeure dont il me reste à parler. Dieu veüille rapeller ma memoire & m'assister pour l'écrire : car cinq mois se sont passez depuis que j'en suis demeuré là : & comme ce mal de teste dont je suis toûjours trevaillée ne me permet pas de relire ce que j'écris je pourray tomber en plusieurs redites ; mais cela importe de peu, puis que ce n'est qu'à mes Sœurs que je parle.

Comparaison de l'Oraison d'union à un mariage spirituel.

J'eclairciray au moins le mieux que je pourray ce que cette union me paroît estre, me serviray pour cela selon ma coûtume d'une comparaison, & reviendray ensuite à ce petit papillon, qui encore qu'il vole toûjours sans s'arrester à cause qu'il ne trouve point de veritable repos dans luy-mesme, ne laisse pas de faire du bien à soy & aux autres. Je vous ay desja dit diverses fois que Dieu contracte un mariage spirituel entre luy & les ames : & nous ne sçaurions trop le remercier de vouloir par un tel excez de sa bonté se tant humilier pour l'amour de nous. J'avouë que cette comparaison est grossiere ; mais je n'en sçay point qui exprime mieux ce que je veux dire que le Sacrement de mariage, parce qu'encore qu'il y ait cette grande difference entre le mariage dont je veux parler & le mariage ordinaire, que l'un est tout spirituel, au lieu que l'autre est corporel ; ils ont cela de commun que l'amour en est le lien. Les operations de celuy dont j'ay à traiter maintenant sont si pures, si subtiles, si vives, si penetrantes & plaines de tant de consolation & de douceur que nulles paroles ne sont capables de les exprimer ; mais Nostre Seigneur sçait bien les faire sentir.

Il me semble que l'union n'acomplit pas entierement ce mariage spirituel, & qu'ainsi que lors que dans le monde on veut faire un mariage on s'informe de l'humeur des personnes & de leurs inclinarions, l'on fait qu'elles se voyent pour estre encore plus asseuré si elles seront satisfaites l'une de l'autre ; de mesme presuposant que ce mariage spirituel estant desja en ces termes l'ame connoist l'extrême bonheur que ce luy sera & est tres-resoluë de soûmettre entierement sa volonté à celle de son divin Epoux ; & que d'un autre costé cette suprême Maiesté la voyant dans cette disposition veut bien pour luy faire connoistre iusques à quel point va l'excez de l'honneur qu'il est resolu de luy faire en venir avec elle à une entreveuë, je puis dire que cela se passe de la sorte dans cette oraison d'union, parce qu'elle dure si peu que tout ce que l'ame peut faire est de connoistre d'une maniere ineffable quel est ce divin

Epoux qui veut l'honorer de la qualité de son Epouse; & les sens & les puissances ne pourroient en mille années acquerir la connoissance de ce qu'elle comprend dans ces momens. Mais bien que cette veuë dure si peu, les perfections infinies de cet incomparable Epoux font une telle impression dans cette ame, qu'elles la rendent plus digne qu'elle n'estoit de luy estre unie par un si saint mariage, parce qu'elles augmentent encore de telle sorte son amour & son respect pour luy, qu'il n'y a rien qu'elle ne veüeille faire pour luy plaire afin de posseder un tel bonheur. Que si au lieu de se donner toute entiere à cet immortel Epoux elle estoit si malheureuse que de s'attacher d'affection à quoy que ce soit hors de luy, il l'abandonneroit aussi tost, & elle se trouveroit privée de ces faveurs inestimables.

Ames chrestiennes à qui Nostre Seigneur a fait la grace d'arriver jusques à ces termes, je vous conjure par luy-mesme de veiller sans cesse sur vostre conduite & d'éviter les occasions qui pourroient vous faire tomber, parce qu'en cet estat l'ame n'est pas encore assez forte pour s'exposer sans peril ainsi qu'elle le pourroit faire aprés que ce mariage celeste auroit esté accomply dans la sixiéme demeure. Car icy cet Epoux & cette Epouse ne s'estant veus qu'une seule fois, il n'y a point d'efforts que le demon ne fasse pour traverser ce mariage; au lieu que lors qu'il est achevé & qu'il voit que cette heureuse Epouse n'a plus d'autre volonté que celle de son saint Epoux, il n'ose entreprendre d'ébranler sa fidelité, parce qu'il sçait qu'il ne le pourroit faire qu'à sa confusion & à sa honte, & qu'elle en tireroit de l'avantage. <small>Efforts du demon pour faire retourner les ames en arriere.</small>

J'ay veu, mes Filles, des ames fort élevées qui estant arrivées à cet estat, c'est à dire à cette entrevevë avec leur Epoux, sont tombées dans les pieges des demons; tout l'enfer comme je l'ay dit se joignant ensemble dans ces rencontres, à cause que ces malheureux esprits sçavent qu'il ne s'agit pas seulement de leur faire perdre une ame, mais plusieurs. Comment pourroient-ils l'ignorer aprés tant d'experience qu'ils en ont faites, & nous en douter, & en rendre trop de grace à Dieu lors que nous considerons la quantité d'ames qu'une seule luy acquiert quelquefois; la multitude de celles que les Martyrs ont converties? combien sainte Ursule en a conduit dans le ciel, & le grand nombre de celles que saint Dominique, saint François & d'autres fondateurs d'Ordres ont par de semblables graces arrachés des mains de ces Princes des tenebres; Or qui leur a donné ce pouvoir sinon les efforts qu'elles ont faits pour ne pas perdre par leur faute les avantages qui se rencontrent dans ce divin mariage? Dieu n'est pas, mes Filles, moins disposé qu'il étoit alors à nous accorder ces graces : & j'oseray dire qu'il l'est encore davantage en quelque maniere, parce qu'il y va de son service de nous mettre en état de desirer de les recevoir, tant il y a aujourd'huy peu de personnes en comparaison de ce qu'il y en avoit alors qui n'ayent pour fin que son honneur & sa gloire. Nous nous aimons trop: nous n'avons que trop de soin de nostre conservation: & quelle erreur peut-être plus grande? Eclairez nous, Seigneur, de vostre divine lumiere afin de nous empécher de tomber dans de si dangereuses tenebres.

Il vous viendra peut-être, mes Sœurs, dans l'esprit deux difficultez. La premiere, comment il se peut faire qu'une ame aussi soûmise que je l'ay dit à la volonté de Dieu & qui ne veut point faire la sienne, soit capable d'être trompée lors qu'elle est si détachée du monde, qu'elle frequente les Sacremens & se peut dire être en la compagnie des Anges puis que par la misericorde de Dieu elle n'a autre desir que de le servir, qui est un avantage que n'ont pas ceux qui étant encore engagez dans le siecle se trouvent exposez aux occasions de l'offenser. Je demeure d'accord que ces graces dont on est redevable à la bonté de Dieu sont si grandes qu'il n'y a pas sujet de s'étonner que vous ayez ces pensées: Mais je ne voy pas neanmoins que quelque heureux que soit l'état où l'on est dans cette cinquiéme demeure on y soit dans une entiere assurance lors que je considere la chûte de cet Apostre infidelle qui avoit l'honneur d'accompagner toujours IESUS-CHRIST & d'entendre ses divines paroles.

Je dis donc pour répondre à la premiere difficulté: qu'il est certain que si l'ame demeuroit toujours attachée à la volonté de Dieu elle ne courroit jamais fortune de se perdre. Mais le diable sous pretexte de bien l'engage par ses artifices dans des manquemens qui paroissent legers & qui peu à peu obscurcissent son entendement, refroidissent sa volonté, & font que son amour propre se rechauffe & se fortifie de telle sorte qu'elle s'éloigne de la volonté de Dieu pour se porter à faire la sienne.

Cecy peut aussi servir de réponse à la seconde difficulté, puisqu'il n'y a point de closture si étroite où ce mortel ennemy des hommes ne puisse entrer, ny de desert si écarté où il n'aille. Et je croy aussi que Nostre Seigneur peut le permettre pour éprouver une ame qui seroit capable d'en éclairer d'autres, parce que si elle doit tourner en arriere il vaut mieux que ce soit dés le commencement qu'apres qu'elle auroit nuy à plusieurs. Le meilleur remede à mon avis, outre celuy de se representer toujours dans l'oraison que si Dieu ne nous soustient de sa main toute-puissante nous tombons aussi-tost dans le precipice, & que nous ne sçaurions sans elle nous confier en nos propres forces; c'est de remarquer ave-

V. DEMEVRE CHAPITRE. IV.

une extrême soin si nous avançons ou reculons pour peu que ce soit dans les vertus & particulierement dans l'amour que nous devons avoir les unes pour les autres, & dans le desir d'être tenuës pour les dernieres de toutes. Car si nous sommes dans cette disposition & demandons pour cela lumiere à Dieu nous connoîtrons bien-tost si nous faisons bien ou mal. Mais ne vous imaginez pas que lors qu'il à plû à Nostre Seigneur d'élever une ame à l'heureux état dont j'ay parlé, il l'abandonne aisement & qu'il soit facile au demon de reüssir dans son entreprise. Ce divin Sauveur s'interesse de telle sorte à la conserver, & luy donne en diverses manieres tant de sentimens interieurs pour l'empécher de se perdre, qu'elle ne sçauroit ne point voir le peril où elle se met.

Pour conclusion si nous ne tâchons toujours de nous avancer nous avons grand sujet de craindre, parce que c'est une marque que le demon nous tend quelque piege, puis que l'amour agissant sans cesse il seroit autrement impossible que le nostre pour Dieu étant arrivé à un tel point n'augmentat encore, & qu'une ame qui ne pretend à rien moins que d'être l'Epouse d'un Dieu & à qui il a desia fait l'honneur de se communiquer par de si grandes faveurs, demeurat sans action & comme endormie.

Preparation à l'intelligence de la sixiéme demeure.

Pour vous faire connoître, mes Sœurs, de quelle sorte Nostre Seigneur se conduit envers les ames qui ont le bonheur d'être ses Epouses il me faudra maintenant parler de la sixiéme demeure. Vous y verrez que tout ce que nous pouvons faire ou souffrir pour son service afin de nous disposer à recevoir des graces si merveilleuses, ne merite pas d'être consideré & peut-être a-t il permis que l'on m'ait commandé d'écrire cecy pour vous apprendre qu'elles sont les recompenses que nous avons sujet d'esperer, & que lors que par une bonté inconcevable il daigne se communiquer à des vers de terre tels que nous sommes, tous les vains plaisirs du monde doivent s'effacer de nostre esprit pour n'avoir les yeux ouverts qu'à considerer sa grandeur, & avec un cœur embrasé de son amour marcher à grands pas dans son service. Je le prie de me faire la grace de dire sur un sujet si difficile & si relevé quelque chose qui vous soit utile. Je ne le sçaurois s'il ne conduit ma plume, & il sçait qu'à moins que cela, j'aimerois beaucoup mieux me taire. Mon seul desir selon ce que j'en puis juger est que son nom soit beny & que nous nous efforcions de nous acquiter de nos devoirs envers son eternelle Majesté. Que s'il nous recompense de la sorte dés cette vie, quel doit être le bonheur qu'il nous prepare dans le ciel? Et quand aux perils, aux déplaisirs, & aux travaux qui se rencontrent icy-bas, si ce n'estoit la crainte de

BBBbb iij

l'offenser & de nous voir enfuite éloignées de luy, nous devrions nous tenir heureuses d'y eſtre expoſées & de les ſouffrir juſques à la fin du monde pour l'amour de noſtre Seigneur, de noſtre Dieu, & de noſtre Epoux. Implorons ſon aſſiſtance, mes Filles, afin qu'il nous rende dignes de faire quelque choſe qui luy ſoit agreable & qui ne ſoit point mêlé de tant d'imperfections qui accompagnent toûjours nos bonnes œuvres.

SIXIEME DEMEVRE.

CHAPITRE I.

Des peines dont Dieu permet que ſoient accompagnées les faveurs qu'il fait aux ames dans cette ſixiéme demeure ; & par quelle maniere admirable il les fait ceſſer.

Des peines de cette ſixiéme demeure, & comment Dieu les fait ceſſer.

IE vay donc maintenant avec l'aſſiſtance du ſaint Eſprit parler de cette ſixiéme demeure où l'ame bleſſée de l'amour de ſon ſaint Epoux recherche autant que ſon eſtat le luy peut permettre la ſolitude, & fuit tout ce qui eſt capable de l'en divertir, parce que la ioye qu'elle a euë de le voir luy a fait une ſi forte impreſſion qu'elle brûle du deſir de jovir encore du bonheur de ſa preſence. Bien que j'aye dit que dans cette ſorte d'oraiſon l'on ne voye rien ni meſme avec l'imagination à quoy l'on puiſſe à proprement parler donner le nom de veuë, je ne laiſſe pas d'uſer de ce terme enſuite de la comparaiſon dont ie me ſuis ſervie pour me faire entendre en quelque ſorte. Encore que l'ame ſoit deſia fort reſoluë de n'avoir iamais d'autre Epoux & qu'elle le deſire avec ardeur, il veut qu'elle le ſouhaite davantage & que ce bonheur auquel nul autre n'eſt comparable luy coûte pluſieurs travaux. Mais quoy qu'en comparaiſon d'un ſi grand bien ces peines & ces travaux ne ſoient point conſiderables, il faut neanmoins, mes Filles, pour nous donner la force de les ſouſtenir que nous ayons ſuiet de iuger par quelques marques que nous le poſſedons deſia.

Seigneur mon Dieu, que de peines interieures & exterieures n'endure-t-on point avant que d'entrer dans cette ſixiéme demeure? Il me ſemble quelquefois que ſi l'ame les enviſageoit auparavant que de s'y engager, la nature humaine eſt ſi foible qu'il y auroit ſuiet de craindre qu'elle ne peuſt ſe reſoudre à les ſouffrir quelque grand que ſoit l'avantage qu'elle en puſt tirer. Ce n'eſt que dans la ſeptiéme demeure qu'elle eſt ſi courageuſe que rien ne la ſçauroit étonner, & qu'elle eſt preparée à tout pour l'amour de ſon Seigneur

VI. DEMEVRE. CHAPITRE IV.

& de son Dieu, parce qu'estant presque continuellement si proche de luy, elle en tire une force qui la rend capable par son assistance de s'elever au dessus d'elle-mesme.

Ie croy qu'il ne sera pas mal à propos de vous parler de quelques-unes de ces peines que ie sçay certainement que l'on endure. Quoy qu'il y ait peut-estre quelques ames que Dieu ne conduit pas par ce chemin, ie doute fort qu'il y en ait aucune de celles qui iouïssent par intervales de ces consolations celestes qui n'éprouvent d'une maniere ou d'une autre les travaux qui se rencontrent sur la terre. Ie n'avois pas dessein de traiter de ce sujet : mais j'ay pensé depuis que celles qui se trouvant en cet estat s'imaginent que tout est perdu, seront bien aises d'aprendre ce qui se passe dans les ames que Dieu favorise de semblables graces.

Ie ne garderay point d'ordre en cecy. I'en parleray seulement selon ce qui se presentera à ma memoire, & commenceray par les plus petites de ces peines qui sont les murmures des personnes avec qui l'on converse d'ordinaire, & mesme de celles avec qui l'on n'a point de communication & qu'on ne s'imagineroit pas qui puissent jamais penser à nous. Elles disent que l'on veut passer pour des saintes : que l'on ne se porte à cet excez que pour tromper le monde & paroistre meilleures que les autres quoy que plus vertueuses qu'elles, encore qu'elles ne fassent pas tant de grimaces ; & que la veritable perfection consiste à vivre selon son estat. Mais ce qui est le plus difficile à suporter, c'est que celles qu'elles croyent leurs meilleures amies ne se contentant pas de se retirer d'elles, passent jusques à les blâmer ouvertement & à dire qu'il est visible qu'elles sont trompées par le demon ainsi que telles & telles l'ont esté : quelles sont aux autres une pierre d'achopement ; & qu'elles trompent leurs Confesseurs. Ces personnes vont mesme encore plus avant : car elles font de semblables discours aux Confesseurs, & n'oublient rien de tout ce qui peut leur donner de la défiance sur la conduite de ces ames. Ie connois une de ces personnes d'oraison qui se vit reduite à apprehender de n'en trouver aucun qui la voulust confesser, tant on avoit dit de choses contre elle qu'il seroit inutile de raporter : & ce qu'il y a encore de plus fascheux, c'est que cette peine au lieu de passer promptement dure quelquefois toute la vie, parce que celles qui font des jugemens si désavantageux de ces ames ne cessent point de rendre toutes leurs actions suspectes. Que si vous me dites, mes Filles, qu'il y en a aussi d'autres qui les loüent, je vous répondray que le nombre en est bien petit en comparaison de celles qui les blasment & qui les condamnent.

Voicy une autre peine beaucoup plus sensible à l'ame que celle de ces murmures. C'est que s'estant veuë auparavant si miserable & si engagée dans le peché qu'elle connoist clairement que la seule bonté de Dieu l'en a retirée, ce luy est un tourment insuportable, principalement dans les commencemens, de voir que l'on condamne en elle ce qui est un effet de sa toute-puissance : mais son déplaisir s'adoucit ensuite par diverses raisons. La premiere, parce que l'experience luy aprend que ces personnes se portant avec la mesme facilité à dire le bien que le mal & le mal que le bien, on doit méprisér leur discours. La seconde parce que nostre Seigneur luy faisant connoistre que tout ce qu'elle a de bon vient de luy, elle ne le considere que comme si elle le voyoit dans une autre personne sans qu'elle y eust aucune part, & ainsi en donne à Dieu toute la gloire. La troisiéme, parce qu'ayant veu d'autres personnes profiter des graces qu'elle a receuës de Dieu, elle pense qu'il a voulu leur donner bonne opinion d'elles afin qu'elles en profitent aussi. Et la quatriéme, parce que n'ayant devant les yeux que la gloire de son maistre sans se soucier de la sienne, elle se trouve delivrée de l'apprehension que les loüanges qu'on luy donne ne soient capables de la perdre par la complaisance qu'elle y prendroit comme il arrive à d'autres. Ainsi elle se soucie tres peu que l'on ait de l'estime pour elle & desire seulement de pouvoir contribuer à faire donner des loüanges à Dieu sans se metre en peine du reste.

Ces raisons ausquelles on pourroit en ajoûter d'autres, adoucissent la peine que donnent ces loüanges ; mais non pas de telle sorte qu'il n'en reste toûjours quelqu'une, si ce n'est quand on n'y fait point de reflexion, & l'on en a incomparablement plus de se voir sans sujet estimée de tout le monde, que d'estre blasmée par ces discours desavantageux. Quand l'ame est venuë à ce point d'estre insensible aux loüanges qu'on luy donne, elle se soucie encore moins de ce que l'on dit contre elle. Ces discours au lieu de la fâcher & de l'affoiblir, la réjouissent & la fortifient par l'avantage qu'elle en reçoit. Elle s'imagine mesme que ceux qui la traitent si injustement n'offensent point Dieu, estant persuadée qu'il le permet pour luy donner moyen d'en profiter. Et à cause qu'elle connoist visiblement qu'ils la font avancer dans la vertu elle conçoit une tendresse particuliere pour eux, & croit qu'ils l'aiment plus veritablement que ceux qui disent du bien d'elle.

Lors qu'on est en cet estat Nostre Seigneur envoye d'ordinaire de grandes maladies ; ce qui me paroist, quand les douleurs sont aiguës, le plus grand tourment exterieur que l'on puisse éprouver sur la terre, à cause qu'elles reduisent l'ame à ne sçavoir que devenir ; & j'aimerois beaucoup mieux endurer un promt martyre que ces excessives douleurs. Mais quand elles arrivent jusques à un tel excez elles ne durent pas long-temps, parce que Dieu qui

ne

VI. DEMEVRE CHAPITRE I.

ne permet pas que nous ayons plus de mal que nous n'en pouvons porter commence par nous donner de la patience. Il ne fait pas d'ordinaire sentir si particulierement son assistance dans d'autres douleurs bien que grandes, & dans des maladies & infirmitez de diverses sortes. Ie connois une personne qui depuis quarante ans qu'il a pleu à sa divine Majesté de luy faire les graces dont j'ay parlé, n'a pas passé un seul iour sans avoir de la douleur & souffrir par son peu de santé en d'autres manieres outre plusieurs grands travaux. Mais elle comptoit cela pour peu lors qu'elle consideroit que ses pechez luy avoient fait meriter l'enfer. Dieu conduira par d'autres voyes les ames qui l'ont moins offensé. Pour moy je choisirois toûjours celle de la souffrance quand il ne s'y rencontreroit autre avantage que d'imiter Nostre Seigneur IEsus-CHRIST, & que je ne sçaurois pas comme je le sçay qu'il y en a beaucoup d'autres. Que si je pouvois representer dans toute leur étenduë la grandeur des travaux interieurs, ceux cy paroîtroient bien legers.

Ie commenceray par le tourment que c'est d'avoir pour Confesseur un homme qui bien que sage & prudent n'a point d'experience de semblables choses. Comme elles sont extraordinaires il doutera de tout & apprehendera tout, principalement s'il remarque quelque imperfection dans les personnes à qui elles arrivent, à cause que s'imaginant que celles à qui Dieu fait de semblables graces doivent estre des Anges; sans considerer que cela est impossible tandis que nous vivons dans un corps mortel, il les attribuë à tentation ou à melancolie; & je ne m'en estonne pas ni ne sçaurois condamner ces confesseurs, parce que le monde estant plein de semblables illusions du dumon & des effets de cette humeur qui remplit l'esprit de tant de vaines images, ils ont raison de s'en défier & d'y prendre garde de bien près. Cependant ces pauvres ames qui apprehendent déja beaucoup par elles-mêmes, vont à leur Confesseur comme a un juge qui doit decider de ce qui se passe en elles; & voyant qu'il les condamne elles souffrent une peine qui ne se peut comprendre à moins que de l'avoir éprouvée, principalement si elles ont esté fort imparfaites. Car alors encore que Dieu leur fasse la grace d'estre esseurées que ces faveurs viennent de luy, elles s'imaginent que pour punition de leurs pechez il permet que le demon les trompe. Comme la maniere dont Dieu leur donne cette asseurance est toute spirituelle, au lieu que le souvenir de leurs offenses leur est toûjours present, leurs peines recommencent aussi-tost qu'elles se voyent tomber dans ces fautes & ces imperfections qui sont inevitables en cette vie. Si donc lors même que les Confesseurs les rasseurent & adoucissent un peu ces peines elles ne laissent pas de revenir, quel insupportable tourment ne leur est-ce point quand ils augmentent leur craintes, principalement si elles tombent dans des secheresses qui leur font tellement perdre le souvenir des choses de Dieu qu'il semble qu'elles n'en ayent jamais entendu parler? Mais cette peine quoy que si grande n'est rien en comparaison de celle que leur donne la pensée qu'elles informent si mal leurs Confesseurs de leur état qu'elles les trompent: ce qui fait une telle impression sur leur esprit, que quoy qu'elles leur déclarent jusques à leurs premiers mouvemens tout cela leur est inutile, parce que leur entendement est si obscurcy & si incapable de connoistre la verité qu'elles se laissent aller à croire ce que leur imagination qui est alors la maistresse leur represente, & toutes les extravagances que le demon leur suggere. Car Dieu leur permet alors de les éprouver en leur representant qu'elles sont réprouvées: & toutes ces choses jointes ensemble leur causent un tourment interieur si insupportable que je ne sçaurois le comparer qu'à celuy que souffrent les damnez, parce que ces ames dans un si grand trouble se trouvent sans aucune consolation, & qu'au lieu d'en recevoir de leur Confesseur il semble qu'il s'accorde avec les demons pour les tourmenter encore davantage.

Ie sçay un Confesseur qui traitant avec une personne qui éprouvoit ce tourment, & le trouvant perilleux il luy ordonnoit de l'avertir quand elle seroit en cét estat; mais il vit que cela estoit inutile, parce qu'elle estoit alors si incapable de tout, que si elle vouloit lire dans un livre écrit même en langue vulgaire elle y comprenoit aussi peu que si elle n'eust pas connû une lettre. Dans une si grande tempeste il n'y a point d'autre remede que d'esperer en la misericorde de Dieu, qui à l'heure qu'on y pense le moins la calme en un instant de telle sorte par une de ses paroles qu'il ne reste pas dans l'ame le moindre nuage. Ce divin soleil dissipe ses tenebres par sa lumiere, la remplit de consolation & de ioye, & ainsi aprés un combat où tout l'avantage estoit du costé de son ennemy & dans lequel elle estoit preste de succomber, elle se trouve victorieuse par l'assistance de ce grand Roy qui a combatu & vaincu pour elle. Elle entre alors dans la connoissance de son neant, & voit clairement que c'est de lui seul qu'elle peut attendre du secours.

Elle n'a point besoin pour comprendre cette verité de faire des reflexions: elle la connoist par l'experience qu'elle en a faite. Car encore qu'au milieu de ce tourment elle ne laissast pas d'estre en grace, puis qu'elle n'auroit voulu pour rien du monde offenser Dieu; elle se trouvoit dans un tel obscurcissemét qu'il ne lui restoit pas le moindre souvenir d'avoir iamais eu de l'amour pour luy ni qu'il en eust eu pour elle; les graces qu'il luy avoit faites & les services qu'elle luy avoit rendus, si elle luy en avoit rendu quelques-uns, ne luy paroiſſoient que des ſonges, & ſes pechez eſtoient la ſeule choſe qu'elle voyoit ſi clairement qu'elle ne pouvoit en douter.

O Iesus mon divin Sauveur quelle miſere eſt comparable à celle d'une ame qui ſe trouve abandonnée de la ſorte, & quel ſecours peut-elle tirer des conſolations qui ſe rencontrent ſur la terre? Ne vous imaginez donc pas, mes Sœurs, ſi vous vous trouvez en cet eſtat que quand vous auriez tous les avantages que l'on peut avoir dans le monde ils fuſſent capables de vous ſoulager. Ce ſeroit comme ſi on les offroit aux damnez, parce qu'ils ne feroient qu'augmenter leur peine au lieu de la diminuer, à cauſe que les choſes de la terre n'ont point de rapport avec ces ſortes de tourmens.

Ce grand Dieu veut par là nous faire connoiſtre quelle eſt ſa ſuprême majeſté & noſtre extrême miſere: & cette connoiſſance nous eſt tres utile comme on le verra dans la ſuite.

Que fera donc une ame qui ſe trouvera durant pluſieurs jours dans cette peine? Si elle prie, c'eſt comme ſi elle ne prioit pas: car comment tireroit elle de la conſolation de ſes prieres puis qu'elle n'y comprend rien quand meſme elles ne ſeroient que vocales? Quant aux mentales ce n'en eſt pas alors le temps, les puiſſances en eſtant incapables. La ſolitude au lieu de luy ſervir luy nuit & ce luy eſt un autre tourment, parce qu'elle ne peut ny parler, ni ſouffrir que l'on luy parle. Ainſi quelques efforts qu'elle faſſe elle eſt dans un tel dégouſt & dans un tel chagrin pour ce qui eſt de l'exterieur qu'il eſt facile de s'en appercevoir & l'on ne ſçauroit exprimer ce qu'elle ſouffre, parce que ce ſont des peines & des tourmens ſpirituels auſquels on ne peut donner de nom qui leur ſoit propre. Ie ne ſçay point de meilleur remede que de s'occuper à des œuvres exterieures de charité, & d'eſperer en la miſericorde de Dieu qui n'abandonne jamais ceux qui ont recours à ſon aſſiſtance. Qu'il ſoit beny aux ſiecles des ſiecles, Ainſi ſoit-il.

CHAPITRE II.

Des peines interieures que l'ame ſouffre dans cette ſixiéme demeure, mais que procedant de ſon amour pour Dieu elles luy ſont ſi agreables, qu'elle ne voudroit pas les voir ceſſer.

IE ne diray rien icy des peines exterieures cauſées par les demons, parce qu'elles ne ſont pas ſi frequentes ni à beaucoup prés ſi penibles qu'avant que l'on fuſt arrivé à cette ſixiéme demeure, à cauſe que ces tentations ne pouvoient aller à mon avis iuſqu'à rendre les puiſſances incapables d'agir & à troubler l'ame de telle ſorte qu'il ne luy reſte pas aſſez de raiſon pour connoiſtre qu'ils ne ſçau-

Des peines interieures de cette ſixiéme demeure.

roient faire plus de mal que Dieu leur permet d'en faire, & que lors que cette connoissance nous reste tous leurs efforts sont méprisables en comparaison de ce que je viens de dire.

En traitant dans cette demeure des differentes manieres d'oraison & de graces de Dieu je parleray de quelques autres peines interieures qu'il est facile de juger par l'estat où elles laissent le corps estre encore plus grandes que celles que l'on a veuës dans le Chapitre precedent : mais qui ne meritent pas le nom de peines puis que l'ame en les souffrant connoist que ce sont de grandes faveurs de Dieu & qu'elle en est tres-indigne.

Ces peines arrivent lors que l'on est prest à entrer dans la septiéme demeure. J'en rapporteray quelques-unes : car de les rapporter toutes il me seroit impossible, ni de les bien faire entendre, parce qu'elles sont d'une nature beaucoup plus élevée que les precedentes que je n'ay pû expliquer que si imparfaitement. Dieu veüille, s'il luy plaist, par les merites de son Fils me favoriser de son assistance.

Il semble que nous ayons oublié nostre colombe : mais nous ne l'avons pas neanmoins quittée de loin, puis que ces peines dont je parle servent à luy faire prendre un plus grand vol. Ie vay donc commencer à parler de la maniere dont son S. Epoux traite avec elle, & qu'il luy fait auparavant tant desirer par des sentimens si imperceptibles que l'ame qui est cette heureuse colombe ne s'en apperçoit point, & que je ne croy pas pouvoir faire comprendre sinon à ceux qui les ont éprouvez, parce que procedant du plus interieur de l'ame je ne sçay point de comparaison qui soit capable de les faire concevoir. Nous ne pouvons rien y contribuër : & ces sentimens sont fort differens de ce que i'ay nommé des gousts.

Il arrive souvent que sans que l'on y pense ni que l'on ait l'esprit attentif à Dieu il se sert de ce moyen pour réveiller l'ame comme par un éclair ou par un coup de tonnerre. Elle n'entend neanmoins aucun bruit ; mais sçait seulement avec certitude que Dieu l'appelle, & quelquefois si fortement, sur tout dans les commencemés, qu'il la fait trembler & se plaindre, quoy qu'elle ne souffre aucune douleur. Elle sent bien qu'elle est blessée sans sçavoir par qui ni comment, & cette blessure lui est si agreable qu'elle ne voudroit jamais en guerir Comme elle connoist que son divin Epoux est present quoy qu'il ne paroisse pas, elle se plaint à luy avec des paroles toutes d'amour même exterieures ; & quelque grande que soit sa peine, cette peine est si delicieuse que quand elle pourroit s'en délivrer elle ne le voudroit pas, parce que le plaisir qu'elle en ressent surpasse de beaucoup celuy qui se rencontre dans cét estat de l'oraison de quietude que l'on nomme absorbement, quoy que cét absorbement qui est comme une yvresse spirituelle ne soit accompagné d'aucune peine.

Encore, mes Sœurs, que je fasse tous mes efforts pour tâcher à vous faire entendre quel est l'effet de cét amour, je ne sçay comment je le pourray, puis qu'il semble qu'il y ait de la contrarieté entre dire que l'ame connoist clairement que son Epoux est avec elle parce qu'il l'appelle par des signes si certains & une maniere de sifflement si penetrante qu'elle n'en sçauroit douter, & dire que neanmoins il ne se sert pour luy parler de dedans la septiéme demeure qui est son palais & le sejour eternel de sa gloire, que d'une espece de voix qui n'est point articulée & à laquelle toutes les puissances de l'ame ne comprennent rien.

« O Dieu tout-puissant, que vos secrets sont incomprehensibles & quelle difference n'y a-t-il point entre les choses purement spirituelles & tout ce qui est icy bas puis que l'on ne sçauroit faire comprendre quelle est celle dont je viens de parler? Quoy qu'elle soit si petite en comparaison de tant d'autres que vous operez dans les ames elle produit un si grand effet qu'elle détache l'ame de tout desir, parce qu'elle ne sçait plus que souhaitter lors qu'elle se croit assurée que son Dieu est avec elle. »

Vous me direz peut-estre, mes Sœurs: Si elle est dans cette creance que peut-elle donc desirer? Quelle peine peut-elle avoir? Et que peut-elle souhaiter davantage? Je ne sçay que vous répondre sinon que je suis tres-assurée que l'ame souffre une peine qui penetre jusques dans le fond de ces entrailles & qu'il lui semble qu'on les lui arrache lors que son divin Epoux veut en retirer le dard dont il l'a blessée, tant est grand le sentiment de l'amour qu'elle luy porte.

En écrivant cecy il me vient dans l'esprit, que c'est peut-estre comme une étincelle qui sort de cét ardent brasier d'amour qui est Dieu même, laquelle rejallissant sur l'ame peut bien lui faire sentir quelle est l'ardeur de ce feu; mais n'est pas capable de la consumer entierement, & la laisse ainsi dans une peine qui luy est tres-agreable. C'est à mon avis la meilleure comparaison qu'on puisse en donner, parce que cette douleur est si délicieuse qu'elle ne doit pas passer pour une douleur, & elle n'est pas toûjours semblable: car tantost elle dure long-temps & tantost peu, selon qu'il plaist à Nostre Seigneur de se communiquer à l'ame sans qu'elle puisse rien y contribuer, à cause que cette operation est toute divine. Mais encore qu'elle dure assez long temps c'est toûjours en augmentant ou diminuant ne demeurant jamais en mesme estat; ce qui fait qu'elle n'embrase point entierement l'ame, à cause que lors qu'elle commence à s'enflammer cette étincelle qui s'éteint la laisse dans le desir de souffrir de nouveau la douleur que cette operation lui faisoit sentir, parce qu'étant une douleur toute d'amour elle lui paroist tres douce & tres desirable.

Il n'y a point icy sujet de demander si cela procede ou de nostre naturel, ou de melancolie, ou d'une tromperie du demon, ou de nostre imagination, puis que cette même operation fait assez connoistre qu'elle vient de ce sejour de gloire que Dieu habite où il n'y a rien que d'immuable, & que les effets qu'elle produit sont fort differens de ceux qui se rencontrent dans les autres manieres d'oraison où la suspension des puissances peut par le plaisir qu'elles ressentent nous causer quelque doute. Car icy elles sont libres & les sens aussi, sans qu'encore qu'ils considerent ce qui se passe ils puissent détourner l'ame de son application à son divin Epoux, ni augmenter ou diminuër l'heureuse peine qu'elle souffre.

Celuy à qui Nostre Seigneur a fait cette grace n'aura pas peine à comprendre ce que je dis; & il doit beaucoup le remercier de ce qu'il n'a plus sujet d'apprehender qu'il y ait en cela de l'illusion. La seule chose qu'il a sujet de craindre est de n'en témoigner pas assez de reconnoissance. Car pourvû qu'il fasse tous ses efforts pour s'avancer de plus en plus dans la vertu il sera capable d'aller bien loin & recevra de nouvelles graces. J'ay connu une personne qui ayant passé quelques années en cet état en étoit si satisfaite, que quand il luy auroit falu durant un tres long temps souffrir de fort grands travaux pour le service de Dieu elle s'en seroit tenuë tres bien recompensée. Qu'il soit beny aux siecles des siecles.

Que si vous me demandez, mes Filles, pourquoy l'on se tient plus assuré en cet estat que dans les autres, je répons qu'il y en a à mon avis diverses raisons. La premiere; que les peines dont le diable est l'auteur ne sont jamais agreables comme celles dont je viens de parler. Il peut bien y mesler quelque satisfaction qui paroist spirituelle: mais de joindre à des peines & de si grandes peines la tranquillité & le plaisir, cela surpasse son pouvoir qui ne s'étend qu'à l'exterieur: & ainsi les peines que cet esprit mal-heureux nous cause ne me paroissent jamais estre douces & paisibles; mais inquietes & pleines de trouble. La seconde raison est, que cette sorte de tempeste qui n'inquiete point l'ame vient de l'une de ces regions jusques où la puissance de cét esprit mal heureux ne s'étend point. Et la troisiéme raison est, que l'ame en tire d'ordinaire de grands avantages, tels que sont ceux de vouloir plus que jamais souffrir pour l'amour de Dieu, de renoncer à tous les contentemens de la terre & des conversations humaines, & autres choses semblables.

On connoist aussi tres-clairement que ce n'est point une imagination; parce que de quelques artifices dont le diable se serve pour nous faire croire que nous sommes en cét estat lors que nous n'y sommes pas, cela luy est impossible, non plus que de nous persuader que nous n'y sommes pas lors que nous y sommes: & si nous en avions quelque doute ce seroit une marque que ces mouvemens ne viendroient pas de Dieu, puis que quand ils en viennent veritablement ils ne se font pas moins sentir qu'une voix forte & puissante se fait entendre à nos oreilles.

De dire que ces mouvemens procedent de melancolie il n'y a nulle apparence, parce que cette humeur forme toutes ces chimeres dans l'imagination; au lieu que ces heureux sentimens dont je parle procedent du plus interieur de l'ame. Il se peut faire que je me trompe; mais il faudroit m'alleguer des raisons plus fortes pour me faire changer d'opinion, & je connois une personne qui encore qu'elle apprehendast extrêmement d'estre trompée par les illusions du demon n'a jamais pû concevoir la moinde crainte dans cette sorte d'oraison.

Nostre Seigneur employe aussi d'ordinaire d'autres moyens pour réveiller l'ame : & il arrive quelquefois que priant vocalement sans penser à rien d'interieur on sent tout d'un coup comme l'odeur d'un parfum tres-agreable qui se communique à tous les sens. Ie ne dis pas neanmoins que ce soit une odeur; mais je me sers de cette comparaison pour montrer que c'est quelque chose de semblable qui fait connoistre à l'ame que son Epoux est present : & la ioye qu'elle en reçoit est si grande qu'elle excite en elle un si ardent desir de continuër à le posseder qu'elle ne trouve rien de difficile pour son service, & qu'il n'y a point de loüanges qu'elle ne luy donne. Cette grace procede de la mesme cause dont i'ay parlé; mais elle n'est d'ordinaire accompagnée d'aucune peine, non plus que cet ardent desir de continuër à joüir de la presence de Dieu : & il me paroist aussi pour les raisons que i'en ay rapportées qu'il n'y a nul suiet de craindre; mais seulement de tâcher de recevoir cette faveur avec de grandes actions de graces.

CHAPITRE III.

De quelle sorte on se doit conduire à l'égard des esprits foibles ou melancoliques qui s'imaginent d'avoir veu & entendu dans l'oraison ce qu'ils n'ont ni veu ni entendu. Marques ausquelles on connoist si les paroles que l'on a ou que l'on croit avoir entenduës sont de Dieu ou du demon.

DIeu réveille encore l'ame d'une autre maniere : & quoy qu'il paroisse que ce soit par une faveur plus grande que les precedentes, il peut s'y rencontrer plus de peril; ce qui m'oblige de m'arrester quelque temps sur ce sujet. Ce sont diverses manieres par lesquelles il parle à l'ame dont les unes paroissent exterieures, les

Diverses manieres dont Dieu parle aux ames.

autres tres-interieures; les unes venir de la partie superieure de l'ame, & les autres eftre tellement exterieures qu'on les entend de fes oreilles comme l'on entend une voix articulée. Il peut fouvent arriver que ce n'eft qu'une imagination, principalement à l'égard des perfonnes qui ont l'efprit foible ou qui font fort melancoliques. Cela eftant il ne faut point s'arrefter à ce qu'elles difent quoy qu'elles affurent l'avoir vû ou entendu, ni fe mettre en peine de leur faire comprendre que c'eft une illufion; mais fimplement les écouter & les traitter comme des malades; & la Prieure & le Confeffeur à qui elles rendront compte de ce qui fe fera paffé en elles fe contenteront de leur dire qu'elles ne faffent point eftat de femblables chofes; que ce n'eft pas en quoy confifte le fervice que nous fommes obligées de rendre à Dieu, & que le demon en a trompé plufieurs en cette maniere: à quoy pour ne les pas affliger il faut ajoûter qu'elles ne feront pas peut eftre de ce nombre. Que fi on leur difoit que ce qu'elles croyent avoir vû ou entendu n'eft qu'un effet de melancolie elles n'auroient jamais l'efprit en repos, eftant fi perfuadées de ce qu'elles rapportent qu'elles iureroient qu'elles l'ont vû & entendu. Mais on doit leur faire difcontinuër l'oraifon & employer toutes fortes d'efforts pour les empefcher de s'attacher à ces fortes de difpofitions, parce qu'encore qu'elles ne leur préiudiciaffent point le diable pourroit fe fervir de ces ames malades pour nuire aux autres; & auffi parce qu'il y a toûjours en femblables chofes fuiet de craindre iufques à ce que l'on foit affuré qu'elles procedent de l'efprit de Dieu. Ainfi dans les commencemens le meilleur eft toûjours de ne s'y point attacher. Car fi c'eft Dieu qui agit ce fera le moyen de recevoir encore de plus grandes graces: mais il ne faut pas que ce foit en inquietant ces perfonnes puis qu'elles ne peuvent faire que ce qu'elles font.

Pour revenir a ces diverfes manieres dont l'ame entend ou croit entendre qu'on luy parle, je dis qu'elles peuvent venir ou de Dieu, ou du demon, ou de noftre imagination: & s'il plaift à Noftre Seigneur de m'affifter ie donneray des marques qui en feront voir la difference & connoiftre quand il y aura du peril, y ayant entre les perfonnes d'oraifon plufieurs ames à qui cela pourra eftre utile. Vous ne devez pas croire, mes Sœurs, qu'il y ait du mal à ne point aioufter foy à de femblables chofes, ni auffi d'y en aioufter.

Quand ces paroles que vous croirez avoir entenduës ne regarderont que voftre confolation ou que ce que vous devez faire pour vous corriger de vos défauts, vous pourrez les rapporter tant que vous voudrez encore que ce ne fuft qu'une pure imagination, puis qu'elles ne fçauroient nuire. Mais quand même elles viendroient de Dieu ne vous perfuadez pas d'en eftre meilleures, vous fouvenant

que

que noſtre Seigneur a bien voulu parler tant de fois aux Phariſiens & que tout conſiſte à faire ſon profit de ſes paroles. Que s'il y en a quelques-unes qui ſoient contraires à l'Ecriture ſainte n'en faites non plus de cas que ſi vous les aviez entenduës ſortir de la bouche du demon, parce qu'encore qu'elles procedent de la foibleſſe de vôtre imagination vous devez les conſiderer comme une tentation dont il ſe ſert pour ébranler voſtre foy, & ainſi les rejetter, ce qui les fera bien toſt évanoüir.

Soit que ces paroles viennent ou de noſtre interieur, ou de la partie ſuperieure de noſtre ame, ou de noſtre exterieur, elles peuvent toutes proceder de Dieu, & les marques auſquelles l'on peut connoiſtre qu'elles ſont de luy ſont celles-cy. La premiere & la plus certaine eſt, que ces paroles ſont touſiours accompagnées des effets; parce qu'elles portent avec elles un pouvoir & une autorité à qui rien ne reſiſte. Ie veux m'expliquer davantage. Vne ame ſe trouve dans la peine dans le trouble, dans la ſechereſſe, & dans cet obſcurciſſement de ſon entendement dont i'ay parlé ailleurs : & ce peu de paroles : *Ne vous affligez point*, la mettent dans le calme, la rempliſſent de lumiere, & diſſipent toutes ces peines dont il ne lui paroiſſoit pas poſſible que ce qu'il y a de plus ſçavans hommes dans le monde fuſſent capables de la délivrer. Qu'une autre perſonne ſoit dans le tremblement & dans la crainte; parce que ſon Confeſſeur ou quelque autre luy aura dit que ce qui ſe paſſe en elle vient du demon, & qu'elle entende ſeulement ces mots. *C'eſt moy : n'apprehendez rien*, ſa crainte s'évanoüit auſſi toſt & elle demeure ſi conſolée que rien ne ſeroit capable de luy faire croire le contraire. Qu'une autre ſoit dans l'inquietude du ſuccez de quelque affaire tres-importante, & qu'elle entende ces paroles : *Demeurez en repos, elle reüſſira bien*, elle y ajoûte une telle foy qu'elle n'en ſçauroit douter & voit ainſi ceſſer ſa peine. Il en arrive de meſme en pluſieurs autres occaſions.

La ſeconde marque eſt, que l'ame enſuite de ces paroles ſe trouve dans une grande tranquillité, dans un paiſible & pieux recueillement, & touſiours preſte à loüer Dieu. O mon Seigneur & mon maiſtre ſi une ſeule des paroles que vous faites entendre ſoit par vous-meſme ou par quelque Ange, aux ames qui ſont ſi heureuſes que d'eſtre arrivées à cette ſixiéme demeure, a tant de pouvoir & de force; de quel bon-heur ne comblerez-vous point celles qui ſe trouveront entierement unies à vous & vous à elles par l'adorable lien de voſtre divin amour ?

Et la troiſiéme marque eſt que ces paroles demeurent tres-long-temps gravées dans la memoire, & que meſme quelques-unes ne s'en effacent jamais comme font celles que nous apprenons de la bouche des hommes les plus vertueux & les plus ſçavans : & que si ces paroles qui viennent de Dieu regardent l'avenir, nous y ajoutons une telle foy, qu'encore que des années se passent sans que nous en voyons l'effet, nous nous tenons assurées que Dieu trouvera des moyens de les faire reüssir ainsi qu'enfin il arrive. Cela n'empesche pas neanmoins que l'ame n'ait de la peine de voir les obstacles qui s'y rencontrent, parce que bien qu'elle soit assurée que ces paroles venoient de Dieu, le long temps qu'il y a qu'elles luy ont esté dites donne lieu à des doutes qui luy font penser si elles ne procedoient point du demon ou de son imagination. Mais dans le temps qu'elle entend ces paroles, quelque effort que fasse le demon pour luy donner de la peine & la décourager, & quoy que son imagination luy represente, elle demeure ferme dans la creance que Dieu en est l'auteur, principalement quand elles regardent son service & le bien des ames, & qu'il paroist difficile que les choses reüssissent. Ainsi tout ce que cet esprit mal heureux peut faire est d'affoiblir un peu la foy : ce qui n'est qu'un trop grand mal puis que nous sommes obligez de croire que le pouvoir de Dieu s'étend infiniment au delà de tout ce que nostre esprit est capable de concevoir.

Mais malgé tous ces combats, quoy que disent les Confesseurs à qui on les communique, & quelques mauvais succez qui donnent sujet de croire que ces paroles n'auront point leur effet, il reste toûjours une étincelle d'esperance si vive que rien n'est capable de l'éteindre, & enfin on voit l'accomplissement de ces paroles, ce qui remplit l'ame d'une telle joye qu'elle ne voudroit jamais faire autre chose que rendre de grandes actions de graces à son eternelle Majesté : à quoy elle est beaucoup plus portée par le plaisir de voir l'execution de ses promesses que par l'avantage qu'elle en reçoit.

Ie ne sçay d'où vient que l'ame a une telle passion que ces paroles qu'elle a entenduës se trouvent veritables, que je croy qu'elle ne seroit pas si touchée d'estre surprise en menterie que si elles ne s'effectuoient pas, comme si elle pouvoit en cela faire autre chose que de raporter ce qui luy a esté dit. Ie connois une personne qui se souvenoit plusieurs fois sur ce sujet du Prophete Ionas lors qu'il apprehendoit que Ninive ne fust pas détruite. Mais comme c'est l'esprit de Dieu qui a parlé a l'ame il est bien juste que son amour & son respect pour luy, luy fassent desirer qu'estant la suprême verité on ne puisse douter de l'effet de ses paroles. Ainsi il ne faut pas s'étonner de la joye qu'elle a de les voir accomplies apres mille difficultez : & que quelques peines & quelques travaux que les suites puissent causer, elle aime mieux les souffrir que d'avoir manqué à croire d'une certitude infaillible que Dieu ne manqueroit point à sa promesse.

Mais peut-estre que toutes ne tomberont pas dans cet affoiblissement dont j'ay parlé, s'il est vray que c'en soit un : car pour moy je n'ose le condamner. Que s'il procede de l'imagination il ne sera accompagné d'aucune de ces marques de certitude, de paix, & de gousts interieurs, si ce n'est comme je l'ay vû arriver à des personnes d'une complexion & d'une imagination foible, qui estant dans l'oraison de quietude & dans le sommeil spirituel se trouvoient dans un si grand recueillement & si hors d'elles mêmes qu'elles ne sentoient rien en l'exterieur, parce que tous leurs sens estoient tellement endormis (& peut-estre dormoient-elles en effet) qu'en cét estat il leur paroissoit comme dans un songe qu'on leur parloit : & quoy qu'elles se persuadent de voir ainsi des choses qu'elles croyoët proceder de l'esprit de Dieu, tout cela n'estant que songé ou qu'il maginé ne produit point d'autres effets que feroit un songe. Il arrive aussi quelquefois que ces ames demandant de choses avec ardeur à nostre Seigneur elles se persuadent qu'il leur dit qu'il les leur accordera, mais je ne sçaurois croire que ceux qui ont veritablement entendu plusieurs fois ces paroles de Dieu puissent s'y tromper.

Il y a sans doute grand sujet de craindre que ces paroles que l'on entend ne viennent du demon ou de nostre imagination : mais si elles sont accompagnées des marques dont j'ay parlé on peut s'asseurer qu'elles procedent de Dieu. Il ne faut pas neanmoins faire ce qu'elles ordonnent soit à nôtre égard ou celuy d'autruy, principalement en des choses importantes, sans l'avis d'un Confesseur sçavant, prudent, & homme de bien, quoy que l'on entende diverses fois les mêmes paroles & que l'on soit tres persuadé qu'elles viennent de Dieu, parce qu'il veut que nous en usions ainsi, & qu'en faisant ce qu'il nous a commandé lors que nous regardons nostre Confesseur comme tenant sa place, nous ne sçaurions douter que nous n'accomplissions sa volonté. Vne si sage maniere d'agir nous encourage & nous aide à surmonter les difficultez qui se rencontrēt dans l'execution de ce que ces paroles nous ordonnent ; & Dieu fera que le Confesseur croira que ce que nous luy rapporterons vient de luy. Sinon nous ne sommes pas obligées à d'avantage : & je trouve tant de peril à suivre son propre sentiment, que je vous avertis, mes Sœurs, & vous conjure au nom de nostre Seigneur de ne commettre jamais une telle faute.

Il y a une autre maniere dont Dieu parle à l'ame que je ne puis douter qui ne soit de luy, & qui est accompagnée d'une vision intellectuelle dont je traiteray ensuite. Ces paroles s'entendent si interieurement dans le fond de l'ame, que cela estant joint aux effets qu'elles produisent l'on a une entiere asseurance qu'elles ne peuvent proceder du demon ni de l'imagination, comme les raisons que je vay en raporter le feront voir si l'on y fait réflexion.

La premiere raison est, qu'il y a une grande difference entre les paroles formées par nostre imagination, & ces divines paroles. Car encore qu'elles n'ayent qu'un même sens, celles-cy l'expriment d'une maniere si claire & si vive qu'elles demeurent tellement imprimées dans nostre memoire que nous ne sçaurions en oublier la moindre syllabe : au lieu que celles qui ne viennent que de nostre imagination sont presque comme si on parloit en songeant. La seconde raison est, que ces paroles s'entendent souvent lors que nous ne pensons point du tout au sujet dont elles parlent, & quelquefois même quand nous sommes en conversation, & qu'elles répondent à des pensées qui ne font que passer en un moment dans nostre esprit sans y faire reflexion, ou à des pensées que nous n'avons plus, & à des choses ausquelles nous n'avions jamais pensé, ce qui montre que nostre imagination n'a pû se les figurer pour nous flater dans nos desirs. La troisiéme raison est, que l'ame ne fait qu'écouter ces paroles qui viennent de Dieu ; au lieu que c'est elle qui forme celles qui viennent de l'imagination. La quatriéme raison est, qu'une seule de ces paroles divines comprend en peu de mots ce que nostre esprit ne sçauroit exprimer qu'en plusieurs. Et la cinquiéme raison est qu'il arrive souvent par une maniere que je ne sçaurois expliquer, que ces divines paroles comprenent encore plusieurs autres sens outre celuy qu'elles expriment ; & cela sans le marquer par aucun son ; ce qui est une maniere de parler dont je traiteray ailleurs si interieure & si subtile que l'on ne sçauroit trop l'admirer ni trop remercier Dieu d'une si grande grace. Comme je connois une personne que la difference qui se trouve entre ces paroles dont Dieu est l'auteur qu'elle avoit souvent entenduës, & celles qui ne viennent que de nostre imagination avoit mise en des grands doutes, je suis persuadée que plusieurs autres sont dans la mesme peine. Celle qu'avoit cette personne luy faisant apprehender dans les commencemens que cette grace dont Dieu la favorisoit ne fust une illusion du demon qui sçait si bien se transformer en Ange de lumiere, elle prit grand soin d'examiner ce qui se passoit en elle. Pour moy je croy que quelques efforts que l'on fasse pour contrefaire les paroles qui viennent de Dieu on ne sçauroit les rendre si claires ni si certaines que l'on ne puisse douter de les avoir entenduës. Les effets font aussi connoistre la merveilleuse difference qui se rencontre entre ces diverses paroles. Car au lieu que celles qui viennent de Dieu remplissent l'ame de lumiere, & la laissent dans une grande paix, celles qui ne font que des illusions du demon causent de l'inquietude & du trouble : mais cette inquietude, & ce trouble ne peuvent nuire à l'ame pourvû qu'elle demeure comme je l'ay dit dans l'humilité & ne fasse rien par elle-mesme ensuite de ce qu'elle aura entendu. Que si ce sont de veritables faveurs de Dieu elle s'examinera attentivement pour voir si elle en est devenuë meilleure ; & elle doit croire qu'elles n'en viennent pas si elles ne la remplissent point de confusion en considerant combien elle est indigne de recevoir de telles graces. Car il est certain que plus elles sont grandes & plus on doit concevoir de mépris de soy même, avoir un plus vif sentiment de ses pechez oublier ce qu'on peut avoir fait de bien, s'occuper entierement à rechercher la gloire de Dieu, apprehender plus que jamais de contrevenir à ses volontez, ne point regarder son propre interest, & estre fortement persuadé qu'au lieu de meriter tant de graces on ne merite que l'enfer.

Lors que les faveurs que l'ame reçoit dans l'oraison produisent de tels effets elle ne doit point s'étonner ; mais au contraire se confier en la misericorde de Dieu, qui estant fidelle en ses promesses ne permettra pas qu'elle soit trompée par le demon, quoy qu'il soit bon qu'elle marche toûjours avec quelque crainte.

Il paroistra peut-estre à ceux que nostre Seigneur ne conduira pas par ce chemin, que les ames qu'il y conduit pourroient pour éviter tout peril ne pas écouter ces paroles ; & si elles sont interieures en détourner leur pensée de telle sorte qu'elles ne les entendroient point. A quoy je répons qu'autant que cela est possible lors que ce n'est que nostre imagination qui forme ces paroles à cause qu'il dépend de nous de n'en tenir compte;autant il est impossible de le faire lors que c'est Dieu qui nous parle, parce qu'il arreste de telle sorte nos pensées pour n'avoir de l'attention qu'à ce qu'il nous dit, qu'il seroit aussi difficile de ne le pas entendre qu'il le seroit à une persone qui auroit l'oüie tres subtile de n'entendre pas ce qu'on luy diroit à haute voix. Dans l'occasion dont je parle ce sont les oreilles de l'ame qui entendent, & l'on ne sçauroit les boucher comme l'on bouche celles du corps ni penser à autre chose qu'à ce que Dieu nous dit, parce que de même qu'il fit arrester le Soleil à la priere de Iosué il arreste tellement toutes les puissances de nostre ame qu'elle n'a point de peine à connoistre que celuy qui luy parle alors est le Monarque qui regne dans ce superbe Palais, & il luy imprime un si grand respect pour sa suprême Majesté & la met dans une humilité si profonde qu'elle ne peut avoir d'autre volonté que la sienne. Ie prie ce Dieu tout puissant de nous faire la grace de nous oublier nous mêmes pour ne penser qu'à luy plaire, & souhaite qu'il m'ait accordé celle d'avoir reüssi en quelque sorte dans le desir que j'ay eu de donner des avis utiles aux ames qu'il honorera d'une aussi grande faveur qu'est celle de leur parler en la maniere que je l'ay dit.

CHAPITRE IV.

Des ravissemens où Dieu met l'ame pour luy donner la hardiesse de s'approcher de luy, & d'aspirer à l'honneur d'estre son Epouse, dont elle seroit retenuë par la terreur qu'elle concevroit de l'éclat de sa Majesté & de sa gloire.

QVEL repos ce petit papillon auquel j'ay comparé l'ame pourra-il avoir au milieu de tant de peines & d'autres encore? Mais elles servent à l'ame pour luy faire desirer de plus en plus de posseder son divin Epoux, qui connoissant sa foiblesse se sert de ces moyens & de plusieurs autres pour faire qu'elle ose s'approcher de luy & aspirer à l'honneur d'estre son Epouse sans en estre retenuë par cette sainte terreur que donne l'éclat de sa Majesté & de sa gloire.

Vous vous mocquerez peut-estre, mes Filles, de ce que je dis & le considererez cõme une folie, à cause qu'il vous semblera qu'il n'y a point de femme dans le monde de quelque basse condition qu'elle soit qui ne se tinst heureuse d'avoir pour Epoux un si grand Monarque: & cela est vray à l'égard des Princes de la terre; mais non pas à l'égard de ce Roy du Ciel, parce qu'il y a tant de disproportion entre sa grandeur infinie & nostre extrême bassesse, qu'il faut pour surmonter cette erreur avoir encore plus de courage que vous ne le sçauriez croire: & il nous seroit impossible de l'avoir si luy-même ne nous le donnoit. Ainsi pour en venir à la conclusion de ce celeste mariage, il met l'ame dans les ravissemens qui la dégagent de tous ses sens parce qu'elle ne pourroit en y demeurant vnie se voir si proche de cette suprême Majesté sans entrer dans une frayeur qui luy cousteroit peut-estre la vie. J'entens lors que ces ravissemens sont veritables & non pas ces prétendus ravissemens ou extases qui ne sont que des imaginations & des effets de la foiblesse de nostre sexe qui fait qu'une seule oraison de quietude est capable, comme je croy l'avoir dit, de mettre quelques unes de ces ames dans l'agonie.

Des ravissemens ou extases.
Comme j'ay communiqué avec plusieurs personnes spirituelles, j'ay crû devoir raporter icy diverses sortes de ravissemens, quoy que je doute si je m'en pourray bien démêler encore que j'en aye desja écrit ailleurs, ne croyant pas qu'il soit mauvais de le repeter quand ce ne seroit que pour ne rien oublier de ce qui se rencontre dans les diverses demeures qui font le sujet de ce traité.

L'une de ces sortes de ravissemens arrive dans même que l'on soit en oraison lors qu'une personne est touchée de quelques paroles qu'elle se souvient que Dieu luy a dites autrefois. Il semble qu'ayant compassion de ce qu'elle souffre depuis si long-temps par le desir de le posseder il fait croistre dans le fond de son cœur cette étincelle dont nous avons parlé qui l'embrase & la consume toute comme un Phenix, & qu'elle sort de ce feu de son amour si renouvellée que l'on peut croire pieusement qu'il luy a pardonné toutes ses offenses. Ce qui ne se doit entendre que des ames qui après avoir satisfait à tout ce que l'Eglise ordonne pour se purifier de leurs taches, se trouvent disposées à recevoir une telle grace.

Lors que l'ame est en cet estat Dieu l'unit à luy d'une maniere si inexplicable qu'elle même ne sçauroit la faire entendre quoy qu'elle la connoisse par un sentiment interieur. Car cecy n'est pas comme un évanoüissement dans lequel on est privé de toute connoissance tant interieure qu'exterieure.

Ce que j'ay remarqué en cette sorte de ravissemens est que l'ame n'a jamais plus de lumiere qu'alors pour comprendre les choses de Dieu. Sur quoy l'on pourra me demander comment il se peut faire que toutes nos puissances & tous nos sens estant tellement suspendus qu'ils sont comme morts, nous entendions & comprenions quelque chose. Je repons que c'est un secret que nulle creature peut estre n'entend ; & que Dieu s'est reservé ainsi que tant d'autres qui se passent dans cette sixiéme demeure & dans la septiéme qu'on peut joindre ensemble, puis que n'y ayant rien qui les separe on entre de l'une dans l'autre ; & je ne les ay divisées qu'à cause qu'il y a des choses dans la derniere qui ne sont connuës que de ceux qui y sont entrez.

Quand l'ame est dans cette suspension Dieu luy fait la faveur de luy découvrir quelques secrets des choses celestes & de luy donner des visions representatives qu'elle peut raporter, & qui demeurent tellement gravées dans sa memoire qu'elle ne sçauroit jamais les oublier. Mais lors que ces visions sont intellectuelles elle ne peut les faire entendre, parce qu'il y en a de si sublimes qu'elles ne doivent point entrer dans le commerce des creatures qui vivent encore sur la terre quoy que l'on pourroit en raporter une grande partie après que l'on est revenu de ce ravissement. Comme il se peut faire, mes Sœurs, que quelques-unes de vous ignorent ce que c'est que ces visions & particulierement les intellectuelles, j'en parleray en son lieu, puis que celuy qui a pouvoir de me commander me l'a ordonné : & encore que cela paroisse inutile il pourra beaucoup servir à quelques ames.

Si vous me demandez quel avantage on peut tirer de ces faveurs de Dieu si extraordinaires & si elevées, puis que l'on ne sçauroit les redire, je repons, mes filles, que cet avantage est si grand que l'on ne sçauroit assez l'estimer parce que bien que ces paroles ne se puissent rapporter elles demeurent tellement gravées dans le fond de l'ame qu'elles ne s'en effacent jamais. Que si vous me demandez aussi comment nous pouvons nous en souvenir puis qu'elles n'ont aucune image qui les represente & que nos puissances n'en ont point l'intelligence, j'avoüeray que je n'y comprens rien. Ie sçay seulement qu'elles laissent dans l'ame une si claire connoissance de la grandeur de Dieu & qui y demeure si vivement & si fortement imprimée, que quand on ne nous diroit jamais rien de son essence infinie & de l'obligation que nous avons de le reconnoistre pour nostre Dieu, nous commencerions dès ce moment de l'adorer en cette qualité, comme fit Iacob dans la vision qu'il eut de cette échelle mysterieuse qui luy découvrit encore d'autres secrets, quoy qu'il n'en pust rien dire sinon qu'il avoit vû une échelle par laquelle des Anges descendoient & remontoient. Mais s'il ne se fust point passé d'autres choses dans son interieur comment auroit-il pû connoistre un si grand mystere? Ie ne sçay si je m'explique assez; parce qu'encore que j'aye entendu ces paroles je ne voudrois pas asseurer que je m'en souvienne bien. Moyse ne pût non plus dire tout ce qu'il avoit vû dans le buisson, il dit seulement ce que Dieu luy permit d'en rapporter, quoy qu'il luy eust declaré des secrets dont il est certain qu'il ne doutoit point; puis que s'il n'eust vû & crû certainement que c'estoit Dieu qui luy parloit il n'auroit jamais osé s'engager dans tant de perils & de travaux. Ainsi il faloit necessairement qu'il eust vû des choses merveilleuses au milieu des épines de ce buisson qui luy donnerent le courage d'entreprendre de délivrer son peuple. Vous voyez donc, mes Sœurs, qu'il ne nous appartient pas de penetrer les secrets de Dieu ni de chercher des raisons pour nous le faire comprendre. Il nous suffit de croire comme nous y sommes obligées qu'il est tout puissant & que des vers de terre tels que nous sommes ne doivent pas pretendre de connoistre ses infinies & inconcevables grandeurs; mais nous contenter de luy rendre des actions de graces de ce qu'il luy plaist nous donner la connoissance de quelques-unes.

Ie voudrois pouvoir trouver une comparaison qui fust capable de donner quelque intelligence de cela; mais je ne croy pas qu'il y en ait qui le puisse bien exprimer. Ie me serviray de celle-cy faute d'autre. Imaginez vous que vous entrez dans le cabinet d'un puissant Roy remply d'un tres-grand nombre de choses rares & precieuses & de quantité de glaces de miroir disposées de telle sorte qu'elles les font voir tout d'une veuë; ainsi que cela m'arriva une fois chez la Duchesse d'Albe où dans l'un de mes voyages l'obeissance m'obligea de demeurer deux jours, parce qu'elle en pressa tant mon Superieur qu'il ne pust le lui refuser. Ie fus surprise en

entrant

entrant dans ce cabinet : & penfant en moy-mefme à quoy pouvoit fervir ce grand nombre de curiofitez, je trouvay que ce pouvoit eftre à loüer Dieu de la beauté & de la varieté qui fe rencontrent dans tant de creatures, qui font des ouvrages de fes mains : & je fuis maintenant bien aife d'avoir vû cela à caufe qu'il me peut fervir dans le fujet dont il s'agit. Quoy que j'euffe demeuré quelque temps dans ce cabinet, cette grande multitude de differens objets fit que je ne me fouuiens non plus d'aucun en particulier que fi je ne les auois point vûs, & qu'il m'en refte feulement en general quelque idée. Ainfi lors que dans ces deux dernieres demeures Dieu eft dans une ame comme dans le Ciel empirée, & tellement uny à elle qu'elle n'eft plus qu'une mefme chofe avec luy, elle tombe en raviffement, & fe trouue fi abyfmée dans la joye de le poffeder qu'elle eft incapable de comprendre les fecrets qu'il expofé à fa veuë. Mais lors qu'il luy plaift quelquefois de la reveiller de cette extafe pour luy faire voir comme en un clin d'œil les merveilles de ce cabinet celefte, elle fe fouvient bien après eftre revenuë entierement à elle qu'elles les a veuës. Elle ne fçauroit neanmoins rien dire en particulier de chacune d'elles à caufe qu'elle n'eft pas capable par fa nature de rien comprendre au delà de ce que Dieu a voulu par une maniere furnaturelle luy faire voir de furnaturel. Ie demeure donc d'accord que l'ame a vû quelque chofe par une vifion reprefentative ; mais c'eft de la vifion intellectuelle que je veux maintenant parler, & non pas de celle-la, car mon ignorance & mon peu d'efprit font que je ne puis rien ajoûter à ce que je viens d'en dire : & je voy clairement que fi j'ay bien rencontré en quelque chofe, Dieu feul me l'a mis dans l'efprit & dans la bouche fans que i'y aye aucune part.

Pour moy je fuis perfuadée que fi l'ame dans les raviffemens qu'elle croit avoir n'entend point de ces fecrets ce ne font point des raviffemens veritables ; mais des effets de la foible complexion des femmes, qui après avoir fait de grands efforts d'efprit tombent dans une défaillance qui fufpend l'ufage de leur fens, ainfi que je l'ay dit dans l'oraifon de quietude. Or cela ne fe peut nommer un veritable raviffement. Car je tiens pour certain que lors que c'en eft un, Dieu attire toute l'ame a luy ; & que la traittant comme fon Epoufe il luy fait voir quelque petite partie de ce Royaume Eternel qu'il a acquis au prix de fon fang, & qui eftant indivifible fe trouve tout entier dans chacune de fes parties. Or comme il ne veut point qu'alors rien détourne l'ame de joüir du bon-heur de fa prefence, il fait fermer à fes fens & à fes puiffances toutes les portes de ces demeures, & ne laiffe ouverte que celle par où elle eft entrée pour aller à luy. Qu'il foit loüé à jamais d'un fi grand excez de bonté, & que malheureux font ceux qui pour ne vouloir pas en profiter re-

EEee

dont inutile l'affection qu'un si bon maistre leur témoigne.

Helas, mes Sœurs, combien peu considerable est tout ce que nous ayons quitté en renonçant au monde, & tout ce que nous faisons & pouvons faire pour un Dieu qui daigne ainsi se communiquer à nous, encore que nous ne soyons que des vers de terre! Que s'il nous est permis d'esperer mesme de cette vie de joüir d'un aussi grand bon-heur que celuy dont i'ay parlé, que faisons-nous? à quoy nous arrestons nous & qui nous empêche d'aller sans cesse de ruë en ruë & de place en place chercher nostre divin Epoux, comme nous voyons dans les Cantiques que faisoit la sainte Epouse? O que tout ce qui est sur la terre est inutile s'il ne nous sert à acquerir un si grand bien? Et quand nous pourrions posseder à jamais toutes les richesses & tous les plaisirs imaginables, que seroit-ce d'approchant du bon-heur dont je viens de parler? & qu'est ce mesme que ce bon heur en comparaison de posseder le Createur & le maistre de tout ce qu'il y a dans le Ciel & sur la terre?

O aveuglement de l'esprit humain jusques à quand nous obscurcirez-vous les yeux! Car encore que cet aveuglement ne paroisse pas estre tel qu'il nous empêche de voir le ciel, j'apperçois dans nos yeux comme de petits grains de sable dont le nombre pourroit en s'augmentant nous beaucoup nuire. C'est pourquoy, mes Sœurs, je vous en conjure au nom de Dieu, efforçons nous par la connoissance de nostre misere de tant profiter de nos fautes qu'au lieu de diminuër nostre veuë elles la fortifient, de mesme que Nostre Seigneur pour la rendre à un aveugle se servit de la boüe. C'est un veritable moyen de tirer le bien du mal lors que nous reconnoissant si imparfaite nous redoublerons nos prieres & tâcherons plus que jamais de nous rendre agreable à Dieu.

I'ay fait une grande digression, mais vous devez, mes Sœurs, me pardonner si lors que je parle des grandeurs de Dieu je ne puis m'empêcher de me plaindre des avantages que nous perdons par nostre faute, puis qu'encore qu'il soit vray qu'il depart ses faveurs à qui bon luy semble, si nous répondions par nostre amour pour luy à celuy qu'il a pour nous, il ne nous les refuseroit pas, puis qu'il ne desire rien tant que de donner, & que ses liberalitez ne peuvent diminuër ses richesses parce qu'elles sont infinies.

Pour revenir à mon suiet je dis que ce divin Epoux commande que l'on ferme les portes de ces dernieres demeures, & mesme celles du chasteau & de son enceinte, parce que lors qu'il veut mettre l'ame dans le ravissement elle ne sçauroit plus respirer, & encore que quelquefois les autres sentimens ne paroissent pas tout à fait éteints on ne sçauroit du tout parler; mais ils le sont souvent à l'instant mesme, & les mains deviennent si froides & tout le reste du corps auſſi, qu'il ſemble que l'on ſoit mort. Cela dure peu de la ſorte, à cauſe que lors que cette grande ſuſpenſion ceſſe le corps paroiſt ſe r'animer pour mourir de nouveau en cette maniere & rendre l'ame plus vivante qu'auparavant: mais cette grande extaſe paſſe viſte.

Il arrive neanmoins qu'apres qu'elle eſt ceſſée, la volonté & l'entendement ne laiſſent pas d'être ſi occupez durant le reſte du jour & quelquefois durant pluſieurs jours, que l'ame ſemble incapable de s'appliquer à autre choſe qu'à aimer Dieu, tant elle y eſt attentive & tant elle eſt endormie pour tout ce qui regarde les creatures. Mais lors qu'elle eſt entierement revenuë à elle, quelle confuſion ne luy eſt-ce point de ſe voir ſi indigne des faveurs qu'elle a receuës: & quel deſir n'a-t-elle pas de s'employer pour le ſervice de Dieu en toutes les manieres qu'il luy plaira. Car ſi les autres oraiſons dont j'ay parlé font les effets que j'ay dit, quel doit être celuy de celle-cy? Cette ame voudroit avoir mille vies pour les ſacrifier à Dieu, & que toutes les creatures fuſſent changées en autant de langues afin de luy aider à le loüer. Elle aime les grandes penitences & croit ne rien faire pour Dieu en les faiſant, parce que la force de ſon amour les luy rend douces, & qu'elle voit clairement que les tourmens des martyrs leur ſembloient legers à cauſe de l'aſſiſtance qu'ils reçoivent de celuy pour l'amour duquel ils les enduroient. Ainſi ces ames ſe plaignent à luy lors qu'il ne leur repreſente pas des occaſions de ſouffrir: elles conſiderent auſſi comme une ſeconde grace de recevoir ces faveurs en ſecret à cauſe que lors qu'elles leur arrivent en preſence de quelques perſonnes, la confuſion qu'elles en ont eſt ſi grande qu'elle interrompt en quelque ſorte le raviſſement, & trouble le bon-heur dont elles joüiſſent, parce que la connoiſſance qu'elles ont de la corruption du monde leur donne ſujet de craindre que ceux qui les ont veuës en cet état au lieu d'en avoir l'opinion qu'ils devroient & d'en prendre ſujet de loüer Dieu, n'en faſſent des jugemens temeraires & deſavantageux.

Il me paroiſt que cette peine que ces ames ne ſçauroient s'empêcher d'avoir, procede en quelque ſorte d'un défaut d'humilité, puis que ſi nous deſirons d'être mépriſez, que nous importe que l'on nous blâme? C'eſt ce que Dieu fit entendre à une perſonne qui ſe trouvoit dans cette peine: *Ne vous affligez point*, luy dit-il, *car ceux qui vous ont veuë en cet eſtat me donneront des loüanges, ou ils en parleront à voſtre deſavantage: Et ainſi, ſoit d'une maniere ou d'une autre vous y gagnerez.* J'ay ſceu depuis que ces paroles conſolerent & encouragerent extrêmement cette perſonne: & je les rapporte icy afin que s'il arrive la même choſe à quelqu'une de vous, elle en

EEEee ij

fasse son profit. Il semble que N. Seigneur veüille faire connoistre que ces ames estant toutes à luy nul autre n'a droit d'y rien pretendre, mais que leur vie, leur honneur, & tout ce qu'elles possedent doit estre entierement consacré à son service: & que pourveu qu'elles ne soient pas si mal-heureuses que de s'éloigner de luy par une ingratitude criminelle, il les protegera en qualité de leur Epoux contre toutes les puissances du monde & toutes les forces de l'enfer.

Ie ne sçay si j'ay donné quelque intelligence de ce qui regarde les ravissemens. Ie dis quelque intelligence: car de la donner toute entiere c'est une chose impossible; & si j'y ay réüssi en quelque sorte je ne croy pas le temps que i'y ay mis mal employé, puis qu'il importe de sçavoir combien les effets des veritables ravissemens sont differens de ceux qui sont faux: je dis faux, & non pas feints, parce que je presuppose que ceux qui les ont n'ont point dessein de tromper; mais sont trompez. Et comme ils deviennent un sujet de risée lors que l'on voit que les effets ne répondent pas à une aussi grande faveur que celle qu'ils pretendent avoir receuë, il ne faut pas s'étonner qu'au contraire l'on ajouste foy aux ravissemens que les effets témoignent venir veritablement de Dieu. Qu'il soit loüé à jamais. Ainsi soit-il.

CHAPITRE V.

D'une espece de ravissement que la Sainte nomme vol de l'esprit.

D'une espece de ravissement que la Sainte nomme vol de l'esprit.

Il y a une autre sorte de ravissement auquel je donne le nom de vol de l'esprit: & quoy que tous deux ne soient qu'une mesme chose l'ame y remarque une grande difference en ce qu'elle se sent quelquefois emportée par un mouvement si prompt, & qui luy donne au commencement tant de crainte, que c'est ce qui m'a fait dire que ceux à qui Dieu fait ces faveurs ont besoin de beaucoup de courage, de foy, de confiance, & de resignation pour s'abandonner entierement à sa sainte volonté. Car croyez-vous, mes Filles, qu'une personne qui est dans une entiere liberté d'esprit puisse ne se point troubler de sentir ainsi enlever son ame, & quelquefois son corps avec elle, comme nous le lisons de quelques Saints, sans sçavoir d'où ni comment luy viennent ces transports? parce que lors qu'ils commencent d'une maniere si soudaine on n'a encore aucune certitude qu'ils procedent de Dieu? Que si vous me demandez si l'on peut resister à un mouvement si impetueux, je répons que non, & que si l'on s'y efforçoit ce seroit encore pis comme je l'ay appris d'une personne qui m'a dit, qu'il semble que Dieu veüille alors faire connoistre à l'ame qu'aprés s'estre donnée tant de fois à luy avec une volonté

VI. DEMEVRE CHAPITRE V.

pleine & entiere de s'abandonner à sa conduite elle ne peut plus en nulle maniere disposer d'elle-mesme, & moins en cette occasion qu'en toute autre, parce qu'ainsi que la paille ne resiste point à l'ambre qui l'attire, elle s'estoit resoluë de ceder volontairement à cette necessité inévitable ; & il est certain qu'un geant n'enleve pas une paille avec plus de facilité que Dieu cet incomparable geant qui marche plus viste que le soleil, enleve l'esprit de ceux à qui il fait une telle grace.

Si je m'en souviens bien j'ay dit dans la quatriéme demeure que l'ame dans l'oraison dont j'y parlois est comme un bassin de fontaine qui se remplit d'eau d'une maniere si douce & si tranquille que l'on n'y remarque aucun mouvement. Mais icy ce mesme Dieu qui donne un frein aux eaux & défend à la mer de passer les bornes qu'il luy a marquées, ouvre les sources de l'eau de sa grace, & inonde l'ame d'une telle sorte qu'elle est comme un vaisseau si agité par la violence des vagues que tous les efforts du pilote & des matelots ne sçauroient empêcher qu'elles ne les poussent où bon leur semble. Ainsi les sens, les puissances, & tout ce qu'il peut y avoir d'exterieur se trouve contraint de ceder.

Que si en écrivant seulement cecy je suis épouvantée de voir quelle est la puissance de ce grand Roy, combien le devront estre ceux qui l'ont éprouvée ? En verité, mes Sœurs, je ne sçaurois croire que s'il luy plaisoit de se faire aussi particulierement connoistre aux personnes du monde les plus abandonnées au peché, elle ne cessassent de l'offenser sinon par amour, au moins par crainte. Quelle obligation n'ont donc point les ames à qui il fait la faveur de les conduire par une voye si sublime, de faire tous leurs efforts pour luy plaire ? Je conjure en son nom celles d'entre vous qu'il a tant favorisées que de leur accorder de semblables graces, de n'oublier jamais qu'elles sont si grandes que vous ne faites en cela que recevoir, & que celuy qui a plus receu doit davantage. Ce n'est donc pas sans raison que j'ay dit que l'on a besoin en cecy d'un grand courage, puis qu'une faveur si extraordinaire étonne l'ame de telle sorte que si N. Seigneur ne la rassuroit non seulement elle demeureroit toûjours dans la peine & dans la crainte, mais perdroit entierement courage en voyant d'un costé les extrêmes obligations qu'elle a à Dieu, & en considerant de l'autre que si elle luy rend quelque service il est si peu digne de luy & accompagné de tant d'imperfections que le mieux qu'elle puisse faire est de ne s'en point souvenir, & d'avoir seulement devant les yeux la grandeur de ses pechez, & de s'abandonner à sa misericorde, & de luy demander avec larmes que n'ayant pas moyen de le payer de ce qu'elle luy doit il luy plaise d'user envers elle de sa bonté pour les pecheurs. Il luy parlera peut-estre comme il fit à une personne qui estant devant un crucifix fort affligée de voir qu'elle n'avoit jamais rien fait pour son service, il la consola en luy disant qu'il vouloit qu'elle considerast comme siennes toutes les douleurs qu'il avoit souffertes dans sa passion, & qu'elle les offrist à son Pere; ce qui luy donna tant de joye, & elle se trouva si riche qu'elle m'a assurée que ces paroles luy sont toûjours demeurées dans l'esprit, & luy redonnent du courage toutes les fois que la pensée de son indignité & de sa misere la tourmente. Ie pourrois rapporter plusieurs choses particulieres sur ce sujet par la connoissance que m'en a donné la communication que i'ay euë avec diverses personnes d'oraison & fort saintes. Mais afin que vous ne croyiez pas que ce soit de moy-mesme que ie parle ie n'en diray pas davantage. Cela suffit pour vous faire voir combien Dieu a agreable que nous travaillions à nous connoistre nous mesmes, & nous souvenir toûjours que nostre pauvreté est si grande que nous n'avons rien que nous ne tenions de luy.

Il faut donc, mes Sœurs, si ie ne me trompe, qu'une ame qui est en l'estat que i'ay dit, & particulierement dans ce dernier, ait beaucoup de courage si son humilité est veritable, & ie prie Dieu de tout mon cœur de nous le donner.

Pour revenir à ce ravissement de l'esprit si impetueux, il est tel qu'il semble que veritablement il le separe de son corps. Cette personne neanmoins n'en est pas morte; mais elle ne sçait durant quelques momens si son ame anime encore ou n'anime plus son corps. Il luy paroist qu'elle est dans une autre region entierement differente de celle où nous sommes; elle y voit une lumiere incomparablement plus brillante que toutes celles d'icy bas: & elle se trouve instruite en un instant de tant de choses si merveilleuses qu'elle n'auroit pû avec tous ses efforts s'en imaginer en plusieurs années la moindre partie. Et cela n'est pas une vision intellectuelle, mais representative dans laquelle on voit plus clairement avec les yeux de l'ame que l'on ne voit avec ceux du corps. On comprend aussi alors certaines choses sans qu'il soit besoin de paroles pour les faire entendre, & si l'on voit quelques Saints on les reconnoist comme si on les avoit connus dans le monde.

D'autresfois outre ce que l'on voit des yeux de l'ame en la maniere que ie viens de le rapporter on voit aussi d'autres choses par une vision intellectuelle, & particulierement une grande multitude d'Anges qui accompagnent leur Seigneur, & d'autres choses encore que ie ne sçaurois dire sont representées à l'ame par une connoissance admirable, à laquelle les yeux du corps n'ont point de part. Ceux qui en auront l'experience & qui sont plus habiles que moy pourront peut-estre les expliquer; mais cela me semble bien

VI. DEMEVRE CHAPITRE V.

difficile, & je ne voudrois non plus asseurer que l'ame en cét estat soit encore unie au corps, que dire qu'elle en soit alors separée. J'ay souvent pensé si ce n'est point que de même que le soleil sans sortir du ciel lance ses rayons sur la terre, l'ame & l'esprit qui ainsi que le soleil & ses rayons ne sont qu'une même chose, peuvent en demeurant tousiours dans le corps estre poussez comme un rayon au delà d'eux mêmes par la force de la chaleur de ce soleil de Iustice qui est nostre Dieu.

Ie ne sçay peut-estre ce que je dis, mais je sçay bien que le mouvement qui se fait alors dans le fond de l'ame, & auquel je ne sçaurois donner un autre nom qu'un vol de l'esprit, n'est pas moins prompt que celuy d'une balle de mousquet; & qu'encore qu'il ne fasse point de bruit il se fait sentir de telle sorte que ce ne peut estre une imagination. L'ame selon ce que je puis le comprendre est alors élevée au dessus d'elle-même, & comme hors d'elle-même, & après estre rentrée dans son assiette ordinaire elle tire tant d'avantage des choses si merveilleuses qu'elle a veuës que toutes celles de la terre ne luy paroissent que de la fange. Ainsi elle conçoit un tel mépris de ce qu'elle estimoit auparavant qu'elle ne souffre plus la vie qu'avec peine. Il semble que Dieu ait voulu faire connoître quelque chose de la beauté & des richesses de cet heureux païs où tous ses desirs aspirent, comme il arriva aux Israëlites quand ils envoyerent reconnoître la terre qu'il leur avoit promise, pour disposer cette ame à supporter avec joye les travaux d'un si penible voyage par l'esperance de iouïr enfin d'un doux & perpetuel repos. Car encore qu'il ne semble pas que l'on puisse tirer beaucoup d'avantage d'un plaisir qui passe si viste, il en produit de si grands qu'il faut pour le comprendre l'avoir éprouvé. On voit donc clairement qu'il est impossible que cela procede de nôtre imagination ni d'une illusion du diable, puis qu'il ne sçauroit rien venir de luy qui opere dans nôtre ame une si grande paix, une si grande tranquillité, & des effets aussi avantageux que le sont entr'autres dans un souverain degré les trois choses que je vay dire.

La premiere, la connoissance de la grandeur de Dieu qui a mesure qu'elle croit en nous augmente nôtre respect & nôtre admiration pour son infiny pouvoir & son inconcevable sagesse. La seconde, la connoissance de nous mêmes qui nous humilie de telle sorte que nous avons peine à comprendre que n'étant que bassesse & que misere nous ayons esté assez hardies pour oser offenser cette suprême Majesté, & nous fait baisser les yeux comme n'étant pas dignes de la regarder. Et la troisième, de nous inspirer un si grand mépris de toutes les choses de la terre que nous ne voulions en user que pour le service d'un si grand maître.

Ce sont-là les pierreries de ce grand prix que l'Epoux commence de donner à son Epouse: & le ressentiment d'une si extrême faveur demeure tellement gravé dans son esprit que je ne crois pas possible qu'elle ne luy soit toûjours presente jusques à ce qu'elle en connoisse encore plus clairement la valeur dans une eternité de gloire, si ce n'est qu'elle fust si mal-heureuse que de s'en rendre indigne par quelque grande faute. Mais ce mesme Epoux de qui elle a receu de telles faveurs estant tout-puissant & tout misericordieux, elle a sujet d'esperer de sa bonté qu'il l'empêchera de tomber dans ce mal-heur.

Pour revenir encore au courage que j'ay dit qu'il est besoin d'avoir dans ces occasions, pensez vous, mes Sœurs, qu'il soit facile de l'avoir lors qu'il semble que l'ame se voyant privée de tous ses sens se croit estre separée de son corps, & que ne pouvant comprendre de quelle sorte cela luy arrive elle a tant de besoin que son Seigneur & son Dieu ajouste aux faveurs qu'il luy a deja faites celle de la soûtenir & de l'assister dans l'apprehension où elle se trouve? Vous me direz peut-estre que sa crainte est bien recompensée; & j'en demeure d'accord. Que celuy qui nous peut faire tant de graces soit loüé à jamais, & nous rende dignes de le servir. Ainsi soit-il.

CHAPITRE VI.

Effets que les ravissemens que la Sainte nomme vol de l'esprit produisent dans l'ame. Des larmes.

CEs faveurs de Dieu produisent dans l'ame un tel desir de le posseder entierement, que considerant la vie comme un tourment quoy que meslé de douceur, elle souhaitte la mort avec ardeur & demande à Dieu avec larmes de la tirer de cet exil. Tout ce qu'elle y voit la lasse & l'ennuye, & elle ne reçoit de soulagement que lors qu'elle est seule avec son Seigneur. Mais cette peine revient aussi-tost troubler sa joye, & ainsi elle n'est jamais en repos. Enfin cette ame que j'ay comparée à un petit papillon ne trouve point de lieu où elle puisse s'arrester, & son amour la rend si disposée à s'enflammer encore davantage qu'elle n'en rencontre point d'occasion qu'elle n'y vole. Il ne faut donc pas s'étonner de ce que les ravissemens sont fort frequens dans cette sixiéme demeure, sans que l'on puisse y resister lors mesme qu'ils arrivent en public. Et il s'éleve aussi-tost tant de murmure contre cette pauvre ame qu'elle ne sçauroit s'empêcher d'en estre émeuë, à cause du grand nombre des personnes qui la persecutent, & particulierement les Confesseurs. Car encore que d'un costé elle croye devoir estre dans une grande asseurance, principalement lors qu'elle est seule avec Dieu, elle s'afflige

de

VI. DEMEVRE CHAPITRE. VI.

de penser qu'elle a sujet de craindre que ce ne soit une illusion du demon qui la trompe pour la porter à offenser son saint Epoux. Car quant aux murmures qui ne regardent qu'elle elle n'en tient compte si ce n'est qu'ils viennent de son Confesseur qui la blâme comme s'il y avoit de sa faute. En cet estat elle demande des prieres à tout le monde ; & sur ce qu'on luy dit que le chemin qu'elle tient est fort perilleux, elle conjure nostre Seigneur de la conduire par un autre. Neanmoins lors qu'elle voit qu'elle avance beaucoup par celuy-là, & que selon ce qu'elle lit, qu'elle entend, & qu'elle connoît, elle est persuadée qu'il la meine au Ciel par l'observation des commandemens, elle ne sçauroit quelques efforts qu'elle fasse ne pas désirer de continuer toûjours d'y marcher. Et cette impuissance où elle se trouve luy donne de la peine ; parce qu'il luy semble que c'est desobeir à son Confesseur, & qu'elle croit que le seul remede pour n'estre point trompée est de luy obeïr, & de ne point offenser nostre Seigneur. Elle sçait bien que pour quoy que ce soit au monde elle ne voudroit commettre un peché veniel de propos délibéré, & s'afflige extrémement de ce qu'elle ne peut s'empescher d'en commettre plusieurs sans s'en appercevoir.

Dieu donne à ces ames un si grand desir de luy plaire & une si grande apprehension de tomber dans les moindres imperfections, que cette seule raison est capable de les porter à fuïr la compagnie des creatures, & à envier le bonheur de ces saints Anachoretes qui passoient leur vie dans les deserts. Mais d'un autre costé elles voudroient estre au milieu des personnes du siecle pour pouvoir contribuer à faire donner de plus grandes loüanges à Dieu quand elles ne pourroient procurer ce bonheur qu'à une seule ame. Que si ce sont des femmes elles s'affligent de ce que leur sexe ne leur laisse pas cette liberté, & envirent aux hommes celle qu'ils ont de publier à haute voix la grandeur du Dieu des batailles.

« Helas pauvre petit papillon, vous vous trouvez attaché par tant de chaisnes que vous ne sçauriez voler comme vous le voudriez ! Ayez compassion de luy, mon Dieu : faites que l'ame qui est ce papillon puisse accomplir en quelque sorte ce qu'elle ne desire que pour vostre honneur & pour vostre gloire. Ne vous souvenez point de son indignité & du peu qu'elle est par elle mesme. Seigneur vous estes tout-puissant : commandez à la mer de se retirer, & au Jourdain de se secher pour laisser passer vostre peuple : rendez-la invincible par vostre force, & capable de souffrir de grands travaux ; elle y est resoluë, & souhaite de les endurer. Déployez la puissance de vostre bras pour l'empescher de consumer sa vie en des choses indignes de vous. Faites éclater vostre grandeur dans un sexe si fragile afin que tout le monde voyant que n'estant rien par elle mesme, elle

FFfff

„ n'agit que par vous, & que l'on vous en donne toute la loüange.
„ Elle se tiendra trop heureuse quoy qu'il luy en couste, & voudroit
„ si cela se pouvoit donner mille vies pour faire qu'une seule ame vous
„ loüast encore davantage : & elle connoist clairement que non seu-
„ lement elle n'est pas digne de mourir pour vous ; mais de faire la
„ moindre chose pour vostre service.

Ie ne sçay, mes Sœurs, à quel propos i'ay dit cecy. Ie sçay seulement que se sont les effets que ces suspensions & ces extases produisent. Car ce ne sont pas des desirs qui passent : ils subsistent toûjours, & l'on connoist dans toutes les occasions qui s'en offrent qu'il n'y a point de déguisement ni de feinte. Mais pourquoy dire que ces desirs sont continuels, puis que l'on se sent quelquefois dans les moindres choses avoir si peu de courage que l'on se croit incapable de rien faire.

Ie suis persuadée que ce que Dieu abandonne alors l'ame à elle-mesme est pour son plus grand bien, afin de luy faire connoistre que si elle avoit eu quelque courage c'estoit luy seul qui le luy donnoit, & qu'elle le voye si clairement qu'elle s'aneantisse & admire plus que jamais sa grandeur & la misericorde qu'il luy a plû d'exercer envers elle quoy qu'elle ne soit qu'une vile & miserable creature. Mais le plus ordinaire est que cela se passe comme ie l'ay dit.

Vous devez, mes Sœurs, prendre garde que dans cet ardent desir de voir nostre Seigneur dont on se trouve quelquefois pressé il ne faut pas s'y laisser aller ; mais s'il se peut en divertir sa pensée. Ie dis s'il se peut ; parce que vous verrez dans la suite qu'il y a des desirs ausquels on ne sçauroit resister ainsi qu'on le peut dans ceux-cy à cause que la raison qui est alors encore libre peut comme l'exemple de saint Martin nous l'apprend, se conformer à la volonté de Dieu, & se divertir de ce desir dont elle est pressée en considerant que n'estant propre qu'à des personnes fort avancées dans l'amour de Dieu & favorisées de ses graces, le demon pourroit nous l'inspirer pour nous porter à croire que nous sommes de ce nombre ; & ainsi il est toûjours bon de marcher avec crainte.

Ie ne sçaurois croire que cet esprit malheureux puisse donner à l'ame le repos & cette paix dont la peine que cause ce desir de voir Dieu est accompagnée. Il excitera seulement à mon avis quelque mouvement de passion tel qu'est celuy que l'on a pour les choses du siecle. Mais ceux qui n'ont point d'experience ni de l'un ni de l'autre ne sçauroient faire ce discernement, & comme ils se persuadent que ce desir de voir Dieu leur est tres-avantageux ils feront tout ce qu'ils pourront pour l'accroistre au grand préjudice de leur santé ; parce que la peine qu'il donne est continuelle, ou au moins fort ordinaire.

Il faut auſſi remarquer que la foibleſſe de la complexion cauſe le *Des larmes.* plus ſouvent ces peines, principalement ſi ce ſont des perſonnes d'un naturel ſi tendre que la moindre choſe les fait plurer. Elles s'imaginent alors que les larmes qu'elles répandent coulent pour Dieu quoy qu'il n'en ſoit point la cauſe: Il pourra auſſi arriver que durant quelque temps ces larmes viendront en ſi grande abondance qu'à chaque penſée que ces perſonnes auront de Dieu, & à chaque parole qu'elles en entendront dire elles ne pourront les retenir bien qu'elles ne procedent pas tant de leur amour pour luy que de leur diſpoſitions naturelles. Ainſi elles ne ceſſent point de pleurer, & ce qu'elles ont entendu dire à la loüange de ces larmes faiſant qu'elles ne voudroient faire autre choſe que d'en répandre elles y contribuent de tout leur pouvoir : à quoy le demon les excite encore pour les reduire en tel eſtat qu'elles ſoient incapables de s'occuper à l'oraiſon & d'obſerver leurs regle.

Il me ſemble que je vous entens me demander ce que vous pouvez donc faire puis qu'il n'y a rien où je ne trouve du peril, & que je croy qu'il peut y avoir de la tromperie dans une choſe auſſi bonne que ſont les larmes, en quoy je puis moy-meſme me tromper. Ie réponds que cela ſe peut faire. Mais croyez que je ne parle pas de la ſorte ſans l'avoir experimenté en quelques perſonnes, dont je ne ſuis pas du nombre n'eſtant nullement tendre de mon naturel, & ayant au contraire le cœur ſi dur que i'en ſouffre quelquefois de la peine. Sa dureté n'empeſche pas neanmoins que lors que Dieu l'embraſe de ſon amour il ne diſtile comme un Alembic, & vous n'aurez pas peine à connoiſtre quand vos larmes viendront de cette ſource ; parce qu'au lieu de vous mettre dans l'inquietude & le trouble elles vous laiſſeront dans une grande tranquilité & une grande paix, vous donneront de la force, & rarement vous feront mal. Quand il y auroit meſme de la tromperie, pourvû que l'on demeure dans l'humilité, cette tromperie ne ſeroit préjudiciable qu'au corps & non pas à l'ame, quoy qu'il ſoit toûjours bon de l'apprehender. Ne nous imaginons pas neanmoins que tout eſt fait lors que l'on pleure beaucoup. Il faut mettre la main à l'œuvre & s'avancer dans les vertus. Que ſi aprés cela Dieu nous favoriſe du don des larmes ſans que nous y contribuions, nous pouvons les recevoir avec joye. Mais moins nous travaillons à les avoir, & plus elles arroſeront la terre aride de noſtre cœur, à cauſe que c'eſt une eau qui tombe du Ciel ; au lieu qu'il arrive ſouvent qu'aprés nous eſtre bien tourmentées à cruſer la terre pour y trouver quelque ſource, nous n'y rencontrons point du tout d'eau. Ainſi, mes Sœurs,

FFFff ij

j'eſtime que le meilleur eſt de nous mettre en la preſence de Dieu, de nous repreſenter ſa miſericorde, & de conſiderer qu'elle eſt ſa grandeur & noſtre baſſeſſe. Qu'il nous donne aprés cela ce qu'il luy plaira, ſoit de l'eau ou de la ſechereſſe : il ſçait mieux que nous ce qui nous eſt propre. Par ce moyen nous nous mettrons l'eſprit en repos, & il ſera plus difficile au demon de nous tenter.

Parmy ces choſes penibles & agreables tout enſemble Dieu donne quelquefois à l'ame certaines joyes & une oraiſon ſi extraordinaire qu'elle en eſt ſurpriſe & n'y comprend rien. Ie vous en parle afin que ſi ſa Majeſté vous fait cette grace vous ne vous imaginiez pas qu'elle doive toûjours durer. C'eſt à mon avis une grãde union de toutes les puiſſances, qui ne leur oſte pas non plus qu'aux ſens la liberté de connoiſtre qu'elles joüiſſent d'un tres-grand bon-heur, ſans comprendre neanmoins ny quel il eſt, ny la maniere dont elles en joüiſſent. Cecy paroiſt incroyable quoy que certainement il ſe paſſe de la ſorte ; & cette joye que l'ame reſſent eſt ſi exceſſive, que ne ſe contentant pas d'en joüir elle voudroit la pouvoir dire & en faire part à tout le monde, afin qu'on l'aidaſt à en loüer & en remercier noſtre Seigneur, qui eſt tout ce qu'elle deſire. Que ne feroit-elle donc point ſi elle l'oſoit declarer pour faire que perſonne n'ignoraſt juſqu'à quel point va ſon bon-heur? Elle croit s'eſtre retrouvée elle-même, & voudroit comme le pere de l'enfant prodigue que chacun prit part à ſon contentement. Car elle ne ſçauroit douter qu'elle ne ſoit alors en aſſurance : *en quoy je trouve qu'elle a raiſon, parce qu'une ſi grande joye, ſi interieure, accompagnée d'une ſi grande paix, & qui ne tend qu'à exciter tout le monde à loüer Dieu ne ſçauroit provenir du demon. Ainſi tout ce que l'ame peut faire même avec beaucoup de peine dans un tel excez de joye, eſt de ne la pas faire éclater, mais de demeurer dans le ſilence.

C'eſt l'eſtat où devoit eſtre ſaint François lors que jettant de grand cris, & des voleurs qui le rencontrerent luy en ayant demãdé la raiſon, il leur répondit qu'il eſtoit le Herault du grand Roy : & c'eſt auſſi ce que d'autres grands Saints faiſoient comme luy quand ils quittoient le monde pour s'en aller dãs les deſerts afin de s'occuper d'autre choſe que de publier les loüanges de leur Createur. I'ay connu l'un de ſos fidelles ſerviteurs de Dieu nommé le Pere Pierre d'Alcantara dont la vie a eſté ſi ſainte que je croy ne pouvoir faillir en le mettant de ce nombre. Il crioit comme eux à haute voix, & de telle ſorte que ceux qui l'entendoient le prenoient pour inſenſé. O mes Sœurs, que ſouhaitable eſt cette folie, & que nous ſerions heureuſes s'il plaiſoit à Dieu de nous la donner à toutes! Nous ne ſçaurions trop le remercier de l'obligation que nous luy avons de ce qu'en nous ſeparant du monde il nous a miſe en un lieu

*Cette aſſurance dont la Sainte parle eſt qu'elle ne ſçauroit douter que ce bon-heur dont elle joüit n'eſt point une illuſion du demõ, mais une faveur de Dieu comme le faiſvoir.

où s'il nous favorifoit d'une fi grande grace, ces cris que l'excez de noftre joye nous feroit pouffer nous feroient avantageux, bien loin d'exciter contre nous des murmures comme ils feroient fi nous êtions dans le monde, où c'eft une chofe fi extraordinaire d'en entendre de femblables qu'il n'y auroit pas fujet de s'étonner qu'on les prit pour des marques de folie.

O que deplorable eft la vie de ceux qui en ce mal-heureux temps fe trouvent engagez dans le fiecle; & qu'heureufes font les ames à qui il plaift à Dieu de faire la grace de les en dégager. Ie ne fçaurois mes Sœurs, quand nous fommes toutes enfemble voir fans une confolation particuliere que vous eftes fi vivement touchées des obligations que vous avez à Dieu, que vous luy rendez à l'envy des remercimens de la faveur qu'il vous a faite de vous mettre dans cette fainte maifon confacrée à fon fervice, parce que je vois clairement que ces actions de graces partent du fond de vôtre cœur. Ainfi je defirerois que cela vous arrivaft fouvent; & celle qui commence a l'avantage d'exciter les autres à faire la même chofe. A quoy voftre langue & voftre voix peuvent-elles eftre mieux employées qu'à publier les loüanges de ce Dieu tout-puiffant à qui nous avons tant de fujet d'en donner fans ceffe ? Ie luy demande fouvent qu'il luy plaife de vous favorifer de cette forte d'oraifon fi avantageufe & fi affurée. Ie dis de vous en favorifer; parce que nous ne la pouvons avoir de nous-mêmes: c'eft une chofe toute furnaturelle, & elle dure quelquefois un jour tout entier. L'ame eft alors côme une perfonne qui a beaucoup bû, & qui neanmoins n'eft pas yvre, ou comme un melancolique qui n'a pas entierement perdu le fens, & qui s'eft mis fi fortement quelque fantaifie dans l'efprit qu'il eft impoffible de l'en détromper. I'avouë que ces comparaifons font bien groffieres pour exprimer une chofe fi fublime & fi difficile à comprendre: mais mon peu de lumiere ne m'en fournit point d'autre. Ie fçay feulement que l'ame par un effet qui procede de l'excez de fa joye oublie le refte, s'oublie elle même, & ne fçauroit ny penfer ny parler d'autre chofe que des loüanges de Dieu. Secondons cette ame, mes Filles, dans une fi fainte occupation. Il faudroit avoir perdu l'efprit pour nous croire plus fages qu'elle. Et à quoy pourrions nous nous employer qui nous fatisfit d'avantage ? Cette occupation eft fi fainte que ce doit eftre celle de toutes les creatures dans tous les fiecles. Ainfi foit-il.

CHAPITRE VII.

Des peines que souffrent les ames à qui Dieu a fait des grandes graces. Qu'il n'y a point d'oraison si élevée qui doive empescher que l'on ne s'occupe de la meditation de l'humanité de IESUS-CHRIST.

Des peines que souffrent les ames à qui Dieu a fait de grandes graces.

CELLES de vous, mes Sœurs, que Dieu n'a pas favorisées de la grace dont ie viens de parler, pourront s'imaginer que d'autres qui l'ont receuë n'ont plus sujet de rien craindre ni de pleurer leurs pechez. Ce seroit une grande erreur, puis qu'au contraire plus elles sont obligées à Dieu & plus elles sont vivement touchées de la douleur de leurs fautes : & je suis persuadée que l'on n'est delivré de cette peine que lors que l'on est arrivé dans ce bien heureux seiour où rien n'est cappble d'en donner. Il est vray qu'elle est plus grande ou moindre en des temps que non pas en d'autres, & se fait sentir en differentes manieres. Car l'ame au lieu de penser au chastiment que meritoient ses pechez, se represente qu'elle a esté son ingratitude envers un Dieu à qui elle est si redevable & qui merite tant d'estre servy : & elle en est d'autant plus touchée que les graces qu'il luy fait la rendent plus capable de connoistre son adorable grandeur. Elle déplore son aveuglement d'avoir manqué de respect à une Majesté si redoutable : elle ne peut comprendre comment elle a eû la hardiesse de l'offenser ; & elle ne sçauroit se consoler d'avoir preferé à luy des choses si méprisables. Ainsi la veuë de ses pechez luy estant beaucoup plus presente que celle des faveurs dont nous avons parlé, & dont nous parlerons encore, elle est comme entraisnée par le torrent des larmes qu'ils luy font répandre ; & ces mêmes pechez sont comme de la fange qui s'attache de telle sorte à sa memoire qu'elle s'en souvient toûjours, ce qui ne luy est pas une petite croix.

Ie connois une personne qui desiroit de mourir non seulement à fin de voir dieu, mais pour estre délivrée de la peine presque continuelle qu'elle souffroit de recognoistre si mal les extrêmes obligations qu'elle luy avoit, tant elle estoit persuadée que nulle ingratitude n'égaloit la sienne, & ne croyoit pas que Dieu eut usé d'une si grande patience envers aucune autre à qui il eust fait les mesmes graces dont il l'avoit favorisée.

Quant à la crainte de l'enfer les personnes qui sont en cet estat n'en ont point. Elles sont seulement vivement touchées, mais rarement, de l'apprehension que Dieu ne les abandonne pour les laisser à elles-mêmes ; & qu'estant ainsi si mal-heureuses que de l'offenser elles tomberont dans le déplorable estat où elles estoient auparavant. Pour ce qui regarde les peines qu'elles pourroient souffrir ou la gloire dont elles pourroient joüir; c'est à quoy elles ne pensent point, & si elles desirent de sortir promtement du purgatoire ce n'est pas pour estre délivrées du tourment que l'on y endure ; mais c'est pour n'estre pas éloignées de la presence de Dieu.

Quelque favorisée que l'on soit de luy je croy qu'il est perilleux d'oublier l'estat miserable où l'on s'est vû; parce que ce souvenir qui donne sans doute de la peine peut estre utile à plusieurs. Cela me paroist peut estre ainsi à cause que i'ay esté si mauvaise & si imparfaite que mes pechez me sont sans cesse presens: ce qui n'arrive pas à celles qui ont mené une vie irreprehensible, quoy qu'il y ait toûjours sujet d'apprehender de tomber jusques à ce que nous soyons délivrées de la prison de ce corps.

Ce n'est pas un soulagement dans cette peine de penser que Dieu nous a pardonné tant de pechez. Elle s'accroit au contraire par la consideration de son extrême bonté qui luy fait répandre des graces sur ceux qui ne meritent que l'enfer. Ie croy que c'estoit le grand tourment de saint Pierre & de la Magdeleine; parce qu'ayant receu des faveurs si extraordinaires de nostre Seigneur, ayant une si claire connoissance de son infinie grandeur, & bruslant d'un si violent amour pour luy ; qu'elle ne devoit point estre leur douleur de l'avoir offensé ?

Il vous semblera peut-estre, mes Filles, que lors que l'on est favorisé de ces graces si sublimes on ne s'arreste pas à mediter les mysteres de la tres-sacrée humanité de nostre Seigneur IESUS CHRIST parce que l'on ne pense qu'à l'aimer. I'ay traité amplement ce sujet en un autre lieu, quoy que l'on ne soit pas demeuré d'accord de ce que i'en ay dit ; mais qu'on ait voulu me faire croire qu'apres qu'une ame est fort avancée il luy est plus avantageux de ne s'occuper que de ce qui regarde la divinité sans plus penser à rien de corporel, on ne me persuadera jamais qu'il faille marcher par ce chemin. Il se peut faire que je m'abuse, & que ce n'est que faute de nous bien entendre que nous ne sommes pas d'accord. Mais i'ay éprouvé que le diable me vouloit tromper par cette voye ; & l'experience que i'en ay me fait repeter ce que i'ay dit tant de fois que l'on doit en cela se tenir extrêmement sur ses gardes. I'ose mesme ajouter que qui que ce soit qui vous dise le contraire vous ne devez point le croire. Ie tacheray à me mieux faire entendre icy que je n'ay fait ailleurs ; parce que si quelqu'un en a écrit (il ne se sera pas peut-estre assez bien expliqué) & qu'il est fort dangereux de ne traiter qu'en general des choses si difficiles à entendre.

De la meditation de l'humanité sacrée de IESUS-CHRIST.

D'autres personnes s'imagineront qu'il ne faut point penser à la passion de nostre Seigneur, & encore moins à la tres-sainte Vierge & aux actions des Saints, quoy que cela nous puisse estre si utile, & nous tant animer à servir Dieu. J'avoüe ne pouvoir comprendre à quoy ils pensent de vouloir ainsi que nous détournions nos yeux de tous les objets corporels comme si nous estions des Anges toûjours embrasez d'amour & non pas des creatures engagées dans un corps mortel qui nous oblige à nous representer les actions heroïques faites par ces grands Saints pour le service de Dieu, lors qu'ils estoient encore sur la terre comme nous y sommes maintenant. au lieu qu'en tenant cette autre conduite ce seroit nous priver volontairement du souverain remede de nos maux, qui est la tres sacrée humanité de nostre Seigneur en quoy toute nostre esperance consiste. En verité je ne sçaurois croire que ces personnes s'entendent elles-mesmes, & elles peuvent beaucoup se nuire & aux autres : au moins puis-je hardiment asseurer qu'elles n'entreront jamais dans les dernieres demeures ; parce que n'ayant plus pour guide IESUS-CHRIST, qui seul les y peut conduire elles n'en sçauroient trouver le chemin. Ce sera beaucoup si elles demeurent en seureté dans les premieres demeures : car n'a-t-il pas dit de sa propre bouche: *Qu'il est le chemin & la lumière : Que l'on ne peut que par luy aller à son Pere; Que qui le voit voit son Pere ?* Et si l'on dit que ces paroles ne doivent pas s'entendre de la sorte : je répons que je n'y ay jamais compris d'autre sens ; que celuy-là me paroist estre le veritable, & que je me suis tres bien trouvée de l'avoir suivy.

J'ay connu plusieurs personnes qui aprés que Dieu les a élevées à une contemplation parfaite voudroient toûjours y demeurer ; mais cela ne se peut, & il arrive qu'en agissant de la sorte elles ne sçauroient plus mediter sur les mysteres de la vie & de la passion de IESUS CHRIST comme elles faisoient auparavant. Je ne sçay qui en est la cause ; Je sçay seulement qu'il est assez ordinaire que leur entendement demeure par ce moyen incapable de mediter ; Ce qui vient à mon avis de ce que le but que l'on se propose dans la meditation estant de chercher Dieu lors que l'ame l'a une fois trouvé elle s'accoustume à ne le plus chercher que par l'operation de la volonté, qui estant la plus genereuse de toutes les puissances voudroit dans le grand amour qu'elle a pour Dieu se passer de l'entendement; mais elle ne le peut jusques à ce qu'elle soit arrivée à ces dernieres demeures ; parce qu'elle a souvent besoin de luy pour s'enflammer.

Comme cela, mes Sœurs, est fort important je l'expliqueray davantage. L'ame voudroit ne s'occuper toûjours qu'à aimer sans penser à autre chose : Mais quelque desir qu'elle en ait cela n'est pas en sa puissance ; parce qu'encore que la volonté ne soit pas morte,

je

le feu dont elle avoit accoustumé de brusler est amorty, & qu'ainsi il a besoin d'être excité pour luy redonner de la chaleur. Lors que l'ame est en cet état elle doit attendre que le feu décende du Ciel pour consumer le sacrifice qu'elle fait d'elle même à Dieu, comme il consuma celuy de nostre saint Pere Elie. Non certes il ne faut pas attendre des miracles: Nostre Seigneur, ainsi que je le diray dans la suite, en fera quand il luy plaira en faveur de cette ame; mais il veut que nous nous croyions indignes d'une telle grace, sans manquer neanmoins de faire tout ce qui peut dépendre de nous: & je suis persuadée que quelque sublime que soit nostre oraison nous devons demeurer jusques à la mort dans cette humilité & ce mépris de nous mêmes. Il est vray que ceux qui ont le bon-heur d'entrer dans la septiéme demeure n'ont besoin que tres-rarement de faire ces reflexions pour la raison que j'en diray en son lieu si je m'en souviens. Ils marchent presque toûjours en la compagnie de IESUS-CHRIST d'une maniere admirable, dans laquelle la divinité & l'humanité ne sont jamais separées: & quand le feu dont j'ay parlé n'est pas allumé dans la volonté & que l'on ne sent point la presence de Dieu, il veut que nous le cherchions comme l'Epouse le cherche dans les Cantiques, & saint Augustin dans ses Confessions, en interrogeant les creatures sans demeurer comme des stupides & perdre le temps à attendre qu'il nous accorde encore la même grace qu'il nous a déja accordée peut-être dans les commencemens. Il se pourra faire qu'il se passera une année & même plusieurs sans qu'il nous fasse cette faveur: luy seul en sçait la raison: & il ne nous appartient pas de la sçavoir: il nous doit suffire de n'ignorer pas que ses commandemens & ses conseils nous montrent le chemin que nous devons tenir pour luy plaire. Marchons-y, mes filles, avec courage en pensant à sa vie, à sa mort, & aux extrêmes obligations que nous luy avons: le reste viendra quand il luy plaira. Que si ces personnes répondent que ces meditations ne sont pas capables d'arrester leur esprit, ce que j'ay dit fait voir qu'elles auront peut être quelque raison.

Vous avez déja vû qu'il y a de la difference entre le discours que fait l'entendement & ce que la memoire luy represente: & si vous me dites qu'en parlant ainsi je ne m'entends pas moy-même, je répons qu'il se peut faire que je ne l'entends pas assez pour le bien expliquer, mais que c'est comme je l'entens. J'appelle meditation le discours que fait l'entendement en cette sorte. Nous commençons par nous representer la grace que Dieu nous a faite en nous donnant son Fils unique. Nous considerons ensuite les mysteres de sa glorieuse vie, en commençant par sa priere dans le jardin, & le suivons des yeux de l'esprit jusques à la croix. Ou bien nous prenons un point de la passion, comme la capture de Nostre Seigneur, & considerons dans ce mystere toutes les circonstances qui se presentent à nostre esprit & qui peuvent toucher nostre cœur. De même de la trahison de Iudas, de la fuite des Apostres & de tout le reste. Et cette sorte d'oraison est tres-excellente & tres-utile. C'est celle à laquelle je demeure d'accord que ces ames à qui Dieu a fait des faveurs surnaturelles & qu'il a élevées à une parfaite contemplation ont sujet de dire qu'elles ne sçauroient s'arrester comme en effet elles ne le peuvent pas toûjours, & je n'en sçay pas la raison. Mais elles auroient tort de soustenir qu'elles ne puissent souvent considerer ces mysteres, principalement lors que l'Eglise Catholique en fait l'office, n'étant pas possible qu'elles perdent alors le souvenir de la grace que Dieu leur aura faite de leur donner des marques si extraordinaires de son amour, parce que ces faveurs sont comme des étincelles si vives qu'elles augmentent encore l'ardeur de celuy qu'elles luy portent : si ce n'est que comprenant ces mysteres d'une maniere beaucoup plus parfaite elles n'ayent poin besoin de faire ces reflexions, à cause qu'ils sont tellement gravez dans leur memoire & si presens à leur esprit que la simple consideration de cette épouvantable sueur de sang de N. Seigneur suffit pour les occuper non seulement durant une heure, mais durant plusieurs jours. Car l'ame voit alors par un seul regard combien grand & adorable est ce divin Sauveur, & quelle est nostre ingratitude de recognoistre si mal tant de douleurs. Et la volonté qui commence aussi-tost quoy que sans une tendresse sensible à desirer de souffrir quelque chose pour celuy qui a tant souffert pour nous, fait que l'entendement & la memoire s'occupent de ces sentimens & d'autres semblables. Voila à mon avis ce qui est cause que ces personnes ne meditent point sur les mysteres de la passion, & leur fait croire qu'elles ne le peuvent. Mais c'est une mauvaise raison pour ne le pas faire, puis qu'il n'y a point d'oraison si éleuée qui les en doive empécher; & je croy qu'elles feroient une grande faute de ne se pas occuper souvent à un si saint exercice. Que si N. Seigneur mettant alors l'ame dans la suspension & dans l'extase l'arrache comme par force d'une application si sainte je croy tres certainement, ainsi que je l'ay dit ailleurs, qu'elle en tirera beaucoup plus d'avantage que de tous les efforts qu'elle feroit pour continuer de discourir avec l'entendement; & je tiens même que lors qu'elle est arrivée à un état si élevé elle ne le pourroit quand elle le voudroit. Mais il se peut faire que je me trompe: car Dieu conduit les ames par diverses voyes. Je me contenteray donc d'asseurer que l'on ne doit point condamner celles qui ne marchent pas par celle-la, ni ne juger incapables de joüir des grands avantages qui se rencontrent dans la meditation des misteres de la passion de IESUS

CHRIST, & nul pour fpirituel qu'il foit ne me perfuadera jamais le contraire.

Il y a des ames qui étant arrivées comme par degrez à l'oraifon de quietude & commençant à y goufter les confolations que l'on y reçoit, s'imaginent qu'il eft tres-avantageux d'en joüir toûjours, mais je les prie, ainfi que je l'ay dit ailleurs, de ne fe point mettre cela dans l'efprit. Cette vie eft longue, & dans les travaux qui s'y rencontrent nous avons befoin pour les fouffrir d'une maniere parfaite de confiderer en quelle forte IESUS-CHRIST qui eft noftre modelle a enduré ceux dont il s'eft vû accablé pour l'amour de nous, & comment les Apoftres & les Saints ont agy pour l'imiter. Ce divin Sauveur eft une trop bonne compagnie pour nous en feparer non plus que de celle de fa tres fainte Mere : & il prend plaifir de voir que nous renoncions quelquefois à nos confolations & à nos contentemens pour compatir à fes peines & à fes fouffrances; à plus forte raifon devons-nous donc le faire, puis que ces confolations ne font pas fi ordinaires dans l'oraifon qu'il n'y ait du temps pour tout. Que fi une perfonne me difoit qu'elle les a toûjours, & qu'ainfi il ne luy refte point de loifir pour envifager ces myfteres de noftre falut, fa devotion me feroit fort fufpecte. C'eft pourquoy je vous prie, mes Sœurs, de vous detromper de cette erreur; de travailler de tout voftre pouvoir à vous guerir d'une fi chimerique perfuafion, & fi vous y avez de la peine d'en parler à la fuperieure, afin qu'elle vous employe à quelque office du monaftere qui vous occupe de telle forte qu'il vous tire de ce peril dans lequel vous ne pourriez demeurer long-temps fans en recevoir un tres-grand dommage.

Ie croy avoir affez fait connoître combien il importe, quelque fpirituel que l'on foit, de ne fe pas éloigner tellement de tous les objets corporels que l'on s'imagine n'en devoir pas même excepter la tres-fainte humanité de Noftre Seigneur. Et je ne fçaurois fouffrir qu'on allegue fur cela ce qu'il dit à fes difciples : *Qu'il eftoit befoin qu'il les quittaft.* J'oferois affurer qu'il ne dit point cela à fa fainte Mere, parce qu'il fcavoit combien elle eftoit ferme dans fa foy; qu'elle eftoit tres affurée qu'il eftoit Dieu & homme tout enfemble, & qu'encore qu'elle l'aimat plus qu'eux tous, la maniere dont elle l'aimoit eftoit fi parfaite que fa divine prefence ne luy pouvoit être qu'avantageufe : mais fes Apoftres n'étoient pas alors fi affermis dans la foy qu'ils le furent depuis & que nous fommes maintenant obligez de l'eftre.

Ie vous affure donc, mes Filles, que ce chemin me paroit fort dangereux & qu'il pourroit arriver que le demon nous feroit perdre par ce moyen la devotion que nous avons pour le tres-faint Sacrement. L'erreur dans laquelle j'étois n'approchoit point de celle-là. Car elle n'alloit qu'à ne prendre pas tant de plaisir à penser à Nostre Seigneur IESUS-CHRIST & de m'entretenir dans ce transport, & cette suspension en attendant que je fusse favorisée de ces graces qui m'étoient si agreables. Mais je connûs clairement que cela m'étoit des-avantageux à cause que ne pouvant toûjours les recevoir, mon esprit alloit errant deçà & delà, & mon ame ressembloit à un oiseau qui voltige de tous costez sans sçavoir où s'arrester; ainsi je perdois beaucoup de temps, ne m'avançois point dans les vertus, & ne profitois point de l'oraison. Ie n'en penetrois pas la cause; & je pense que je ne l'aurois jamais sçeuë tant je croyois ne pas mal faire, si une personne d'une tres-grande pieté avec qui je traitay de mon oraison ne me l'avoit fait clairement connoistre. Ie vis depuis combien grande étoit mon erreur; & je ne sçaurois penser sans en étre tres-sensiblement touchée qu'il y ait eu un temps dans lequel j'ignorois qu'il n'y avoit qu'à perdre & rien a gagner par cette voye. Mais quand on pourroit en tirer de l'avantage, je n'en desireray jamais aucun s'il ne vient par le moyen de ce divin Sauveur qui est la source de tous les biens. Qu'il soit loüé à jamais. Ainsi soit il.

CHAPITRE VIII.

Des visions intellectuelles, & des effets & des avantages qu'elles produisent. Que l'on doit en communiquer avec des personnes sçavantes & spirituelles, & se mettre ensuite l'esprit en repos, touchant les peines que l'on pourroit avoir sur ce sujet. Qu'il ne faut pas juger de la vertu des personnes par ces graces extraordinaires qu'elles reçoivent de Dieu, mais par leurs actions.

AFIN de vous faire encore mieux comprendre, mes Sœurs, combien ce que je viens de dire est veritable, & que plus une ame s'avance dans la pieté & dans l'oraison, plus elle est en la compagnie de IESUS-CHRIST Nostre Seigneur, je dois vous apprendre de quelle sorte il n'est pas en nostre pouvoir de n'étre point toûjours avec luy quand il luy plaît, & de ne le pas connoitre clairement par la maniere dont il se communique à nous & par le témoignage qu'il nous donne de son amour dans des visions & des apparitions admirables. Ie vay donc vous les rapporter, afin que s'il vous fait de si grandes graces vous n'en soyez point étonnées; & que s'il me fait celle de me bien expliquer nous l'en remercions toutes ensemble. Mais quand ce seroit à d'autres qu'à nous qu'il accorderoit ces faveurs extraordinaires, nous ne devrions pas laisser de le loüer de ce que son infinie grandeur daigne tant s'abaisser que de se communiquer ainsi à ses creatures.

VI. DEMEVRE CHAPITRE VIII

Des visions intellectuelles & de leurs effets.

Lors que l'ame dans une si humble disposition ne pense point à recevoir cette grace qu'elle croit si peu meriter, Iesus-Christ Nôtre Seigneur se trouve auprés d'elle sans qu'elle le voye ny des yeux du corps ni de ceux de l'ame. C'est-ce que l'on appelle une vision intellectuelle, & je ne sçay pourquoy on la nomme ainsi. Je connois une personne que Dieu a favorisée de cette grace & d'autres encore dont je parleray dans la suite, à qui cela donnoit au commencement beaucoup de peine, parce qu'elle ne pouvoit comprendre ce que c'étoit à cause qu'elle ne voyoit rien; & elle ne laissoit pas toutefois d'être assurée que c'estoit Nostre Seigneur qui se montroit à elle en cette maniere. Toutefois nonobstant cela & quoy que cette vision produisit en elle de grands effets qui la confirmoient encore dans cette creance, elle ne laissoit pas de craindre, à cause qu'elle n'avoit jamais entendu parler de visions intellectuelles ny pensé qu'il y en eust: mais alors elle comprit clairement que c'estoit N. Seigneur qui luy parloit souvent en cette sorte; au lieu qu'avant qu'il luy eust fait cette faveur quoy qu'elle entendit distinctement les paroles, elle ne sçavoit qui estoit celuy qui luy parloit.

Ie sçay aussi que ces visions intellectuelles ayant mis cette personne dans une grande crainte parce qu'elles sont fort differentes des visions imaginaires ou representatives qui passent fort promptement, au lieu que celles-cy durent plusieurs jours & quelquefois plus d'un an, elle en parla à son Confesseur & luy dit qu'encore qu'elle ne vist rien elle étoit tres-assurée que ces visions venoient de Nostre Seigneur. Il luy demanda quel étoit son visage: & elle luy répondit qu'elle n'avoit garde de le luy dépeindre, puis qu'elle ne l'avoit point vû, ny n'en sçavoit pas davantage que ce qu'elle luy rapportoit: mais qu'elle estoit tres-assurée que c'estoit luy qui luy parloit & qu'il n'y avoit point en cela d'imagination. Cette personne étant en cét état quelques apprehensions qu'on luy voulut donner, elle demeuroit toûjours ferme à ne pouvoir douter que ce ne fust Nostre Seigneur qui étoit auprés d'elle, principalement lors qu'il luy disoit : *N'ayez point de peur : c'est moy.* Ces paroles ne luy donnoient pas seulement de la force & du courage, elles luy donnoient aussi une tres-grande joye de se voir en si bonne compagnie & qui l'aidoit à marcher par le souvenir presque continuel qu'elle avoit de son Dieu, & par son extrême desir de ne rien faire qui luy pût déplaire. Car il luy sembloit qu'il la regardoit toûjours, & que lors qu'elle lui vouloit parler soit dans l'oraison ou hors de l'oraison elle le trouvoit si proche d'elle qu'il ne pouvoit pas ne la point entendre; quoy qu'il ne lui parlat pas toutes les fois qu'elle l'avoit desiré; & seulement selon les besoins qu'elle en avoit, & lors qu'elle y penſoit le moins. Elle ſentoit qu'il étoit à ſon coſté droit; mais non pas par un ſentiment tel qu'eſt celuy qui nous fait connoître qu'une perſonne eſt proche de nous; ce ſentiment étant d'une maniere ſi ſubtile qu'on ne ſçauroit l'exprimer, & neanmoins beaucoup plus certain que l'autre. Car on peut ſe tromper dans la creance qu'une perſonne eſt à coſté de nous; au lieu qu'icy on ne le peut, parce que l'on en reçoit des avantages & que l'on en reſſent des effets interieurs qu'il ſeroit impoſſible d'avoir ſi cela venoit de melancolie ou d'une illuſion du demon. Outre que l'ame ſe trouve dans une grande paix, dans un deſir continuel de plaire à Dieu, dans un entier mépris de tout ce qui ne l'approche pas de luy, & qu'il luy fait enſuite clairement connoître que le demon n'y a point de part. Mais cependant je ſçay que cette perſonne ne laiſſoit pas d'être quelquefois dans la crainte & d'autres fois dans une tres grande confuſion, parce qu'elle ne pouvoit comprendre d'où luy arrivoit un ſi grand bon-heur. I'en puis parler auec certitude & vous m'en pouvez croire, puis que cette perſonne & moy étions tellement unies, ou pour mieux dire une même choſe, que je connoiſſois comme elle même le fond de ſon ame.

Cette faveur de Dieu met l'ame dans une grande confuſion & une grande humilité; au lieu que ſi c'eſtoit un ouvrage du demon il produiroit des effets contraires. Ainſi comme elle ne peut douter que ce ne ſoit une grace qui luy vient de Dieu & que nuls efforts humains ne pourroient luy procurer, elle ne ſçauroit ſe perſuader d'y avoir part. Or quoy qu'il me ſemble qu'entre les autres faveurs de Dieu dont j'ay parlé il y en a quelqu'une qui ſurpaſſe celle-cy, elle a cet avantage qu'elle donne à l'ame une connoiſſance tres-particuliere de Dieu; que le bon-heur d'être continuellement en ſa compagnie ajouſte une extrême tendreſſe à ſon amour pour luy; que le deſir de s'employer entierement à ſon ſervice ſurpaſſe celuy dont ſes autres faveurs ſont accompagnées, & que ce qu'elle le ſent ſi proche d'elle la rend ſi attentive à luy plaire qu'elle ſe trouve dans une plus grande pureté de conſcience. Car encore que nous ſçachions que Dieu eſt preſent à toutes nos actions nous ſommes naturellement ſi peu appliquez à ce qui regarde noſtre ſalut que nous n'y faiſons point de reflexion : au lieu qu'icy on ne ſçauroit n'y pas penſer, parce que Dieu qui eſt alors ſi proche de nous reveille l'ame pour luy faire conſiderer cette importante verité, & luy donne ainſi preſque continuellement un amour actuel pour luy.

Enfin les avantages que l'ame voit qu'elle tire de cette faveur de Dieu qu'elle ne ſçauroit jamais meriter ſont ſi grands & ſi eſtimables, qu'elle ne les changeroit pas contre tous les treſors de la terre; & lors que Dieu ſe retire elle ſe trouve dans une extrême

VI. DEMEVRE CHAPITRE VIII.

solitude sans que quelques efforts qu'elle fasse elle puisse recouvrer cette adorable compagnie dont il ne la favorise que quand il luy plaît. L'ame se trouve quelquefois aussi en celle de quelque Saints & en profite beaucoup. Que si vous me demandes, mes Sœurs, comment puis que l'on ne voit personne on sçait que c'est IESVS-CHRIST, ou sa glorieuse mere, ou quelqu'un des Saints : je répons qu'on ne sçauroit dire ni comprendre de quelle maniere on le sçait quoi qu'on ne laisse pas de le sçavoir tres certainement. Quand c'est Dieu lui-même qui nous parle cela ne paroît pas si étrange : mais de voir un Saint qui ne parle point & qu'il semble que Nostre Seigneur n'ait rendu present à l'ame que pour luy tenir compagnie & pour l'assister, cela paroit plus merveilleux.

Il y a d'autres choses spirituelles qui ne peuvent non plus s'exprimer par des paroles, & qui servent à faire connoître combien nostre foiblesse & nostre bassesse nous rendent incapables de comprendre les grandeurs de Dieu. Ainsi ceux qui les reçoivent ne sçauroient trop les admirer, luy rendre graces de les avoir preferez à tant d'autres, ni trop s'efforcer à se servir des moyens qu'il leur donne de lui rendre de plus grands services.

C'est ce qui fait que l'ame au lieu de s'élever de vanité croit qu'étant si obligée à Dieu nulle autre ne s'acquite plus mal de ce qu'elle lui doit; & elle ne fait point de faute qui ne lui perce le cœur de douleur : en quoy elle a tres-grande raison. Celles de vous, mes Filles, à qui Dieu fera la grace de les conduire par ce chemin pourront connoître à ces marques que ce n'est ni une imagination ni une illusion du demon ; parce comme je l'ay dit que si c'estoit une imagination elle ne dureroit pas si long temps, & que si c'estoit une illusion elle ne laisseroit pas l'ame dans une si grande paix ; cet ennemy de nostre salut ne voulant ni ne pouvant nous procurer de tels avantages; mais ne pensant au contraire qu'à exciter dans nostre cœur ces dangereuses vapeurs qui nous rempliroient de l'estime de nous-mêmes & de l'opinion que nous valons mieux que les autres. Ioint que cette grande adherence de l'ame à Dieu & cette application à y penser sont si opposées à l'esprit du demon que quand il tenteroit de faire ces vains efforts, ce ne seroit pas si souvent : & Dieu est si bon qu'au lieu de souffrir qu'il nuise à une ame qui n'a autre desir que de lui plaire, & qui seroit preste de donner sa vie pour son honneur & pour sa gloire, il la détromperoit aussi tost.

Ie suis persuadée que lors que l'ame se conduit de la sorte que j'ay dit, ce qui est un effet des graces de Dieu, s'il permet que le demon ose quelquefois la tenter, elle en recevra de l'avantage & cet esprit mal-heureux de la confusion & de la honte. C'est pourquoy, mes Sœurs, si quelqu'une de vous marche par ce chemin, qu'elle ne s'etonne pas si cela luy arrive, quoy qu'il soit toûjours bon de craindre & de veiller sur sa conduite, puis que si vous vous imaginez qu'étant favorisée de Dieu vous n'avez rien à apprehender, ce seroit un signe que ces graces que vous penseriez venir de luy seroient des illusions du demon, & qu'elles ne produiroient point en vous les effets dont j'ay parlé.

Il sera bon dans les commencemens que vous en communiquiez sous le secret de confession avec quelque homme sçavant qui soit capable de vous éclaircir de vos doutes, & avec une personne spirituelle & fort experimentée en semblables choses si vous la pouvez rencontrer. Mais si vous ne pouvez trouver que l'un ou l'autre il faut preferer le sçavant à celuy qui n'est que spirituel. Si ces personnes vous disent que ce que vous croyez avoir entendu n'est qu'une imagination mettez-vous l'esprit en repos, puis que l'imagination ne sçauroit faire grand mal à l'ame, & que vous recommandant à Dieu il est trop bon pour permettre que vous soyez trompée. Que s'ils croyent que c'est une tentation, ce que je ne pense pas qu'un homme sçavant puisse vous dire lors qu'il verra les effets dont j'ay parlé;quoy que ce vous soit un plus grand sujet de peine, je vous assure que N. Seigneur en la compagnie duquel vous serez vous rassurera,vous consolera, & vous donnera la lumiere dont vous aurez besoin pour vous éclaircir de ces doutes : & dissiper vos apprehensions & vos craintes. Mais s'il arrive que la personne d'oraison à qui vous en communiquerez aussi ne marche pas par cette voye, comme elle en sera surprise elle ne manquera pas de la condamner. C'est pourquoy je croy que le meilleur est de s'adresser à quelque homme fort sçavant, & tout ensemble s'il se peut intelligent dans les choses spirituelles. Encore que la vertu de la personne qui reçoit ces graces fasse juger à la Prieure qu'il n'y a rien à apprehender, elle ne doit pas laisser tant pour la seureté de cette Sœur que pour la sienne propre de luy permettre cette communication. Mais apres cela il faut s'en mettre l'esprit en repos sans en plus parler à qui que ce soit, parce qu'il arrive quelquefois que bien qu'il n'y ait point sujet de craindre, le demon donne de si grandes apprehensions que l'on voudroit pour se soulager de ses peines les communiquer encore. Et s'il se rencontre que le Confesseur soit apprehensif & peu experimenté en semblables choses luy même y portera cette personne. Ainsi ce qui devoit estre tenu secret étant divulgué, la persecution & le deplaisir qu'elle en recevra luy seront tres sensibles;& dans les temps où nous vivons il pourra arriver que cela nuira beaucoup à tout l'Ordre.

C'est ce qui oblige d'agir avec beaucoup de prudence : & je ne sçaurois trop exhorter les Prieures de ne s'imaginer pas qu'une Sœur pour être favorisée de ces graces soit meilleure que les autres, Dieu

condui-

conduisant chaque ame selon le besoin qu'elle en a. Il est vray que ces graces peuvent porter les personnes à une grande perfection si elles y répondent par leurs actions. Mais comme il arrive quelquefois que Dieu conduit les plus foibles par cette voye, c'est principalement la vertu qu'il faut considerer & tenir pour les plus saintes celles qui sont les plus mortifiées, les plus humbles, & qui servent Dieu avec une plus grande pureté de cœur. Cela ne suffit pas neanmoins pour en porter un jugement assuré: nous ne sçaurions le bien connoistre que quand le juste iuge viendra dans sa majesté & dans sa gloire recompenser ou punir chacun selon ses œuvres, & nous verrons alors avec estonnement combien ses jugemens sont differens des nostres & impenetrables: Qu'il soit loüé aux siecles des siecles. Ainsi soit-il.

CHAPITRE IX.

Des visions imaginaires ou representatives.

JE viens maintenant aux visions que l'on nomme imaginaires ou representatives. Le diable peut sans doute plus s'y mesler que dans les intellectuelles dont je viens de parler, & lors qu'elles procedent de Dieu elles me paroissent plus profitables à cause qu'elles sont plus conformes à nostre nature. Mais il en faut excepter celles que l'on a dans la septiéme & derniere demeure ausquelles nulles autres ne sont comparables. Voyons donc ensuite de ce que i'ay dit dans le chapitre precedent de quelle sorte Nostre Seigneur se trouve icy. C'est comme si nous avions dans une boëte d'or une pierre precieuse d'une valeur & d'une vertu admirable, & que nous fussions tres-assurées qui y seroit; parce que nous en aurions ressenty les effets dans des maladies dont elles nous auroit gueris, sans que neanmoins nous l'ayons jamais veuë ny la puissions voir s'il ne plaist a celuy à qui elle appartient, qui nous l'a prestée, & qui en à la clef, de nous la montrer.

Ainsi comme si lors que nous l'esperions le moins il nous faisoit la faveur d'ouvrir la boëte pour nous faire voir durant un instant cette pierre merveilleuse afin de graver encore plus fortement dans nostre esprit l'estime que nous en devrions faire par le souvenir de l'éclat dont son incomparable beauté nous auroit frapé les yeux. De mesme lors que Nostre Seigneur veut favoriser une ame d'une grace toute extraordinaire il luy fait voir clairement sa tres-sainte humanité, en se montrant à elle ou tel qu'il estoit quand il conversoit dans le monde, ou tel qu'il est depuis sa resurrection. Et quoy que cela passe si viste que l'on peut le comparer à un éclair,

HHHhh

cette glorieuse image demeure si vivement imprimée dans l'imagination qu'il me paroist impossible qu'elle s'en efface jusques à l'heureux jour qu'elle verra ce divin Sauveur & le possedera dans l'eternité de sa gloire. Or quoy que i'use du nom d'image ce n'est pas comme un tableau que l'on presenteroit à nos yeux ; c'est une chose veritablement vivante & qui quelquefois parle à l'ame & luy montre de grands secrets.

Mais vous devez sçavoir, mes Sœurs, que pendant le peu de temps que cela dure on ne sçauroit regarder Nostre Seigneur que comme l'on regarde le soleil, sans que neanmoins sa splendeur donne ainsi que celle du soleil de la peine aux yeux de l'ame qui la voit interieurement. De sçavoir si elle la voit exterieurement, c'est ce que j'ignore, parce que la personne dont i'ay parlé n'en avoit point d'experience. Cette splendeur est comme une lumiere infuse & semblable à celle du soleil s'il estoit couvert d'un uoile aussi transparant que le diamant. Le vestement de ce Redempteur du monde est comme d'une toile tres-fine, & lors qu'il fait cette faveur à une ame, elle tombe presque toûjours dans le ravissement, sa bassesse ne pouvant soûtenir l'éclat d'un tel objet tant elle est épouvantée de ses ineffables perfections. Ie dis épouvantée à cause que sa beauté est si merveilleuse, & le plaisir de le voir si inconceuable qu'il n'y a point de si grand esprit qui pût en mille années se l'imaginer. Il n'est point besoin de demander ni que l'on nous dise quelle est cette suprême majesté dont la presence nous estonne, puis qu'elle fait assez connoistre qu'elle regne dans le Ciel & sur la terre par elle mesme ; au lieu que les Rois d'icy-bas ne se font reverer que par cette pompe exterieure qui les environne.

,, O Seigneur mon Dieu, que les Chrestiens vous connoissent peu !
,, Et si lors que vous venez avec tant de bonté vous communiquer à
,, vostre Epouse elle ne peut vous regarder sans estre touchée de crain-
,, te, que sera-ce quand il dira au dernier jour avec une voix tonnante:
,, *Allez maudits de mon Pere*, & le reste ? Vne ame ne doit elle pas, mes
Filles, s'estimer heureuse lors que Dieu luy fait la grace d'imprimer
ces paroles dans sa memoire, puis que S. Ierôme les avoit toûjours
presentes, & qu'elles peuvent vous faire considerer comme tres-
legeres toutes les austeritez de la religion : mais quand elles dureroient plusieurs années, toutes ces années ne devroient passer dans vôtre esprit que pour un moment au regard de l'eternité. Ie puis vous dire avec verité que toute méchante que je suis, i'ay toûjours regardé comme peu redoutables les peines même de l'enfer en comparaison du tourment que souffriront les damnez de voir que les yeux de N. Seigneur maintenant si doux & si favorables seront pour jamais allumez de fureur contr'eux. Et si mon cœur n'a jamais esté à l'épreuve

d'une frayeur si terrible; quoy que je ne l'aye point vû dans cét état d'indignation & de colere; quel sera celuy de ces ames reprouvées qui seront si mal-heureuses que de l'y voir? Quand une ame se trouve agitée de semblables terreurs, la compassion qu'a Nostre Seigneur de nostre foiblesse fait qu'il la met dans une suspension de toutes ses puissances, afin qu'étant comme hors d'elle même elle puisse s'unir à luy & rendre sa bassesse heureusement abysmée dans sa grandeur par une communication toute divine.

Que si l'ame est capable de considerer long temps Nostre Seigneur, je ne croy pas que ce soit une vision, mais plutost l'effet d'un grand effort de l'imagination: & cette figure qu'elle croira voir sera comme inanimée & comme morte, en comparaison de celle que l'ame voit dans ces heureux momens où son adorable majesté se montre veritablement à elle.

Il y a des personnes, & j'en connois plusieurs, qui ont l'esprit si foible & l'imagination si vive qu'ils croyent avoir vû clairement ce qu'ils n'ont fait que penser. Mais si elles avoient eu de veritables visions elles n'auroient pas peine à connoître que celle-cy ne sont que chimeriques, puis qu'au lieu d'en tirer de l'avantage elles font moins d'effet en elles que n'en feroit une peinture de quelque mystere de nostre religion: & il ne faut point de meilleure preuve du mépris que l'on doit faire de ces pretenduës visions que de voir qu'elles s'effacent aussi-tost de l'esprit & disparoissent comme un songe. Dans les visions veritables c'est tout le contraire Car lors que l'ame ne pense à rien moins qu'à voir quelque chose d'extraordinaire, ce divin objet se presente à elle, remüe tous ses sens & ses puissances, & après l'avoir agitée de trouble & de crainte la fait joüir d'une heureuse paix. Ainsi de même que quand saint Paul fut porté par terre par ce furieux coup de tempeste, il se fait un grand mouvement dans le fond de l'ame qui est comme un monde interieur: mais un moment après elle se trouve dans le calme & si instruite des plus grandes veritez qu'elle n'a plus besoin de maistre pour les luy faire comprendre, parce que celuy qui est la veritable & eternelle sagesse a dissipé par sa lumiere les tenebres de son esprit, & qu'elle demeure si assurée que c'est une grace qui vient de luy, que quoy qu'on luy puisse dire au contraire on ne sçauroit luy faire apprehender d'être trompée. Que si son Confesseur luy dit que c'est une illusion du demon que Dieu a permis qu'elle ait euë pour punition de ses pechez, elle pourra bien d'abord en être un peu ébranlée, mais ce sera comme j'ay dit ailleurs qu'il arrive dans les tentations qui regardent la foy dans laquelle l'ame s'affermit d'autant plus qu'elle a été plus combatuë, parce qu'elle sçait qu'il n'est pas au pouvoir de cet esprit infernal de luy procurer les avantages qu'elle tire de ces heureuses visions. Ioint que son pouvoir ne s'étend pas jusques dans l'interieur de l'ame, il ne va qu'a luy representer quelques images qui n'ont ni la verité, ni la majesté, ni les effets qui se rencontrent dans les visions qui viennent de Dieu. Pour le regard des Confesseurs, comme ils ne peuvent voir ce qui se passe dans le fond de l'ame, & que peut-estre Dieu ne permettra pas que la personne à qui cela arrive puisse le leur bien representer, ils ont sans doute suiet de craindre & doivent marcher avec grande retenuë jusques à ce que le temps fasse juger de ces visions par les effets qu'elles produisent. Ainsi ils ne sçauroient trop observer si cette personne s'avance de plus en plus dans l'humilité & se fortifie dans les autres vertus. Car si ce n'est qu'un ouvrage du demon & qu'ils y fassent attention, ils reconnoistront bien tost par diverses marques, que toutes ces belles imaginations ne sont que de pures chimeres.

Mais si le Confesseur a de l'experience de semblables choses il n'aura pas peine à juger si ce qu'on luy rapportera viendra de Dieu, ou de cet esprit infernal, ou de l'imagination, principalement s'il a le don du discernement des esprits : & pourvû qu'il l'ait & qu'il soit sçavant, quand mesme il n'auroit point d'experience de ces faveurs surnaturelles il ne laissera pas d'en bien juger. Mais il importe de tout, mes Sœurs, que vous agissiez envers vos Confesseurs avec grande sincerité & verité, je ne dis pas en ce qui regarde la declaration de vos pechez : car qui en doute ? Mais dans le compte que vous leur rendrez de vostre oraison. Sans cela je ne voudrois pas assurer que vous fussiez dans le bon chemin, ny que ce fust Dieu qui vous conduisist ; parce que je sçay qu'il prend plaisir à voir que l'on agisse comme avec luy-mesme avec ceux qui tiennent sa place en leur découvrant jusques à nos moindres pensées, & à plus forte raison nos actions. Pourvû que vous en usiez de la sorte ne vous inquietez & ne vous troublez de rien ; puis qu'encore que ces visions ne vinssent pas de Dieu il tireroit le bien du mal & seroit que le demon y perdroit au lieu d'y gagner ; parce que dans la creance que vous aurez que ce sont des faveurs de Nostre Seigneur, & ayant tousiours devant les yeux cette figure qui vous le representoit, vous vous efforcez de plus en plus de le contenter. C'est ce qui faisoit dire à un fort sçavant homme que le demon estant un si grand peintre, il ne seroit pas fasché qu'il luy representast une image de Nostre Seigneur qui parust vivante, à cause qu'elle augmenteroit la devotion & luy donneroit moyen de le combattre avec ses propres armes. Car encore qu'un peintre soit un meschant homme il ne faut pas laisser d'avoir du respect pour le tableau qu'il fait de celuy de qui deul dépendroit nostre bon-heur. Ainsi ie ne sçaurois approuver ce que quelques-uns conseillent de se moquer des visions; parce, comme ajoustoit cette personne, qu'il n'y a point d'image de nostre Roy que nous ne soyons obligez de reverer. En quoy je trouve qu'il avoit tres-grande raison; puis que si nous sommes incapables de regarder avec mépris le portrait d'un de nos amis; quelle veneration ne devons-nous point avoir pour un crucifix, & pour toutes les autres peintures quelles qu'elles soient qui nous representent cette supréme Majesté que nous adorons?

 Encore que i'aye dit ailleurs la mesme chose ie le repete volontiers icy, parce que i'ay connu une personne à qui l'on avoit persuadé de traiter ces visions avec une extréme mépris. Ie ne sçay qui a inventé un tel remede. Il n'est bon qu'à tourmenter une ame à qui un Confesseur donne un si mauvais conseil, & qui se croit perduë si elle ne le suit pas. Ie tiens au contraire que si cela arrive on doit luy representer ces raisons, & s'il insiste, ne luy point obeïr en cette rencontre.

 Nous tirons ce grand avantage de la faveur que Dieu nous fait de se montrer ainsi à nous, que lors que nous pensons à sa vie & à sa passion, le souvenir de l'avoir veu si plein de douceur & éclatant d'une beauté toute celeste nous donne une tres grande consolation: de mesme que ce nous en est une plus grande d'avoir véu que de n'avoir jamais veu une personne à qui nous sommes fort obligées. On tire aussi d'autres avantages du souvenir si agreable de ces visions. Mais comme i'ay déja tant parlé des excellens effets qu'elles produisent & que i'en parleray encore dans la suite, i'ajousteray seulement icy, que lors que vous apprenez que Dieu accorde ces faveurs à quelques ames, vous devez bien prendre garde à ne point desirer ny à ne le point prier de vous conduire par la mesme voye; parce que bien que cela vous paroisse fort avantageux & qu'on le doive beaucoup estimer, il ne vous seroit pas utile pour plusieurs raisons. La premiere, à cause que ne pouvant que par un défaut d'humilité souhaitter que l'on nous accorde ce que nous ne meritons pas, c'est une grande marque que nous n'avons pas cette vertu que d'oser le desirer. Car ainsi que la pensée d'estre Roy ne sçauroit entrer dans l'esprit d'un paisan tant la bassesse de sa condition le luy fait paroistre impossible: de mesme les personnes veritablement humbles ne pretendront jamais à de semblables faveurs. Nostre Seigneur ne les accorde à mon avis qu'à ceux qui sont affermis dans cette vertu par la connoissance qu'il leur a donnée du peu qu'ils sont par eux-mesmes. Or comment une personne qui a cette connoissance peut-elle ne pas croire que c'est luy faire une fort grande grace de ne la pas condamner aux peines eternelles de l'enfer? La seconde raison est, que quand l'on ose faire de tels souhaits on est déja trompé ou en grand danger de l'estre; parce que la moindre petite ouverture suffit au demon pour nous tendre mille pieges. La troisième raison est, que lors que le desir est violent il entraîne avec luy l'imagination, & qu'ainsi l'on se figure de voir & d'entendre ce que l'on ne void & n'entend point; de même que l'on songe la nuit à ce que l'on s'est fortement mis dans l'esprit durant le jour. La quatriéme raison est, que c'est une grande temerité de choisir nous mémes le chemin par lequel nous devons marcher sans sçavoir s'il est le meilleur, & ne nous en pas remettre au jugement de Dieu qui sçait beaucoup mieux que nous celuy qui nous est le plus avantageux. La cinquiéme raison est, que c'est s'imaginer que les travaux de ceux que Dieu favorise de ces graces ne sont pas grands; au lieu qu'ils sont tres-grands & de diverses manieres, & de ne pas considerer si l'on seroit capable de les supporter. La sixiéme raison est, de ne pas examiner si l'on ne trouveroit point sa perte dans ce que l'on croit être son avantage comme il arriva à Saül lors qu'il desira d'être Roy. Et enfin la septiéme raison est, qu'il y a d'autres graces que celles-là, & que le plus sur est de ne desirer que ce qui est le plus conforme à la volonté de Dieu. Remettons-nous, mes Sœurs, entre ses mains: nous sçavons quel est son amour pour nous, & ne sçaurions faillir en prenant une ferme resolution de nous abandonner entierement à sa conduite. A quoy il faut ajoûter que pour recevoir ces graces en plus grand nombre on n'en merite pas plus de gloire, à cause qu'elles obligent à servir Dieu plus parfaitement.

※

Quant à ce qui est de meriter davantage cela ne dépend pas de ces sortes de graces, puis qu'il y a plusieurs personnes saintes qui n'en ont jamais receu aucune, & d'autres qui ne sont pas saintes qui en ont receu. Vous ne devez pas aussi vous imaginer qu'elles soient continuelles; mais plûtost qu'une seule de ces faveurs couste plusieurs travaux que l'ame se voit obligée de souffrir pour la reconnoître, quand même elle n'en recevroit jamais de semblable. Il est vray que cela peut-être d'un grand secours pour s'avancer dans les vertus; mais celuy qui les acquiert par son travail merite beaucoup davantage.

Je connois deux personnes de divers sexes que Nostre Seigneur favorisoit de ses graces, qui avoient une si grande passion de le servir & de souffrir sans en être recompensées par de semblables faveurs, qu'elles se plaignoient à luy de ce qu'il les leur accordoit, & ne les auroient pas receuës si cela eust dépendu de leur choix. En quoy je n'entens pas parler de ces visions dont l'on tire de si grands avantages & qui sont si desirables; mais de ces consolations que Dieu donne dans la contemplation, qui ne laissent pas à mon avis d'être aussi des desirs surnaturels, & qui ne se rencontrent que dans des ames qui ont tant d'amour pour Dieu qu'elles souhaitent qu'il connoisse qu'elles le servent si peu par la consideration de leur interest qu'elles ne pensent point pour s'y exciter davantage à la gloire qui leur est preparée en l'autre monde. Et comme l'amour lors qu'il est grand est dans une activité perpetuelle il n'y a rien que ces personnes ne fissent & point de moyens qu'elles n'employassent pour se consumer entierement si elles le pouvoient dans le feu dont il les brûle : & elles souffriroient avec joye d'estre pour jamais aneanties, si la destruction de leur estre pouvoit contribuër à la gloire de leur immortel Epoux, parce que luy seul remplit tous leurs desirs & fait toute leur felicité. Qu'il soit loüé a jamais de ce que s'abaissant jusques à se communiquer à nous il luy plaist de faire connoistre sa grandeur a de miserables creatures. Ainsi soit-il.

CHAPITRE X.

Des visions intellectuelles. Qu'elles font connoistre que nous n'offensons pas seulement Dieu en sa presence; mais que nous l'offensons dans luy-mesme, & qu'elles donnent à l'ame une claire lumiere de la verité.

D IEU se communique à l'ame en diverses manieres par ses visions & apparitions ; tantost quand elle est affligée : tantost pour la preparer à souffrir de grands travaux, & tantost pour la remplir de consolation & de joye en luy témoignant qu'il prend plaisir d'estre avec elle. Je ne m'arresteray point à particulariser quelqu'une de ces choses. Mon intention est seulement de vous faire connoistre autant que je le pourray les differences qui se rencontrent dans ces visions afin que vous en puissiez juger par les effets qu'elles produiront ; que vous ne preniez pas vos imaginations pour des visions, & que si Dieu vous fait la grace de vous en donner vous ne croyez pas qu'il soit impossible d'en avoir, ni ne soyez pas troublées & affligées par la crainte que ce soient des illusions comme le demon s'efforcera de vous le persuader par l'interest qu'il y a & le plaisir qu'il prend à inquieter les ames pour les empescher de s'occuper entierement à aimer & à loüer Dieu. Cette supréme Majesté se communique aussi aux ames en d'autres manieres plus elevées & moins perilleuses, parce qu'à mon avis le demon ne sçauroit les imiter & qu'elles sont si cachées qu'elles peuvent passer pour inexplicables ; au lieu que l'on peut en quelque sorte donner la connoissance de celles que l'on nomme representatives ou imaginaires à cause des images qui nous y sont representées.

Il arrive quelquefois, lors que l'on est en oraison avec une entie-

liberté de ses sens que N. Seigneur nous fait entrer tout soudain en une suspension dans laquelle il découvre à l'ame de grands secrets qu'elle croit voir en luy mesme quoy que ce ne soit pas une vision de sa tres-sainte humanité. Mais encore que i'use de ce terme de voir, l'ame ne voit rien, & cette vision n'est pas de celles que i'ay nommées representatives ou imaginaires. C'est une vision intellectuelle qui fait connoistre à l'ame de quelle sorte toutes choses se voyent en Dieu & comment elles sont en luy. Or cette vision est tres-utile; parce qu'encore qu'elle passe en un moment elle demeure profondement gravée dans l'esprit, & donne une tres grande confusion à l'ame par la maniere si claire dont elle luy fait voir quelle est la grandeur du peché, puis qu'estant en Dieu, ainsi que nous y sommes, ce n'est pas seulement en sa presence ; mais comme dans luy-mesme que nous le commettons. Voicy une comparaison qui pourra mieux le faire comprendre. Supposons que Dieu soit un grand & superbe palais qui comprend & renferme tout le monde. Cela estant, un pecheur peut-il commettre quelque crime hors de ce palais ? Il est certain que non ; & qu'ainsi c'est comme dans Dieu mesme que nous le commettons tous. Quel sujet cette pensée ne nous donne-t-elle point de trembler? & quelle attention ne devons-nous point y faire ; afin qu'estant incapables par nous mesmes de comprendre de si grandes veritez cet exemple nous fasse connoistre que nous ne sçaurions sans folie & sans une estrange audace offenser cette adorable & eternelle majesté?

Considerons, mes Sœurs, combien nous sommes redevables à la patience & à la misericorde de Dieu de ne nous point abysmer dans le moment que nous l'offensons. Rendons luy en de tres grandes actions de graces, & rougissons desormais de honte d'estre sensibles à ce que l'on fait ou que l'on dit contre nous. Car qu'y a-t'il de plus horrible que de voir que nostre Createur souffre que nous commettions dans luy-mesme tant d'offenses, & que nous ne puissions endurer quelques paroles dites contre nous en nostre absence; & peut-estre sans mauvaise intention? O misere & foiblesse humaine que vous estes deplorable! Quand sera-ce donc mes Filles, que nous imiterons au moins en quelque chose ce Dieu tout-puissant ? Ne nous persuadons point je vous prie qu'il y ait du merite à souffrir des injures mais disposons nous à les endurer auec joye, aimons ceux de qui nous les recevons puis que Nostre Seigneur ne laisse pas de nous aimer quoy que nous l'ayons tant offensé. Car n'a-t il pas raison de vouloir que nous pardonnions comme il nous pardonne ?

Ie dis donc, mes Filles, qu'encore que cette vision passe promtement c'est une tres-grande faveur que N. Seigneur fait à une ame si elle se met en devoir d'en profiter en se la representant souvent.

Il arrive aussi d'une maniere qui ne se peut exprimer que Dieu montrant à l'ame dans luy-mesme quelque verité, cette verité obscurcit de telle sorte toutes celles qui se remarquent dans les creatures, que l'ame connoist clairement qu'il est la verité mesme & incapable de mentir. On comprend alors d'une maniere si admirable ce verset du Pseaume ; *Tout homme est menteur*, que l'on voit que c'est une verité infallible. Cela me fait souvenir de Pilate lors qu'il demandoit à nostre Seigneur ce que c'estoit que la verité, & montre combien peu nous connoissons cette suprême verité. Ie desirerois de l'expliquer plus clairement : mais il n'est pas en mon pouvoir.

Apprenons par là, mes Sœurs, que pour nous conformer en quelque sorte à nostre Dieu & à nostre Epoux nous devons sans cesse nous efforcer de marcher selon la verité en sa presence & en celle du monde, non seulement dans nos paroles (car Dieu nous garde d'être si malheureuses que de mentir & je luy rends graces de ce que je ne voy personne dans nos monasteres qui le voulust faire pour quoy que ce fust) mais dans toutes nos actions, sans desirer que l'on nous croye meilleures que nous ne sommes, donnant ainsi a Dieu ce qui luy est dû, & nous rendant justice à nous-mesmes dans une veuë continuelle de la verité qui nous inspirera le mépris du monde qui n'est que fausseté & que mensonge.

Pensant un jour en moy-mesme pour quelle raison nostre Seigneur aime tant la vertu d'humilité & nous recommande tant de l'aimer, il me vint en l'esprit que comme il est la suprême verité & que l'humilité n'est autre chose que de marcher selon la verité, c'est une grande vertu non seulement de n'avoir pas bonne opinion de nous-mesmes, mais de connoistre nostre neant & nostre misere, puis que l'on évite par ce moyen de tomber dans le mensonge, & que l'on se rend agreable à Dieu en marchant selon la verité. Ie le prie, mes Sœurs, de nous en faire la grace, & qu'ainsi nous ne perdions jamais la connoissance de nous-mesmes.

Nostre Seigneur favorise l'ame des graces dont i'ay parlé lors que la voyant resoluë d'accomplir en toutes choses sa volonté & la considerant comme sa veritable Epouse, il veut luy donner quelque connoissance de son adorable grandeur, & de ce qu'elle doit faire pour luy plaire. Ie ne m'étendray pas davantage sur ce sujet & je n'en ay tant dit qu'à cause qu'il m'a parû estre fort utile que vous le sçachiez. On voit par là qu'il n'y a rien à apprehender dans de telles visions, mais seulement à en remercier & en loüer Dieu, puis que c'est de luy qu'elles procedent, & que comme le demon est nostre imagination n'y ont point de part, elles laissent l'ame dans une grande satisfaction & un grand repos.

CHAPITRE XI.

Que ces graces de Dieu si extraordinaires dont la Sainte a parlé auparavant mettent en tel état les personnes qui en sont favorisées, & leur font souffrir de telles peines par l'ardeur qu'elles ont d'être delivrées de la prison du corps afin de joüir eternellement de la presence de Dieu, qu'elles paroissent être prêtes de mourir, & en courent même le hazard.

<small>Que ceux qui reçoivent de si grandes graces courent fortune d'en mourir.</small>

CRoYEZ-VOUS, mes Filles, que toutes ces graces dont Nôstre Seigneur favorise l'ame qu'il regarde comme son Epouse satisfassent de telle sorte cette colombe & ce papillon que je n'ay pas oubliez, qu'il ne leur laisse plus rien à desirer, & qu'ils ne pensent plus qu'à s'arrester au lieu où ils doivent mourir ? Non certes : car encore qu'il y ait plusieurs années que cette colombe joüit de ces faveurs, elle est toûjours gemissante & sa peine augmente, parce que plus elle connoît la grandeur de Dieu & voit combien il merite d'étre aimé, plus son amour pour luy s'enflamme ; & plus elle sent croître sa peine de se voir encore separée de luy, ce qui luy cause enfin aprés plusieurs années cette excessive douleur que l'on verra dans la suite. Ie dis plusieurs années, parce que ce long-temps a produit cét effet en la personne dont j'ay parlé. Mais comme la puissance de Dieu n'a point de bornes & qu'il prend plaisir à nous combler de ses faveurs, il peut sans s'arrester au temps élever quand il luy plaît une ame à cette grace si sublime.

Quoy que cette peine fasse quelque fois répandre tant de larmes, pousser tant de soûpirs, entrer dans de si vifs sentimens, & passer jusques à de grands transports, tout cela n'est que comme un feu meslé de fumée, qui n'étant pas encore bien allumé se peut souffrir en quelque sorte, & ainsi est tres peu considerable en comparaison de cet autre feu dont j'ay à parler. Car l'ame s'y trouve tellement embrazée d'amour que la moindre pensée qui luy vient du retardement de la mort qui peut seule la delivrer de la prison de ce corps pour aller joüir de son divin Epoux, est comme une flêche perçante, comme un trait enflammé, comme un coup de foudre, sans etre rien de tout cela, parce que c'est beaucoup plus que tout ce que l'on sçauroit s'imaginer. Cette pensée penetre l'ame jusques dans son centre & reduit en poudre en un moment tout ce qu'elle y rencontre de terrestre & qui tient encore de l'infirmité de la nature. Ainsi l'ame ne se souvient plus de rien de tout ce qui est mortel & perissable, & sa memoire, son entendement, & sa volonté sont tellement liez à l'égard de toutes les choses du monde qu'ils n'ont la liberté d'agir que pour augmenter sa peine en augmentant encore son admiration & son amour pour cet objet eternel dont elle ne peut souffrir d'être plus long-temps separée.

Ie serois bien fâchée, mes Sœurs, que vous crussiez que j'exagere en parlant de la sorte. Ie suis tres-assurée au contraire que je n'en dis pas assez parce que nulles paroles ne sçauroient le bien representer. C'est un ravissement de tous les sens & de toutes les puissances qui les rend incapables de toute autre chose que de ce qui leur fait sentir cette peine. Car quant à cela l'entendement est tres-ouvert & tres-éclairé pour comprendre le sujet de la douleur que ce doit être à l'ame d'être separée de Dieu par cette vie mortelle qui l'attache toûjours à la terre. Et il augmente encore sa peine par une claire & vive connoissance qu'il luy donne de sa grandeur & de ses perfections infinies. Ainsi quoy que la personne que je sçay s'être veuë en cet état fut accoûtumée à souffrir de tres-grands maux, elle ne pouvoit s'empécher de jetter des cris, parce que cette douleur qu'elle ressentoit n'étoit pas dans le corps, mais dans le plus interieur de son ame. Elle apprit alors combien les douleurs que l'ame souffre sont plus difficiles à supporter que celles du corps, & connut que les peines du Purgatoire étant de cette nature elles surpassent de beaucoup celles que l'on peut endurer en cette vie quoy que le corps n'y ait point de part. I'ay vû une personne reduite en ces termes, & je croyois tres-certainement qu'elle alloit mourir. Il n'y auroit pas eu sujet de s'en étonner puis que l'on en court fortune. Car encore que cela dure peu toutes les parties du corps demeurent comme détachées les unes des autres : & le poulx est tel qu'il seroit si on alloit rendre l'esprit, parce que la chaleur naturelle manque, & que celle de l'amour embrase l'ame de telle sorte que pour peu que cela augmentat elle joüiroit de l'accomplissement de ses souhaits en abandonnant cette chair mortelle pour s'aller unir eternellement à son Dieu. Elle ne sent neanmoins aucune douleur dans le corps, bien qu'il soit en l'état que je viens de dire, & que durant deux ou trois jours il en souffre de fort grandes, & soit encore si brisé que l'on n'a pas seulement la force de tenir une plume pour écrire. Ce qui procede à mon avis de ce que ces sentimens interieurs de l'ame sont si vifs & surpassent tellement ceux du corps que quand on le mettroit en pieces elle n'en seroit point touchée.

Vous me direz peut-être qu'il y a en cela de l'imperfection; puis que cette ame étant si soûmise à la volonté de Dieu elle devroit donc s'y conformer. Ie répons qu'elle l'auroit pû faire auparavant; mais non pas alors, parce qu'elle n'est plus maistresse de sa raison, ny capable de penser qu'à ce qui cause sa peine. Car étant absente de celuy qu'elle aime & dans lequel seul consiste tout son bonheur, comment pourroit-elle desirer de vivre? Elle se

trouver dans une si grande solitude que toutes les compagnies du monde ne pourroient la diminuer, ni mesme tous les Saints qui sont dans le Ciel, n'y ayant que le Saint des Saints dont la presence puisse remplir ses desirs. Tout luy fait de la peine: tout luy est tourmente. Elle est comme une personne suspenduë en l'air qui ne peut poser le pied sur la terre ni s'élever vers le Ciel: elle brûle de soif, & cette soif est d'une telle nature qu'il n'y a point d'eau icy bas qui soit capable de l'éteindre, ni dont l'ame se voulut servir quand mesme il y en auroit. La seule eau qu'elle souhaite est celle dont nostre Seigneur parla à la Samaritaine: mais il ne la luy donne point encore.

„ Mon Dieu, mon Sauveur, à quelle extremité reduisez-vous ceux
„ qui vous aiment veritablement? Mais qu'est-ce en comparaison de
„ la maniere dont vous les en recompensez? Peut-on trop acheter ce
„ qui est sans prix? Et qu'y a-t-il qui approche du bonheur que c'est à
„ une ame d'estre purifiée pour pouvoir entrer dans la septiéme de-
„ meure, de mesme que l'on est purifié dans le Purgatoire pour pou-
„ voir entrer dans le Ciel?

Or quoy que cette peine soit si grande qu'encore que la person- ne dont je parle en eust tant soufferts de corporelles & de spirituel- les, elle croyoit qu'elle ne leur pouvoit non plus estre comparée qu'une goute d'eau à toute la mer. Elle en connoissoit tellement le prix qu'elle se trouvoit tres-indigne d'en estre favorisée, sans nean- moins que cette connoissance la soulageast en aucune sorte ni l'em- peschast de la souffrir tres volontiers si Dieu le vouloit ainsi ; quand mesme elle dureroit autant que sa vie, encore que l'on puisse dire avec verité que ce n'est pas seulement comme mourir une fois; mais comme mourir à tous momens.

Considerons donc, mes Sœurs, quels sont les tourmens des damnez, puis qu'ils ne sont adoucis ni par cette conformité à la volonté de Dieu, ni par ce plaisir dont je viens de parler, ni par le bonheur dont l'ame voit que la peine qu'elle souffre est recom- pensée : mais qu'au contraire ils vont toûjours en augmentant ; j'entens quant aux peines accidentelles : & les tourmens qu'endu- rent les ames estant incomparablement plus grands que ceux du corps; quel desespoir doit estre celuy de ces malheureux reprouv- vez de voir que les leurs dureront eternellement ? Car que pou- vons-nous souffrir en cette vie qui ne doive nous paroistre un atome lors que nous considerons que c'est pour nous empescher de tom- ber dans un malheur si épouvantable ? Je vous redis encore, mes Sœurs, qu'il est impossible d'exprimer combien les souffrances de l'a- me sont terribles & differentes de celles du corps. Il faut l'avoir e- prouvé pour le comprendre, ou que Dieu luy-même nous le montre afin de nous faire connoistre combien nous luy sommes obligées de nous avoir appellées à une profession dans laquelle nous pouvons esperer de sa misericorde qu'il nous pardonnera nos pechez.

La peine que i'ay dit que l'ame souffre en l'estat dont i'ay parlé ne dure pas ce me semble plus de trois ou quatre heures dans cette extrême violence; & si elle continuoit davantage je ne croy pas qu'il fust possible de la supporter sans un miracle. Cette personne ne l'ayant soufferte que durant un quart d'heure perdit entierement le sentiment & demeura comme toute brisée. Cela luy arriva la derniere feste de Pasques au milieu d'une conversation & aprés avoir passé tous les jours precedens dans une telle secheresse qu'à peine sçavoit elle que c'estoit le temps de la resurrectiō de nôtre Seigneur, & une seule parole qui luy apprit qu'elle ne mourroit pas encore si tost produisit en elle cet effet. Il n'est pas moins impossible de resister a l'impetuosité d'un tel mouvement que de ne point brûler dans un grand feu; & cela ne peut estre caché à ceux qui se trouvent presens. Il est vray qu'ils ne connoissent pas les peines interieures de cette personne; mais ils ne sçauroient ne point juger par les exterieures qu'ils luy voyent souffrir, que sa vie est en peril. Quant à elle, elle ne peut tirer aucuns secours de leur assistance, parce qu'ils ne luy paroissent que comme des ombres, non plus que tout le reste des creatures. Mais pour vous faire connoistre de quelle sorte lors que l'on se trouve en cet estat la foiblesse de nostre nature s'y mêle, il faut vous dire qu'il arrive quelquefois que dans une telle extremité on meurt de douleur de ne pas mourir. Il semble que l'ame est presque sur le point de se separer du corps, & en mesme temps elle est touchée d'une veritable crainte qui fait qu'elle voudroit trouver du soulagement dans sa peine afin de ne pas mourir: & il paroist bien que cette crainte ne procede que de la foiblesse de la nature, puis que d'un autre costé elle ne diminuë rien du desir que cette personne a de mourir dont elle est delivrée lors qu'il plaît à Dieu de faire cesser sa peine: ce qui arrive d'ordinaire par quelque grand ravissement ou par quelque visions dont ce veritable consolateur la console, & en mesme temps la fortifie & la dispose à souffrir tant quil' luy plaira la prolongation de sa vie.

Autant que cette peine est grande, autant sont grands les effets qu'elle produit. L'ame n'apprehende plus les travaux, parce qu'il n'y en a point qui ne luy paroissent tres-faciles à supporter en comparaison de ceux qu'elle a éprouvez; & son amour pour Dieu s'augmente de telle sorte qu'elle souhaiteroit de pouvoir souvent les souffrir encore. Mais il ne depend non plus d'elle de rentrer dans cette heureuse peine que de ne la pas avoir lors qu'il plaist à nostre Seigneur de la luy donner. Son mépris pour le monde augmente aussi, parce qu'elle a reconnu qu'il n'avoit rien qui fust capable de la soûlager dans le tourment où elle s'eſt veuë. Elle ſe détache plus que jamais des creatures par l'experience qu'elle a faite qu'elle ne peut attendre de conſolation que de ſon Createur ; & elle apprehende encore plus qu'auparavant de l'offenſer à cauſe qu'elle le conſidere comme le ſeul diſtributeur des recompenſes & des chaſtimens.

Dans une voye ſi ſpirituelle & ſi élevée deux choſes me paroiſſent mettre la vie en hazard. L'une la peine dont je viens de parler ; & l'autre l'excez de la joye que l'on reſſent dans les raviſſemens dont j'ay dit auſſi qu'elle eſt ſuivie. Car cette joye eſt ſi exceſſive que dans le tranſport où elle met l'ame il ne s'en faut preſque rien qu'elle n'abandonne le corps; & il n'y a pas ſujet de s'en étonner, puis que cette ſeparation luy ſeroit ſi avantageuſe. Vous pouvez par là juger, mes Sœurs, ſi je n'ay pas eu raiſon de dire que l'on a beſoin de beaucoup de courage quand on ſe rencontre dans un tel état. Et ſi vous priez Noſtre Seigneur de vous y mettre, ne pourroit-il pas vous demander comme aux enfans de Zebedée ſi vous vous ſentez aſſez fortes pour boire ſon calice ? Ie ne doute point que vous ne répondiez toutes que vous étes preſtes de le boire; & vous auriez raiſon de parler ainſi dans voſtre confiance en ſon ſecours, puis qu'il eſt noſtre protecteur, qu'il fortifie noſtre foibleſſe, qu'il nous défend dans les perſecutions, qu'il répond pour nous aux murmures qui bleſſent noſtre reputation, comme il fit pour la Magdeleine, & que même avant noſtre mort il nous recompenſe de tout ce que nous avons fait pour luy ainſi que vous le verrez dans la ſuite. Qu'il ſoit beny à jamais & loüé de toutes les creatures.

SEPTIEME DEMEVRE.

CHAPITRE I.

Que lors que Dieu fait entrer une ame dans cette ſeptiéme demeure comme dans un ciel où il veut contracter avec elle un mariage tout divin, il l'unit à luy d'une maniere encore beaucoup plus admirable que dans l'oraiſon d'union. Que la ſainte Trinité ſe fait connoiſtre clairement à elle. De quelle ſorte il arrive que l'ame quoy qu'indiviſible eſt comme diviſée; une partie d'elle même joüiſſant d'un parfait repos ainſi que la Magdeleine, & l'autre étant comme Marthe occupée des ſoins de cette vie.

IL vous ſemblera ſans doute, mes Sœurs, qu'aprés avoir tant parlé de ces voyes ſpirituelles il ne m'en reſte plus rien à dire. Mais ce ſeroit ſe tromper, parce que la grandeur de Dieu n'ayant point de bornes, les actions qui partent de sa toute-puissance n'en ont point aussi : & qui pourroit entreprendre de raconter ses infinies misericordes? Ainsi tout ce que j'en ay dit & ce que j'en diray encore n'est rien en comparaison de ce qu'il y auroit à en dire : & cette suprême majesté nous fait assez de grace de départir de si grandes faveurs à quelques personnes, afin qu'apprenant par elles qu'il daigne tant s'abaisser que de se communiquer de la sorte à ses creatures nous l'en remercions & connoissions l'estime que nous devons faire d'une ame dans laquelle il témoigne de se tant plaire. Car encore que chacune de nous ait une ame, nous n'avons pas pour elle une aussi grande estime que le merite une creature qui porte l'image & la ressemblance de Dieu, & ne comprenons pas tous les grands secrets qu'il y renferme.

Plaise à ce souverain Maistre de l'Vnivers de conduire ma plume, & de me mettre dans l'esprit quelques-unes de tant de choses qu'il y auroit à dire & qu'il découvre à ceux à qui il fait la faveur d'entrer dans cette derniere demeure. Je l'en ay beaucoup prié, & il sçait que je n'ay en cela autre intention sinon que ses misericordes ne demeurant pas cachées son saint nom soit davantage loüé ; & j'espere, mes Filles, qu'il m'accordera cette grace, non pas pour l'amour de moy, mais en vostre faveur, afin que vous appreniez combien il vous importe que Nostre Seigneur contracte avec vos ames ce sacré mariage qui vous peut combler de tant de bonheur comme vous le verrez dans la suite ; & qu'ainsi il n'y ait rien que vous ne vous efforciez de faire pour tâcher à vous en rendre dignes.

Dieu tout puissant, une creature aussi miserable que je suis peut-elle entreprendre sans trembler de traiter d'un sujet si élevé au dessus de ce que je puis meriter d'entendre ? J'en ay tant de confusion que j'agitay en moy-même s'il ne vaudroit pas mieux ne dire que peu de chose de cette derniere demeure afin que l'on ne s'imagine pas que je sçache par ma propre experience ce qui s'y passe ce qui me feroit rougir de honte. Et d'un autre costé il m'a semblé que c'étoit une tentation de témoigner en cela de la foiblesse, puis que quelque jugement que l'on puisse porter de ce que je diray, & quand tout le monde ensemble me blâmeroit je ne dois pas m'en soucier : pourvû que Dieu en soit loüé & connu un peu davantage. Ioint que je seray peut-être morte lors que cet écrit paroistra. Qu'il soit beny à jamais, luy qui est toûjours vivant & qui le sera eternellement.

Lors qu'il plait à Nostre Seigneur d'avoir compassion de ce qu'a souffert & souffre une ame par son ardent desir de le posseder & qu'il a desja resolu de la prendre pour son Epouse, il la fait entrer dans cette septiéme demeure avant que d'achever ce mariage spirituel. Car le ciel n'est pas son seul sejour : il en a aussi un dans l'ame que l'on peut nommer un autre ciel : Et comme vous ne voyez point l'ame il vous importe beaucoup, mes Sœurs, de ne vous imaginer pas que c'eſt une choſe ſombre & obſcure & qui n'a point d'autre lumiere que celle qui nous paroît. Cela ſeroit vrai à l'égard des ames qui ne ſont point en grace: non que le Soleil de juſtice ait manqué en les creant de les illuminer; mais parce qu'elles ſont incapables de recevoir la lumiere comme je l'ay dit dans la premiere demeure.

Nous devons avoir, mes Sœurs, un ſoin tres particulier de prier Dieu pour ceux qui ſont en peché mortel, puis que nous ne ſcaurions faire une plus grande charité. Car ſi nous voyions un chreſtien mourir de faim, non manque de vivres pour le nourrir, en ayant en quantité auprés de luy; mais parce qu'il n'y pourroit toucher à cauſe qu'il auroit les mains liées derriere le dos & attachées avec une forte chaîne à un poſteau, & que cette mort qu'il ſeroit preſt de recevoir ne ſeroit pas ſeulement temporelle mais eternelle ; quelle cruauté égaleroit celle de ſe contenter de le regarder ſans luy donner dequoy ſoûtenir ſa vie? Et que ſcavez vous ſi de même vos prieres ne ſeront point cauſe du ſalut d'une ame qui ſe trouve reduite en un état incomparablement plus déplorable que ne ſeroit celuy de ce malheureux qui courroit fortune d'étre conſumé par la faim? Ie vous conjure donc au nom de Dieu de n'oublier jamais dans vos prieres les ames qui ſont en cet état. Ce n'eſt pas de celles-là dont j'ay maintenant à parler, c'eſt de celles qui par la miſericorde de Dieu ont fait penitence de leurs pechez, & qui ſont en grace.

❧

Que l'ame eſt plus unie à Dieu dans cette ſeptiéme demeure que dans l'oraiſon d'union.

Nous devons conſiderer l'ame non pas comme reſſerrée dans détroites bornes, mais comme un monde interieur dans lequel ſe trouvent toutes les demeures dont j'ay parlé. Et il eſt bien juſte que cela ſoit de la ſorte, puis que le Createur du ciel & de la terre daigne y habiter.

Quand il plaît à cette eternelle Majeſté de la tant honorer que de contracter avec elle ce divin mariage, il commence par la faire entrer dans cette ſeptiéme demeure qu'il a choiſie pour luy-même & l'unit à luy d'une maniere differente à celle des autres raviſſemens. Car encore que je ne doute point qu'il ne l'euſt auſſi unie à luy dans l'oraiſon que j'ay nommée d'union, il ne paroiſſoit pas à l'ame qu'il voulut comme alors la faire entrer dans luy-même ainſi que dans ſon centre, ſi ce n'étoit par ſa partie ſuperieure. Mais il importe peu de ſçavoir en quelle ſorte cela ſe fait : il ſuffit de dire que l'ame dans l'oraiſon d'union ſe trouve comme ſaint Paul lors de ſa converſion tellement privée de ſentiment qu'elle ne voit, ny n'entend, ny ne comprend rien à la faveur qu'elle reçoit, parce

que

VII. DEMEVRE. CHAPITRE I.

que l'extrême plaisir dont elle joüit en se trouvant si proche de Dieu suspend toutes se puissances. Icy il n'en va pas de mesme, parce que Dieu fait comme tomber les écailles de dessus les yeux de l'ame afin qu'elle voye & comprenne quelque chose de la grace qu'il luy fait.*

perdant l'usage des sens dans une extase puisse mesme dés cette vie voir durant quelque moment l'essence divine comme il est probable que cela est arrivé à S. Paul, à Moyse & à d'autres, la Sainte ne parle pas icy de ces sortes de visions qui encore qu'elles durent tres-peu ne laissent pas d'estre claires & intuitives : mais elle parle d'une connoissance des mysteres que Dieu donne à quelques ames par le moyen d'une tres-grande lumiere qu'il répand en elles, non sans quelques especes créés. Mais parce que cette espece n'est pas corporelle ny formée par l'imagination, la Sainte dit que cette vision est intellectuelle & non pas representative.

Elle se trouve donc introduite dans cette derniere demeure par une vision intellectuelle, & par une certaine representation de la verité. La tres-sainte Trinité se montre alors à elle : ce qui commence par une espece de nuée toute éclatante de lumiere qui se presente à son esprit, dans laquelle par une connoissance admirable qui luy est donnée ces trois personnes divines luy paroissent distinctes & separées ; & elle comprend en même temps avec une entiere certitude qu'elles ne sont toutes ensemble qu'une même substance, & une même puissance, une même sagesse, & un seul Dieu, en sorte que l'on peut dire que l'ame connoît & voit comme avec les yeux ce que nous ne connoissons icy que par la foy, quoy que ce ne soit pas avec des yeux corporels qu'elle le voit puis que cette vision n'est pas representative.

Que l'ame dés cette septiéme demeure a une claire connoissance de la sainte Trinité.

Ces trois divines personnes se communiquent alors à l'ame, luy parlent & luy font comprendre le sens de ces paroles de N. Seigneur dans l'Evangile : *Que luy, son Pere, & le S. Esprit establiront leur demeure dans les ames qui aiment & qui gardent ses commandemens.*

Mon Dieu, qu'il y a de difference entre entendre dire & croire ces paroles, ou comprendre en la maniere que je viens de le rapporter combien elles sont veritables ! L'étonnement de cette ame va toûjours croissant, parce qu'il luy semble de plus en plus que ces trois divines personnes ne se separent point d'elle, & qu'elle est toûjours en leur compagnie comme elle le voit clairement en la maniere que je l'ay dit, c'est à dire, dans le plus interieur d'elle mesme qui est comme un abysme si profond qu'estant aussi ignorante que je suis je ne le puis bien representer.

Il vous semblera peut-estre, mes Filles, que l'ame est en cet estat si hors d'elle mesme qu'elle ne peut penser à quoy que ce soit. Je vous assure qu'au contraire elle est beaucoup plus appliquée que jamais à tout ce qui regarde le service de Dieu : mais lors qu'on ne luy donne point d'autres occupations elle demeure tranquille & en repos dans cette heureuse & si agreable compagnie. Car pourvû qu'elle ne manque point à Dieu je ne croy pas qu'il manque à luy donner une claire connoissance de sa presence, & une grande confience qu'il ne l'abandonnera point, puis qu'il ne luy a pas fait une si extrême faveur sans avoir dessein qu'elle en profite. Et tant s'en faut que cela doive la rendre moins soigneuse de veiller sur elle même, qu'elle doit au contraire s'efforcer plus qu'auparavant de le contenter & de luy plaire.

Il faut remarquer que cette presence de Dieu ne paroit pas toûjours si clairement à l'ame comme la premiere fois, ou comme en quelques autres occasions où il luy plaist de l'en favoriser d'une maniere plus évidente, parce que si cela étoit il seroit impossible à l'ame de s'occuper à autre chose ny de communiquer avec personne. Mais encore qu'elle ne connoisse pas toûjours avec une égale lumiere que la tres-sainte Trinité luy est presente, elle trouve toutes les fois qu'elle y pense qu'elle est en sa compagnie : de même qu'une personne qui seroit avec quelques autres dans une chambre tres-claire viendroit tout d'un coup à ne les voir plus si l'on en fermoit les fenestres, & ne laisseroit pas neanmoins d'être tres assurée qu'elles y seroient encore.

Que si vous me demandez si cette personne peut quand elle le voudroit ouvrir les fenestres afin de voir ceux avec qui elle sçait qu'elle est dans cette chambre; je repondray que non. Il n'appartient qu'à N. Seigneur d'ouvrir de la sorte l'entendement de l'ame; c'est luy faire une assez grande grace que de ne s'éloigner jamais d'elle & de vouloir bien qu'elle en soit si assurée. Il paroit que Dieu veut alors par cette admirable compagnie qu'il tient à l'ame la disposer à quelque chose de plus avantageux, puis qu'elle ne sçauroit n'en point tirer un grand secours pour s'avancer de plus en plus dans la perfection, & étre délivrée de ces frayeurs & de ces craintes que nous avons vû qui la troubloient quelquefois dans les autres faveurs qu'elle recevoit. Ainsi cette personne dont j'ay parlé se trouvoit profiter beaucoup en toutes manieres; & il luy sembloit qu'il n'y avoit point de si grands travaux ny d'affaires si difficilez qui pussent faire sortir de cet heureux état la principale partie de son ame.

Que l'ame en cet estat se trouve comme divisée.

Mais ensuite de cette faveur singuliere dont je viens aussi de parler il luy sembloit qu'elle étoit comme divisée & dans de tres-grandes peines. Elle se plaignoit à N. Seigneur ainsi que Marthe se plaignoit de Magdelaine de ce que pendant que cette autre partie de son ame joüissoit d'une pleine tranquilité & d'une parfaite joye, elle la laissoit dans des trauaux & des occupations qui la privoient du bon-heur de luy tenir compagnie.

Quoy que cecy vous paroisse peut-être une extravagance il est neanmoins tres veritable. Car encore que l'ame soit indivisible, ce que ie dis n'eſt point une imagination & arrive d'ordinaire. C'eſt ce qui me fait dire que les choſes interieures ſe voyent d'une telle maniere, qu'encore que l'ame & l'eſprit ne ſoient qu'une meſme choſe on y remarque une difference preſque imperceptible qui fait qu'il ſemble quelquefois que l'un agit d'une ſorte & l'autre d'une autre comme le ſçavent ceux qu'il plaiſt à N. Seigneur de mettre en cet eſtat. Il me paroiſt qu'il y a auſſi de la difference entre l'ame & les puiſſances. Mais il ſe rencontre tant de ces differences dans l'interieur de l'ame, & elles ſont ſi difficiles à diſerner que ie ne pourrois ſans preſomption entreprendre d'en donner l'inteligence. Que s'il plaiſt à N. Seigneur par un excez de ſa bonté nous favoriſer de ces ſortes de graces nous comprendrons alors ces grands ſecrets.

CHAPITRE II.

De l'accompliſſement du mariage ſpirituel de l'ame avec Dieu, & de quelle ſorte il parla à la perſonne dont la Sainte rapporte des choſes ſi extraordinaires. Difference qu'il y a entre ce que la Sainte a nommé les fiançailles de l'ame avec Dieu & ce mariage ſpirituel. Que l'ame ne peut dans cette ſeptième demeure être troublée par ce qui ſe paſſe dans les autres, ny par ſes puiſſances & par ſon imagination.

J'AY maintenant à parler de ce mariage tout ſpirituel & tout divin de l'ame avec Dieu. Et je commenceray par dire qu'une ſi grande faveur & qui va tant au delà de tout ce que nous ſçaurions nous imaginer ne peut avoir en cette vie ſon entier accompliſſement & ſa derniere perfection, puis que s'il arrive que nous nous éloignons de Dieu nous nous trouverons privez de ce merveilleux bonheur. *De l'accompliſſement du mariage ſpirituel de l'ame avec Dieu.*

La premiere fois que Noſtre Seigneur fait une ſi grande grace à l'ame, il ſe montre à elle dans ſa tres ſainte humanité par une viſion repreſentative, afin qu'elle ne puiſſe douter de cette inſigne faveur dont il l'honnore. Il ſe montre peut-eſtre à d'autres perſonnes ſous une autre forme; mais il parut ainſi à celle dont j'ay parlé lors qu'elle venoit de communier. Il eſtoit tout réplandiſſant de lumiere: ſa beauté eſtoit incomparable; & il avoit cette majeſté dont il éclatoit apres ſa glorieuſe reſurrection. Il luy dit: *Qu'il eſtoit temps qu'elle ne penſaſt plus qu'à ce qui le regardoit; qu'il prendroit ſoin d'elle;* & autres paroles ſemblables qui penetrent beaucoup plus l'eſprit que la langue ne peut l'exprimer.

Vous ne trouverez peut-eſtre, mes Sœurs, rien d'extraordinaire en cecy que j'ay dit ailleurs parce que Noſtre Seigneur s'eſtoit repreſ- *De la difference qu'il y a entre les fian-*

Aill‹s de l'a-me, & le ma-riage spirituel senté à cette ame en cette maniere. Mais il y avoit tant de difference qu'il la laissa dans l'exterieur toute épouventée & comme hors d'elle-même, tant à cause de la vivacité & de la force dont cette vision estoit accompagnée, que de ces paroles si touchantes, Et aussi parce qu'excepté la vision precedente dont i'ay parlé elle n'en avoit point encore eu qui l'eust penetrée de la sorte jusques dans le fond de son interieur. Outre qu'il faut sçavoir qu'il y a une tres-grande difference entre les visions des precedentes demeures & celles qui arrivent dans cette derniere, & qu'il n'y en a pas moins aussi entre ces fiançailles spirituelles & ce mariage tout divin, qu'il y en a entre les fiançailles & les nôces de ceux qui aprés avoir promis de s'épouser sont unies ensemble par le sacrement du mariage sans pouvoir plus se separer.

J'ay déja dit dans cette comparaison dont je me sers n'en trouvant point de plus propre, que le corps n'a non plus de part à ce qui se passe dans cette celeste alliance que si l'ame ne l'animoit plus. Et il y en a encore moins dans le mariage spirituel, parce que cette union toute divine se fait dans le plus interieur & comme dans le centre de l'ame qui me paroist estre le lieu où Dieu établit son trône. Dans les autres graces dont j'ay dit qu'il favorisoit l'ame, les sens & les puissances estoient comme les portes par lesquelles elle entroit dans ces demeures, & mesme lors de l'apparition de l'humanité sacrée de nostre Sauveur. Mais dans l'accomplissement de ce mariage spirituel il n'en va pas ainsi. Il apparoist dans le centre de l'ame non par une vision representative, mais par une vision intellectuelle encore plus subtile que celles dont j'ay parlé, & en la maniere dont il apparut à ses Apostres lors qu'il entra où ils estoient les portes estant fermées & leur dit : *La paix soit avec vous.*

Cette faveur par laquelle Dieu se communique ainsi en un moment est si élevée & si inconcevable, & la joye dont l'ame se trouve comblée si merveilleuse, que je ne sçay à quoy les comparer. Tout ce que j'en puis dire est qu'il veut luy faire voir en cet instant quelle est la gloire du Ciel d'une maniere beaucoup plus sublime que par aucune vision & par aucun goust spirituel. Ce que j'en comprens est, que ce que j'ay dit estre comme l'esprit de l'ame devient alors une mesme chose avec Dieu qui estant cet esprit suprême veut par cette faveur sans égale qu'il fait à quelques personnes, montrer jusques où va son amour pour les hommes qui le porte ainsi à s'unir à eux & les unir à soy de telle sorte, qu'ils ne peuvent non plus se separer de luy qu'il ne veut point se separer d'eux ; & les oblige par ce moyen à luy donner les loüanges que merite une si excessive bonté jointe à une grandeur qui n'a point de bornes.

La mesme chose ne se rencontre pas dans ce que j'ay nommé les fiançailles de l'ame avec Dieu, parce qu'encore qu'elles forment une union, ce n'est pas une union fixe & permanent, mais il arrive souvent que cette faveur qu'il fait à l'ame de se communiquer si intimement à elle passe tres viste, & qu'elle ne se sent plus estre dans cette heureuse & divine compagnie : au lieu qu'icy cette faveur qu'elle reçoit de Dieu dure toûjours : & qu'elle ne cesse point d'estre avec luy comme dans ce centre dont j'ay parlé.

Pour mieux expliquer cecy je puis ajoûter, que l'union qui se rencontre dans ces fiançailles ressemble à celle de deux flambeaux allumez qui se joignant ne font de leurs deux lumieres qu'une seule, mais qui peuvent aprés se separer chacun demeurant tel qu'il estoit auparavant : ou comme le feu, la cire, & la mesche dont un flambeau est composé & qui peuvent aussi se diviser. Mais le Mariage de l'ame avec Dieu est comme une pluye qui tombe du Ciel dans une fontaine ou dans un ruisseau où elle se mesle tellement que l'on ne sçauroit plus distinguer ces diverses eaux : ou comme une riviere qui aprés estre entrée dans la mer se trouve si confonduë avec elle qu'il est impossible de les distinguer : ou comme une grande lumiere qui entrant dans une chambre par deux fenestres, se mesle de telle sorte que ce n'en est plus qu'une seule. Ainsi lors que S. Paul dit : *Que celuy qui s'attache à Dieu est un mesme esprit avec luy*, il entendoit peut-estre parler de cet admirable mariage par lequel l'ame se trouve inseparablement unie à sa supréme Majesté. Et de mesme lors que ce grand Apostre ajoûte : *Jesus-Christ est ma vie, & il me seroit avantageux de mourir*. Il me semble que l'ame se peut servir de ces paroles dans cette rencontre, parce que c'est là que ce papillon dont j'ay parlé trouve avec une extréme joye la fin de sa vie, ne vivant plus qu'en Jesus Christ. Les effets font encore mieux comprendre cecy dans la suite, puis qu'on connoist clairement par des mouvemens d'amour si inexplicables, mais si ardens qu'ils se font vivement ressentir, que Dieu est la vie de nostre ame, & que l'on ne sçauroit quelquefois s'empescher de dire. O vie de ma vie : ô aliment dont je tire toute ma nourriture, & autres paroles semblables. Car il coule alors de cette divine source de l'infinie bonté de Dieu comme un lait delicieux qui se répand sur toutes les amés de ce chasteau spirituel, & leur donne une nourriture qui les fortifie, parce que N. Seigneur les veut rendre participantes en quelque maniere de l'extréme joye dont jouït l'ame qu'il a prise pour son Epouse : ou pour m'exprimer d'une autre maniere, il sort quelquefois un petit ruisseau de ce grand fleuve dans lequel cette petite source est entrée & s'est perduë, afin de donner de nouvelles forces à ceux qui peuvent le servir & cette ame dans les choses qui regardent le corps. Ainsi de mesme que si de l'eau tomboit sur une personne lors qu'elle y penseroit le moins, elle ne pourroit ne le pas sentir, l'ame sent & connoist avec encore plus de certitude qu'elle reçoit ces graces, & que le principe dont elles tirent leur origine est Dieu mesme qui est dans elle comme un bouïllon d'eau qui l'arrose, comme un dard qui la penetre, comme la vie de sa vie, & comme un soleil qui iette tant de lumiere qu'elle se répand sur toutes ses puissances interieures. L'ame en cet estat ne sort point de ce centre ni ne sent point troubler sa paix, parce qu'elle la reçoit de celuy mesme qui la donna aux Apostres assemblez en son nom.

Ie ne doute point que ces paroles dont usa Nostre Seigneur pour nous donner sa paix aussi bien que celles dont il se servit envers la Magdelaine en luy disant : *Qu'elle s'en alla en paix*, ne contiennent un sens beaucoup plus grand qu'on ne sçauroit l'exprimer, parce que les paroles d'un Dieu estant des œuvres elles doivent operer d'une telle maniere dans les ames disposées à les recevoir, qu'elles les fassent renoncer à tout ce qu'elles avoient encore de corporel pour n'estre plus qu'un pur esprit capable de s'unir par une union toute celeste à cet esprit increé. Car il est certain que lors que nous nous détachons entierement pour l'amour de Dieu de cette affection pour les creatures qui occupoit une si grande place dans nostre cœur, nostre Seigneur prend plaisir à remplir luy-mesme ce vuide. Et c'est pourquoy nous voyons qu'en priant son Pere eternel pour ses Apostres, il luy demanda : *Qu'ils ne fussent qu'un tous ensemble ; que comme son pere est en luy, & luy en son pere, ils fussent de mesme un en son pere & en luy.*

Quel amour, mes Sœurs, peut surpasser cet amour ? Et qui nous empesche d'y participer, puis que nostre divin Sauveur aioûte: *Et ie ne vous prie pas seulement pour eux, mais encore pour ceux qui croiront en moy par leur parole ?* et qu'il dit aussi : *Ie suis en eux ?*

Mon Dieu, mon Seigneur, que ces paroles sont veritables, & qu'une ame qui voit dans cette oraison l'effet s'en accomplir en elle les entend bien ! Ce ne peut estre que par nostre faute que nous ne les entendons pas aussi, puis qu'elles sont si claires & si infaillibles. Mais comme nous ne travaillons pas à détourner tous les obstacles qui peuvent empescher cette divine lumiere de nous éclairer, nous ne nous voyons point dans ce miroir où nostre image est representée.

※ ※

Que l'ame dás cette septiéme demeure ne peut estre troublée par ce qui se passe dans les autres.
Pour reprendre la suite de mon discour, ie dis, que lors que Dieu a introduit l'ame dans cette septiéme demeure où il habite & qui est le centre d'elle-mesme, on peut dire d'elle que comme le ciel empyrée qui est le seiour eternel de sa gloire ne se meut point ainsi que les autres cieux, elle perd tout le mouvement que ses puissances & son imagination avoient accoutumé de luy donner, sans

qu'elles puissent l'inquieter; & que rien soit plus capable de troubler sa paix.

Il ne faut pas neanmoins se persuader que lors que Dieu a fait une si extrême faveur à une ame elle soit assurée de son salut & de ne pouvoir plus l'offenser. Ie ne l'entens nullement ainsi : mais je declare qu'en quelque lieu que je traite ce sujet, quoy qu'il semble parce que je diray que l'ame ne court plus de fortune, cela ne se doit entendre que durant le temps que sa divine majesté la conduira comme par la main & qu'elle ne l'offensera point. Ie sçay certainement qu'encore que la personne dont j'ay parlé soit depuis quelques années en cet heureux état, elle se croit si peu assurée qu'elle marche avec plus de crainte que jamais, parce qu'elle apprehende davantage d'offenser Dieu, même dans les moindres choses. Ses desirs de le servir sont si ardens comme on le verra dans la suite, & sa confusion est si grande de ce qu'elle répond si mal aux obligations infinies qu'elle luy a: & qui sont pour elle des croix tres pesantes, qu'au lieu d'apprehender les mortifications elles la consolent & la réjovissent. La veritable penitence de cette ame est quand Dieu la met en tel état qu'elle n'a plus ny la santé ny les forces necessaires pour pouvoir faire penitence. Mais quelque difficile à supporter que soit la peine que j'ay fait voir ailleurs que cela luy donnoit, elle l'est icy beaucoup davantage. Ce qui procede à mon avis de ce que cette ame alors toute abysmée en Dieu est comme un arbre planté le long d'un ruisseau dans une terre dont la fecondité encore augmentée par la fraischeur & la nourriture qu'elle tire de cette eau courante, produit des fruits en grande abondance. Y a t-il donc sujet de s'étonner que les desirs de cette ame soient si ardens, puis que ce que j'ay dit être comme son esprit & que l'on pourroit nommer sa partie superieure si elle étoit divisible, est si uni à Dieu qu'il est comme une pluye dont l'eau se mesle tellement avec celle d'une riviere où elle tombe qu'on ne sçauroit plus les distinguer. On ne doit pas toutefois entendre par là que les puissances, les sens, & les passions soient toûjours tranquilles & paisibles. Il n'y a que l'ame qui continuë d'étre en cet état dans cette heureuse demeure; au lieu que dans les autres elle n'est pas exemte de travaux & de peines qui luy font la guerre sans neanmoins troubler sa paix que rarement.

La maniere dont cet esprit duquel j'ay parlé est dans le centre de nostre ame est si difficile à comprendre & même à croire, que j'apprehende, mes Sœurs que faute de le pouvoir bien expliquer vous soyez tentées de ne point ajoûter foy à ce que j'en dis, parce qu'il semble qu'il y ait de la contrarieté entre dire que l'ame souffre des peines & des travaux dans le même temps qu'elle est en paix. Ie me serviray de quelques comparaisons pour tâcher à vous le faire comprendre, &

Dieu veüille qu'elles vous persuadent. Mais quand cela ne seroit point ie ne serois pas moins asseurée de n'avoir rien avancé qui ne soit tres-veritable. Imaginez-vous donc que l'ame en cét estat est comme un Roy qui encore que son estat soit agité de troubles & de divisions qui luy sont tres penibles, ne laisse pas d'estre en paix dans son palais. Car bien que l'ame dans cette septiéme demeure entende le bruit que font dans les autres tant de diverses émotions de ces bestes farouches & venimeuses, & qu'elle en souffre de la peine, cette peine n'est pas capable de troubler son repos, parce que les passions n'osent plus s'approcher de ce palais aprés avoir éprouvé qu'elles seroient contraintes d'en sortir avec confusion & avec honte. C'est aussi de mesme que lors qu'une personne qui sent du mal dans tout le reste de son corps n'en a point du tout à la teste. I'avouë que ces comparaisons ne me satisfont pas, & que je suis la premiere à m'en mocquer, mais je n'en sçay point de meilleures. Ie vous en laisse juger me contentant de vous asseurer que ce que i'ay dit est tres-vray.

CHAPITRE III.

Effets de la nouvelle vie de l'ame dans cette derniere demeure où IESUS-CHRIST *vit en elle, où le demon n'ose entrer. Qu'elle n'y a plus ni secheresses ni travaux interieurs, mais touit d'une veritable paix dans une oraison si sublime.*

Effets de la nouvelle vie de l'ame dans cette derniere demeure.

APREZ avoir dit de quelle sorte ce petit papillon auquel i'ay comparé l'ame est mort avec tant de joye d'avoir trouvé son repos, & que IESUS-CHRIST vit en luy, voyons quelle est sa nouvelle vie & combien elle est differente de la premiere. Les effets nous le feront connoistre si ce que i'ay dit auparavant est veritable. Voicy selon ce que j'en puis comprendre quels ils sont.

Le premier est un tel oubly de soy mesme que l'on ne se connoist plus, & qu'à peine sçait-on si on a l'estre. Le ciel, la terre, la vie, l'honneur & tout le reste s'effacent de l'esprit & de la memoire, parce que l'ame n'est plus occupée qu'à procurer la gloire de Dieu. Ces paroles qu'il luy a dites de ne penser qu'à ses interests & qu'il auroit soin des siens, se trouvent converties en des effets, & elle donneroit sa vie avec joye pour pouvoir contribuër en quelque chose à l'augmentation de sa gloire. Mais ne vous imaginez pas, mes Filles, cela fasse perdre à cette personne l'usage du manger & du dormir, quoy que ce luy soit un grand tourment aussi bien que tout le reste des assujettissemés ausquels l'infirmité humaine l'oblige. Tout ce que j'ay dit sur ce sujet regarde seulement l'interieur. Car quant aux œuvres exterieures elles sont peu considerables, & l'ame ne sçauroit

voir

voit sans peine que ce qu'elle peut faire en cela n'est rien : mais elle est si disposée à s'employer à tout ce qui est du service de Dieu qu'il n'y a point de travaux qu'elle ne soit preste d'entreprendre pour luy témoigner sa fidelité & son amour.

Le second effet de cette nouvelle vie de l'ame que j'ay comparé à un papillon est un grand desir de souffrir : mais un desir qui n'est point meflé d'inquietude comme celuy dont j'ay parlé auparavant, parce que ces ames sont si fortement attachées à la volonté de Dieu qu'elles sont également satisfaites de tout ce qui luy peut plaire. Ainsi s'il veut qu'elles souffrent, elles en sont bien aises. S'il ne le veut pas, elles n'en ont point de peine comme elles en avoient auparavant. Et si elles sont persecutées, elles en ont tant de joye qu'au lieu de vouloir du mal à leurs persecuteurs elles les aiment encore davantage, sont plus vivement touchées de leurs maux, les recommandent à Dieu avec plus d'ardeur, & consentiroient de bon cœur d'être privées de quelqu'une des graces dont il les favorise s'il luy plaisoit de les accorder à ces personnes pour les mettre en état de ne le plus offenser.

Mais ce qui m'étonne en cecy est que ces ames aprés avoir comme vous l'avez vû desiré avec tant d'ardeur de mourir pour pouvoir joüir à jamais de la presence de Dieu & tant souffert de ce retardement, lors qu'elles sont arrivées à l'heureux état dont je parle leur desir de le servir, de le loüer, & de profiter à quelqu'un est si grand, que non seulement elles ne souhaitent plus de mourir ; mais elles voudroient que leur vie fust prolongée de plusieurs années en souffrant toûjours de tres grands travaux, afin de contribuer quelque chose s'il étoit possible à l'augmentation de son honneur. Ainsi quand elles seroient assurées qu'en sortant de la prison du corps il les recevroit dans sa gloire, elles n'en seroient point touchées, parce qu'elles ne pensent pas alors à celles des Saints ny à en posseder une semblable ; mais mettent toute la leur à servir en quelque chose ce divin Sauueur qui a bien voulu pour l'amour d'elles étre attaché à la croix, principalement lors qu'elles pensent qu'on l'offense en tant de manieres, & que si peu de personnes ont une veritable passion pour son honneur & sont détachées de tout le reste.

Il est vray neanmoins que comme ces sentimens ne sont pas toûjours presens à ces ames & qu'elles considerent le peu de service qu'elles rendent à Dieu, elles rentrent dans un desir plein de tendresse de les posseder pleinement ; mais elles reviennent aussi tost à elles, renoncent à ce desir, & se contentant d'être assurées qu'elles sont toûjours en sa compagnie, elles luy offrent cette disposition de vouloir bien souffrir la prolongation de leur vie comme la plus grande marque, & la plus penible qu'elles luy puissent donner de la resolution où elles sont de préferer ses interests aux leurs propres. Elles n'ont donc garde d'apprehender la mort, puis qu'elle ne passe dans leur esprit que pour une extase agreable. Ce même divin Epoux qui leur donnoit auparavant un si ardent desir de mourir pour aller jouïr de sa presence, leur donne alors ce desir contraire dont je viens de parler ; & dans la joye qu'elles ont de connoître que c'est luy qui vit maintenant en elles, elles ne recherchent plus des faveurs, des consolations, & des gousts. Il leur suffit d'estre avec leur Seigneur, & toute sa vie n'ayant esté qu'une souffrance continuelle il veut que la leur soit semblable, sinon en effet à cause que leur foiblesse ne le peut porter, au moins par desir. Mais il les rend dans tout le reste participantes de sa force quand il voit qu'elles en ont besoin pour supporter de grandes peines, les met dans un entier détachement de toutes choses, & fait qu'à moins de travailler pour le salut des ames elles soûpirent toûjours après la solitude. Ces personnes n'ont plus alors de secheresses ny de travaux interieurs : elles sont toutes occupées de la pensée de leur Seigneur, & avec tant de tendresse qu'elles ne voudroient faire autre chose que de le louër. Que s'il arrive que cette pensée soit comme endormie, il la réveille de telle sorte qu'elles connoissent clairement que c'est un mouvement tres agrable (car je ne sçay quel autre nom luy donner) qui ne procede ny de leur memoire, ny de leur esprit, ny d'aucune autre chose qu'elles comprenent & à quoy elles contribuent ; mais qui vient du plus interieur de leur ame : ce qui arrive si souvent qu'il est facile de le remarquer ; & on peut le comparer à un feu qui quelque grand qu'il soit ne porte jamais sa flamme en bas ; mais la pousse de son centre en haut, & ainsi réveille les puissances.

Quand on ne trouveroit point d'autre avantage dans cette sublime oraison que de connoître le soin qu'il plaît à Dieu de prendre de se communiquer à nous, & de nous convier à demeurer avec luy, il n'y a point de travaux quelque grands qu'ils soient qui ne me paroissent trop bien recompensez par cette preuve si favorable & si touchante de l'extrême amour qu'il nous porte. Je veux croire, mes Sœurs que vous l'avez éprouvé, parce que je suis persuadée que lors que l'on arrive à l'oraison d'union nostre Seigneur nous favorise de cette grace si nous prenons soins d'observer ses commendemens.

Lors que vous vous trouverez en cet estat souvenez-vous que vous estes arrivées à cette derniere demeure où Dieu reside dans vostre ame : rendez luy de grandes actions de graces : considerez cette preuve de son amour comme un amy consideret un billet en chiffre plein de tendresse que son amy luy écriroit pour luy donner un témoignage extraordinaire de son affection, & luy en demander un de la sienne : ne manquez pas d'y répondre avec la mê-

VII. DEMEVRE CHAPITRE III.

me chaleur quoy que vous soyez alors occupées exterieurement & en compagnie, comme il arrive souvent que nostre Seigneur prend ce temps pour nous faire cette faveur. Rien ne sçauroit vous en empescher, puis que cette réponse n'est qu'un acte interieur d'amour, soit en luy disant comme saint Paul : *Seigneur que voulez vous que ie fasse*, ou quelques paroles semblables qu'il vous mettra dans la bouche pour luy témoigner vostre reconnoissance. Car ce temps est un temps favorable dans lequel il semble qu'il prend plaisir à nous écouter & à nous rendre capables de faire avec une volonté pleine & déterminée ce que i'ay dit qu'il desire de nous, qui est d'oublier nos interests pour ne penser seulement qu'aux siens.

La difference qu'il y a entre cette derniere demeure & les precedentes est, que l'ame n'y éprouve presque jamais de secheresses ni de trouble interieurs comme elle en éprouvoit de temps en temps dans toutes les autres demeures; mais est presque toûjours dans la quietude & sans aucune crainte que cette faveur si sublime soit un artifice du demon, tant elle est assurée qu'elle vient de Dieu; parce que les sens & les puissances n'y ont aucune part & que son saint Epoux en se communiquant à elle d'une maniere si élevée l'a mise avec luy en assurance dans un lieu où le demon n'oseroit paroistre, & où quand mesme il voudroit venir il ne lui permettroit pas d'entrer. Sur quoy il faut remarquer que l'ame ne contribuë rien aux faveurs qu'elle reçoit de Dieu, sinon de s'abandonner entierement à sa volonté.

Que l'ame dans cette derniere demeure ne souffre n'y secheresses, ny troubles interieurs.

Ces faveurs qu'il fait alors à l'ame & les lumieres dont il l'éclaire se passent sans bruit & dans une si grande tranquilité que cela me fait souvenir de la construction du temple qui fut basty par Salomon sans que l'on y entendit donner un seul coup de marteau. Aussi peut-on nommer cette septiéme demeure le temple de Dieu où l'ame joüit avec lui dans un profond silence d'une pleine paix, sans que l'activité de l'entendement la trouble, parce que ce Monarque tout puissant qui la crée suspend son action & luy laisse seulement voir comme par une petite fente ce qui se passe sans l'en empescher que rarement; les puissances ne me paroissant pas estre alors comme éteintes, mais seulement sans operer & comme étonnées. Ie le suis de voir que l'ame en cet estat n'a presque jamais de ravissemens : i'entens quant aux effets exterieurs qui sont de perdre le sentiment & la chaleur. On dit que cela n'est en eux qu'accidentel; & qu'ainsi au lieu de cesser ils augmentent interieurement. Les extases & ce vol d'esprit dont i'ay parlé ailleurs, sont donc rares dans cette septiéme demeure, & n'arrivent presque jamais en public, comme ils faisoient souvent auparavant lors que des objets de pieté tels que sont les predications, le chant de l'Eglise, & des tableaux de devotion frappoient de telle sorte ce petit papillon que la frayeur le prenoit & le faisoit envoler. Car alors soit que l'ame à laquelle je l'ay comparé ait trouvé où se reposer ; soit qu'après avoir vû tant de merveilles dans cette derniere demeure elle ne s'étonne plus de rien ; soit que sa solitude cesse parce qu'elle se trouve en la compagnie de son divin Epoux, ou soit par quelque autre raison que j'ignore, Nostre Seigneur ne l'a pas plûtost receuë dans cette demeure, & ne luy a pas plûtost fait voir toutes les beautez qu'elle cesse d'avoir cette foiblesse qui luy étoit si continuelle & si penible. Ce qui arrive peut-être parce qu'il la rend alors beaucoup plus forte qu'elle n'étoit, ou parce qu'auparavant il vouloit faire paroître en public les graces dont il la favorisoit en secret ; ou pour quelque fin qu'il n'y a que luy qui sçache ; ses jugemens étant infiniment élevez au dessus de tout ce que nous pouvons nous imaginer.

Quand Dieu donne à l'ame ce saint baiser qu'elle luy demande dans le cantique en qualité de son Epouse, il produit en elle ces excellens effets, & tous les autres dont j'ay parlé dans les divers degrez d'oraison. Cette biche blessée d'un trait du divin amour après avoir alors desalteré sa soif dans les clairs ruisseaux d'une eau celeste trouve son repos & sa joye dans le tabernacle du Dieu vivant ; & cette chaste colombe, comme celle que Noé fit sortir de l'arche après le deluge pour voir s'il estoit passé, apporte un rameau d'olivier pour marque qu'elle a trouvé une terre ferme au milieu des flots, des agitations, & des tempestes du monde.

" O mon doux IESUS, quel avantage nous seroit-ce de bien com-
" prendre le sens de tant d'endroits de l'Ecriture qui pourroient nous
" faire connoître quelle est cette paix de l'ame : & puis que vous sçavez
" Seigneur combien il nous importe de la posseder, faites que les
" chrestiens la cherchent ; & conservez-la par vostre bonté à ceux à
" qui vous l'avez donnée, puis que nous devons toûjours craindre jus-
" qu'à ce que vous nous ayez mis dans le ciel en possession de cette
" veritable paix que nuls siecles ne verront finir. Ce que je luy donne
" le nom de veritable n'est pas pour marquer que celle dont je viens
de parler ne le soit ; mais c'est à cause que nous rentrions dans une nouvelle guerre si nous nous éloignons de Dieu.

Quel sentiment croyez-vous, mes Sœurs, que doit estre celuy de ces ames lors qu'elles pensent qu'elles peuvent estre privées d'un si grand bon-heur ? Il est tel qu'il les fait veiller continuellement sur elles-mêmes, & tâcher à tirer de la force de leur foiblesse pour ne perdre par leur faute aucune occasion de plaire à Dieu. Plus elles se voyent favorisées de luy, plus elles se defient d'elles-même ; & la connoissance qu'il leur donne de son infinie grandeur augmentant celle qu'elles ont de leur misere & de leurs pechez, il leur arrive souvent comme au Publicain de n'oser lever les yeux vers le ciel & de souhaiter la fin de leur vie pour se voir en seureté : mais leur amour pour leur immortel Epoux le fait rentrer aussi-tost dans ce desir de vivre pour le servir dont j'ay desja parlé, & elles s'abandonnent entierement à sa volonté & a sa misericorde. D'autres fois se trouvant accablées sous la multitude des faveurs qu'elles reçoivent, elles apprehendent d'entre côme un vaisseau que le trop grand poids de sa charge fait couler à fond. Ainsi je vous assure, mes Filles, que ces ames ne manquent pas de croix : mais ces croix ne les inquietent point ni ne troublent point la paix dont elles joüissent. Elles passent de même qu'un flot ou qu'une legere tempeste, & le calme revient aussi-tost, parce que la presence de leur Seigneur leur fait oublier tout le reste. Qu'il soit beny & loüé dans tous les siecles des siecles.

CHAPITRE VI.

Pourquoy Dieu permet qu'une oraison si sublime ne continuë pas toûjours également. Quelque grand que soit le bonheur dont on joüit dans cette septiéme dumeure on ne peut s'asseurer de ne point commettre de pechez. Raisons pourquoy Dieu le permet: & d'où vient aussi qu'il fait de si grandes graces à quelques ames. Que l'humilité & la pratique des vertus sont le fondement de cet édifice spirituel. Qu'il faut à l'imitation de sainte Marthe & de sainte Magdelaine joindre la vie active à la contemplative. Qu'il ne se faut point engager dans des desirs qui vont au delà de nos forces. Conclusion de ce Traité.

NE vous imaginez pas, mes Sœurs, que les effets d'une oraison si sublime continuent toûjours dans les ames avec une même égalité. Nostre Seigneur comme je l'ay dit, les laisse quelque-fois rentrer dans leur naturel. Et il semble alors que toutes les bestes venimeuses du dedans & du dehors du chasteau s'assemblent pour se vanger contre elles de l'impossibilité de leur nuire où elles estoient auparavant. Mais cela ne dure guere plus d'un jour; & le grand trouble excité d'ordinaire par quelque occasion impreveuë, fait connoistre quel est l'avantage que reçoit l'ame d'estre en la compagnie de son Dieu. Car il la fortifie de telle sorte qu'au lieu de diminuer sa passion pour son service & ses bonnes resolutions, il semble au contraire qu'elles augmentent sans qu'elle se trouve ébranlée même par un premier mouvement. Cela comme je viens de le dire n'arrive que rarement, & seulement parce que Nostre Seigneur veut pour

Pourquoy Dieu permet que les effets d'vne oraison si sublime ne continuent pas toûjours egalement.

tenir ces ames dans l'humilité leur remettre toûiours devant les yeux qu'elles ne font rien par elles mesmes, afin que la connoissance de ce qu'elles luy doivent & la grandeur des faveurs qu'il leur fait les obligent de plus en plus à le loüer.

qu'on ne peut mesme dans cette septiéme demeure s'asseurer de ne point pecher.

Ne pensez pas aussi qu'encore que ces ames desirent avec tant d'ardeur, & soient si resoluës de ne vouloir pour quoy que ce soit se laisser aller à la moindre imperfection, elles puissent éviter d'y tomber & mesme de commettre des pechez, non pas de propos déliberé, parce que nostre Seigneur les en preserve; mais seulement des pechez veniels: car quant aux mortelles elles n'en commettent point avec connoissance, & ne sont pas neanmoins asseurées d'estre incapables d'en commettre quelqu'un qu'elles ignorent: * ce qui leur donne une grande peine. Elles en ont aussi de voir tant d'ames qui se perdent: & bien qu'elles esperent de n'estre pas de ce nombre elles ne sçauroient s'empescher de craindre lors qu'elles pensent à la chûte de quelques-uns de ceux que l'Ecriture nous apprend estre tombez aprés avoir receu des graces de Dieu si particulieres, dont Salomon qu'il avoit rempli de tant de sagesse & comblé de tant de bienfaits est un illustre & terrible exemple. C'est pourquoy, mes Sœurs, celle d'entre vous qui paroist avoir le plus de suiet d'estre asseurée, est celle qui en a le plus de craindre selon ces paroles de David: *Bienheureux l'homme qui vit dans la crainte.* Et nostre plus grande confiance doit estre dans la priere que nous sommes obligez de faire continuellement à Dieu de vouloir nous soustenir de sa main toute puissante afin que nous ne l'offensions point. Qu'il soit loüé à iamais. Ainsi soit-il.

* La Sainte fait voir clairement par ces paroles la pureté de sa doctrine touchant l'assurance d'estre en grace, en disant que ces ames si parfaites & tellement favorisées de Dieu qu'elles iouïssent de sa presence d'une maniere aussi sublime qu'est celle qui se rencontre dans cette derniere demeure ne se tiennent pas asseurées de n'estre pas tombées dans quelques pechés mortels qu'elles ignorent, & que l'apprehension qu'elles en ont les tourmente.

Quoy que ie ne doute point, mes Filles, que si vous y avez pris garde vous n'ayez remarqué par les effets ce qui est cause que nostre Seigneur fait de si grandes graces à certaines ames, & ie croy neanmoins à propos d'en parler icy. Ie dis donc qu'il ne faut pas s'imaginer que son dessein soit seulement de leur donner en ce monde de la consolation & de la ioye: ce seroit une grande erreur, puis que la faveur la plus signalée que Dieu nous puisse faire est de rendre nostre vie conforme à celle que son propre Fils a passée lors qu'il estoit sur la terre; & ie tiens pour certain qu'il ne nous depart ces faveurs que pour fortifier nostre foiblesse, afin de nous rendre capables de souffrir pour son amour. Il n'en faut point d'autre preuve que de voir que ceux que IESUS-CHRIST a le plus aimez, qui estoient sans doute sa glorieuse Mere & ses Apostres ont esté ceux qui ont souffert davantage. Car quels croyez vous, mes Sœurs, qu'ayent esté aussi les travaux de saint Paul: & ne pouvons nous pas juger par là des effets que produisent ces visions veritables qui viennent de Dieu, & non pas de nostre imagination ou de la tromperie du demon? Ce grand Apostre apres les avoir receuës alla-t-il se cacher pour joüir en repos de la consolation qu'elles luy donnoient sans pouvoir estre interrompu de personne ni s'occuper d'autre chose? Vous voyez au contraire qu'il ne passoit pas seulement les jours entiers dans les occupations si penibles de son ministere; mais travailloit durant la nuit pour gagner sa vie: Et je ne sçaurois sans en ressentir une grande joye entendre nostre Seigneur dire à saint Pierre au sortir de sa prison: *Qu'il s'en alloit à Rome pour y estre crucifié une seconde fois*. Ainsi on ne recite jamais ces paroles dans nostre office sans que je me represente la consolation qu'elles donnerent à ce Prince des Apostres, l'ardeur avec laquelle il alla s'offrir à la mort, & ce qu'il s'estima si heureux de la recevoir qu'il considera cette grace comme la plus grande que son divin Maître luy pouvoit faire.

En verité, mes Sœurs, lors que Dieu se communique si particulierement à une ame elle oublie tout ce qui regarde son repos, & ne se soucie plus d'estre estimée & honorée. Comment pourroit-elle estant avec luy se souvenir d'elle même? Sa seule pensée est de luy plaire, & de chercher les moyens de luy témoigner son amour. Elle ne s'occupe d'autre chose dans son oraison. C'est l'un des effets que produit ce mariage spirituel; & ses actions sont des preuves de la verité des faveurs qu'elle a receuës de Dieu. Car dequoy nous serviroit, mes Filles, d'avoir esté si recueillies dans la solitude, d'avoir fait tant d'actes d'amour & promis si solemnellement à Nostre Seigneur de ne trouver rien de difficile pour son service, si nous faisions au sortir de là tout le contraire? Mais j'ay tort de dire que cela nous seroit inutile, puis que le temps que nous passons avec Dieu nous est toûjours fort avantageux, & qu'encore que nostre foiblesse nous rende lâche dans l'execution de nos bonnes resolutions, Dieu nous donne quelquefois la force de les accomplir. Il arrive même que dans cette lascheté où il voit qu'est l'ame il l'engage à entreprendre quelque chose de tres-penible, & à laquelle elle a une grande repugnance dont elle s'acquite heureusement avec son secours. Alors elle reprend courage, se rassure dans ses craintes, & s'offre à sa divine Majesté avec un ardent desir de la servir.

Ce que je veux dire est donc que cela est peu en comparaison de l'avantage que ce nous seroit si nos œuvres estoient conformes à nos paroles. Les personnes qui ne peuvent tout d'un coup y reüssir doivent redoubler leurs efforts pour en venir à bout peu à peu si elles veulent que leur oraison leur profite; & elles ne manqueront pas d'occasions pour s'y exercer. Il leur importe plus de le faire que je ne sçaurois le representer, & elles n'ont qu'à jetter les yeux sur IESVS-CHRIST crucifié, pour ne trouver rien de difficile.

Noſtre Seigneur nous ayant témoigné ſon amour par des actions ſi merveilleuſes & des tourmens ſi horribles, pretendrions-nous de le pouvoir contenter par des ſimples paroles ? Sçavez-vous, mes Sœurs, ce que c'eſt d'eſtre veritablement ſpirituelle ? c'eſt de ſe rendre eſclaves de IESUS-CHRIST, comme il a bien voulu l'eſtre luy-même, afin qu'eſtant marquez de ſon ſceau qui eſt la croix, il puiſſe diſpoſer de nous en la maniere qu'il luy plaira : en quoy puis que vous luy avez ſoûmis voſtre liberté, au lieu de vous faire tort il vous faira une grande grace.

Que l'humili-té & la prati-que des ver-tus ſont le fondement de cet édifice ſpirituel.

A moins que de prendre cette reſolution on n'avancera jamais beaucoup, à cauſe que tout cet edifice ſpirituel n'a pour fondement que l'humilité, & que Noſtre Seigneur ne l'élevera jamais gueres ſi cette humilité n'eſt veritable, parce qu'autrement plus il ſeroit haut & plus ſa chûte & ſa ruine ſeroient grandes.

Ainſi mes Sœurs, pour rendre ce fondement ſolide chacune de vous doit ſe conſiderer comme la moindre de toutes, comme la ſervante des autres, & ne perdre aucune occaſion de le témoigner par des effets. C'eſt le moyen de travailler encore plus pour vous que pour les autres, puis que ce ſera comme autant de pierres qui rendront le fondement de cet édifice ſi ferme qu'il ne courra point fortune de tomber. Mais je repete encore que pour reüſſir dans ce deſſein, vous ne devez pas vous imaginer que ce fondement ne conſiſte qu'à prier & à mediter. Il faut pour vous avancer travailler à pratiquer les vertus : & Dieu veüille que vous ne reculez pas, puis que vous ſçavez que ne point avancer c'eſt reculer, à cauſe qu'il eſt impoſſible que l'amour demeure toûjours en un même etat.

Que s'il vous ſemble que cela ne s'entend que pour ceux qui commencent, & qu'apres avoir travaillé ils peuvent ſe repoſer, ſouvenez-vous que je vous ay dit que le repos dont joüiſſent les ames dont je parle maintenant n'eſt qu'interieur, & qu'elles en ont au contraire beaucoup moins qu'auparavant dans l'exterieur. Car à quel deſſein croyez vous que l'ame envoye de cette ſeptiéme demeure, & comme du fond de ſon centre ces inſpirations, ou pour mieux dire ces aſpirations dans toutes les autres demeures de ce chaſteau ſpirituel ? Eſt-ce à voſtre avis pour y laiſſer endormir tous les ſens, toutes les puiſſances, & tout ce qui regarde le corps ? Nullement : mais c'eſt au contraire pour leur faire une guerre encore plus rude

que

que quand elle souffroit avec eux; parce qu'elle ne connoissoit point alors que ces grands trauvaux estoient les moyens dont Dieu se servoit pour l'attirer à luy, & que le bon-heur d'estre maintenant en sa compagnie la rend encore beaucoup plus forte. Car si David nous aprend que nous devenons Saints avec les Saints: qui doute qu'une ame qui par une union si sublime de son esprit avec celuy de Dieu est une mesme chose avec luy qui est la souveraine force, n'en acquiere une nouvelle incomparablement plus grande que celle qu'elle avoit auparavant, comme nous voyons que les Saints se sont trouvez capables de souffrir la mort avec joye. Ainsi la force de cette ame est telle qu'elle la communique dans toutes les demeures du chasteau & même au corps qui tomberoit souvent dans la défaillance si elle ne luy faisoit quelque part de la vigueur qu'elle reçoit par le moyen de ce vin delicieux dont son divin Epoux luy est si liberal dans cette suprême demeure où il luy a fait l'honneur de l'introduire, & parce qu'il veut bien demeurer toûjours avec elle, de mesme que l'aliment que reçoit l'estomac se répand ensuite dans toutes les parties du corps & les fortifie. Ainsi tant que les personnes que Dieu éleve à un estat si sublime vivent en ce monde elles endurent toûjours d'extrêmes travaux, parce que leur force interieure est si grande, que quelque guerre qu'elles fassent à leur corps ce qu'ils souffrent leur paroist si peu considerable lors qu'ils pensent à ce qu'a souffert leur Epoux, qu'elles auroient honte de s'en plaindre.

De là sont venuës sans doute les grandes penitences de tant de Saints, telles qu'ont esté celles de sainte Magdelaine qui avoit passé auparavant une vie si delicieuse, de nostre Pere S. Elie si brûlant de zele pour l'honneur de Dieu, & de S. Dominique, & de S. François qui ne se lassoient jamais de travailler pour attirer des ames à luy afin qu'elles le loüassent. Car que n'ont-ils point enduré aprés s'être oubliez eux-mêmes pour ne penser qu'à procurer son honneur & sa gloire? C'est à quoy je souhaite, mes Sœurs, que vos desirs tendent, & que vostre occupation dans l'oraison n'ait pas pour but les consolations qui s'y rencontrent, mais d'y acquerir de la force pour estre plus capables de servir Dieu. Ce seroit perdre un temps si precieux que d'en user d'une autre sorte: & il seroit bien étrange de pretendre recevoir de telles faveurs de Nostre Seigneur en tenant un autre chemin que celuy par lequel luy-même & tous les Saints ont marché. Il faut pour bien recevoir ce divin hoste que Marthe & Magdelaine se joignent ensemble. Car seroit-ce le bien receuoir que de ne luy point donner à Manger; & qui luy en auroit donné si Marthe fût toûjours demeurée comme Magdelaine assise à ses pieds pour écouter sa parole? Or quelle est cette nourriture qu'il desire, sinon que nous nous employions de tout nôtre pouvoir à luy gagner des ames qui le loüent & qui trouvent leur salut dans les loüanges qu'elles luy donnent & les services qu'elles luy rendent.

Vous me ferez peut être à cela deux objections. La premiere, que Iesus-Christ dit que Magdeleine avoit choisie la meilleure part. A quoy je répons qu'elle avoit déja fait l'office de Marthe quand elle luy avoit lavé les pieds, & les avoit essuyez avec ses cheveux. Car quelle mortification croyez-vous que ce fut a une personne de sa condition d'aller ainsi à travers les ruës & peut-être seule tant sa ferueur la transportoit, d'entrer dans une maison inconnuë; de souffrir le mépris du Pharisien, & les reproches de sa vie passée que luy faisoient ces méchans à qui il suffisoit pour la haïr de voir l'affection qu'elle témoignoit pour Nostre Seigneur qu'ils avoient en si grande horreur, & qui pour se mocquer de son changement disoient qu'elle vouloit faire la sainte comme on le dit encore aujourd'huy aux personnes qui se convertissent à Dieu, quoy que toutes ne soient pas en aussi mauvaise reputation qu'étoit alors cette admirable penitente? Mais il est certain, mes Sœurs, qu'elle a eu la meilleure part, parce que ses souffrances ont été extrêmes, puis que sans parler de la douleur insupportable que celuy étoit de voir tout un peuple avoir une haine si horrible pour son Sauveur, que ne souffrit-elle point à sa mort? Ie suis persuadée que ce qu'elle n'a pas finy ses jours par le martyre vient de ce qu'elle l'endura alors, & qu'elle a continué de le souffrir durant tout le reste de sa vie par le terrible tourment que ce luy étoit d'être separée de son divin Maître: & l'on voit par là que cette illustre Sainte n'étoit pas toûjours aux pieds de Nostre Seigneur dans la contemplation & dans la joye.

La seconde objection que vous me pourrez faire est, que vous travailleriez de bon cœur à gagner des ames à Dieu, mais que vostre condition & vostre sexe ne vous le permettent pas, puis qu'ils vous rendent incapables d'enseigner & de prêcher comme faisoient les Apostres. I'ay répondu à cela dans quelque autre traité; & quand ce seroit dans celuy-cy, ie ne laisseray pas de le redire, parce que dans les bons desirs que Dieu vous donne cette pensée vous peut venir en l'esprit.

I'ay donc dit ailleurs, qu'il arrive quelquefois que le demon nous inspire des desseins qui sont au dessus de nos forces afin de nous faire abandonner ceux que nous pourrions executer; & qu'ainsi nous ne pensions qu'à faire des choses qui nous sont impossibles. Contentez-vous donc, mes Sœurs, du secours que vous pouvez donner par l'oraison à quelques ames, & ne pretendez pas de pouvoir être utiles à tout le monde: mais tâchez de l'estre aux personnes en la compagnie desquelles vous vivez. Vostre action sera en cela d'autant plus parfaite que vous estes plus obligées de les servir que non pas les autres. Car croyez-vous que ce ſoit peu faire de les exciter & animer toutes par voſtre humilité, par voſtre mortification, par voſtre charité, & par tant d'autres vertus ; à augmenter de plus en plus leur amour pour Dieu & leur ardeur de le ſervir? Rien ne luy peut plaire davantage ni vous être plus utile, & vous voyant ainſi faire tout ce qui dépend de vous il connoîtra que vous feriez encore beaucoup davantage ſi vous le pouviez, & ne vous recompenſera pas moins que ſi vous luy aviez gagné pluſieurs ames.

Pour concluſion, mes Filles, ne pretendons point de rien édifier que ſur un ſolide fondement. Noſtre divin Epoux ne conſidere pas tant la grandeur de nos œuvres que l'amour avec lequel nous les faiſons & la proportion qu'elles ont avec noſtre pouvoir. Il l'augmentera de jour en jour pourvû que nous ne nous laſſions point de travailler, & que durant le peu qui nous reſte à vivre & moins encore peut être que chacune de nous ne penſe, nous luy offrions ſans reſerve noſtre corps avec noſtre ame. Ce ſacrifice luy ſera ſi agreable qu'il le joindra à celuy qu'il offrit à ſon Pere ſur la croix, afin qu'il le recompenſe, non ſelon la petiteſſe de nos œuvres mais ſelon le prix que luy donne la volonté avec laquelle nous nous conſacrons à luy. *Concluſion de ce Traité.*

Plaiſe à ſa divine Majeſté, mes cheres Sœurs, & mes cheres Filles, que nous nous trouvions toutes enſemble dans cette demeure eternelle où l'on ne ceſſe jamais de loüer Dieu, & que je puiſſe faire voir dans mes actions quelques effets de ce que vous lirez dans mes écrits par les merites de ſon Fils qui vit & regne aux ſiecles des ſiecles. Ainſi ſoit-il. Car en verité ma confuſion d'être ſi imparfaite eſt ſi grande, que je ne ſçaurois trop vous conjurer en ſon nom de ne pas oublier dans vos prieres cette pauvre pechereſſe.

Quoy qu'en commençant d'éctire cecy j'y euſſe comme je l'ay dit une grande repugnance, je me ſuis trouvée aprés l'avoir achevé fort aiſe de l'avoir fait, & tiens pour bien employé le peu de peine qu'il m'a donnée, parce que conſiderant, mes Sœurs, l'étroite cloſture dans laquelle vous paſſez voſtre vie, le peu de divertiſſemens que vous avez, & les incommoditez qui ſe rencontrent dans quelques uns de nos monaſteres, j'eſpere que vous trouverez de la conſolation dans ce chaſteau interieur où vous pourrez à quelque heure que ce ſoit entrer & vous promener ſans en demander la permiſſion à vos Superieurs. Il eſt vray neanmoins que vous ne ſçauriez par vos propres forces quoy qu'elles vous paroiſſent grandes, vous ouvrir l'entrée des demeures qu'il enferme. Ce Souverain qui y regne eſt ſeul capable de vous la donner ; & pour peu que vous y trouviez d'obſtacle gardez-vous bien de l'entreprendre, puis que quelques efforts que vous fissiez ils vous seroient inutiles. Mais ce Roy des Anges & des hommes aime tant l'humilité, que pourvû qu'il reconnoisse que vous en avez, encore que vous ne soyez pas dignes d'entrer dans la troisiéme demeure vous vous le rendrez bien-tost si favorable par le moyen de cette vertu qu'il vous introduira dans la cinquiéme. Et si vous trauaillez auec ardeur & vous efforcez de plus en plus de luy plaire, il vous receura enfin dans cette septiéme & derniere demeure qui est le glorieux sejour qu'il honore de sa presence. Lors que vous serez si heureuses que de vous trouver en cet état n'en sortez point si vous n'y estes obligées par le commandement de la Prieure à qui il veut que vous obeïssiez comme à luy-même. Pourvû que vous en usiez en cette maniere la porte vous en sera toûjours ouuerte lors que vous voudrez y retourner. Et quand vous aurez une fois gousté les saintes & inconceuables delices qui s'y rencontrent, il n'y aura point de si grands trauaux que l'esperance de vous y reuoir ne vous rende faciles à supporter; & cette esperance à cet auantage que personne ne vous la sçauroit rauir.

Chacune des sept demeures dont j'ay parlé a comme diuers appartemens au dessus, au dessous, & aux costez, qui sont accompagnez de beaux jardins, de viues fontaines d'agreables labyrintes, & d'autres objets si delicieux que l'ame voudroit s'occuper sans cesse à loüer ce grand Dieu qui en est l'auteur & qui semble auoir pris plaisir à imprimer en eux son image & sa ressemblance.

Que si vous trouvez, mes Sœurs, quelque chose de bon en la maniere dont j'ay tâché d'éclaircir les sujets que j'ay traitez dans ce discours, croyez tres-certainement que Nostre Seigneur me l'a inspiré pour vostre satisfaction. Et quant à ce qui vous y paroîtra de defectueux ne doutez point qu'il ne vienne de moy. Ie vous conjure par l'extrême desir que j'ay de contribuër tout ce que je puis pour vous aider à seruir cette suprême Majesté, de luy donner de grandes loüanges toutes le fois que vous lirez cecy, & de luy demander l'augmentation de son Eglise, la lumiere necessaire aux heretiques pour les retirer de leurs erreurs, le pardon de mes pechez, & de me déliurer des peines du purgatoire où je seray peut être encore lors que ce discours verra le jour si on n'y trouue rien qui l'en rende indigne après auoir esté examiné par des gens sçauans. S'il s'y rencontre quelques erreurs on ne les doit attribuër qu'à mon peu d'intelligence, puis que je me soumets entierement à tout ce que croit la sainte Eglise Catholique & Romaine dans laquelle je proteste de vouloir viure & mourir. Que Nostre Seigneur soit beny & loüé à jamais. Ainsi soit-il. I'ay acheué d'écrire cecy dans le monastere d'Auila la veille de S. Andre de l'année 1577. & je souhaite qu'il reüssisse à la gloire de Dieu qui vit & regne eternellement.

FIN.

PENSÉES
SVR
L'AMOVR DE DIEV.

Qui est comme une explication de quelques paroles
du Cantique des Cantiques.

Ces pensées peuvent passer pour une suite de la Septiéme demeure du Chasteau de l'ame, tant la Sainte y parle d'une maniere admirable & élevée de ce qui regarde cette Septiéme demeure.

CHAPITRE I.

Sur ces paroles de l'Epouse dans le Cantique des Cantiques: Que le Seigneur me baise d'un baisé de sa bouche.

Du respect que l'on doit avoir pour ce qui ne nous paroît pas intelligible dans l'Ecriture Sainte. Ce qui a porté la Sainte à prendre la liberté d'expliquer ces paroles du Cantique des Cantiques. De quelle sorte se doivent entendre ces mots de baiser, & de bouche.

EN lisant attentivement ces paroles j'ay remarqué qu'il semble que l'ame aprés avoir parlé en tierce personne lors qu'elle dit : *Qu'il me baise d'un baiser de sa bouche*, adresse sa parole à une autre en ajoutant ? *Le lait qui coule de vos mamelles est plus delicieux que le vin.* J'avouë n'en comprendre pas la raison, & j'en suis bien aise, parce que nous devons avoir beaucoup plus de respect pour les paroles qui surpassent nostre intelligence que pour celles que nos foibles esprits sont capables de concevoir. C'est pourquoy, mes Filles, lors qu'en lisant ou entendant des predications,

ou meditant les mysteres de nostre sainte foy il y aura des choses qui vous paroistront obscures, ie vous recommande extrêmement de ne vous point géner pour en chercher l'explication. Cela n'appartient pas à des femmes, ny même à la plufpart des hommes.

Que s'il plaît à Nostre Seigneur de vous en donner l'intelligence il le fera sans que vous ayez besoin de prendre pour ce suiet aucune peine, ce que ie ne dis que pour les femmes & pour les hommes qui ne sont pas obligez à soutenir la verité par leur doctrine. Quant à ceux que Dieu y engage ils doivent sans doute y travailler de tout leur pouvoir, & ce trauail ne leur sçauroit être que fort utile. Mais pour ce qui est de nous, nous n'avons sans nous mettre en peine du reste qu'à recevoir avec simplicité ce qu'il plaît à Dieu de nous donner, & nous réiouïr de ce que sa sagesse n'ayant point de bornes une seule de ses paroles contient tant de mysteres qu'il n'est pas étrange que nous soyons incapables de les comprendre. Car sans parler du Latin, du Grec, & de l'Hebreu à quoy il n'y a pas suiet de s'étonner que nous n'entendions rien, combien se rencontre-t-il d'endroits dans les Pseaumes qui ne nous paroissent pas moins obscurs dans l'Espagnol que dans le Latin? Gardez-vous donc bien, mes Filles, ie le repete encore, de vous en tourmenter inutilement. Ce qui ne va point au delà de nostre capacité suffit pour des personnes de nostre sexe. Dieu ne nous en demandera pas davantage; & il ne laissera pas de nous favoriser de ses graces.

Ainsi lors qu'il luy plaira de nous découvrir ces sens nous n'y trouverons point de difficulté. Et s'il ne veut pas lever le voile qui nous le couvre, humilions-nous & réjouïssons-nous comme je l'ay dit, de ce que le maître que nous servons est si grand & si admirable que ses paroles quoy qu'écrites en nostre langue ne nous sont pas intelligibles.

Nostre foiblesse est telle qu'il vous semblera peut-estre, mes Sœurs, que les paroles de ce Cantique auroient pû être plus claires; & je ne m'en étonne pas, ayant même entendu dire à quelques
,, personnes qu'elles apprehendoient de les lire. Que nostre misere
,, mon Dieu, est deplorable! Car n'est ce pas ressembler à ces bestes
,, venimeuses qui convertissent en poison tout ce qu'elles mangent,
,, que de juger selon nostre peu d'amour pour vous de ces faveurs
,, dont vous nous obligez pour nous apprendre par l'avantage que
,, nous tirons de vous aimer, qu'il n'y a rien que nous ne devions
,, faire pour nous rendre dignes de joüir du bonheur de vostre com-
,, pagnie, & répondre par l'ardeur de nostre amour à celuy que vous
,, nous portez? Helas! Seigneur, que nous profitons peu de tant de
,, biens que vous nous faites! Il n'y a point de moyens que vous
,, n'employiez pour nous témoigner vostre amour; & nous le recon-

noissons si mal que nos pensées continuënt toûjours de se tourner vers la terre au lieu de les porter à admirer les grands mysteres qu'enferment ce langage du S. Esprit.

Car qui devroit être plus capable de nous enflammer de l'amour de Dieu que de penser que ce n'est pas sans sujet qu'il nous parle de la sorte ? Mais l'aveuglement des hommes est si grand que i'ay veu avec étonnement qu'un Religieux ayant fait un sermon admirable sur le sujet des faveurs que Dieu fait à l'ame comme à son Epouse, & qui n'étoit fondé que sur les paroles de ce Cantique, il excita la risée de son auditoire à cause qu'il y parloit d'amour, comme s'il eût pû n'en point parler.

Mais ie connois au contraire des personnes qui ont tiré tant d'avantage de ces saints discours qu'ils les ont délivrées de leurs craintes, & portées à rendre des actions infinies de graces à Dieu d'avoir bien voulu par un remede si salutaire aux ames qui l'aiment avec ardeur leur faire connoître qu'il s'humilie pour elles iusques à les considerer comme ses Epouses, sans quoy elles ne pourroient cesser de craindre. Et i'en sçay une entr'autres qui ayant passé plusieurs années dans ces apprehensions ne se put rassurer que par certaines paroles de ce Cantique que Dieu permit qui luy furent dites, & qui luy firent connoître qu'elle étoit en bon chemin. Ce que je comprens sur cela est, qu'après qu'une ame par son amour pour son S. Epoux a renoncé veritablement à toutes les choses du monde & s'est abandonnée à sa conduite, elle éprouve ces peines, ces défaillances, ces especes de mort; & en même temps ces plaisirs, ces joyes, & ces consolations dont j'ay parlez en d'autres traitez.

O mes Filles, que vous estes heureuses d'avoir pour Seigneur & pour Epoux un Dieu à la connoissance duquel rien ne peut se dérober, & qui est si bon & si liberal qu'il vous recompensera des moindres choses que vous ferez pour son service comme si elles étoient fort importantes, parce qu'il ne les considere pas en elles-mêmes, mais les mesure par l'amour que vous luy portez.

Ie finis cecy en vous avertissant encore de ne vous point étonner quand vous rencontrerez dans l'Ecriture & dans les mysteres de nostre foy des endroits que vous n'entendrez pas, & des expressions si vives de l'amour de Nostre Seigneur pour les ames. Celuy qu'il nous a témoigné par des effets qui allant si fort au dela de toutes paroles montrent qu'il n'y a point en cecy d'exageration m'étonne beaucoup davantage, & me met comme hors de moy-même lors que je pense que nous ne sommes que des miserables creatures si indignes de recevoir tant de preuvez de sa bonté. Ie vous conjure, mes Filles, de bien peser cet avis & de le repasser par vostre esprit, puis que plus vous considererez ce que l'amour de Nostre Seigneur luy a fait souffrir pour nous, plus vous connoîtrez que bien loin que ces paroles de tendresse qui vous surprennent d'abord ayent des expressions trop fortes, elles n'approchent point de l'affection que ce divin Sauveur nous a témoignée par toutes les actions de sa vie & par la mort qu'il a voulu endurer pour nous.

~

Ce qui a porté la Sainte à oser expliquer ces paroles du Cantique.

Pour revenir à ce que j'avois commencé de dire, il faut que ces paroles du Cantique que je vous ay proposées comprennent de grands mysteres, puis que des personnes sçavantes que j'ay priées de m'expliquer le veritable sens que le S. Esprit y a renfermé m'ont répondu, que tant de docteurs qui ont écrit sur ce sujet n'ont pû encore y en trouver dont on soit demeuré satisfait. Ainsi vous auriez sujet de me croire bien presomptueuse si je pretendois d'y en donner un. Ce n'est pas aussi mon intention: & quoy que je ne sois pas si humble que je devrois, ma vanité ne va pas jusques à me croire capable de reüssir dans un tel dessein.

Ie pretens seulement de vous dire des choses qui pourront peut-être vous consoler autant que je le suis lors qu'il plaît à N. Seigneur de me donner quelque petite intelligence de ce que l'on dit sur ce sujet. Et quand même ce que j'en écriray ne seroit pas à propos, il ne pourra au moins vous nuire, puis qu'avant que vous le voyiez il sera examiné par des gens sçavans, & que pourveu que nous ne disions rien de contraire à la creance de l'Eglise & aux écrits des Saints je croy que N. Seigneur nous permet de proposer les pensées qu'il luy plaît de nous donner; de même qu'en meditant attentivement sa passion nous pouvons nous representer beaucoup de choses des tourmens qu'il y a soufferts que les Evangelistes n'ont point rapportées. Ioint que n'agissant pas en cela avec curiosité, mais ne voulant que recevoir les lumieres que Dieu nous donne je ne sçaurois croire qu'il ait desagreable que nous cherchions de la consolation dans ses actions si admirables, & ses paroles si saintes.

Comme un Roy au lieu de trouver mauvais qu'un ieune enfant qui luy plairoit fût surpris de la beauté & de la richesse de ses habits, il prendroit plaisir à voir l'étonnement qu'il en auroit, N. Seigneur n'a pas desagreable que nous autres femmes considerions avec admiration les tresors renfermez dans ces divines paroles ; que nous nous flattions de la creance d'y comprendre quelque chose, & que nous fassions part aux autres de nos pensées aprés qu'elles auront esté approuvées par des personnes sçauantes. Ainsi ie ne pretens pas mes Filles, que vous me regardiez en cecy que comme ce Prince regarderoit cet enfant, ny vous proposer mes pensées qui pourront estre mélées de beaucoup d'impertinences, que comme une conso-

CHAPITRE I.

lation que je me donne en les communiquant à mes cheres Filles.

Ie vay donc commencer avec l'affiftance de ce grand Roy & la permiffion de mon Confeffeur à vous faire part de mes penfées ; & je prie fa divine Majefté de m'accorder la même grace de bien rencontrer en quelque chofe qu'il m'a faite en d'autres occafions peut-eftre pour l'amour de vous. Mais quand cela n'arriveroit pas je ne fçaurois avoir regret au temps que j'employeray à l'écrire, & à m'occuper d'un fujet qui eft fi divin que je ne fuis pas digne d'en oüir feulement parler.

De quelle forte fe doivent entendre ces mots de baifer & de bouche.

Il me femble que par ces paroles dont j'ay dit au commencement que l'Epoufe fe fert pour parler en tierce perfonne à celuy avec qui elle eft, le faint Efprit veut nous faire entendre qu'il y a deux natures en IESUS-CHRIST, l'une divine, & l'autre humaine. Mais je ne m'y arrefteray pas : mon deffein n'eft de traitter que de ce qui peut fervir aux perfonnes d'oraifon, quoy que tout puiffe fervir pour encourager & donner de l'admiration aux ames qui ont un ardent amour pour Noftre Seigneur. Il fçait qu'encore que j'aye entendu expliquer quelques unes de ces paroles, ce n'a été que rarement, & que j'ay fi peu de memoire que ie n'ay pû en retenir un feul mot. Ainfi ie ne fçaurois dire que ce que Noftre Seigneur m'en a appris : & ie fuis fort trompée fi l'on m'a iamais rien dit touchant ces premieres paroles.

" Quelles paroles, ô Seigneur mon Dieu ! Eft il poffible qu'un ver
" de terre ofe les addreffer à fon Createur ? Soyez vous beny à iamais,
" Seigneur, de nous apprendre de quelle forte nous pouvons
" parler à vous en tant de diverfes manieres. Mais mon Roy, qui fera
" affez hardy pour ufer vers vous de femblables termes fi vous ne luy
" en donnez la permiffion ? On ne fçauroit y penfer fans eftonnement:
" & l'on s'eftonnera auffi peut-être de m'entendre dire que perfonne
" n'ufe de ces termes.

On pourra s'imaginer que ces mots de baifer & de bouche ayant diverfes fignifications ce que ie viens de dire eft une folie puis qu'ils fe peuvent expliquer d'une autre maniere; & qu'ainfi il eft évident que nous ne devons pas prendre la liberté d'en ufer en parlant à Dieu, ny d'expofer de femblables termes à la veuë des perfonnes fimples & groffieres. Ie demeure d'accord que ces divines paroles fe peuvent expliquer diverfement. Mais une ame fi embrafée de l'amour de fon divin Epoux qu'elle eft toute hors d'elle-même, ne fçauroit en employer d'autres ny leur donner un autre fens que celuy qu'elles ont naturellement. Qu'y a-t-il donc en cela, mon "
Dieu, qui doive tant nous eftonner ? Et n'y a-t-il pas incompara- "

NNNnn

blement plus de sujet d'admirer que vous voulez bien nous faire cette inconcevable faveur de vous recevoir vous même dans la sainte Eucharistie pour devenir nostre nourriture.

Il m'est venu dans l'esprit que c'est peut être ce que l'Epouse demandoit par ces paroles à Iesus-Christ son Epoux : ou bien qu'il luy plust de s'abaisser jusques à vouloir faire cette si étroite union avec la nature humaine qui le rend tout ensemble Dieu & homme, puis que chacun sçait que le baiser est une marque de paix, d'amitié, & d'alliance entre deux personnes ; & je prie sa divine Majesté de m'assister pour faire entendre combien il y a de sortes de paix.

Mais avant que de passer outre, j'ay, mes Filles, un avis important à vous donner, & la crainte de l'oublier me le fera mettre icy, quoy qu'il fust peut estre plus à propos d'en parler ailleurs. C'est que si ceux qui étant en peché mortel osent s'approcher du tres-saint Sacrement, dont Dieu veüille que le nombre ne soit pas si grand que je le croy, entendoient une personne comme mourante par la vehemence de son amour pour Dieu proferer ces paroles du Cantique, ils ne s'en étonneroient pas seulement ; mais l'attribueroient à une hardiesse insupportable. Ces censeurs de ce qu'ils n'entendent point n'ont garde d'user de ces paroles ny d'autres semblables qui se trouvent aussi dans ces admirables Cantiques, parce qu'il n'y a que cet ardent amour de Dieu qu'ils n'ont point qui le fasse proferer. Ils peuvent bien les lire & relire dans ce divin livre ; mais non pas s'en servir. Et comment oseroient-ils les avoir en la bouche puis qu'on ne sçauroit seulement les entendre sans être touché de crainte tant elles sont pleines de majesté ? Celle que vous avez, Seigneur, dans le tres-saint Sacrement est sans doute merveilleuse. Mais comme la foy de ces personnes n'est qu'une foy morte, il n'y a pas sujet de trouver étrange que ne leur faisant point la faveur de leur parler parce qu'ils en sont indignes, & vous voyant si humilié sous les especes sacramentales ils ayent l'audace de faire des jugemens si temeraires.

J'avoüe que ces paroles considerées seulement selon leur simple signification seroient capables d'étonner les personnes qui les prononcent si elles n'estoient point dans le transport qui les leur fait proferer. Mais elles ne donnent nulle crainte à celles que Nostre Seigneur a comme tirées heureusement hors d'elles mêmes. Pardonnez-moy, mon Dieu, si j'ose parler ainsi : & quelque grande que soit ma hardiesse vous m'excuseriez sans doute quand j'en dirois encore davantage. Car puis que le baiser est une marque de paix & d'amitié, pourquoy les ames que vous aimez ne pourront elles pas vous le demander, & que peuvent-elles desirer de vous qui leur soit plus avantageux ? Ie vous demande donc, mon Sauveur, de me donner cette paix & ce baiser de vostre divine bouche, qui est, mes Filles, la plus grande faveur que nous puissions recevoir de son infinie bonté comme vous le verrez dans la suite.

CHAPITRE II.

Sur ces mêmes paroles de l'Epouse dans le Cantique de Cantiques :
Que le Seigneur me baise d'un baiser
de sa bouche.

Des diverses sortes de paix dont quelques personnes se flatent. Excellens avis de la Sainte sur ce sujet. Exemples qu'elle rapporte. D'autres excellens avis qu'elle y ajouste. Des moyens dont Dieu se sert pour faire amitié avec les ames, & de l'amour qu'on doit avoir pour le prochain.

DIeu nous garde de tant de diverses sortes de paix dont les gens du monde joüissent & qui font qu'ils demeurent tranquilles au milieu des plus grands pechez. Car ne peut-on pas leur donner au lieu du nom de paix, le nom de veritables guerres ?

Vous avez déja, mes Filles, pû voir ailleurs que cette fausse paix est une marque de l'union des ames avec le demon. Il ne veut point leur faire la guerre durant cette vie, parce qu'elle pourroit les porter à recourir à Dieu pour s'en délivrer, bien qu'elles n'eussent point d'amour pour luy & que même un tel sentiment ne leur dureroit guere, à cause que cet esprit malheureux ne s'en appercevroit pas plûtost qu'il les rengageroit dans ses filets en flattant leurs passions criminelles, sans qu'ils pussent s'en dégager jusques à ce qu'on leur eust fait comprendre que cette paix dans laquelle ils s'imaginent d'être n'est qu'illusion & que mensonge. Ie ne m'arresteray pas davantage à parler de ces personnes. Qu'elles joüissent tant qu'il leur plaira de leur faux bonheur. I'espere de la misericorde de Dieu qu'il ne se trouvera jamais parmy nous.

Le demon pourra commencer à nous nuire par une autre de ces fausses paix qu'il nous fera trouver dans des choses qui ne semblent point estre importantes : & nous avons toûjours, mes Filles, tant que nous vivons sujet de craindre. Lors qu'une Religieuse après avoir commencé à se relascher en des sujets peu considerables en apparence continuë d'en user de la même sorte sans en avoir aucun repentir, cette paix est fausse & dangereuse, & le demon pourra par ce moyen luy faire beaucoup de mal. Ces sortes de fautes sont par exemple, quelque manquement à ce qu'ordonnent nos constitutions qui en soy n'est pas peché, & quelque negligence, quoy que sans dessein, à executer ce que le Superieur commande, parce que tenant à nostre égard la place de Dieu nous sommes obligées de luy obeir ; que nous sommes venuës pour cela en religion, & qu'il n'y a rien que nous ne devions faire pour luy donner sujet d'estre setisfait de nostre conduite. Il en est de mesme de quelques autres petites choses qui ne passent pas pour des pechez, & qui sont des imperfections ausquelles les femmes sont sujetes. Ie ne pretens pas que nous n'y tombions jamais : mais je dis que nous devons les connoistre & en avoir du regret : puis qu'autrement le demon pourroit en profiter & nous y rendre peu à peu insensibles. Soyez donc bien persuadées, mes Filles, qu'il aura beaucoup fait s'il gagne sur vous de negliger ces petites fautes. Elles peuvent causer un si grand mal dans la suite que je vous conjure au nom de Dieu d'y prendre extremement garde. Comme nous avons dans cette vie une guerre continuelle à soutenir contre tant d'ennemis, nous ne sçaurions trop veiller sur nostre interieur & nostre exterieur. Car encore que Dieu nous fasse de grandes graces dans l'oraison, nous ne laissons pas au sortir de là de rencontrer mille petites pierres d'achopemens ; telles que sont celles d'obmettre par negligence certaines choses ; de n'en pas faire d'autres assez exactement ; de tomber dans quelques troubles exterieurs, & d'avoir des tentations. Ie sçay que cela n'arrive pas toûjours ny mesme ordinairement ; & tant s'en faut que je pense que l'on puisse estre entierement exemt de ces tentations & de ces troubles ; je les considere comme de tres grandes faveurs de Dieu & profitables aux ames pour les faire avancer dans la vertu, puis que ce seroit mal connoistre la foiblesse de nostre nature que de nous croire capables d'agir icy-bas comme des Anges.

Ainsi je ne m'étonne point que quelques personnes souffrent de tres grandes tentations, parce que je suis assurée que si elles ont de l'amour & de le crainte pour Dieu elles leur seront fort avantageuses. Mais lors que j'en voy qui sont toûjours dans un grand repos & ne sentent aucun combat en elles mesme, quoy qu'il ne me paroisse pas qu'elles offensent Dieu j'apprehende beaucoup pour elles, & le demon ne les tentant point je les tente autant qu je puis pour les éprouver, afin quelles fassent reflexion sur leurs actions pour connoistre au vray en quel estat elles sont. I'en ay peu rencontré de cette sorte, & il se peu faire que Dieu éleve quelque ames à une si haute contemplation qu'elles jouïssent ordinairement de ce calme & de ce plaisir interieur. Mais je suis persuadée qu'elles ne le connoissent pas ; ayant tâché de m'en éclarcir j'ay trouvé qu'elles ont aussi leurs petites guerres quoy que rarement.

Pour moy, aprés y avoir fait grande attention je ne leur porte point d'envie, & je remarque que celles qui se trouvent engagées dans

CHAPITRE II.

ces grands combats dont j'ay parlé, non seulement ne leur cedent point en ce qui regarde l'oraison & la perfection ; mais s'avancent beaucoup davantage.

Ie ne parle point icy des ames qui aprés avoir passé plusieurs années dans une si rude guerre sont tellement mortifiées qu'on peut les considerer comme mortes au monde. Ie me contente de dire que les autres sont d'ordinaire dans le calme & dans la paix; mais non pas de telle sorte qu'elles ne connoissent point les fautes qu'elles font & n'en ayent pas beaucoup de déplaisir. Vous voyez donc, mes Filles, que Dieu conduit les ames par divers chemins ? & je ne sçaurois m'empescher de craindre, pour celles qui n'ont point de regret de leurs fautes, puis que quand ce ne seroit qu'un peché veniel on doit en avoir du déplaisir, ainsi que je ne doute point que Dieu ne nous fasse cette grace.

Si vous m'aimez remarquez bien je vous prie cecy N'est-il pas vray que la moindre piqure d'une épingle ou d'une épine se fait sentir à une personne vivante ? Si donc nos ames ne sont point mortes, mais sont animées d'un ardent amour de Dieu; ne nous fait-il pas une grande faveur de nous rendre tres-sensibles aux moindres choses qui ne sont pas conformes à nostre profession & à nos obligations ? Or ne peut on pas dire que cette vigilance que nous devons avoir sur nous-mesme pour ne rien faire qui ne contente sa divine Majesté est comme parer une chambre de tant de fleurs qu'elle ne sçauroit tost ou tard n'y point venir pour nous témoigner combien nos soins luy sont agreables ? Helas ! Seigneur pourquoy avons nous quité le " monde & nous sommes-nous renfermées dans ces maisons religieu- " ses, si ce n'est pour nous occuper sans cesse à vous preparer dans nos " ames comme à nostre divin Epoux un séjour qui vous puisse plaire, " & nous acquitter ainsi du vœu que nous avons fait de nous consa- " crer entierement à vostre service? "

Les personnes scrupuleuses doivent remarquer que ce que je dis ne s'entend pas des fautes où l'on tombe quelquefois sans y penser, & dont, aprés on ne s'apperçoit pas toûjours; mais de celles que l'on commet d'ordinaire, dont on ne tient compte, dont on n'a point de regret, & dont on ne tasche point de se corriger, parce que l'on s'imagine que ce n'est rien, & que l'on s'endort ainsi dans une fausse & tres dangereuse paix.

Que sera ce donc des Religieuses qui vivent dans un grand relâchement de leur regle ; ce que Dieu ne veuille, s'il luy plaist, qui arrive jamais à aucune de nous ? Le demon ne manque pas sans doute d'user de toutes sortes d'artifices pour les faire tomber dans ce malheur, Dieu le permettant ainsi pour punition de leurs pechez, & je ne croy pas necessaire d'en dire davantage sur ce sujet.

Ie viens maintenant à cette paix & ces témoignages d'affection que Dieu commence à donner dans l'oraison. Ie vous en diray ce qu'il luy plaîft de m'en faire connoiftre. Mais il eft bon ce me femble de vous parler un peu auparavant de cette autre paix que le monde & noftre fenfualité nous donnent, parce qu'encore qu'il y ait des livres qui l'expliquent mieux que je ne le pourray faire, vous n'avez pas moyen de les acheter, & qu'il ne fe trouvera peut être perfonne qui vous en faffe une aumône; au lieu que vous pourrez vous en inftruire dans cet écrit.

Il eft facile de fe tromper en diverfes manieres dans la paix que donne le monde. I'en rapporteray quelques unes pour faire connoiftre combien nous fommes à plaindre lors que nous ne faifons pas tous nos efforts pour arriver à ce bon-heur ineftimable d'être beaucoup aimées de Dieu; mais nous nous contentons de l'eftre un
„ peu. Comment pourrions-nous, Seigneur, être fi faciles à fatisfaire fi
„ nous confiderons quel eft le prix des faveurs que nous pouvons, mê-
„ me dés cette vie, efperer de vous lors que vous nous faites l'honneur
„ de nous tant aimer? Et combien y a-t-il de perfonnes qui pouvant
„ arriver jufques au haut de cette montagne fainte à laquelle l'amour
„ que vous nous portez fe peut comparer, demeurent au pied faute
„ de courage? Ie vous ay fouvent dit mes Filles, dans quelques petits écrits, & je ne le repete pas feulement icy; mais je vous conjure d'avoir toûjours des defirs fi genereux que Dieu en étant touché il vous faffe la grace d'y rendre vos œuvres conformes. Cet avis eft plus important que vous ne le fçauriez croire.

Il y a auffi des perfonnes qui rentrent dans les bonnes graces de Dieu par leur repentir & une fincere confeffion de leurs pechez: mais à peine deux iours fe paffent fans qu'elles y retombent; & ce n'eft pas là fans doute cet amour & cette paix que l'Epoufe demande dans le Cantique. Efforcez vous donc, mes Filles, de n'avoir pas à vous accufer toûjours dans vos confeffions des mêmes fautes. Et puis que noftre infirmité eft fi grande que nous ne fçaurions éviter d'en commettre, tafchez au moins que ce ne foit pas toûjours les mêmes, puis qu'elles pourroient ietter de fi profondes racines qu'il feroit tres-difficile de les arracher, & que ces racines pourroient en produire encore d'autres, ainfi qu'une plante qu'on arrofe tous les iours croit de telle forte qu'au lieu qu'il feroit facile au commencement de l'arracher avec les mains, il faut y employer le fer. Ie fçay qu'en cela nous pouvons fi peu que le mal iroit toûjours en augmentant fi nous mettions noftre confiance en nos propres forces. Mais il faut beaucoup demander à Dieu de nous affifter dans ces occafions que nous connoiftrons à l'heure de la mort & de fon redoutable jugement être fi importantes, principalement pour celles qui

CHAPITRE II.

ont comme nous l'honneur d'avoir pour Epoux en cette vie celuy qui alors sera leur Iuge.

Quel respect ne doit point nous donner cette suprême grandeur de Dieu? C'est un Roy qui est immortel: c'est le souverain Maistre de l'univers. Ne pensez, mes Filles qu'à le contenter, & considerez quel est le mal-heur des ames qui aprés avoir reçû tant de témoignage de son amitié redeviennent ses mortelles ennemies. Il faut que sa misericorde soit bien extraordinaire pour oublier de telles offenses: & se trouve t il des amis si patiens? Lors qu'ils sont une fois brouillez ensemble ils s'en souviennent toûjours & leur union n'est plus la mesme. Dieu au contraire quoy que nous l'offensions si souvent attend durant des années entieres que nous rentrions dans nostre devoir. Soyez-vous, Seigneur beny à jamais de nous suporter avec «
tant de bonté qu'il semble que vous vouliez oublier quelle est vo- «
stre grandeur pour n'estre pas obligé de punir selon son merite un «
aussi estrange crime qu'est celuy de vous manquer de respect, & de «
payer d'ingratitude les graces sans nombre que vous nous faites. «
Que les personnes qui se trouvent en cet estat sont à plaindre, puis qu'encore que la misericorde de Dieu soit si grande on ne laisse pas d'en voir mourir plusieurs sans confession. Ie le conjure par son adorable clemence de vous preserver d'un si grand malheur.

Il y a dans le monde une autre paix moins dangereuse que celle dont je viens de parler. C'est la paix de ceux qui ont soin d'éviter les pechez mortels, ce qui encore n'est pas peu vû la maniere dont on vit aujourd'huy. Mais je suis persuadée qu'il ne laissent pas d'y tomber de temps en temps par le peu de compte qu'ils tiennent d'en commettre un si grand nombre de veniels qu'ils approchent fort des mortels. Ces personnes ne craignent point de dire, & je l'ay moy-méme entendu diverses fois. Quoy! des pechez veniels vous semblent ils si considerables? Il ne faut que de l'eau beniste pour les effacer; & l'Eglise comme une bonne mere nous donne encore pour ce sujet d'autres remedes. Qu'y a t'il, mes Filles, de plus déplorable que de voir que des chrestiens osent tenir de tels discours? Ie vous conjure par l'amour que vous devez avoir pour Dieu de prendre bien garde à ne commetre iamais de pechez quoy que veniels, sous pretexte de ces remedes. Il importe du tout d'avoir toujours une si grande pureté de conscience que nous, puissions prier sans crainte Nostre Seigneur de nous donner la parfaite amitié que l'Epouse luy demande. Or cette amitié est incompatible avec une disposition qui nous doit estre aussi suspecte que celle qui tend à desirer des consolations qui affoiblissent la vertu, qui portent à la tiedeur, & qui donnent sujet de douter si les pechez que l'on commet en cet estat sont veniels ou mortels. Dieu nous délivre, s'il luy plaist, de ces sortes de paix & d'amour de

Dieu qui ne produisent qu'une fausse paix quand on se contente de ne pas tomber dans ces grands pechez que l'on voit commettre à d'autres. Ce n'est pas estre dans une veritable humilité que de condamner les actions de son prochain. Il se peut faire que ceux qui le iugent si coupable le sont plus que luy ; parce qu'il est touché d'un veritable repentir & d'un si grand desir de plaire à Dieu qu'il s'efforce de ne le plus offenser en quoy que ce soit. Au lieu que ceux qui le blâment si hardiment par la confiance qu'ils ont en ce qu'ils ne commettent point de pechez mortels, se laissent aller à prendre leurs plaisirs & leurs divertissemens. Ils se contentent pour la pluspart de bien reciter des oraisons vocales, & ne prennent pas garde de si prés à ce qui peut les avancer dans la pieté.

Il y a une autre sorte de paix & de témoignage d'amitié que Dieu commence de donner à ceux qui ne voudroient pour rien du monde l'offenser, mais qui encore qu'ils soient assez reglez dans leurs heures d'oraison & que leur amour pour luy leur fasse répandre des larmes, sont si éloignez de renoncer aux plaisirs de cette vie qu'ils sont d'autant plus satisfaits de leur état qu'ils le considerent comme pouvant les maintenir dans le repos dont ils iouïssent. Cet estat est si peu asuré que ce sera beaucoup si ces personnes ne reculent point dans le chemin de la vertu, parce que ne fuyant pas les occasions & ne se privant point des plaisirs du monde ils s'affoibliront bien-tost dans cette voye du Seigneur où tant d'ennemis s'efforcent de les empescher de le suivre. Ce n'est donc pas là, mes Filles, l'amitié que ce divin Epoux demande de vous ny que vous devez desirer d'avoir pour luy ; mais si vous voulez vivre en assurance & croistre toûjours en vertu fuyez iusques aux moindres occasions qui pourroient vous porter au relaschement. Ie ne sçaurois trop vous le dire afin de vous faire connoître combien il importe pour se garantir du peril de tomber dans de grandes fautes de renoncer entierement & avec une ferme resolution à toutes les affections du monde.

Des moyens dont Dieu se sert pour faire amitié avec les ames ; & de l'amour qu'on doit avoir pour le prochain.

Les moyens dont Dieu commence à se servir pour contracter amitié avec les ames sont en si grand nombre que ie n'aurois iamais fait si ie voulois rapporter tout ce que i'en sçay, quoy que ie ne sois qu'une femme. Et que ne pourroient donc point dire sur ce suiet les Confesseurs & les autres Theologiens qui en ont une plus particuliere connoissance ? I'avouë que quelques-uns de ces moyens m'étonnent, parce qu'ils sont tels qu'il semble qu'il ne manque plus rien pour devenir amis de Dieu ; & ie vay vous dire ce que ie sçay d'une femme avec qui i'ay traité depuis peu fort particulierement. Elle communioit tres souvent, ne parloit iamais mal de personne,

avoit

CHAPITRE II.

avoit de grandes tendresses dans l'oraison demeuroit chez elle dans une continuelle solitude, & estoit de si douce humeur que quoy qu'on luy pût dire elle ne se mettoit point en colere: ce que ie ne compte pas pour une petite vertu. Elle n'avoit point esté mariée, & n'estoit plus en âge de l'estre; & elle avoit souffert sans murmurer de grandes contradictions. La voyant en cét estat sans pouvoir remarquer en elle aucun peché, & apprenant qu'elle veilloit fort sur ses actions ie la considerois comme une personne de grande oraison, & comme une ame fort élevée. Mais aprés l'avoir connuë plus particulierement je trouvay qu'elle n'estoit dans ce grand calme que lors qu'il ne s'agissoit point de son interest, & que aussi-tost que l'on y touchoit elle n'y estoit pas moins sensible qu'on l'en croyoit détachée; que dans la patience avec laquelle elle écoutoit ce qu'on luy disoit elle ne pouvoit souffrir que l'on touchast pour peu que ce fust à son honneur tant elle estoit enyvrée de l'estime d'elle-mesme; & qu'elle avoit une si grande curiosité de sçavoir tout ce qui se passoit, & prenoit tant de plaisir d'estre à son aise que je ne comprenois pas comment il estoit possible qu'elle pût seulement durant une heure demeurer en solitude. Elle justifioit de telle sorte ses actions que si on l'en eust voulu croire on n'auroit pû sans luy faire tort en considerer aucune comme un peché, quoy qu'il n'y eust personne excepté elle qui ne jugeast que s'en estoit un: & peut-estre ne le connoissoit-elle pas. Ainsi au lieu que presque tout le monde la consideroit comme une sainte, elle me faisoit une grande compassion, particulierement lors que je remarquois que les persecutions qu'elle me disoit avoir souffertes luy estoient arrivées en partie par sa faute, & ie ne portay point d'envie à sa sainteté. Cette personne & deux autres que j'ay veuës comme elle se croire des saintes m'ont plus fait apprehender que les plus grands pecheurs que i'aye connus.

Priez Dieu, mes Filles, de nous donner la lumiere qui nous est necessaire pour ne nous pas tromper de la sorte, & remerciez le beaucoup d'une aussi grande faveur que celle de vous avoir amenées dans une maison consacrée à son service, où quelques efforts que le demon fasse pour vous tromper, il ne luy est pas facile d'y reüssir que si vous estiez encore dans le monde. Car bien qu'entre les personnes qui y sont il s'en trouve qui dans le desir qu'elles ont d'estre parfaites croyent qu'il ne leur manque rien pour aller au Ciel on ne sçait point si elles sont telles qu'elles se le persuadent. Mais dans les monasteres il est facile de le connoistre & ie n'y ay jamais eu de peine, parce qu'au lieu de faire ce qu'elles veulent il faut qu'elles fassent ce qu'on leur commande : Et qu'au contraire dans le monde, encore qu'elles ayent un desir veritable de plaire à Dieu, d'estre éclairées dans leur conduite, & de ne se point tromper, elles ne peuvent l'éviter, à cause qu'elles ne font que leur propre volonté: ou que si quelquefois elles y resistent ce n'est pas avec une aussi grande mortification qu'est celle des Religieuses. Il faut en exempter quelques personnes à qui Dieu a donné durant plusieurs années des lumieres particulieres, & qui bien qu'ils soient sçavans ne laissent pas de se soûmettre à un directeur capable de les conduire, parce que la veritable humilité ne permet pas de se beaucoup confier en soy-mesme.

Il y en a d'autres qui aprés que nostre Seigneur leur a fait la grace de connoistre le neant de toutes les choses d'icy-bas, ont renoncé pour l'amour de luy à leurs biens & à leurs plaisirs pour embrasser la penitence. Mais ils aiment tant l'honneur, & sont si discrets & si prudens qu'ils voudroient aussi ne rien faire qui ne fust agreable aux hommes. Ces deux choses ne s'accordent point, mes filles : & le mal est qu'ils connoissent si peu leur erreur qu'ils prennent toûjours plûtost le party du monde que celuy de Dieu.

La pluspart de ces personnes ne sçauroient souffrir sans se troubler les moindres choses que l'on dit à leur desavantage, quoy qu'ils sçachent en leur conscience qu'elles sont vrayes. Cela n'est pas embrasser la croix : c'est la traisner. Et faut-il s'étonner qu'elle leur paroisse pesante ? au lieu que si on l'aime on trouve de la facilité non seulement à l'embrasser ; mais à la porter. Ce n'est donc pas là non plus cette amitié que l'Epouse demande ; & je vous conjure, mes Filles, de bien considerer qu'ensuite du vœu que vous avez fait, & dont j'ay parlé au commencement, il ne doit plus y avoir de monde pour vous. Car comment aprés avoir renoncé à vostre propre volonté, ce qui est de toutes les choses la plus difficile, pourriez-vous conserver encore de l'affection pour cette fausse apparence de bonheur qui se rencontre dans les biens, les honneurs & les plaisirs ? Qu'apprehendez vous ? Ne voyez vous pas que pour éviter que les gens du monde ne pensent ou ne disent quelque chose à vostre desavantage, vous vous trouveriez obligées pour leur plaire à prendre des peines incroyables ?

Il y a d'autres personnes, & ie finiray par là, dont lors que l'on examine les actions on a sujet de croire qu'elles s'avancent beaucoup, & qui demeurent neanmoins à moitié chemin. Elles ne s'arrestent point à ce que l'on peut dire d'elles, ni à ce faux point d'honneur : mais elles ne s'exercent pas à la mortification, ni ne renoncent pas à leur propre volonté. Ainsi elles sont toûjours attachées au monde ; & quoy qu'elles paroissent disposées à tout souffrir & qu'elles passent pour des Saintes, s'il se presente quelque occasion importante qui regarde la gloire de Dieu elles preferent la leur à la sienne. Elles ne s'en apperçoivent pas neanmoins, & s'imaginent au

CHAPITRE II.

contraire qu'elles ne confiderent que Dieu & non pas le monde, lors qu'elles apprehendent les evenemens, & craignent qu'une bonne œuvre ne cause un grand mal. Il semble que le demon leur apprenne à prophetiser mille ans auparavant les maux à venir.

Ces personnes ne se jetteroient pas dans la mer comme fit saint Pierre; & n'imiteroient pas tant de Saints qui n'ont point apprehendé de perdre leur repos, & de hazarder leur vie pour le service de leur prochain. Elles veulent bien aider les ames à s'approcher de nostre Seigneur pourveu que cela ne trouble point la paix dont elles jouïssent, & ne les engage dans aucun peril. Ainsi leur foy ne produit pas de grands effets, parce qu'elles sont toûjours attachées à leurs sentimens. Et i'ay remarqué qu'excepté dans les monasteres, il y en a si peu qui n'attendent leur subsistance que de Dieu, que je ne connois que deux personnes qui ayent cette entiere confiance en luy; au lieu que celles qui ont embrassé la vie religieuse, se tiennent assurées qu'il ne les abandōnera pas: & si ce n'est que par le seul mouvement de son amour qu'elles ont renoncé au monde je ne croy pas mesme qu'elles pensent à ce qui est de leur subsistance. Mais combien peu y en a t-il, mes Filles, qui n'auroient pas laissé d'abondonner tout encore qu'elles ne fussent point assurées d'avoir en le quittant de quoy vivre? Comme i'ay beaucoup parlé ailleurs de ces ames lasches, que j'ay representé le tort qu'elles se font à elles-mesmes, & que i'ay montré que pour faire des grandes actions il faut avoir de grands desirs, je n'en diray pas icy davantage, quoy que je ne me lasserois jamais de le repeter. Ceux que Dieu appelle à un estat si élevé qu'est celuy de renoncer à tout pour se consacrer entierement à son service dans la vie religieuse ne doivent donc pas envisager que leur cellule s'ils peuvent servir utilement leur prochain; mais brûler de desir de l'assister. Et les Religieuses n'y sont pas moins obligées que les Religieux, puis que Dieu permettra peut-estre soit durant leur vie ou aprés leur mort, que leurs prieres seront utiles à plusieurs. Le saint frere Iacques nous en est une grande preuve. Ce n'estoit qu'un simple Frere-Lay qui ne s'occupoit qu'à servir & tant d'années après sa mort Dieu le rend celebre pour nous donner en luy un exemple dont nous devons beaucoup le remercier. Que s'il plaist à nostre Seigneur, mes Filles de vous mettre dans les dispositions dont i'ay parlé ausquelles on ne peut arriver que par l'oraison, la penitence, l'humilité, & plusieurs autres vertus, il vous manque peu pour arriver à cet amour & à cette paix que souhaite l'Epoux, & vous ne sçauriez par trop de soûpirs & trop de larmes tascher d'obtenir de la bonté de ce divin Epoux de vous faire jouïr pleinement de cette grace. Qu'il soit loüé à jamais comme estant la source eternelle de toute sorte de biens.

CHAPITRE III.

Sur ces mesme paroles de l'Epouse dans le Cantique des Cantiques: Que le Seigneur me baise d'un baiser de sa divine bouche.

Que ce baiser signifie la paix que l'ame qui est cette heureuse Epouse demande à IESUS CHRIST *son divin Epoux. Que cette paix qui est un effet de ce divin baiser est inseparable de l'amour qu'il a pour elle, & de celuy qu'elle a pour luy. Effets admirables de cette paix: Et quels sont ceux que la reception de la Sainte Eucharistie doit operer dans les ames. Paroles excellentes que la Sainte adresse à* IESUS-CHRIST *sur ce sujet.*

Sur ces mesmes paroles: Qu'il me baise d'un baiser de sa bouche.

IE viens maintenant, ô saint Epoux, à cette bienheureuse paix que vous demandez à vostre Epouse, à cette paix que l'ame souhaitte avec tant d'ardeur qu'elle ne craint point pour l'acquerir de declarer la guerre à tout ce qu'il y a dans le monde, sans neanmoins que cette ardeur quelque grande qu'elle soit luy donne le moindre trouble. Qui peut exprimer quel est le prix de cette faveur ? Elle unit de telle sorte l'ame à son Dieu, que non seulement ses paroles, mais ses actions montrent qu'elle n'a plus d'autre volonté que la sienne. Il n'y a rien qu'elle n'abandonne pour luy obeïr : elle se mocque des raisons que son entendement luy represente au contraire, & des apprehensions qu'il s'efforce de luy donner : elle méprise ses interests particuliers : elle laisse agir pleinement sa foy, & ne trouve de satisfaction & de repos qu'en ce qui peut contenter son saint Epoux.

Vous vous étonnerez peut-estre, mes Sœurs, de ce que ie viens de dire, parce que c'est une chose loüable d'agir avec discretion en toutes choses : mais si les effets vous font iuger (car de le sçavoir de certitude cela ne se peut) que nostre Seigneur vous a accordé la priere que vous luy avez faite de vous donner ce divin baiser, n'apprehendez point de renoncer à tout, & de vous oublier vous-mesmes pour ne penser qu'à luy plaire.

※

Que la paix de l'ame est un effet de ce divin baiser, & qu'elle en produit d'admirables.

Quand ce saint Epoux honore une ame d'une si grande faveur, il luy fait connoistre par diverses marques telles que sont celles d'avoir pour toutes les choses de la terre le mépris qu'elles meritent, de ne chercher de consolation qu'avec les personnes qui ont de l'amour pour luy, de trouver la vie ennuyeuse, & autres dispositions

CHAPITRE III. 845

semblables. Leur seule apprehension est de n'estre pas dignes qu'il se serve d'elles en des occasions où il y ait beaucoup à souffrir ; & c'est en ces rencontres où je viens de dire que l'amour & la foy agissent sans écouter ce que l'entendement leur represente, parce que cette bienheureuse Epouse a receu de son divin Epoux des connoissances jusques ausquelles son esprit ne pouvoit atteindre.

Voicy une comparaison qui pourra vous le faire comprendre. Vn homme se trouve esclave des Maures, & ne peut à cause de l'extrême pauvreté de son pere esperer de recouvrer sa liberté que par le moyen d'un intime amy qu'il a. Si cet amy voyant que son bien ne suffit pas pour le racheter se resout de se rendre esclave au lieu de luy afin de le délivrer, la discretion vient aussi-tost luy representer qu'il se doit plus à luy-mesme qu'à son amy ; qu'il n'auroit pas peut-estre tant de force que luy pour demeurer ferme dans la foy ; qu'il ne pourroit sans imprudence s'engager dans un si grand peril, & d'autres raisons non moins apparentes. Mais la generosité de ce parfait amy est si grande qu'il ne les écoute point.

Ainsi, ô veritable amour de mon Dieu, que vous estes puissant, puis que rien ne vous paroist impossible, & qu'heureuse est l'ame qui donne cette paix qui luy fait mépriser tous les travaux & tous les perils sans pouvoir estre touchée d'aucune autre crainte que de ne le pas servir comme elle le souhaite, & comme il merite de l'estre.

Vous n'ignorez pas sans doute, mes Filles, que saint Paulin Evesque de Nole touché des larmes d'une veuve dont le fils estoit prisonnier, se rendit esclave au lieu de luy pour le tirer de captivité. Comme il ne fit cette action ni pour un fils ni pour un amy : mais par le mouvement d'une charité plus élevée, & qui ne pouvoit proceder que de son ardent amour pour IESUS-CHRIST, il est visible qu'il avoit receu de luy cet amour & cette paix dont j'ay parlé. Ainsi on ne doit pas s'étonner qu'il ait voulu imiter en quelque sorte ce qu'il a plû à ce divin Sauveur de souffrir pour nous lors qu'il est venu du Ciel sur la terre pour nous affranchir de la servitude du demon : & chacun sçait l'heureux succez qu'eut la charité si extraordinaire de ce grand Evesque.

I'ay connu & vous avez vû ce Religieux du mesme Ordre du bien-heureux Pere Pierre d'Alcantara, qui me vint trouver tout fondant en pleurs par le violent desir qu'il avoit de délivrer un captif en se mettant en sa place. Nous en conferâmes ensemble, & son General accorda enfin cette permission à ses instantes prieres. Mais lors qu'il n'estoit plus qu'à quatre lieües d'Alger Dieu le retira à luy : & qui peut douter de la recompense qu'il a receuë ? Neanmoins assez de gens d'entre ceux qui affectent la qualité de discrets & qui passent pour tels dans le monde, luy disoient qu'il faisoit une folie. Et comme nous ne sommes pas encore arrivées jusques à un si haut degré d'amour pour Dieu que celuy qu'avoit ce saint Religieux nous sommes capables de faire un semblable jugement. Mais y a-t-il au contraire une plus grande folie que d'attribuer à prudence cette dangereuse discretion qui nous fait ainsi passer la vie comme dans un profond sommeil; au lieu que l'amour de Dieu devroit nous réveiller pour travailler sans cesse à lui plaire. Ie le prie de tout mon cœur de nous faire la grâce, non seulement d'entrer dans le ciel; mais d'estre du nombre de ceux qui y entrent aprés lui avoir donné icy-bas de si grandes preuves de leur amour.

Vous voyez donc, mes filles, que nous ne sçaurions sans une assistance toute particuliere de Dieu nous porter à de si grandes actions, C'est pourquoy si vous me croyez ne vous lassez jamais de demander à vostre divin Epoux cet amour & cette paix dont i'ay parlé. C'est le moyen de vous élever de telle sorte au dessus de ces vaines craintes & de cette fausse prudence du siecle qui voudroient troubler vostre repos, que vous puissiez sans vous en émouvoir les fouler aux pieds. Car n'est-il pas évident que lors que Dieu témoigne tant d'amour à une ame que de l'unir si étroitement à luy, il n'y a point de faveurs dont il ne la gratifie & ne l'enrichisse. La seule chose que nous y pouvons contribuer est de desirer & de lui demander qu'il nous fasse cette grace. Mais cela mesme nous ne le pouvons que par son assistance, a cause que le peché nous a réduits dans un estat si déplorable que nous n'envisageons les vertus que selon la foiblesse de nostre nature. Et quel remede, mes filles, à un si grand mal? Nul autre sans doute que de demander à nostre divin Epoux: *Qu'il nous baise d'un baiser de sa bouche?*

Si un Roy épousoit une simple païsanne, & qu'il en eust des enfans, ne seroient ce pas des Princes nonobstant la bassesse de l'extraction de leur mere? Ainsi lors que nostre Seigneur a fait une si grande faveur à une ame que de la prendre pour son Epouse, ne sera ce pas la faute de cette ame si l'on ne voit naistre de ce divin mariage des desirs ardens, des resolutions genereuses, & des actions heroïques?

Ce que l'Eucharistie devroit operer dans nos ames. Ie suis tres-persuadée que si nous nous approchions de l'adorable Eucharistie avec une grande foy & un grand amour, une seule communion nous enrichiroit des tresors celestes. A combien plus forte raison tant de communions devroient-elles donc y suffire? Mais faut-il s'étonner que nous en tirions si peu de fruit, puis qu'il semble que nous ne nous approchions de la sainte table que par ceremonie & par coustume? Miserable monde qui nous fermez ainsi les yeux pour nous empescher de voir le bonheur eternel que nous pourrions acquerir si nous recevions ce grand Sacrement avec un cœur

CHAPITRE III.

tout brûlant d'amour pour noſtre Sauveur, & de charité pour noſtre prochain.

O Seigneur du Ciel & de la terre, eſt-il poſſible que nous ſoyons capables de recevoir dans un corps mortel des preuves ſi extraordinaires de voſtre amour? Eſt-il poſſible que le ſaint Eſprit le déclare ſi nettement par ces paroles que i'ay rapportées! Eſt-il poſſible que nous ne voulions pas comprendre quelles ſont les faveurs dont ce Cantique fait voir qu'un Dieu tout-puiſſant veut bien honorer les ames? O faveurs inconcevables, ô paroles ſi douces & ſi penetrantes qu'une ſeule devroit par la tendreſſe de noſtre amour pour vous, mon Sauveur, nous faire tomber dans une ſainte défaillance. Que ſoyez vous beny à jamais de ce qu'il ne tient pas à vous que nous ne joüiſſions d'un ſi grand bonheur. En combien de diverſes manieres avez-vous voulu & voulez vous encore tous les jours nous témoigner voſtre amour; Vous ne vous contentez pas d'avoir paſſé dans les travaux continuels tout le temps que vous avez veſcu dans le monde, & d'avoir enduré ſur la croix la plus cruelle de toutes les morts: vous ſouffrez encore tous les jours & nous pardonnez ſes injures que nous vous faiſons? & l'excez de voſtre miſericorde va juſqu'à percer noſtre cœur par des paroles auſſi penetrantes que ſont celles de ce divin Cantique pour nous apprendre ce que nous vous devons dire. Et quoy qu'elles ne nous faſſent pas toute l'impreſſion qu'elles devroient, à cauſe de la diſproportion infinie qu'il y a entre vous & nous, celle qu'elle y fait eſt telle qu'il nous ſeroit impoſſible de la ſupporter ſi voſtre bonté ne venoit au ſecours de nôtre foibleſſe pour nous en donner la force. Ie ne vous demande donc, mon Sauveur, autre choſe en ce monde, ſinon de m'honorer d'un baiſer de voſtre divine bouche qui produiſe en moy un tel effet que ie ne puiſſe quand je le voudrois me refroidir dans cet amour, & me rallentir dans cette eſtroite union que vous voulez bien me faire la grace que j'aye pour vous & avec vous. Faites, ô ſouverain Maiſtre de ma vie, que ma volonté ſoit toûjours tellement ſoûmiſe à la voſtre que rien n'eſtant capable de l'en ſeparer je puiſſe vous dire: O mon Dieu qui eſtes toute ma gloire? *Que le lait qui coule de vos divines mamelles eſt plus délicieux que le vin.*

CHAPITRE IV.

Sur ces paroles de l'Epouſe dans le Cantique des Cantiques : Le lait qui coule de vos mamelles, ô mon divin Epoux, eſt plus delicieux que le vin, & il en ſort une odeur qui ſurpaſſe celle des parfums les plus excellens.

La Sainte dit qu'elle croit que ces paroles ſe doivent entendre des faveurs particulieres que Dieu fait à l'ame dans l'oraiſon, & en repreſente les effets d'une maniere qui montre combien tout ce que l'on peut s'imaginer de plaiſirs & de contentemens dans le monde eſt mépriſable en comparaiſon d'un bonheur ſi extraordinaire.

Sur ces paroles, Le lait qui coule de vos mamelles eſt plus delicieux que le vin.

LEs ſecrets, mes Filles, qui ſont enfermez dans ces paroles ſont ſi grands & ſi admirables, qu'eſtant comme impoſſible de les exprimer nous devons prier Dieu de nous faire la grace de les connoître par noſtre propre experience. Lors qu'il plaiſt à ce ſaint Epoux de faire une ſi grande faveur à une ame que de luy accorder la demande dont je viens de parler, il commence à contracter avec elle une amitié qui ne peut eſtre compriſe que de ceux qui en reſſentent les effets. J'en parleray peu icy, parce que dans la creance que cela pourroit vous eſtre utile j'en ay écrit fort au long en des traitez que vous verrez aprés ma mort ſi noſtre Seigneur l'a agreable. Je ne ſçaurois aſſurer d'avoir rapporté préciſément les meſmes paroles qu'il luy a plû de me dire ſur ce ſujet.

Vne ſi grande faveur répand une telle douceur dans le plus interieur de l'ame qu'elle luy fait bien ſentir que noſtre Seigneur eſt proche d'elle. Cette douceur ne reſſemble point à ces devotions qui font répandre quantité des larmes lors que l'on penſe à ſa paſſion, ou que l'on pleure ſes pechez. Car la tendreſſe dont ces larmes ſont accompagnées n'aproche point de celles que l'on reſſent dans l'oraiſon dont je parle. Je la nomme oraiſon de quietude, à cauſe du calme où elle met toutes les puiſſances, & qui eſt tel que l'ame croit ſi aſſurément poſſeder Dieu qu'elle penſe n'avoir plus rien à ſouhaiter. Il arrive neanmoins quelquefois lors que l'extaſe n'eſt pas ſi grande que cela ne ſe paſſe pas entierement de la ſorte. Mais dans celle dont je traite tout l'homme exterieur & interieur ſe ſentent penetrez & fortifiez comme par une liqueur précieuſe & odoriferante qui penetrant juſques dans la moüelle de l'ame, ſi l'on peut uſer de ce terme, la remplit toute d'une ſenteur delicieuſe : de meſme que ſi l'on entroit dans une chambre pleine de l'odeur de divers

parfums

CHAPITRE IV.

parfums on n'en feroit pas moins ravi que furpris, fans toutefois « pouvoir dire quels font ces parfums qui produifent une fenteur fi admirable. C'eft ainfi que cet amour de N. Seigneur plus delicieux que l'on ne fçauroit fe l'imaginer, entre dans une ame avec une douceur fi merveilleufe qu'elle la comble de joye, fans qu'elle puiffe comprendre d'où cette divine douceur procede; & c'eft à mon avis ce que l'Epoufe veut dire par ces paroles: *Le lait qui coule de vos mamelles eft plus delicieux que le vin; & il en fort une odeur qui furpaffe celle des parfums les plus excellens.* Elle ne fçait en quelle maniere cela fe fait ny comment un fi grand bonheur luy arrive, & elle apprehende fi fort de le perdre qu'à peine ofe-t-elle refpirer, tant elle craint que la moindre chofe ne l'en éloigne. Mais parce que j'ay dit ailleurs de quelle forte elle fe doit conduire dans ces occafions pour en tirer du profit, & que je n'en parle icy qu'en paffant, je me contenteray d'ajoûter que Noftre Seigneur témoigne à l'ame par cette preuve fi particuliere de fon amour qu'il veut s'unir fi intimement à elle qu'elle ne puiffe jamais plus eftre feparée de luy. Dans la lumiere dont l'ame fe trouve alors environée & fi éblouie qu'elle comprend à peine ce que c'eft que lumiere, ce divin Epoux luy fait connoiftre de grandes veritez, & quel eft le neant du monde. Elle ne voit point toutefois cet adorable Maiftre qui l'inftruit: elle fçait feulement de certitude qu'il eft avec elle; & elle fe trouve fi éclairée & fi affermie dans les vertus qu'elle ne fe connoift plus elle méme. Elle voudroit ne s'occuper jamais qu'à publier fes loüanges; & elle eft fi plongée, ou pour mieux dire fi abyfmée dans le bon heur dont elle jovit, qu'elle eft comme dans une fainte yureffe. Elle ne fçait durant ce tranfport ny que vouloir ny que demander à Dieu: elle ne fçait ce qu'elle eft devenuë; & elle n'eft pas neanmoins tellement hors de foy qu'elle ne comprenne quelque chofe de ce qui fe paffe en elle,

Ainfi quand cet immortel Epoux veut avec tant de profufiõ enrichir & comme combler une ame des trefors de fes graces, il l'unit fi étroitement à luy que dans l'excez de fon bon-heur elle tombe entre fes bras comme évanovie. Tout ce qu'elle peut faire eft de s'apuyer fur luy, & de recevoir ce lait fi delicieux qui la foûtient, qui la nourrit, qui la fortifie, & qui la met en eftat d'eftre honorée de nouvelles faveurs qui la rendent capable d'en recevoir encore de plus grandes.

Aprés que l'ame eft revenuë ainfi que d'un profond fommeil de cette bien heureufe yureffe elle fe trouve fi eftonnée qu'il me femble que dans ce tranfport qui paroift tenir quelque chofe de la folie, elle peut dire ces paroles: *Le lait qui coule de vos mamelles eft plus delicieux que le vin.* Ce tranfport vient de ce que lors que l'ame étoit dans cette yvreffe fainte elle ne croyoit pas que fon bonheur puft aller plus loin; & que s'eftant neanmoins enfuite veuë élevée encore plus haut

& abysmée dans cette immense grandeur de Dieu, elle se sent tellement fortifiée par ce lait celeste dont son divin Epoux l'a favorisée que l'on ne doit pas s'étonner quelle luy dise qu'il est plus delicieux que le vin. Or de même qu'un enfant ne sçait comment il croit, ny comment il tette, & que sa nourrice luy met souvent le tetin dans la bouche sans qu'il ait besoin de le chercher; ainsi l'ame ne sçait ny d'où ny comment un si grand bon-heur luy arrive.

Sçachez, mes Filles, que quand tous les plaisirs que l'ont sçauroit goûter dans le monde seroient joints ensemble ils n'approcheroient point de ce plaisir si élevé au dessus des sens & de la nature. L'ame comme je l'ay dit se trouve nourrie sans sçavoir d'où luy est venuë cette nourriture. Elle se trouve instruite de grandes veritez sans avoir vû le maître qui les luy a enseignées. Elle se trouve fortifiée dans les vertus par celuy qui seul les peut augmenter: Et elle se trouve favorisée de nouvelles graces par l'auteur de toutes les graces, par son divin Epoux qui en est la source, & qui l'aime avec une telle tendresse que l'on ne peut comparer la joye qu'il a de la combler de tant de faveurs qu'au plaisir que prend une mere de témoigner son affection à un enfant pour lequel elle a une passion toute extraordinaire.

Ie prie Dieu, mes Filles, de vous faire la grace de comprendre, ou pour mieux dire de goûter puis qu'on ne sçauroit le comprendre d'une autre maniere, quel est le contentement dont l'ame joüit lors qu'elle est arrivée à ce bien-heureux état. Que ceux qui sont si enchantez des fausses felicitez du monde viennent un peu les comparer à celle-cy. Quand ils pourroient joüyr en même temps durant plusieurs siecles de toutes les grandeurs, de tous les honneurs, de tous les biens, de tous les plaisirs, & de toutes les delices qu'ils sçauroient souhaitter, sans être jamais traversez par le moindre chagrin & la moindre inquietude, cela n'approcheroit pas d'un instant du bonheur que goute l'ame à qui N. Seigneur fait une si merveilleuse faveur. S. Paul dit que tous les travaux que l'on peut souffrir en cette vie ne sçauroient meriter la gloire dont on joyra dans le ciel. Et j'ose ajouster qu'ils ne sçauroient meriter seulement une heure du plaisir inconcevable dont je viens de parler, parce qu'il n'y a point de proportion entre cette faveur & ces travaux. Ainsi quelque grands qu'ils soient ils ne sçauroient rendre l'ame digne d'une si intime union avec son divin Epoux, & de cette effusion de son amour qui luy découvre tant de veritez & luy donne un si grand mépris de toutes les choses du monde. Qu'est-ce donc que ces travaux passagers pour les faire entrer en comparaison avec une telle faveur? Si ce n'est pas pour l'amour de Dieu qu'on les souffre, ils ne meritent aucune recompense. Et si c'est pour l'amour de luy qu'on les endure, la connoissance qu'il a de l'infirmité de nostre nature les luy fait proportionner à nostre foiblesse.

O Chrestiens, ô mes Filles ne nous réveillerons-nous point enfin de ce dangereux assoupissement qui nous fait passer cette vie comme dans un profond sommeil? Ie vous conjure au nom de Dieu d'en sortir & de considerer qu'il ne nous reserve pas seulement en l'autre monde la récompense de l'amour que nous luy portons, mais qu'il commence dés maintenant à nous la donner. Iesus mon Sauveur qui pourra nous faire connoître le merveilleux avantage que c'est à une ame de se jetter entre vos bras, de s'abandonner à vostre conduite, & de vous dire aprés s'être entierement donné à vous. Ie suis toute a mon S. Epoux; & mon S. Epoux est tout à moy. Il a soin de tout ce qui me regarde; & je ne pense qu'à luy plaire. Seroit-il possible, mes Filles, que n'aimant que nous-mêmes au lieu de n'aimer que luy, nous fussions si mal-heureuses que d'être par nostre folie la cause de nostre perte? Ie vous prie donc encore, mon Dieu, & vous conjure par le sang que vostre Fils a répandu sur la croix, de me faire la grace de me donner un baiser de vostre divine bouche, & de goûter du lait de vos mameles sacrées. Car qui suis-je, Seigneur, si ie ne suis assistée de vous? Que suis je si je ne suis unie à vous? Et que deviendray je pour peu que je m'éloigne de vous? O mon Sauveur qui estes toute mon esperance & tout mon bon-heur, que puis-je souhaitter en cette vie qui me soit si avantageux que d'être inseparablement attachée à vous? Pourveu que vous me permettiez d'être toujours en vostre compagnie rien ne me paroîtra jamais difficile; & que n'entreprendray je point pour vostre service lors que je me verray si proche de vous? Mais helas? Seigneur au lieu d'avoir la joye de vous servir je n'ay qu'à m'accuser avec une extrême confusion de ce que je ne vous sers point; & permettez-moy de vous dire du fond de mon cœur avec S. Augustin: Donnez-moy la grace d'accomplir ce que vous me commandez, & commandez-moy ce que vous voudrez. Avec cette assistance, mon Dieu, rien ne sera capable de m'ébranler, & je ne tourneray iamais la teste en arriere dans ce qui regarde vostre service.

CHAPITRE V.

Sur ces paroles de l'Epouse dans le Cantique des Cantiques: Ie me suis assise à l'ombre de celuy que j'avois tant desiré de trouver: & rien n'est plus delicieux que le fruit dont il luy a plû de me faire goûter.

Explication que la Sainte donne à ces paroles.

POur connoître si Dieu nous fait une aussi grande faveur qu'est celle dont je viens de parler, demandons à cette bien-

l'ombre de celuy que je cherchois.

heureuse Epouse qu'il a honnorée d'un baiser de sa bouche & fortifiée par ce lait si delicieux, ce que l'on doit sentir, ce que l'on doit faire, & ce que l'on doit dire lors que l'on est en cet état. Elle nous l'apprend par ces paroles: *Ie me suis assise à l'ombre de celuy que i'aime, & rien n'est plus delicieux que le fruit dont il luy a plû de me faire gouster. Ce grand Roy m'a fait entrer dans ce divin cellier de son vin celeste, & ordonné en moy la charité.* Consideron s, mes Filles, ces premieres paroles: *Ie me suis assise à l'ombre de celuy que i'avois tant desiré de trouver, & rien n'est plus delicieux que le fruit dont il luy a plû de me faire gouster.*

Mais comment s'accorde cecy? L'Epouse avoit auparavant, nommé son divin Epoux un soleil qui par l'ardeur de ses rayons l'avoit toute decolorée; & maintenant elle le nomme un arbre dont le fruit est tres excellent. O vous toutes qui vous exercez à l'oraison pesez chacune de ces paroles afin de connoistre en combien de diverses manieres nous pouvons considerer Nostre Seigneur, & les diverses faveurs dont il nous honnore. Il est cette admirable & divine manne qui a tous les gousts que nous sçaurions desirer. Celle que les enfans d'Israël ramassoient dans le desert n'en étoit que la figure. Et qui pourroit exprimer les merveilles que Dieu fait voir à l'ame à travers de cette ombre toute celeste. Cela me fait souvenir de ces paroles de l'Ange à la tres sainte Vierge: *La vertu du Tres haut vous couvrira de son ombre*: Qu'une ame est heureuse lorsque Dieu la met dans cette disposition! Elle n'a plus rien à craindre.

Mais remarquez qu'excepté tres-peu de personnes que Dieu par une faveur toute extraordinaire telle que celle qu'il fit à saint Paul, éleve dans un moment au comble de la contemplation en leur apparoissant & en leur parlant, il n'accorde ces graces si sublimes qu'à ceux qui ont un grand amour pour luy, qui ont beaucoup travaillé pour son service, qui ne trouvent rien de difficile pour luy plaire, qui ont depuis long-temps un extrême mépris du monde, qui ne cherchent leur consolation, leur plaisir, & leur repos que dans ce qu'ils sçavent luy être agreable, qui ne veulent point d'autre protection que la sienne, & qui font voir par toute leur conduite & leurs actions qu'ils ne s'appuyent que sur l'eternelle verité. Nulle prudence n'égale, mes Filles, celle de ces ames qui mettent ainsi leur unique confiance en ce grand Roy & ce souverain maître de l'univers. Il accomplira leurs desirs: Elles ne seront point trompées dans leur esperance; & lors qu'il les juge digne d'être à couvert sous son ombre elles sont heureuses dans les choses mesme qui tombent dessous les sens, sans parler de celles que j'ay éprouvé diverses fois qu'une intelligence beaucoup plus élevée les rend capables de comprendre. Quand l'ame joüit de ce merveilleux plaisir dont j'ay parlé elle se sent toute environnée, toute couverte, & toute enve-

CHAPITRE V.

lopée d'une ombre qui est comme une nuée de la divinité, d'où tombe sur elle une rosée si delicieuse & accompagnée d'influences si favorables, qu'il n'y a pas sujet de s'étonner qu'elle oublie toutes les peines & tous les dégousts que les choses du monde luy ont causez.

Elle jovït en cet état d'un repos si admirable que même la necessité de respirer luy est penible : & ses puissances sont si calmes que sa volonté, bien loin de chercher des pensées pour s'occuper, desireroit qu'il ne s'en presentat point à elle quoy que bonnes, parce que la faveur que luy fait son divin Epoux est si grande, que ce fruit auquel elle la compare n'ayant point besoin comme les autres mets les plus delicieux d'être preparé, elle n'a qu'à le recevoir pour en goûter la douceur & l'excellence.

C'est avec raison que l'on use de ces mots d'ombre de la divinité, parce qu'il y a comme une nuée qui nous empéche icy bas de la voir, & que nous en avons seulement quelque connoissance, si ce n'est lors qu'il plaist à ce Soleil eternel par un effet de son amour lancer à travers ces nuages quelques rayons, non pour se montrer à nous à découvert ; mais pour nous faire comprendre d'une maniere inexplicable qu'il est tout proche de nous : & je suis assûrée que ceux qui ont éprouvé ce que je dis, demeureront d'accord que c'est le veritable sens de ces paroles de l'Epouse dans ce Cantique.

Il me semble que le S. Esprit étant alors mediateur entre ce divin Epoux & cette bienheureuse Epouse il luy donne cet ardent desir de brûler dans le feu de son amour dont elle est si proche. Qui pourroit exprimer, ô mon Sauveur, jusques à quel excez va la faveur que vous luy faites alors ? & soyez-vous beny & loüé à jamais d'avoir tant d'affection pour elle. Mon Dieu mon Createur, est il possible qu'il y ait quelqu'un qui parce qu'il est indigne de vous connoître ne vous aime pas ? Admirez, mes Filles, de quelle sorte cet arbre qui est Jesus-Christ luy même abaisse ses grandeurs infinies qui sont comme ses branches, pour nous donner moyen de cueillir & de goûter les fruits si delicieux de ses graces, & considerez combien nous sommes obligées au sang qu'il a répandu sur la croix pour arroser cette divine plante afin de la rendre capable de produire en nostre faveur des effets si merveilleux de l'ardent amour qu'il nous porte.

CHAPITRE VI.

Sur ces paroles de l'Epouse dans le Cantique des Cantiques: Ce grand Roy m'a fait entrer dans son divin cellier & boire de ce vin si excellent. Il a ordonné en moy la charité.

La Sainte dans l'explication de ces paroles compare à une sainte yvresse les grands ravissemens que l'on a dans l'oraison. Difference qu'il y a entre la volonté & l'amour. Que ces paroles ; Il a ordonné en moy la charité, signifient que Dieu regle les mouvemens de l'amour de l'ame. Estat de l'ame dans ces saints transports. Exemples que la sainte en rapporte. Et effets qu'ils produisent.

Sur ces paroles; Ce grand Roy me fait entrer dans son divin cellier, &c.

L'Epouse disoit auparavant que son divin Epoux la nourrissoit du lait si delicieux qui couloit de ses mamelles. Elle a dit ensuite que cette divine nourriture l'ayant mise en état de recevoir un aliment plus solide il luy a fait goûter de ce fruit admirable dont nous venons de parler afin de la rendre capable de le servir & de souffrir. Il semble qu'apres cela elle n'ait plus rien à desirer, sinon que son celeste Epoux l'honore d'un baiser de sa bouche & la mette sous son ombre qui sont ces faveurs si sublimes que je n'ay touchées qu'en passant, & que vous trouverez, mes Filles, clairement expliquées dans le traité dont j'ay parlé si Nostre Seigneur permet qu'il voye jamais le jour. Mais lors que cet adorable Epoux voit qu'une ame s'oublie de telle sorte elle-même qu'elle le sert purement pour l'amour de luy, il ne cesse point de se communiquer à elle en mille manieres qui luy sont inconcevables. Il ajoûte à tant de faveurs d'autres faveurs qui surpassent infiniment ses desirs & ses pensées, & qui montrent combien elle perdroit s'il ne luy donnoit que ce qu'elle pourroit luy demander.

Voyons maintenant, mes Filles, ce que l'Epouse dit ensuite. *Ce grand Roy m'a fait entrer dans son divin cellier.* Il semble que cette heureuse ame étant en si grand repos & à l'ombre de son divin Epoux il ne luy restoit rien à souhaiter que d'y demeurer toûjours. Mais si ses desirs sont limitez, les liberalitez de cet incomparable Roy ne le sont pas. Il a toûjours dequoy donner; & il ne cesseroit jamais de départir des graces & des faveurs s'il trouvoit sur qui les répandre. Imprimés, mes Filles, si fortement cette verité dans vostre esprit & dans vostre cœur qu'elle ne s'en puisse jamais effacer. J'en parle par experience: car j'ay vû des personnes qui priant seulement Dieu de leur donner des occasions de meriter en souffrant pour l'amour de luy proportion-

CHAPITRE VI.

nées à leurs forces, il les recompensoit en leur envoyant tant de travaux, de persecutions, & de maladies qu'ils ne sçavoient où ils en étoient, & il redoubloit en même temps leur courage pour leur donner la force de les supporter. Cela m'est arrivé à moy même lors que j'étois encore assez jeune, & me reduisoit quelquefois à luy dire: En voilà beaucoup, mon Sauveur. Je me contenterois à moins. Et quand je luy parlois ainsi il augmentoit de telle sorte ma patience que je ne sçaurois penser sans étonnement à la maniere dont je supportois ces maux. Elle étoit telle que je n'aurois pas voulu changer mes peines contre tous les tresors qui sont dans le monde.

Considerez je vous prie, mes Filles, dans ces paroles de l'Epouse, *Ce grand Roy m'a fait entrer dans son divin cellier*, quelle joye ce luy est de penser que son Epoux est un Roy tout-puissant, & que son royaume est eternel. Car lors que l'ame est arrivée en cet état il s'en faut peu qu'elle ne connoisse dans toute son étenduë la grandeur de ce suprême Monarque, & je ne crains point d'assurer qu'au moins connoit-elle tout ce qu'elle en peut connoître en cette vie.

Elle dit donc: *Qu'il la fait entrer dans son divin cellier, & qu'il a ordonné en elle la charité*. Ces paroles montrent combien grande est cette faveur, puis qu'ainsi que l'on peut donner plus ou moins de vin à boire, il y a des vins qui excellent de beaucoup par dessus les autres, & que tous n'enyvrent pas également, il en est de même de ces faveur de Dieu. Il donne à l'un plus de devotion, à l'autre moins. Il fait que celle des uns augmente de telle sorte qu'ils commencent à s'oublier eux mêmes & renoncent à tous les plaisirs des sens & à l'affection de toutes les choses crées. Il donne à d'autres une ferveur extraordinaire pour ce qui regarde son service. Il rend les autres transportez de son amour. Et il allume dans le cœur des autres une si ardente charité pour le prochain, que quelque grands que soient les travaux où ils s'engagent pour la luy témoigner ils ne les méprisent pas seulement, mais ils y paroissent insensibles. Les paroles de l'Epouse que nous venons de rapporter expriment toutes ces choses, puis qu'en disant que son Epoux la fait entrer dans ce cellier tout remply d'un vin celeste elle montre qu'il luy permet d'en boire jusques à tomber dans une heureuse & sainte yvresse. Car ce grand Roy n'honnore pas une ame d'une si extreme faveur pour la luy rendre inutile. Il luy permet de boire autant qu'elle veut de ces vins delicieux, & de s'enyvrer de ces joyes inconcevables qui la ravissent dans l'admiration de ses grandeurs. Ce saint transport l'éleve si fort au dessus de la foiblesse de la nature, qu'au lieu d'apprehender de perdre la vie en servant son divin Epoux, elle souhaiteroit de mourir dans ce paradis de delices. Qu'heureuse, mes Filles, seroit cette mort qui la feroit jouir d'une vie incomparable ment plus excellente & plus desirable que la premiere. Il est certain que ce que je viens de dire se passe de la sorte, parce que les merveilles que l'ame voit alors sont si grandes qu'elle sort comme hors d'elle-même ainsi que l'Epouse le témoigne par ces paroles : *Il a ordonné en moy la charité.* Qu'elles paroles ! & quelle impression ne doivent elles point faire dans les ames que Dieu favorise d'une telle grace sans qu'elles puissent jamais la meriter si luy-même ne les en rend dignes.

L'ame en cet estat ne sçait pas seulement si elle aime, tant elle est comme endormie & comme enyvrée : Mais qu'heureux est ce sommeil ! que souhaitable est cette yvresse ! Son divin Epoux vient à son secours. Il fait que dans cet endormissement & cette espece de mort de toutes ses puissances l'amour qu'elle luy porte est si vivant, qu'encore qu'elle ne comprenne rien à la maniere dont il agit, il l'unit si intimement à son Epoux qui est l'amour mesme & son Dieu, qu'elle devient une mesme chose avec luy, sans que ny les sens, ny l'entendement, ny la memoire puissent y apporter d'obstacle, & il n'y a que la volonté qui comprenne quelque chose à qui se passe.

Difference qu'il y a entre la volonté & l'amour.

En écrivant cecy il m'est venu dans la pensée de sçavoir s'il n'y a point de difference entre la volonté & l'amour, & il me paroist qu'il y en a, en quoy peut-estre je me trompe. Il me semble donc qu'un amour dégagé de toutes les choses de la terre & qui n'a pour objet que Dieu, est comme une fléche que la volonté tire à son Dieu avec tout l'effort dont elle est capable, & que cet Epoux celeste estant comme il est tout amour, la blessure toute d'amour qu'il reçoit luy est si agreable, qu'il renvoye cette fléche toute embrasée d'un nouvel amour avec des avantages pour l'ame dont je parleray dans la suite. J'ay sçeu de quelques personnes à qui Dieu a fait cette extrême faveur dans l'oraison, que le ravissement dans lequel elles les met est tel qu'il paroît non seulement en l'exterieur qu'elles sont hors d'elles-même ; mais que si on leur demandoit ce qu'elles sentoient alors, elles ne le sçauroient dire, ny n'ont rien compris à la maniere dont l'amour agissoit en elles. Elles le connoissent seulement par les merveilleux avantages qu'elles en reçoivent ; leur foy devenant plus vive, leurs vertus plus fermes, & leur mépris du monde encore plus grand. Or comme l'ame reçoit tous ces avantages de la pure bonté de son Epoux sans y rien contribuër, tout ce qu'elle y comprend est l'incroyable douceur qu'elle ressent lors quelle commence d'entrer dans ces ravissemens & ces extases. Il est évident que c'est ce que l'Epouse pretend dire par les paroles que nous venons de rapporter. Car cette merveilleuse douceur & cette consolation indicible est tout ce qui paroist d'animé

en

CHAPITRE VI.

en elle lors que son divin Epoux la comble de tant de faveurs sans qu'elle fasse autre chose que les recevoir.

On peut sur ce sujet demander deux choses : L'une si quand l'ame est en cet état & tellement hors d'elle même qu'il semble que ses puissances ne sçauroient agir, elle est capable de meriter : L'autre, s'il est vray semblable qu'elle ne profite point d'une faveur si signalée en meritant. Mais les secrets de Dieu seroient ils impenetrables si nostre esprit étoit capable de les comprendre ; & pouvons-nous trop nous humilier & nous aneantir dans la veuë de ses grandeurs infinies ? Nous n'avons alors qu'à imiter la conduite de la sainte Vierge, qui après avoir demandé à l'Ange de quelle sorte ce grand mystere qu'il luy annonçoit pourroit s'accomplir, & qu'il luy eut répondu que le saint Esprit l'opereroit en elle & que la vertu du Tres-haut la couvriroit de son ombre; quoy que ses lumieres fussent si élevées au dessus des nostres elle n'eut pas la curiosité de s'en informer davantage ; mais crut que cette réponse suffisoit pour dissiper tous ses doutes & toutes ses craintes. Il seroit à desirer que certains sçavans à qui Dieu ne donne pas cette maniere d'oraison & qui n'en ont pas seulement la moindre idée, demeurassent dans une semblable humilité, sans vouloir comme ils font juger des choses par leur foible raisonnement, & s'imaginer que leur esprit tout petit qu'il est, peut par le moyen de leur science les rendre capables de comprendre les grandeurs infinies de Dieu.

O Reine des Anges & des hommes c'est par vous que l'on peut connoître ce qui se passe entre se divin Epoux & son Epouse, & qu'elle exprime en ce Cantique dont une partie est rapportée dans les Antiennes & les leçons de l'office que nous recitons toutes les semaines en son honneur. Il vous en sera facile, mes filles avec l'assistance de Dieu de connoître si vous étes arrivées jusques à recevoir des graces semblables à celles dont parle l'Epouse quand elle dit : *Il a ordonné en moy la charité.*

※

Il faut voir maintenant de quelle sorte lors que l'ame est dans cet heureux sommeil & dans cette yvresse sainte, Dieu ordonne en elle la charité, c'est à dire regle les mouvemens de son amour. Car il paroit bien qu'elle ne sçavoit où elle étoit ny ce qu'elle devoit faire pour reconnoistre des faveurs aussi eminentes & aussi sublimes que celles qu'elle recevoit de son divin Epoux, puis qu'elle ne l'en remerçioit pas. O ames cheries de Dieu, que l'ignorance de ce qui s'est passé dans un état aussi heureux qu'est celuy où vous vous estes trouvée ne vous inquiete point par l'apprehension d'avoir manqué à ce que vous luy deviez. Car pouvez-vous croire que vôtre

Explication de ces paroles Il a ordonné en moy la charité.

divin Epoux permette, non seulement que vous le mécontentiez, mais que vous ne luy soyez pas plus agreables que jamais dans le temps qu'il vous témoigne tant d'amour & de tendresse comme il paroît par ces paroles : *Vous estes toute belle ma chere Epouse*, & autres semblables que l'on peut lire dans ce Cantique ? Et pouvez-vous douter qu'il ne se donne entierement à vous lors qu'il voit que vous vous estes données si absolument à luy que le transport & la violence de vôtre amour vous faisant comme sortir hors de vous-mêmes, ne laisse plus vôtre entendement dans la liberté d'agir ?

Il me semble que l'on peut icy comparer l'ame a de l'or que Dieu aprés l'avoir purifié par ses graces & ses faveurs prend plaisir d'enrichir de pierres precieuses d'une valeur inestimable, sans que cet or contribuë autre chose à cette merveilleuse beauté que de recevoir ces ornemens, ny que l'on puisse comprendre par ces paroles de l'Epouse : *Il a ordonné en moy la charité*, de quels moyens ce divin artisan se sert pour commencer, continuer, & achever un ouvrage si surnaturel & si admirable.

Que si l'ame en cet état fait quelques actes d'amour, elle ne sçait ny comment elle les fait, ny quel est l'objet qu'elle aime, parce que l'extrême amour que ce Roy eternel luy porte & qui l'a élevée à un si haut degré de bonheur a uny de telle sorte l'amour qu'elle a pour luy à celuy qu'il a pour elle, que ces deux amours n'en faisant plus qu'un, l'entendement est trop foible & trop borné pour pouvoir comprendre ce qui se passe dans une union si merveilleuse. Elle est tellement au dessus de luy qu'il la perd de vûë durant ce temps qui ne dure jamais que peu. L'ame ne laisse pas neanmoins alors & encore aprés d'étre tres capable de plaire à sa divine Majesté ; & l'entendement le connoît par l'augmentation des vertus dont il l'avoit enrichie comme par autant de perles & de diamans d'un si grand prix que leur éclat l'éblouit, & qu'il peut dire d'elle cette parole du Cantique : *Qui est donc celle-cy qui ne brille pas de moins de clartez que le soleil ?* L'Epouse a donc grande raison, mon Sauveur, de vous nommer le Roy veritable & tout puissant, puis que vous luy étes si prodigue de vos tresors, & l'enrichissez ainsi en un moment non de richesses perissables, mais de richesses eternelles qui luy font dire avec raison que ce n'est plus elle qui agit, mais que c'est vôtre amour qui agit en elle.

J'en puis parler avec certitude parce que j'en ay veu des preuves. Je me souviens d'une personne à qui Nostre Seigneur fit en trois jours de telles graces que je n'aurois peu le croire si je n'avois reconnu qu'y ayant desja quelques années que ce bonheur luy étoit arrivé, elle s'avançoit toûjours de plus en plus dans la vertu. J'en connois un autre qui receut en trois mois ces mêmes graces, & toutes deux estoient jeunes. J'en sçay d'autres aussi à qui Dieu

CHAPITRE VII.

n'a fait cette faveur qu'après un long temps ; & je pourrois rapporter divers exemples de celles qu'il a traitées comme ces deux dont je viens de parler. Ie me croy obligée de le remarquer, parce que j'ay dit qu'il y a peu d'ames à qui Dieu fasse cette grace sans qu'elles ayent auparavant souffert durant plusieurs années de grands travaux, & aussi afin de montrer qu'il peut y avoir de l'exception, à cause qu'il est de la grandeur infinie de Dieu, que ces graces & ses faveurs soient sans bornes & sans mesure.

Il arrive presque tousjours dans ces occasions où ny les illusions du demon, ny la melancolie, ny la foiblesse de la nature n'ont point de part, que les vertus s'augmentent, & que l'amour s'enflamme de telle sorte qu'il ne sçauroit demeurer caché, mais paroist sans même que l'on y pense, par les effets qu'il produit continuellement pour l'avantage de quelques ames. Ce qui fait dire à l'Epouse : *Que son divin Epoux a ordonné en elle la charité.*

Cet amour est si ardent & si bien reglé qu'il fait que l'ame change en haine celuy qu'elle avoit auparavant pour le monde ; qu'elle n'aime plus ses parens que dans la veuë de Dieu ; que son amour pour son prochain & pour ses ennemis est si grand qu'il faut pour le croire l'avoir veu, & que celuy qu'elle porte à Dieu est si extrême & la reduit quelquefois en tel état, que la foiblesse de sa nature n'en pouvant supporter la violence elle se trouve contrainte de dire *Soûtenez-moy avec des fleurs, & donnez-moy quelque fruit à manger pour me fortifier : car ie tombe dans la deffaillance, & ie meurs d'amour.*

CHAPITRE VII.

Sur ces paroles de l'Epouse dans le Cantique des Cantiques :
Soûtenez-moy avec des fleurs, & donnez-moy quelque fruit à manger pour me fortifier : Car je tombe dans la défaillance, & je meurs d'amour.

Que dans les grands ravissemens l'ame tombe dans une telle défaillance qu'elle paroist preste à se separer du corps ; ce que luy fait demander qu'on la soûtienne avec des fleurs. Que ces fleurs sont les desirs de faire de grandes actions pour le service de Dieu & pour l'avantage du prochain. Que l'action & la contemplation marchent en cela de compagnie. Que l'amour desinteressé est representé par l'arbre celeste, c'est à dire la croix, dont il est parlé dans ce Cantique ; & que les fruits de ces arbres sont les travaux & les persecutions.

O Que ces divines paroles montrent bien la verité de ce que je dis ! Quoy ! sainte Epouse les douceurs & les consolations dont vous joüissez vous font mourir, parce qu'elles sont quelquefois si excessives, & vous reduisent en tel état qu'il semble qu'il ne vous reste presque plus de vie, & vous demandez des fleurs. Mais quelles fleurs desirez vous ? Des fleurs sont-elles donc propres à vous retirer d'une telle extremité, & ne les demandez vous point plûtost pour avancer vôtre mort, puis qu'en l'état où vous êtes, on ne desire rien tant que de mourir ? Cela ne s'accorde pas avec ce que vous dites que l'on vous soûtienne avec ces fleurs, puis que ce terme de soûtenir marque plutost que vous voulez vivre pour servir ce divin Epoux à qui vous êtes si obligée, que non pas que vous vouliez mourir.

Ne vous imaginez pas, mes filles, qu'il y ait de l'exageration en ce que j'ay dit que l'ame tombe alors dans la défaillance & paroît preste à se separer de son corps. Ie vous assure qu'il n'y a rien de plus veritable. Car l'amour est quelquefois si violent & domine de telle sorte sur les forces de la nature que je connois une personne qui estant dans cette sublime oraison entendit un chant si melodieux qu'elle croit que s'il eust continué davantage l'excez du plaisir qu'elle ressentoit luy auroit sans doute fait perdre la vie. Mais Nostre Seigneur le fit cesser ; & cette personne seroit morte en cet état sans dire une seule parole pour l'en prier, parce qu'il luy estoit absolument impossible de faire aucune action exterieure. Ce n'est pas qu'elle ne connut le peril où elle étoit ; mais elle ne le connoissoit qu'en la même sorte que l'on se trouve en dormant d'un profond sommeil dans une grande peine dont on desireroit extrémement de sortir, sans que l'on puisse neanmoins pour la déclarer proferer une seule parole quelque desir que l'on ait. Il y a toutefois cette difference, qu'icy l'ame ne voudroit pas sortir de cet estat, & que son contentement est si grand qu'au lieu d'aprehender la mort elle la desire. Qu'heureuse seroit cette mort qui feroit qu'une personne par l'ardeur de son amour pour son Dieu expireroit entre ses bras ! & cette amour est si violent que si cette suprême Majesté ne faisoit connoître à l'ame qu'il agreable qu'elle vive encore, la foiblesse de la nature ne pourroit supporter sans mourir une joye si excessive.

C'est aussi pour moderer cette excessive joye que l'ame prie qu'on la soûtienne avec des fleurs : & celles qui naissent sur la terre n'ont rien de comparable à l'odeur & à la beauté de ces admirables fleurs parce que selon que je le puis comprendre elles ne sont autre chose que les desirs qu'a l'ame de faire de grandes actions pour le service de Dieu & pour l'avantage du prochain ; son amour estant si desinteressé & sa charité si ardente qu'elle ne craint point pour de tels sujets d'estre privée du merveilleux plaisir dont elle joüit. Car en core que ces fleurs marquent plûtost la vie active que la contemplative, & qu'il semble que l'ame ne peut s'occuper à l'action sans sortir de la contemplation, Nostre Seigneur ne laisse pas de luy accorder sa demande. Ainsi ces deux choses ne sont par incompatibles, & Marthe & Magdeleine vont presque toûjours alors de compagnie. Car l'interieur opere dans les œuvres exterieures. Et quand les actions tirent leur force d'une racine si sainte on peut les considerer comme des fleurs admirables produites par cette plante toute celeste de l'amour de Dieu, puis qu'elles n'ont point d'autre objet que luy, que nul interest humain ne s'y mêle, & que leur odeur comme un parfum precieux se répand si loin & a tant de vertu qu'il ne rejoüit pas seulement plusieurs autres ames; mais les fortifie.

Ie veux m'expliquer davantage. Vn homme prêche avec dessein de profiter à ses auditeurs. Mais il n'est pas si détaché de tout interest qu'il ne desire aussi de leur plaire, & d'acquerir de la reputation & du credit s'il a quelque benefice qu'on luy dispute. Il en est de même de plusieurs autres choses qui se font pour l'avantage du prochain & avec bonne intention, quoy qu'avec beaucoup d'égard à ne se point nuire & à ne mécontenter personne. Que si ce Predicateur est persecuté, il est bien aisé de plaire aux Rois, aux grands, & generalement à tout le monde. Il couvre ces imperfections du nom de discretion: & Dieu veüille que cette discretion soit veritable. Quoy que ceux qui sont dans ces dispositions puissent rendre quelque service à Dieu & au prochain, ce ne sont pas là à mon avis ces fleurs que demande l'Epouse, & dont le seul objet est l'honneur & la gloire de Dieu. Les ames qu'il met dans un estat aussi élevé que celuy dont nous avons parlé s'oublient au contraire entierement elles mêmes pour ne songer qu'à le servir. Et parce qu'elles sçavent quel est son amour pour ses creatures & pour ceux qu'il considere comme ses enfans, elles consentent d'être privées de ces faveurs pour ne penser qu'à leur profiter en les instruisant de ses veritez. Leur avancement dans la vertu est la seule chose qui les touche & elles donneroient volontiers leur vie pour ce sujet. Cette ardente charité se peut comparer à un vin celeste dont elles sont si enyvrées qu'elles oublient tout ce qui les regarde en particulier; & c'est par cet heureux oubly d'elles mêmes qu'elles se trouvent capables de profiter aux autres.

Cela me fait souvenir de cette sainte Samaritaine; parce qu'il paroît clairement que les paroles de Nostre Seigneur avoient fait une merveilleuse impression dans son cœur, puis qu'elle le quitta luy-même pour rendre ses citoyens participans de son bonheur, & que sa charité fut si bien recompensée par l'avantage qu'ils tirerent d'avoir ajoûté foy à ses paroles. Car quelle plus grande consolation pouvons-nous recevoir en cette vie que de servir à l'avancement de quelques ames? C'est alors qu'il me semble qu'il distile de ces fleurs un suc si délicieux qu'il n'y a point de fruits dont le goust puisse étre plus agreable. Heureux ceux à qui Nostre Seigneur fait de telles graces : Et quelle obligation n'ont-ils point de le servir, puis que vous voyez, mes filles, que cette sainte femme pour en avoir reçeu une semblable est dans une yuresse toute divine qui la fait courir de ruë en ruë & de place en place pour publier avec une voix meslée de cris les merveilles qu'elle a entenduës. Ce qui m'étonne en cecy est que ces citoyens l'ayent cruë, n'y ayant point d'apparence qu'allant-elle même querir de l'eau elle fust de grande condition. Mais elle avoit beaucoup d'humilité comme il paroist en ce qu'elle ne s'offensa point de ce que Nostre Seigneur luy dit ses fautes ainsi que l'on s'offense aujourd'huy quand on nous dit nos veritez. Elle luy répondit seulement qu'il faloit qu'il fust un Prophete; & elle merita par cette humilité que plusieurs personnes sortirent de la Ville sur sa parole pour aller voir Nostre Seigneur. Il en arrive de même ce me semble lors qu'une personne après avoir durant plusieurs années parlé à ce divin Sauveur dans l'oraison sans que ces faveurs & l'extrême plaisir de s'entretenir avec luy l'ayent empêchée de le servir avec joye en des occupations penibles, ses actions qui ne sçauroient proceder que de la celeste plante de cet ardent amour dont j'ay parlé, peuvent être considerées comme des fleurs, dont l'admirable odeur dure beaucoup plus long temps. & produit d'incomparablement plus grands effets que les paroles & les œuvres de ceux qui n'ayant en veuë que leur interest ne disent & ne font rien qui quelque vertueux qu'il paroisse ne soit mêlé & infecté par des sentimens d'amour propre.

<small>Que cet amour si desinteressé est l'arbre celeste c'est à dire la croix, qui produit les fruits dont l'Epouse parle ensuite. Et que ces fruits sont les travaux & les persecutions.</small>
C'est cet amour entierement desinteressé qui donne la force de souffrir les persecutions. C'est luy que l'on doit considerer comme cet arbre celeste qui produit les fruits dont l'Epouse parle ensuite lors qu'elle dit ; *Donnez-moy des fruits dont la nourriture me fortifie*, c'est à dire ; donnez-moy, Seigneur, des travaux & des persecutions. Car il est certain qu'une ame qu'il a élevée à cet estat les desire & en tire de grands avantages, parce qu'elle ne trouve de plaisir qu'à luy plaire & à imiter en quelque sorte la vie si éxtrêmement penible qu'il a passée sur la terre. Ainsi il paroist que cet arbre n'est autre chose que la croix, puis que l'Epoux dit dans un autre endroit de ce Cantique : *C'a esté dessous cet arbre que ie vous ay ressuscitée*. Quelle consolation ne doit donc point esperer une ame qui souffre de grandes peines, & qui se trouve toute environnée de croix? Elle ne jouït pas pour l'ordinaire du contentement qui se rencontre

CHAPITRE VII. 863

dans l'oraison. Son plaisir est dans la souffrance. Mais cette souffrance ne l'affoiblit point ; au lieu que la suspension des puissances dans l'oraison lors qu'elle est frequente épuise ses forces. L'ame a encore une autre raison de demander de ces fruits qui sont les travaux. C'est qu'il n'est pas juste qu'elle reçoive toûjours des faveurs de son divin Epoux sans travailler pour luy rendre du service. I'ay remarqué en quelques personnes dont nos pe chez font que le nombre est si petit, que plus elles s'avancent dans cette sublime oraison & reçoivent des faveurs de Nostre Seigneur, plus elles travaillent à servir le prochain principalement en ce qui regarde le salut, & qu'elles donneroient leur vie avec joye pour tirer une ame de l'état funeste & si déplorable du peché mortel.

Ie sçay qu'il seroit difficile de persuader cette verité aux personnes que Nostre Seigneur commence à favoriser de ces graces qui leur donnent tant de joye : & elles s'imaginent peut estre que les autres sont à plaindre, parce qu'il leur paroît que nul bonheur n'égale celuy de joüir d'une si grande consolation dans la retraite & la solitude. C'est à mon avis par une conduite particuliere de Dieu que dans la ferveur où elles sont elles ne comprenent pas quelle est la perfection de ces autres ames, puis que si elles la comprenoient elles desireroient de sortir des dispositions où elles sont pour devenir semblables à elles : ce qui leur seroit préjudiciable, cause que n'étant pas encore assez fortes, le besoin qu'elles ont d'estre nourries du lait de ces mamelles sacrées dont j'ay parlé fait qu'elles ne doivent pas s'en éloigner; & Nostre Seigneur sçaura bien quand il en sera temps & qu'elles en seront plus capables, les faire passer de l'état où elles se trouvent à un plus parfait. Mais comme vous pourrez, mes filles, voir tres-particulierement dans le traité que i'ay dit, combien il est dangereux de se trop precipiter, & de quelle sorte on se doit conduire dans le veritable désir de servir les ames, ie ne m'étendray pas davantage sur ce suiet. Ie n'ay pretendu par cet écrit que de vous faire connoître les consolations que vous pouvez tirer de quelques-unes des paroles de cet admirable Cantique, & de vous découvrir une partie des mysteres qu'elles cachent sous une obscurité apparente. Ils sont si grands que ie ne pourrois sans temerité m'engager plus avant dans ce discours ; & ie prie Dieu de tout mon cœur qu'il n'y en ait point eu à dire ce que i'en ay dit, quoy que ie ne l'aye fait que pour obeïr à ceux qui ont pouvoir de me commander. Nostre Seigneur se sert de tout comme il luy plaît : Et s'il se rencontre quelque chose de bon dans ce discours vous pouvez croire hardiment que ie n'y ay aucune part, puis que les Sœurs qui sont avec moy sçavent le peu de temps que mes grandes occupations m'ont permis d'y employer. Ie demande de tout mon cœur à ce divin Epoux de nos ames de me faire connoître par ma propre experience tout ce que j'ay tâché de vous faire entendre. Celles qui croiront en avoir quelqu'une doivent beaucoup l'en remercier, & le prier qu'aprés leur avoir donné une oraison si sublime il ajoûte à cette extrême faveur celle de n'en profiter pas seulement pour elles-mêmes, mais de la rendre utile aux autres par des actions de charité. Ie luy demande instamment pour elles cette assistance, & qu'il luy plaise de leur apprendre ce qu'elles doivent faire pour accomplir en toutes choses sa sainte volonté. Ainsi soit-il.

FIN

MEDITATIONS

MEDITATIONS APRES LA COMMVNION.

Elles portent pour titre dans l'Espagnol, Exclamations, ou Meditations de l'Ame à son Dieu.

PREMIERE MEDITATION.

Plainte de l'Ame qui se voit separée de Dieu durant cette vie.

Ma vie, ma vie, comment pouvez vous subsister estant absente de vostre veritable vie ? A quoy vous occupez vous dans une si grande solitude? Que pouvez vous faire lors que tout ce que vous faites est si defectueux & si imparfait ? O mon ame qui peut vous consoler vous voyant ainsi exposée sur une mer si pleine d'orages & de tempestes? Ie ne sçaurois sans m'affliger considerer quelle je suis ; & je suis encore plus affligée d'avoir vescu si long-temps sans estre affligée. O Seigneur, que vos voyes sont douces! Mais qui peut y marcher sans crainte ? Ie crains de ne vous pas servir. Et lors que je travaille pour vostre service je ne trouve rien qui me satisfasse, parce que je ne sçaurois rien faire qui soit capable de payer la moindre partie de ce que je vous dois. Il me semble que je voudrois m'employer toute entiere à vous obeïr : & quand je considere attentivement quelle est ma misere, je voy que je ne puis rien faire de bon si vous-mesme ne me le faites faire.

O mon Dieu & ma misericorde, que feray-je donc pour ne pas destruire ce que vous faites de grand dans mon ame? Toutes vos œuvres sont saintes, sont iustes, sont d'un prix inestimable, & acompagnées d'une sagesse merveilleuse, parce que vous estes, mon Dieu, la sagesse mesme. Mais je sens dans moy, que si mon enten-

RRRrr

dement s'occupe à les confiderer, comme il fe trouve trop foible pour pouvoir s'élever jufques à vos grandeurs incomprehenfibles, la volonté fe plaint de ce qu'il la détourne par fes penfées, & qu'ainfi il interrompt les mouvemens & l'application de fon amour. Car elle voudroit fans ceffe joüir de vous: & elle ne le peut, eftant comme elle eft renfermée dans la prifon fi penible d'une vie changeante & mortelle où tout la détourne de cette parfaite joüiffance. Il eft vray neanmoins que d'abord l'entendement l'aide à vous aimer, en luy reprefentant la hauteffe de voftre fupréme Majefté, dans laquelle, comme un contraire fe voit mieux par fon contraire, je reconnois plus clairement la profondeur de mon infinie baffeffe.

Mais pourquoy, mon Dieu, dis je cecy? A qui eft-ce que je me plains? Qui m'écoute finon vous, ô mon Pere, & mon Createur? Et quel befoin ay-je de parler pour vous faire fçavoir toutes mes peines, puis que je voy fi clairement que vous eftes dans mon cœur? C'eft ainfi que je m'égare, & que je me perds dans mes penfées. Helas! mon Dieu, qui m'affurera que je ne fuis point feparée de vous? O vie incertaine & fi peu affurée dans la chofe du monde la plus importante, qui pourra vous defirer, puis que le feul avantage que l'on peut tirer de vous, qui eft de contenter Dieu en toutes chofes, eft toûjours douteux, & accompagné de tant de perils?

II. MEDITATION.

Comme l'ame qui aime beaucoup Dieu fe trouve partagée entre le defir de iouïr de luy, & l'obligation d'aider le prochain.

JE confidere fouvent, mon Sauveur, que fi l'ame fe peut confoler en quelque forte de vivre fans vous, c'eft dans la retraite & la folitude, parce qu'alors elle fe délaffe & fe repofe dans celuy qui eft fon veritable repos: quoy qu'il arrive fouvent qu'alors mefme, s'il fe rencontre qu'elle ne jouyffe pas de vous avec une entiere liberté, elle fent redoubler fa peine. Mais quand elle confidere, qu'elle fouffre encore beaucoup davantage lors qu'elle eft obligée de traiter avec les creatures, cette peine fe change en plaifir.

Mais d'où vient, mon Dieu, qu'une ame qui ne veut point avoir d'autre contentement que celuy de vous contenter, vous quitte fouvent pour aller fervir fes freres comme fi elle fe laffoit de joüyr dans vous d'un fi faint repos? O amour tout puiffant de mon Dieu, que vos effets font differens de ceux que produit l'amour du monde! Celuy-cy ne veut point de compagnie, parce qu'il luy femble qu'elle le fepare de la perfonne qu'il aime. Mais le voftre, mon Dieu, s'augmente au contraire plus il voit augmenter le nombre de ceux qui vous aiment, & sent diminuër sa joye lors qu'il considere que tout le monde ne joüit pas d'un si grand bon-heur.

C'est pour cette raison, ô mon bien suprême, qu'au milieu des plus grandes consolations que l'on reçoit avec vous, l'ame s'afflige lors qu'elle se represente le grand nombre de ceux qui le méprisent, & qui en seront privez eternellement. Ainsi l'ame cherche des moyens d'engager ses freres à participer à son bon-heur; & elle l'abandonne avec joye lors qu'elle espere de le pouvoir procurer aux autres.

Mais, ô mon Pere celeste, ne vaudroit-il pas mieux remettre ces desirs à un autre temps où l'ame se trouvast moins consolée de vos faveurs, & qu'elle s'employast alors toute entiere à joüir de vous? Iesus mon Sauveur, que l'amour que vous portez aux enfans des hommes est admirable, puis que le plus grand service qu'on vous puisse rendre est de vous abandonner pour procurer leurs avantages! C'est sans doute par ce moyen que nous vous possedons plus pleinement, parce qu'encore que nostre volonté ne se trouve pas si satisfaite, nostre ame se réjoüit de la satisfaction qu'elle vous donne par la connoissance qu'elle a que tandis que nous sommes engagez dans ce corps mortel, tous les contentemens que nous recevons, & qui semblent mesme proceder de vous n'ont rien d'asseuré s'ils ne sont accompagnez de la charité que nous devons avoir pour nostre prochain. Quiconque ne l'aime pas ne vous aime pas, ô mon Redempteur, puis que vous nous avez fait voir par l'effusion de tant de sang l'excez de l'amour que vous portez aux enfans d'Adam.

III. MEDITATION.

Sentiment d'une ame penitente dans la veuë de ses pechez, & de la misericorde de Dieu.

QVAND ie considere, mon Dieu, la gloire que vous avez preparé à ceux qui perseverent à accomplir vostre sainte volonté, & avec quels travaux & quelles douleurs vostre Fils nous l'a acquise: Quand je considere combien nous estions indignes d'une si grande faveur, & combien il est digne que nous ne payons pas d'une extréme ingratitude l'amour extréme qu'il nous a porté, & dont il nous a donné des preuves qui luy ont cousté la vie. Quand je considere, dis-je, toutes ces choses, mon ame se trouve saisie d'une tressensible affliction. O mon Seigneur, est il possible que tout cela s'efface de l'esprit des hommes; & qu'ayant perdu le souvenir de tant de graces, ils ayent la hardiesse de vous offenser? Est-il possible qu'ils s'oublient ainsi eux-mesmes, & que vostre bonté soit si grande que dans le plus fort de noſtre oubly pour vous, vous vous ſouveniez encore de nous? Eſt il poſſible que vous ayant porté un coup mortel par noſtre chûte, vous ne laiſſiez pas de nous tendre la main pour nous relever, & nous tirer ainſi de cette mortelle freneſie, afin que nous vous prions de nous guerir? Beniſſons à jamais un ſi bon Maiſtre: publions ſans ceſſe la grandeur de ſa miſericorde; & donnons à la tendreſſe de ſa compaſſion pour nous les loüanges eternelles qu'elle merite.

O mon ame, beniſſez à jamais un ſi grand Dieu. Comment ſe peut-il faire que l'on s'oppoſe à ſes volontez? Et quel ſera le chaſtiment de ceux qui ſeront ingrats envers luy, puis que la grandeur de leur ſupplice ſera proportionnée à celle de ſes faveur & de ſes graces? O mon Dieu, ne permettez pas un ſi grand mal-heur. O enfans des hommes, juſques à quand aurez-vous le cœur endurcy? juſques à quand oppoſerez vous voſtre dureté à la tendreſſe incomparable de Iesus: Croyons-nous donc que noſtre malice en le combattant demeurera victorieuſe: Ne ſçavons-nous pas que la vie de l'homme paſſe en un moment: qu'elle ſe ſeche & qu'elle tombe comme la fleur de l'herbe des champs, & que le Fils de la Vierge doit venir prononcer ce terrible arreſt dont l'effet ſera immuable? O Dieu tout puiſſant, puis que vous devez eſtre noſtre Iuge ſoit que nous le voulions ou que nous ne le voulions pas, comment ne conſiderons-nous point combien il nous importe de vous contenter afin que vous nous ſoyez favorable en ce dernier jour? Mais helas! qui ne voudroit pas ſe ſoûmettre à l'arreſt d'un Iuge infiniment juſte? O que bien-heureuſes ſeront les ames qui ſeront en eſtat de ſe réjouïr avec vous, lors que tout le monde tremblera devant vous!

O mon Seigneur & mon Dieu, quand une ame conſidere que vous l'avez relevée de ſa chûte: qu'elle voit clairement qu'elle s'eſtoit miſerablement perduë pour acquerir un faux plaiſir qui paſſe comme un éclair; & qu'elle eſt abſolument reſoluë avec voſtre aſſiſtance de vous contenter en toutes choſes, ſçachant, ô mon bien, que vous ne manquez pas à ceux qui vous cherchent, & que vous eſtes preſt de répondre à ceux qui implorent voſtre ſecours. Quand une ame eſt en cet eſtat, quel remede peut-elle trouver pour s'empeſcher de mourir autant de fois qu'il luy vient en la penſée qu'elle a perdu un auſſi grand bien qu'eſt celuy de l'innocence de ſon baptême: Certes la meilleure vie qu'elle peut mener alors eſt de mourir à toute heure par la douleur que luy cauſe un ſi vif reſſentiment. Et l'ame qui vous aime avec tendreſſe, ô mon Dieu, pourroit-elle ſupporter une ſi extrême affliction?

Mais que dis je: Comment m'égaray-je dans ces penſées ſans conſiderer la confiance que nous devons avoir en vous: Eſt-ce que j'ay oublié la grandeur de voſtre bonté & de voſtre miſericorde ? Ay-je oublié que vous eſtes venu dans le monde pour ſauver les pecheurs : que vous nous avez rachetez ſi cherement, & que vous avez payé tous nos faux plaiſirs par les cruels tourmens dont vous avez eſté accablé, & par les coups de fouët dont vous avez eſté déchiré ? Vous avez ſouffert que vos yeux ſacrez ayent eſté couverts d'un voile pour oſter le voile des yeux de mon cœur, & que voſtre teſte adorable ait eſté couronnée d'épines pour me guerir de la vanité de mes penſées. O mon Seigneur, mon Seigneur, tout cela n'eſt qu'un ſurcroiſt d'affliction pour ceux qui vous aiment. Et la ſeule choſe qui me conſole, c'eſt que plus ma malice ſera connuë, plus voſtre miſericorde ſera eternellement louée. Enfin je ne ſçay ſi ma douleur finira pluſtoſt que ma vie, lors que ſortant de ce monde pour vous contempler dans voſtre gloire nous ſerons délivrez de tous les maux qui accompagnent cette vie mortelle.

IV. MEDITATION.

Priere à Dieu, afin qu'il nous faſſe regagner le temps que nous n'avons pas employé à l'aimer & à le ſervir.

MOn Dieu, il me ſemble que mon ame ſe délaſſe & ſe repoſe en conſiderant quelle ſera ſa joye ſi voſtre miſericorde la rend ſi heureuſe que de vous poſſeder un jour. Mais je voudrois qu'auparavant elle vous ſerviſt, puis que ç'a eſté en la ſervant que vous avez acquis le bon-heur dont elle pretend de joüir. Que feray-je ? mon Dieu, que feray-je ? O que j'ay attendu tard à m'enflammer du deſir de vous aimer : & que vous vous eſtes haſté au contraire à me favoriſer de vos graces, & de m'appeller à vous afin que je m'employaſſe toute entiere a voſtre ſervice! O mon Seigneur, ſe pourroit-il bien faire que vous abandonnaſſiez un miſerable ? Se pourroit-il bien faire que vous rejettaſſiez un pauvre mendiant lors qu'il vient ſe donner à vous ? Voſtre grandeur eſt-elle limitée ? Voſtre magnificence a-t elle des bornes ?

O mon Dieu, & ma miſericorde, comment pouvez-vous mieux faire éclater ce que vous eſtes, qu'en faiſant grace à voſtre ſervante? Grand Dieu, ſignalez voſtre toute puiſſance : faites-la comprendre à mon ame en luy faiſant regagner en un moment par l'ardeur de ſon amour tout le temps qu'elle a perdu en manquant de vous aimer. Mais n'eſt-ce point une extravagance que ce que je dis, puis que tout le monde dit d'ordinaire que le temps perdu ne ſçauroit jamais ſe recouvrer ? Mon Dieu, que toutes vos creatures vous beniſſent. Seigneur je reconnois la grandeur de voſtre puiſſance. Si donc vous pouvez tout, comme vous le pouvez en effet : qu'y a-t-il d'impossible à celuy qui est tout-puissant ? Il suffit, mon Dieu, que vous le vouliez; & quelque miserable que je sois, je croy fermement que vous le pouvez. Plus les merveilles que j'entens raconter de vous sont grandes, plus je considere que vous en pouvez faire encore de plus grandes, plus je sens ma foy se fortifier, & croy avec encore plus de certitude que vous ferez ce que je vous demande. Car qui pourra s'étonner de voir faire des choses extraordinaires à celuy qui peut tout faire? Vous sçavez, mon Dieu, que dans ma plus grande misere je n'ay jamais cessé de connoistre la grandeur de vostre pouvoir & de vostre misericorde. Ayez, Seigneur, quelque égard à la grace que vous m'avez faite de ne vous offenser pas en ce point. Faites que je repare le temps perdu en redoublant vos faveurs dans le temps present & à l'avenir, afin qu'en ce dernier jour je paroisse devant vous revestuë de la robe nuptiale, puis que vous le pouvez si vous le voulez.

V. MEDITATION.

De la plainte de Marthe. Et comme l'ame qui aime Dieu se peut plaindre à luy de sa misere.

SEIGNEUR mon Dieu, comment celle qui vous a si mal servy, & qui n'a pas sçeu conserver ce que vous luy avez donné, peut-elle avoir la hardiesse de vous demander des faveurs ? Qui peut se fier à une personne dont on a esté trahy tant de fois ? Mais que feray-je, ô consolateur de ceux qui sont sans consolation, & vray medecin de ceux qui cherchent leur remede en vous? Il me seroit peut-estre plus avantageux de couvrir du silence mes miseres & mes maux en attendant qu'il vous plaise de les guerir. Mais je me trompe, ô mon Sauveur & ma joye. Car comme vous sçaviez qu'ils devoient estre en si grand nombre, & quel soulagement ce nous seroit de vous les faire connoistre, vous nous ordonnez de vous demander du secours, & en mesme temps de nous l'accorder.

Pensant quelquefois, mon Dieu, à la plainte que vous faisoit sainte Marthe, il me semble qu'elle ne se plaignoit pas seulement de sa Sœur: mais que son plus grand déplaisir venoit sans doute de ce qu'elle se persuadoit que vous ne la plaigniez point dans son travail, & que vous ne vous souciez pas qu'elle eust le bonheur d'estre auprés de vous. Elle s'imaginoit peut-estre que vous ne l'aimiez pas tant que sa Sœur, ce qui luy donnoit beaucoup plus de peine que le service qu'elle vous rendoit: son amour pour vous estant tel que cette peine ne pouuoit luy estre que tres-agreable. Cette disposition de son esprit paroist encore plus clairement en ce que sans dire une seule parole à sa Sœur, toute sa plainte s'adresse à vous : & la violence de son amour luy donne mesme la hardiesse de vous dire, que vous ne preniez pas garde que sa Sœur ne l'aidoit point à vous servir. Vostre réponse, mon Seigneur, témoigne que cette plainte procedoit de cette cause, puis que vous luy declarez que l'amour est-ce qui donne le prix à tout, & que cette unique chose necessaire dont vous luy parlez est d'en avoir un si grand pour vous, que rien ne puisse estre capable de nous divertir de vous aimer.

Mais, mon Dieu, comment pourrons nous en avoir un qui ait du rapport à l'ardeur avec laquelle vous meritez d'estre aimé, si vous n'unissez nostre amour à celuy que vous nous portez? Me plaindray-je avec cette grande Sainte? Helas, Seigneur, je n'en ay point de sujet puis que les témoignages que vous m'avez donnez de vostre amour ont toûjours surpassé de beaucoup mes desirs & mes demandes. Ainsi si j'ay quelque sujet de me plaindre c'est seulement de la trop grande bonté que vous avez euë de me souffrir avec tant de patience. Que pourra donc vous demander une creature aussi miserable que je suis? Ie vous demanderay, ô mon Dieu, avec S. Augustin, que vous me donniez dequoy vous donner, afin que je vous puisse payer quelque petite partie sur cette grande dette dont je vous suis redevable. Ie vous demanderay de vous souvenir que je suis vostre creature, & de me faire la grace de connoistre quel est mon Createur, afin que je l'aime.

VI. MEDITATION.

Combien cette vie est penible à qui desire ardemment d'aller à Dieu.

O Souverain Createur, mon Dieu, & mes delices, jusques à quand vivray-je ainsi dans l'attente de vous voir un jour? Quel remede donnez-vous à celle qui n'en trouve point sur la terre, & qui ne peut prendre aucun repos qu'en vous seul? O vie longue, vie penible, vie qui n'est point une vie! O solitude profonde, ô mal sans remede! jusques à quand, Seigneur; jusques à quand? Que feray-je, ô mon bien? que feray je? Desireray-je de ne vous desirer pas? O mon Dieu & mon Createur, vous nous blessez par les traits de vostre amour, & ne nous guerissez point : vous faites des playes d'autant plus sensibles qu'elles sont plus interieures, & plus cachées : vous donnez la mort sans oster la vie. Enfin mon Seigneur, vous faites tout ce que vous voulez, parce que vous estes tout puissant. Comment un ver de terre aussi miserable que je suis peut-il souffrir de si grandes contrarietez? Mais qu'il soit ainsi, mon

Dieu, puis que vous le voulez & que ie ne veux que ce que vous voulés. Helas! Seigneur, l'excés de ma douleur me force à me plaindre, & à dire qu'elle est sans remede si vous n'en estes vous-mesme le remede. Mon ame est dans une prison trop penible pour ne pas desirer sa liberté. Mais en mesme temps elle ne voudroit pas pour obtenir ce qu'elle desire s'éloigner d'un seul point de ce que vous avez ordonné d'elle. Ordonnez donc, mon Dieu, s'il vous plaist, ou que sa peine croisse en vous aimant icy davantage : ou qu'elle cesse entierement en ioüissant de vous dans le Ciel.

O mort, ô mort! ie ne sçay qui te peut craindre, puis que c'est dans toy que nous devons trouver la vie. Mais comment ne te craindra pas celuy qui aura employé une partie de sa vie sans aimer son Dieu? Me voyant en cet estat, que desiray-ie & que demanday-ie, lors que ie demande de mourir, sinon peut-estre qu'on me fasse souffrir pour mes pechez la peine que i'ay si iustement meritée; Ne le permettez pas, mon Sauveur, puis que ma rançon vous a tant cousté. O mon ame abandonne-toy à la volonté de ton Dieu. C'est là l'estat qui t'est le plus propre. Sert ton Seigneur, & espere de sa grace le soulagement de ta peine lors que ta penitence t'aura renduë digne en quelque sorte d'obtenir le pardon de tes pechez. Ne desire point de ioüir sans avoir souffert. Mais, ô mon Seigneur, & mon veritable Roy, ie ne sçaurois faire ce que ie dis si vostre main toute-puissante ne me soustient, & si la grandeur de vostre misericorde ne m'assiste. Car avec cela ie pourray tout.

VII. MEDITATION

De l'excessive bonté de Dieu, qui témoigne de mettre ses delices à estre avec les enfans des hommes.

O Mon esperance unique, mon Pere, mon Createur, mon vray Seigneur, & mon Frere. Quand je considere ce que vous dites dans vostre Escriture que vos delices sont d'estre avec les enfans des hommes, mon ame est comblée d'une extréme joye. Que ces paroles sont puissantes, ô Seigneur du Ciel & de la Terre! qu'elles sont puissantes pour empescher les plus grands pecheurs de perdre l'esperance de leur salut! Se pourroit-il faire, ô mon Dieu, que vous n'eussiez point d'autres creatures en qui vous puissiez prendre vos delices; & qu'ainsi vous soyez reduit à venir chercher un ver de terre aussi corrompu & d'une aussi mauvaise odeur que je suis Lors que IESUS CHRIST vôtre Fils fut baptisé vous fistes entendre une voix du Ciel par laquelle vous declarastes que vous preniez en luy vos delices. Helas Seigneur! sommes-nous donc égaux

à

à luy pour vous plaire en nous comme dans luy? O misericorde incomprehensible! ô faveur infiniment élevée au dessus de nos merites! Et aprés cela miserable que nous sommes, nous oublions toutes ces graces. O mon Dieu, vous qui sçavez tout, souvenez vous au moins d'une si extrême misere, & regardez avec des yeux de compassion nostre lâcheté & nostre foiblesse.

Et toy, mon ame, considere avec combien d'amour & de joye le Pere Eternel connoît son Fils, & le Fils Eternel connoît son Pere, & l'ardeur avec laquelle le S. Esprit s'unit à eux sans qu'il puisse jamais arriver de diminution à cet amour & à cette connoissance, parce qu'ils ne sont tous trois qu'une même chose. Ces trois souveraines personnes se connoissent & s'aiment mutuellement, & trouvent l'une dans l'autre leurs delices ineffables & incomprehensibles. Quel besoin avez vous donc, ô mon Dieu de mon amour? Pourquoy le desirez-vous? Et quel avantage vous en revient-il? Soyez à jamais beny, mon Seigneur, pour une si extrême misericorde : soyez beny aux siecles des siecles : que toutes choses vous loüent, & qu'elles vous loüent eternellement comme vous subsistez eternellement.

O mon ame, réjoüis-toy de ce qu'il se trouve quelqu'un qui aime ton Dieu comme il le merite : réjoüis-toy de ce qu'il se trouve quelqu'un qui connoît sa bonté & son excellence : réjoüis-toy, & luy rends graces de ce qu'il nous a donné icy-bas son propre Fils afin qu'il y eust quelqu'un dont il fust connû aussi parfaitement sur la terre qu'il l'est dans le ciel. Sous l'appuy de cette protection approche-toy de luy & le prie, que puis que son adorable Majesté se plaît avec toy il fasse qu'il n'y ait rien dans le monde qui soit capable de te priver de la joye de penser à sa grandeur, & de considerer de quelle sorte il merite d'être aimé & d'être loüé. Demande-luy aussi qu'il t'assiste, afin que tu puisses contribuer quelque chose à la gloire de son saint Nom, & dire avec verité ces paroles du Cantique de la Vierge : *Mon ame glorifie & loüe le Seigneur.*

VIII MEDITATION.

Priere pour les pecheurs qui sont tellement aveugles, que même ils ne veulent pas voir.

O Seigneur mon Dieu, vos paroles sont des paroles de vie où les hommes trouveroient l'accomplissement de leurs souhaits s'ils y cherchoient ce qu'ils desirent. Mais, Seigneur, faut-il s'étonner que nous oublions vos paroles saintes aprés que nous sommes tombez dans cette langueur où nous reduisent nos mauvaises actions

O Dieu Createur de l'Vnivers, grand Dieu, que seroient toutes vos creatures s'il vous avoit plû d'en créer d'autres ? Vous estes tout-puissant, & vos œuvres sont incomprehensibles : Faites donc, mon Dieu, que vos paroles ne s'effacent iamais de ma memoire. Vous avez dit : *Venez à moy vous tous qui estes accablez de travail & de peine, & ie vous soulageray.* Que desirons-nous davantage ? ô mon Dieu, que demandons-nous, & que cherchons-nous? Pourquoy se perdent tous ceux qui se perdent dans le monde, sinon pour rechercher leur soulagement & leur repos ?

O mon Dieu, faites-moy misericorde. Quelle misere Seigneur, quel aveuglement que de chercher ainsi le repos où il est impossible de le trouver ! Ayez compassion, ô mon Createur, de vos creatures: considerez que nous ne nous entendons pas nous-mesmes: que nous ne sçavons ce que nous voulons, & que nous nous égarons bien loin de ce que nous desirons. Donnez-nous lumiere, ô mon Dieu. Considerez qu'elle nous est plus necessaire qu'elle n'estoit à l'aveuglenay: Car ne pouvant voir, il desiroit de voir ; mais nous sommes aveugles, & nous voulons l'estre. Quel mal fut jemais si incurable. C'est icy, mon Dieu, que vous devez témoigner vostre souveraine puissance: c'est icy que vous devez faire paroistre vostre infinie misericorde.

Dieu de mon cœur, seul Dieu veritable, combien grande est la demande que je vous fais lors que je vous demande d'aimer ceux qui ne vous aiment point ; d'ouvrir à ceux qui ne frappent point à vostre divine porte, & de guerir ceux qui non seulement prennent plaisir à estre malades ; mais qui travaillent mesme à entretenir & à augmenter leurs maladies ? Vous dites, mon Dieu, que vous estes venu sur la terre chercher les pecheurs. Ce sont là, Seigneur, les veritables pecheurs. Ne considerez pas, mon Dieu, nostre aveuglement ; considerez seulement les ruisseaux de sang que vostre Fils a répandus pour nostre salut ; faites reluire vostre clemence dans les tenebres si épaisses où nostre malice nous a plongez; regardez-nous, Seigneur, comme l'ouvrage de vos mains ; sauvez-nous par vostre bonté & par vostre misericorde.

IX. MEDITATION.

Priere à Dieu, afin qu'il délivre par sa grace ceux qui ne sentant point leurs maux ne demandent pas qu'il les en délivre.

O Dieu de mon ame, & qui auez tant de compassion & d'amour pour elle, vous auez dit : *Venez à moy vous tous qui estes alterez, & ie vous donneray à boire.* Mais comment ceux qui brûlent dans les flâmes de la mal-heureuse convoitise des choses terrestres, peuuent-ils ne pas estre dans une alteration étrange? Et de quelle abondance d'eau n'ont-ils point besoin pour n'être pas entierement consumez? Ie sçay, mon Dieu, que vostre bonté est telle que vous ne leur refuserez pas cette eau celeste. Vous la leur auez promise, & vos paroles sont inuiolables. Que s'ils sont accoustumez depuis si long-temps à viure dans un feu si dangereux. Si bien loin d'en ressentir la violence ils se nourrissent même de son ardeur. S'ils ont tellement perdu l'esprit qu'estant tres miserables ils ne s'apperçoiuent point de leur misere, quel remede peuuent-ils esperer, mon Dieu? Vous estes neanmoins venu au monde pour remedier à de si grands maux. Commencez donc, Seigneur, commencez: c'est parmy de grandes difficultez que doit reluire la grandeur de vostre misericorde.

Considerez, Seigneur, les grands progrez que font tous les jours vos ennemis. Ayez pitié de ceux qui n'ont point de pitié d'eux-mêmes. Et puis qu'ils sont dans un estat si funeste qu'ils ne veulent point aller à vous: allez vous même à eux, mon Dieu. Ie vous le demande en leur nom dans l'assurance que j'ay que ces morts ressusciteront aussi tost qu'ils commenceront à rentrer dans eux-mêmes, à connoître leur misere, & à gouster la douceur de vostre grace. O vie qui donnez la vie à tout, ne me refusez pas cette eau si douce que vous promettez à tous ceux qui la desirent. Ie la desire, mon Sauveur, je la demande, & je viens à vous pour la receuoir de vous. Ne me la refusez pas, mon Dieu, puis que vous sçavez l'extrême besoin que j'en ay, & qu'elle est seule le veritable remede pour guerir l'ame que vostre amour a blessée.

O mon Seigneur, qu'il y a sujet de craindre pendant que l'on est en cette vie; & qu'il s'y rencontre de feux differens: Les uns corrompent l'ame & la reduisent comme en cendre: & les autres la purifient pour la rendre capable de viure, & de vous posseder eternellement. O viues sources des playes de mon Dieu, vous coulerez toûjours auec une riche abondance pour nous soustenir par l'effusion de vostre grace; & ceux qui se nourriront de vostre diuine liqueur marcheront sans crainte parmy les troubles & les dangers de cette miserable vie.

X. MEDITATION.

Du petit nombre des vrais serviteurs de Dieu. Autre priere pour les ames endurcies qui ne veulent point sortir du tombeau de leurs pechez.

O Dieu de mon ame combien sommes-nous promts à vous offenser: & combien l'estes-nous encore dauantage à nous pardonner.Seigneur, d'où peut proceder en nous une audace si extravagante & si insensée ? Car si c'est de ce que nous sçavons quelle est la grandeur de vostre misericorde ? ne sçavons nous pas aussi quelle est la grandeur de vostre justice ? *Les douleurs de la mort m'ont environné*, disoit autrefois vostre Prophete en vostre personne. O combien le peché est-il terrible, puis qu'il a pû causer tant de douleurs à un Dieu, & même luy donner la mort! Mais ces douleurs mortelles, ô mon Sauveur, vous enuironnent encore aujourd'huy. Car où pouvez-vous aller sans les ressentir, où pouvez-vous aller sans que les hommes vous blessent & vous percent de toutes parts?

O Chrestiens, c'est maintenant qu'il faut combatre pour la défense de vostre Roy. C'est maintenant qu'il faut le suivre dans ce grand abandonnement où il se trouve. Il ne luy est demeuré qu'un tres-petit nombre de ses sujets, & la grande multitude suit en foule le party de Lucifer. Mais ce qui est encore plus deplorable, ceux qui veulent passer en public pour ses amis, sont ceux-là même qui le trahissent en secret : & il ne trouve presque plus personne à qui il se puisse fier. O seul veritable amy, que celuy qui vous traite de la sorte vous paye mal de la fidelité avec laquelle vous nous aimez! O veritables Chrestiens pleurez avec vostre Dieu, qui en pleurant le Lazare ne versoit pas seulement des larmes pour luy, mais pour ceux encore qu'il prevoyoit qui ne voudroient pas ressusciter lors qu'il crieroit à haute voix pour les faire sortir du tombeau.

O mon souverain bon-heur, combien vous étoient presens alors tous les pechez que j'ay commis contre vous! Mais faites les cesser, mon Dieu, faites les cesser, & ceux encore de tout le monde. Mon Sauveur que vos cris soient si puissans qu'il leur donnent la vie, quoy qu'ils ne vous la demandent pas ; & qu'ils les fassent sortir de l'abysme si profond de leurs mal-heureuses delices. Le Lazare ne vous pria pas de le ressusciter : vous fistes ce miracle en faveur d'une femme pecheresse. En voicy une, Seigneur, qui l'est encore davantage. Faites donc éclater, mon Dieu, la grandeur de vostre misericorde. Ie vous la demande, toute miserable que je suis, pour ceux qui ne veulent pas vous la demander. Vous sçavez, mon Roy, que ce qui m'afflige c'est de voir qu'ils pensent si peu aux tourmens épouvantables qu'ils souffriront dans l'éternité s'ils ne se convertissent à vous.

O vous tous qui estes si accoustumez à ne faire que ce qu'il vous plaît, & à vivre continuellement dans les contentemens, dans les plaisirs, & dans les delices, ayez compassion de vous-mêmes. Songes qu'il arrivera un jour auquel vous serez pour jamais assujettis à la tyrannie des puissances & des furies infernales. Considerez, mais avec attention, que ce même Iuge qui vous prie maintenant de vous convertir, sera celuy qui alors vous condamnera si vous ne vous convertissez pas: & songez que vous ne sçauriez vous asurer d'avoir encore un moment à vivre. Estes-vous donc si ennemis de vous-mêmes que de ne vouloir pas vivre eternellement? O dureté du cœur des hommes! Amollissez ces cœurs de pierre, ô mon Dieu, par vostre bonté qui n'a point de bornes.

XI. MEDITATION.

Image effroyable de l'état d'une ame qui au moment de la mort se voit condamnée à des tourmens eternels.

O Mon Dieu, mon Dieu, faites moy misericorde. Comment pourrois je exprimer quelle est ma douleur lors que je me represente l'état d'une ame, qui s'étant veuë dans le monde toûjours consideree, toûjours aimée, toûjours servie, toûjours respectée, toûjours caressée, au moment qu'elle sortira de cette vie se verra perduë pour jamais, & comprendra clairement que sa misere n'aura point de fin. Qu'il ne luy servira plus de rien de détourner son esprit des veritez de la foy ainsi qu'elle avoit accoûtumé de faire icy-bas. Qu'elle se verra separée & comme arrachée de ses divertissemens & de ses plaisirs lors qu'il luy semblera qu'elle n'avoit pas encore commencé seulement à les goûter, parce qu'en effet tout ce qui se passe avec la vie n'est qu'un souffle & une vapeur. Qu'elle se verra environnée de cette compagnie si hideuse & si cruelle avec laquelle elle doit souffrir eternellement: Qu'elle se verra plongée dans un lac puant & plein de serpens qui exerceront sur elle toute la rage dont ils sont capables: Et enfin qu'elle se trouvera comme abysmée dans cette horrible obscurité, qui n'ayant pour toute lumiere qu'une flâme tenebreuse ne luy permettra de voir que ce qui peut entretenir pour jamais ses peines & ses tourmens.

O que ce que je dis est peu en comparaison de ce qui en est! O Seigneur, & qui a donc tellement couvert de bouë les yeux de cette ame qu'elle n'ait point apperçû cet état funeste jusques à ce qu'elle s'y soit veuë pour jamais reduite? Qui a tellement bouché ses oreilles qu'elle n'ait point entendu ce qu'on luy a dit mille & mille fois de la grandeur & de l'éternité de ces tourmens? O vie eternellement mal-heureuse! O supplices sans fin & sans relâche! est-il possible que ceux-là ne vous craignent point qui craignent tellement les moindres incommoditez du corps, qu'ils ne peuvent souffrir de passer seulement une nuit dans un lit qui soit un peu dur?

O Seigneur, que je regrette le temps auquel je n'ay point compris ces veritez! Mais puis que vous sçavez, mon Dieu, le deplaisir que je souffre de voir le grand nombre de ceux qui ne veulent pas les entendre, faites au moins, je vous en conjure, que vostre lumiere éclaire quelque ame qui soit capable d'en éclairer beaucoup d'autres. Ie ne vous demande pas, Seigneur, que vous le fassiez pour l'amour de moy; car j'en suis indigne: mais je vous le demande par les merites de vôtre Fils. Iettez, ô mon Dieu, les yeux sur ses playes. Et puis qu'il les a pardonnées à ceux qui les luy ont faites, pardonnez-nous aussi les pechez que nous avons commis contre vous.

XII. MEDITATION.

Que les hommes sont lâches pour servir Dieu, & hardis pour l'offenser. Vive remontrance pour les faire rentrer en eux-même.

O Mon Dieu & mon veritable soustien, d'où vient qu'étant si lâches en toutes choses, nous ne sommes hardis que lors qu'il s'agit de vous attaquer & de vous combattre? C'est a quoy s'employent aujourd'huy toutes les forces & tout le courage des enfans des hommes. Que si nostre esprit n'estoit aussi aveugle & aussi couvert de tenebres comme il l'est, tous les hommes joints ensemble auroient-ils assez de resolutions pour prendre les armes contre leur Createur, & pour faire une guerre continuelle à celuy qui peut en un moment les precipiter dans les abysmes? Mais estant aussi aveugles qu'ils sont, ils agissent comme des fous; ils cherchent & trouvent la mort dans les choses mesme où ils s'imaginent de trouver la vie; & ils se conduisent en tout comme ayant perdu la raison. Que peut-on faire, mon Dieu, pour ces insensez, & quel remede est capable de les guerir? On dit que la frenesie donne des forces à ceux qui en sont frappez, quoy qu'ils fussent foibles par eux mesmes. Tels sont ces frenetiques, mon Dieu; ils sont lâches en toute autre chose, & ils n'ont de la force que pour combattre en vous, combattant celuy qui leur fait le plus de bien, & pour s'opposer à vous dans la furie de leurs passions.

O sagesse incomprehensible, vous aviez besoin sans doute de tout l'amour que vous portez à vos creatures pour pouvoir souffrir une telle extravagance; pour attendre que nous soyons revenus à nostre bon sens, & pour procurer par mille moyens & mille remedes la guerison de nostre folie. Ie ne sçaurois considerer sans estonnement que lors qu'il faut faire le moindre effort pour abandonner une occasion & fuïr un peril où il ne s'agit pas de moins que de perdre pour jamais son ame, les hommes manquent si fort de courage qu'ils s'imaginent, que quand ils le voudroient ils ne le pourroient; & qu'en mesme temps ils ayent la resolution & la hardiesse d'attaquer une

Majesté aussi puissante & aussi redoutable qu'est la vostre.

D'où vient cette folie, ô mon tout ? & qui leur donne cette force Si c'est le capitaine qu'ils suivent dans cette guerre ; n'est-il pas pour jamais vostre esclave, & ne brûle-t-il pas dans des flâmes eternelles? Comment peut-il donc se revolter contre vous? Comment celuy qui a esté vaincu peut-il donner du courage aux autres, pour leur faire esperer de vous vaincre. Comment peuvent-ils se resoudre de suivre celuy qui ayant perdu toutes les richesses du ciel & dans une si extrême pauvreté ? Que peut donner celuy qui a tout perdu, & à qui il ne reste qu'une épouvantable & incomprehensible misere?

Qu'est-ceque cecy, mon Dieu ? Qu'est-ce que cecy, mon Createur ? D'où vient que nous sommes si forts contre vous, & si lâches contre le demon ? Mais quand même, ô mon Prince, vous ne favoriseriez pas ceux qui sont à vous : quand même nous serions redevables en quelque chose à ce Prince de tenebres, quelle apparence y auroit-il de le suivre, puisque les biens que vous nous reservez dans l'eternité ne sont pas moins veritables que les plaisirs & les contentemens qu'il nous promet sont faux & imaginaires : & quelle liaison pouvons-nous avoir avec celuy qui a eu l'audace de s'élever contre vous ?

O mon Dieu, quel étrange aveuglement ! ô mon Roy, quelle horrible ingratitude ! ô mon Seigneur, quelle épouvantable folie! Nous employons pour le service du demon ces mêmes biens que nous tenons de vostre bonté : nous payons vostre extrême amour pour nous par l'amour que nous avons pour celuy que vous haït & qui vous haïra eternellement ; & aprés tant de sang que vous avez versé, aprés les coups de foüet que vous avez endurez, aprés les douleurs & les tourmens que vous avez soufferts pour nous ; au lieu de vanger vostre Pere des insupportables injures qu'on luy a faites en vostre personne, puis que pour vous mon Sauveur, loin d'en desirer quelque vengeance vous auez tout pardonné, nous prenons pour nos compagnons & pour nos amis ceux qui vous ont traité de la sorte. Car puis que nous suiuons icy-bas leur capitaine infernal, qui doute que nous ne soyons un jour leurs compagnons dans leur eternel supplice & que nous ne viuions à jamais en leur compagnie, si vostre misericorde ne nous fait rentrer dans nostre bon sens, & ne nous pardonne nos fautes passées ?

O miserables mortels, rentrez enfin dans vous-mêmes : arrestez vos yeux sur vostre Roy pendant qu'il est encore doux & pitoyable: cessez de commettre tant de crimes, tournez vos forces & vostre fureur contre celuy qui vous fait la guerre, & qui veut vous rauir les biens & les auantages de vostre diuine renaissance. Rentrez, rentrez, dis-je encore une fois en vous mêmes: ouvrez les yeux : poussez des cris ; & verfez des larmes pour demander la lumiere veritable à celuy qui eft venu la donner ou monde. Confiderez au nom de Dieu que tous vos efforts vont à donner la mort à celuy qui a donné fa vie pour fauver la voftre : confiderez que c'eft celuy qui vous défend de vos ennemis. Et fi tout cela ne fuffit pas qu'il vous fuffife au moins de connoître qu'en vain vous vous oppofez à fon pouvoir ; & que toft ou tard un feu eternel vous fera payer la peine de voftre mépris & de voftre audace.

Eft-ce à caufe que vous voyez cette Majefté fupréme liée & attachée par l'amour qu'elle a pour nous que vous eftes fi infolens & fi hardis à l'offenfer ? Hé qu'ont fait davantage ceux qui luy ont donné la mort que de le charger de coups, & le couvrir de bleffures aprés l'avoir attaché à une colonne ? ô mon Dieu, eft-il poffible que vous fouffriez pour ceux qui font fi peu touchez de vous voir fouffrir ? Il arrivera un temps, mon Seigneur, où voftre juftice éclatera, & fera voir qu'elle eft égale à voftre mifericorde.

Confiderons bien cela, Chreftiens : confiderons le attentivement & nous connoîtrons que les obligations que nous avons à Dieu font infinies, & que les richeffes de fa bonté font inconcevables. Que fi fa juftice n'eft pas moindre que fa clemence, helas ! mon Dieu, helas ! que deviendront ceux qui auront merité qu'il en faffe connoître la grandeur en leurs perfonnes, & qu'il exerce fur eux la feverité de fes jugemens ?

XIII. MEDITATION.

Du bon-heur des Saints dans le Ciel : & de l'impatience des hommes, qui aiment mieux ioüir pour un moment des faux biens de cette vie, que d'attendre les veritables & les eternels.

O Saintes ames qui joviffez déja dans le Ciel d'une parfaite felicité fans aucune crainte de la perdre, & qui eftes fans ceffe occupées à loüer mon Dieu; que voftre condition eft heureufe : que c'eft avec grande raifon que vous n'interrompez jamais vos loüanges & vos actions de graces ; & que je vous porte d'envie vous confiderant ainfi comme libres & affranchies de la douleur que je reffens en voyant la multitude des offenfes qui fe commettent contre mon Dieu dans le mal-heureux fiecle où nous vivons : de voir une telle ingratitude dans les hommes, & un fi profond affoûpiffement qu'ils ne font pas feulement la moindre reflexion fur ce grand nombre d'ames que le diable entraîne tous les jours dans les enfers. O bienheureufes & celeftes ames qui joüiffez des delices du paradis, ayez compaffion de noftre mifere, & intercedez pour nous envers Dieu

afin

afin qu'il nous donne quelque part à voftre bon heur ; qu'il répande dans nos efprits un rayon de cette viue lumiere dont vous eftes toutes remplies, & qu'il nous donne quelque fentiment de ces recompenfes inconceuables qu'il a preparées à ceux qui combattent pour luy auec un courage inuincible durant le fommeil fi court de cette mal-heureufe vie. O ames toutes brûlantes d'amour, obtenez nous la grace de bien comprendre quelle eft la joye que vous donne la connoiffance & la certitude de l'eternité de voftre joye.

O mon Sauueur que nous fommes miferables, puis qu'encore qu'il femble que nous n'ignorions pas ces veritez, & même que nous les croyions, nous fommes neanmoins fi accouftumez à ne les point confiderer, & elles font fi éloignées de noftre efprit, qu'en effet ny nous ne les connoiffons, ny nous ne voulons pas les connoître.

O efprits intereffez & paffionnez pour vos plaifirs, eft-il poffible que pour ne vouloir pas attendre un peu de temps afin d'en poffeder de fi grands : pour ne vouloir pas attendre un an : pour ne vouloir pas attendre un jour : pour ne vouloir pas attendre une heure ; & pour ne vouloir pas attendre peut-être un moment, vous perdiez tous ces plaifirs pour jouïr d'une miferable fatisfaction, parce que vous la voyez & qu'elle eft prefente ? O mon Dieu, mon Dieu, que nous auons peu de confiance en vous, de vous refufer ainfi un peu de temps ! Et que vous auez au contraire de confiance en nous, de nous donner des richeffes ineftimables en nous donnant voftre propre Fils : en nous donnant trente-trois ans de fa vie qu'il a paffée dans des trauaux incroyables : en nous donnant fa mort cruelle & fanglante ; & en nous donnant tout ce que je viens de dire fi long-temps auant que nous fuffions nez, fans que la connoiffance que vous auiez que nous ne garderions pas fidellement ce trefor fans prix vous ait empêché de nous le donner, parce que vous n'auez pas voulu, ô Pere fi doux & fi fecourable, qu'il tint à vous qu'en le faifant profiter nous pûffions nous enrichir pour jamais.

Quant à vous, ô ames bien heureufes qui auez employé de telle forte ces riches talens que vous en auez acquis un heritage de delices eternelles, apprenez-nous à les faire profiter à voftre exemple : affiftez nous : & puis que vous eftes fi proches de la fontaine celefte, tirez-en de l'eau pour nous en faire part, lors que nous mourons de foif fur la terre.

XIV. MEDITATION.

Combien le regard de IESUS-CHRIST *dans le dernier Iugement sera doux pour les bons, & terrible pour les méchans.*

O Mon Seigneur, & mon veritable Dieu, celuy qui ne vous connoist pas ne vous aime pas. Helas! que cette verité est grande & que mal-heureux sont ceux qui ne veulent pas vous connoistre. L'heure de la mort est une heure redoutable:& qui peut, mon Createur, assez craindre ce jour terrible qui verra executer le dernier arrest que doit prononcer vostre justice? Iesus mon Sauveur & tout mon bien, i'ay consideré plusieurs fois quelle est la douceur & la ioye que vostre regard porte dans les ames de ceux qui vous aiment, & que vous daignez voir d'un œil favorable. Il me semble qu'un seul de ces regards leur donne tant de consolation qu'il suffit pour les recompenser de plusieurs années de services.

O qu'il est difficile de faire comprendre cecy à ceux qui ne sçavent pas par experience combien le Seigneur est doux! O chrestiens, chrestiens, considerez que vous estes devenus les freres de vôtre Sauveur & de vostre Dieu. Considerez quel il est, & ne le méprisez pas. Sçachez qu'en ce jour de sa majesté & de sa gloire, autant que son regard sera doux & favorable pour ses serviteurs & ses amis, autant il sera terrible & plein de fureur pour ses persecuteurs & ses ennemis. O que nous comprenons mal que le peché n'est autre chose qu'une guerre que nous faisons à Dieu, qu'un combat contre luy de tous nos sens & de toutes les puissances de nostre ame, qui conspirent comme à l'envy à qui usera de plus de trahisons & de perfidies contre leur Createur & leur commun Roy?

Vous sçavez, mon Seigneur, que i'ay souvent plus apprehendé de voir vostre divin visage animé de colere contre moy dans ce jour épouuantable de vostre dernier Iugement, que d'estre au milieu des supplices & des horreurs de l'enfer; & que ie vous priois, comme ie vous en prie encore, mon Dieu, de vouloir par vostre misericorde me preserver d'un malheur si déplorable. Que me sçauroit-il arriver dans le monde qui en approche! Ie l'aime mieux, mon Dieu, quoy que ce puisse estre, ie l'aime mieux, pourveu que vous me garantissiez d'une telle peine. Faites que ie ne cesse jamais, mon Sauueur, de iouïr de la veuë de vostre souueraine beauté. Vostre Pere vous a donné à nous. Ne souffrez pas, ô mon cher Maistre, que ie perde un tresor si precieux. Ie confesse, ô Pere Eternel, que ie l'ay tres mal conservé. Mais cette faute n'est pas sans remede:elle n'est pas sans remede, mon Seigneur, pendant que nous respirons encore dans l'exil de cette vie.

Ô mes freres, mes freres, qui estes comme moy les enfans de Dieu efforçons-nous, mais de tout nostre pouvoir, de reparer nos fautes passées, puis que vous sçavez qu'il a dit, que lors que nous aurons regret d'avoir peché contre luy il oubliera toutes nos offenses. O bonté sans mesure, que demandons-nous davantage? Oserons-nous mesme tant demander sans quelque pudeur & quelque honte? Mais c'est à nous maintenant de recevoir ce que son extrême bonté nous veut donner. Puis donc qu'il ne desire de nous que nostre amour, qui pourroit le refuser à celuy qui n'a pas refusé de répandre tout son sang pour nous, & de nous donner sa propre vie?

Considerons qu'il ne nous demande rien qui ne soit pour nostre avantage. O mon Dieu, quelle dureté! quel aveuglement! quelle folie? La perte d'une éguille nous fait de la peine: un chasseur se fâche de perdre un oiseau dont il ne tire autre avantage que le plaisir de le voir voler: & nous ne sommes point touchez de regret de perdre cette aigle royale, de perdre la majesté de Dieu même, & ce royaume dont la possession & le bon-heur dureront eternellement. Qu'est-ce que cela, Seigneur? Qu'est-ce que cela? i'avoüe que ie ne le comprens pas. Tirez-nous, ô mon Dieu, d'un si grand aveuglement: guerissez-nous d'une si extrême folie.

XV. MEDITATION.

Ce qui peut consoler une ame dans la peine qu'elle ressent d'estre si long-temps en cet exil.

HELAS! helas! ô mon Dieu, que le temps de ce bannissement est long, & que i'y souffre de peine par le desir que i'ay de vous voir. Seigneur, que peut faire une ame qui se trouve enfermée dans la prison de ce corps? O Iesus mon Sauueur, que la vie de l'homme est longue, quoy que l'on dise qu'elle est courte: Elle est courte en effet, puis qu'on peut gaigner par elle une vie eternellement heureuse. Mais elle est bien longue pour une ame qui desire de joüir de la presence de son Dieu, quel remede, donc mon Sauueur, donnerez-vous à ce que ie souffre? L'unique remede, mon Dieu, est que ie souffre pour vous. O bien-heureuse souffrance qui est la seule consolation de ceux qui aiment mon Dieu, ne fuy pas l'ame qui te cherche, & qui ne peut esperer que par toy de voir croistre & adoucir tout ensemble le tourment que cause celuy qui est aimé à l'ame qui l'aime.

Tout mon desir, Seigneur, est de vous plaire, & ie sçay certainement que ie ne puis trouver aucune satisfaction parmy les hommes. Que si cela est, comme il me semble, vous ne blasmez point sans doute ce desir, mon Dieu, qui n'empesche pas neanmoins que s'il est necessaire que je vive pour vous rendre quelque seruice je n'accepte de bon cœur tous les trauaux qui se peuuent souffrir sur la terre, comme le disoit autrefois vostre grand amateur S. Martin. Mais helas! mon Sauveur, qui suis-je? & qui estoit-il? Il auoit des œuvres: & je n'ay que des paroles. C'est là tout ce que je puis. Au defaut de mon pouuoir regardez, Seigneur, mes desirs; & ne les rejettez pas de vostre divine presence. Ne considerez pas mon peu de merite: mais faites que nous meritions tous de vous aimer. Puis que nous avons encore à vivre icy-bas, faites mon Dieu que nous n'y vivions que pour vous seul, sans auoir plus d'autres interests ny d'autres desseins, Car que pouuons nous souhaitter davantage que de vous contenter & de vous plaire?

O mon Dieu & toute ma consolation, que feray-je pour vous contenter? Tous les seruices que je vous puis rendre, quand bien je vous en rendrois plusieurs, sont defectueux & miserables. Qui me peut donc obliger à demeurer davantage en cette mal heureuse vie? Rien sans doute, sinon pour accomplir la volonté de mon Seigneur & de mon maître. Et que pourrois-je souhaitter qui me fust plus auantageux? Attens donc, ô mon ame, attés avec patience puisque tu ne sçais ny le jour ny l'heure: garde toy bien de t'endormir; veille auec soin, parce que tout se passe bien-tost sur la terre, quoy que ton desir te fasse paroistre douteux ce qui est certain, & long ce qui ne dure que peu. Considere que plus tu combattras pour ton Dieu, plus tu témoigneras ton amour pour luy, & plus tu joüiras un jour de ce Seigneur que tu aimes auec une joye & des delices qui dureront eternellement.

XVI. MEDITATION.

Que Dieu seul peut donner quelque soulagement aux ames qu'il a blessées par les traits de son amour.

O Mon Dieu & mon Seigneur, c'est une grande consolation pour une ame qui souffre auec douleur la solitude où elle se trouue quand elle est absente de vous, de penser que vous estes present par tout. Mais dequoy luy peut seruir cette pensée quand son amour devient plus ardent, & que cette peine la presse avec plus d'effort & de violence? C'est alors que son entendement se trouble, & que sa raison estant comme obscurcie ne luy permet pas de conceuoir & de connoistre cette verité. Toute la pensée qui la possede pour lors est qu'elle se voit separée de vous: & elle ne trouue point de remede à un si grand mal. Car le cœur qui aime beaucoup ne reçoit ny conseil ny consolation que de celuy-là mesme qui l'a blessé de son amour, sçachant que c'est de luy seul qu'il doit attendre le soulagement de sa peine. C'est vous, mon Sauueur, qui causez cette blessure; & vous la guerissez bien tost quand vous le voulez. Mais à moins que cela, il ne nous reste de salut ny de joye que celle que nous trouuons à souffrir en considerant l'objet & la cause de nostre souffrance.

O veritable amant de nos ames, auec quelle bonté, quelle douceur, quelle complaisance, quelles caresses, & quelle demonstration d'un extrême amour guerissez-vous les blessures que vous nous faites auec les flèches de ce même amour? Mais, mon Dieu, & ma consolation dans toutes mes peines, que je suis indiscrete de parler ainsi. Car comment des remedes humains pourroient-ils guerir ceux qu'un feu diuin a rendus malades? Qui pourroit connoître la profondeur de cette blessure? Qui pourroit connoître d'où elle procede? qui pourroit connoître les moyens de soulager un tourment si penible & si agreable tout ensemble? & quelle apparence qu'un mal si precieux se pût adoucir par des remedes aussi méprisables que sont ceux que les hommes nous peuvent donner?

Certes ce n'est pas sans grande raison que l'Epouse dit dans les Cantiques: *Mon bien aimé est à moy : & je suis à mon bien-aimé*. Mon bien aimé est à moy dit-elle, parce qu'il n'est pas possible que cet amour mutuel entre Dieu & la creature commence par une chose aussi basse que mon amour. Mais si mon amour est si bas, d'où vient qu'il ne s'arreste pas à la creature : & comment peut-il s'éleuer jusqu'au Createur? Pourquoy, ô mon Dieu, suis-je à mon bien-aimé comme il est à moy? C'est vous, ô mon veritable amant qui commencez cette guerre toute d'amour : & cette guerre ne me semble être autre chose qu'un abandon & une inquietude de tous nos sens & de toutes les puissances de nostre ame, qui courent dans les ruës & dans les places publiques, comme il est marqué par la sainte Epouse, lors qu'elle conjure les filles de Ierusalem de luy apprendre des nouuelles de son Dieu.

Mais, Seigneur, quand cette guerre est commencée, contre qui ces sens & ces puissances peuuent ils combattre que contre celuy qui s'est rendu maistre de la forteresse qu'ils occupoient qui est la partie la plus éleuée de nostre ame, & qui ne les en a chassez que pour les obliger à la reconquerir en quelque sorte sur leur diuin conquerant, ou à reconnoistre leur foiblesse par la douleur qu'ils souffrent de se voir éloignez de luy : afin que renonçant ainsi à leurs propres forces, ils combattent plus courageusement qu'auparauant auec les forces qu'il leur donnera, & qu'en se confessant vaincus, ils vainquent heureusement leur vainqueur? O mon ame que vous auez éprouué la verité de ce que je dis dans le combat merueilleux, qui s'est passé en vous lors que vous estiez en cette peine. Mon bien-aimé est donc à moy ; & je suis à mon bien-aimé. Qui sera celuy qui entreprendra d'éteindre ou de separer deux si grands feux ? Certes il trauailleroit en vain, puis que ces deux feux ne sont plus qu'un feu.

XVII. MEDITATION.

Que nous ignorons ce que nous devons demander à Dieu. Desirs ardens de quitter ce monde pour joüir de la parfaite liberté, qui consiste à ne pouvoir plus pecher.

O Mon Dieu, ô Sagesse sans bornes & sans mesure eleuée au dessus de tout ce qu'en peuuent conceuoir tous les hommes & tous les Anges! O amour qui m'aimez beaucoup plus que je ne me sçaurois aimer moy-même & que je ne puis comprendre: Pourquoy desiray-je autre chose que ce que vous voulez me donner? Pourquoy me tourmentay-je à vous demander ce qui est conforme à mon desir, puis que vous sçavez quel succez pourroit avoir tout ce que mon esprit peut s'imaginer, & tout ce que mon cœur peut souhaitter? Au lieu que ne sçachant pas moy-même s'il me seroit avantageux, je trouverois possible ma perte dans ce que je me persuade être mon bon-heur. Comme par exemple, si je vous demandois de me délivrer d'une peine dans laquelle vous auriez pour fin de mortifier mon ame; que vous demanderois-je, ô mon Dieu ? Et si je vous priois de me laisser dans cette peine, peut-être ne seroit-elle pas proportionnée à ma patience, qui étant encore foible ne pourroit soûtenir un si grand poids; ou si elle le soûtenoit, n'étant pas encore bien affermie dans l'humilité elle pourroit s'imaginer qu'elle auroit fait quelque chose; au lieu que c'est vous qui faites tout, O mon Dieu. Si je vous demandois de souffrir : il me viendroit peut estre en la pensée que ce ne doit pas estre en des choses qui me pourroient faire perdre l'estime & la creance qui m'est necessaire pour vostre service; & il me semble que ce n'est point l'amour de mon propre honneur qui me fait avoir cette crainte. Mais ensuite il pourroit arriver que ce que j'estimerois devoir me faire perdre cette creance me l'augmenteroit & me donneroit plus de moyen de vous servir, qui est le seul avantage que j'en pretens.

Ie pourrois, Seigneur, aioûter plusieurs choses pour me faire mieux entendre, car ie ne m'explique pas assez. Mais comme je sçay qu'elles vous sont toutes presentes, pourquoy parlerois-je davantage, Et pourquoy mesme ay je dit ce que j'ay dit ? Ie l'ay dit mon Dieu, afin que lors que le sentiment de ma misere se reveille, & que ma raison me paroist comme toute obscurcie & couuerte de tenebres, je me cherche & ie tâche de me retrouuer moy-mesme dans ce papier écrit de ma main. Car souuent, mon Dieu, ie me sens si foible, si lâche, & si miserable, que je ne sçay plus qu'est deuenuë vostre seruante; elle qui croyoit auoir receu de vous assez de graces & d'assistance pour pouuoir soustenir tous les orages & toutes les tempestes du monde. Faites, ô mon Dieu, que ie ne mette iamais plus ma confiance en ce que ie puis vouloir par moy-mesme; mais que vostre volonté ordonne de moy tout ce qu'il luy plaist. Ce qu'elle veut est tout ce que ie veux, parce que tout mon bien est de vous contenter en toutes choses. Que si vous vouliez, mon Dieu, m'accorder ce que ie veux, ie voy clairement que cette grace que vous me feriez, ne seruiroient qu'à me perdre.

O que la sagesse des hommes est aueuglé, & que leur prevoyance est trompeuse! Faites que la vostre, ô mon Dieu, par les moyens que vous iugerez les plus propres, porte mon ame à vous seruir à vostre gré, & non pas au sien; & ne me punissez pas en m'accordant ce que ie demande ou ce que ie desire lors qu'il ne sera pas conforme au dessein de vostre diuin amour qui doit estre mon unique vie. Que ie meure à moy-mesme, & qu'un autre qui est plus grand que moy & qui m'aime mieux que ie ne m'aime, viue en moy afin que ie puisse le seruir. Qu'il viue, & qu'il me donne la vie; qu'il regne, & que ie sois son esclaue, C'est là la seule liberté que ie souhaitte. Car comment peut-on estre libre sans estre assuietty au tout puissant ; & quelle captiuité peut estre plus grande & plus mal-heureuse que la liberté d'une ame qui s'est tirée d'entre les mains de son Createur? Heureux ceux qui se trouuent si fortement attachez à vous par les chaisnes de vos bien-faits & de vos misericordes, mon Dieu qu'il n'est pas en leur pouuoir de les rompre. L'amour est fort comme la mort: il est dur & inflexible comme l'enfer. O qui se pourroit voir comme tué de sa propre main dans cet homme de peché que nous portons, & precipité dans ce diuin enfer de l'amour diuin, d'où il n'espereroit plus, ou pour mieux dire, d'où il ne craindroit plus de pouuoir iamais sortir. Mais helas! mon Dieu, nous sommes toûjours en peril durant cette vie mortelle; & tant qu'elle dure on peut toûjours perdre l'eternelle.

O vie ennemie de mon bon-heur, que n'est il permis de te finir! Ie te souffre, parce que mon Dieu te souffre; i'ay soin de toy, parce que tu és a luy. Mais ne me trahis pas; & ne me sois pas ingrate. Helas! mon Seigneur, que mon bannissement est long! Il est vray que tout le temps est court pour acquerir vostre eternité: mais un seul iour & une seule heure dure beaucoup à ceux qui craignent de vous offenser, & qui ne sçauent pas s'ils vous offensent.

O libre arbitre, que tu és esclaue de ta liberté, si tu n'és attaché comme auec des clous par l'amour & par la crainte de celuy qui t'a creé. Helas! quand viendra cet heureux jour que tu te verras abysmé dans cette mer infinie de la souueraine verité, où tu n'auras plus la liberté de pouuoir pecher, ny ne voudras pas l'auoir, parce que tu seras alors affranchy de toutes miseres, & heureusement reuny & comme naturalisé auec la vie de ton Dieu, de ton Createur, & de ton maistre?

Dieu est bien-heureux, parce qu'il se connoist, qu'il s'aime, & qu'il jouït de soy-même sans qu'il luy soit possible de faire autrement. Il n'a point ny n'a pû auoir la liberté de s'oublier soy-même, ou de cesser de s'aimer : & ce ne seroit pas en luy une perfection, mais une imperfection que d'auoir cette liberté. Tu ne seras donc, mon ame, jamais en repos que quand tu seras parfaitement unie auec ce souuerain bien: que tu connoistras ce qu'il connoist : que tu aimeras ce qu'il aime, & que tu possederas ce qu'il possede. Car alors tu ne seras plus sujette à changer; mais ta volonté sera immuable, parce que la grace de Dieu agira en toy si puissamment, & te rendra participante de sa diuine nature dans un tel degré de perfection, que tu ne pourras plus ni oublier ce souuerain bien, ni desirer de le pouuoir oublier, ni cesser de jouïr de luy dans les transports de son eternel amour.

Bien-heureux ceux qui sont écrits dans le liure de cette immortelle vie. Mais, mon ame, si tu és de ce nombre pourquoy es-tu si triste, & pourquoy me troubles tu? Espere en ton Dieu : je veux sans differer dauantage luy confesser mes pechez & publier ses misericordes, pour composer de l'un & de l'autre un Cantique mélé de mille soûpirs à la loüange de mon Sauueur & de mon Dieu. Peut estre qu'il arriuera un jour que je luy en chanteray un autre pour luy rendre graces de la gloire qu'il m'aura donnée sans que ma joye soit plus trauersée par les reproches de ma conscience. Ce sera alors, ô mon ame, que tu verras cesser tous tes soupirs & toutes tes craintes. Mais jusques-là toute ma force sera dans l'esperance & dans le silence, comme parle le Prophete. J'aime mieux, mon Dieu viure & mourir dans l'esperance de cette vie eternellement heureuse, que de posseder tout ce qu'il y a de creatures dans le monde, & tout ces biens qui ne durent qu'un moment. Ne m'abandonnez pas, mon Seigneur, puis que ma confiance est toute en vous: Ne trompez pas mes esperances. Faites-moy toûjours la grace de vous seruir; & aprés disposez de moy comme il vous plaira.

FIN.

A BLE

TABLE DES CHAPITRES

TABLE DES CHAPITRES DE LA VIE
DE SAINTE THERESE.

AVANT-PROPOS de la Sainte. pag. 1.

CHAPITRE PREMIER. *Vertus du pere & de la mere de la Sainte. Soin qu'ils prenoient de l'éducation de leurs enfans. La Sainte n'estant âgée que de six ou sept ans entre avec un de ses freres dans le desir de souffrir le martyre.* 2

II. *Préjudice que reçût la Sainte de la conversation d'une de ses parentes. Combien il importe de ne frequenter que des personnes vertueuses. On la met en pension dans un monastere.* 4

III. *Grands avantages que tire la Sainte des entretiens d'une excellente Religieuse sous la conduite de laquelle elle estoit avec les autres pensionnaires. Elle commence à concevoir un foible desir d'estre Religieuse. Vne grande maladie la contraint de retourner chez son pere. Elle passe chez un de ses oncles qui estoit tres-vertueux : & ensuite du peu de sejour qu'elle y fit elle se resout à estre religieuse.* 8

IV. *La Sainte prend l'habit de Religieuse, & sent en mesme temps un tres-grand changement en elle. Elle retombe dans une si grande maladie que son pere est obligé de la faire sortir du monastere pour la faire traiter. Celuy de ses oncles dont il a esté cy-devant parlé luy donne un livre qui luy sert beaucoup pour luy apprendre à faire oraison : & elle commence à entrer dans l'oraison de quietude & mesme d'union, mais sans le connoistre. Besoin qu'elle eut durant plusieurs années d'avoir un livre pour se pouvoir recueillir dans l'oraison.* 11

V. *Préjudice que la Sainte dit avoir toûjours reçû des demy-sçavans. Dieu se sert d'elle pour retirer son Confesseur d'un grand peril. La maladie de la Sainte la reduit en tel estat qu'on la crût morte.* 16

VI. *Extremité où la Sainte se trouve encore aprés cette merveilleuse foiblesse. Elle se fait remener dans son monastere, & demeure percluse durant trois ans. Patience avec laquelle elle souffre tous ses maux. Ses dispositions interieures. Elle a recours à saint Ioseph, & recouvre sa santé par son intercession. Grandes loüanges de ce Saint.* 22

VII. *La Sainte aprés estre guerie se rengage en des conversations dangereu-*

VVVuu

ses, & par une fausse humilité n'ose plus continuer à faire oraison. Combien la closture est necessaire dans les monasteres de femmes, & quel mal c'est de mettre des filles dans les maisons non reformées. IESVS-CHRIST s'apparoist à la Sainte avec un visage severe. Elle engage son pere à faire oraison. Il y fait un grand progrez, & meurt saintement. La sainte sort de son monastere pour l'assister. Vn Religieux Dominiquain la porte à rentrer dans l'exercice de l'oraison. Combat qui se passoit en elle mesme parce qu'elle n'estoit pas encore détachée de ces conversations inutiles & dangereuses. Qu'elle peine c'est à une ame qui aime Dieu de recevoir de luy des faveurs au lieu des chastimens lors qu'elle l'offence encore : & combien grand est le besoin de communiquer avec des personnes vertueuses pour se fortifier dans ses bonnes resolutions. 28

VIII. Combien la sainte souffrit durant dix-huit ans de sentir son cœur partagé entre Dieu & le monde. Elle exhorte à ne discontinuer iamais de faire oraison quelque peine que l'on y ait, & dit qu'en certain temps elle y en avoit eu de tres-grandes. 39

IX. Impression qu'une image de IESUS-CHRIST tout couvert de playes fit dans l'esprit de la Sainte. Avantages qu'elle tiroit de se representer qu'elle l'accompagnoit dans la solitude, & de la lecture des confessions de saint Augustin. Qu'elle n'a iamais osé demander à Dieu des consolations. 44

X. Maniere dont la Sainte estoit persuadée de la presence de IESUS-CHRIST dans elle. Des ioyes qui se rencontrent dans l'oraison. Que c'est une fausse humilité de ne pas demeurer d'accord des graces dont Dieu nous favorise. 48

XI. L'oraison n'est autre chose que le chemin pour arriver à devenir heureusement esclave de l'amour de Dieu : Mais souvent lors que l'on croit avoir entierement renoncé à tout, il se trouve que l'on y est encore attaché. Celuy qui commence à faire oraison doit s'imaginer que son ame est un jardin qu'il entreprend de cultiver. Quatre manieres de l'arroser par l'oraison, dont la premiere est comme tirer de l'eau d'un puits avec grande peine. La seconde d'en tirer avec une machine. La troisiéme d'en tirer d'un ruisseau par des rigoles. La quatriéme de le voir arroser par de la pluye qui tombe du ciel. Et la Sainte traite dans ce chapitre de la premiere de ces quatre manieres d'oraison qui est la Mentale, & dit qu'il faut bien se garder de s'estonner des secheresses qui s'y rencontrent, & de quelle maniere on doit alors se conduire. 53

XII. La Sainte continuë à parler de l'Oraison mentale. Dit qu'il se faut bien garder de pretendre à un estat plus élevé si Dieu luy-mesme ne nous y élevé : & rapporte comme il la rendit en un moment capable de faire connoistre à ses Confesseurs les graces dont il la favorisoit. 61

XIII. Divers avis tres-utiles pour ceux qui commencent à vouloir faire oraison ; afin de se garentir des pieges que le demon leur tend pour les

DE LA VIE DE SAINTE THERESE. 891

empescher de s'avancer. Combien il importe de communiquer avec des personnes sçavantes, & d'avoir un bon directeur. 64

XIV. De l'Oraison de Quietude ou de Recueillement, qui est la seconde sorte d'oraison que la Sainte compare à la seconde maniere d'arroser ce iardin spirituel par le moyen d'une machine qui tire de l'eau avec une roüe. 73

XV. La Sainte continuë à traiter de l'oraison de Quietude ou de recueillement, & donne d'excellens avis sur ce sujet. 78

XVI. De l'oraison d'union, qui est la troisiéme sorte d'oraison que la Sainte compare à la troisiéme maniere d'arroser un jardin par des rigoles d'une eau vive tirée d'un ruisseau ou d'une fontaine. 86

XVII. La Sainte continuë à parler dans ce chapitre de l'oraison d'union. 90

XVIII. De la quatriéme sorte d'oraison qui est l'oraison de Ravissement ou d'Extase, ou d'Elevation & transport d'esprit, qui sont des termes differens pour exprimer une mesme chose, & que la Sainte compare à la quatriéme maniere dont un iardin se trouve arrosé par une abondante pluye qui tombe du ciel. 94

XIX. La Sainte continuë à traiter dans ce chapitre de l'Oraison de Ravissement ou d'Extase, parle des effets qu'elle opere en l'ame, & exhorte encore à ne discontinuer iamais pour quelque cause que ce soit de faire oraison. 100

XX. De la difference qu'il y a entre l'oraison d'Vnion & celle de Ravissement, & des merveilleux effets que produit cette derniere. 108

XXI. La Sainte continuë & acheve de traiter dans ce chapitre de la quatriéme maniere d'Oraison qui est le Ravissement, & des effets qu'elle produit dans les ames. 121

XXII. Qu'il ne faut pas porter nostre esprit à une contemplation trop élevée si Dieu mesme ne l'y porte. Erreur où la Sainte dit qu'elle avoit esté de n'oser envisager l'humanité de IESUS-CHRIST dans la creance que ce luy estoit un obstacle pour arriver à une oraison plus sublime. 126

XXIII. La Sainte reprend le discours de la suite de sa vie. Avantage qu'elle reçoit des excellens avis d'un Gentilhomme de tres-grande vertu, & de la conduite d'un Pere de la Compagnie de IESUS à qui elle fit une confession generale. 134

XXIV. La Sainte ayant par le conseil de son Confesseur demandé à Dieu dans l'oraison de l'assister pour le contenter en tout, elle tombe en extase. Dieu luy parle pour la premiere fois, & luy change en un moment tellement le cœur qu'elle se détache de toutes les affections, qui bien qu'elles luy parussent innocentes luy estoient fort préiudiciables. 141

XXV. De la difference qu'il y a entre les paroles que Dieu dit à quelques ames, & celles que nostre entendement forme luy-mesme & s'imagine venir de Dieu. Marques ausquelles on peut connoistre cette difference & les tromperies du demon. Paroles que Dieu dit à la Sainte dans un extréme trouble où elle estoit, & qui mirent en cet instant son esprit dans un

VVVuu ij

tel calme & luy donnerent tant de courage qu'elle n'apprehenda plus les demons. 144

XXVI. Les ames que Dieu favorise de ces visions admirables ne peuvent ignorer l'amour qu'elles ont pour luy. Trois paroles qu'il dit à la Sainte dans un grand trouble où elle estoit rendent le calme à son esprit. Conduite qu'il tient sur elle. Il devient luy-mesme le livre admirable dans lequel elle s'instruisoit de toutes choses. 154

XXVII. La Sainte reprend la suite de sa vie. Lors qu'elle demandoit, & que l'on demandoit à Dieu pour elle de la conduire par un autre chemin, elle sentit & connut d'une maniere inexplicable que IESUS-CHRIST estoit à costé d'elle, quoy qu'elle ne le vist point. Comparaison dont elle se sert pour tâcher à faire comprendre quelque chose de ces visions & de leurs effets. Elle déplore l'aveuglement des personnes, mesme religieuses, qui sous pretexte de ne vouloir point donner de scandale en donnent beaucoup ; & rapporte ensuite plusieurs particularitez de la vie & de la mort du Bien-heureux Pere Pierre d'Alcantara. 157

XXVIII. La Sainte estant en oraison IESUS CHRIST luy fait voir des yeux de l'ame ses mains, & puis son visage ; & dans une autre vision sa sainte humanité toute entiere. Effets que produisent ces visions, & la difference qu'il y a entre elles & les illusions du demon. Extrême peine que l'on donnoit à la Sainte sur ce que l'on croyoit qu'elle estoit trompée dans ces visions. Mais son Confesseur la console. 166

XXIX. La Sainte continuë à traiter de ces visions que plusieurs croyoient toûjours venir du demon : ce qui luy donnoit une merveilleuse peine. IESUS CHRIST fait que la croix de son rosaire luy paroist estre de quatre pierres precieuses d'une incomparable beauté. Difference qui se rencontre entre ces celestes visions. Elle voyoit souvent des Anges : & un Seraphin luy perce le cœur avec un dard. Ce qui l'embrase d'un si grand amour de Dieu que la violence de ce feu luy faisoit jetter des cris, mais des cris meslez d'une joye inconcevables. 174

XXX. La Sainte apprehende de tomber dans ces ravissemens. Le Bienheureux Pere Pierre d'Alcantara vient où elle estoit. Elle luy donne une entiere connoissance du fond de son ame. Il l'assure que ces ravissemens & ces visions venoient de Dieu, & rassure deux des amis de la Sainte qui croyoient qu'ils venoient du demon. Elle ne laisse pas d'avoir de grandes peines spirituelles & corporelles. De la difference qui se rencontre entre la vraye & la fausse humilité. La Sainte raconte particulierement quelques-unes de ses peines. Douleur que c'est à une ame qui aime Dieu d'estre unie à un corps incapable de le servir. 180

XXXI. Tentations par lesquelles les demons attaquent la Sainte. Pouvoir de l'eau beniste pour les chasser. Dieu se sert de la Sainte pour la conversion d'un Ecclesiastique. La Sainte n'apprehendoit point les demons & n'avoit jamais plus de courage que lors-qu'on la persecutoit. Extrême

appréhension qu'elle avoit que l'on ne sçust les faveurs qu'elle recevoit de
Dieu : & ce qu'il luy dit sur cela. Elle desiroit que chacun connust ses
pechez. Mais elle vit depuis que c'estoit une fausse humilité. Injustice
des gens du monde envers ceux qui servent Dieu. Qu'il faut bien se
garder de perdre courage lors que l'on en voit d'autres plus avancez que
nous dans la pieté. On doit toûjours se tenir sur ses gardes pour ne point
reculer dans le détachement de toutes choses, & particulierement en ce
qui concerne le faux honneur auquel les personnes religieuses sont obligées de renoncer entierement. Avantages qui se rencontrent dans la
pratique de l'humilité, mesme en dés petites choses. 189

XXXII. Dieu fait voir à la Sainte la place que ses pechez luy avoient
fait meriter d'avoir dans l'enfer. Reflexion sur ce sujet. La Sainte estant
dans le desir de faire penitence on luy propose de fonder un monastere pour
y vivre comme les Religieuses déchaussées. Elle entre dans ce dessein.
Dieu luy commande d'y travailler & de donner à ce monastere le nom de
saint Ioseph. Elle commence de s'y employer. Persecutions qui s'élevent
contre elle, & assistance qu'elle reçoit de quelques personnes. 200

XXXIII. L'affaire de la fondation du monastere qui passoit pour faite est
rompuë. Persecution se renouvellent. Dieu confirme la Sainte dans son
dessein, & son courage se redouble. Elle achete une maison & la trouvant trop petite veut en avoir un autre : mais Dieu luy commande d'y
entrer. Sainte Claire luy apparoist & luy promet de l'assister. La tres-sainte Vierge luy apparoist aussi avec saint Ioseph, la revest d'une robe blanche, & luy donne une chaisne d'or avec une croix enrichie de pierreries. 207

XXXIV. Vne Dame de grande qualité estant demeurée veuve obtient
du Pere Provincial que la Sainte l'iroit trouver pour la consoler dans son
extréme affliction. Reflexions de la Sainte pour faire voir combien les
Grands sont à plaindre. Dieu se sert d'elle pour porter un Religieux à une
éminente vertu, & la rassure dans son doute si elle estoit en grace. Excellens avis pour les Directeurs. Dieu par le moyen de la Sainte prepare
une de ses Sœurs à bien mourir. 215

XXXV. Vne Religieuse d'une tres-grande pieté qui avoit un semblable
dessein que la Sainte pour fonder un monastere vient la trouver. Elles
conferent ensemble, & la Sainte entre ensuite dans la pensée de n'avoir
point de revenu. Le saint Pere Pierre d'Alcantara la fortifie dans cette
resolution. La Sainte retourne tres-à-propos dans le monastere de l'Incarnation, & elle parle par occasion de la vertu des Religieuses qu'elle reçut
depuis dans celuy qu'elle fonda. 223

XXXVI. La Sainte à son retour de chez cette Dame trouve toutes choses
disposées pour l'établissement de son nouveau monastere dans Avila. Elle y
entre & donne l'habit à quelques Religieuses. Violente tentation par laquelle le demon s'efforce de troubler sa ioye. Murmure contre ce nouvel

TABLE DES CHAPITRES

établissement. *La Superieure du monastere de l'Incarnation mande la Sainte : Elle y va & se iustifie. La Ville d'Avila intente un procez contre la Sainte sur ce sujet, & s'en desiste peu à peu.* IESUS-CHRIST *apparoist à la Sainte, & elle crût voir qu'il luy mettoit sur la teste une couronne d'or. La sainte Vierge luy apparoist aussi avec un manteau blanc dont il luy sembla qu'elle la couvroit & ses Religieuses. Maniere de vivre de ce nouveau monastere.* 229

XXXVII. *Differentes sortes de visions & de ravissemens, effets qu'ils produisent. Dieu nous permet de luy parler avec plus de liberté que ne font les Grands du monde. Que les personnes religieuses devroient au moins estre exemtes de s'instruire de ces complimens & de ces civilitez dont on use dans le siecle.* 240

XXXVIII. *Secrets que Dieu découvre à la Sainte dans ses visions & ses revelations, & effets qu'elles produisent. Graces accordées de Dieu aux prieres de la Sainte.* 245

XXXIX. *La Sainte continuë à parler des graces accordées de Dieu à ses prieres. Qu'il ne faut pas mesurer son avancement spirituel par le temps qu'il y a que l'on s'occupe à l'oraison ; mais par les effets. Qu'on doit adorer avec humilité la grace que Dieu fait à d'autres de s'avancer plus que nous. Le bref de Rome arrive pour fonder le monastere sans revenu. Admirables visions qu'eut la Sainte.* 256

XL. *Suite des admirables visions & revelations dont Dieu favorise la Sainte, & sentimens qu'elle avoit dans ces occasions.* 265

ADDITION. 275
PREMIERE RELATION. 283
SECONDE RELATION. 290

TABLE DES CHAPITRES

DES FONDATIONS.

Avant-propos de la Sainte. 297
FONDATION DE MEDINE DV CHAMP.

CHAPITRE I. *Perfection dans laquelle vivoient les Religieuses Carmelites du monastere de saint Ioseph d'Avila. Combien ardent estoit le desir que Dieu donnoit à la sainte pour le salut des ames.* 299

II. *Le General de l'Ordre des Carmes en Espagne. Il approuve l'établissement du monastere de saint Ioseph d'Avila fondé par la Sainte, & luy donne pouvoir d'en fonder d'autres. Il luy permet ensuite de fonder aussi deux monasteres de Carmes déchaussez.* 303

DES FONDAT. FAITES PAR SAINTE THERESE. 895

III. La Sainte se rend à Medine du Champ pour y fonder un monastere de Carmelites. Difficultez qu'elle y rencontre, & assistance qu'elle reçoit de quelques personnes de pieté. Elle communique à deux Religieux son dessein d'établir des monasteres de Carmes déchaussez, & ils luy promettent d'y entrer. 306

IV. La Sainte parle dans ce chapitre des graces si particulieres que Dieu faisoit alors aux monasteres de son ordre, & les exhorte à l'exacte observation de leur regle. 312

V. A quel point de perfection l'obeïssance & la charité peuvent elever les ames: Que ces deux vertus sont preferables aux plus grandes consolations interieures, aux ravissemens, aux visions, & au don de prophetie, puis que c'est le moyen de rendre par une admirable union nostre volonté conforme à la volonté de Dieu: & ainsi il faut quitter la retraite & la solitude lors que les occasions de pratiquer ces vertus y obligent. Exemples que la Sainte en rapporte. 315

VI. Avis admirables de la Sainte pour distinguer les faux ravissemens d'avec les veritables, & empêcher que l'on ne se laisse aller à ces défaillances qui ne procedent que d'une foiblesse de la nature, ou d'imagination, ou de Melancolie. Exemples que rapporte la Sainte sur ce sujet, & entre autres de deux Religieuses qui croyoient ne pouvoir sans mourir manquer de communier tous les iours. 322

VII. Des effets de la melancolie, & des moyens dont on peut user pour remedier à un si grand mal & si dangereux dans les monasteres. 330

VIII. Ce chapitre n'est qu'une suite du chapitre precedent, & la Sainte y parle des visions qui peuvent aussi n'estre qu'un effet de melancolie. 335

FONDATION DE MALAGON.

IX. De qu'elle sorte cette fondation se fit sans y rencontrer aucune difficulté. 336

FONDATION DE VAILLADOLID.

X. Fondation de ce monastere de Vailladolid faite par la Sainte. 340
XI. La Sainte ne parle dans ce chapitre que de la vie & de la mort admirable d'une excellente Religieuse de ce monastere de Vailladolid nommée Beatrix Ognez. 342

FONDATION DV PREMIER MONASTERE de Carmes dechaussez.

XII. Du commencement de cette fondation. 246
XIII. Suite de la fondation de ce monastere, & de la maniere de vie si austere & si pauvre de ces bons Peres. 348

FONDATION DE TOLEDE.

XIV. La Sainte commence de travailler à la fondation de ce monastere: &

TABLE DES CHAPITRES

de quelle sorte elle obtint du Gouverneur de Tolede la permission de s'y établir. 352

XV. La Sainte parle dans ce chapitre des excellentes vertus des Religieuses de ce nouveau monastere fondé dans Tolede. 358

FONDATION DE PASTRANE.

XVI. La Sainte fonde ces deux monasteres de Carmes deschaussez & de Carmelites à la priere du Prince Ruy Gomez de Sylva & de la Princesse d'Eboly sa femme, qui estant veuve se rend Religieuse dans celuy des Carmelites. Elle se retire ensuite d'avec elles; & elles quittent cette maison pour s'aller établir à Segovie. 361

FONDATION DE SALAMANQVE.

XVII. Avis important que la Sainte donne aux Superieures touchant la conduite qu'elles doivent tenir envers les Religieuses, & particulierement en ce qui regarde l'obeïssance & la mortification. 366

XVIII. Difficultez que la Sainte rencontre dans la fondation de ce monastere de Salamanque, qui n'estoit pas encore bien affermie lors qu'elle écrivoit cecy. 372

FONDATION D'ALBE DE TORMEZ.

XIX. De quelle maniere ce monastere fut fondé par le moyen d'une Dame de tres-grande vertu nommée Therese de Lays, dont la Sainte rapporte presque toute la vie. 376

FONDATION DE SEGOVIE.

XX. La Sainte rapporte en ce chapitre ce qui se passa dans cette fondation. 381

FONDATION DE VEAS.

XXI. La Sainte traite dans ce chapitre de la fondation de ce monastere, & des admirables vertus de Catherine de Sandoval qui s'y rendit Religieuse avec sa sœur, & y porta tout son bien. 384

FONDATION DE SEVILLE.

XXII. La Sainte ne parle dans ce chapitre que des vertus du Pere Ierosme Gratien de la Mere de Dieu Carme deschaussé. 392

XXIII. La Sainte part pour la fondation du monastere de Seville. Incroyables peines & grands perils qu'elle court en chemin, & difficultez qu'elle rencontre à cet établissement. Mais aprés qu'elle eut parlé à l'Archevesque il luy en accorda enfin la permission. 396

XXIV. Dans les extrêmes difficultez de trouver une maison pour l'établissement de ce monastere, Dieu assure la Sainte qu'il y pourvoiroit. Assistance

stance qu'elle reçoit d'un de ses freres qui revenoit des Indes. Enfin elle achete une maison tres-commode, & l'on y porte le tres saint Sacrement avec une tres-grande solemnité. 402

XXV. La Sainte ne parle presque dans tout ce chapitre que d'une excellente fille qui se rendit Religieuse dans ce monastere nommée Beatrix de la mere de Dieu. 406

FONDATION DE S. JOSEPH DE CARAVAQVE.

XXVI. De quelle maniere se fit cette fondation. La Sainte exhorte à ne se point arrester au bien dans la reception des Religieuses. Elle parle ensuite des grands travaux qu'elle a soufferts dans ces fondations, & dit comme on luy rendit tant de mauvais offices auprés du Pere General qu'elle reçut des défenses d'en faire davantage ; ce qui au lieu de l'affliger luy donna beaucoup de ioye. 411

FONDATION DE VILLENEVVE DE LA XARE.

XXVII. Persecutions faites aux Peres Carmes déchaussez par ceux de l'Observance mitigée soûtenus par le Nonce Apostolique, & qui ne cesserent qu'aprés que le Roy Philippe second eut donné à ce Nonce quatre Assesseurs tres-gens de bien pour iuger de cette affaire. La Sainte entreprend par l'ordre de Dieu de fonder un monastere de Carmelites à Ville neuve de la Xare où neuf Demoiselles qui vivoient en communauté d'une maniere admirable souhaitoient avec ardeur d'estre Carmelites. La Sainte ayant passé pour y aller par un monastere fondé par sainte Catherine de Cardonne elle parle fort au long de la vie & des vertus de cette grande Sainte. 420

FONDATION DE PALENCE.

XXVIII. Dans la repugnance qu'avoit la Sainte de s'engager à cette fondation, Dieu luy commande de l'entreprendre, & luy ordonne ensuite de s'establir auprés d'une Eglise de la Vierge, quoy qu'elle eust déia fait le marché d'une autre maison. La Sainte rapporte aussi de quelle sorte l'affaire d'entre les Carmes déchaussez & les mitigez fut accommodée, & qu'ils eurent chacun un Provincial. 435

FONDATION DE SORIE.

XXIX. La Sainte parle dans le recit de cette fondation des eminentes vertus de l'Evesque d'Osme qui la porta principalement à l'entreprendre. 445

FONDATION DE BVRGOS.

XXX. Extrêmes peines qu'eut la Sainte dans cette fondation par les difficultez continuelles que l'Archevesque de Burgos y apportoit quoy qu'il eust témoigné d'abord de l'avoir tres-agreable, & qu'il n'y eust rien que l'Evesque de Palence ne fist pour le presser de tenir la parole qu'il avoit donnée. Le monastere des Carmelites de saint Ioseph d'Avila se trouvant alors le seul qui ne fut pas soûmis à l'Ordre, la Sainte obtient de l'Evesque de cette Ville à qui il estoit soûmis, qu'il le seroit desormais à l'Ordre comme les autres. 451

FONDATION DE GRENADE.

XXXI. De quelle maniere la fondation de ce monastere fut entreprise, & avec combien de difficultez elle fut enfin achevée. 470

AVIS DE LA SAINTE A SES RELIGIEUSES. 494

TABLE DES CHAPITRES.

DV CHEMIN DE LA PERFECTION

AVANT-PROPOS de la Sainte. 501

CHAPITRE I. Des raisons qui ont porté la Sainte à établir une observance si étroite dans le monastere de saint Ioseph d'Avila. 503

II. Que les Religieuses ne doivent point se mettre en peine de leurs besoins temporels. Des avantages qui se rencontrent dans la pauvreté. Contre les grands bastimens. 505

III. La Sainte exhorte ses Religieuses à prier continuellement Dieu pour ceux qui travaillent pour l'Eglise. Combien ils doivent estre parfaits. Priere de la Sainte à Dieu pour eux. 509

IV. La Sainte exhorte ses Religieuses à l'observation de leur regle. Que les Religieuses doivent extrémement s'entr'aimer & éviter avec grand soin toutes singularitez & partialitez. De qu'elle sorte on se doit aimer. Des Confesseurs. Et qu'il en faut changer lors qu'on remarque en eux de la vanité. 514

V. Suite du mesme sujet. Combien il importe que les Confesseurs soient sçavans. En quel cas on en peut changer. Et de l'autorité des Superieurs. 520

VI. De l'amour spirituel que l'on doit avoir pour Dieu, & pour ceux qui peuvent contribuer à nostre salut. 524

VII. Des qualitez admirables de l'amour spirituel que les personnes saintes ont pour les ames à qui Dieu les lie. Quel bon heur c'est que d'avoir part à leur amitié. De la compassion que mesme les ames les plus parfaites doivent avoir pour les foiblesses d'autruy. Divers avis touchant la maniere dont les Religieuses se doivent conduire. Et avec quelle promptitude & severité il faut reprimer les desirs d'honneur & de preferences. 527

DV CHEMIN DE LA PERFECTION.

VIII. Qu'il importe de tout de se détacher de tout pour ne s'attacher qu'à Dieu. De l'extrême bon-heur de la vocation religieuse. Humilité de la Sainte sur ce suiet. Qu'une Religieuse ne doit point estre attachée à ses parens. 533

IX. Combien il est utile de se détacher de la trop grande affection de ses proches. Et que l'on reçoit plus d'assistance des amis que Dieu donne que l'on n'en reçoit de ses parens. 535

X. Qu'il ne suffit pas de se détacher de ses proches si on ne se détache de soy-même par la mortification. Que cette vertu est iointe à celle de l'humilité. Qu'il ne faut pas preferer les penitences que l'on choisit à celles qui sont d'obligation, ny se flater dans celles que l'on doit faire. 538

XI. Ne se pas plaindre pour des legeres indispositions. Souffrir les grands maux avec patience. Ne point apprehender la mort : & quel bon-heur c'est que d'assuietir le corps à l'esprit. 541

XII. De la necessité de la mortification interieure. Qu'il faut mépriser la vie, & assuiettir nostre volonté. Quelle imperfection c'est que d'affecter les préeminences & remedes pour n'y pas tomber. 543

XIII. Suite du discours de la mortification. Combien il importe de déraciner promtement une mauvaise coûtume, & fuir le desir d'estre estimé. Qu'il ne faut pas se hâster de recevoir les Religieuses à faire profession. 547

XIV. Bien examiner la vocation des filles qui se presentent pour estre Religieuses. Se rendre plus facile à recevoir celles qui ont de l'esprit, & renvoyer celles qui ne sont pas propres à la religion sans s'arrester à ce que le monde peut dire. 551

XV. Du grand bien que c'est de ne se point excuser encore que l'on soit repris sans suiet. 553

XVI. De l'humilité. De la contemplation. Que Dieu en donne tout d'un coup à certaines ames une connoissance passagere. De l'application continuelle que l'on doit avoir en Dieu. Qu'il faut aspirer à ce qui est le plus parfait. 555

XVII. Que toutes les ames ne sont pas propres pour la contemplation. Que quelques-unes y arrivent tard ; & que d'autres ne peuvent prier que vocalement. Mais que celles qui sont veritablement humbles se doivent contenter de marcher dans le chemin par lequel il plaist à Dieu de les conduire. 560

XVIII. Des souffrances des contemplatifs. Qu'il faut toûjours se tenir prest à executer les ordre de Dieu. Et du merite de l'obeissance. 563

XIX. De l'oraison qui se fait en meditant. De ceux dont l'esprit s'égare dans l'oraison. La contemplation est comme une source d'eau vive. Trois proprietez de l'eau comparées aux effets de l'union de l'ame avec Dieu dans la contemplation. Que cette union est quelquefois telle qu'elle cause la mort du corps. Ce qu'il faut tacher de faire en ces rencontres. 567

XX. Qu'il y a divers chemins pour arriver à cette divine source de l'oraison

TABLE DES CHAPITRES

& qu'il ne faut iamais se décourager d'y marcher. Du zele que l'on a avoir pour le salut des ames. En quel cas une Religieuse peut témoigner de la tendresse dans l'amitié : & quels doivent estre ses entretiens. 574

XXI. *Que dans le chemin de l'Oraison rien ne doit empescher de marcher toûjours. Meprifer toutes les craintes qu'on veut donner des difficultez & des perils qui s'y rencontrent. Que quelquefois une ou deux personnes suscitées de Dieu pour faire connoistre la verité prévalent par dessus plusieurs autres unies ensemble pour l'obscurcir & pour la combattre.* 577

XXII. *De l'Oraison mentale. Qu'elle doit toûjours estre iointe à la vocale. Des perfections infinies de Dieu. Comparaison du mariage avec l'union de l'ame avec Dieu.* 581

XXIII. *Trois raisons pour montrer que quand on commence à s'adonner à l'Oraison, il faut avoir un ferme dessein de continuer. Des assistances que Dieu donne à ceux qui sont dans ce dessein.* 585

XXIV. *De quelle sorte il faut faire l'Oraison vocale pour la faire parfaitement. Et comment la mentale s'y rencontre iointe. Surquoy la Sainte commence à parler du* Pater noster. 587

XXV. *Qu'on peut passer en un instant de l'Oraison vocale à la contemplation parfaite. Difference entre la contemplation & l'Oraison qui n'est que mentale : & en quoy cette derniere consiste. Dieu seul dans la contemplation opere en nous.* 590

XXVI. *Des moyens de recueillir ses pensées pour tascher de ioindre l'Oraison mentale à la vocale.* 529

XXVII. *Sur ces paroles du Pater :* Nostre Pere qui estes dans les Cieux. *Et combien il importe à celles qui veulent estre les veritables filles de Dieu de ne point faire cas de leur noblesse.* 596

XXVIII. *La Sainte continuë à expliquer ces paroles de l'Oraison Dominicale :* Nostre Pere qui estes dans les Cieux ; *Et traite de l'Oraison de recueillement* 598

XXIX. *La Sainte continuë dans ce chapitre à traiter de l'oraison de recueillement.* 603

XXX. *Comme il importe de sçavoir ce que l'on demande par ces paroles du Pater :* Que vostre nom soit sanctifié. *Application de ces paroles à l'oraison de quietude que la Sainte commence d'expliquer, & montre que l'on passe quelquefois tout d'un coup de l'oraison vocale à cette oraison de quietude.* 607

XXXI. *De l'oraison de quietude qui est la pure contemplation. Avis sur ce suiet. Difference qui se trouve entre cette oraison & l'oraison d'union, laquelle la Sainte explique. Puis revient à l'oraison de quietude.* 610

XXXII. *Sur ces paroles du Pater :* Vostre volonté soit faite en la terre comme au Ciel. *La Sainte parle encore sur le suiet de la contemplation parfaite qui est l'oraison d'union. Ce qui se nomme aussi Ravissement.* 617

DV CHEMIN DE LA PERFECTION.

XXXIII. *Du besoin que nous avons que nostre Seigneur nous accorde ce que nous luy demandons par ces paroles* : Donnez-nous aujourd'huy le pain dont nous avons besoin en chaque jour. 622

XXXIV. *Suite de l'explication de ces paroles du Pater* : Donnez-nous aujourd'huy le pain dont nous avons besoin en chaque jour. *Des effets que la sainte Eucharistie qui est le veritable pain des ames, opere en ceux qui la reçoivent dignement.* 625

XXXV. *La Sainte continuë à parler de l'oraison de recueillement, & puis adresse sa parole au Pere eternel.* 631

XXXVI. *Sur ces paroles du Pater* : Et pardonnez-nous nos offenses, comme nous pardonnons à ceux qui nous ont offensé. *Sur quoy la Sainte s'etend fort à faire voir quelle folie c'est que de s'arrester à des pointilles d'honneur dans les monasteres.* 633

XXXVII. *De l'excellence du Pater, & des avantages qui se rencontrent dans cette sainte priere.* 638

XXXVIII. *Sur ces paroles du Pater:* Et ne nous laissez pas succomber à la tentation; mais délivrez-nous du mal. *Et que les parfaits ne demandent point à Dieu d'estre délivrez de leurs peines. Divers moyens dont le demon se sert pour tenter les personnes religieuses. Et de l'humilité, de la patience, & de la pauvreté.* 640

XXXIX. *Avis pour resister à diverses tentations du demon, & particulierement aux fausses humilitez aux penitences indiscretes, & à la confiance de nous-mesmes qu'il nous inspire.* 646

XL. *Que l'amour & la crainte de Dieu ioints ensemble sont un puissant remede pour resister aux tentations du demon. Quel sera à la mort, le mal-heur de ceux qui n'auront pas aimé Dieu & le bon-heur de ceux qui l'auront aimé.* 649

XLI. *Continuation du discours de la crainte de Dieu. Qu'il faut éviter avec soin les pechez veniels dont il y a de deux sortes. Que lors qu'on est affermy dans la crainte de Dieu on doit agir avec une sainte liberté, & se rendre agreable à ceux avec qui l'on a à vivre : ce qui est utile en plusieurs manieres.* 653

XLII. *Sur ces dernieres paroles du Pater :* Mais délivrez-nous du mal. 658

MEDITATIONS SVR LE PATER.

AVANT-PROPOS *de la Sainte.* 661
PREMIERE DEMANDE. 663
SECONDE DEMANDE. 665
TROISIE'ME DEMANDE. 668
QUATRIE'ME DEMANDE. 670
CINQUIE'ME DEMANDE. 675

SIXIÉME DEMANDE. 677
SEPTIÉME DEMANDE. 680

TABLE DES CHAPITRES.
DV CHASTEAV DE L'AME.

AVANT-PROPOS *du Chasteau de l'Ame.* 683

PREMIERE DEMEVRE.

CHAPITRE I. *La Sainte compare l'ame à un superbe Chasteau dont l'oraison est la porte, & qui a diverses demeures, dans la principale desquelles Dieu habite. Et dit qu'il faut pour entrer dans ce chasteau commencer par rentrer dans nous-mesmes afin de connoistre nostre égarement, & en se détachant des creatures implorer le secours de Dieu.* 685

II. *Estat déplorable d'une ame qui est en peché mortel. Qu'il faut commencer par tascher d'entrer dans la connoissance de soy-mesme qui est la premiere demeure de ce chasteau interieur & spirituel. Qu'il faut passer de cette connoissance à celle de Dieu. Efforts que font les demons pour empescher les ames d'entrer dans cette premiere demeure & ensuite dans les autres & Avis de la Sainte pour resister à leurs artifices.* 689

SECONDE DEMEURE.

I. *Comparaison des ames qui sont dans la premiere demeure à des Sourds & muets, & de celles qui sont dans la seconde à des muets qui ne sont pas sourds. Que l'ame se doit preparer alors à soûtenir de grands combats contre le demon.* 697

TROISIÉME DEMEURE.

I. *Dans quelles saintes dispositions sont les ames à qui Dieu a fait la grace d'entrer dans cette troisiéme demeure. Qu'en quelque estat que nous soyons il y a toûjours sujet de craindre tandis que nous sommes en cette vie.* 702

II. *Divers avis de la Sainte sur la conduite que doivent tenir ceux qui sont arrivez jusques à cette troisiéme demeure, & particulierement touchant l'obeissance que l'on doit pratiquer; & la retenuë avec laquelle on doit agir.* 707

QUATRIÉME DEMEURE.

I. *De la difference qu'il y a entre les contentemens & les gousts que l'on a dans l'oraison, & de celle qui se rencontre entre l'entendement & l'imagination. Qu'il ne faut point se troubler de ces importunes distractions*

DV CHASTEAV DE L'AME. 903

que les égaremens de l'imagination & tant d'autres causes differentes donnent dans l'oraison. 713

II. Difference qui se rencontre entre les contentemens que l'on reçoit dans l'oraison par le moyen de la meditation, & les consolations surnaturelles que donnent l'oraison de quietude, & que la Sainte nomme des gousts. Des effets merveilleux qu'opere cette oraison. Humilité dans laquelle elle nous doit mettre, & qui doit estre si grande que nous nous reputions indignes de recevoir de semblables graces. 719

III. D'une oraison que l'on appelle de recueillement surnaturel qui precede l'oraison de quietude. Avis important pour les personnes qui dans l'oraison prennent pour des ravissemens ce qui n'est qu'un effet de foiblesse. 723

CINQVIEME DEMEVRE.

I. De l'Oraison d'Vnion. De ses marques & de ses effets. 730
II. Comparaison de l'ame avec un ver à soye pour faire connoistre une partie de ce qui se passe entre Dieu & elle dans l'oraison d'union en cette cinquiéme demeure. 735
III. De l'oraison d'Vnion. Que l'amour du prochain est une marque de cette union. 740
IV. La Sainte compare l'oraison d'Vnion à un mariage spirituel de l'ame avec Dieu. Dit que c'est dans cette cinquiéme demeure que se fait comme la premiere entreveuë de l'Epoux & de l'Epouse, & qu'il n'y a point de soin qu'on ne doive prendre pour rendre inutiles les efforts que fait le demon afin de tascher à porter l'ame à retourner en arriere. Preparation à l'intelligence de la sixiéme demeure. 746

SIXIE'ME DEMEVRE.

I. Des peines dont Dieu permet que soient accompagnées les faveurs qu'il fait aux ames dans cette sixiéme demeure; & par quelle maniere admirable il les fait cesser. 750
II. Des peines interieures que l'ame souffre dans cette sixiéme demeure: mais qui procedant de son amour pour Dieu elles luy sont si agreables qu'elle ne vaudroit pas les voir cesser. 755
III. De quelle sorte on se doit conduire à l'égard des esprits foibles ou melancoliques qui s'imaginent d'avoir vû & entendu dans l'oraison ce qu'ils n'ont ny vû ny entendu. Marques ausquelles on connoist si les paroles que l'on a ou que l'on croit avoir entendues sont de Dieu ou du demon. 759
IV. Des ravissemens où Dieu met l'ame pour luy donner la hardiesse de s'approcher de luy & d'aspirer à l'honneur d'estre son Epouse, dont elle seroit retenuë par la terreur qu'elle concevroit de l'éclat de sa Majesté & de sa gloire. 766
V. D'une espece de ravissement que la Sainte nomme vol de l'esprit. 772
VI. Effets que les ravissemens que la Sainte nomme vol de l'esprit produi-

sent dans l'ame. Des larmes. 726

VII. Des peines que souffrent les ames à qui Dieu a fait des grandes graces. Qu'il n'y a point d'oraison si élevée qui doive empescher que l'on ne s'occupe de la meditation de l'humanité de IESUS-CHRIST. 782

VIII. Des visions intellectuelles & des effets & des avantages qu'elles produisent. Que l'on doit en communiquer avec des personnes sçavantes & spirituelles, & se mettre ensuite l'esprit en repos touchant les peines que l'on pourroit avoir sur ce suiet. Qu'il ne faut pas iuger de la vertu des personnes par ces graces extraordinaires qu'elles reçoivent de Dieu, mais par leurs actions. 788

IX. Des visions imaginaires ou representatives. 793

X. Des visions intellectuelles. Qu'elles font connoistre que nous n'offensons pas seulement Dieu en sa presence; mais que nous l'offensons dans luymesme, & qu'elles donnent en l'ame une claire lumiere de la verité. 799

XI. Que ces graces de Dieu si extraordinaires dont la Sainte a parlé auparavant mettent en tel estat les personnes qui en sont favorisées, & leurs font souffrir de telles peines par l'ardeur qu'elles ont d'être delivrées de la prison du corps afin de ioüir eternellement de la presence de Dieu, qu'elles paroissent estre prestes de mourir, & en courent mesme le hazard. 802

SEPTIEME DEMEVRE.

I. Que lors que Dieu fait entrer une ame dans cette septiéme demeure comme dans un Ciel où il vent contracter avec elle un mariage tout divin, il l'unit à luy d'une maniere encore beaucoup plus admirable que dans l'oraison d'union. Que la sainte Trinité se fait connoistre clairement à elle. De quelle sorte il arrive que l'ame quoy qu'indivisible est comme divisée; une partie d'elle mesme ioüissant d'un parfait repos ainsi que la Magdelaine, & l'autre estant comme Marthe occupée des soins de cette vie. 806

II. De l'accomplissement du mariage spirituel de l'ame avec Dieu, & de quelle sorte il parla à la personne dont la Sainte rapporte des choses si extraordinaires. Difference qu'il y a entre ce que la Sainte a nommé les fiançailles de l'ame avec Dieu & ce mariage spirituel. Que l'ame ne peut dans cette septiéme demeure estre troublée par ce qui se passe dans les autres, ny par ses puissances & par son imagination. 811

III. Effets de la nouvelle vie de l'ame dans cette derniere demeure où IESUS-CHRIST vit en elle, & où le demon n'ose entrer. Qu'elle n'y a plus ny secheresse, ny travaux interieurs; mais ioüit d'une veritable paix dans une oraison si sublime. 816

IV. Pourquoy Dieu permet qu'une oraison si sublime ne continuë pas toûjours également. Quelque grand que soit le bon-heur dont on joüit dans cette septiéme demeure on ne peut s'asseurer de ne point commettre de pechez. Raisons pourquoy Dieu le permet: & d'où vient aussi qu'il fait de si

grandes

grandes graces à quelques ames. Que l'humilité & la pratique des vertus sont le fondement de cet edifice spirituel. Qu'il faut à l'imitation de
Sainte Marthe & de sainte Magdeleine joindre la vie active à la contemplative. Qu'il ne se faut point engager dans les desirs qui vont au
dela de nos forces. Conclusion de ce Traité   821

༺༻༺༻༺༻༺༻༺༻༺༻༺༻༺༻༺༻༺༻༺༻༺༻

TABLE DES CHAPITRES
DES PENSE'ES DE L'AMOVR DE DIEV.

CHAPITRE I. SVR ces paroles de l'Epouse dans le Cantique des
              Cantiques : Que le Seigneur me baise d'un bai-
ser de sa bouche.
  Du respect que l'on doit avoir pour ce qui ne nous paroist pas intelligible
dans l'Ecriture sainte. Ce qui a porté la Sainte à prendre la liberté d'expliquer ces paroles du Cantique des cantiques. De quelle sorte se doivent
entendre ces mots de baiser & de bouche.   819

II. Sur ces mesmes paroles de l'Epouse dans le Cantique des Cantiques
    Que le Seigneur me baise d'un baiser de sa bouche.
  Des diverses sortes de paix dont quelques personnes se flattent. Excellens
avis de la Sainte sur ce suiet. Exemples qu'elles rapporte. D'autres excellens
avis qu'elles y aioûte. Des moyens dont Dieu se sert pour faire amitié avec
les ames, & de l'amour qu'on doit avoir pour le prochain.   835

III. Sur ces mesmes paroles de l'Epouse dans le Cantique des Cantiques :
    Que le Seigneur me baise d'un baiser de sa bouche.
  Que ce baiser signifie la paix que l'ame qui est cette heureuse Epouse demande à IESUS-CHRIST son divin Epoux. Que cette paix qui est
un effet de ce divin baiser est inseparable de l'amour qu'il a pour elle, &
de celuy qu'elle a pour luy. Effets admirables de cette paix : Et quels sont
ceux que la reception de la Sainte Eucharistie doit operer dans les ames.
Paroles excellentes que la Sainte adresse à IESVS-CHRIST sur ce
suiet.   844

IV. Sur ces paroles de l'Epouse dans le Cantique des Cantiques : Le lait
    qui coule de vos mammelles, ô mon divin Epoux, est plus
    delicieux que le vin ; & il en sort une odeur qui surpasse celle
    des parfuns les plus excellens.
  La Sainte dit qu'elle croit que ces paroles se doivent entendre des faveurs
particulieres que Dieu fait à l'ame dans l'oraison, & en represente les
effets d'une maniere qui montre combien tout ce que l'on peut s'imaginer
de plaisirs & de contentemens dans le monde est meprisable en comparaison d'un bonheur si extrahordinaire.   848

V. Sur ces paroles de l'Epouse dans le Cantique des cantiques : Ie me

YYYyy

TABLE DES CHAPITRES

suis assise à l'ombre de celuy que i'avois tant desiré de trouver ; & rien n'est ples delicieux que le fruit dont il luy a plû de me faire gouster.

Explication que la Sainte donne à ces paroles. 851

VI. Sur ces paroles de l'Epouse dans le Cantique des Cantiques : Ce grand Roy m'a fait entrer dans son divin cellier, & boire de ce vin si excellent. Il a ordonné en moy la charité.

La Sainte dans l'explication de ces paroles compare à une sainte yuresse les grands ravissemens que l'on a dans l'oraison. Difference qu'il y a entre la volonté & l'amour. Que ces paroles : Il a ordonné en moy la charité ; *signifient que Dieu regle les mouvemens de l'amour de l'ame. Estat de l'ame dans ces saints transports. Exemples que la Sainte en rapporte. Et effets qu'ils produisent.* 854

VII. Sur ces paroles de l'Epouse dans le Cantique des Cantiques : Soutenez-moy avec des fleurs, & donnez-moy quelque fruit à manger pour me fortifier ; car ie tombe dans la défaillance, & ie meurs d'amour.

Que dans les grands ravissemens l'ame tombe dans une telle défaillance qu'elle paroist estre preste à se separer du corps ; ce qui luy fait demander qu'on la soûtienne avec des fleurs. Que ces fleurs sont les desirs de faire de grandes actions pour le service de Dieu & pour l'avantage du prochain. Que l'action & la contemplatoin marchent en cela de compagnie. Que l'amour desinteressé est representé par l'arbre celeste, c'est à dire la croix dont il est parlé dans ce Cantique ; & que les fruits de ces arbres sont les travaux & les persecutions. 859

TABLE DES MEDITATIONS.

APRES LA COMMVNION.

I. MEDITATION. Plaintes de l'ame qui se void separée de Dieu durant cette vie. 865

II. Comme l'ame qui aime beaucoup Dieu se trouve partagée entre le desir de joüir de luy, & l'obligation d'aider le prochain. 866

III. Sentimens d'une ame penitente dans la veuë de ses pechez & de la misericorde de Dieu. 867

IV. Priere à Dieu afin qu'il nous fasse recouvrer le temps que nous n'avons pas employé à l'aimer & à le servir. 869

V. De la plainte de Marthe. Et comme l'ame qui aime Dieu se peut plaindre à luy de sa misere. 870

VI. Combien cette vie est penible à qui desire ardemment d'aller à Dieu. 871

DES MEDITATIONS APRES LA COMMVNION 907

VII. De l'exceßive bonté de Dieu qui temoigne mettre ses delices à estre avec les enfans des hommes.

VIII. Prieres pour les pecheurs qui sont tellement aveugles, que mesmes ils ne veulent pas voir.

IX. Priere à Dieu afin qu'il délivre par sa grace ceux qui ne sentant point leurs maux ne demandent point qu'il les en delivre. 874

X. Du petit nombre des vrais serviteurs de Dieu, Autre prieres pour les ames endurcies qui ne veulent point sortir du tombeau de leurs pechez. '874

XI. Image effroyable de l'estat d'une ame qui au moment de la mort se voit condamnée à des toûrmens eternels. 877

XII. Que les hommes sont lasches pour servir Dieu, & hardis pour l'offenser. Vive remonstrance pour les faire rentrer en eux-mesmes. 878

XIII. Du bon-heur des Saints dans le ciel ; & de l'impatience des hommes qui aiment mieux joüir pour un moment des faux biens de cette vie qu'attendre les veritables & les eternels. 880

XIV. Combien les regard de IESUS-CHRIST dans le dernier iugement sera doux pour les bons, & terrible pour les mechans. 882

XV. Ce qui peut consoler une ame dans la peine qu'élle ressent d'estre si long-temps en cet exil. 883

XVI. Que Dieu seul peut donner quelque soulagement aux ames qu'il a bleßées par les traits de son amour. 884

XVII. Que nous ignorons ce que nous devons demander à Dieu. Desirs ardens de quitter ce monde pour joüir de la parfaite liberté qui consiste à ne pouvoir plus pecher. 886

Fin de la Table des Chapitres.

YYYyy

TABLE DES PETITS ABREGEZ

des matieres imprimez aux marges de ce volume.

De l'Oraison, p. 14
Devotion pour S. Ioseph. 25
De l'oraison. 40
Avantage que tira la Sainte des Confessions de S. Augustin. 46
De l'oraison. 48
De la fausse humilité. 49
De l'oraison & de l'amour de Dieu. 53
Quatre maniere d'oraison. 55
De l'oraison mentale. 56
De l'oraison & combien il importe d'avoir un bon Directeur. 64
De l'oraison de Quietude ou de recueillement. 73
De cette mesme oraison de Quietude ou de recueillement. 78
De l'oraison d'Vnion. 86
De l'oraison d'Vnion, suite. 90
De l'oraison de Ravissement ou d'extase ou d'élevement & transport d'esprit. 94
De l'oraison de Ravissement, suite. 100
De l'oraison de Ravissement, suite. 108
De l'oraison. 125
De la difference des paroles de Dieu & de celles des hommes. 144
Du bien-heureux Pere Pierre d'Alcantara. 164
Idem. 180
De l'humilité. 183
Du mepris de l'honneur. 197
De l'obeissance. 316
Des faux Ravissemens qui ne sont en effet que des defaillances. 322
De la maniere dont il faut traiter les melancoliques. 330
D'une Religieuse nommée Beatrix Ognez. 342
Contre les beaux bastimens. 349
De l'amour de la pauvreté. 356
Le Pere Marian de S. Benoist. 362
Des mortifications indiscretes. 369
De l'obeyssance. 371
Therese de Lays. 376
Catherine de Sandoval. 385
Le Pere Ierôme Gratié de la Mere de Dieu. 392
Beatrix de la Mere de Dieu. 407
Ne se point arrester au bien dans la reception des Religieuses. 415
Des aimables vertus de l'Evesque d'Osme. 448
Du chant. 488
Desavantages de la pauvreté. 506
Contre les bastimens magnifiques. 508
Prieres pour ceux qui travaillent pour l'Eglise. 509
Qu'il n'appartient qu'aux parfaits de servir l'Eglise. 510
Maiesté à Dieu. 512

De l'observation de la regle. 514
De quelle sorte les Religieuses doivent s'aimer. 515
De l'affection pour les Confesseurs. 517
Du besoin d'avoir des Confesseurs sçavans. 520
En quel cas on peut changer de Confesseur. 521
De l'authorité des Superieurs. 523
De l'amour de Dieu qui est tout spirituel. 524
N'aimer que ceux qui peuvent contribuer à nostre salut. 525
De l'amour spirituel qu'on a pour les ames. 527
Compassion que l'on doit avoir des foibles. 529
Divers excellens avis. 531
Que la division est une peste dans le Monasteres. 532
Du besoin de ne s'attacher qu'à Dieu. 533
Du bonheur de la vocation religieuse. 534
Du detachement des parens. 535
Du detachement de soy mesme. 538
De l'humilité jointe à la mortification & du détachement de soy mesme. 538
Des penitences indiscretes. 540
Des legeres indispositions. 541
Souffrir patiemment les grands maux. 542
De la mortification. 543
Contre les desirs des preeminences & la vanité. 544
De la mortification. 547
Contre les mauvaises coutumes & la vanité. 549
Ne se pas haster de faire des professes. 546
Bien examiner la vocation des Religieuses. 551
De l'avantage qu'il y a à ne se point excuser. 553
De l'humilité. 555
De la contemplation. 556
De la contemplation. Suite. 559
Que l'on peut estre parfait sans estre contemplatif. 561
Des souffrances des contemplatifs. 563
Qu'il faut estre toujours prest d'obeir à Dieu. 564
Du merite de l'obeissance. 566
De l'oraison Mentale. 567
De la Contemplation ou oraison d'Vnion. 568
Divers chemins pour arriver à l'oraison. 574
Du zele pour le salut des ames. 575

TABLE DES PETITS ABREGEZ.

Langage que doiuent tenir les Religieuses. 576
Qu'il faut marcher sans crainte dans le chemin de l'oraison, 577
De l'oraison Mentale. 581
Des perfections infinies de Dieu. 583
Mariage de l'ame avec Dieu. 584
De la perseuerence necessaire dans l'oraiso. 585
De l'oraison Vocale & du Pater noster. 587
Que l'on peut passer de l'oraison vocale a la Contemplation parfaite. 590
De la Contemplation parfaite. 590
De la maniere de ioindre l'oraison Mentale à la vocale. 592
Sur ces paroles : Nostre Pere qui estes dans les cieux. 596
Sur ces paroles qui estes dans le cieux Suite. 598
De l'oraison de Recueillement. 600
De l'oraison de Recueillement. suite. 603
Sur ces paroles : Que vostre nom soit sanctifié. 607
De l'oraison de Quietude. 608
De l'oraison de Quietude qui est la pure contemplation 610
Difference de l'oraison de quietude & de celle d'vnion. 614
De l'oraison de Quietude. 615
Sur ces paroles du pater : Vostre volonté soit faite. 617
De l'oraison de Rauissement. 621
Sur ces paroles du Pater : Donnez-nous auiourd'huy nostre pain 622
Sur ces mesmes paroles du pater : Donnez-nous auiourd'huy nostre pain, 625
Des effets de l'Eucharistie qui est le pain des ames. 627
De l'oraison de Recueillement. 631
Sur ces paroles du Pater : Et pardonnez-nous nos offenses. 633
De l'excellence de l'oraison du Pater. 638
Derniere demande du Pater : Que les parfaits ne desirent point d'estre deliurez de leurs peines. 640
Artifice du demon pour tenter les Religieuses 641
De l'humilité. 642
De la patience. 643
De la pauureté. 644
De l'humilité. 645
De la fausse humilité. 646
Des penitences indiscretes. 647
Qu'il faut toûiour se defier de soy-meme. 647
Resister aux tentations du demon par l'amour & par la crainte de Dieu. 649
Quel sera à la mort le malheur de ceux qui n'auront pas aimé Dieu. 652
De la crainte de Dieu. 653
Des pechés veniels. 654
Agir avec vne sainte liberté. 655
Contre les scrupules. 657
L'ame comparée a un superbe palais où il y a diuerses demeures & ou Dieu habite. 685

Que l'oraison est la porte de ce chasteau 687
Estat d'une ame qui est en peché mortel 689
De la connoissance de soy mesme qui est la premiere demeure de ce chasteau. 691
Passer de la connoissance de soy mesme a celle de Dieu. 692
Efforts que fait le demon pour entrer dans cette premiere demeure. 694
Moyens d'empescher les tromperies du demon 695
Difference de l'estat des ames qui sont dans la premiere & seconde demeure. 697
Estat des ames dans la troisieme demeure. 702
Avis tres utile de la Sainte. 707
De la difference qu'il y a entre les contentemens & les gousts. 714
De la difference qu'il y a entre l'entendement & l'imagination. 716
Des distractions. 717
De la difference qu'il y a entre l'oraison mentale & celle de quietude, à laquelle la Sainte donne ailleurs le nom de gousts. 719
Du recueillement surnaturel qui precede l'oraison de Quietude. 723
De la maniere de chercher Dieu dans nous-mesmes. 723
Des effets de l'oraison de Quietude ou des Gousts divins. 726
Avis important touchant les faux Rauissemens & les penitences indiscretes. 728
De l'oraison d'Vnion. 730
Difference entre l'oraison de Quietude, & marque de celle d'Vnion. 731
De l'oraison d'vnion, & comparaison de l'ame avec un ver a soye. 733
De l'oraison d'Vnion. 740
L'amour du prochain est une marque de l'union avec Dieu. 743
De l'oraison d'Vnion. 745
Comparaison de l'oraison d'Vnion a un mariage spirituel. 746
Efforts du demon pour faire retourner les ames en arriere. 747
Preparation à l'intelligence de la sixieme demeure. 749
Des peines de cette sixieme demeure & comment Dieu les fait cesser. 750
Des peines interieures de cette sixieme demeure. 755
Diverses maniere dont Dieu parle aux ames 759
Des Rauissemens ou Extases. 766
D'une espece de Rauissement que la Sainte nomme vol de l'esprit. 772
Des larmes. 779
Des peines que souffrent les ames à qui Dieu a fait de grandes graces. 782
De la meditation & de l'humanité sacrée de Iesvs-Christ. 783
Des Visions intellectuelles & de leurs effets. 789
Des Visions imaginaires ou representatives. 794
Des Visions intellectuelles. 799

YYYyy iij

TABLE DES PETITS ABBREGEZ.

Que ceux qui reçoivent de si grandes graces courent fortune d'en mourir. 802
Que l'ame est plus unie à Dieu dans cette septiéme demeure que dans l'oraison d'union. 808
Que l'ame dans cette septiéme demeure a une claire connoissance de la sainte Trinité. 869
Que l'ame en cet estat se trouve comme divisée. 810
De l'accomplissement du mariage spirituel de l'ame avec Dieu. 811
De la difference qu'il y a entre les fiançailles de l'ame & le mariage spirituel. 811
Que l'ame dans cette septiéme demeure ne peut estre troublée par ce qui se passe dans les autres. 814
Effets de la nouvelle vie de l'ame dans cette derniere demeure. 816
Que l'ame dãs cette derniere demeure ne souffre ny secheresses ny troubles interieurs. 819
Pourquoy Dieu permet que les effets d'une oraison si sublime ne continuënt pas toûjours également. 821
Qu'on ne peut mesme dans cette septiéme demeure s'assurer de ne point pecher. 822
Que l'humilité & la pratique des vertus sont le fondement de cet édifice spirituel. 824
Conclusion de ce traité. 827
Du respect que l'on doit avoir pour ce qui est obscur dans l'Ecriture sainte. 829
Ce qui a porté la Sainte à oser expliquer ces paroles du Cantique. 832
De quelle sorte se doivent entendre ces mots de baiser & de bouche. 833
Des diverses sortes de paix. Exemples que la Sainte en rapporte, & excellent avis sur ce sujet. 835
Des moyens dont Dieu se sert pour faire amitié avec les ames & de l'amour qu'on doit avoir pour le prochain. 840
Sur ces mesmes paroles : Qu'il me baise d'un baiser de sa bouche. 844
Que la paix de l'ame est un effet de ce divin baiser & qu'elle en produit d'admirables. 844
Ce que l'Eucharistie devroit operer dans nos ames. 846
Sur ces paroles : Le lait qui coule de vos mamelles est plus delicieux que le vin. 848
Sur ces paroles : Ie me suis assise à l'ombre de celuy que ie cherchois. 851
Sur ces paroles : Ce grand Roy m'a fait entrer dans son divin cellier. 854
Difference qu'il y a entre la volonté & l'amour. 856
Explications de ces paroles ; Il a ordonné en moy la charité. 857
Sur ces paroles de l'Epouse lors que l'excez de son bonheur la fait tomber dãs la déffaillance : Soustenez moy avec des fleurs, &c. 859
Que ces fleurs sont les desirs de faire de grandes actions pour Dieu & pour le prochain. 860
Que cet amour si desinteressé est l'arbre celeste, c'est à dire la croix qui produit les fruits dont l'Epouse parle ensuite, & que ces fruits sont les travaux & les persecutions. 862

TABLE DES MATIERES

Contenuës dans tout ce Volume.

A

Absorbement Voyez Oraison de Quietude,

Ames.
Ce que c'est que l'Ame. p. 807
Mariage de l'Ame avec Dieu. 584. 746
Efforts du demon pour la faire retourner en arriere. 747
Amour spirituel qu'on a pour les ames. 527

Action.
Quelques grandes pensées de vertu que nous ayons, nous ne les devons consider, ret que comme de belles imaginations si nos actions n'y répondent pas. 744

Amitié. Voyez Religieuses.

Amour de Dieu. Voyez Dieu
Difference entre l'amour & la volonté. 856

Amour du prochain.
Cet amour nous fait connoistre quel est le nostre pour Dieu, & c'est une marque que nostre volonté est unie à la sienne. 743. 840
On ne peut arriver à l'amour de Dieu que par celuy du prochain. 743

Avis excellens de la Sainte. 366. 368
494. 555. 646.

B

Bastimens.
Contre les grands Bastimens, 349. 482. 508

Beatrix de la Mere de Dieu Carmelite. 406

Beatrix Ognez Carmelite, 342

Bien.
Mepris que l'on en doit faire. 118
Ne se pas arrester au bien pour recevoir des Religieuses, 415

C

Catherine de Sandoval Carmelite, 385

Charmes.

Charité.
Qu'il faut quitter l'oraison pour satisfaire à la charité, 316

Chant des Religieuses, 482

Chemin de la Perfection, 501

Choses diverses,
La Sainte dit que Dieu luy a inspiré ce qu'elle a écrit, 76. 97
Qu'elle ne s'estonne pas que ceux qui n'ont point éprouvé ces oraisons si sublimes les considerent comme des rêveries quoy qu'il n'y ait rien de plus veritable, 157

Closture. 29

Communion. Voyez Eucharistie & Meditation apres la Communion,

Compassion.
Côpassion que l'ô doit avoir des foibles, 529

Complimens. 245

Confesseurs 242. 518. 520. 522.
753. 796. 797

Confessions. de S. Augustin,
Avantage qu'en tira la Sainte, 46. 784

Connoissance de nous mesmes.
Combien necessaire, 70. 695

Contemplation, 556. 560. 563

Converses. 487.

Cour des Rois, 242

Courage.
Courage de la Sainte. 42. 54. 65. 196

Coûtumes mauvaises. 549

Crainte de Dieu. Voyez Dieu.

D

Défiance de soy-mesme, 106. 647

TABLE DES MATIERES.

Demons.
Leurs tromperies. 695
Mepris que la Ste. avoit pour eux. 153, 190
Ils ne connoissent pas les pensées de nostre entendement, mais seulement celles de nostre imagination.

Detachement des parens. 535. & de soy-mesme. 538

Dieu.
Des infinies perfection de Dieu. 583
De la connoissance de Dieu. 692
& ce que c'est que de le croire veritablement. 265
De l'amour que l'on doit avoir pour Dieu 652. 653. 59. 106. 315. 524. 533. 640
En quoy consiste cet amour. 59. 798
Confiance que l'on doit avoir en Dieu. 65
De la crainte que l'on doit avoir pour luy. 76. 649. 650. 553. 655.
On ne peut arriver a l'amour de Dieu que par l'amour du prochain. 743
Par tout ou est Dieu là est le Ciel. Or il est par tout, & ainsi nous pouvons sans aller plus loin le trouver toûjours dans nous mesmes. 599. 622
Avantage qu'il y a de s'imaginer toûjours Dieu present, 61
Dieu veut que nostre travail soit le prix de nostre vertu. 60
Mariage de l'ame avec Dieu. 584. 745
Quel sera a la mort le malheur de ceux qui n'auront pas aimé Dieu. 652
Combien les paroles de Dieu sont differentes de celles des hommes. 144. 145
Et les diverses manieres dont il parle aux ames. 760
Que lors que l'ame est arrivée à un parfait amour de Dieu son ardent desirs d'estre detaché de la prison du corps pour iouyr eternellement de sa presence luy fait souffrir une telle peine qu'elle la met en danger de mourir. 802

Difference.
Entre l'oraison Mentale & celle de Quietude 719.
Entre l'oraison de Quietude & celle d'union. 91. 614. 731
Entre l'union & l'elevement de l'esprit. 96
Entre les paroles de Dieu & celles des hommes. 144
Entre les Visions intellectuelles & les representatives. 278
Entre les visions qui viennent de Dieu & celles qui viennent du demon. 167. 171
Entre les Visions & les ravissemens. 240
Entre l'Oraison mentale & la Contemplation parfaite. (que la Sainte dit estre l'oraison de Quietude) 590

Entre les contentemens & les Gousts ou oraison de quietude. 710. 714. 720
Entre l'entendement l'imagination. 716
Entre la vraye & la fausse humilité. 183
Entre les Visions veritables & celles qui ne sont que chimeriques. 171. 795
Entre les tourmens de l'ame & ceux du corps 804
Entre les Ravissemens qui ne se rencontrent que dans la septieme demeure, & tous les autres. 808
Entre la volonté & l'amour. 856

Directeurs. 711. 65. 68. 219

Discretion. 573

Division. 532

Dot des Religieuses, 415

E

Eau beniste. 190

Ecriture Sainte. 266. 760
Qu'il ne faut pas s'arrester à un seul de ses passages, 280

Eglise.
prier pour ceux qui la servent & qu'il n'appartient qu'aux parfaits de la servir. 505 510

Elevement, ou Transport, ou vol de l'esprit.
Voyez oraison de Ravissement.

Enfer. 794
Quelles sont ses peines, 200. 783. 804. 877 878

Evesques & Eveschez. 271. 514

Evesque d'Osme. 448

Eucharistie. 127. 185. 251. 252. 280. 631. 670. 846.
De ses effets, 627
Voyez communion.

Extase. Voyez oraison de Ravissement.

Excuses.
Ne s'excuser point 551

F

Fondations faites par la Sainte, 297

TABLE DES MATIERES.

G

Grands.
En quoy les Roys & les Princes sont compris 120. 216. 242. 244. 281.

Gousts divins. qui est une oraison de Recueillement surnaturel qui precede celle de Quietude. 723. & leurs effets. 746.

H

Habits. 491.

Honneur. 118. 119. 124. 162. 197. 504. 546. 634.

Humanité de Iesvs-Christ.
Quelle erreur c'est de croire que lors que Dieu esleve les ames à des oraisons surnaturelles elles ne doivent plus envisager la sacrée humanité de Iesvs-Christ sous pretexte d'eslever son esprit au dessus de toutes les choses crées. 125. 783. 787. 793. 811.

Humilité tant vraye que fausse. 49. 62. 539. 555. 565. 604. 621. 824. 641. 644. 645.
L'Humilité n'est autre chose que de marcher selon la verité. 801.
C'est vne fausse humilité de s'imaginer qu'il y auroit de la vanité à demeurer d'accord des graces que Dieu nous fait. 49.

I

Images.
Leur vtilité. 46. 276. 796.

Indispositions.
Ne se plaindre des legeres. 541.

L

Larmes. 48. 57. 74. 100. 102. 103. 178. 779.

Liberté
Il faut agir avec vne sainte liberté. 653.
L'un des effets de la liberté de l'esprit est de trouver Dieu en toutes choses, & d'en prendre suiet d'eslever sa pensée & son cœur vers luy. 327.

Loüanges.
On ne sçauroit trop travailler à y estre insensible. 752.

M

Mariage de l'ame avec Dieu. 584. 745. 811.

Meditations. Voyez pater & communion.

Melancolie.
Mauvais effets qu'elle produit & moyen d'y remedier 330. 335. 759.

Merite.
Il consiste à aimer Dieu & à souffrir 275.

Messe.
Maniere admirable de l'entendre. 631.

Monasteres.
Maniere de les visiter. 479.

Mortifications. indiscretes 268. 538. 543. 547.

N

Noblesse.
Qu'il se faut bien garder de s'en glorifier. 598. 637.

O

Obeissance. 297. 316. 370. 564. 556.
Il faut quitter l'oraison pour satisfaire à l'obeissance. 316. 744.

ORAISON.

Oraison en general.
Il faut commencer par sçavoir que ce que la sainte nomme les Puissances de l'ame dont il est continuellement parlé dans l'oraison, est l'entendement, la memoire & la volonté.
De l'vtilité de l'oraison. 39. 40. 48.
Des divers chemins pour y arriver. 574.
Qu'il y faut marcher sans crainte, 577 Et ne point discontinuer. 102. 106. 585.
Commencer l'oraison par se representer vn mistere de la passion. 142.
L'Oraison nous rend esclaves de l'amour de Dieu. 533.
Tout l'edifice de l'Oraison est fondé sur l'humilité. 130.
C'est vne erreur de croire que la perfection de l'oraison depende de l'entendement. Et la pensée n'estant pas l'ame, la volonté seroit bien malheureuse si elle estoit conduite par elle. Ainsi la perfection ne consiste pas à beaucoup penser, mais à beaucoup aimer & cet amour consiste à estre prest de souffrir pour Dieu dans les occasions qui s'en rencontrent. 315.
Qu'il faut quitter l'Oraison pour pratiquer l'obeissance & la charité. 316. 744.
Des tentations qui se rencontrent dans l'oraison. 64.
La Sainte dit qu'elle nos estonne pas que tous

ZZZzz

ce qu'elle éc it de l'Oraison paroisse obscur à ceux qui ne l'ont point eprouvé, quoy qu'il n'y ait rié de plus veritable. 53

Oraison vocale.

Qu'il y a des personnes fort vertueuses qui ne peuvent faire que l'oraison Vocale. Mais si la mentale ne s'y trouve jointe elle ne peut pas passer pour oraison. 561 581. 590. 687.

De quelle sorte il faut faire cette oraison Vocale pour la faire parfaitement & comment la mentale s'y trouve jointe. 587

Maniere de commencer l'Oraison Vocale & de la joindre à la Mentale. 591

Il est utile de prendre un livre pour s'aider à la bien faire. 596.

Qu'on peut passer en un instant de l'oraison Vocale à la Contemplation parfaite. 590. 610.

On peut voir tout ce que la Sainte dit sur ce sujet du Pater noster qui est la premiere & la principale oraison vocale, tant dans son traitté du Chemin de la Perfection à commencer à la page 596. dont il est mesme parlé dans les precedétes Et l'on peut voir aussi sur cela ses meditations sur le Pater, qui commencent à la page 661.

Oraison Mentale.

La Sainte ayant comparé l'ame à un jardin spirituel que l'on arrose avec grand soin pour luy faire porter des fleurs & des fruits agreables à Dieu qui sont les vertus & les bonnes œuvres, elle die que cette oraison mentale est côme tirer de l'eau d'un puits à force de bras, parce qu'il faut pour ce sujet que l'entendement travaille par la meditation des obligations infinies que nous avons à Dieu. 56.

L'Oraison Mentale n'est autre chose que de témoigner dans ses frequens entretiés que l'on a seul à seul avec Dieu, combien on l'aime & la confiance que l'on a d'en estre aimé. 41

Qu'il faut toûjours joindre l'oraison Mentale à la Vocale. 587

Maniere de faire l'oraison Mentale. 68. 72. Et qu'il n'y a point d'oraison si élevée qui doive empecher de la faire. 786

Avantage d'avoir un livre pour pouvoir mediter. 15

Lors que Dieu donne cette oraison il se faut bien garder d'aspirer plus haut si luy-mesme ne nous y éleve. Et ce que nous devons faire. 61.68. 567.

En quoy cette oraison Mentale consiste & en quoy elle differe de la Contemplation. 590

Oraison de Quietude ou de Suspention de toutes les Puissances.

La Sainte la nomme aussi Oraison de **Recueillement.** Et dans la p. 767. oraiso d'**Absorbement.** Elle luy donne aussi ailleurs le nom de **Contemplation.** 560. 562. 563. 590. 608. 610.

Cette Oraisó est la premiere de celles que la Sainte appelle surnaturelles. Mais il faut remarquer qu'elle entend par ce mot non simplement ce qui est un effet de la grace de Iesvs-Christ (car en ce sens il n'y a point d'oraison faite comme il faut qui ne soit surnaturelle) mais elle entend ce qui éleve nos puissances à un estat plus elevé que ne fait la maniere ordinaire d'agir de la grace dont l'operation est plus conforme à celle de la nature. Et la Sainte mêle quelquefois ces diverses oraisons surnaturelles donnant en divers endroits divers noms à l'une d'elles.

La Sainte ayant comparé l'ame à un jardin spirituel dont il est parlé cy-dessus dans l'oraison Mentale, elle dit que cette oraison est comme tirer avec une machine de l'eau d'un puits pour l'arroser. 56.

Dans cette sorte d'oraison l'ame commence à recueillir ses puissances, l'entendement la memoire & la volonté & à éprouver quelque chose de surnaturel qu'il luy seroit impossible d'acquerir par elle mesme, quoy qu'au commencement l'entendement aie travaillé avec elle : Mais aprés elle seule agit sans sçavoir comment elle agit, quoy que l'entendement & la memoire ne soient pas endormis, & elle les laisse s'égarer dans leurs pensées sans se mettre en peine de les rappeller. Dieu ne commence pas seulement à se communiquer à l'ame, mais il veut qu'elle connoisse qu'il s'y communique & elle perd le desir de toutes les choses d'icy-bas. 73-74.

Cette oraison qui est surnaturelle est comme une étincelle par laquelle Dieu commence à embraser l'ame de son amour. 79

C'est comme un évanoüissement interieur & exterieur. Alors la seule volonté est heureusement captive, & rien n'empesche l'entendement & la memoire de penser qu'ils sont auprés de Dieu. 611. 612.

L'ame sent qu'en cet estat elle est déja proche de son Dieu, & que pour peu qu'elle s'en approche davantage elle passera dans l'union pour n'estre plus qu'une mesme chose avec luy.

On peut sans avoir cette oraison de Quietude & les autres surnaturelles qui sont l'oraison d'Union & de Ravissement, estre tres parfait pourveu que l'on pratique fidelle

TABLE DES MATIERES.

mět les vertus. 561 & qu'il faut bié ſ⟨...⟩
der d'elever ⟨...⟩ le contemplatio
trop elevée ſi Dieu luy-même ne l'y éleve.
Difference entre l'oraiſon Mentale & celle
de Quietude ou de contemplation. 590
Difference de l'oraiſon de Quietude & de
celle d'Vnion. 614. 615
Il y a une oraiſon de recueillement ſurna-
turel qui precede l'oraiſon de Quietude.
723 à laquelle la Sainte donne le nom de
Gouſts divins. 726

Oraiſon d'Vnion à qui la Sainte donne auſſi le nom de Contemplation.

La Sainte ayant comparé l'ame à ce jardin
ſpirituel dont il eſt parlé cy deſſus dit
que cette oraiſon eſt comme tirer de l'eau
par des rigoles d'une ſource ou d'un ruiſ-
ſeau pour arroſer ce jardin ſpirituel. 56
Cette oraiſon eſt comme un ſommeil des
puiſſances, l'entendement, la memoire & la
volonté, dans lequel bien qu'elles ne
ſoient pas encore aſſoupies elles ne ſçavent comment elles operent, 86
Ce que l'ame fait en cet eſtat, 87
Il y a encore une autre union plus elevée
dans laquelle Dieu recueille la volonté &
auſſi ce ſemble l'entendement parce qu'il
ne diſcourt point, mais s'occupe à conſiderer le bon-heur dont il iouït, & les merveilles qu'il voit. Alors la memoire qui demeure libre & l'imagination (que la Sainte témoigne croire eſtre autre choſe que
l'entendement) fatigue la volonté. 92
Difference entre l'oraiſon d'Vnion & celle
de Quietude, en ce que dans celle de
Quietude l'ame eſt comme toute aſſou-
pie au lieu que dans celle d'Vnion elle eſt
tres-éveillée au regard de Dieu & endormie au regard de toutes les choſes de la
terre & d'elle-meſme. 731
L'entendement ne travaille point & s'éto-
ne ſeulement de voir que ce celeſte jardi-
nier ne demande autre choſe de luy ſinon
qu'il iouïſſe du plaiſir de ſentir l'odeur
des fleurs qui ſont les vertus. 90
Cette oraiſon eſt une union manifeſte de l'a-
me avec Dieu dans laquelle les puiſſances
connoiſſent ce qu'il opere en elles & s'en
réjouyſſent. On ſent que la volonté eſt
comme liée & jouyt d'une grande joye
dans le même temps que l'entendement &
la memoire ſont ſi libres qu'ils ſont capables de traiter d'affaires & de s'occuper aux
œuvres de charité. Ainſi l'ame peut travailler côme Marthe, au lieu que dans l'o-
raiſon de Quietude elle eſtoit côme Mag-
dlaine. Tellement que dans cette oraiſon
d'Vnion l'ame eſt toute enſemble dans la

⟨...⟩lan ⟨...⟩emplative. 91
Il y a cette differe⟨nce⟩
& le Raviſſement que l'union n'opere que
dans l'interieur & que l'on y peut preſque
toſjours reſiſter à l'attrait de Dieu quoy
qu'avec peine, au lieu que le Raviſſement
opere auſſi dans l'exterieur & que l'on ne
peut preſque jamais y reſiſter. 108
Voir page 568.
Toutes les puiſſances ſe trouvent unies &
ſuſpendues dans cette oraiſon d'Vnion. 614
De ſes marques & de ſes effets. 731
Comparaiſon de l'ame dans cette oraiſon
d'Vnion avec un ver à ſoye. 735
Page 740. Chap. III, Il faut le voir tout entier.
Page 750. Chap. IV. Il faut le voir tout entier.

Oraiſon de Raviſſement ou d'Extaſe, ou d'Elevement, de Tranſport, & de Vol de l'Eſprit, ou de parfaite Contemplation.

La Sainte compare cette quatriéme ſorte
d'Oraiſon à la quatriéme maniere dont eſt
arroſé ce jardin ſpirituel comme par une
pluye qui tombe du Ciel. 56
C'eſt une union parfaite de toutes les puiſſances qui dans l'excez de leur joye ſont
incapables de la comprendre & de la faire
comprendre aux autres. 94
C'eſt une union avec Dieu qui fait qu'ou-
bliant tout le reſte nous ne ſommes plus
occupez que de luy ſeul. 619. 620
L'ame en cet eſtat eſt incapable d'agir. 94
ny de comprendre ce qui ſe paſſe. 99
Effets de cette oraiſon de Raviſſement. 100
113. 124
Il y a cette differance entre le Raviſſement &
l'Vnion, que le Raviſſement n'opere pas
ſeulement dans l'interieur, mais auſſi dans
l'exterieur, & que l'on peut preſque toſ-
jour dans l'oraiſon d'Vnion reſiſter à l'attrait de Dieu quoy qu'avec peine, mais
non pas dans celle de Raviſſement. 106
Page 93. Chap. XVIII. qu'il faut voir tout
entier.
Page 100 Chap. XIX. qu'il faut voir tout entier.
Page 106. Chap. XX. qu'il faut voir tout
entier & qui eſt admirable.
Page 110 Chap. XXI. qu'il faut voir tout
entier,
La Sainte explique enſuite tres particulierement ce qui luy arrivoit dans ces Raviſſemens & les effets qu'ils produiſoient. Cet
endroit eſt tres remarquable. 109. 248

ZZZzz ij

TABLE DES MATIERES.

On ne perd pas d'ordinaire le sentiment, mais quelquefois on le perd entierement quand les ravissemens sont extraordinaires. 111

Page 766 Chap. IV. qui traite des diverses sortes de Ravissemens.

Tres-grande difference qui se rencôtre dans les Ravissemens. 240

Des faux Ravissemens. 321

Avis important touchant les faux Ravissemens. 728

Les Ravissemens ne sont point veritables si l'ame que Dieu en favorise ne comprend en cet estat de grands secrets de ce royaume eternel qui estant indivisible se trouve tout entier dans chacune de ses parties. 769

Page 772 Chap. V. qui traite du ravissement que la Sainte nomme vol de l'esprit, parce qu'alors Dieu enleve l'ame d'une maniere si forte & si soudaine qu'elle croit estre preste à se separer de son corps.

Page 776 Chap. VI. des effets merveilleux de cette sorte de Ravissement.

Des Ravissemens qui ne se rencontrent que dans la septieme demeure, & de qu'elle maniere ils surpassent tous les autres. 808

Visions.

Tant intellectuelles & interieures, qu'imaginaires ou representatives. 174, 245. 336

Marques de celles qui viennent du demon, 149. 171. 794.

Visions intellectuelles & interieures.

De l'excellence de ces visions. De quelle sorte cela se passe, & effets qu'elles produisent. 157. 158.

Page 788. Chap. VIII. qu'il faut tout voir.

Page 799. Chap. X. qu'il faut tout voir.

Visions Imaginaires ou representatiues.

La Sainte les nomme seulement imaginaires à cause des images qu'elles representent. Mais parce qu'en françois ce mot d'imaginaires se prend d'ordinaire pour des choses chimeriques, on y a ajouté celuy de representatiues afin d'oster toute ambiguité.

Page 166. Chap. XXVIII. Il le faut tout voir.

Page 174 Chap. XXIX. il le faut tout voir.

Ces visions representatives passent viste au lieu que les intellectuelles durent fort long temps. 789

Quelques vnes des principales visiōs representatiues qu'ait eu la Sainte. 167. 179. 200. 214. 238

P

Paix.

Page 845. Chap. II. qui en est presque tout 844. 845.

Pardon des offenses. 635

Ce pardon est la plus parfaite Contemplation. 636

Parens. 535. 536

Paroles de Dieu.

Combien differentes de celle des hommes. 128. 145. Et de qu'elle maniere il parle aux ames

Partialitez. 517

Pater noster.

La Sainte commence dans la p. 596. du Chemin de la perfection, Chap. XXVI. à expliquer toutes les paroles du Pater noster. Meditations sur le Pater. 661

Patience.

Dans les grands maux. 642. 643

Pauvreté. 225. 356. 503. 644

Ne se pas attester au bie n pour receuoir des Religieuses. 419

Pauvreté d'esprit.

En quoy elle consiste. 130

Pechez mortels. 280

Estat deplorable d'une ame qui est eu peché mortel. 688

Qu'on ne les commet pas seulement en la presence de Dieu, mais comme dans luy-mesme. 800

Copassion & charité que l'on doit avoir pour ceux qui y sont engagez. 808

Pechez veniel. 354. 837

839. 840.

penitence.

Penitences indiscretes. 539. 646. 728

Perfection.

Qu'elles ne consiste pas en des consolatiōs interieures, en des grands Ravissemens, en des visions, & au don de prophetie : mais à suivre entierement la volonté de Dieu. 318

personnes d'eminente vertu & sainteté dont la Sainte raporte particulierement plusieurs choses.

S. Pierre d'Alcantara.

P. 164. 204. 180. 224. 229. 237. 328. 781

L'Evesque d'Osme. 448.

Le P. Marian de S. Benoist. 362.
Le Pere Ierosme Gratien de la Mere de Dieu. 392. 396.
Gentilhomme qui estoit marié, 135
Ste. Catherine de Cardone. 426.
Beatrix Ognez, Carmelite. 342
Beatrix de la Mere de Dieu Carmelite 618
Therese de Lays Carmelite. 376
Catherine de Sandoval Carmelite. 385
Neuf Demoiselles qui vivoient ensemble & furent toutes Carmelites, 422, 431

Predicateurs. 89
Prééminences. 544
Princes. Voyez grands
Le prince Ruy Gomez de Silva & la princesse d'Eboli sa femme, 256
Procez.
Les éviter autant qu'il se peut. 491
Prochain
On ne peut arriver à l'amour de Dieu que par l'amour du prochain. 743
Professes. Ne se haster d'en faire, 549
Puissances. de l'Ame.
La Sainte entend toujour par ces paroles l'entendement, la memoire, & la volonté, & dit en la p. 716. qu'il y a de la difference entre l'entendement & l'imagination. 803
purgatoire.

R

Regle.
de quelle sorte on la doit observer. 514
Religieuses. Voyez Vocation.
Avis importans. 366. 656
Combien elles doivent aimer la solitude. 467
Ne s'arrester au bien pour recevoir des Religieuses. 315

Ne se pas haster de faire des Professes. 48 549.
De quelle sorte les Religieuses doivent s'aimer. 515
Langages qu'elles doivent tenir. 491. 575
Chant. 487
Habits. 491
Recreations. 530
Proces les éviter autant qu'il se peut. 491

Revelations. 335
Voyez Visions.
Richesses. 118
Romans. 6
Rois.
Quel bonheur ce leur seroit s'ils preferoient l'honneur de Dieu à leur interests. 125
Voyez Grands.

S

Saints.
Dieu ne fait voir à chacun d'eux, qu'une felicité proportionée à leur merite. 43
Saint Ioseph.
De la devotion qu'on y doit avoir. 25
St. Pierre d'Alcantara. 164. 180. 204. 224. 229. 237. 328. 781
Ste. Catherine de Cardone. 426
Sçavants.
Que l'on s'en trouve toujours bien 219
Combien les demi sçavans sont dangereux 18. 70, 520. 733. 795.
Qu'il faut pour s'éclaircir des choses les plus élevées dans l'oraison preferer le conseil des sçavans qui ne sont pas si spirituels à celuy des plus spirituels qui ne sont pas sçavans. 792

Scrupules. 657
Secheresses. 60, 77. 817. 818
Solitude. 319
Superieurs & Superieures. 479
Avis importans pour eux. 369. 520
Voyez Maniere de visiter les monasteres. 479
Suspension de toutes les puissances
Voyez Oraison de Quietude

T

Tentations. 645. 649. 791.

Therese de L'ays. 376

Transport ou Vol de l'Esprit.
Voyez Oraison de Ravissement.

Travail des mains, 363. 366. 433. 482.

Trinité. 264. 279. 309.

Tristesse.
Combien preiudiciable, 57.

V

Vanité. 544. 543.

...tus.

Les fausses sont tousiours accompagnées d'un orgueil secret ; au lieu qu'il ne s'en rencontre jamais dans celles qu'il plaist a Dieu de nous donner. 743

Visions. Voyez oraison.
Quelques unes des Visions les plus remarquables qu'ait eu la Sainte. 167. 179. 208. 214. 238.

Vocation. 535. 549. 558.
Ne se pas arrester au bien. 415. 492.

Vol de l'esprit. Voyez Oraison De Ravissement.

Volonté.
Difference entre la volonté & l'amour. 856.

Z

Zele. pour le salut des ames 579.

Fin de la Table des Matieres.

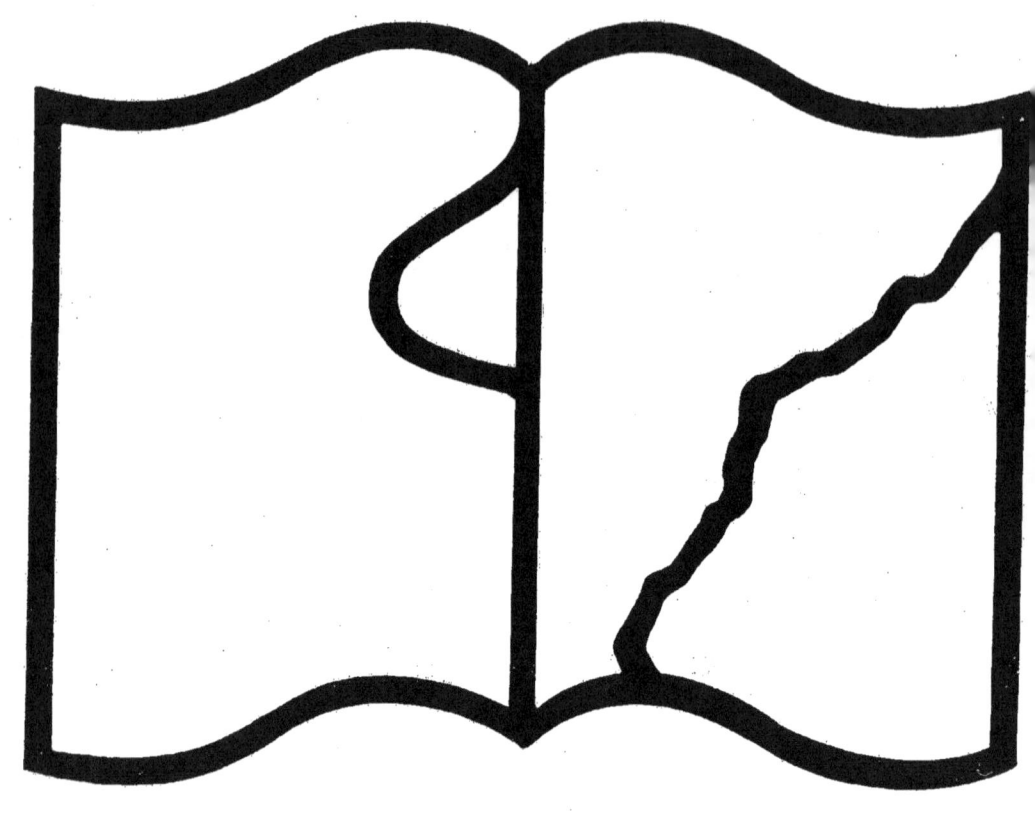

Texte détérioré — reliure défectueuse

NF Z 43-120-11

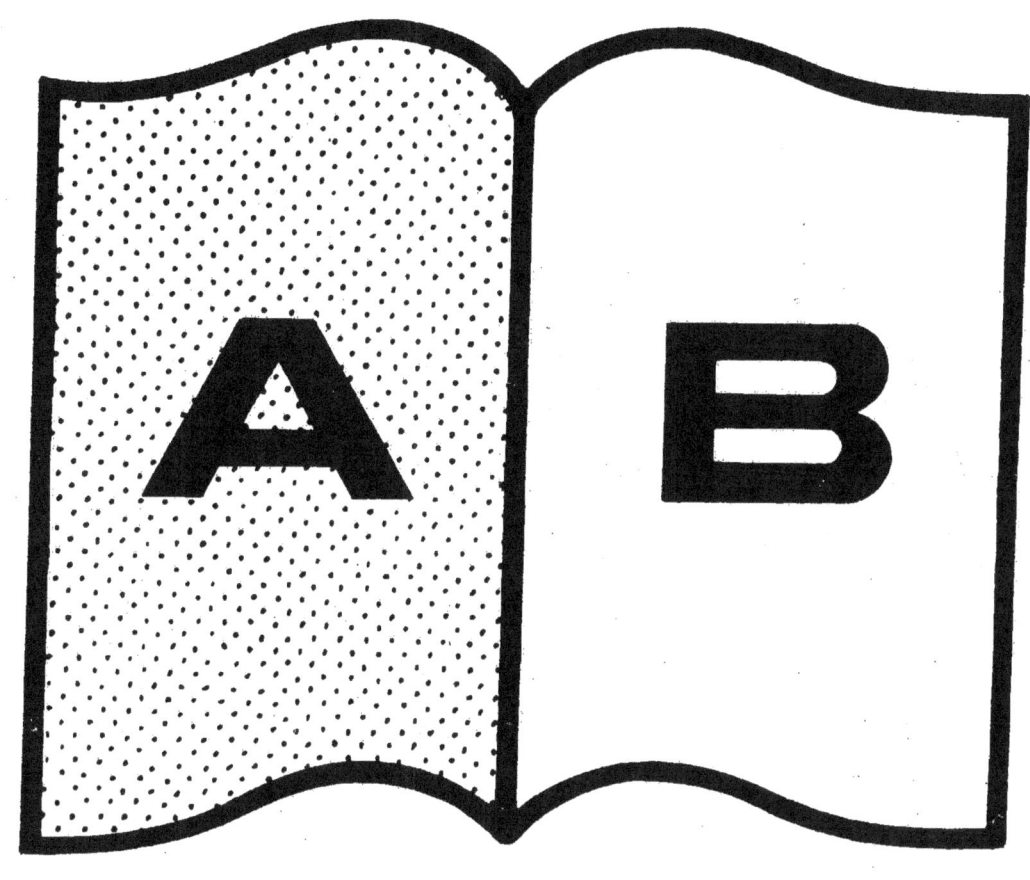

Contraste insuffisant

NF Z 43-120-14

www.ingramcontent.com/pod-product-compliance
Lightning Source LLC
Chambersburg PA
CBHW070929230426
43666CB00011B/2375